中央民族大學民族博物館藏

江西出土宋元墓誌地券拓本彙編

主　編　張銘心

·下·

地券卷

主　編　張銘心
副主編　丁思遠

GUANGXI NORMAL UNIVERSITY PRESS
广西师范大学出版社
·桂林·

鄒君地券（1246年）拓片

鄒君地券（1246年）原石正面

鄒君地券（1246年）原石背面

前言

有關買地券的資料信息，近年出版的高朋《人神之契：宋代買地券研究》[1]、魯西奇《中國古代買地券研究》[2]、李明曉《新見魏晉至元買地券整理與研究》[3]、何新所《新出宋代墓誌碑刻輯録（地券卷）》[4]等研究成果中有較詳細的總結可供參考。而有關江西出土買地券資料，則以陳柏泉編著《江西出土墓誌選編》[5]和朱明岐、戴建國主編《明止堂藏宋代碑刻輯釋（地券）》[6]兩部書籍比較集中。本書是以上兩部著作之後的又一部以江西出土地券爲中心的石刻史料圖録。

本書所收録的地券拓本，是中央民族大學民族博物館近年於江西陸續徵集而得。這批地券拓本共463份，其中包括唐代1份，北宋132份，南宋231份，宋代年號不詳者42份，元代49份（含年號不詳者1份），另有8份朝代不明。其中，除21份與《明止堂藏宋代碑刻輯釋（地券）》重複外，其餘地券均爲第一次公開發表。

① 高朋：《人神之契：宋代買地券研究》，中國社會科學出版社，2011年。
② 魯西奇：《中國古代買地券研究》，廈門大學出版社，2014年。
③ 李明曉：《新見魏晉至元買地券整理與研究》，人民出版社，2020年。
④ 何新所編著：《新出宋代墓誌碑刻輯録（地券卷）》，文物出版社，2021年。
⑤ 陳柏泉編著：《江西出土墓誌選編》，江西教育出版社，1991年。
⑥ 朱明岐、戴建國主編：《明止堂藏宋代碑刻輯釋（地券）》，中西書局，2019年。

宋元之際是中國歷史的重要轉折期，江西是當時相對穩定且發達的區域。本書所收録江西出土之地券歷史發展脈絡清晰，從中可以管窺江西地区民間信仰轉變、地方精英崛起、喪葬習俗變遷等諸層面。地券是一種高度凝固化、模式化的文獻文本。但自南北朝以降，地券文本内所含真實信息量大幅減少，因此研究極其依賴大量的新資料。本圖録的出版，無疑爲這一研究領域提供了不可多得的文獻資料。

二十世紀八十年代至今，學界主要關注點集中在考古出土或者私人收藏的地券材料，研究領域也比前一階段更廣。有以地券爲資料研究制度問題的，如魯西奇利用地券研究宋元時期的行政制度[7]。有利用地券研究經濟問題的，如蔣廷瑜利用廣西出土的南朝地券研究當時當地的經濟狀况[8]，李裕群則利用地券研究宋元土地買賣情况[9]。也有集中於某一

⑦ 魯西奇：《買地券所見宋元時期的城鄉區劃與組織》，《中國社會經濟史研究》2013年第1期。
⑧ 蔣廷瑜：《從廣西出土的南朝地券看當時社會經濟狀况》，《廣西民族學院學報（哲學社會科學版）》1985年第7期。
⑨ 李裕群：《宋元買地券研究》，《文物季刊》1989年第2期。

地區或時段的綜合性研究，如高朋[①]、韓森[②]、陳柏泉[③]、王志高[④]、黃景春[⑤]等人的研究。還有一些學者開始研究地券內含的民間信仰和宗教因素，如高朋在《人神之契：宋代買地券研究》一書中通过探討地券中人、神、鬼擔任的不同角色，進一步討論宋代的民間信仰；陳進國則重點關注地券中的風水因素，探討了福建地區考古出土的買地券文本與內涵，并進一步針對閩臺地區的地券習俗作考現學研究[⑥]。此外也不乏有系統梳理、歸納歷代地券的著作，如魯西奇按朝代順序排列地券，梳理買地券的淵源與流變[⑦]，是目前研究中國古代地券較爲全面、詳盡的著作。此外，不少學者還以『契約』視角研究地券，如張傳璽先生在彙編、考釋中國歷代契約時也選編了宋元以前的地券文本[⑧]，此後在其《契約史買地券研究》一書中對部分地券作了深入的研究；韓森[⑨]則强調現世的土地契約甚至訟案會影響地券的文本變化，認爲中古時期民衆未能從現世法司中獲得公正決判，因此將理想中的正義寄托在陰間法司上。

這一時期的地券研究虽碩果纍纍，但仍存在不少值得商榷之處，如地券分類標準過多，從羅振玉將地券簡單分爲『買之於人』『買之於鬼神』兩類，再到二十世紀五十年代，吴天穎[⑩]根據地券文本將其分爲真實買地的甲型地券與帶有虛擬迷信性質的乙型地券，以及後來的學者都會在研究中重新劃分買地券類型。分類方式過多會引起研究體系失序，從而產生壁壘。再者，以西方現代社會中的『契約』『法律』『經濟』等概念研究地券也會導致對地券及其儀式的誤解。

在整理和編輯本書的過程中，我們根據這批地券文本書寫格式和目的不同粗略分爲甲、乙、丙三種類型：甲型地券，共收録366件（唐代1件，宋代335件，元代24件，時代不明者6件）；乙型地券，共收録57件（宋代41件，元代15件，時代不明者1件）；丙型地券，共收録36件（宋代25件，元代10件，時代不明者1件）；另有4件宋代地券類型不明。

甲型文本中呈現出墓主與鬼神結訂契約、向鬼神買地的儀式。通常甲型地券會記録買地人名稱、籍貫、死亡時間、死亡年齡、死亡原因，賣地神名稱、見證者、書寫者，墓地四至與墓地産權期限等方面，雖然以上買賣內容除買地人名稱、籍貫、死亡時間、死亡年齡以外均爲虛構，但仍屬於形式上的『買地』契約。乙型文本內容記録墓主親屬（女性通常爲兒子或丈夫）昭告山神的儀式，與甲型地券最大的不同在於乙型地券沒有買賣墓地內容。丙型地券的文本內容主要爲墓主自述生平，同時部分丙型地券兼有買地或告神內容。

---

① 高朋：《人神之契：宋代買地券研究》，中國社會科學出版社，2011年。

② ［美］韓森：《宋代的買地券》，見鄧廣銘、漆俠主編：《國際宋史研討會論文選集》，河北大學出版社，1992年，第133—149頁。

③ 陳柏泉編著：《江西出土墓誌選編》，江西教育出版社，1991年。

④ 王志高：《六朝買地券綜述》，《蘇州大學學報（哲學社會科學版）》1996年第2期。

⑤ 黃景春：《早期買地券、鎮墓文整理與研究》，華東師範大學博士學位論文，2004年。

⑥ 陳進國：《信仰、儀式與鄉土社會：風水的歷史人類學探索》，中國社會科學出版社，2005年；陳進國：《閩臺買地券的考現學研究》，哈爾濱『宗教文化與社會發展』海峽兩岸研討會，2006年7月，收入陳進國：《隔岸觀火：泛臺海區域的信仰生活》，厦門大學出版社，2008年。

⑦ 魯西奇：《中國古代買地券研究》，厦門大學出版社，2014年。

⑧ 張傳璽主編：《中國歷代契約會編考釋》，北京大學出版社，1995年；張傳璽：《契約史買地券研究》，中華書局，2008年。

⑨ ［美］韓森著，魯西奇譯：《傳統中國日常生活中的協商：中古契約研究》，江蘇人民出版社，2008年。

⑩ 吴天穎：《漢代買地券考》，《考古學報》1982年第1期。

凡例

一、本書所收中央民族大學民族博物館藏江西出土宋元地券拓本，絶大部分此前從未公佈。

二、本書所收録的拓本時代以宋元爲主，按朝代先後排列順序，同一朝代則根據葬期先後排列。無具體年代者，皆列同朝代地券之後。所標注公元紀年僅對應葬年，不對應葬期，如：淳祐十二年（1252年）十二月二十八日。

三、本書旨在爲歷史研究提供原始史料，故除拓本照片外，僅標注地券名稱、時代、尺寸等信息，未開展地券録文、注釋等整理工作。

四、地券名稱均係編者所擬，擬名遵循以券主姓名爲地券名稱的原則。若地券刻有題名，則以地券原刻題名爲優先。券主姓名模糊難辨者，則用『□』代替。若地券有别字、異體字等，一般改爲現行規範用字。

目録

001 蔣氏魏夫人地券……〇〇一
002 張六娘地券……〇〇二
003 危氏二娘地券……〇〇三
004 吴四郎地券……〇〇四
005 故天水郡姜氏夫人墓券……〇〇五
006 林氏一娘地券……〇〇六
007 余一娘地券……〇〇七
008 謝惟地券……〇〇八
009 洪農楊氏夫人地券……〇〇九
010 丘三娘地券……〇一〇
011 劉六郎地券……〇一一
012 左氏二娘地券……〇一二
013 故陳留阮府君地券記……〇一三
014 傅三郎地券……〇一四
015 故蘭陵蕭府君地券……〇一五
016 何大郎地券……〇一六
017 殁故閿鄉郡楊氏夫人地券……〇一七
018 □何君地券……〇一八
019 曾八郎地券……〇一九
020 朱十郎地券……〇二〇

021 周氏二十五娘地券 …… ○二一
022 尹三郎地券 …… ○二二
023 殁故亡人宋六郎券謹記 …… ○二三
024 周四娘内契 …… ○二四
025 陳府君地券 …… ○二五
026 黄大郎地券 …… ○二六
027 傅二娘地券 …… ○二七
028 袁四郎地券 …… ○二八
029 李五十二郎地券 …… ○二九
030 金十三郎地券 …… ○三○
031 歐三郎地卷 …… ○三一
032 甯三娘地券 …… ○三二
033 張十一郎地券 …… ○三三
034 殁故鄒氏婦人地銘記 …… ○三四
035 華氏二娘地券 …… ○三五
036 孔氏地券 …… ○三六
037 吴十一娘地券 …… ○三七
038 王十三郎地券 …… ○三八
039 葉三郎地券 …… ○三九
040 范十三郎地券 …… ○四○
041 曾氏五娘地券 …… ○四一
042 譙國戴府君夫人地券 …… ○四二
043 傅二十郎地券 …… ○四三
044 張十四郎地券 …… ○四四
045 曹氏九娘地券 …… ○四五
046 傅十二娘地券 …… ○四六
047 吴氏地券 …… ○四七
048 鄭五郎地券 …… ○四八
049 劉二十二娘地券 …… ○四九
050 王氏二十一娘地券 …… ○五○
051 吴八娘地券 …… ○五一
052 梁三郎地券 …… ○五二
053 袁九郎地券 …… ○五三
054 孫七郎地券 …… ○五四
055 過十娘地券 …… ○五五
056 歐五娘地券 …… ○五六
057 翁十一娘地券 …… ○五七
058 彭三郎地券 …… ○五八

059 婁寺承地券……〇五九
060 亡人胥十四娘地券……〇六〇
061 胡氏地券……〇六一
062 江氏二娘地券……〇六二
063 宋故戴府君地券文……〇六三
064 丹陽甘君地券……〇六四
065 徐公墓券……〇六五
066 黄氏三娘地券……〇六六
067 焦十三郎地券……〇六七
068 李十四郎地券……〇六八
069 王五娘地券……〇六九
070 洪二十七郎地券……〇七〇
071 江五十一郎地券……〇七一
072 天水堯氏九娘地券……〇七二
073 謝氏六娘地券……〇七三
074 宋殆丹陽地券謹白……〇七四
075 宋故甘君地券……〇七五
076 宋故曾氏地券……〇七六
077 陳五郎地券……〇七七
078 高三娘地券……〇七八
079 喻八郎地券……〇七九
080 章十三郎地契……〇八〇
081 曹大郎地券……〇八一
082 陳八郎地券……〇八二
083 張十九郎地券……〇八三
084 劉五郎地券……〇八四
085 唐十一娘地券……〇八五
086 成氏十娘地契……〇八六
087 黄氏十娘地券……〇八七
088 陳十一郎地契……〇八八
089 十二郎地券……〇八九
090 方大娘地券……〇九〇
091 吴十三娘開壙宅記号……〇九一
092 隴西夫人地券……〇九二
093 李二十七娘地券……〇九三
094 李氏十一娘地券……〇九四
095 陳十七郎地券……〇九五
096 隴西李公地券……〇九六

097 徐君十郎地券 …… 〇九七
098 王九郎地券 …… 〇九八
099 黎二郎地契 …… 〇九九
100 宋故先考二十一郎之倦 …… 一〇〇
101 殁殆鄒二郎地券 …… 一〇一
102 宋氏二娘地契 …… 一〇二
103 譚一郎地券 …… 一〇三
104 范七娘地券 …… 一〇四
105 安定胡君地券 …… 一〇五
106 范十八郎地券 …… 一〇六
107 陳府君地券 …… 一〇七
108 曾十一郎地券 …… 一〇八
109 劉二郎地券 …… 一〇九
110 胡氏七娘地券 …… 一一〇
111 徐氏二十娘地券 …… 一一一
112 王五郎地券 …… 一一二
113 郭十四郎地券 …… 一一三
114 甘君九郎地契 …… 一一四
115 余十四郎地券 …… 一一五
116 車十五郎地券 …… 一一六
117 宋故盧念六郎之墓 …… 一一七
118 故婁氏七娘地券 …… 一一八
119 殁故龔十郎山宅記 …… 一一九
120 毛氏二娘地券 …… 一二〇
121 黄三十八娘地券 …… 一二一
122 周授以地券 …… 一二二
123 李十一郎地券 …… 一二三
124 殁殆游君大郎地券記 …… 一二四
125 徐三郎地券 …… 一二五
126 故杜三十郎地券 …… 一二六
127 李公地券 …… 一二七
128 宋故渤海吴小二郎地券 …… 一二八
129 宋故蕭公陳氏地券 …… 一二九
130 徐八郎地契 …… 一三〇
131 金卯五娘地券 …… 一三一
132 宋故郭公地券 …… 一三二
133 李二娘地券 …… 一三三
134 故俞一郎墓誌 …… 一三四

135 王氏地券……一三五
136 何君地券……一三六
137 蕭十七郎地券……一三七
138 潁川三郎地券……一三八
139 黄十七郎地券……一三九
140 高六郎地券……一四〇
141 宋故劉氏之墓記……一四一
142 亡過黄六郎墓券……一四二
143 馮四郎地券……一四三
144 熊氏二十娘地券……一四四
145 傅九娘地券……一四五
146 宋氏墓銘券……一四六
147 李氏四娘地券……一四七
148 揭君地券……一四八
149 陳八娘地券……一四九
150 周二娘地券……一五〇
151 熊氏夫人地券……一五一
152 李十一郎地券……一五二
153 姜氏八娘地券……一五三
154 姚二十一郎地券……一五四
155 宋故會稽三秘校地券文……一五五
156 江十四郎地券……一五六
157 米十七郎地券……一五七
158 黄公墓券……一五八
159 付九娘地券……一五九
160 宜人朱氏地券……一六〇
161 胡夫人地券……一六一
162 饒氏夫人地券……一六二
163 宋故徐氏墓券……一六三
164 宋故郗公地券……一六四
165 宋故吕氏夫人地券……一六五
166 鄒氏地券……一六六
167 虞氏四娘地券……一六七
168 歿故甘公地契……一六八
169 宋故黄氏地券……一六九
170 陳氏十七娘地券……一七〇
171 紹興二十六年地券……一七一
172 謝三郎地券……一七二

173 王氏地券……一七三
174 王八郎地券……一七四
175 楊氏大娘地券……一七五
176 □六郎地券……一七六
177 江氏十娘地券……一七七
178 羅七居士地券……一七八
179 余氏一娘地券……一七九
180 熊孺人地券……一八〇
181 傅十郎地券……一八一
182 曾二娘地券……一八二
183 吴氏十娘地券……一八三
184 黄四娘地券……一八四
185 傅十八郎地券……一八五
186 宋故危公地券……一八六
187 李君地券……一八七
188 江四娘地券……一八八
189 黄氏十一娘地券……一八九
190 吴氏二娘地券……一九〇
191 胡氏地券……一九一
192 徐十九郎地券……一九二
193 李二十二娘地券……一九三
194 雷君地券……一九四
195 余三六郎地券……一九五
196 宋故濟陽念三郎夫婦地券……一九六
197 曾三郎地券……一九七
198 趙宋故御幹廣平宋公成忠地券……一九八
199 二十三郎地券……一九九
200 危十九承事地券……二〇〇
201 吴志遠墓券……二〇一
202 熊氏一娘地券……二〇二
203 蔡氏二娘地券……二〇三
204 亡者姜二娘地券……二〇四
205 上官十九娘地券……二〇五
206 鄭氏十六娘地券……二〇六
207 熊氏地券……二〇七
208 毛十一郎地券……二〇八
209 黄氏一娘地券……二〇九
210 殁故亡人鄒氏五娘地券……二一〇

211 葉三十郎地券 …… 二一一
212 朱氏三十三娘地券文 …… 二一二
213 宋故范君行狀 …… 二一三
214 胡氏七娘地券 …… 二一四
215 劉承議地券 …… 二一五
216 黄十二娘地券 …… 二一六
217 殁故馮氏地券 …… 二一七
218 宋太碩人李氏地券 …… 二一八
219 徐氏大娘地券 …… 二一九
220 鄧君地券 …… 二二〇
221 宋故譚公樊氏合葬地券 …… 二二一
222 何氏百一娘地券 …… 二二二
223 府君學諭地券 …… 二二三
224 鄒公地券 …… 二二四
225 黄氏三娘地券 …… 二二五
226 江氏地券 …… 二二六
227 張氏地券 …… 二二七
228 何十郎地券 …… 二二八
229 聶氏十九娘地券 …… 二二九
230 吴君地券 …… 二三〇
231 李念八公地券 …… 二三一
232 宋故閔西隱君墓券 …… 二三二
233 蕭君墓地券 …… 二三三
234 宋故江氏四娘地券 …… 二三四
235 故劉君墓券 …… 二三五
236 黄氏二娘地券 …… 二三六
237 余念八公地券 …… 二三七
238 傅公地券 …… 二三八
239 鄧六十郎地券 …… 二三九
240 黄朝瑞地券 …… 二四〇
241 范氏三娘地券 …… 二四一
242 劉氏十二娘地券 …… 二四二
243 王二郎地券 …… 二四三
244 危細四郎地券 …… 二四四
245 李細一翁地券 …… 二四五
246 黄氏地券 …… 二四六
247 許氏墓契 …… 二四七
248 歐陽公地券 …… 二四八

249 胡十六郎地券 …… 二四九
250 宋故孺人晏氏地券 …… 二五〇
251 故鄧氏孺人地券 …… 二五一
252 故居士甯公地券 …… 二五二
253 夏氏大娘地券 …… 二五三
254 周氏七娘地券 …… 二五四
255 亡過李公地券 …… 二五五
256 吴公地券 …… 二五六
257 宋故江五十三秀才地券 …… 二五七
258 宋故章四五公承事墓券 …… 二五八
259 李二公墓券 …… 二五九
260 付光大父地券 …… 二六〇
261 周氏三娘地券 …… 二六一
262 宋曾公五四承事墓券 …… 二六二
263 劉公地券 …… 二六三
264 徐氏八娘地券 …… 二六四
265 鄧四郎地券 …… 二六五
266 余七三秀才地券 …… 二六六
267 熊二郎地券 …… 二六七
268 少五秀才地券 …… 二六八
269 僥十八郎地券 …… 二六九
270 上官三郎地券 …… 二七〇
271 張氏地券 …… 二七一
272 王二郎地券 …… 二七二
273 宋故陳氏墓券 …… 二七三
274 故孺人張氏地券 …… 二七四
275 陳氏三娘地券 …… 二七五
276 李九郎地券 …… 二七六
277 宋故亡鄧氏四娘地券 …… 二七七
278 謝念二公地券 …… 二七八
279 甘氏地券 …… 二七九
280 黄氏地券 …… 二八〇
281 宋故進士夏公地契 …… 二八一
282 孫氏券文 …… 二八二
283 宋故李七承事地券 …… 二八三
284 上官六郎地券 …… 二八四
285 杜三十二郎地券 …… 二八五
286 宋故鄒公十四郎地券 …… 二八六

287 袁公二郎地券 …… 二八七
288 宋故萬公券記 …… 二八八
289 馮公地券 …… 二八九
290 危氏地券 …… 二九〇
291 范巨川先考地券 …… 二九一
292 雷一兄俊地券 …… 二九二
293 有宋楊公地券 …… 二九三
294 宋故王公地券 …… 二九四
295 李公地券 …… 二九五
296 李氏十娘地券 …… 二九六
297 故黄念五承事地券 …… 二九九
298 范公地券 …… 二九八
299 吴小五郎地券 …… 二九九
300 故余公七承事地券 …… 三〇〇
301 彭公監山解化頌 …… 三〇一
302 李夫人地券 …… 三〇二
303 李氏念一娘地券 …… 三〇三
304 六四公地券 …… 三〇四
305 黄門程氏六十二地券 …… 三〇五
306 故黄夫人傅氏地券 …… 三〇六
307 有故黄君地券 …… 三〇七
308 官氏二娘地券 …… 三〇八
309 熊氏三娘地券 …… 三〇九
310 胡公地券 …… 三一〇
311 李公地券 …… 三一一
312 鄭氏一娘地券 …… 三一二
313 三四宣義地券 …… 三一三
314 先妣夫人地券 …… 三一四
315 吴細六公地券 …… 三一五
316 甘公地券 …… 三一六
317 有宋李氏太君地契 …… 三一七
318 鄒公地券 …… 三一八
319 單一郎地券 …… 三一九
320 鄒公地券 …… 三二〇
321 □公地券 …… 三二一
322 李之道祖父母地券 …… 三二二
323 宋故李九公墓計 …… 三二三
324 有宋唐百三郎莫記 …… 三二四

325 甘夫人地券 …… 三二五
326 宋故干氏地券 …… 三二六
327 黄氏地券 …… 三二七
328 吴五七郎地券 …… 三二八
329 李母地券 …… 三二九
330 胡公墓券 …… 三三〇
331 阮公地券 …… 三三一
332 何氏夫人地券 …… 三三二
333 吴氏六娘地券 …… 三三三
334 故官公墓 …… 三三四
335 黄志道地券 …… 三三五
336 孫氏地券 …… 三三六
337 宋故王氏墓道 …… 三三七
338 陳應龍母地券 …… 三三八
339 陶氏地券 …… 三三九
340 宋張小八省元地券 …… 三四〇
341 周氏一娘地券 …… 三四一
342 熊氏地券 …… 三四二
343 楊氏地募 …… 三四三
344 宋故吴十二承事地券 …… 三四四
345 無名氏地券 …… 三四五
346 鄧公四乙郎地券 …… 三四六
347 王氏地券 …… 三四七
348 周家宜人李氏墓券 …… 三四八
349 有宋吴氏二娘地券 …… 三四九
350 王氏第一年娘地券 …… 三五〇
351 曾氏地券 …… 三五一
352 胡公地券 …… 三五二
353 胡公地券 …… 三五三
354 故郭五居士地券 …… 三五四
355 有宋李氏孺人地券 …… 三五五
356 黄公地券 …… 三五六
357 詹母地券 …… 三五七
358 范氏地券 …… 三五八
359 徐應酉地券 …… 三五九
360 李公地券 …… 三六〇
361 徐氏地券 …… 三六一
362 徐思義外舅地券 …… 三六二

363 陳公地券……三六三
364 八五郎地券……三六四
365 夫人王氏墓券……三六五
366 郭十郎地券……三六六
367 宋何公墓誌……三六七
368 胡氏三娘地券……三六八
369 有宋江夏十四承事墓記……三六九
370 樂十三郎地券……三七〇
371 有宋李公五乙承事地券……三七一
372 故府君地券……三七二
373 毛十七郎地券……三七三
374 故米千十承事地券……三七四
375 王九娘地券……三七五
376 有宋王君地券……三七六
377 王氏地券……三七七
378 熊氏七三娘地券……三七八
379 徐伯垓母地券……三七九
380 宋許十五郎地券……三八〇
381 鄢十八郎地券……三八一
382 張三郎地券……三八二
383 故亡母朱氏地券……三八三
384 宋孺人鄒氏地券……三八四
385 鄒氏二十娘地券……三八五
386 國諭山長曾公地券……三八六
387 □氏大娘地券……三八七
388 鄧七娘地券……三八八
389 宋故樊公地券……三八九
390 胡氏二娘地券……三九〇
391 單二郎地券……三九一
392 四娘地券……三九二
393 王氏大娘地券……三九三
394 亡人□六郎地券……三九四
395 爲十一郎地券……三九五
396 魏氏一娘地券……三九六
397 □□地券……三九七
398 夏三娘地券……三九八
399 徐賀地券……三九九
400 許十七郎地券文……四〇〇

401 葉十娘地券……四〇一
402 章氏大娘地券……四〇二
403 周大娘地券……四〇三
404 周氏地券……四〇四
405 孫君地券……四〇五
406 傅十四娘地券……四〇六
407 饒氏地券……四〇七
408 余氏地券……四〇八
409 郭五公地券……四〇九
410 故李小三解元地券文……四一〇
411 故王九郎地券……四一一
412 陳公地券……四一二
413 鄧範券記……四一三
414 李公地記……四一四
415 傅十承事地券……四一五
416 許公地券……四一六
417 蔡氏地券……四一七
418 故傅卅三承事地券……四一八
419 范應新券記……四一九
420 故黄氏太君地券……四二〇
421 艾十九太君地券……四二一
422 徐氏地券……四二二
423 故陳卅四承事地券……四二三
424 黎公地券……四二四
425 故艾四一承事地券……四二五
426 嚴氏一太君地券……四二六
427 徐公地券……四二七
428 故承事甘公券記……四二八
429 陳氏地券……四二九
430 壽峯五居士地券……四三〇
431 歿故李公六一承事地契……四三一
432 梅谿公地券……四三二
433 胡氏地券……四三三
434 游氏告神券記……四三四
435 故陳公六十承事地券……四三五
436 聶氏地券……四三六
437 鄔母陳氏地券……四三七
438 友松鄔公地券……四三八

439 曾舉夫地券 …………………… 四三九
440 李公地券 …………………… 四四〇
441 故陳十承事地券 …………………… 四四一
442 故徐公八承事地券 …………………… 四四二
443 故黄氏四太君地券 …………………… 四四三
444 雷公真乙宣教地券 …………………… 四四四
445 故胡氏安人地券 …………………… 四四五
446 故張公三承事地券 …………………… 四四六
447 故單十六承事地券 …………………… 四四七
448 陳公地券 …………………… 四四八
449 故單公小三承事地券 …………………… 四四九
450 故余六五承事墓 …………………… 四五〇
451 單氏太君地券 …………………… 四五一
452 故陳元一承事地券 …………………… 四五二
453 施氏地券 …………………… 四五三
454 程靖一地券 …………………… 四五四
455 怯列氏券記 …………………… 四五五
456 故陳念八承事地券 …………………… 四五六
457 陳公地券 …………………… 四五七
458 故黎孟乙郎券 …………………… 四五八
459 饒宗先地券 …………………… 四五九
460 故陳十乙郎地券 …………………… 四六〇
461 何五三承事地券 …………………… 四六一
462 無名氏地券 …………………… 四六二
463 甘氏地券 …………………… 四六三

001　蔣氏魏夫人地券

時代：唐咸通十年（869年）己丑十一月八日　尺寸：高30.6釐米，寬26釐米

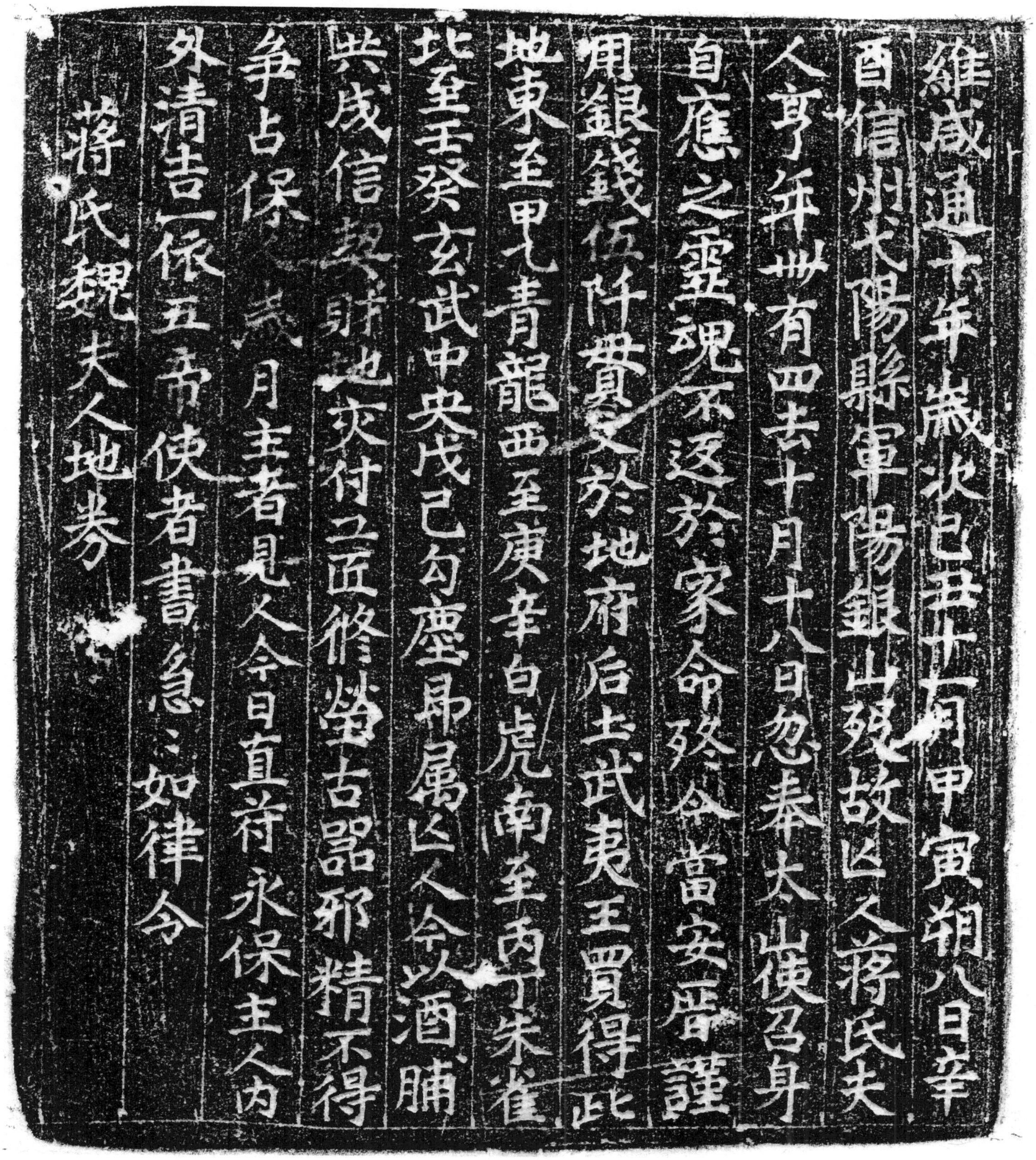
維咸通十年歲次己丑十一月甲寅朔八日辛
酉信州弋陽縣軍陽鄉銀山殁故亡人蔣氏夫
人享年卌有四去十月十八日忽奉太山使召身
自應之靈魂不返於家命殁今當安厝謹
用銀錢伍阡貫文於地府后土武夷王買得此
地東至甲乙青龍西至庚辛白虎南至丙丁朱雀
北至壬癸玄武中央戊己勾塵界屬亡人今以酒脯
與成信契財地交付工匠脩營古器邪精不得
争占保人歲月主者見人今日直符永保主人內
外清吉一依五帝使者書急急如律令
蔣氏魏夫人地券

002 張六娘地券

時代：北宋乾德三年（965年）十月二十五日

尺寸：高36.1釐米，寬41.2釐米

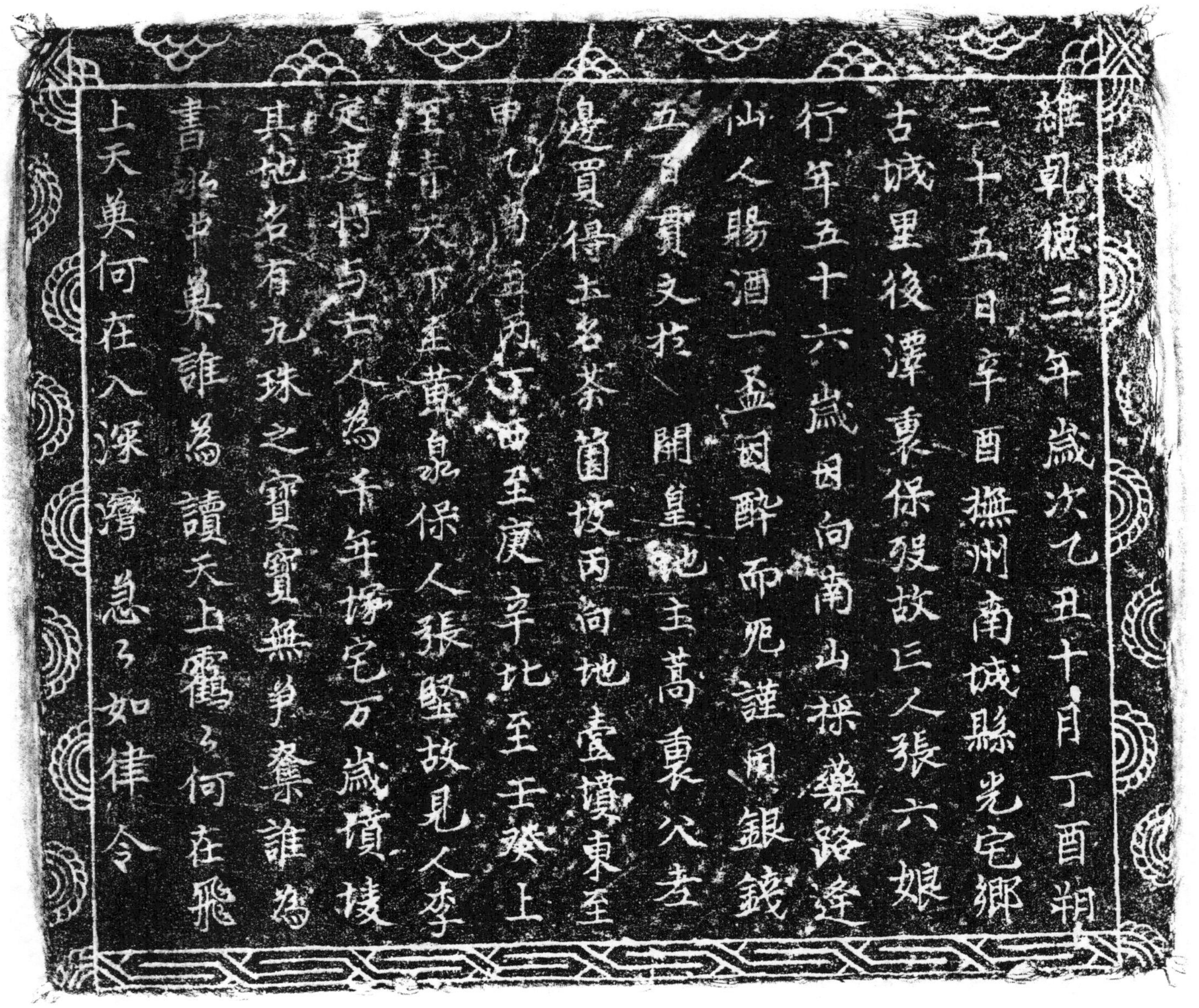
維乾德三年歲次乙丑十月丁酉朔
二十五日辛酉撫州南城縣光宅鄉
古城里後潭裏保歿故亡人張六娘
行年五十六歲因向南山採藥路逢
仙人賜酒一盃因醉而死謹用銀錢
五百貫文於　開皇地主蒿裏父老
邊買得去名茶園坡丙向地壹墳東至
甲乙南至丙丁西至庚辛北至壬癸上
至青天下至黃泉保人張堅故見人李
定度將与亡人為千年塚宅万歲墳塿
其地名有九珠之寶寶無爭奪誰為
書水中魚誰為讀天上鶴鶴何在飛
上天魚何在入深灣急急如律令

003　危氏二娘地券

時代：北宋開寶六年（973年）十二月二十八日　尺寸：高35.6釐米，寬37.7釐米

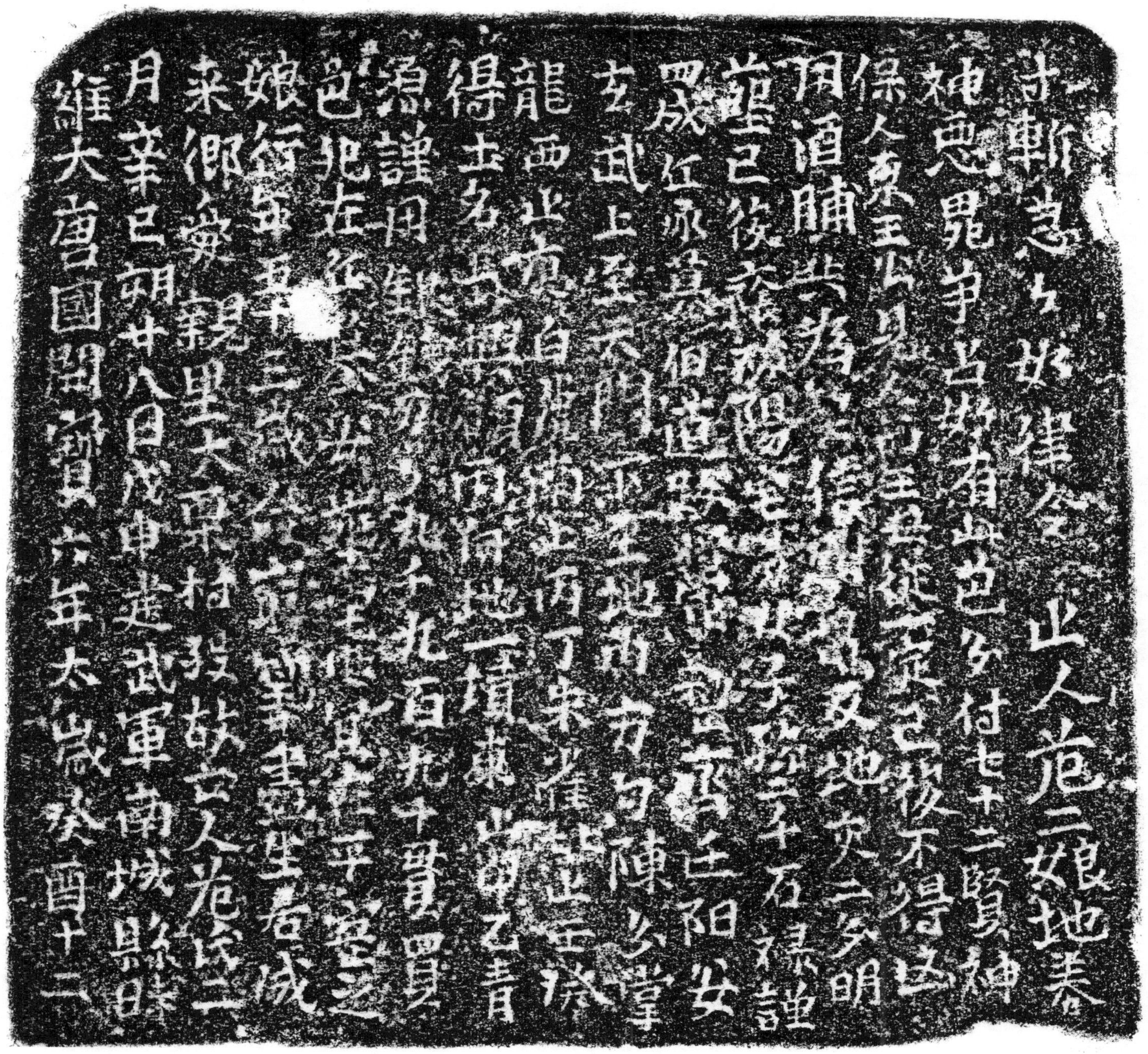

004　吴四郎地券

時代：北宋太平興國七年（982年）十月十五日　尺寸：高31.6釐米，寬42.4釐米

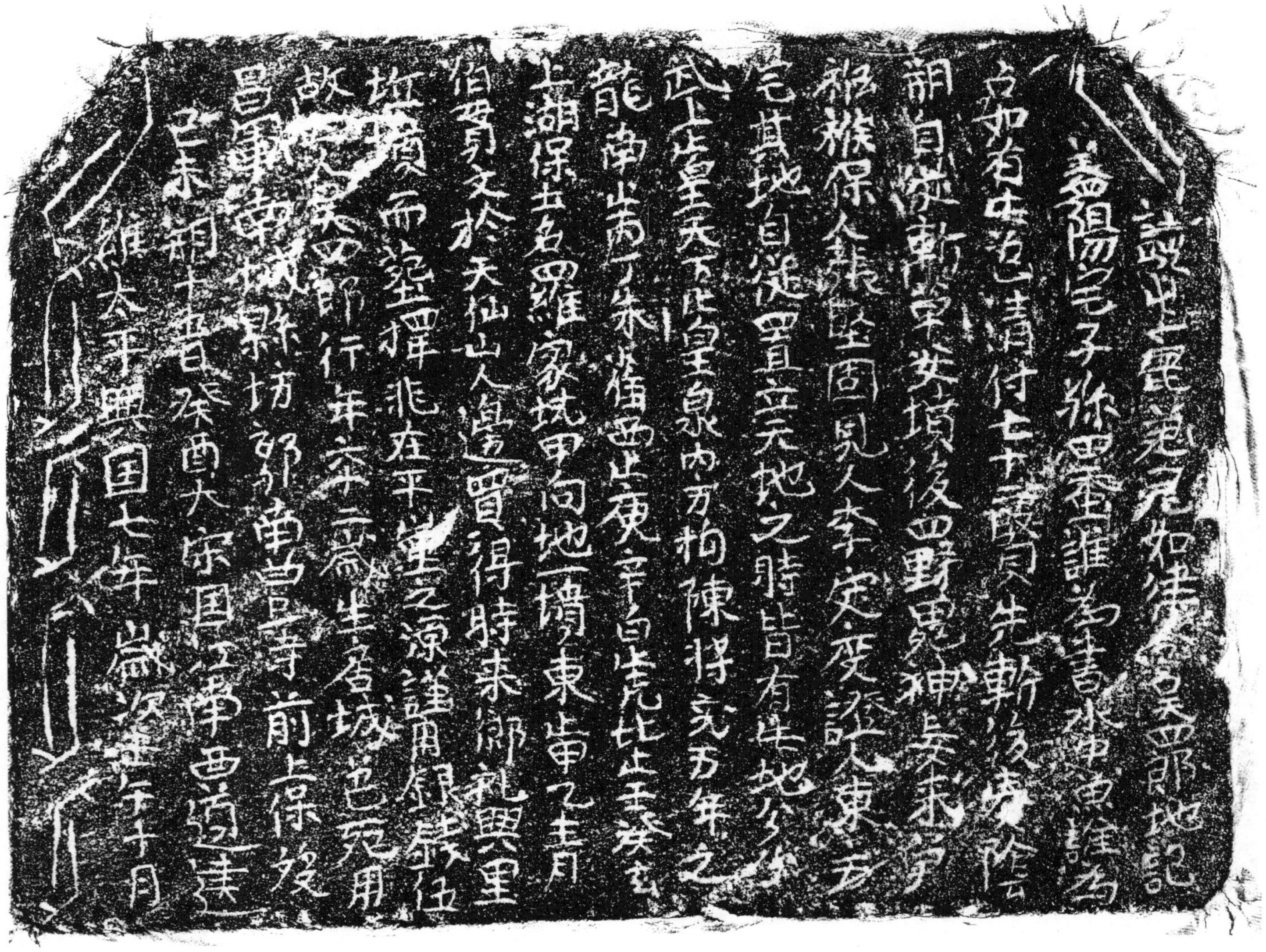

005 故天水郡姜氏夫人墓券

時代：北宋太平興國八年（983年）十一月　尺寸：高39.5釐米，寬51釐米

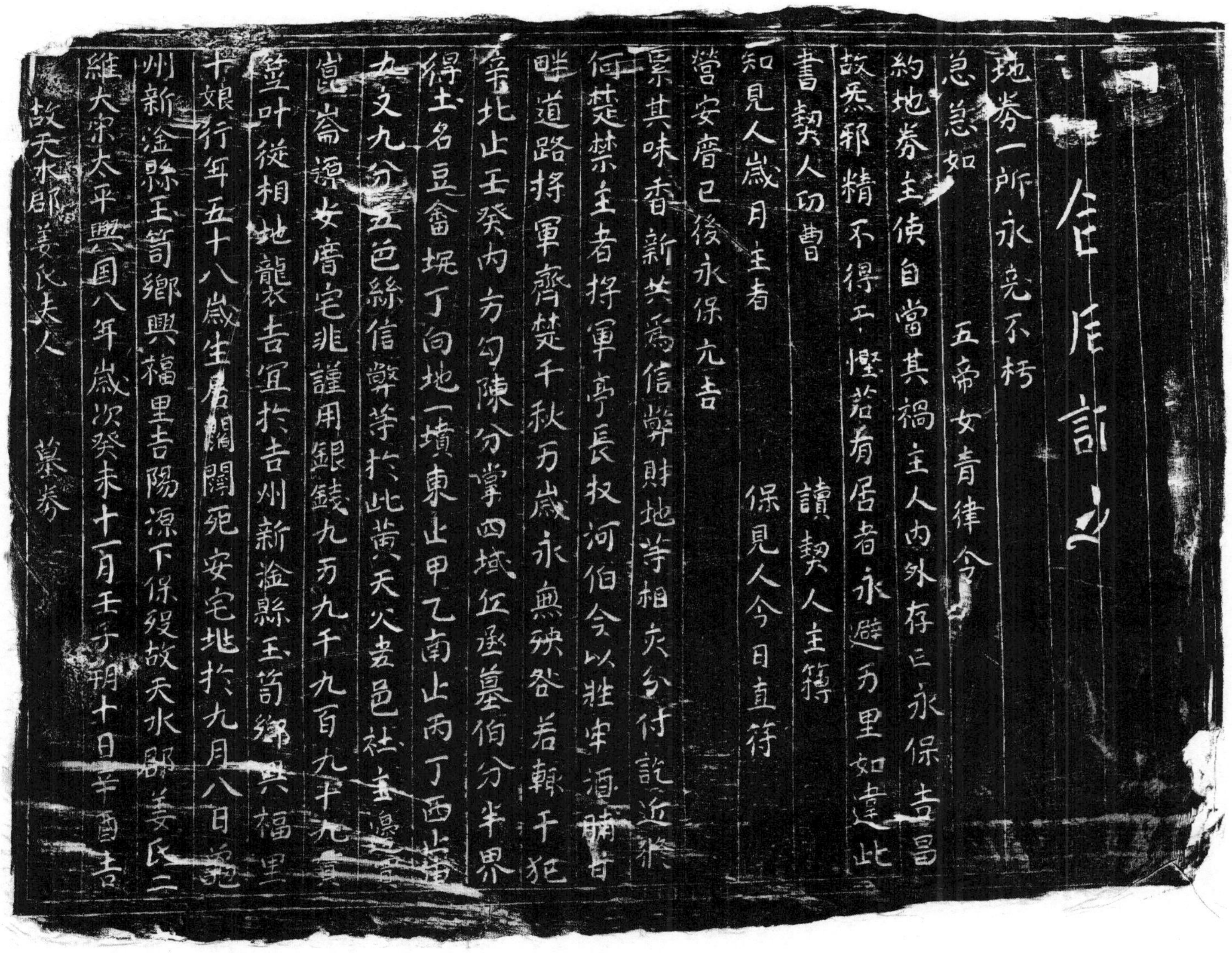
故天水郡姜氏夫人　墓券
維大宋太平興国八年歲次癸未十一月壬子朔十日辛酉吉
州新淦縣玉笥鄉興福里吉陽源下保殁故天水郡姜氏二
十娘行年五十八歲生居閻闠死安宅兆於九月八日艳
竝叶從相地襲吉宜於吉州新淦縣玉笥鄉興福里
崑崙源女厝宅兆謹用銀錢九万九千九百九十九貫
九丈九分五色綵信幣等於此黄天父后土社主邊買
得土名豆畬垅丁向地一墳東止甲乙南止丙丁西止庚
辛北止壬癸内方勾陳分掌四域丘丞墓伯分半界
味道路將軍齊楚千秋万歲永無殃咎若輙干犯
何楚禁主者将軍亭長收河伯今以牲牢酒脯百
票其味香新共爲信幣財地等相交分付
營安厝已後永保九吉
知見人歲月主者　保見人今日直符
書契人功曹　讀契人主簿
故炁邪精不得干恡若有居者永避万里如違此
約地券主候自當其禍主人内外存亡永保吉昌
急急如　五帝女青律令
地券一所永充不朽

006　林氏一娘地券

時代：北宋太平興國九年（雍熙元年，984年）十一月十五日　　尺寸：高38.5釐米，寬39.9釐米

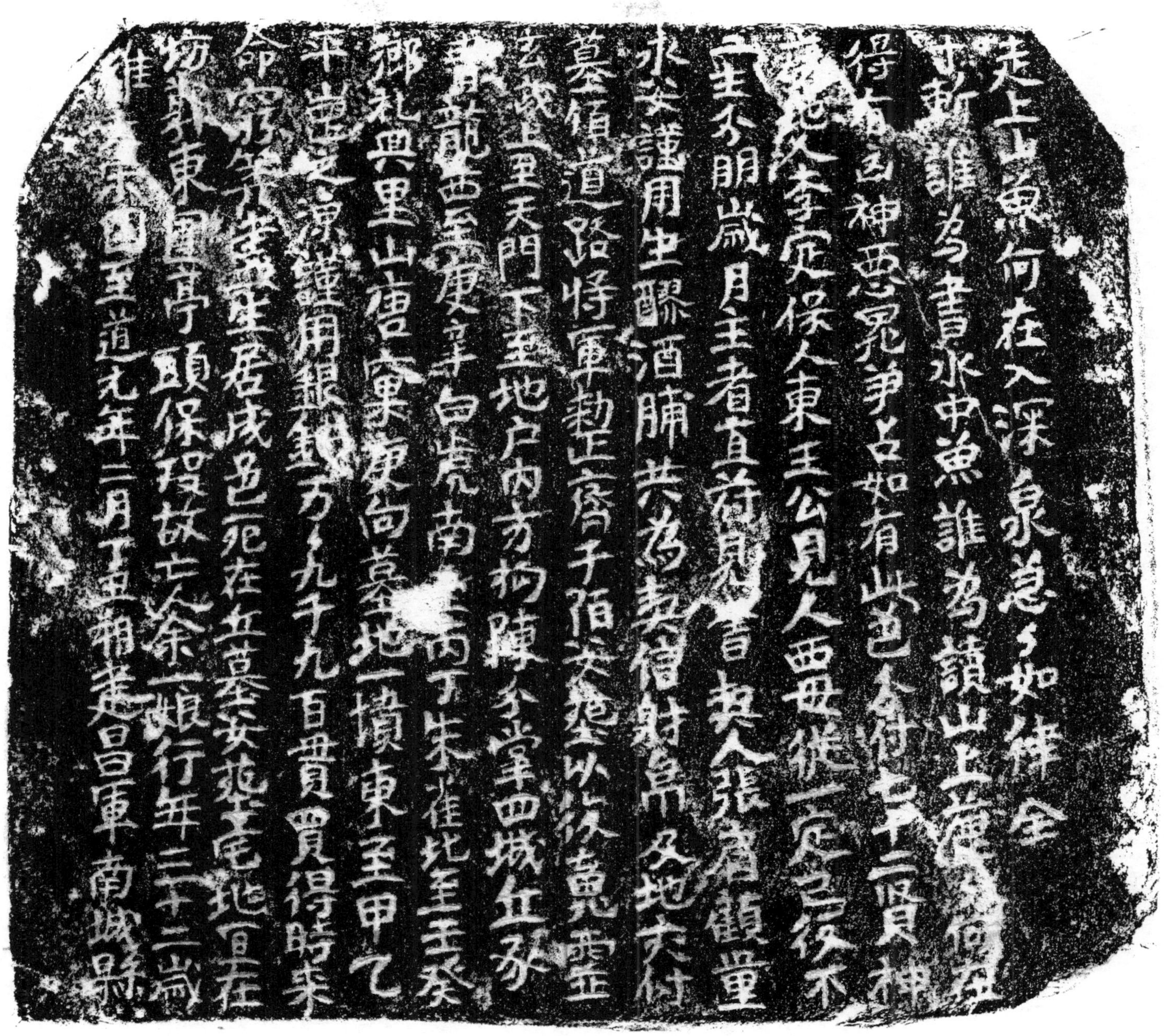

007　余一娘地券

時代：北宋至道元年（995年）二月　尺寸：高37釐米，寬40.8釐米

008 謝惟地券

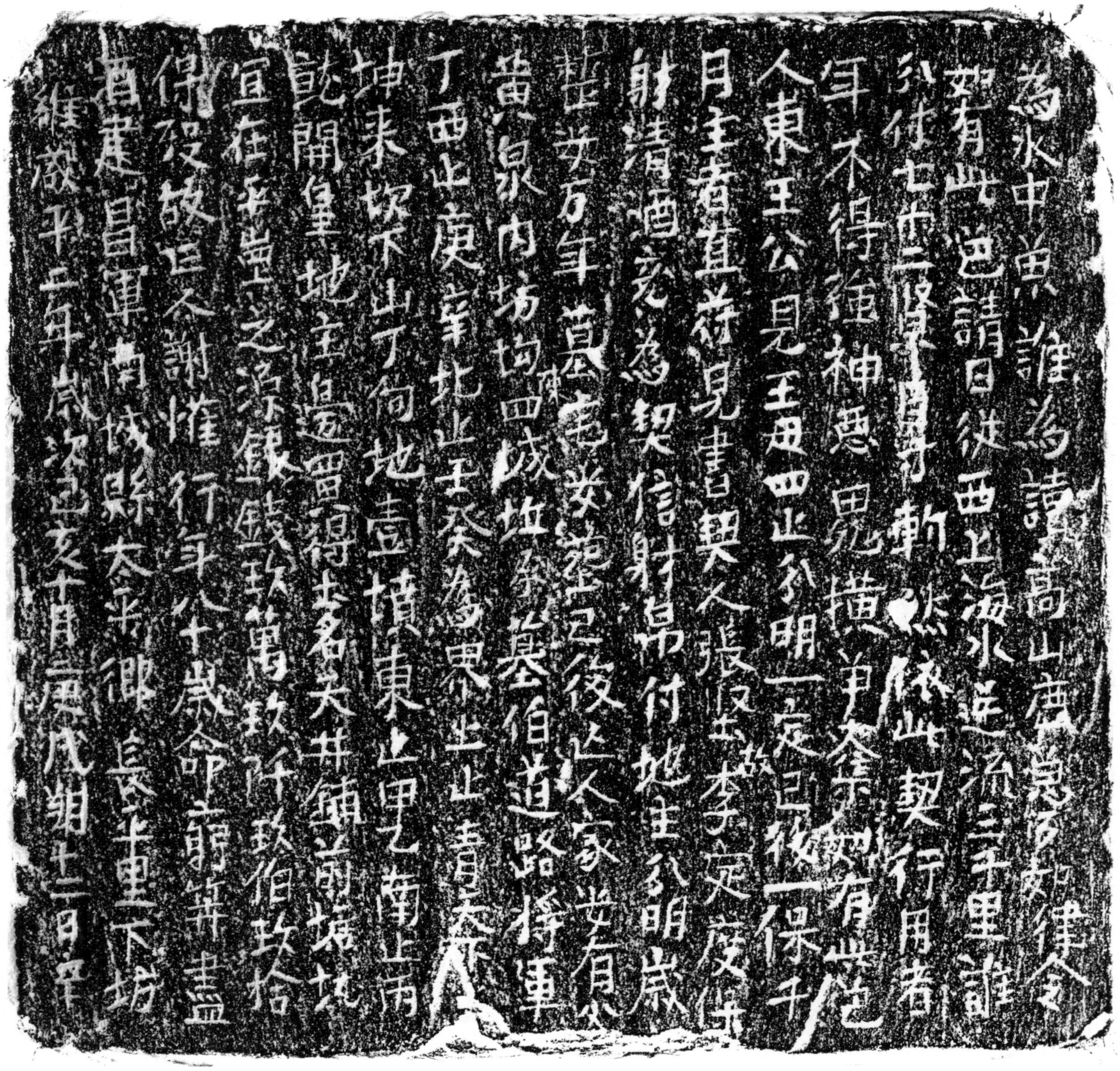

時代：北宋咸平二年（999年）十月十二日　尺寸：高34.8釐米，寬41釐米

009 洪農楊氏夫人地券

時代：北宋咸平五年（1002年）九月二十九日　尺寸：高52.6釐米，寬38.3釐米

洪農楊氏夫人地券
維咸平五年歲次壬寅九月癸巳朔二十九日辛酉臨江軍
淦縣欽風鄉万歲里何坑中保殁故亡人　楊氏夫人行年八
十三歲薄命奄亡今是良歲利月吉日良時先用銀錢万万
貫文於當保内買得土名鄒家塝甲向地一墳東至甲乙青
龍南至丙丁朱雀西至庚辛白虎北至壬癸玄武上至皇天
下至黄泉永作万年之冢從天買地從地買冢其錢各相交
付訖更無少欠時知見者与日月土府土下二千石四方營域
都耀里長丘丞墓伯切曹録吏社邑君所證知東西南北各
一百二十步皆屬亡人　楊氏夫人所管其土地山神比近近
冢之者不得横相禁護若有爭奪當詣土伯准法科罪諸神
忽呵山精不怒不得責其子孫埋殯已後斷絶哭殃墓中亡
靈永蔭益陽間子孫家宅昌隆人口興泰莊田進入絲蚕倍收
倉庫盈溢牛馬成羣已上神祇效責主人便焦豆鼈龜卵
飛鳴　天上作地　地下作天　日從西上始得責之若不能改
此法者當令亡人安樂急急如律令
書人張堅固
讀人李定度

010 丘三娘地券

時代：北宋景德三年（1006年）十二月癸酉

尺寸：高38.8釐米，寬41.1釐米

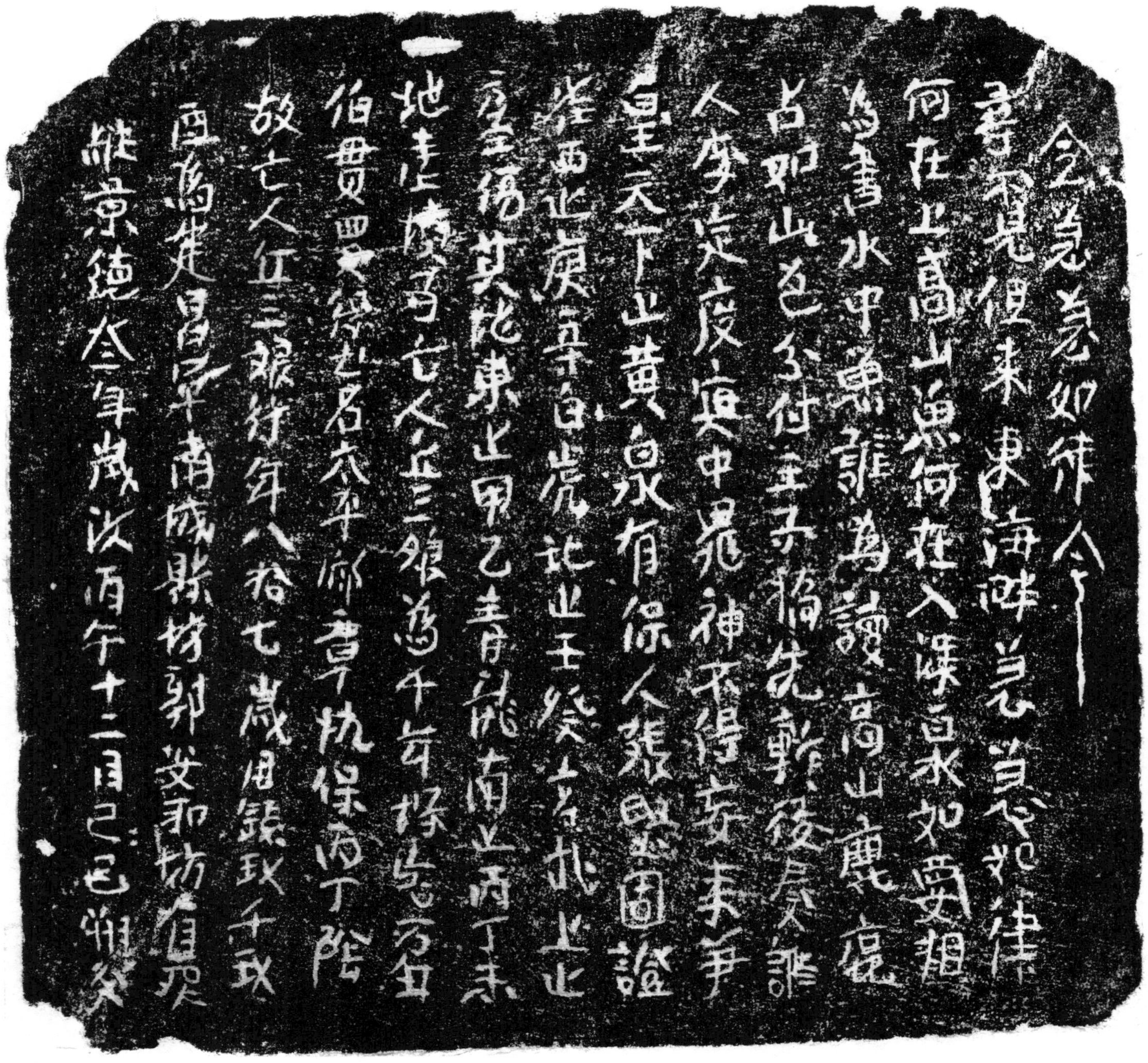

011 劉六郎地券

時代：北宋大中祥符五年（1012年）九月　尺寸：高36.2釐米，寬33.2釐米

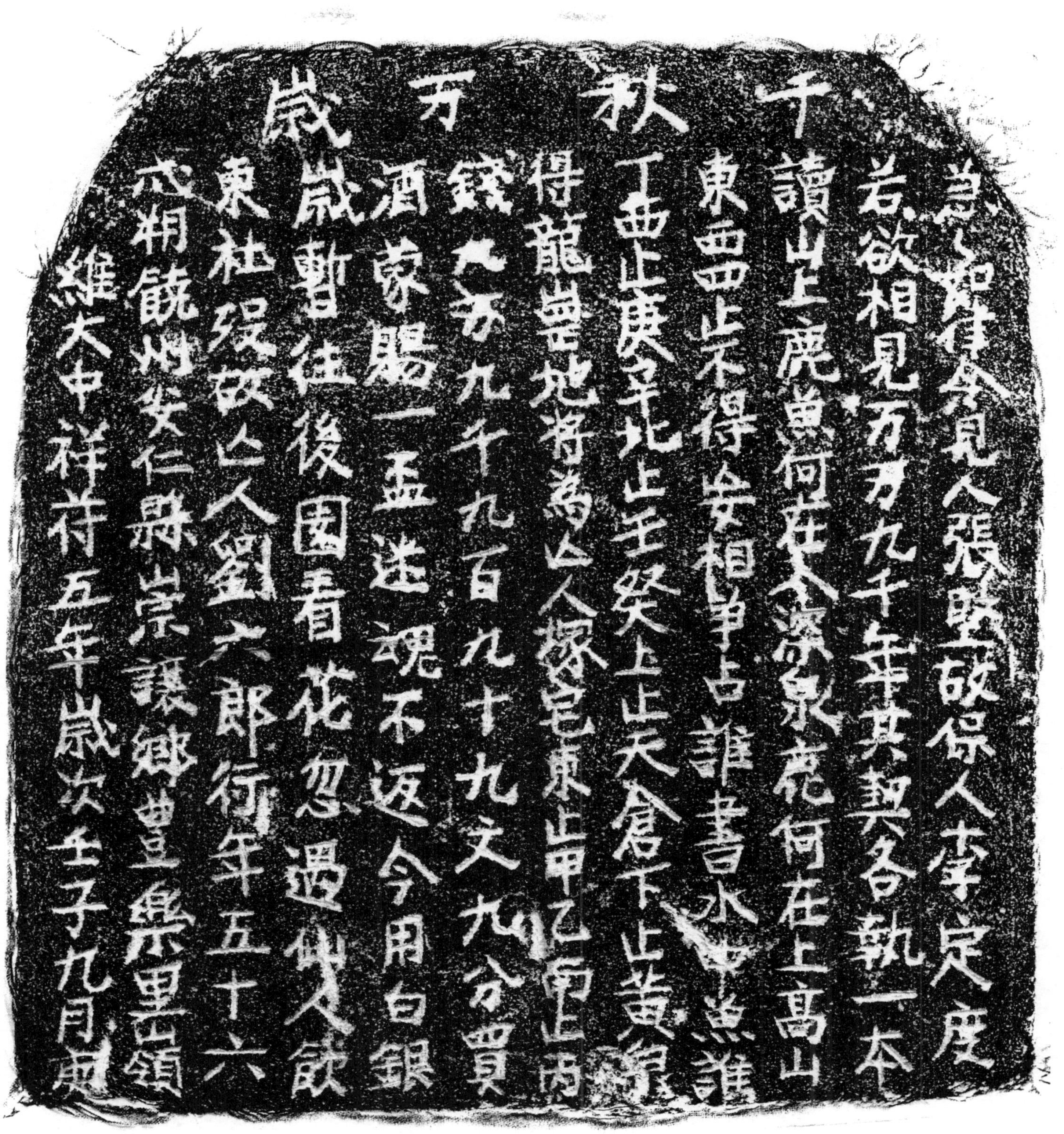

012　左氏二娘地券

時代：北宋大中祥符五年（1012年）閏十月二十日　尺寸：高52釐米，寬41釐米

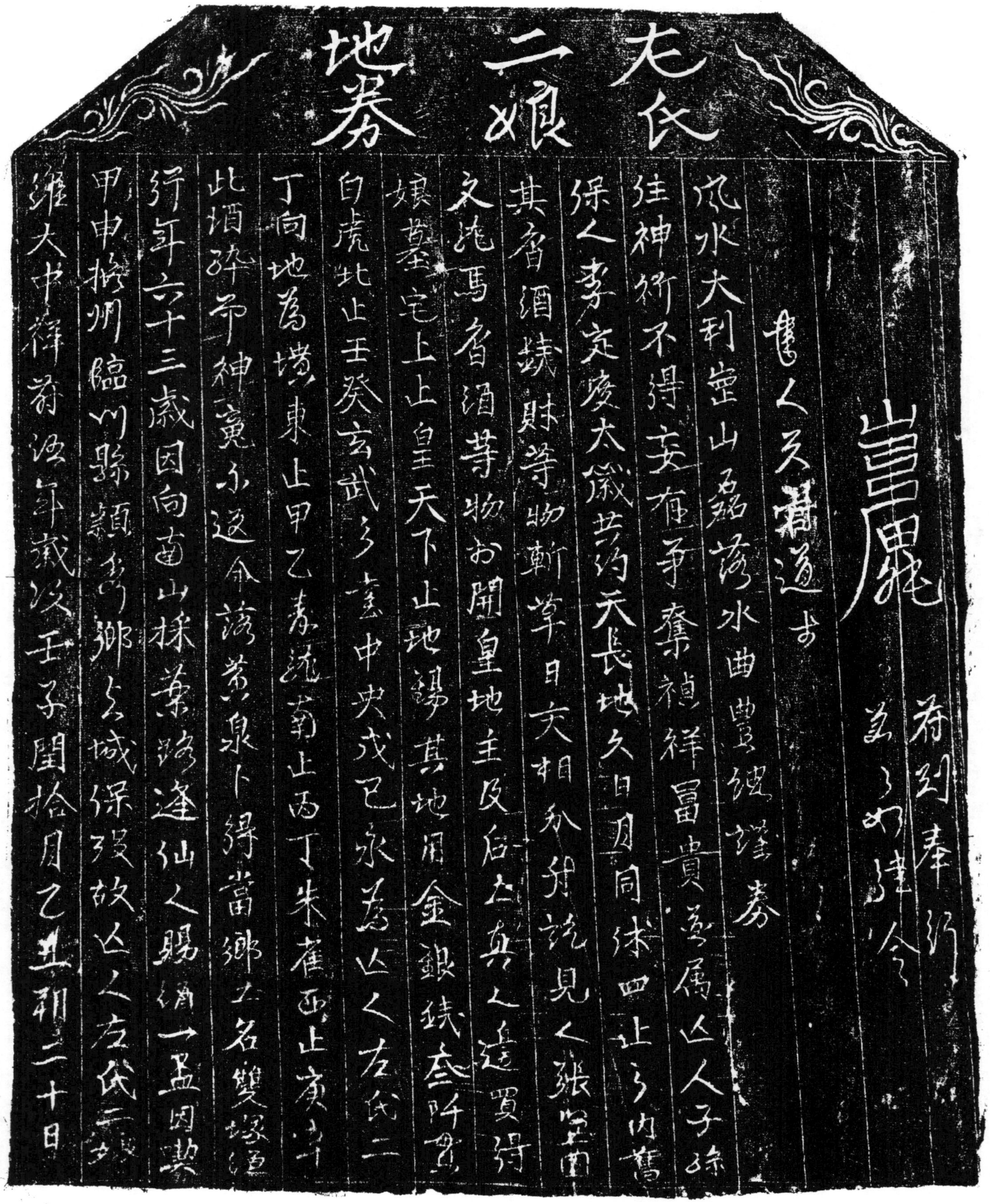
左氏二娘地券
維大中祥符伍年歲次壬子閏拾月乙丑朔二十日
甲申撫州臨川縣穎秀鄉之城保殁故亡人左氏二娘
行年六十三歲因向南山採藥路逢仙人賜酒一盃因契
此墳碎爭神竟不返命落荒泉卜得當鄉土名雙塚塘
丁向地為墳東止甲乙青龍南止丙丁朱雀西止庚辛
白虎北止壬癸玄武之墓中央戊己永為亡人左氏二
娘墓宅上止皇天下止地錫其地用金銀錢叁阡貫
文憑馬香酒等物於開皇地主及后土處亡人造買得
其香酒錢財等物斬草日交相分付訖見人張堅固
保人李定度太歲共為天長地久日月同休四止之內舊
往神術不得妄有爭奪禎祥冨貴並屬亡人子孫
風水大利岀山磊落水曲豐饒瑩券

013 故陳留阮府君地券記

時代：北宋天禧三年（1019年）十二月二十四日　尺寸：高29釐米，寬36釐米

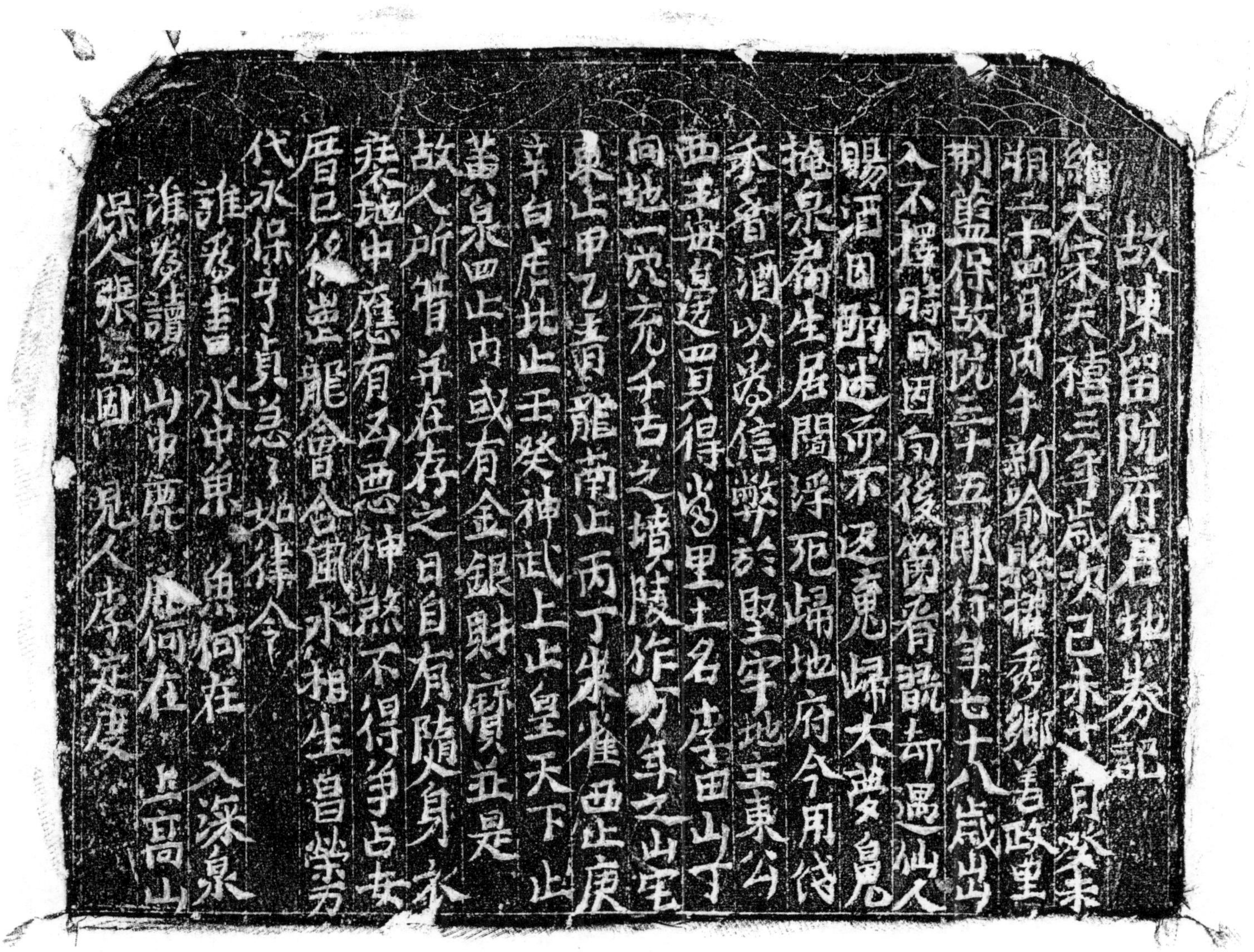

014 傅三郎地券

時代：北宋乾興元年（1022年）十月二十四日

尺寸：高40釐米，寬44釐米

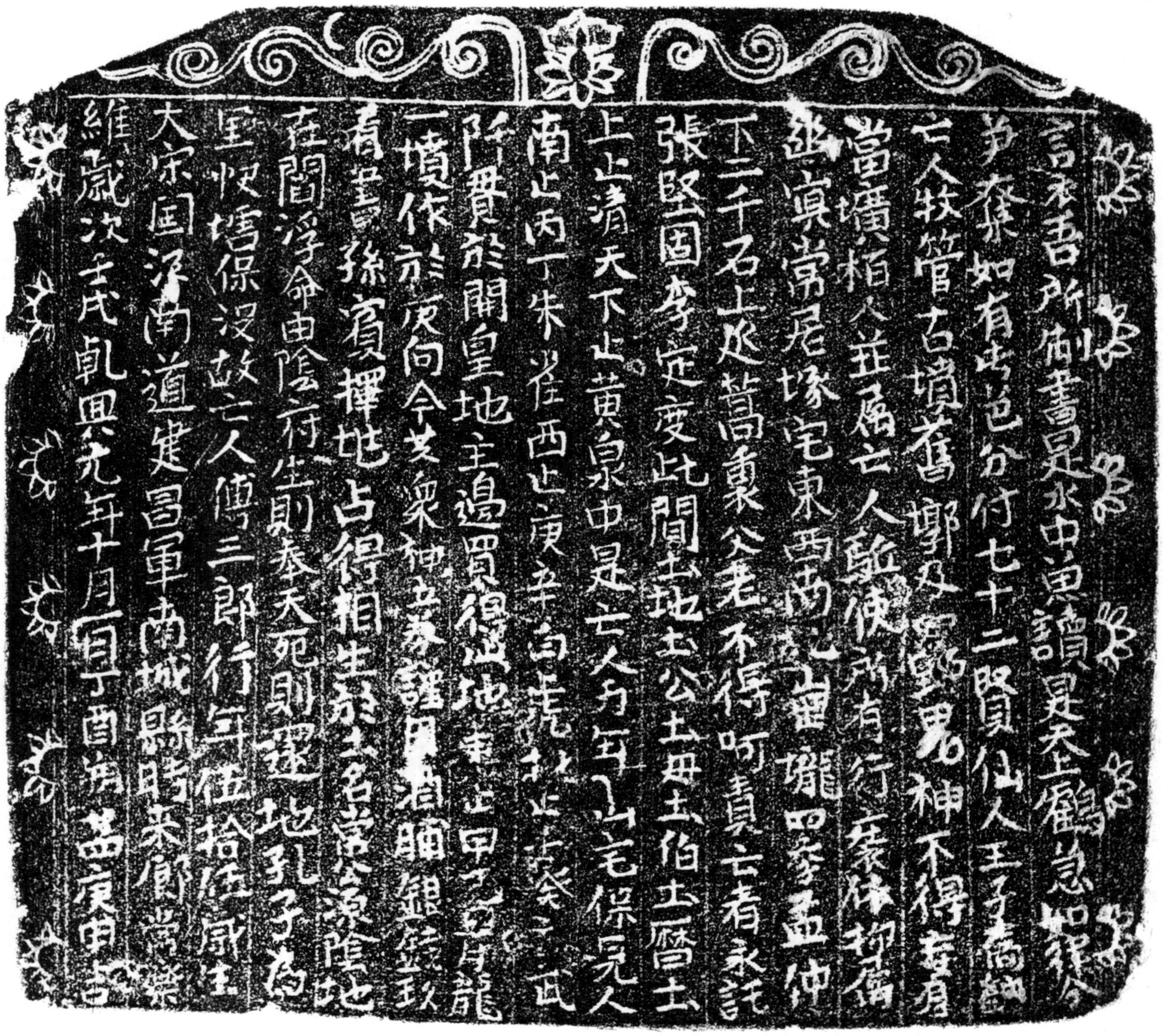

015 故蘭陵蕭府君地券

時代：北宋天聖四年（1026年）八月二十三日　尺寸：高60.2釐米，寬42.4釐米

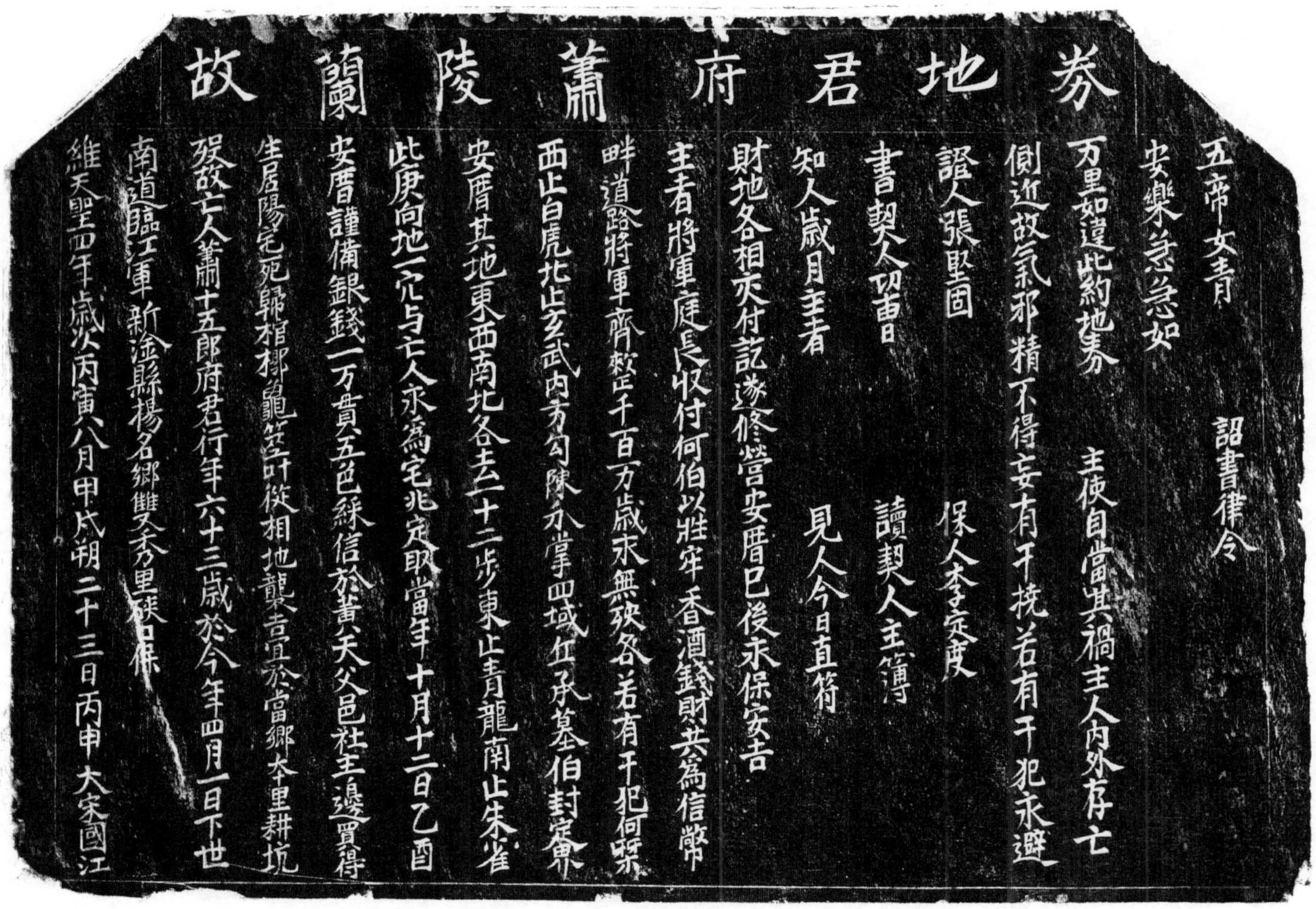
故蘭陵蕭府君地券
維天聖四年歲次丙寅八月甲戌朔二十三日丙申大宋國江
南道臨江軍新淦縣楊名鄉雙秀里硤口保
歿故亡人蕭十五郎府君行年六十三歲於今年四月一日下世
生居陽宅死歸棺槨龜筮叶從相地襲吉宜於當鄉本里耕坑
安厝謹備銀錢一万貫五色綵信於蒿天父邑社主邊買得
此庚向地一穴与亡人永為宅兆定取當年十月十二日乙酉
安厝其地東西南北各去二十二步東止青龍南止朱雀
西止白虎北止玄武內方勾陳分掌四域丘承墓伯封定界
畔道路將軍齊整千百万歲永無殃咎若有干犯何禁
主者將軍庭長收付何伯以牲牢香酒錢財共為信幣
財地各相交付訖遂修營安厝已後永保安吉
知人歲月主者　見人今日直符
書契人功曹　讀契人主簿
證人張堅固　保人李定度
側近故氣邪精不得妄有干撓若有干犯永避
万里如違此約地券　主使自當其禍主人內外存亡
安樂急急如　詔書律令
五帝女青

016 何大郎地券

時代：北宋天聖五年（1027年）六月二十一日

尺寸：高44.2釐米，寬38.9釐米

017 殁故閿鄉郡楊氏夫人地券

時代：北宋天聖六年（1028年）十二月二十四日　尺寸：高55釐米，寬49.5釐米

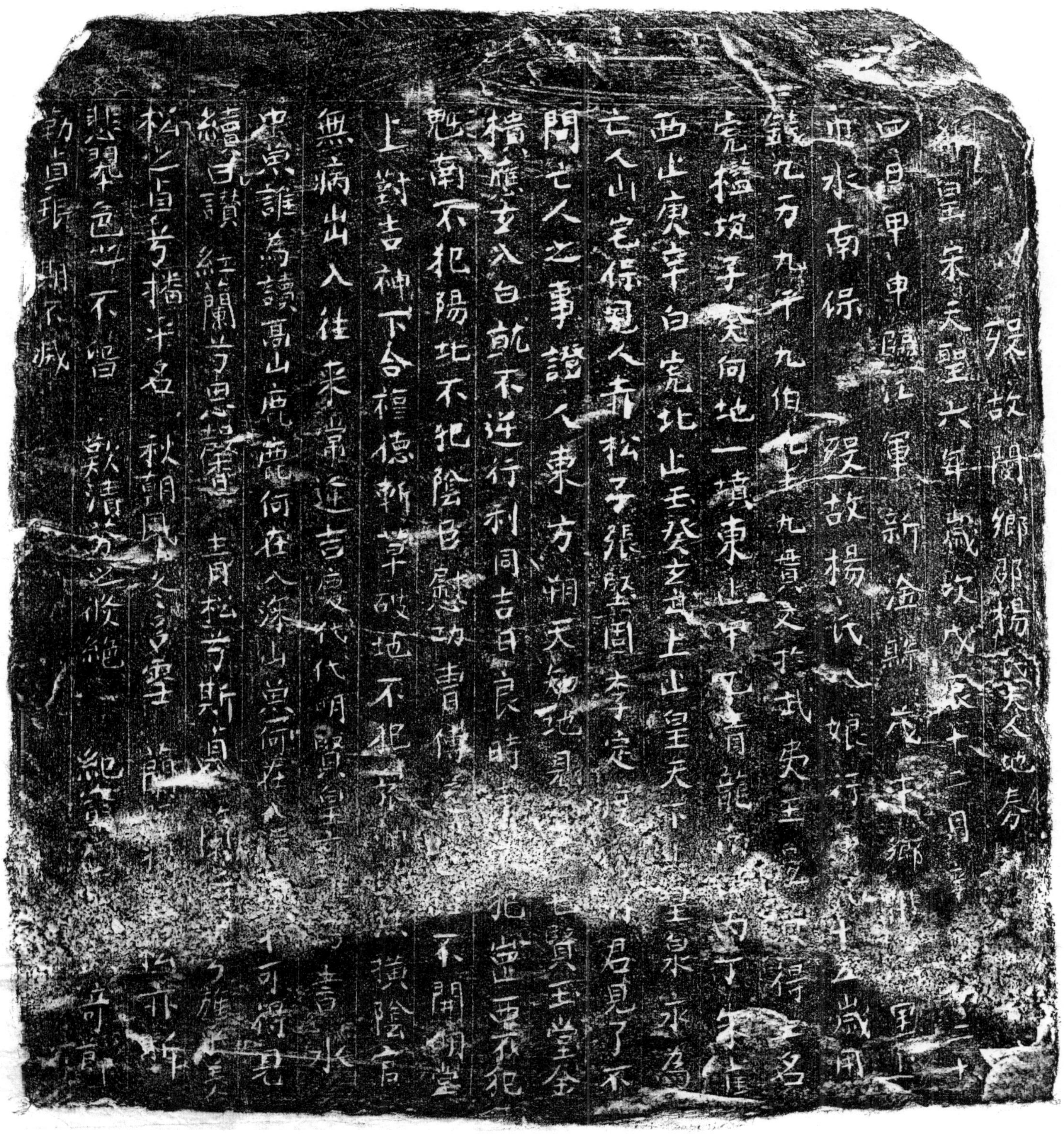

018 □何君地券

時代：北宋天聖八年（1030年）十月一日

尺寸：高43.5釐米，寬45釐米

019　曾八郎地券

時代：北宋天聖九年（1031年）閏十月二十八日　尺寸：高37釐米，寬44釐米

020 朱十郎地券

時代：北宋景祐元年（1034年）七月　尺寸：高38.3釐米，寬30.2釐米

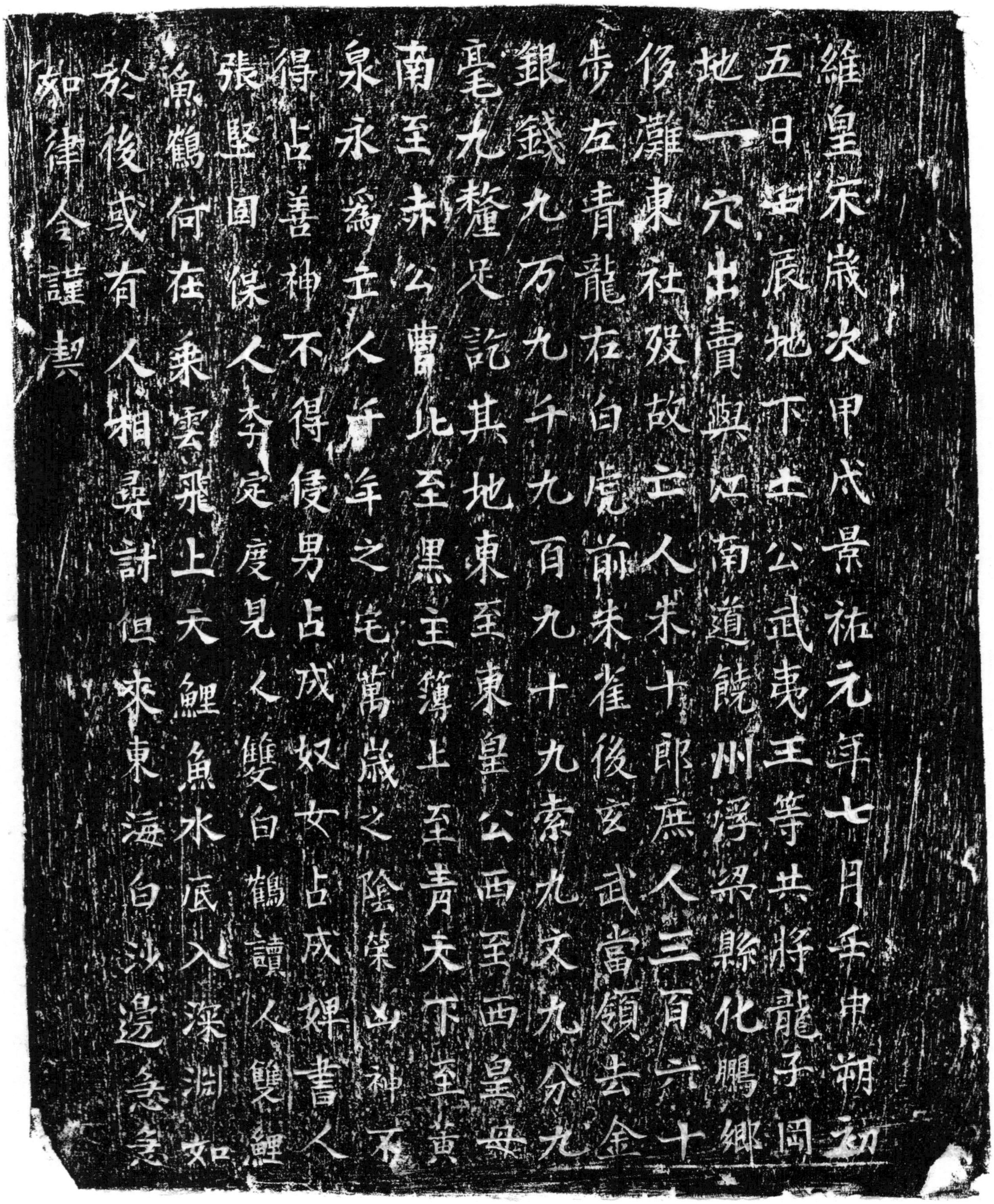
維皇宋歲次甲戌景祐元年七月壬申朔初
五日丙辰地下土公武夷王等共將龍子岡
地一穴出賣與江南道饒州浮梁縣化鵬鄉
移灘東社殁故亡人朱十郎庶人三百六十
步左青龍右白虎前朱雀後玄武當領去金
銀錢九万九千九百九十九索九文九分九
毫九釐足訖其地東至東皇公西至西皇母
南至赤公曹比至黑主簿上至青天下至黃
泉永爲亡人千年之宅萬歲之陰榮山神不
得占善神不得侵男占成奴女占成婢書人
張堅固保人李定度見人雙白鶴讀人雙鯉
魚鶴何在乘雲飛上天鯉魚水底入深淵如
於後或有人相尋討但來東海白沙邊急急
如律令謹契

021 周氏二十五娘地券

時代：北宋景祐四年（1037年）十月二十二日　尺寸：高48釐米，寬47.8釐米

維景祐四年歲次丁丑十月己巳朔弍拾貳日庚寅
撫州臨川縣類秀鄉狀遥里殁故亡人周氏二十五娘
行年六十二歲忽被二鬼很騰四魅俱遭人命落
黄泉亡魂歸逝水今用金銀錢二阡貫酒菓
五土尊神開皇地主邊買得土名查坑大山上
域寅艮来山坤向地壹墳其地東至甲乙青龍
之岀南至丙丁朱雀之峯西至庚辛白虎之櫳
北至壬癸玄武之處上至青天吉星下至黄
泉水口中央戊己拘陳中心下穴永為亡人作万
年山宅四至之内若有邪珠財寶並是亡人收管
或有古跡盡壇不得呵責謹具地券如前保人
張堅固見人李定度書人天官道士[illegible]如律令

022　尹三郎地券

時代：北宋景祐五年（寶元元年，1038年）正月二十四日　尺寸：高43釐米，寬40釐米

[illegible]何在上高山魚何在入深泉二彼不相見直待東海變桑田急急如律令勅[illegible]
野神不得擅來爭占今置人張堅固保見人李定度證寫書水中魚讀高山鹿
尹三郎万歲陰宅天為父地為母日月星神共爲綱紀凡墓隣墓伯丘丞[illegible]
南至丙丁朱雀西至庚辛白虎北至壬癸玄武上至青天下至黃泉永為亡人
入宅甲向地墳於甲水四十二步大水合丙長流二千四山位位週足東至甲乙青龍
九千九百九十文買得望仙門外修德鄉吉東塘座倚[illegible]乾來山骨坤山入路庚兌
陰向陽命歸萬泉今[illegible]得天道天德月德庫樓黃道吉方上用錢九万九千[illegible]
因向南嶺看花路逢仙人賜酒不覺沉醉迷而不返死去歸空遂至喪亡昔
軍清江縣市郭虎泉坊殁故亡人君三郎行年七十四歲行不擇日出不擇時
土伯土刀土下二千石禄墓門庭長遊邏禁司一切眷屬無不開者今[illegible]
維大宋景祐五年歲次戊寅正月戊戌朔二十四日辛酉天一地二四孟仲季
謹勅地券一道

023 殁故亡人宋六郎券謹記

時代：北宋慶曆元年（1041年）十一月二十六日　尺寸：高37.5釐米，寬34釐米

024 周四娘内契

時代：北宋慶曆二年（1042年）十月一日

尺寸：高39.5釐米，寬33.5釐米

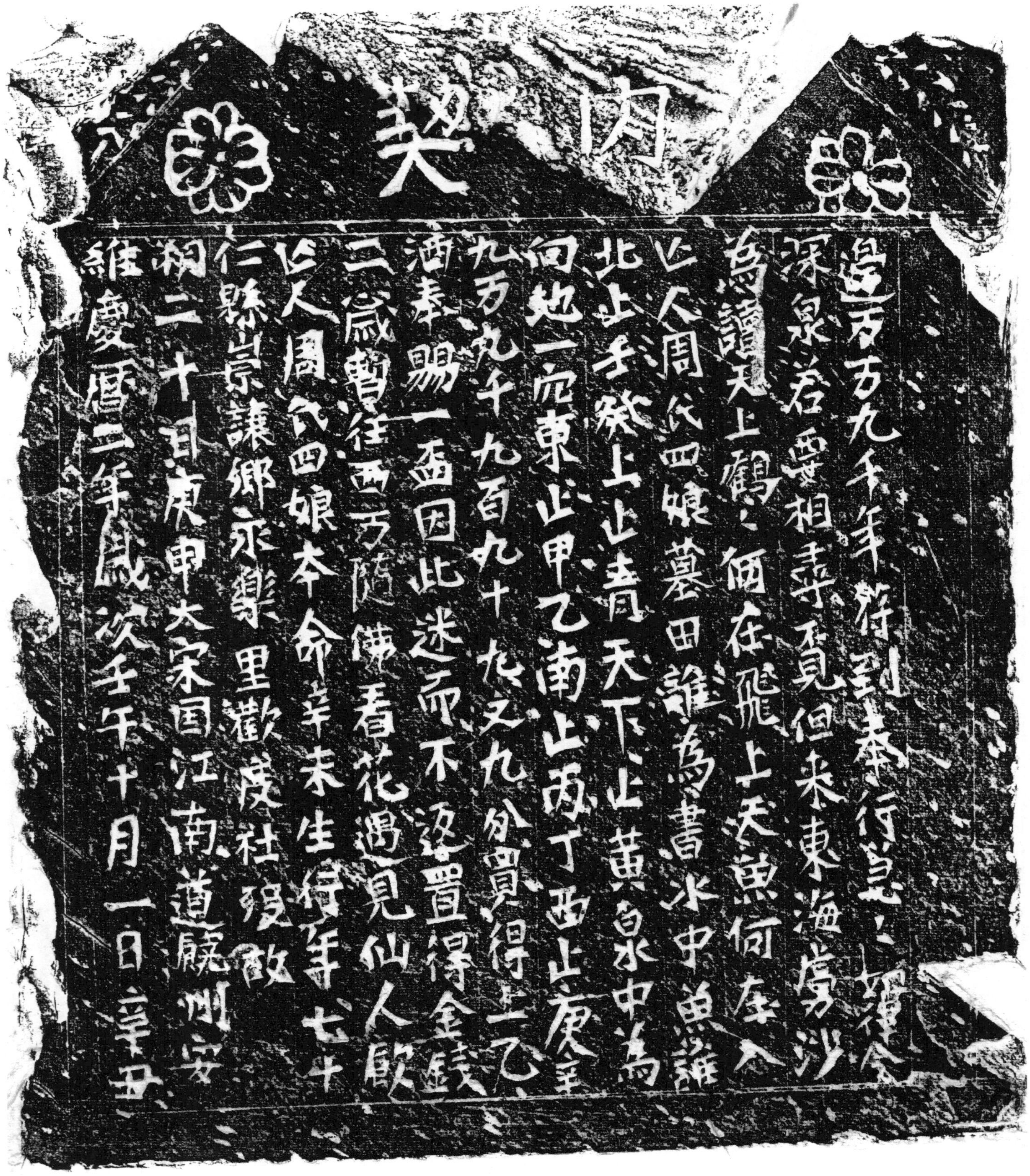
内契
深泉岩要相尋覓但來東海邊沙
為讀天上鶴何在飛上天魚何在入
亡人周氏四娘墓田誰為書水中魚誰
北止壬癸上止青天下止黃泉中為
向地一穴東止甲乙南止丙丁西止庚辛
九万九千九百九十九文九分買得上乙
酒奉賜一函因此迷而不返置得金錢
二歲暫往西方隨佛看花遇見仙人飲
亡人周氏四娘本命辛未生行年七十
仁縣崇謙鄉永樂里歡慶社殁故
州二十日庚申大宋国江南道饒州安
維慶曆二年歲次壬午十月一日辛丑

025 陳府君地券

時代：北宋慶曆五年（1045年）十二月一日　尺寸：高37.5釐米，寬34.8釐米

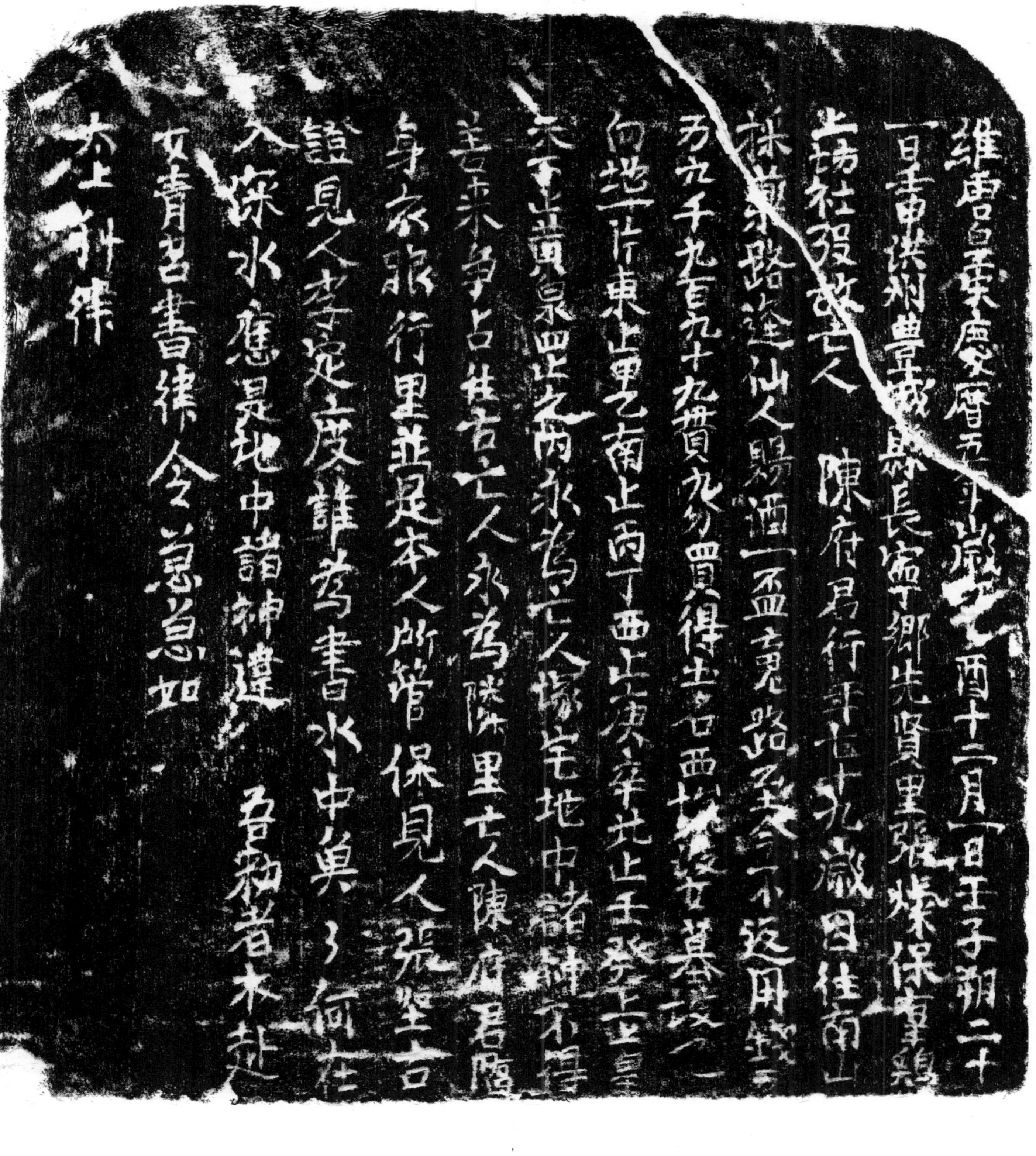

026 黄大郎地券

時代：北宋慶曆七年（1047年）十二月二十日

尺寸：高41釐米，寬39釐米

維慶曆柒年歲次丁亥十二月辛丑朔二十日庚申
大宋國江南西道撫州崇仁縣坊郭土地保前充押
司録事黄大郎行年六十二因向南山採藥路逢
仙人賜酒一盃因此致命不迴隨命落蒿里黄
泉上告 皇天下告地理今用錢九千九百貫文
買得長安鄉加會里黄塘口免甫界震艮山
巳丙向地一墳東止甲乙南止丙丁西止庚辛
北止壬癸上止青天下止黄泉居其中央建造陰
宅宮舊地主張堅固書人李定度保人東王公見
人西王母緣亡人不會陰中公法故書此契券付
墓門亭長蒿里父老陰中侯伯不得亡妄有爭
占如有此色請付
大止玉女收斬之急急如律令

027 傅二娘地券

時代：北宋皇祐元年（1049年）七月十八日　尺寸：高40釐米，寬35釐米

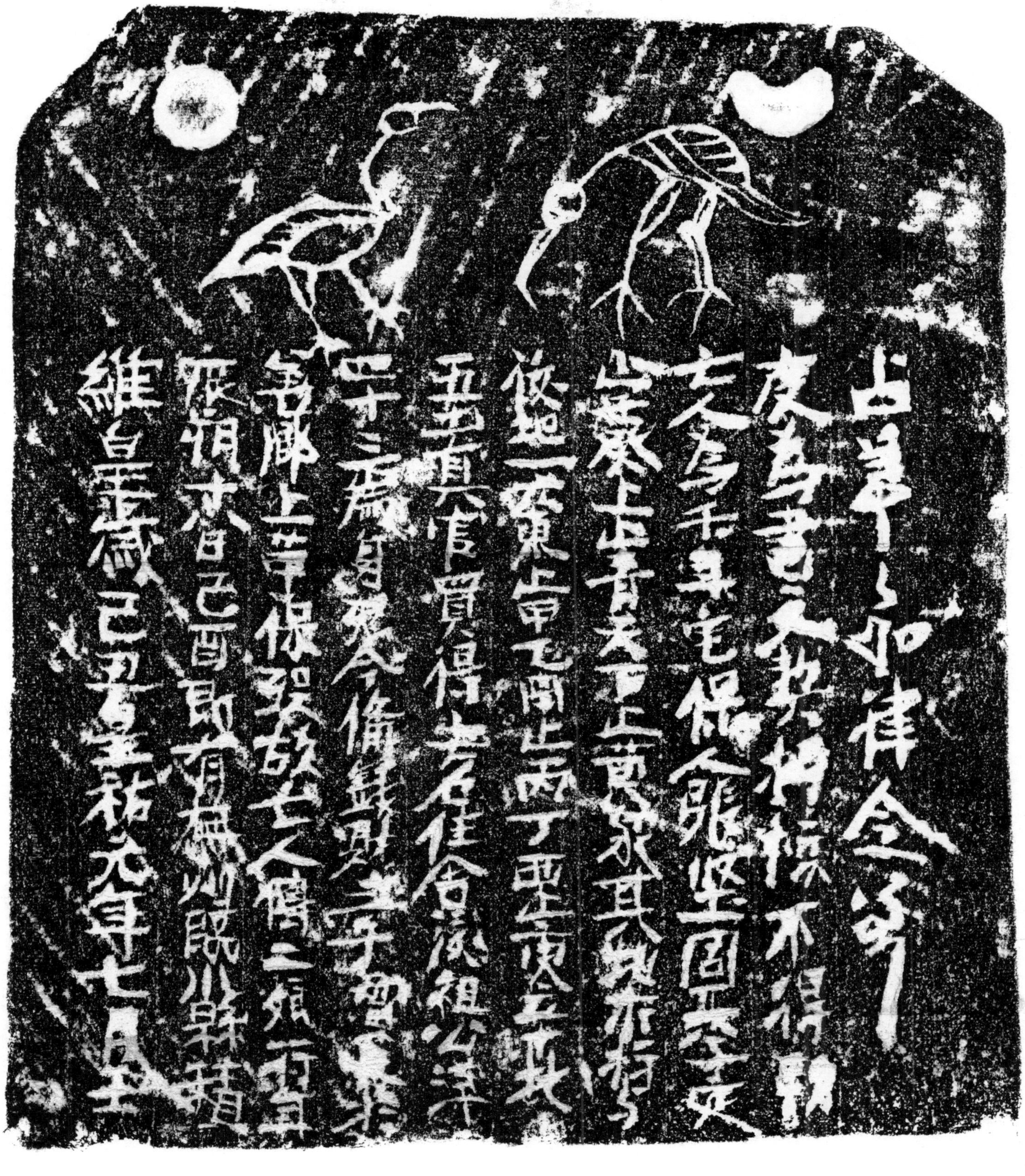

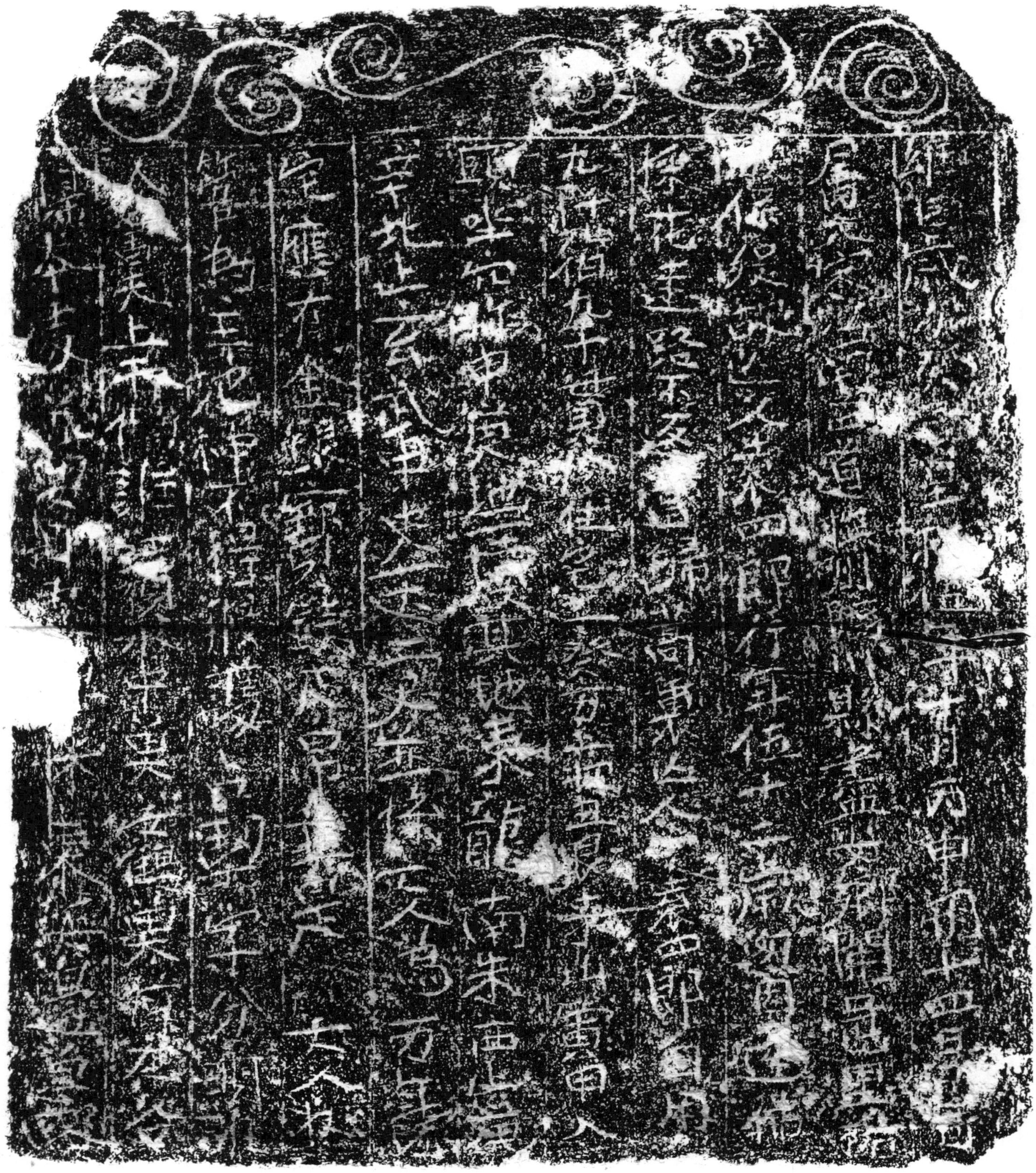

028　袁四郎地券

時代：北宋皇祐五年（1053年）十月十四　尺寸：高40釐米，寬34釐米

029 李五十二郎地券

時代：北宋至和元年（1054年）六月癸巳初十日壬寅　尺寸：高48.5釐米，寬43.3釐米

030　金十三郎地券

時代：北宋至和元年（1054年）十二月二十日　尺寸：高30釐米，寬31釐米

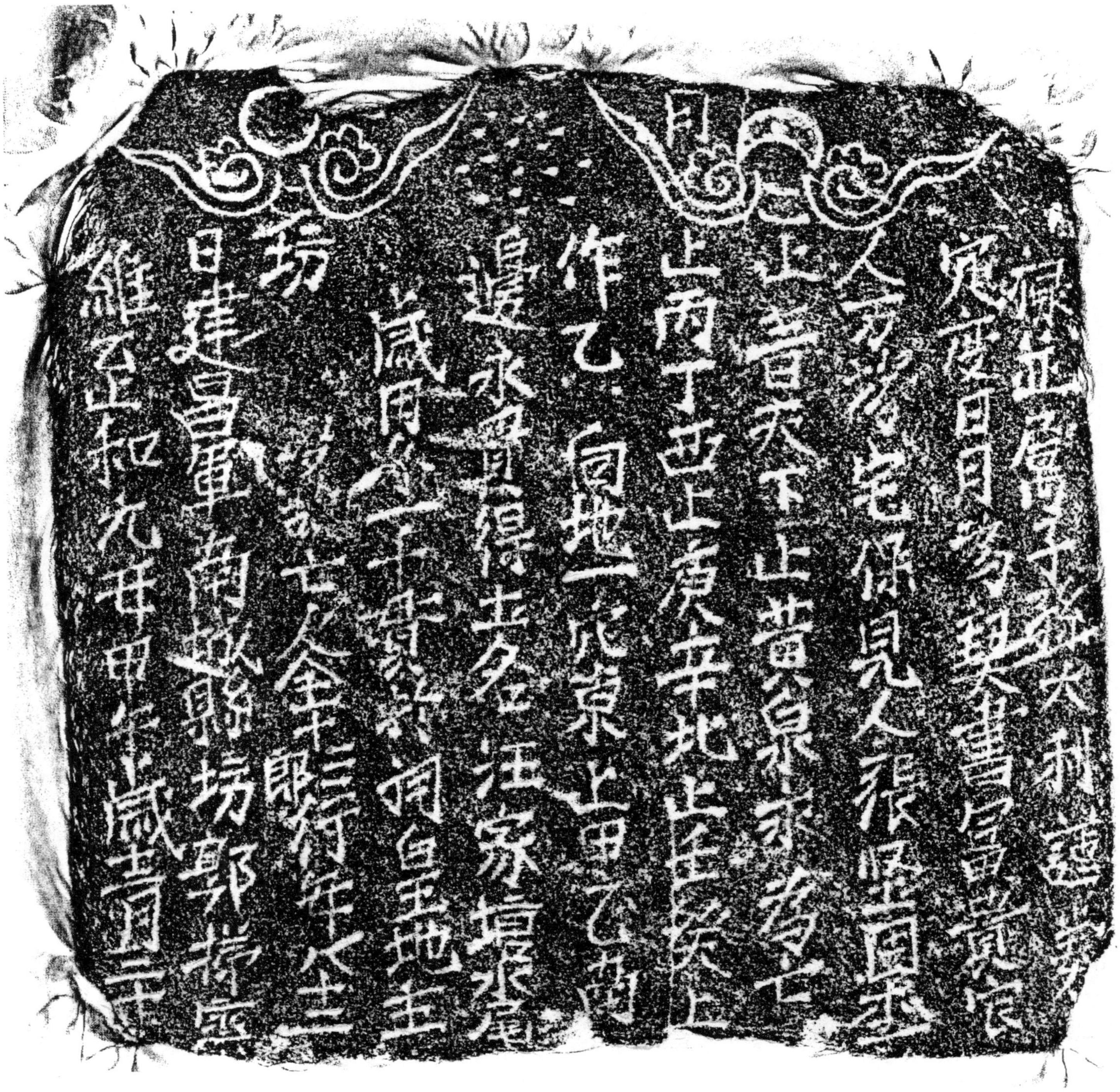

031 歐三郎地卷

時代：北宋至和二年（1055年）十月二十二日

尺寸：高44釐米，寬44釐米

032 甯三娘地券

時代：北宋嘉祐元年（1056年）十二月一日

尺寸：高57.3釐米，寬25.8釐米

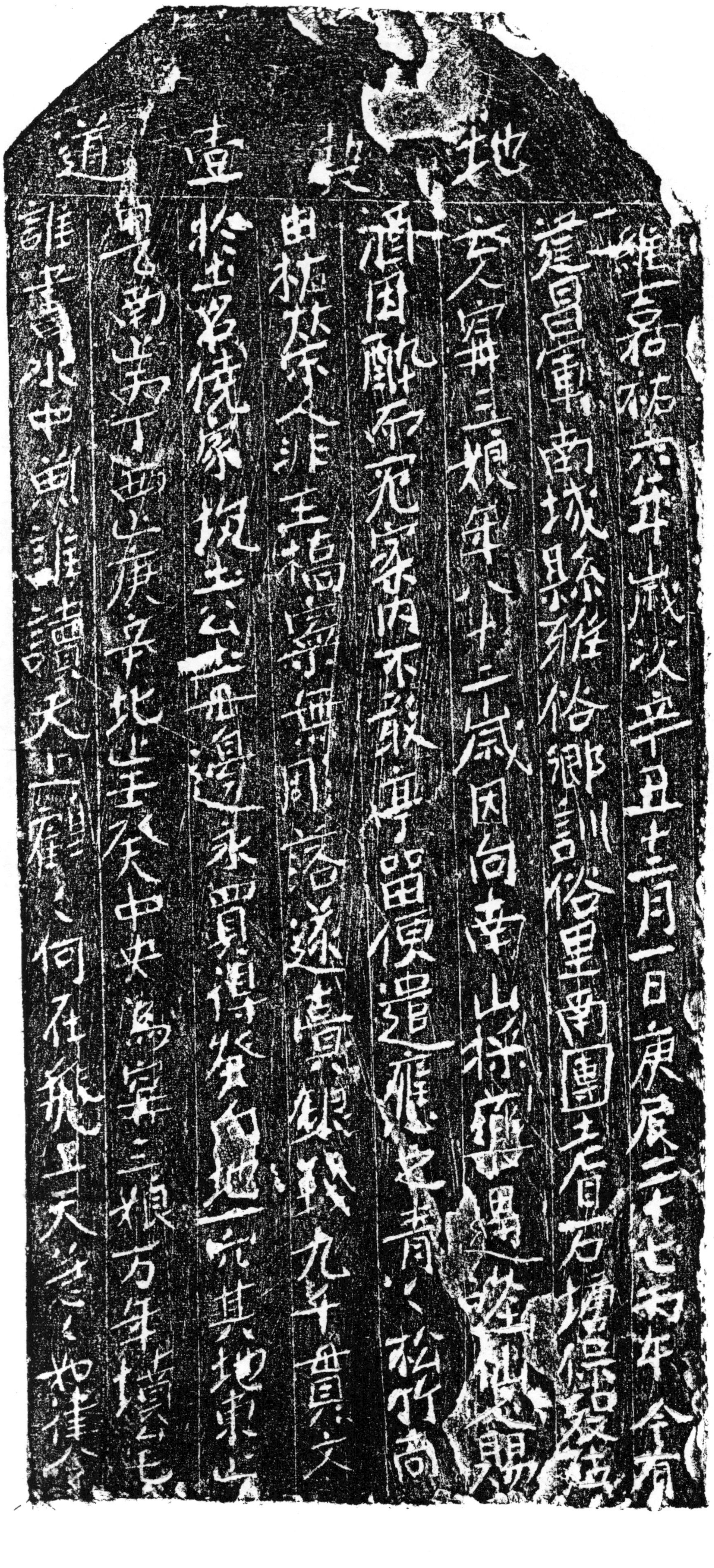

033 張十一郎地券

時代：北宋嘉祐四年（1059年）五月十日　尺寸：高38釐米，寬42釐米

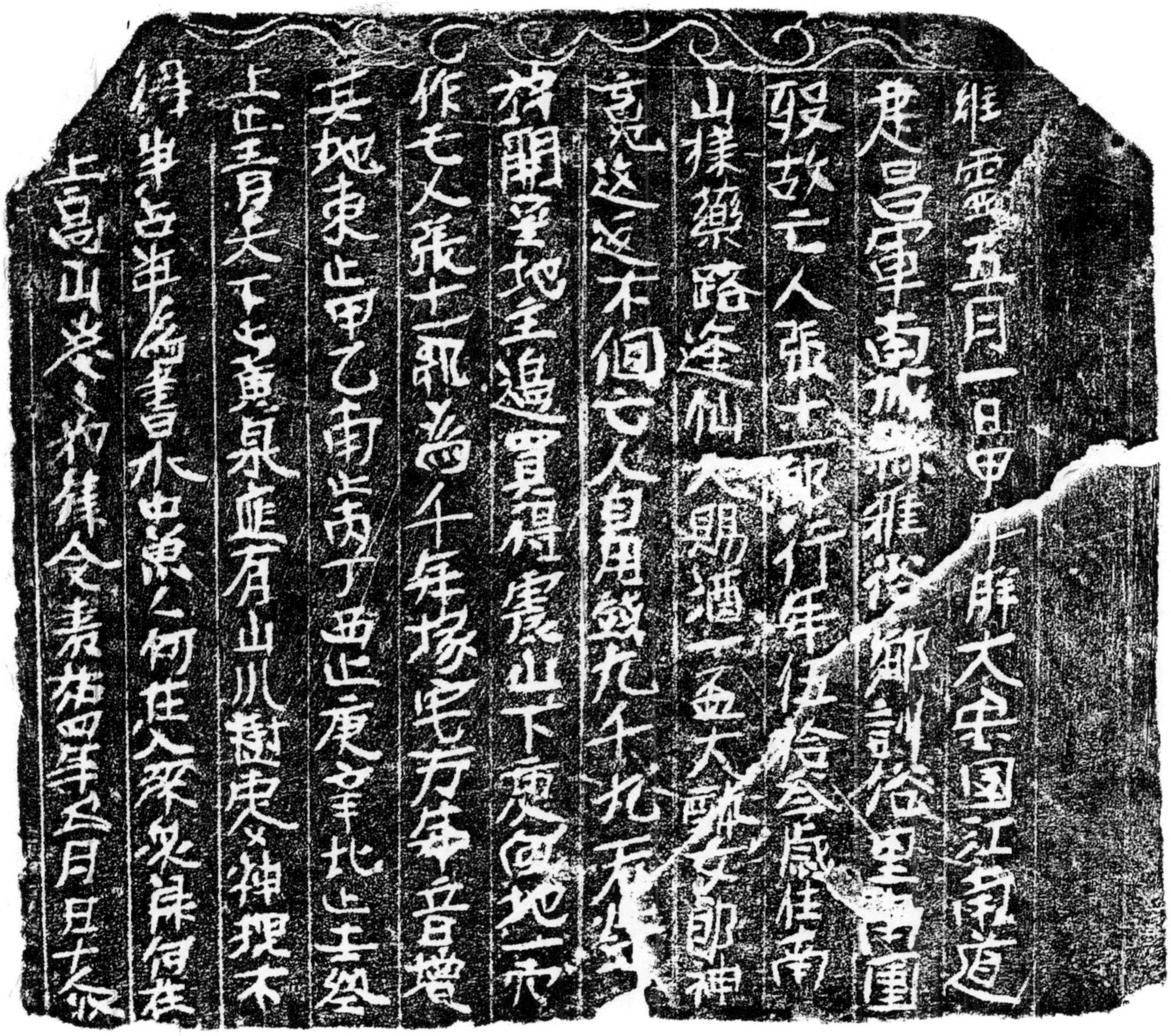

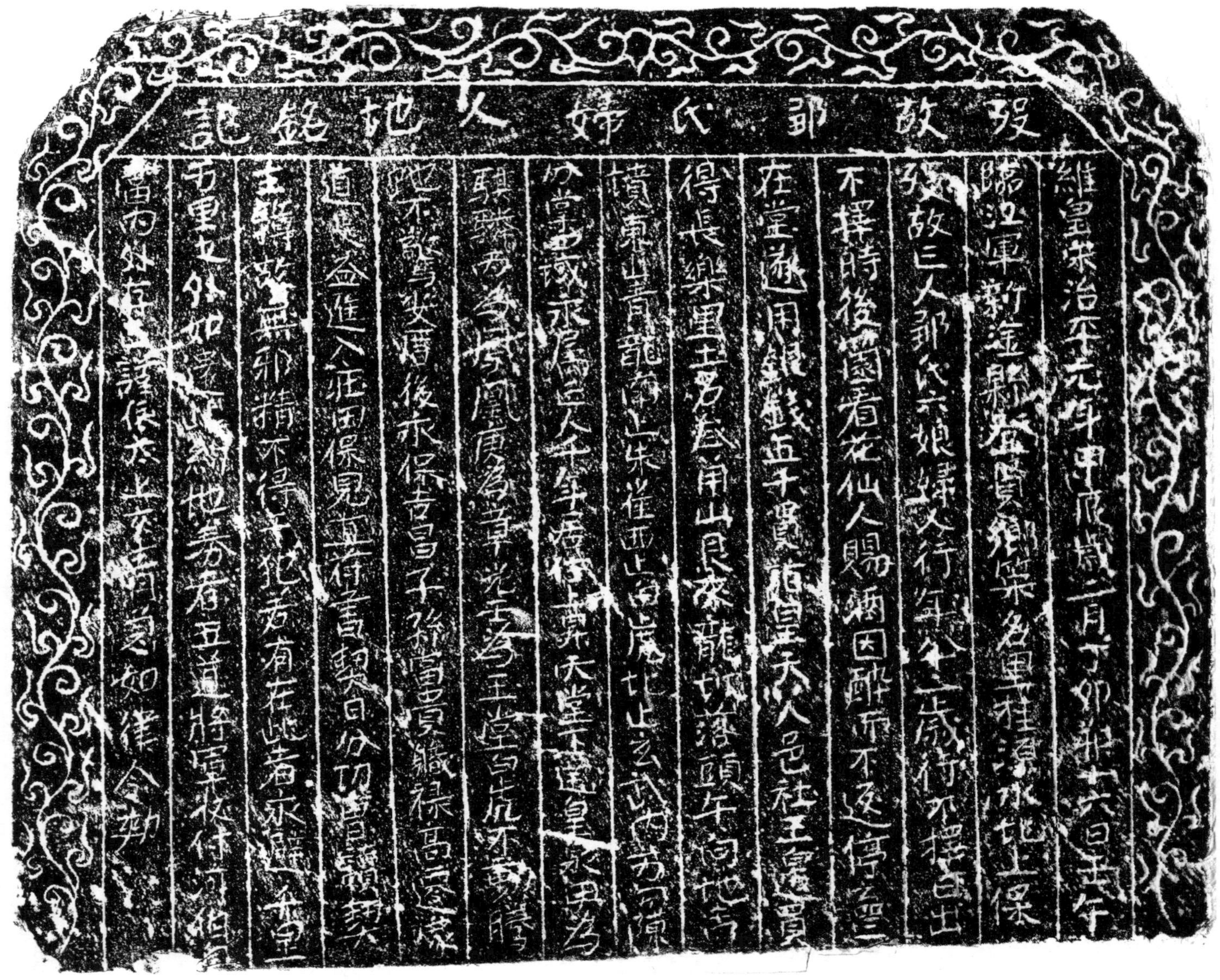

034 殁故鄒氏婦人地銘記

時代：北宋治平元年（1064年）二月十六日　尺寸：高42.3釐米，寬52.8釐米

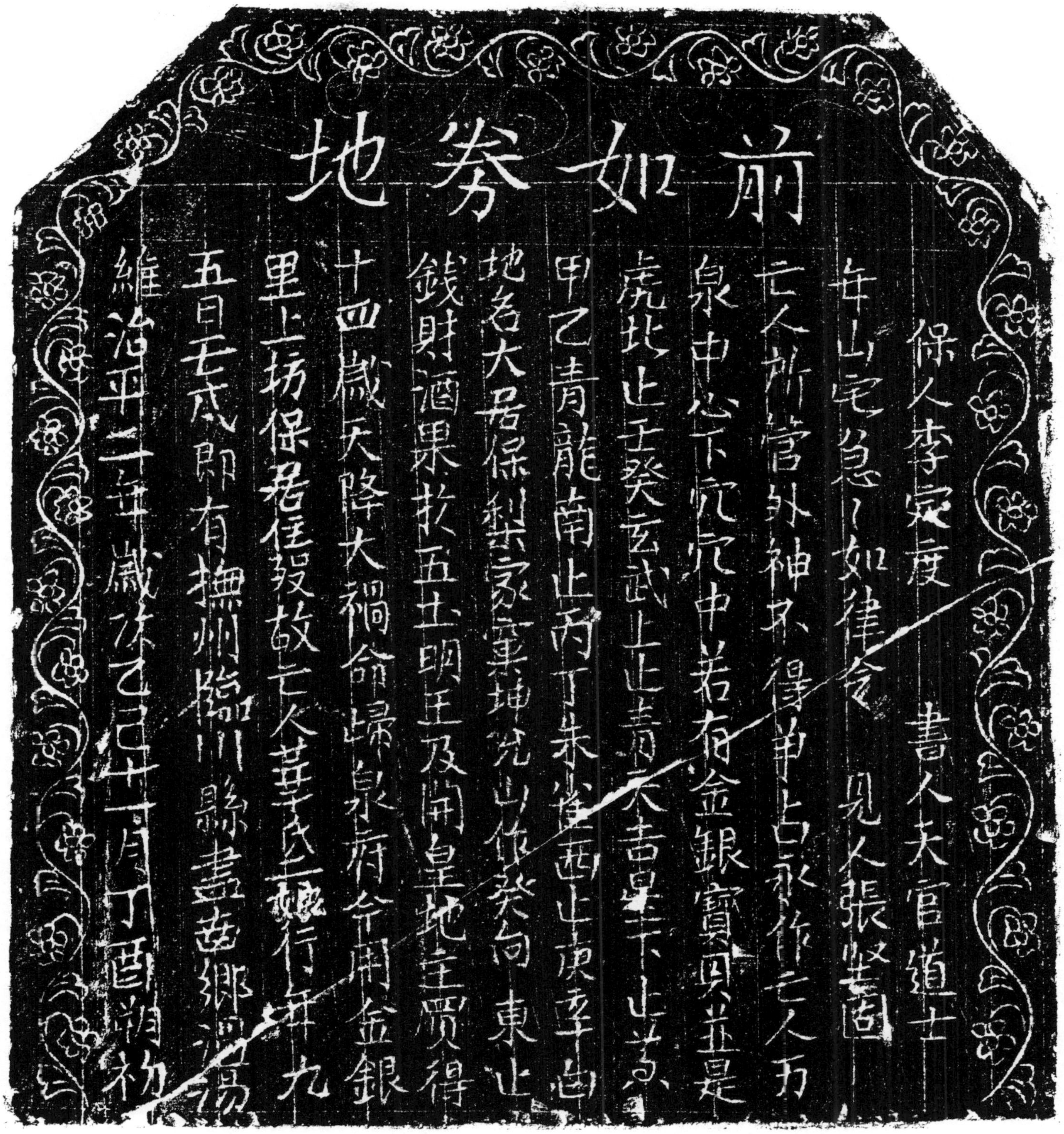

035　華氏二娘地券

時代：北宋治平二年（1065年）十一月五日　尺寸：高44.2釐米，寬39.9釐米

036 孔氏地券

時代：北宋治平二年（1065年）十一月五日

尺寸：高50釐米，寬44.5釐米

037　吴十一娘地券

時代：北宋治平三年（1066年）六月一日　尺寸：高41.7釐米，寬38.2釐米

038　王十三郎地券

時代：北宋治平三年（1066年）十月二十一日　尺寸：高35釐米，寬38釐米

039　葉三郎地券

時代：北宋治平四年（1067年）二月初五日　尺寸：高48釐米，寬50.4釐米

040 范十三郎地券

時代：北宋治平四年（1067年）十月

尺寸：高36.5釐米，寬37釐米

大宋國江南西道撫州金谿縣順政
鄉化全着水南上保殁故亡人范十
三郎將[illegible]
[illegible]
頭下于向其地東止甲乙南止丙丁西止
庚辛北壬癸上止青天下止黃泉永
為亡人万年塚宅風水歸順[illegible]
[illegible]地中金銀珎寶並是亡人為主[illegible]
神靈見者[illegible]
[illegible]都[illegible]急急如律令
見人張堅故　保人李定度
書人天官道士乙未　治平四年十月

041 曾氏五娘地券

時代：北宋熙寧元年（1068年）十二月初四日

尺寸：高37.5釐米，寬33.5釐米

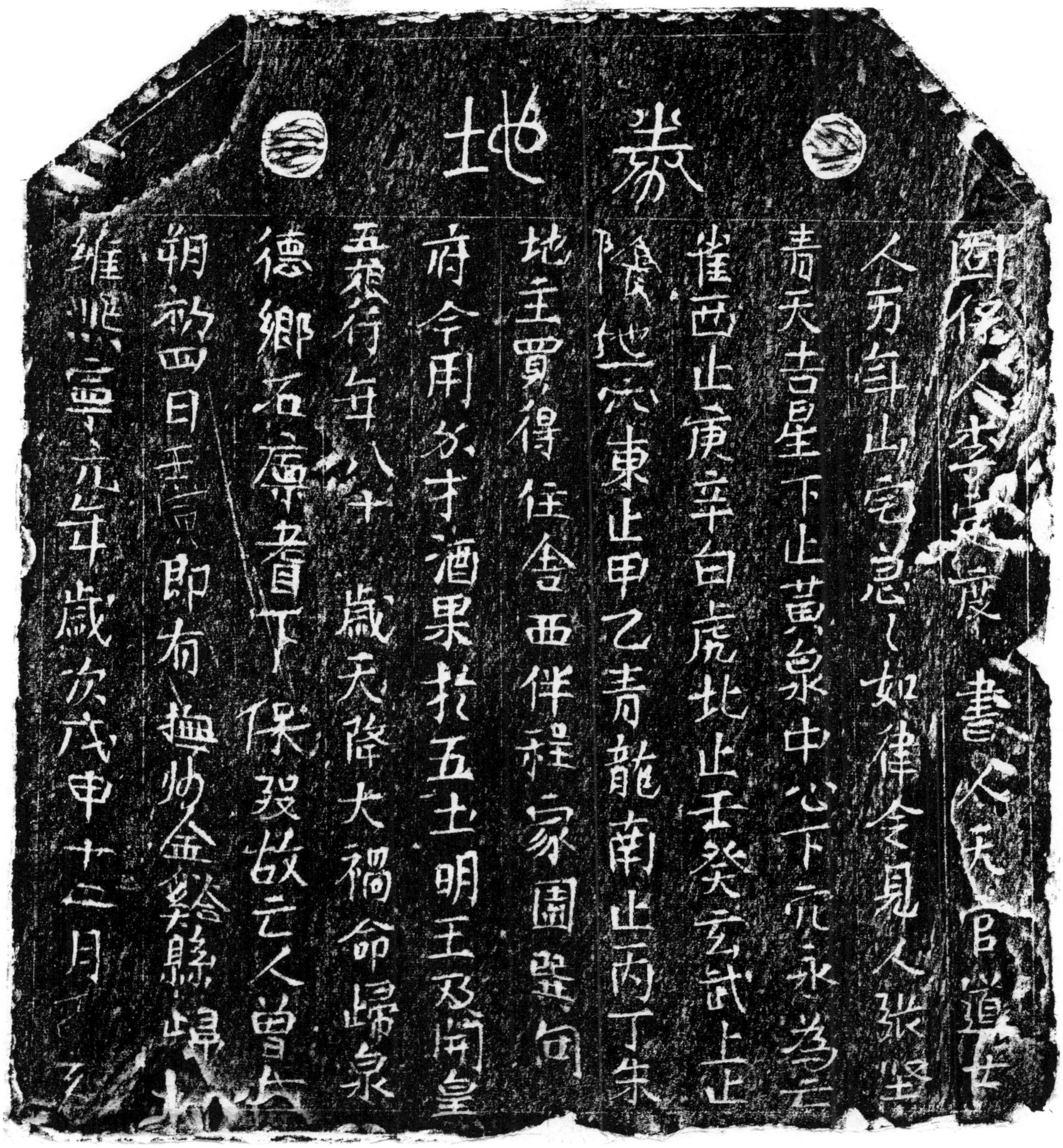

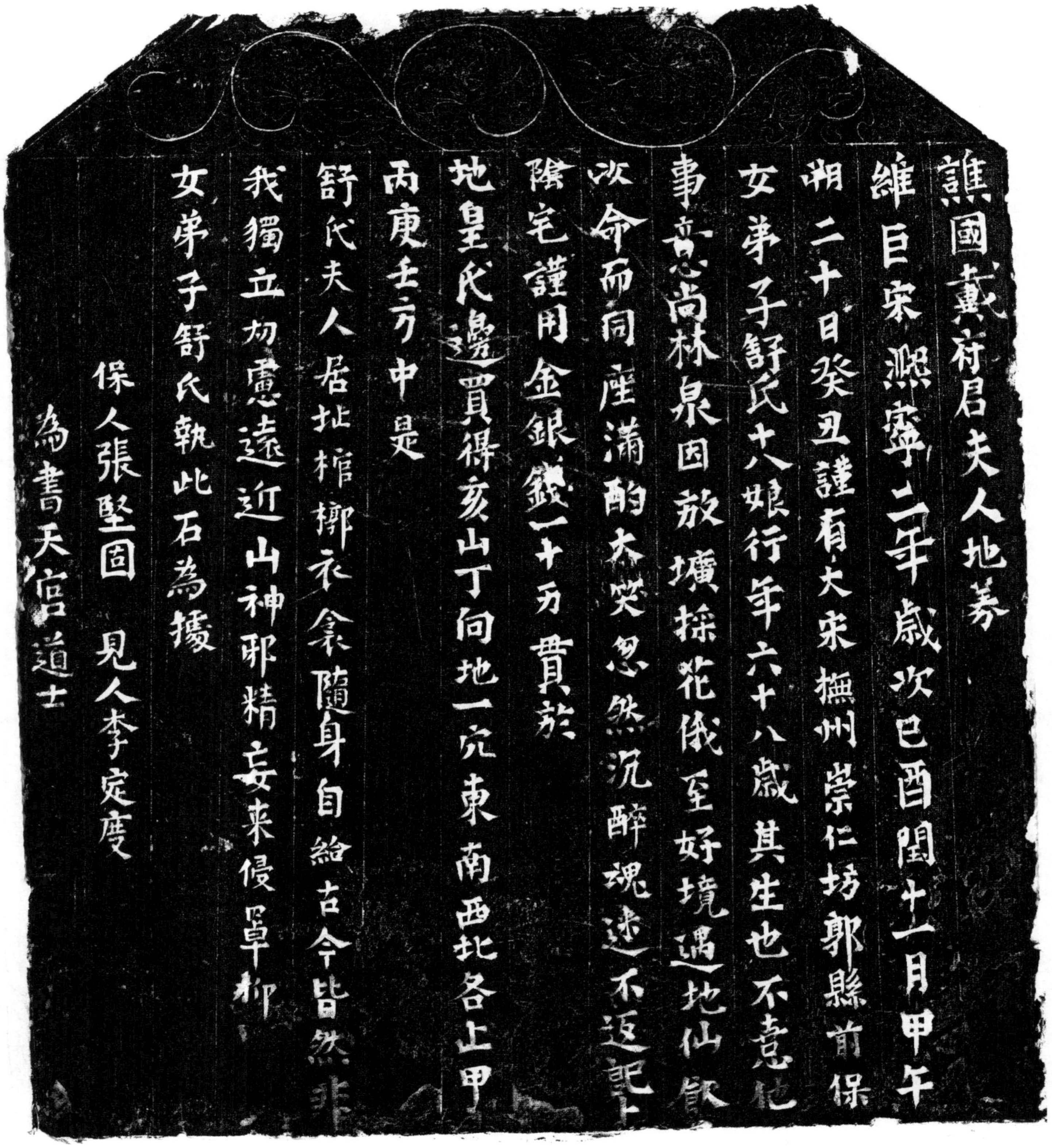
譙國戴府君夫人地券
維皇宋熙寧二年歲次己酉閏十一月甲午
朔二十日癸丑謹有大宋撫州崇仁坊郭縣前保
女弟子舒氏十八娘行年六十八歲其生也不意他
事竟尚林泉因放曠採花俄至好境遇地仙飲
以命而同座滿酌大笑忽然沉醉魂迷不返郢上
陰宅謹用金銀錢一十万貫於
地皇氏邊買得亥山丁向地一穴東南西北各上甲
丙庚壬方中是
舒氏夫人居址棺槨衣衾隨身自給古今皆然非
我獨立切慮遠近山神邪精妄来侵罩柳
女弟子舒氏執此石為據
保人張堅固　見人李定度
為書天宮道士

042　譙國戴府君夫人地券

時代：北宋熙寧二年（1069年）十一月二十日

尺寸：高50.1釐米，寬44.2釐米

043 傅二十郎地券

時代：北宋熙寧四年（1071年）十月　尺寸：高34.5釐米，寬31.3釐米

044 張十四郎地券

時代：北宋熙寧四年（1071年）十月二十二日　尺寸：高41釐米，寬36.3釐米

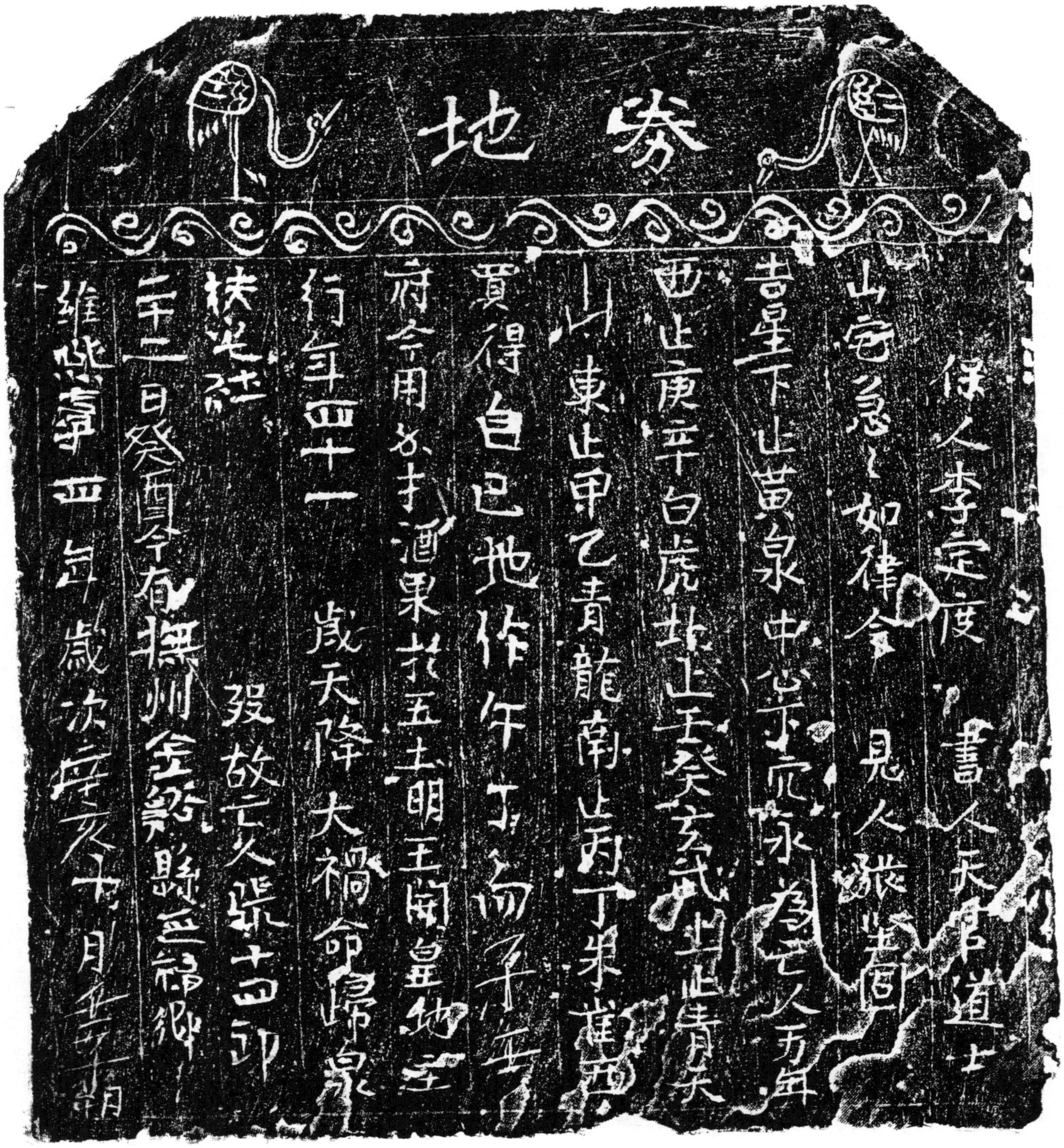

045　曹氏九娘地券

時代：北宋熙寧四年（1071年）十一月十一日　　尺寸：高58.4釐米，寬46.5釐米

維太歲辛亥熙寧四年正月初一日丁亥朔十一月十一日饒州餘干
縣萬春里北源社處士李五十六郎夫人曹氏九娘生居塵世死
安宅兆龍筮叶從相地集吉宜於本鄉擇得丑艮來山定作辛戌
向安厝用錢捨阡緡五色綵銳萬天后土買得地壹段東西貳拾步南
北亦同東址青龍南址朱雀西址白虎北址玄武內方勾陳分掌四域丘
承墓陌封彊界畔道路將軍齊整千陌千秋万古永毋殃咎敢輒
干犯呵禁者將軍亭長收付陌令謹以生牢酒脯其味香辛共為
信契財地相付訖工匠脩塋安厝以後永保元吉見人歲月主者保人
今日直符書契人功曹讀契人主簿故無邪精不得干擾居者永避
万万余里違此約者地府主吏自當其職居者內外存亡
亡人葬此早滌子孫多貲財產悉悉如律令勅

046 傅十二娘地券

時代：北宋熙寧六年（1073年）二月

尺寸：高39.5釐米，寬36.5釐米

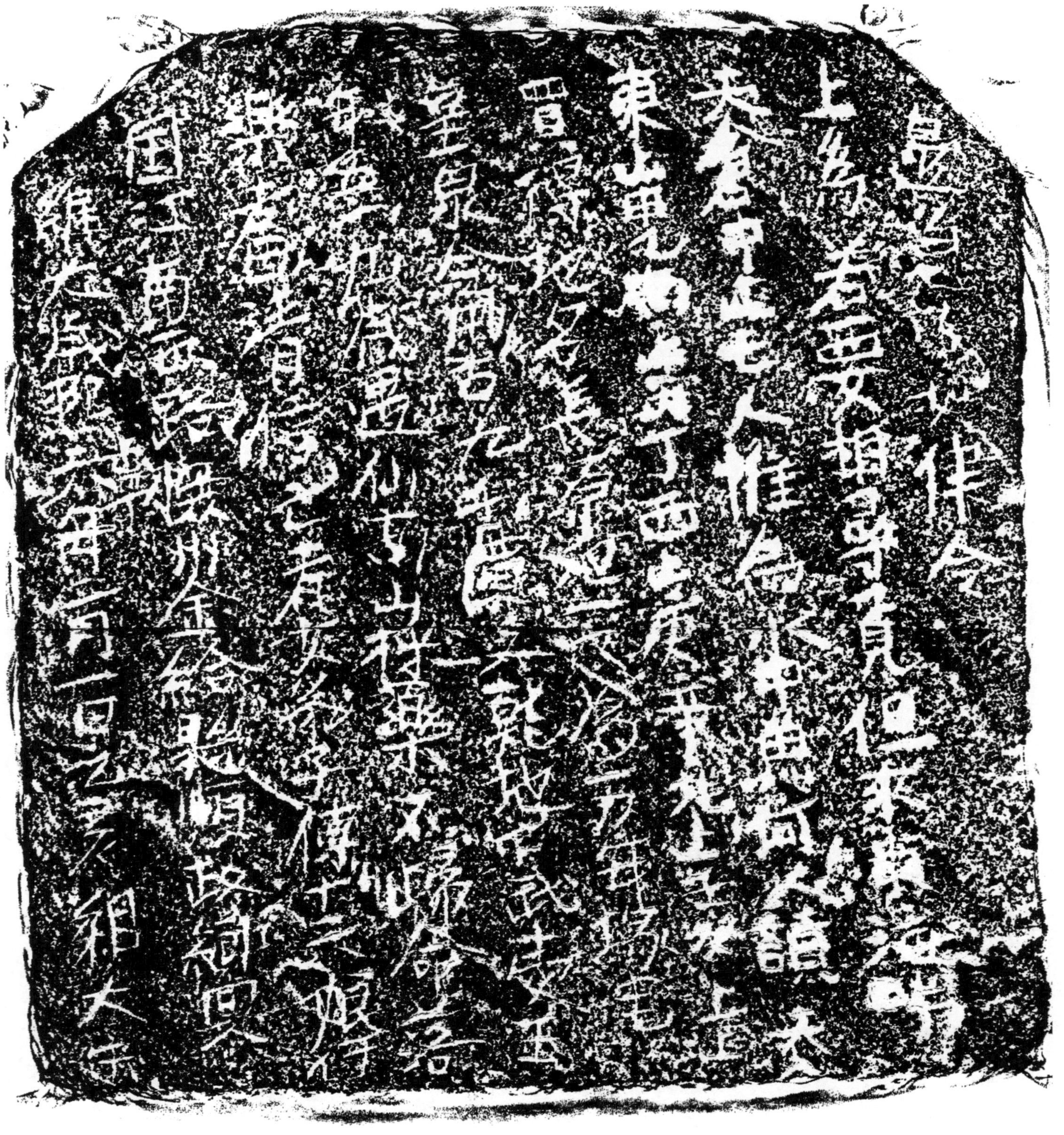

047 吴氏地券

時代：北宋熙寧七年（1074年）十月八日

尺寸：高43.5釐米，寬44.5釐米

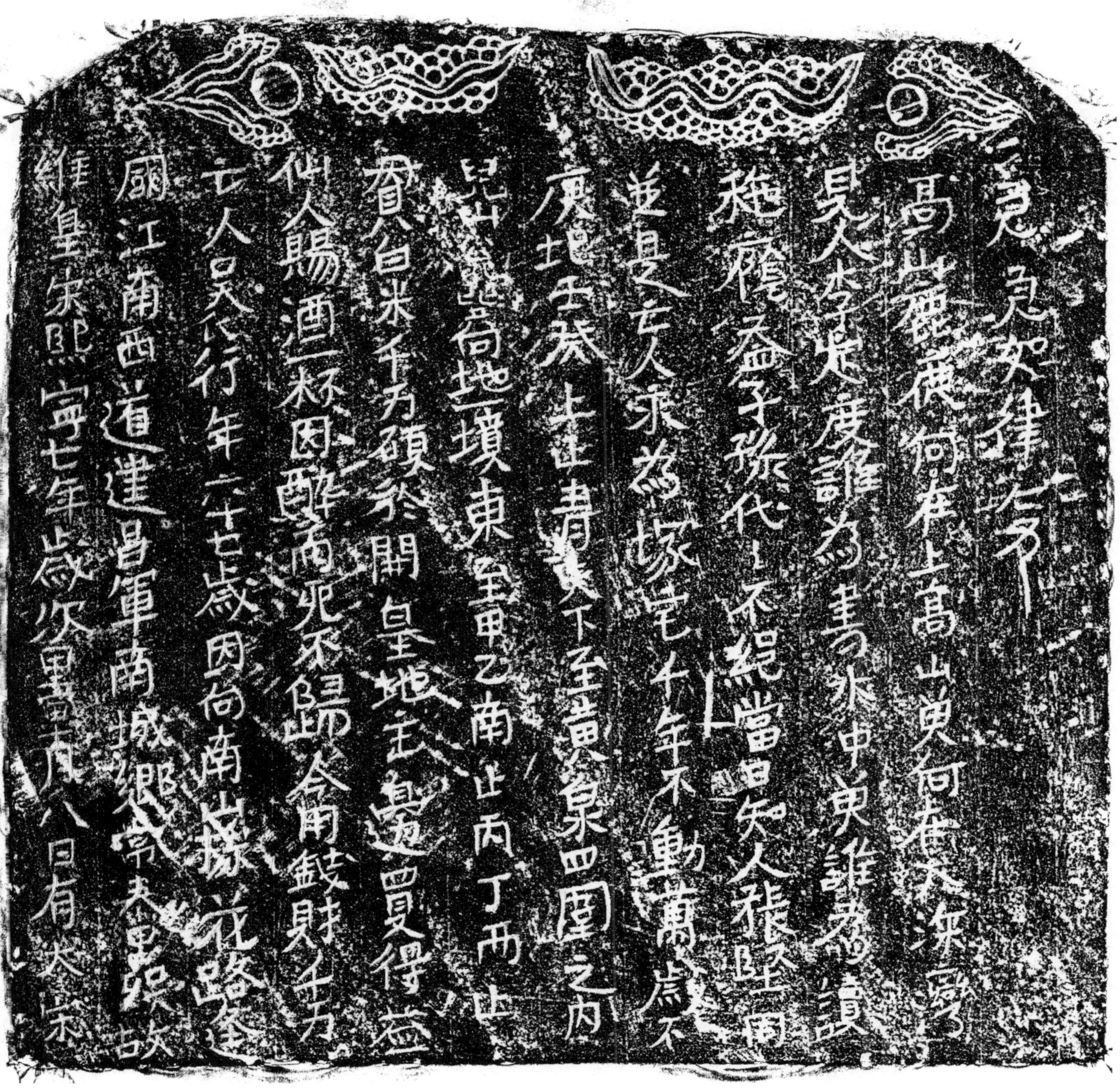

048　鄭五郎地券

時代：北宋熙寧七年甲寅（1074年）十月乙丑十八日壬午　尺寸：高35.5釐米，寬36.2釐米

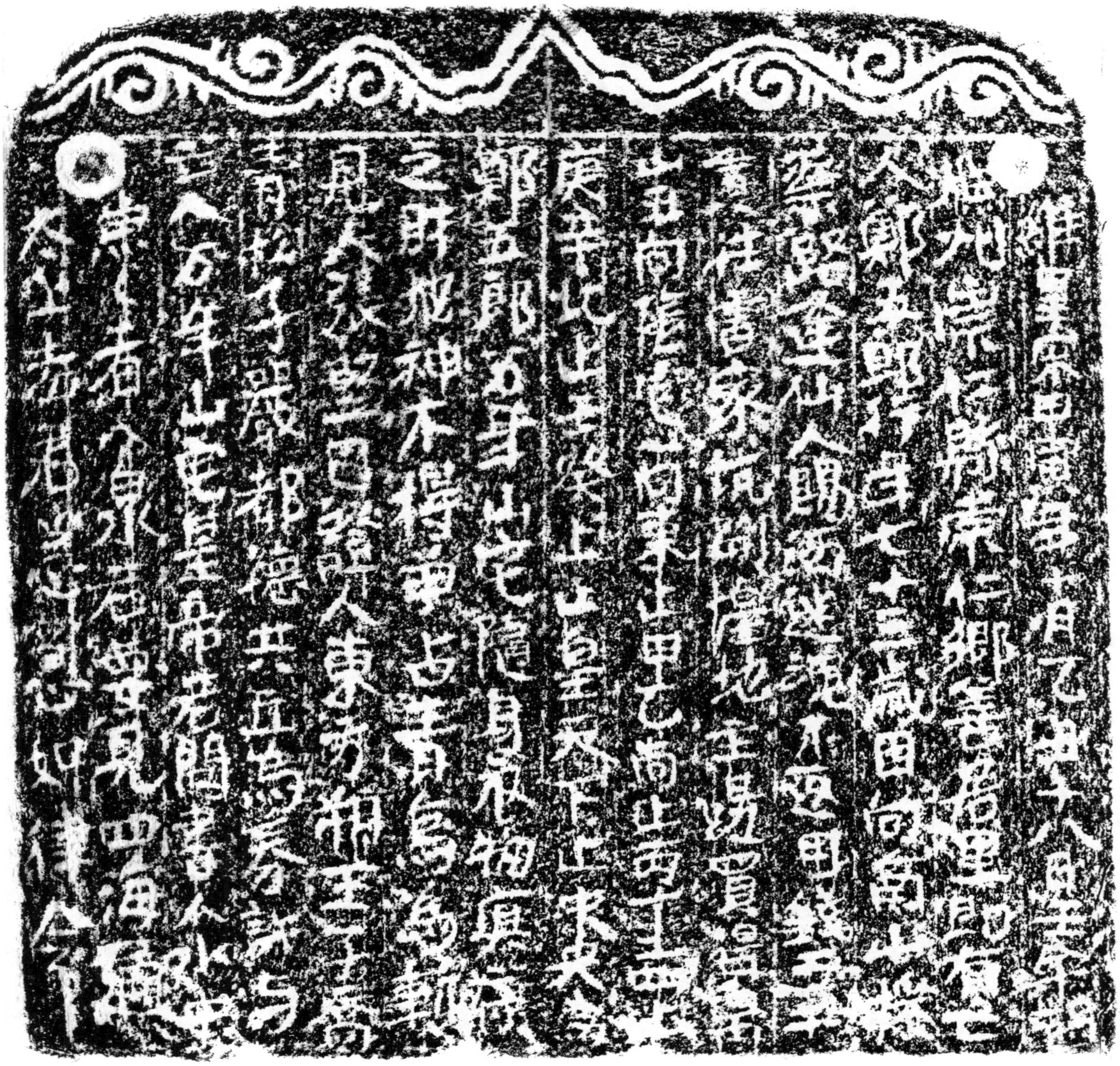

049 劉二十二娘地券

時代：北宋熙寧七年（1074年）十月二十一日

尺寸：高40.7釐米，寬37.4釐米

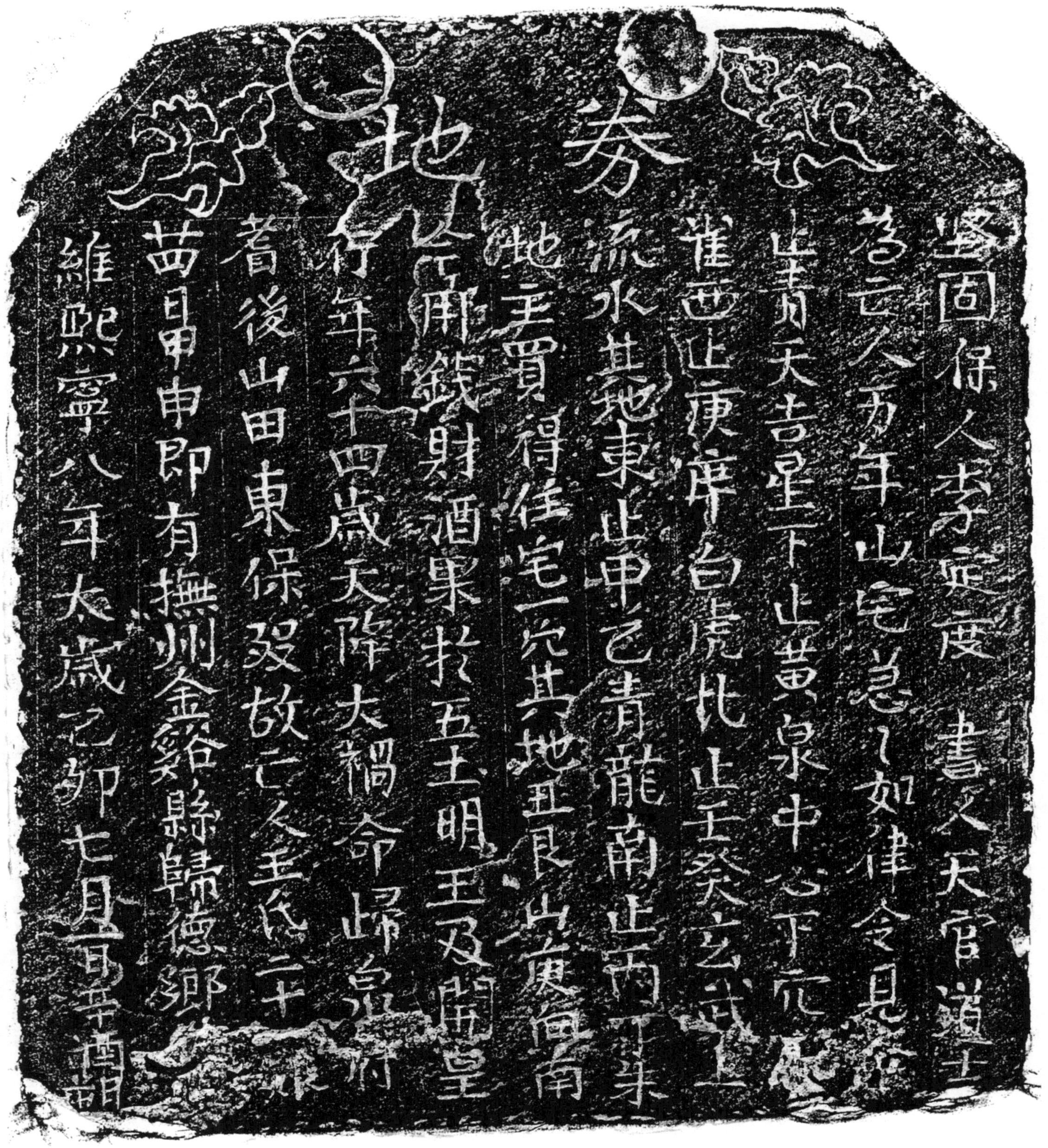

050 王氏二十一娘地券

時代：北宋熙寧八年（1075年）七月二十四日

尺寸：高37釐米，寬32.5釐米

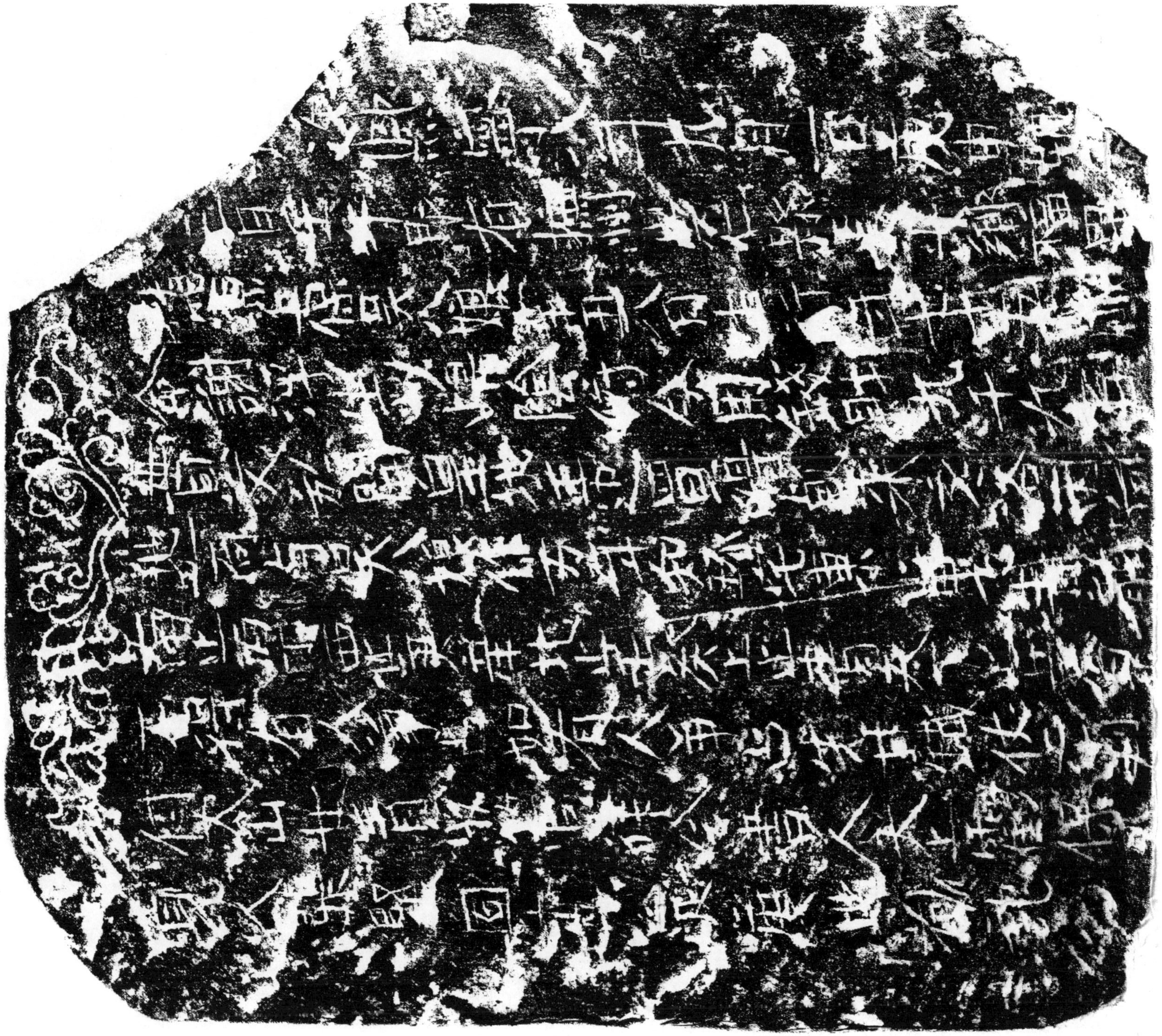

051 吳八娘地券

時代：北宋熙寧八年（1075年）九月二十三日　　尺寸：高43釐米，寬37.5釐米

052 梁三郎地券

時代：北宋熙寧□年十二月二十日

尺寸：高45.4釐米，寬38.9釐米

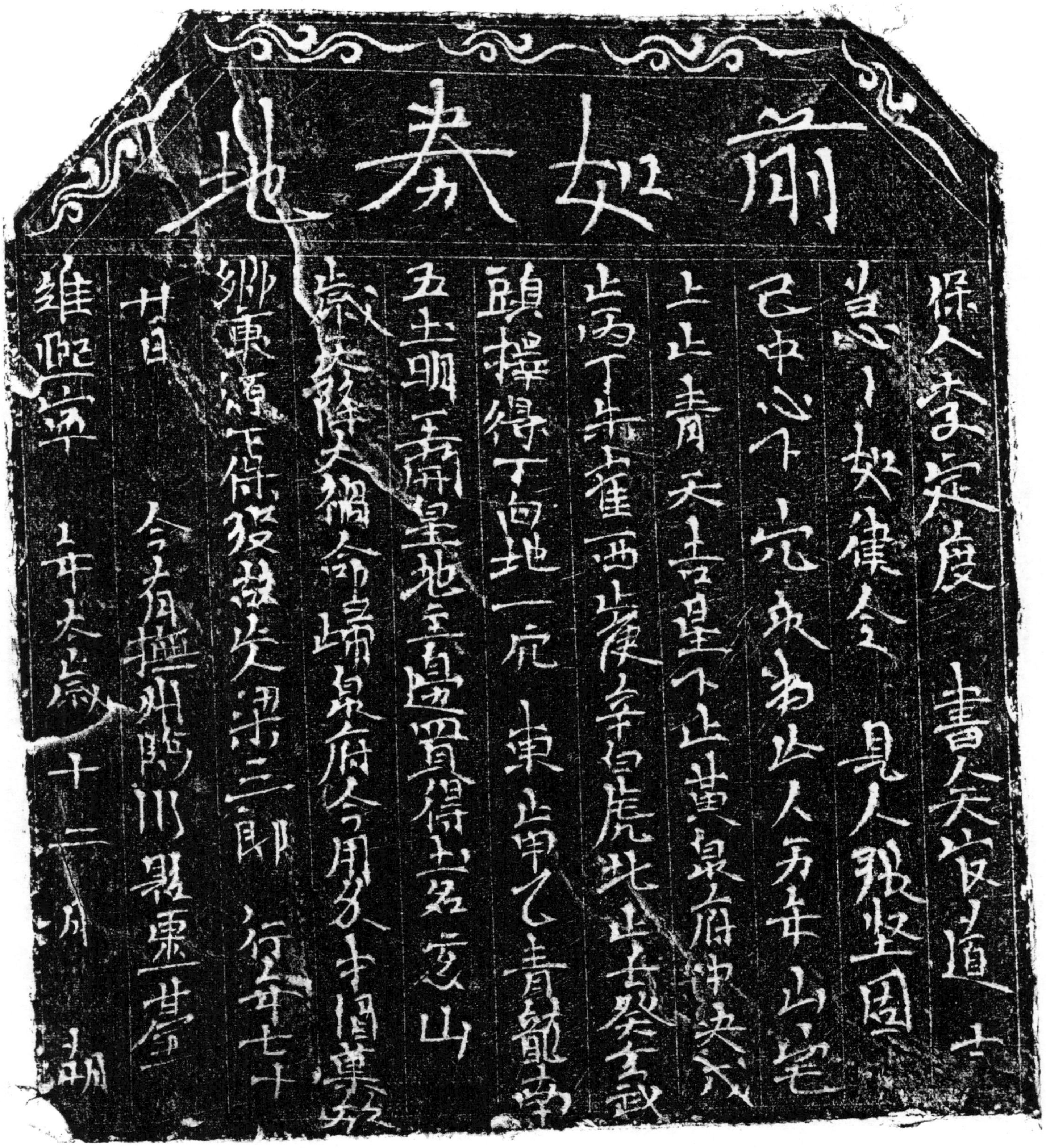

053 袁九郎地券

時代：北宋元豐元年（1078年）正月初三日　尺寸：高43.2釐米，寬34.2釐米

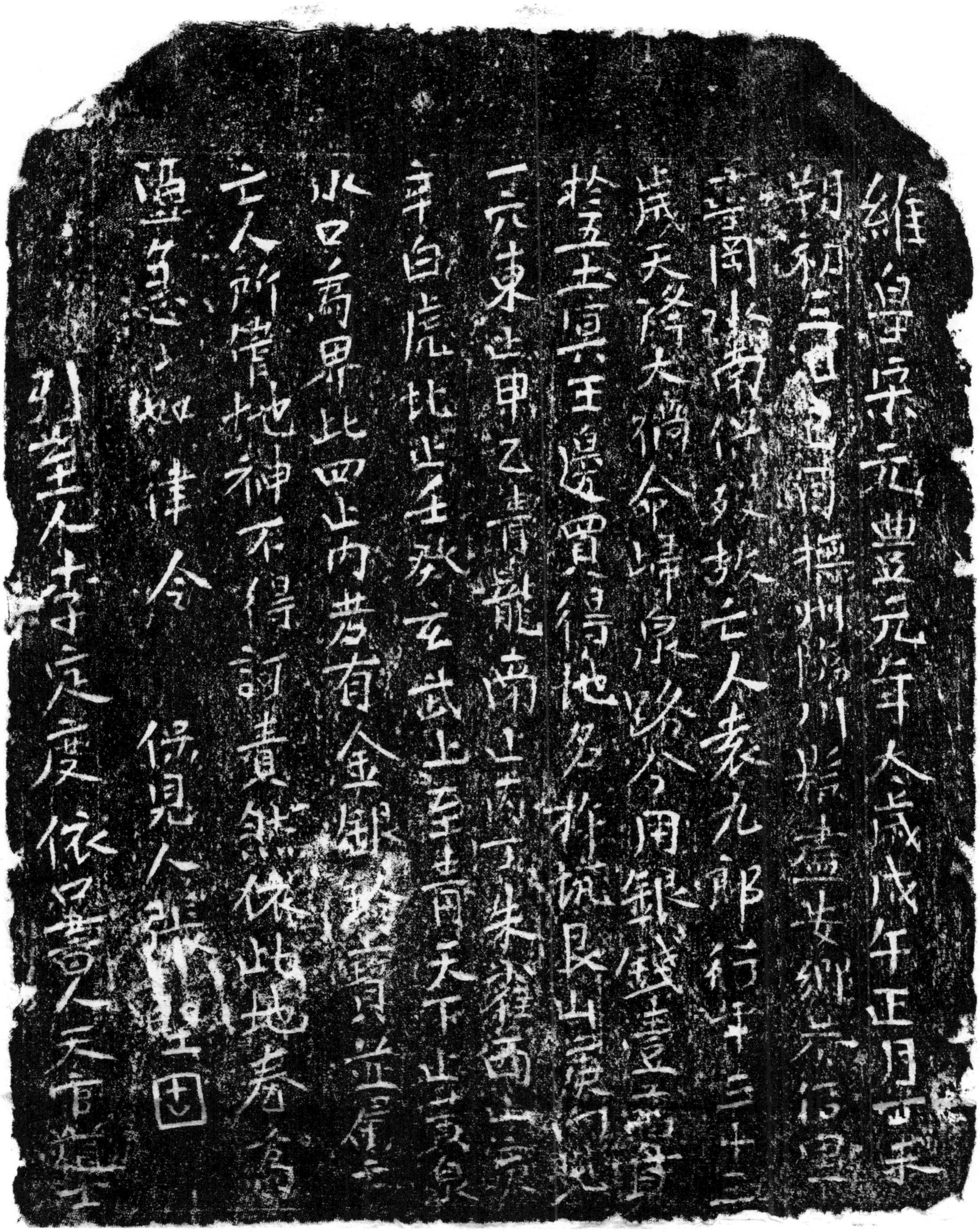
維皇宋元豐元年太歲戊午正月丙辰
朔初三日戊午撫州臨川縣靈安鄉
壽岡水南保殁故亡人袁九郎行年三十三
歲天降大禍命歸泉路今用銀錢壹萬貫
於五土冥王邊買得地名折坑良山突向地
一穴東止甲乙青龍南止丙丁朱雀西止庚
辛白虎北止壬癸玄武上至青天下止黃泉
以四為界此四止內若有金銀寶貝並屬亡
亡人所管地神不得訶責然依此地券為
照急急如律令　保見人張堅固
引至人李定度　依各書人天官道士

054　孫七郎地券

時代：北宋元豐元年（1078年）正月二十六日　尺寸：高39釐米，寬37釐米

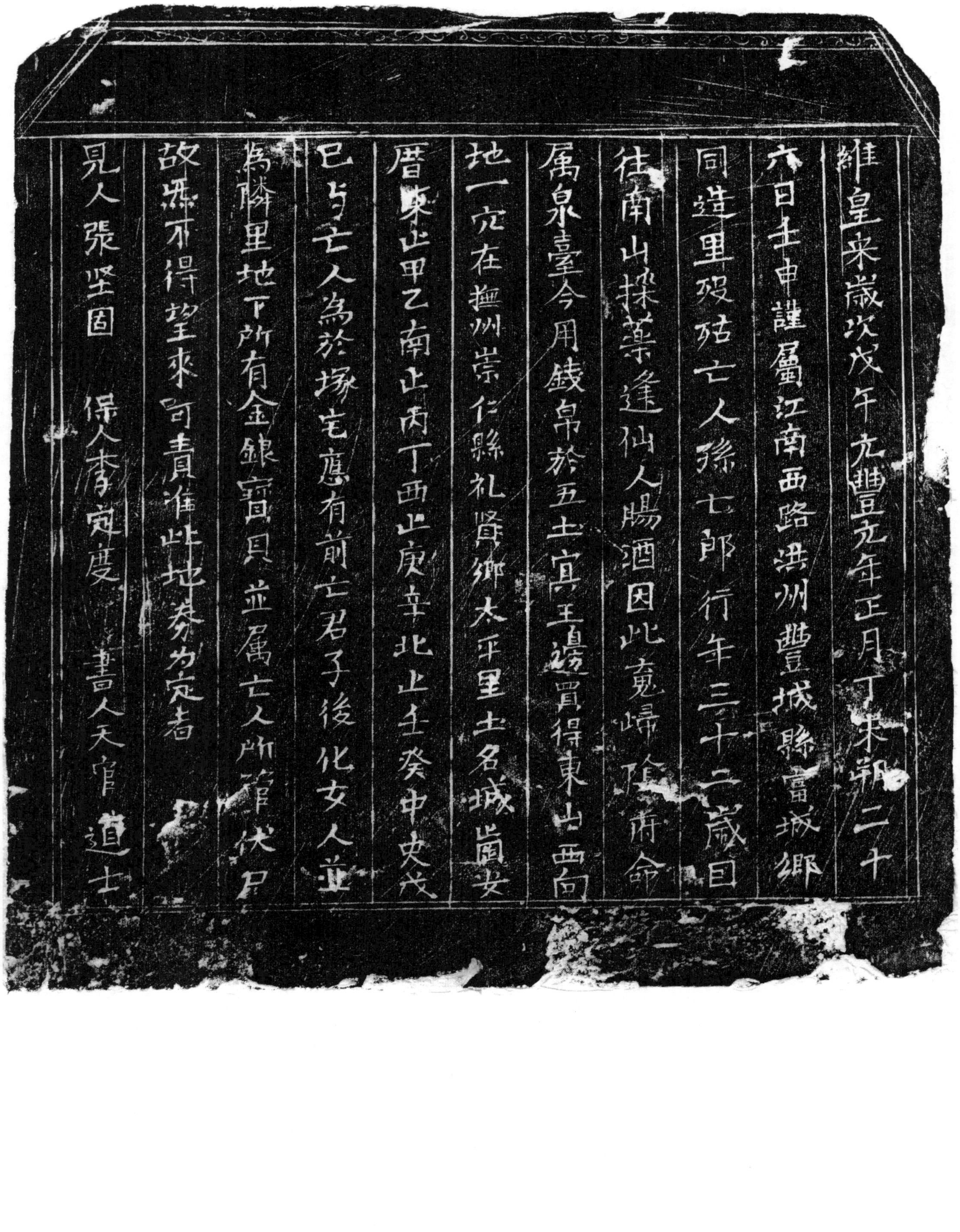
維皇宋歲次戊午元豐元年正月丁未朔二十
六日壬申謹屬江南西路洪州豐城縣富城鄉
同造里殁故亡人孫七郎行年三十二歲因
往南山採藥逢仙人賜酒因此魂歸陰府命
屬泉臺今用錢帛於五土冥王邊買得東山西向
地一穴在撫州崇仁縣礼賢鄉太平里土名城嶺安
厝東止甲乙南止丙丁西止庚辛北止壬癸中央戊
巳与亡人為於塚宅應有前亡君子後化女人並
為隣里地下所有金銀寶貝並屬亡人所管伏尸
故炁不得望來司責准此地券為定者
見人張堅固　保人李定度　書人天官道士

055 過十娘地券

時代：北宋元豐四年（1081年）六月一日　尺寸：高44釐米，寬40釐米

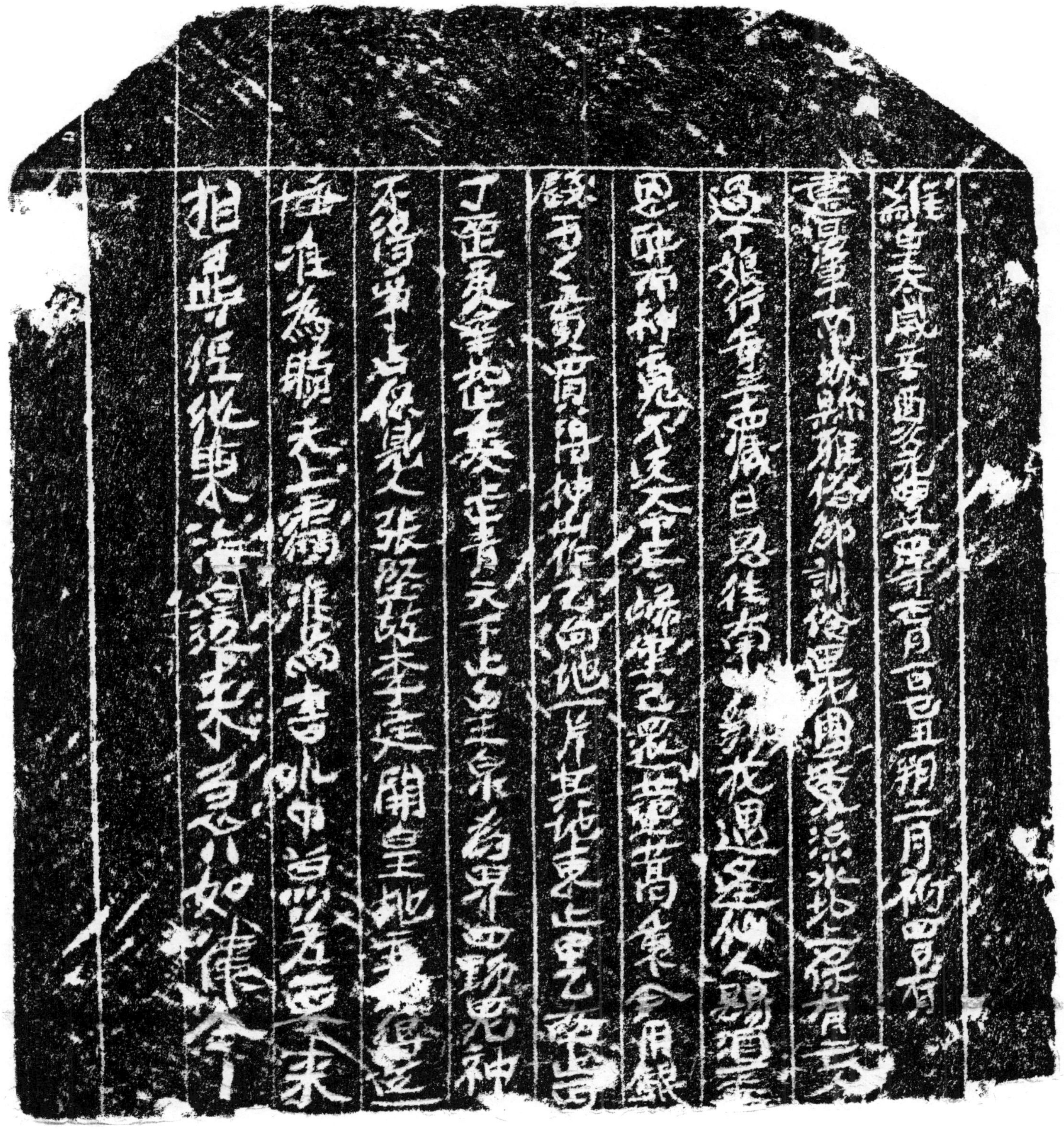

056 歐五娘地券

時代：北宋元豐五年（1082年）九月二十三日

尺寸：高36.5釐米，寬37.7釐米

057 翁十一娘地券

時代：北宋元豐五年（1082年）十一月初七日
尺寸：高44.3釐米，寬40.8釐米

058 彭三郎地券

時代：北宋元豐六年（1083年）九月三十日　尺寸：高46釐米，寬42釐米

中央民族大學民族博物館藏江西出土宋元墓誌地券拓本彙編

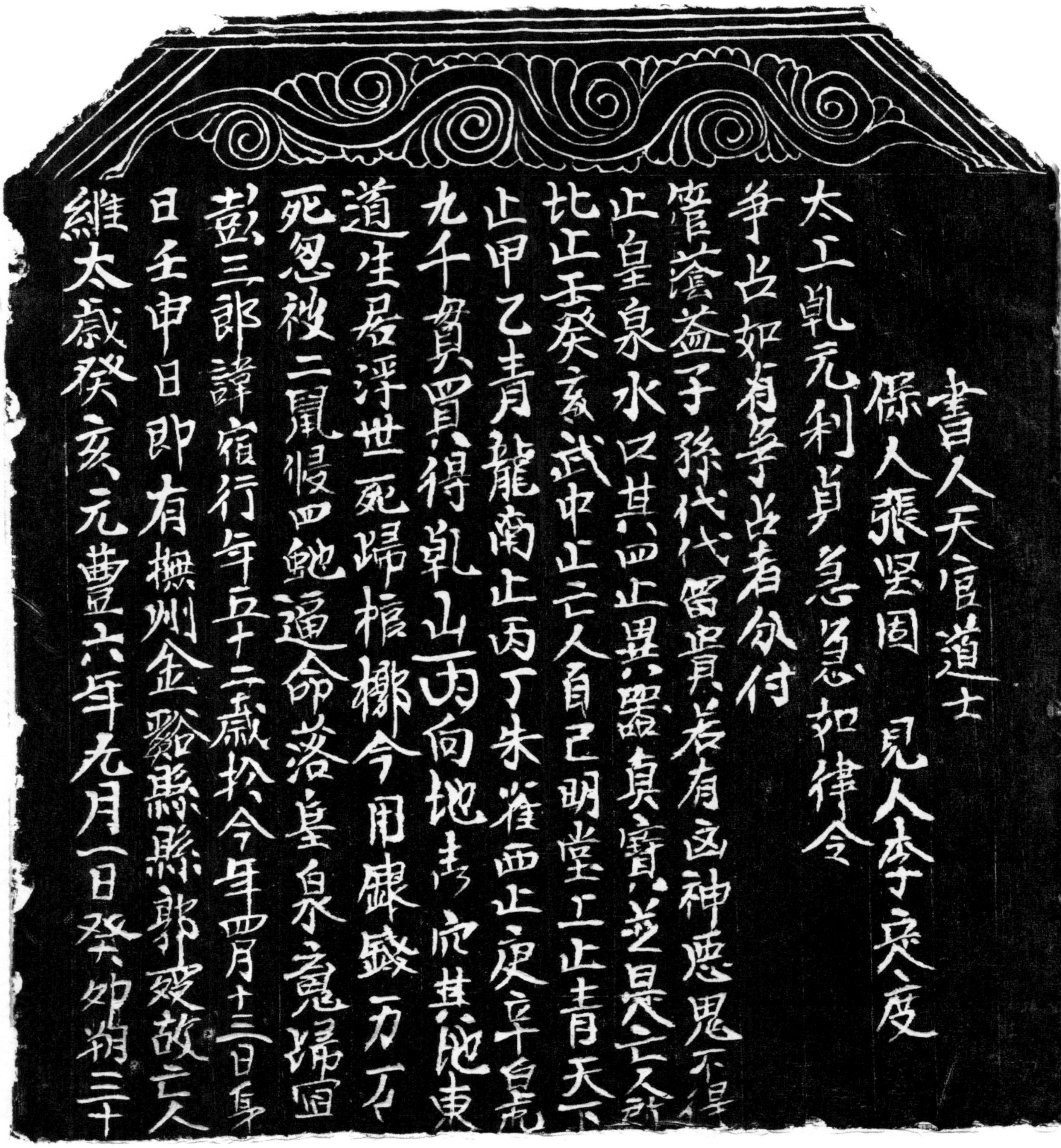

059　婁寺承地券

時代：北宋元豐六年（1083年）十一月十五日　　尺寸：高44釐米，寬37.9釐米

婁寺丞地券
維皇宋元豐六年歲次癸亥十一月壬寅朔十五日丙
辰江南西道臨江軍新淦縣斷金鄉進賢里一石痕
團黃竹坑保住歿故府君婁寺丞於去年二月十
九日身亡年七十三歲生居閻浮死安宅兆龜筮
協宜相地襲吉今用錢帛香酒共為信幣於
天皇社稷主邊買得當里南園大坑南山地一穴係
壬向東止甲乙青龍南止丙丁朱雀西止庚辛白虎北
止壬癸玄武上止　皇天下止黃泉內方勾陳分掌
四域丘丞墓伯封斷界畔道路將軍齊整阡陌千秋萬歲永無
殃咎若有干犯將軍亭長收付河伯工匠修營尅日安厝
永保元吉奉　太上女青律令　書契人功曹
保見人歲月主　知見人直符

060 亡人胥十四娘地券

時代：北宋元豐六年（1083年）十二月二十二日

尺寸：高37.5釐米，寬34釐米

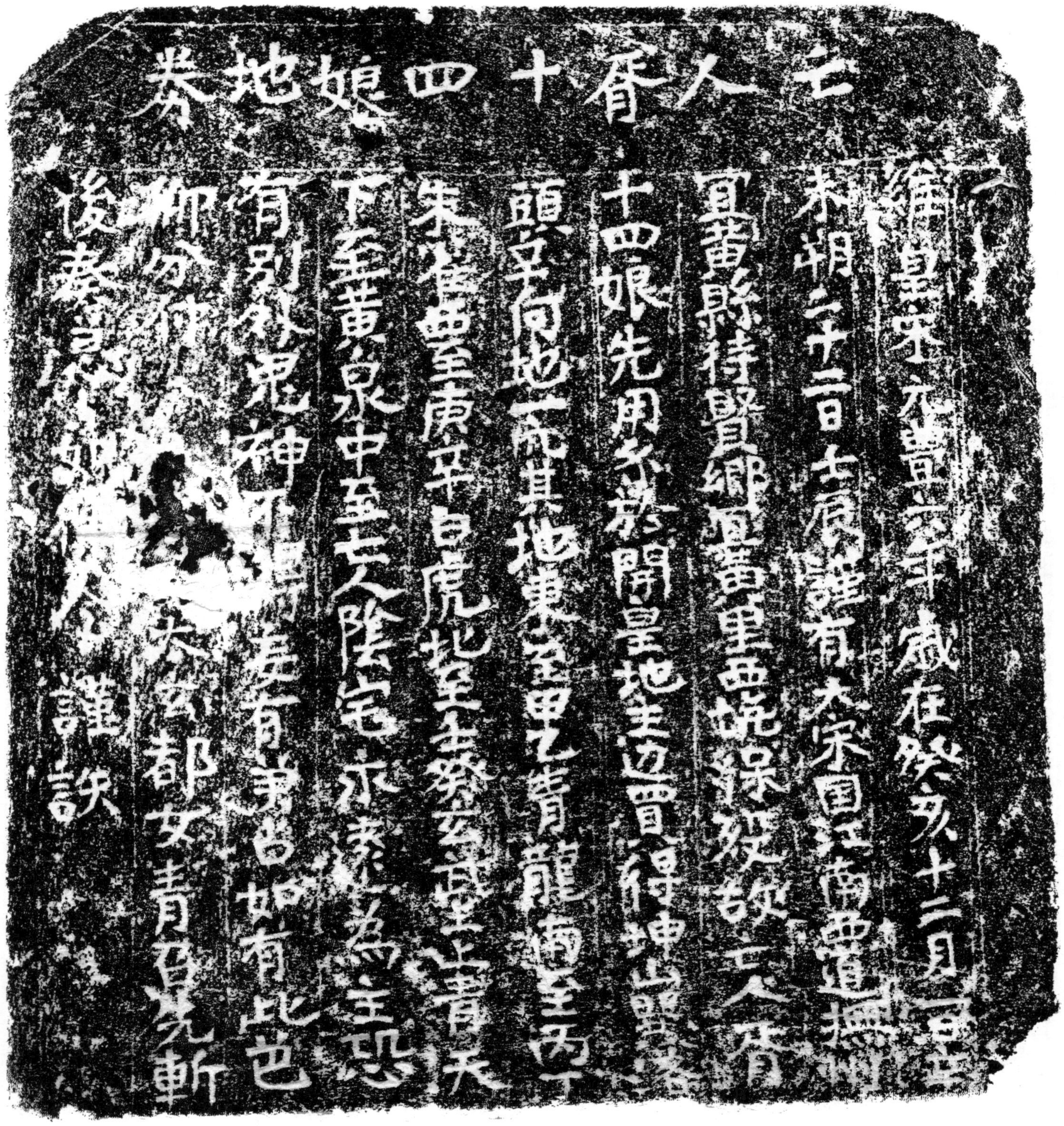

061 胡氏地券

時代：北宋元豐七年（1084年）二月初五日　尺寸：高59釐米，寬46.4釐米

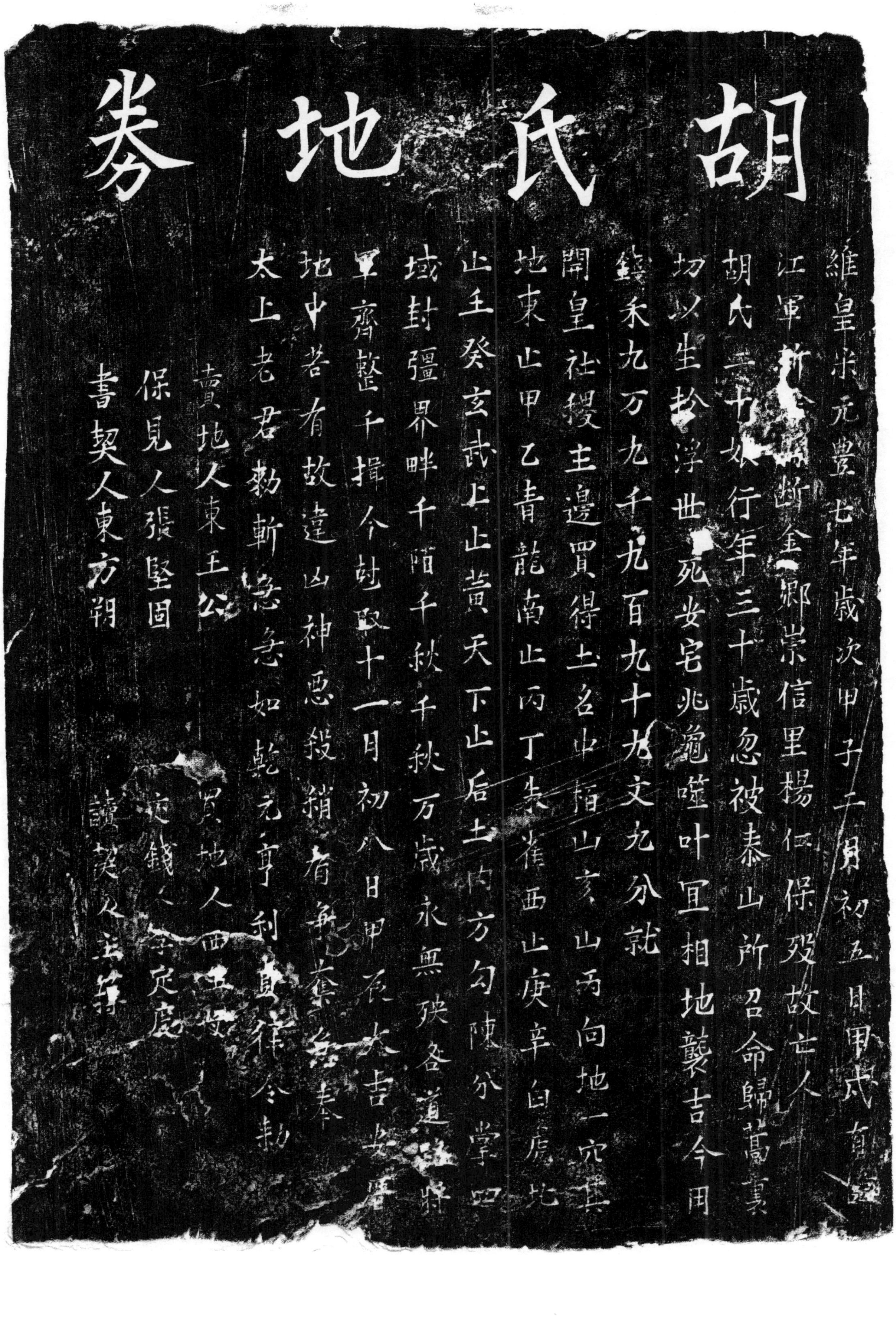

062 江氏二娘地券

時代：北宋元豐七年（1084年）九月二十三日

尺寸：高36.6釐米，寬33.5釐米

063 宋故戴府君地券文

時代：北宋元豐七年（1084年）十二月十九日　尺寸：高56釐米，寬52.4釐米

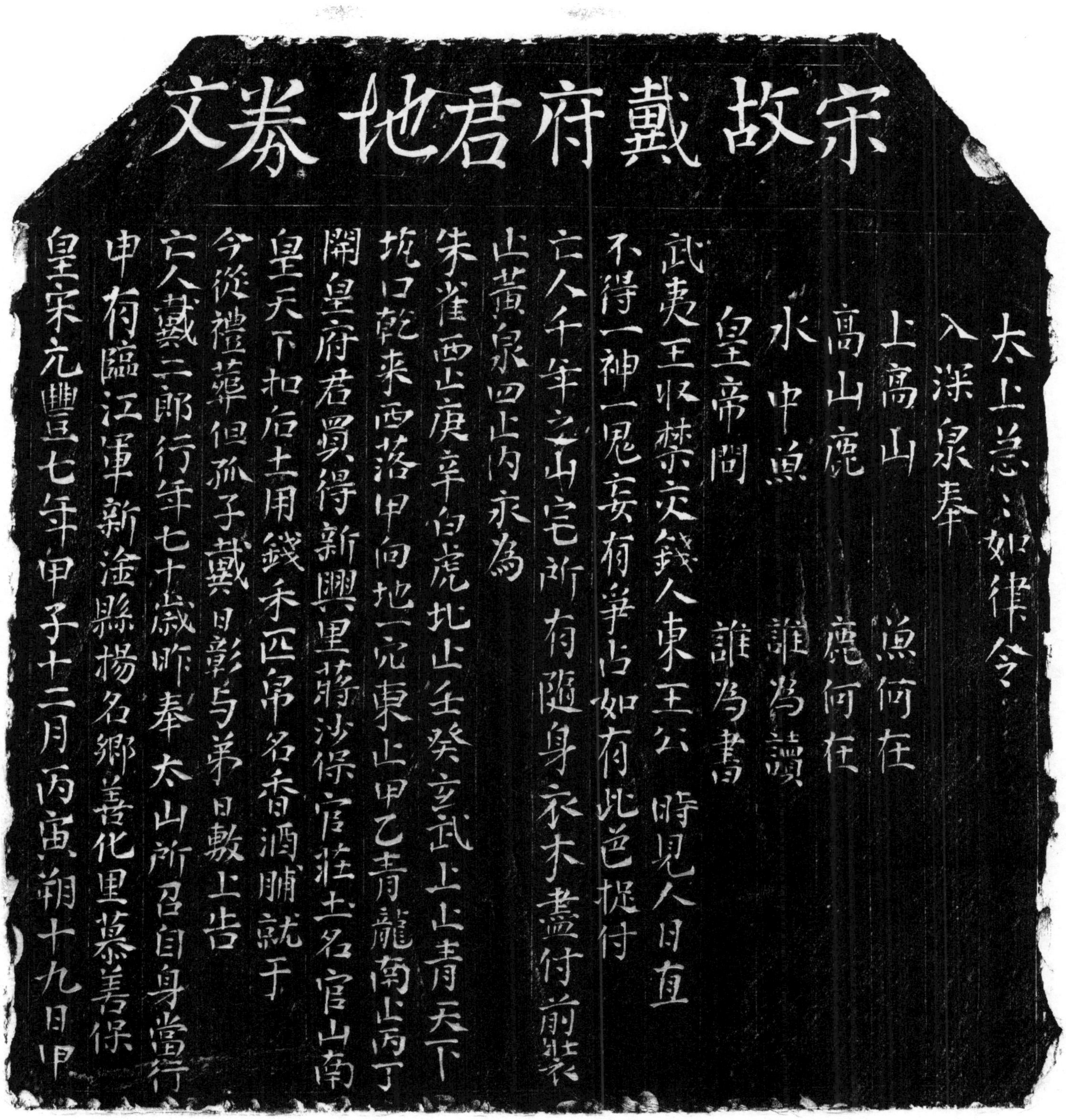
宋故戴府君地券文

太上急急如律令
入深泉奉
上高山　魚何在
高山鹿　鹿何在
水中魚　誰為讀
皇帝問　誰為書
武夷王收禁文錢人東王公　時見人日直
不得一神一鬼妄有爭占如有此色提付
亡人千年之山宅所有隨身衣木盡付前裝
山黃泉四止內永為
朱雀西止庚辛白虎北止壬癸玄武上止青天下
坑口乾來西落甲向地一穴東止甲乙青龍南止丙丁
開皇府君買得新興里蔣沙保官莊土名官山南
皇天下和后土用錢禾匹帛名香酒脯就于
今從禮葬但孤子戴日彰與弟日敷上告
亡人戴二郎行年七十歲昨奉太山所召自身當行
申有臨江軍新淦縣楊名鄉善化里慕善保
皇宋元豐七年甲子十二月丙寅朔十九日甲

064 丹陽甘君地券

時代：北宋元豐八年（1085年）八月二十一日

尺寸：高35釐米，寬32.7釐米

丹陽甘君地券

維皇宋元豐八年歲次乙丑八月壬午朔

二十一日壬午洪州豐城縣富城鄉善政里

南塘村亡甘保瑗殆亡人甘四郎行年

五十九歲命終今用銀錢萬貫買

得庚兌來山乙辰向地一穴東止甲乙南止

丙丁西止庚辛北止壬癸中央戊己与

亡人為萬年塚宅地下若有金銀珠保

即屬亡人所管伏願故邪不得妄來呵

責稍有互違准付汝清鬼

見人張堅故 保人李定度 書人天官道士

065 徐公墓券

時代：北宋元豐八年（1085年）九月三十日　尺寸：高40.8釐米，寬31.7釐米

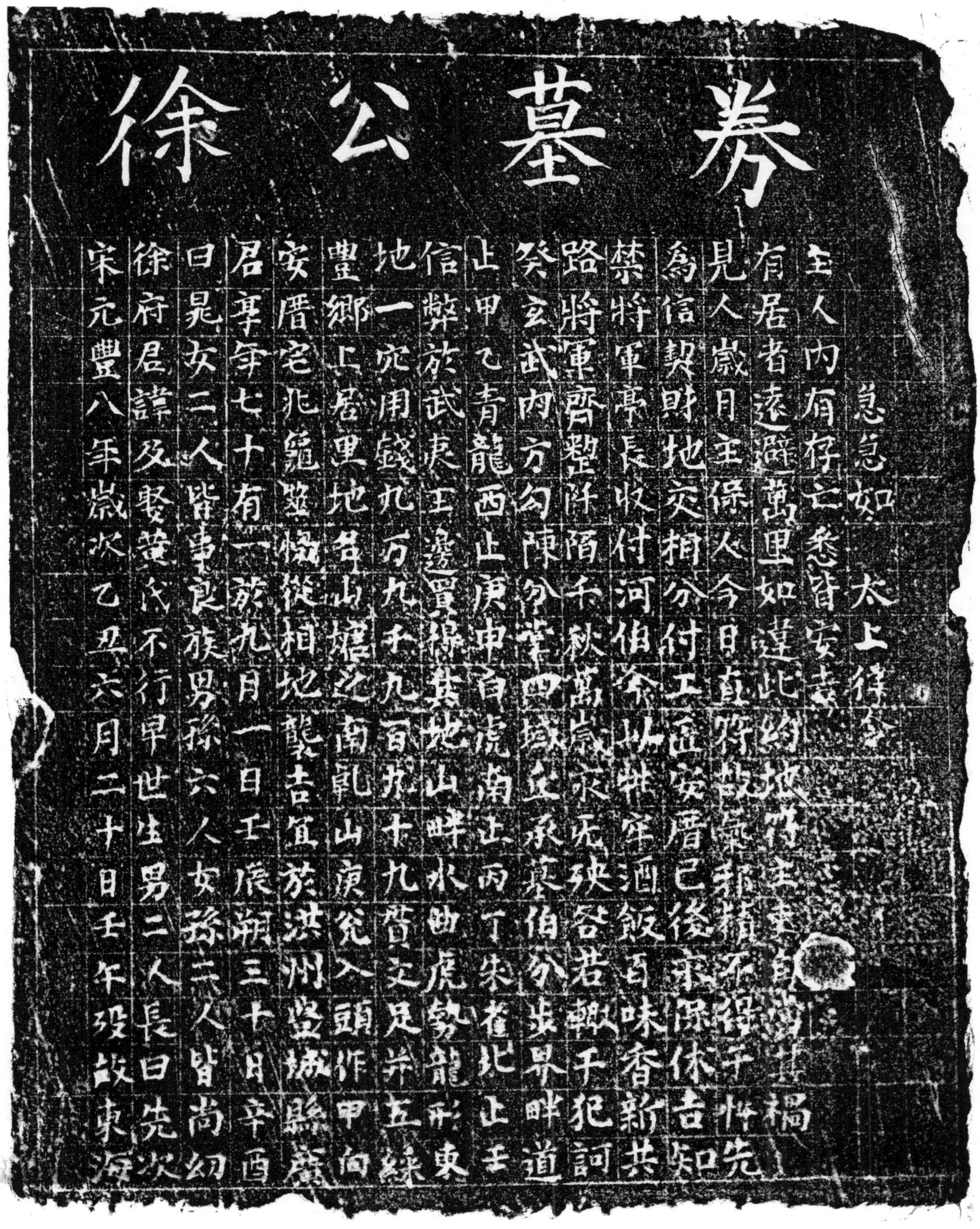

066　黃氏三娘地券

時代：北宋元祐元年（1086年）三月初二日

尺寸：高50.5釐米，寬42.5釐米

067　焦十三郎地券

時代：北宋元祐元年（1086年）十月十八日　尺寸：高36.7釐米，寬30.5釐米

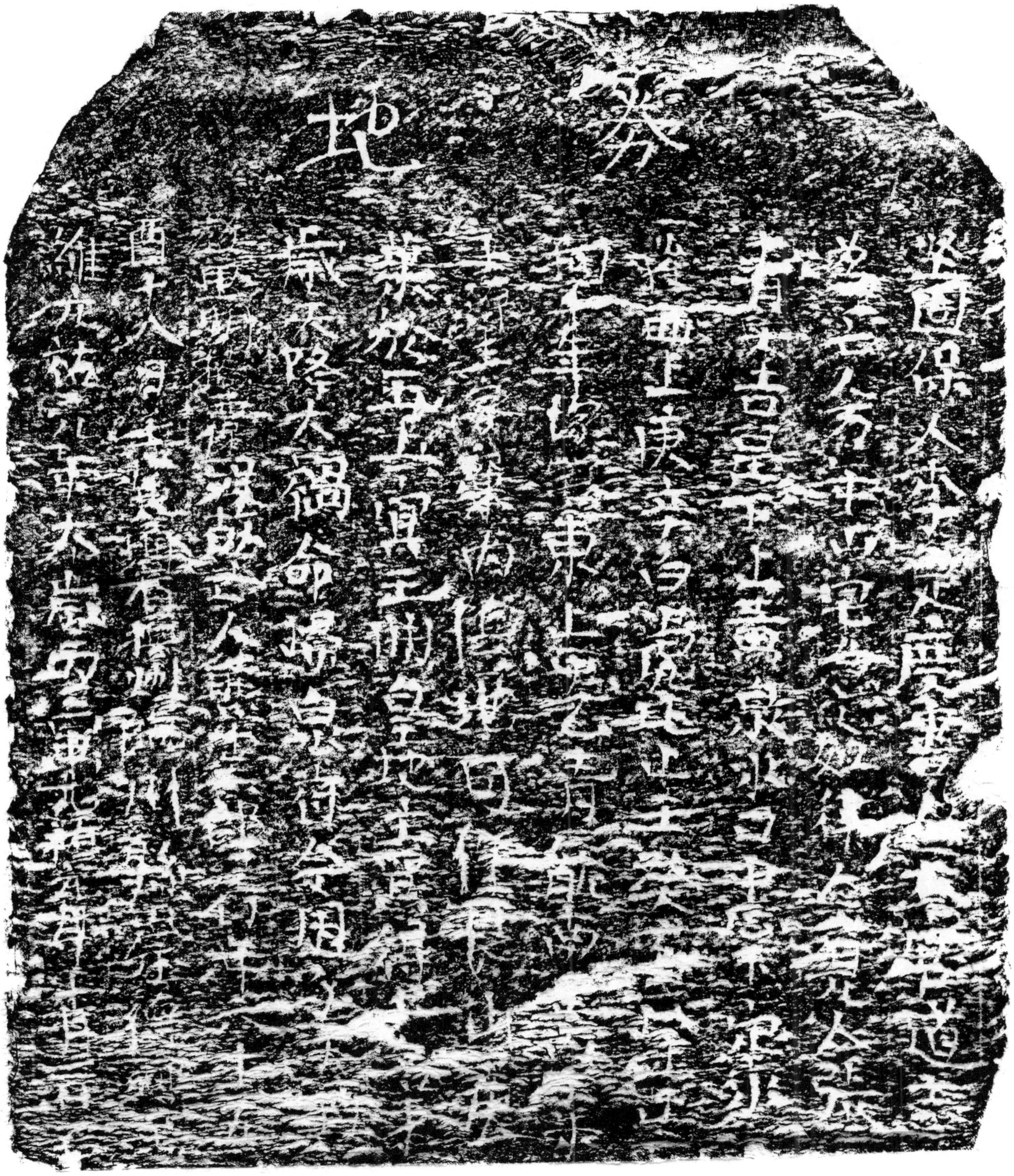

068 李十四郎地券

時代：北宋元祐二年（1087年）九月十一日　尺寸：高34.5釐米，寬34釐米

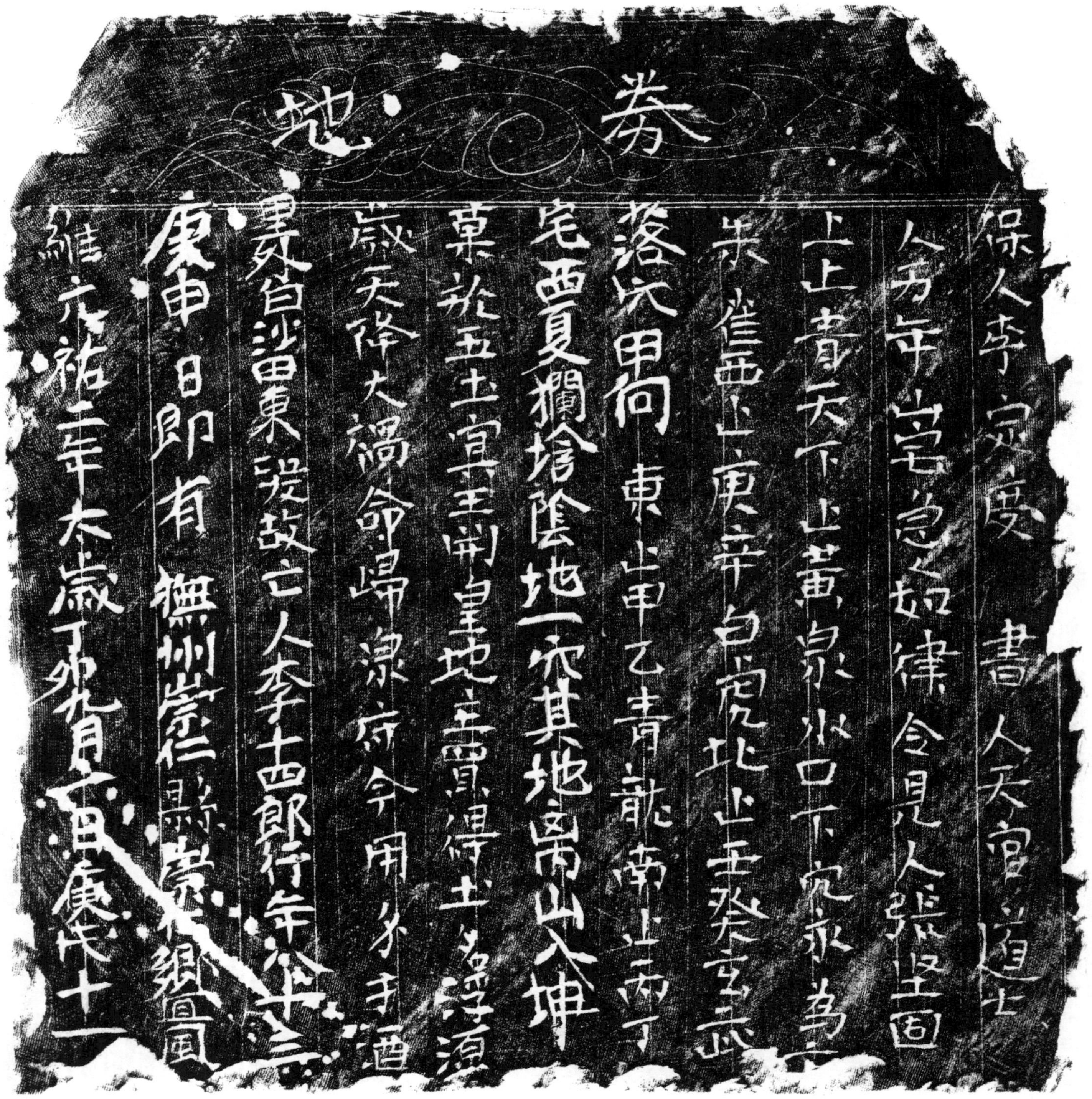

069 王五娘地券

時代：北宋元祐三年（1088年）五月二十八日

尺寸：高38釐米，寬34.5釐米

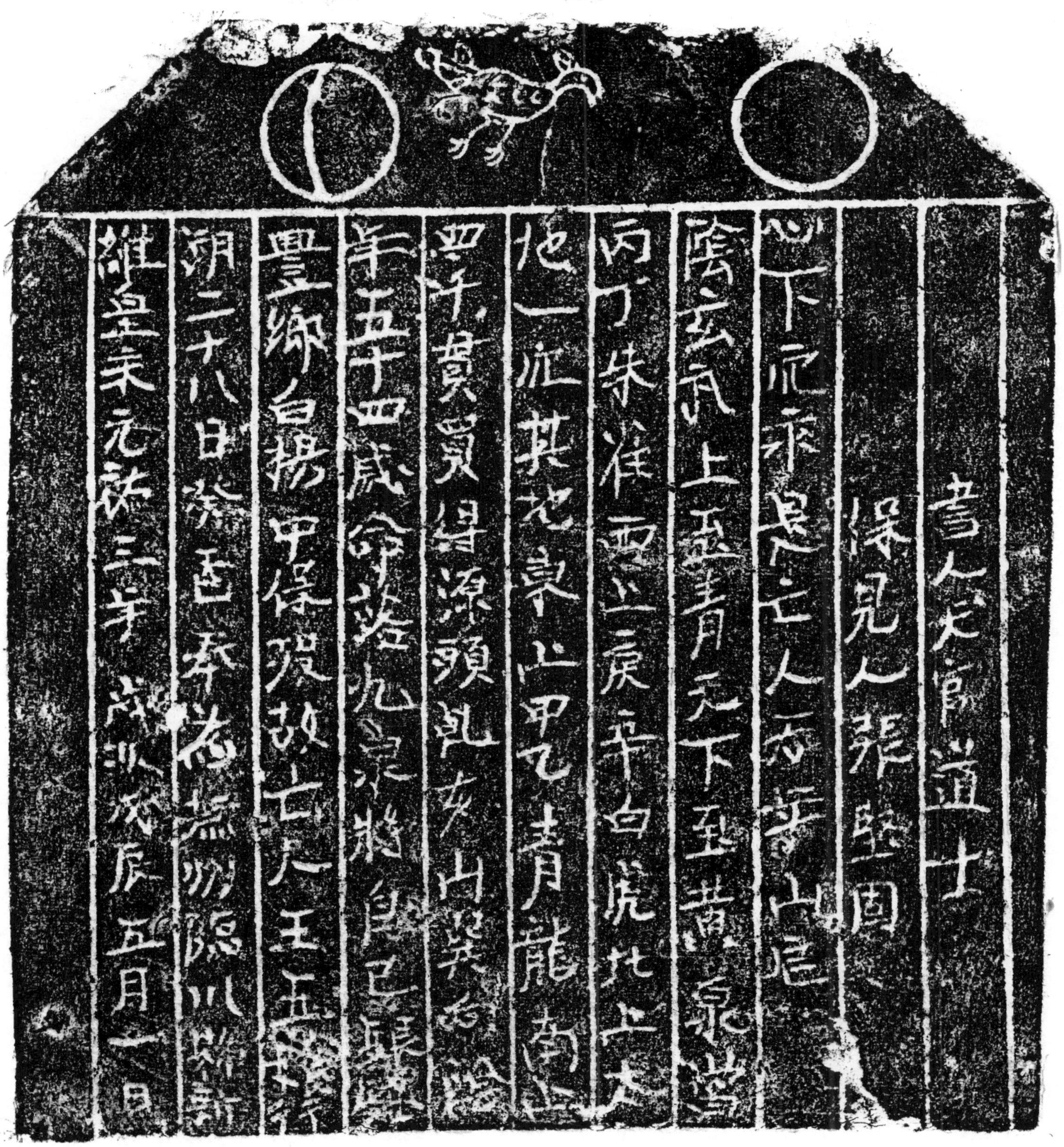

070 洪二十七郎地券

時代：北宋元祐三年（1088年）十月初二日　尺寸：高40釐米，寬35.5釐米

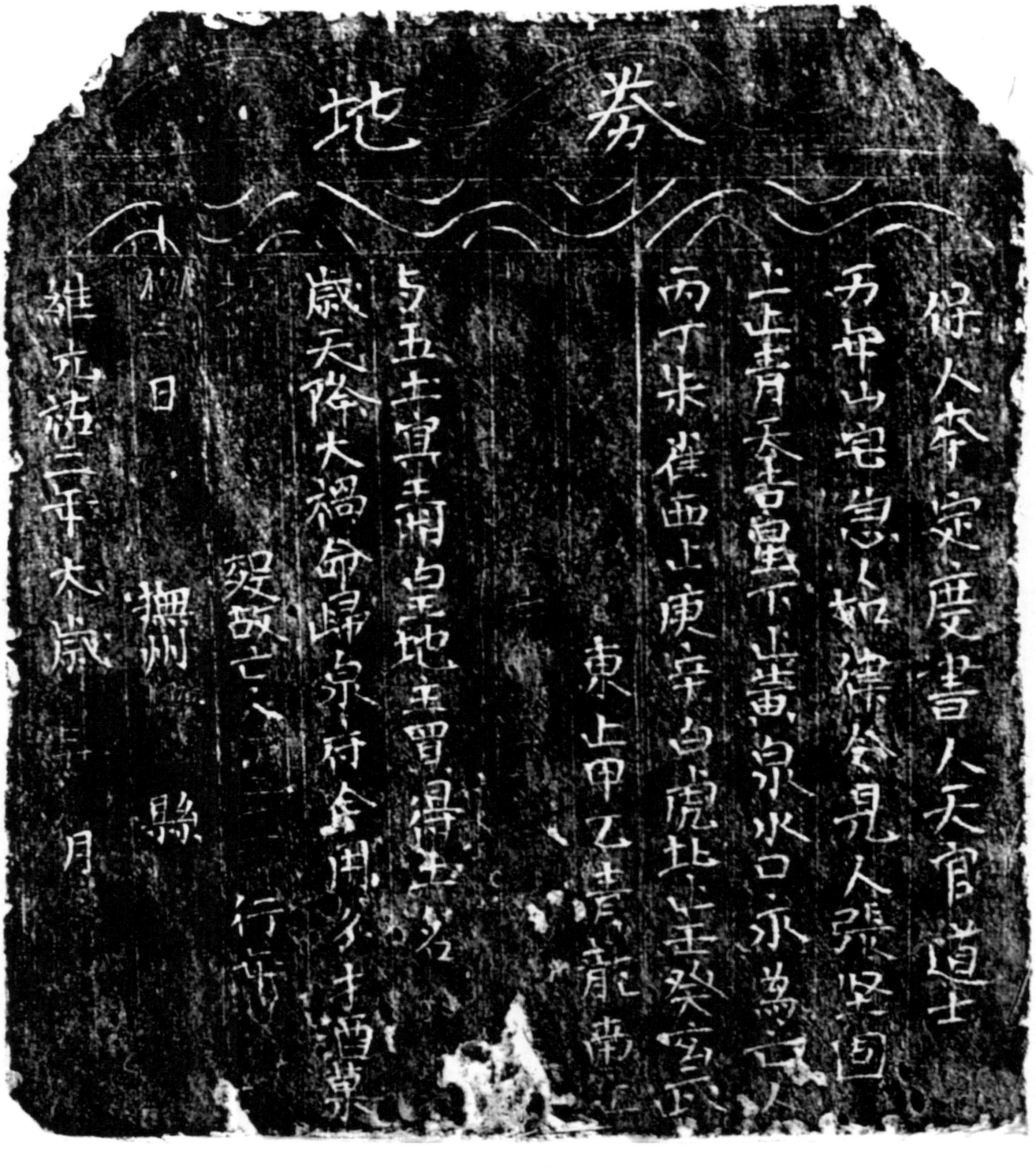
地券

保人李定度　書人天官道士

丙丁山宅　急急如律令　見人張堅固

上至青天　下至黃泉　永為亡人

丙丁朱雀　西止庚辛白虎　北止壬癸玄武

東止甲乙青龍　南止

與五土冥王皇地主買得　名

歲天降大禍　命歸泉府　用　酒菓

殁故亡人　行

初二日　撫州　縣

維元祐三年太歲　月

071 江五十一郎地券

時代：北宋元祐五年（1090年）十一月十八日　尺寸：高36.5釐米，寬34釐米

072 天水堯氏九娘地券

時代：北宋元祐六年（1091年）正月二十四日

尺寸：高33釐米，寬33釐米

073 謝氏六娘地券

時代：北宋元祐七年（1092年）十月初九日　尺寸：高38.6釐米，寬35釐米

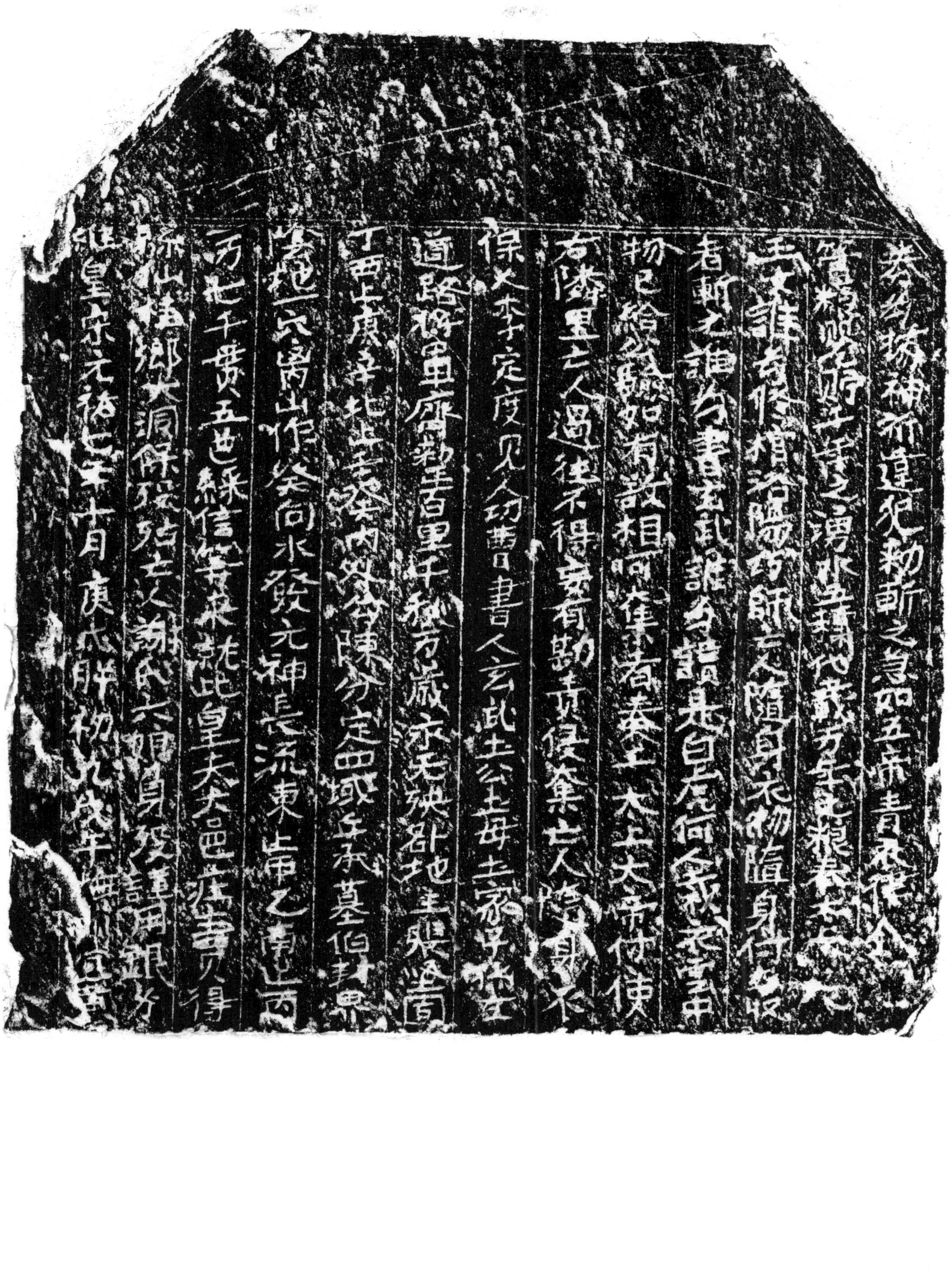

074 宋殆丹陽地券謹白

時代：北宋元祐八年（1093年）十一月二十八日　尺寸：高31釐米，寬35釐米

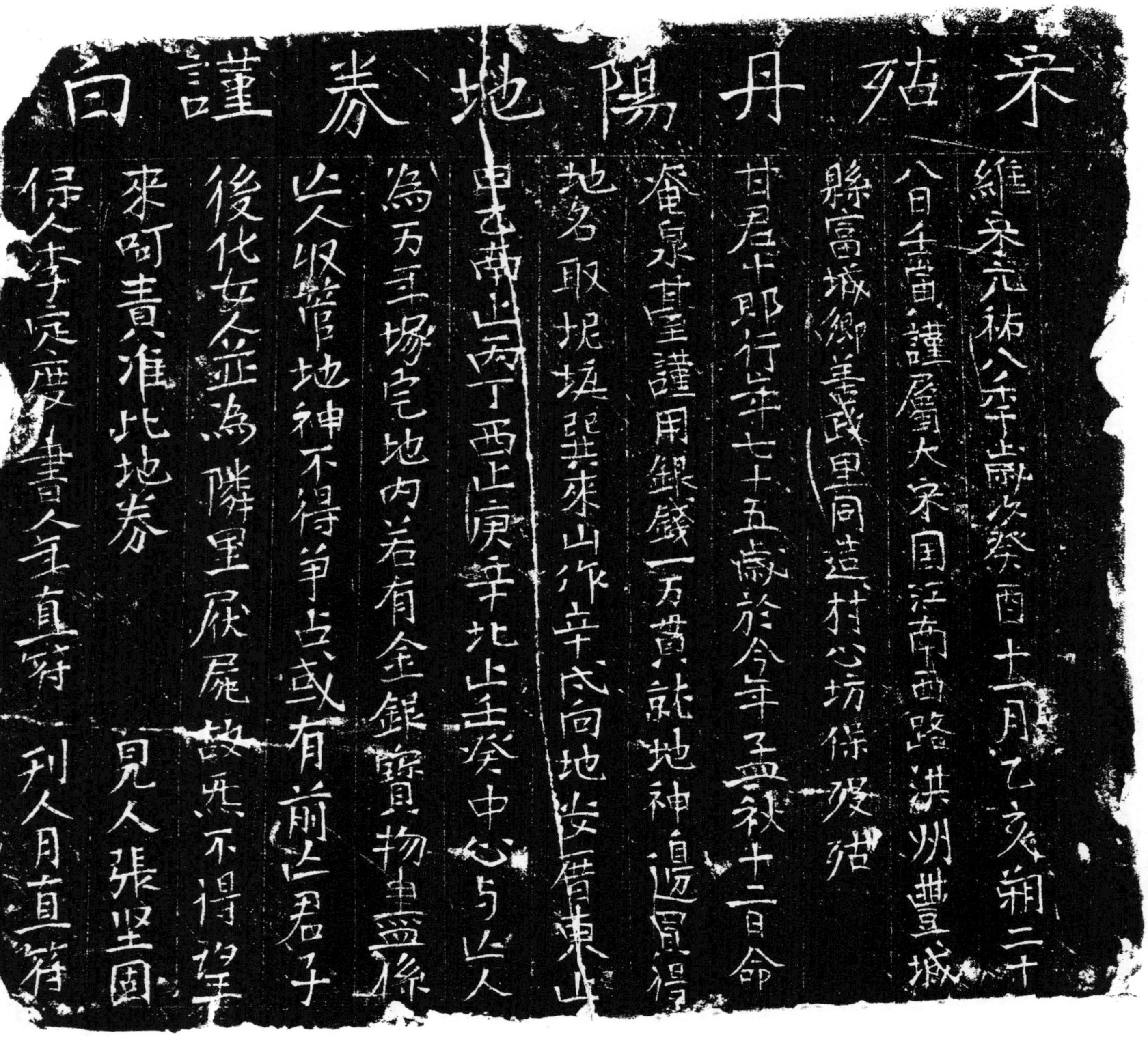

075 宋故甘君地券

時代：北宋紹聖元年（1094年）十月初五日

尺寸：高42.4釐米，寬40.5釐米

076 宋故曾氏地券

時代：北宋紹聖元年（1094年）十一月二十三日

尺寸：高31.5釐米，寬33.5釐米

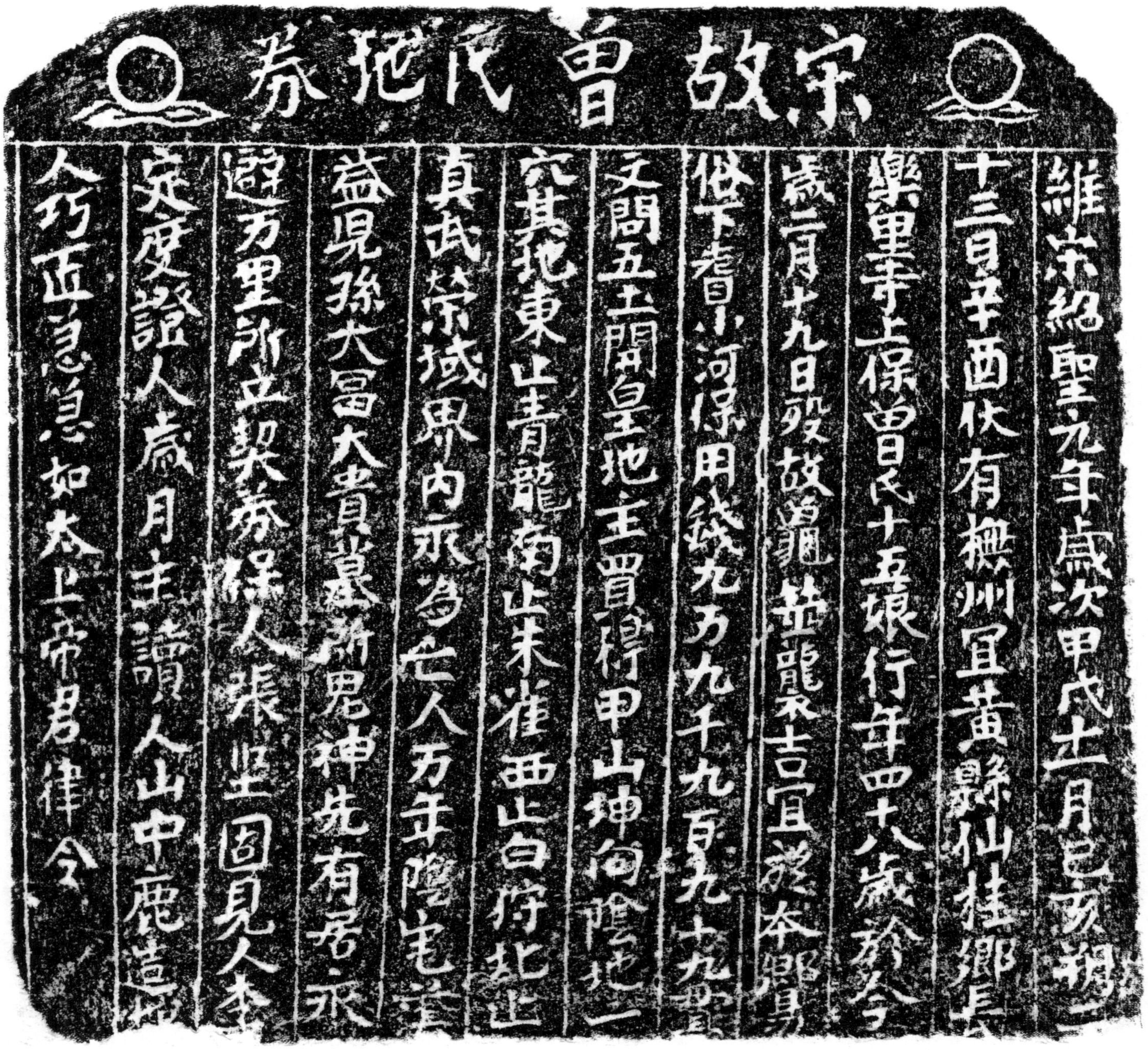
宋故曾氏地券
維宋紹聖元年歲次甲戌十一月己亥朔二
十三日辛酉伏有撫州宜黃縣仙桂鄉長
樂里寺上保曾氏十五娘行年四十八歲於今
歲二月十九日殁故龜筮龍吉宜於本縣
俗下曹小河保用錢九万九千九百九十九貫
文問五土開皇地主買得甲山坤向陰地一
穴其地東止青龍南止朱雀西止白虎北止
真武榮域界內永為亡人万年陰宅
益見孫大富大貴墓前鬼神先有居永
避万里所立契券保人張堅固見人李
定度證人歲月主讀人山中鹿造
人巧匠急急如太上帝君律令

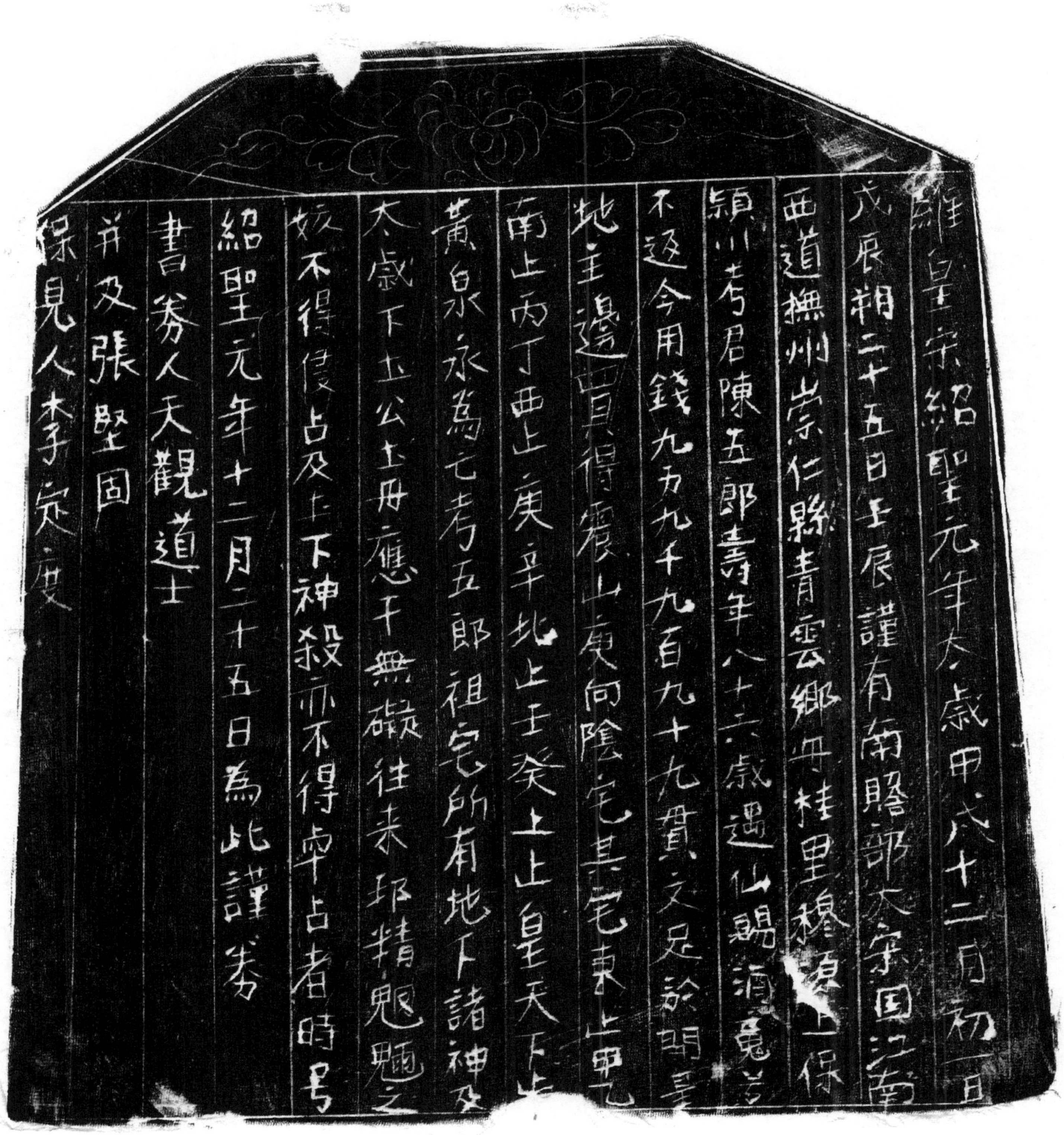
維皇宋紹聖元年太歲甲戌十二月初一日
戊辰朔二十五日壬辰謹有南贍部洲大宋國江南
西道撫州崇仁縣青雲鄉冊桂里穆源上保
潁川考君陳五郎壽年八十三歲遇仙賜酒魂兮
不返今用錢九万九千九百九十九貫文足於開皇
地主邊買得震山庚向陰宅其宅東止甲乙
南止丙丁西止庚辛北止壬癸上止皇天下止
黃泉永爲亡考五郎祖宅所有地下諸神及
太歲下五公土母應千無礙往來邪精魍魎之
妖不得侵占及土下神殺亦不得卑占者時号
紹聖元年十二月二十五日爲此謹券
書券人天觀道士
并及張堅固
保見人李定度

077 陳五郎地券

時代：北宋紹聖元年（1094年）十二月二十五日　尺寸：高33.1釐米，寬31.3釐米

078 高三娘地券

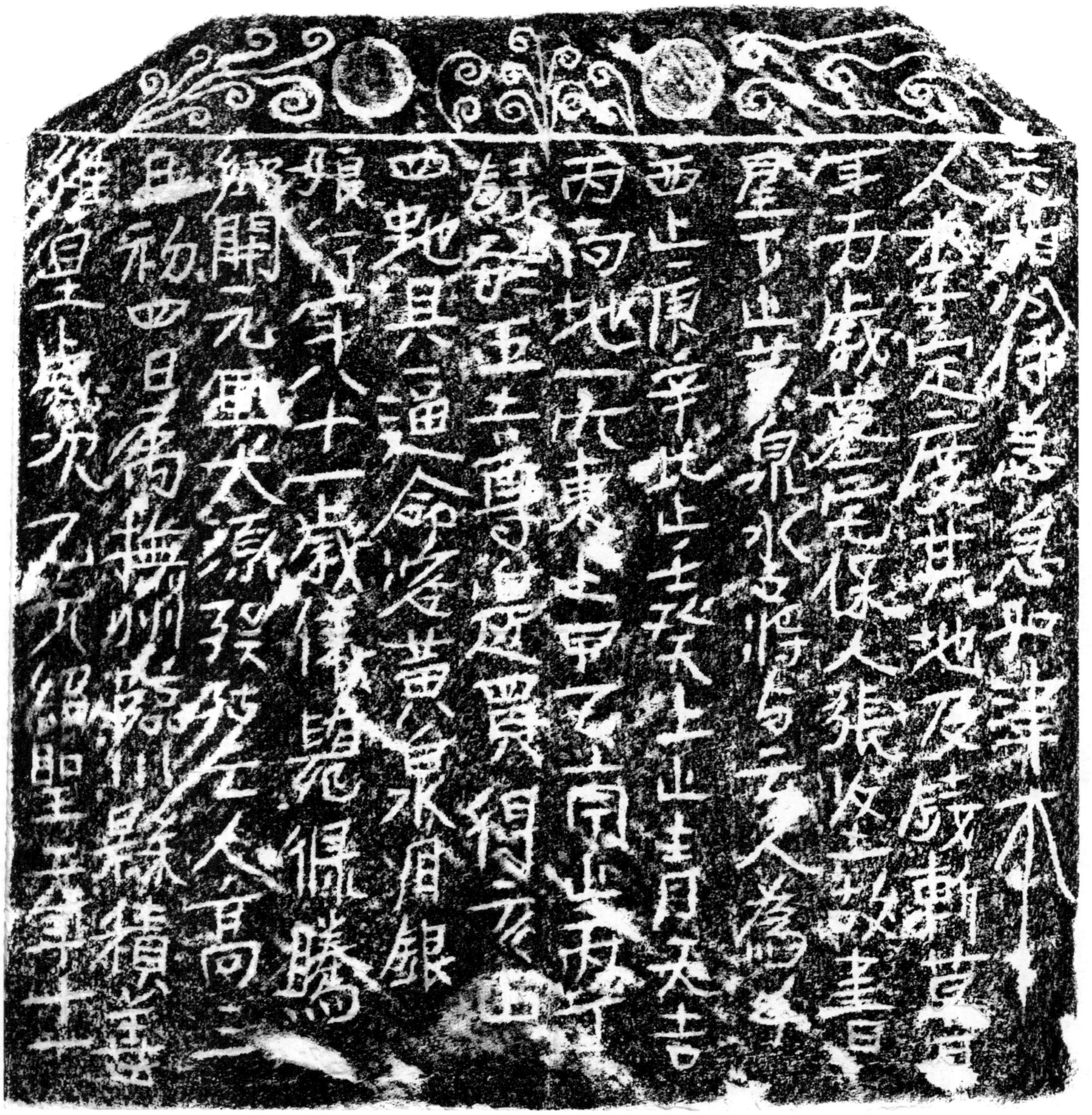

時代：北宋紹聖二年（1095年）十一月初四日

尺寸：高43釐米，寬41.3釐米

079 喻八郎地券

時代：北宋紹聖四年（1097年）九月初六日　尺寸：高42.3釐米，寬38.2釐米

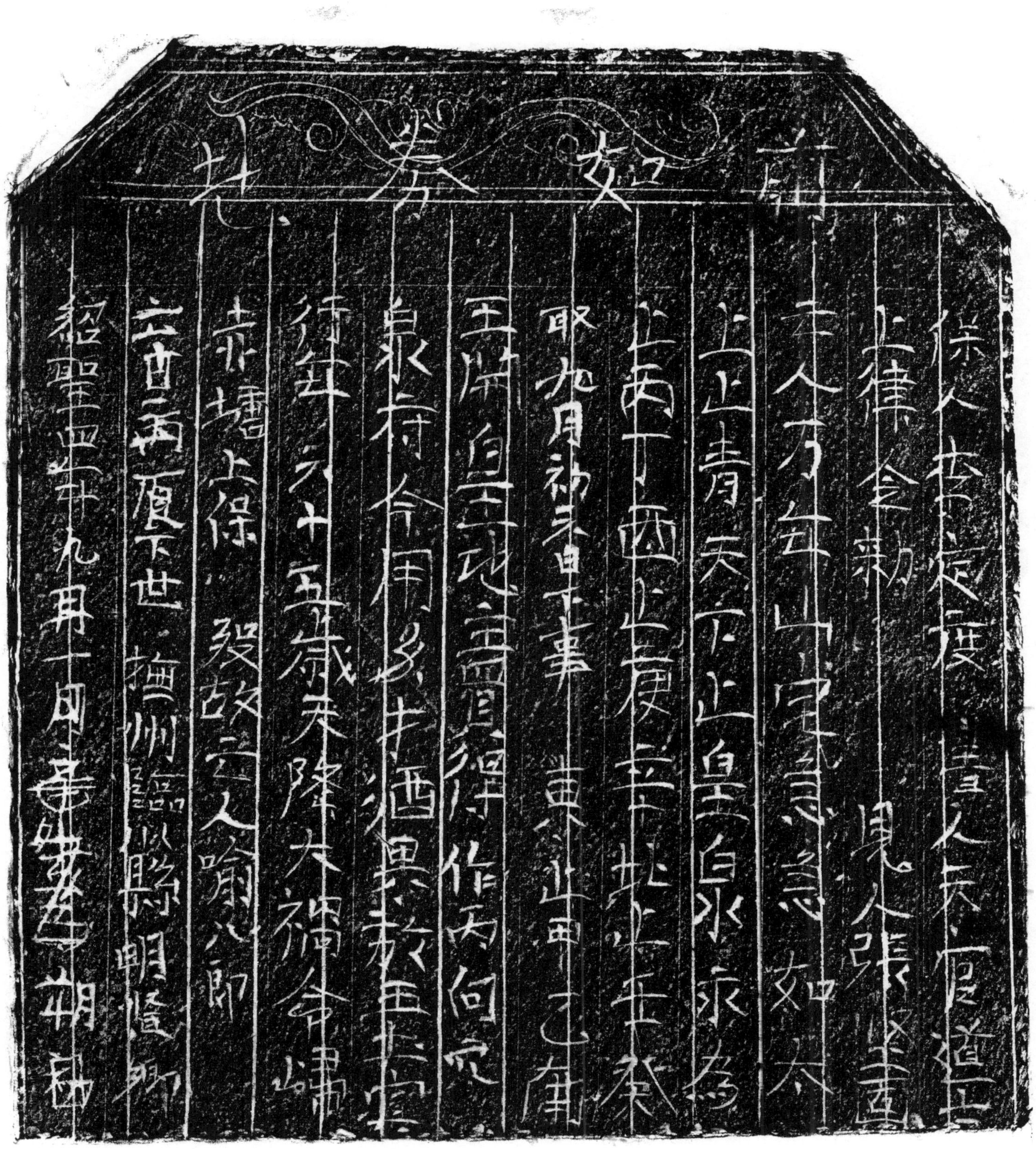

080 章十三郎地契

時代：北宋紹聖四年（1097年）十二月十二日

尺寸：高46.5釐米，寬42.5釐米

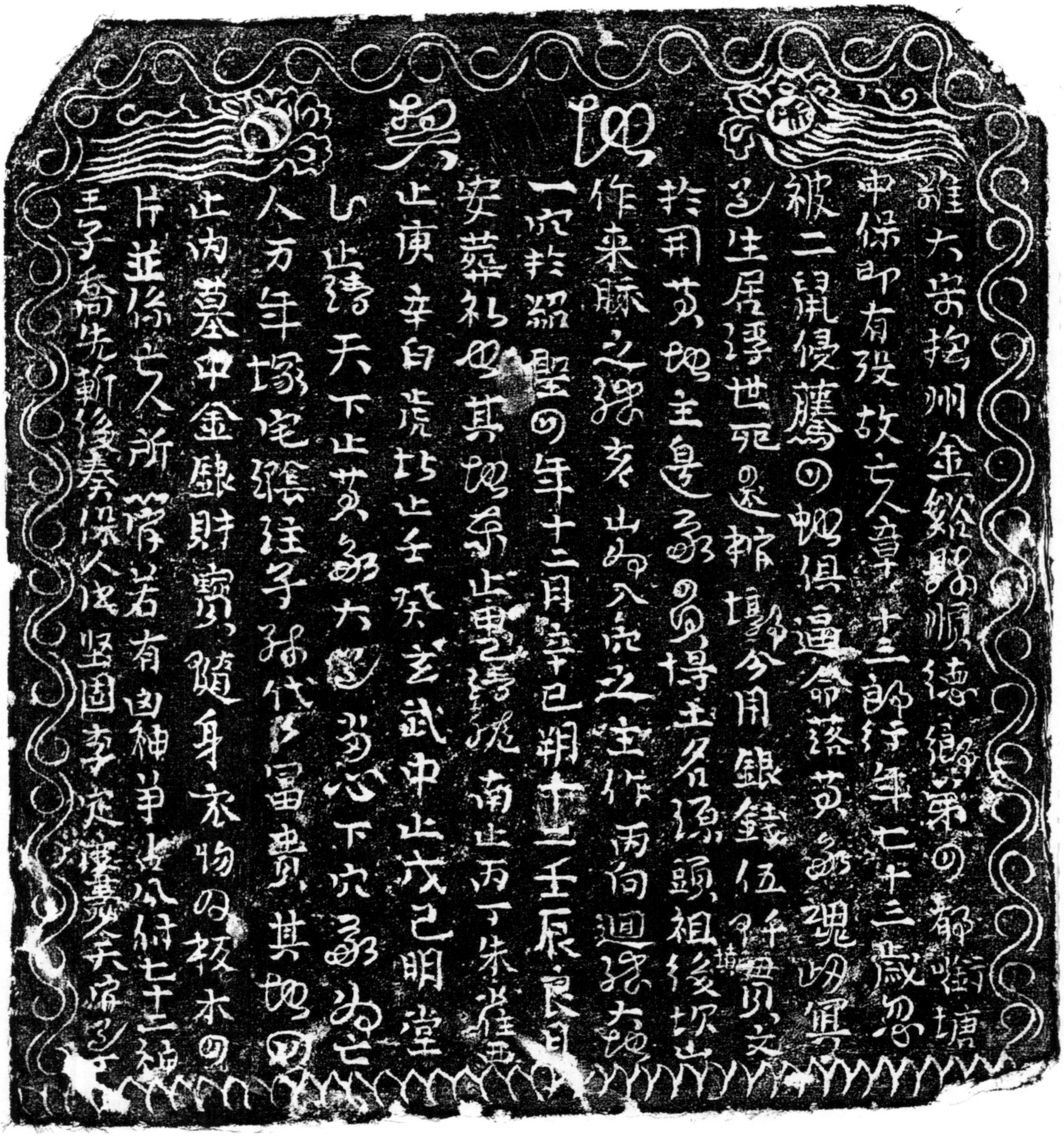

081 曹大郎地券

時代：北宋元符二年（1099年）十一月二十九日　尺寸：高33.3釐米，寬32.6釐米

維南贍部州大宋国江南西道建昌軍南
城縣太平鄉豊高里亡傳保既有亡人
曹大郎行年七十歲在生之日用錢九万
九千貫文於開皇边買得舍後艮
山陰地一穴東止甲乙青龍南止丙丁
朱雀西止庚辛白虎北止壬癸玄武中
央是亡人玄宅復知露上内有石器靈
財並是亡人自主交錢人今年今月
直符保見人今日今時直符三男三
女子孫各復孟青
如律令元符二年十一月廿九丁酉日地契

082　陳八郎地券

時代：北宋元符三年（1100年）六月十一日　尺寸：高39釐米，寬40.2釐米

083 張十九郎地券

時代：北宋元符三年（1100年）八月二十五日　尺寸：高41.2釐米，寬36.6釐米

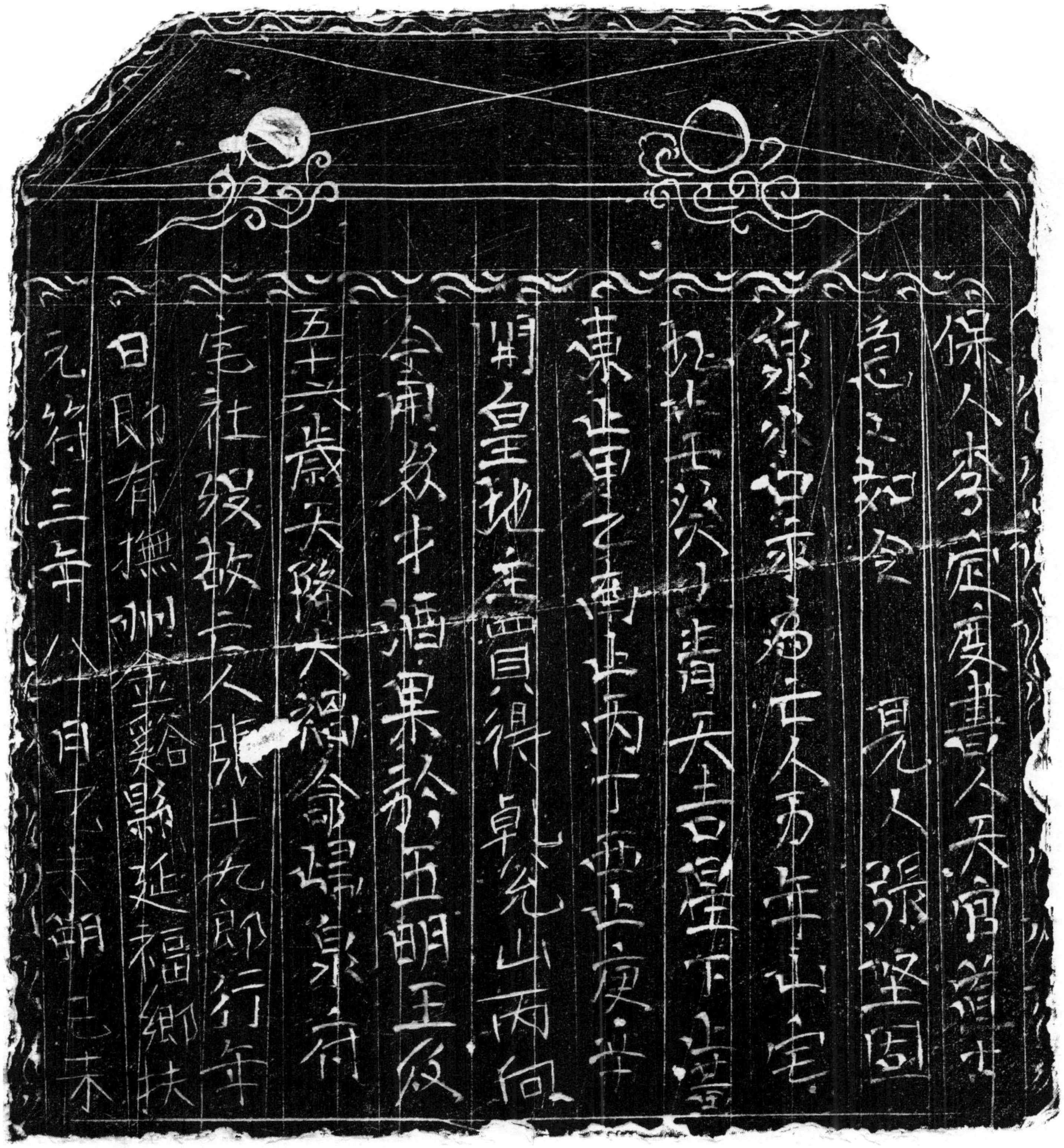

084 劉五郎地券

時代：北宋建中靖國元年（1101年）十月一日　尺寸：高52.5釐米，寬47釐米

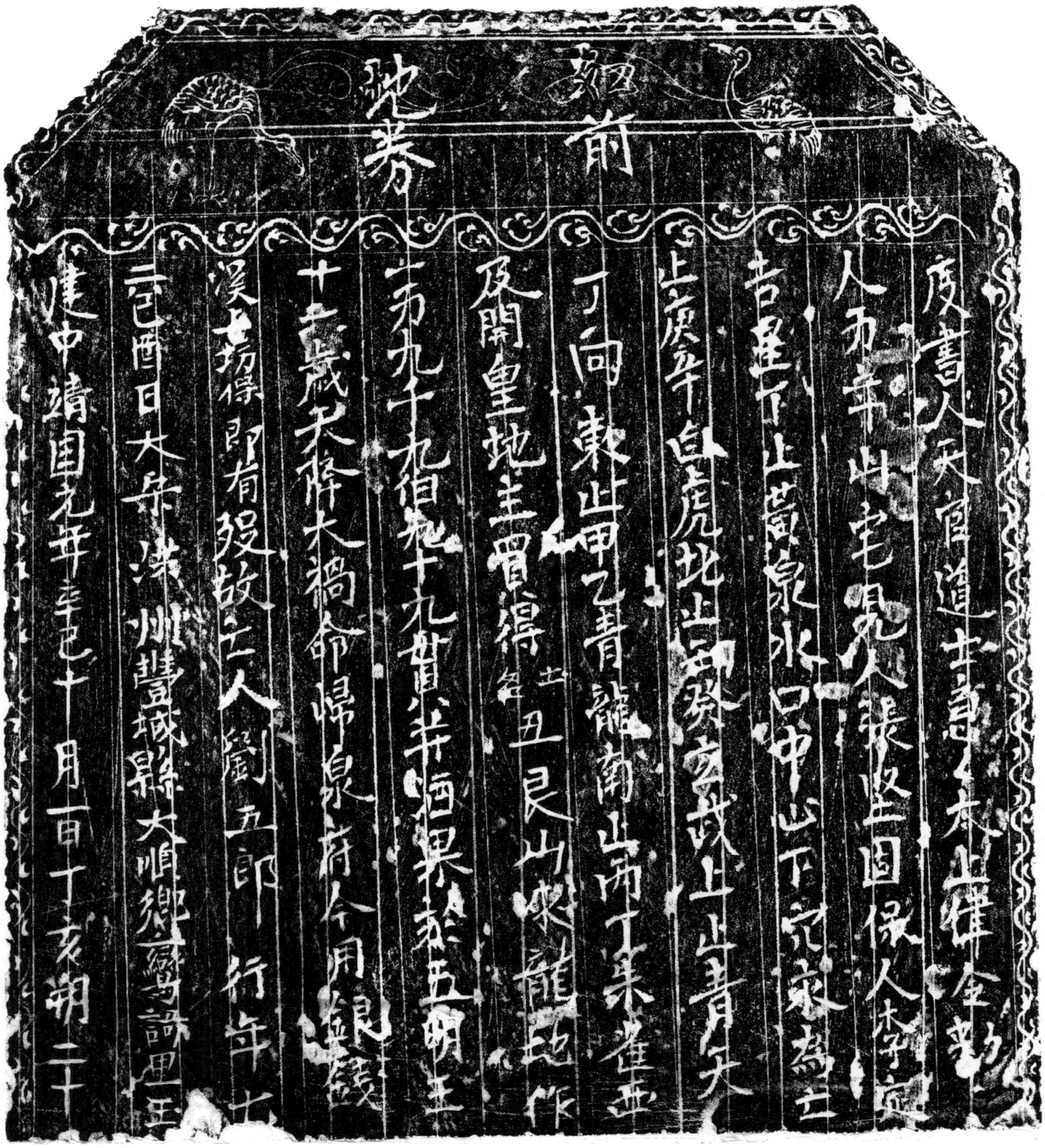

085　唐十一娘地券

時代：北宋建中靖國元年（1101年）十月二十二日　尺寸：高38.9釐米，寬41釐米

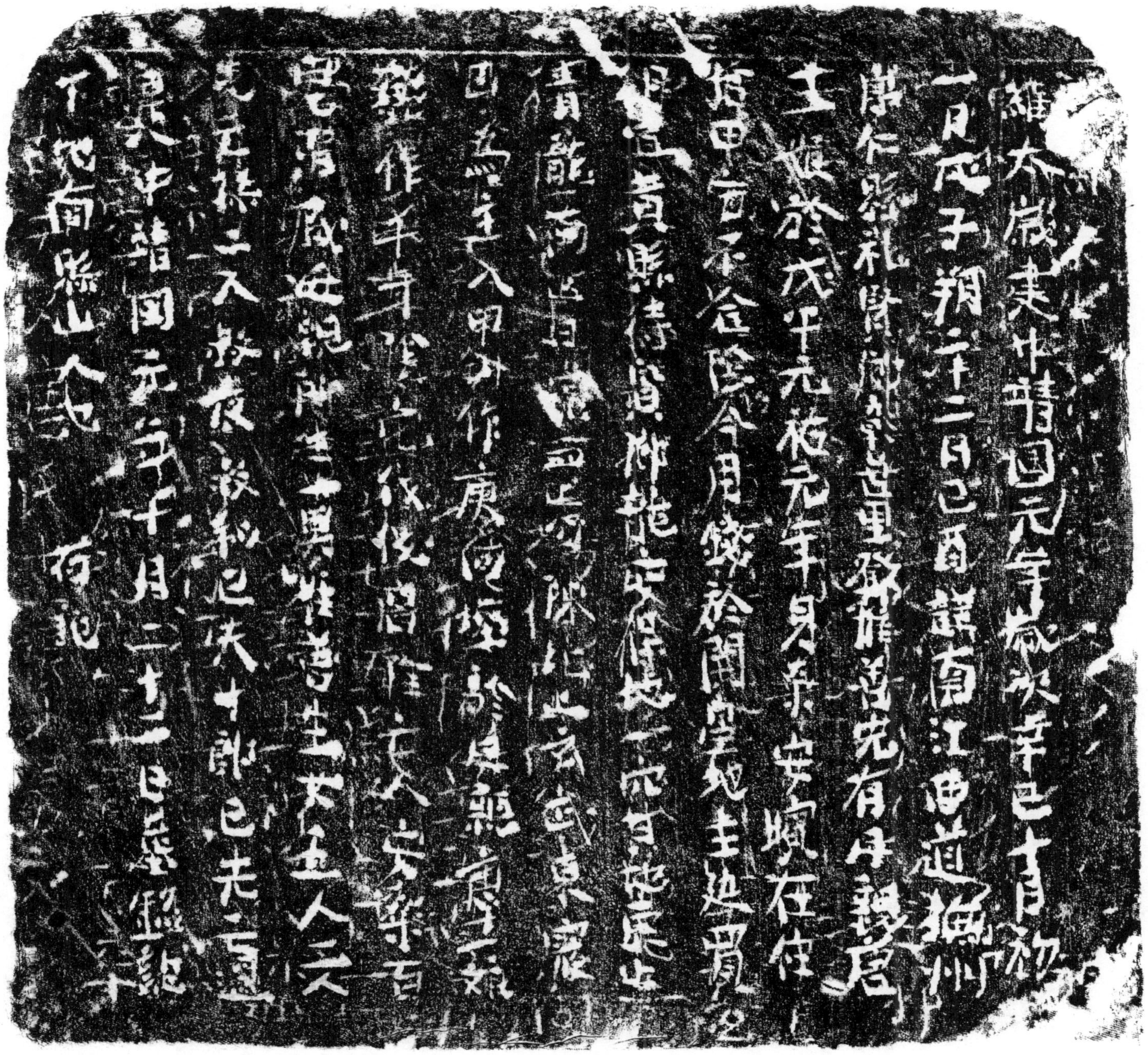

086　成氏十娘地契

時代：北宋建中靖國元年（1101年）十二月初十日　尺寸：高47釐米，寬41.5釐米

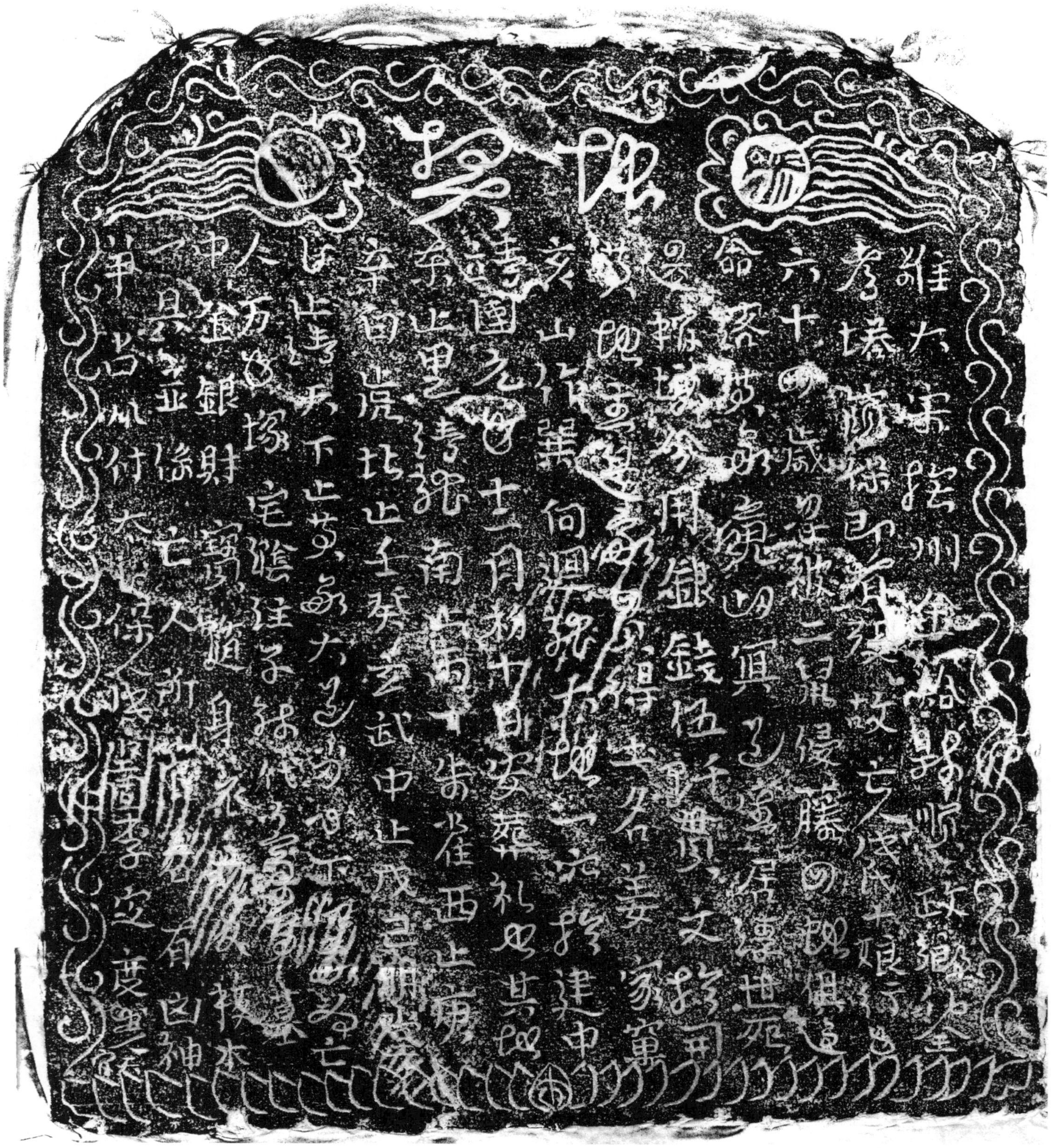

087 黃氏十娘地券

時代：北宋建中靖國元年（1101年）十二月二十三日　尺寸：高39.7釐米，寬33.6釐米

088 陳十一郎地契

時代：北宋崇寧元年（1102年）十二月初十日

尺寸：高39釐米，寬38釐米

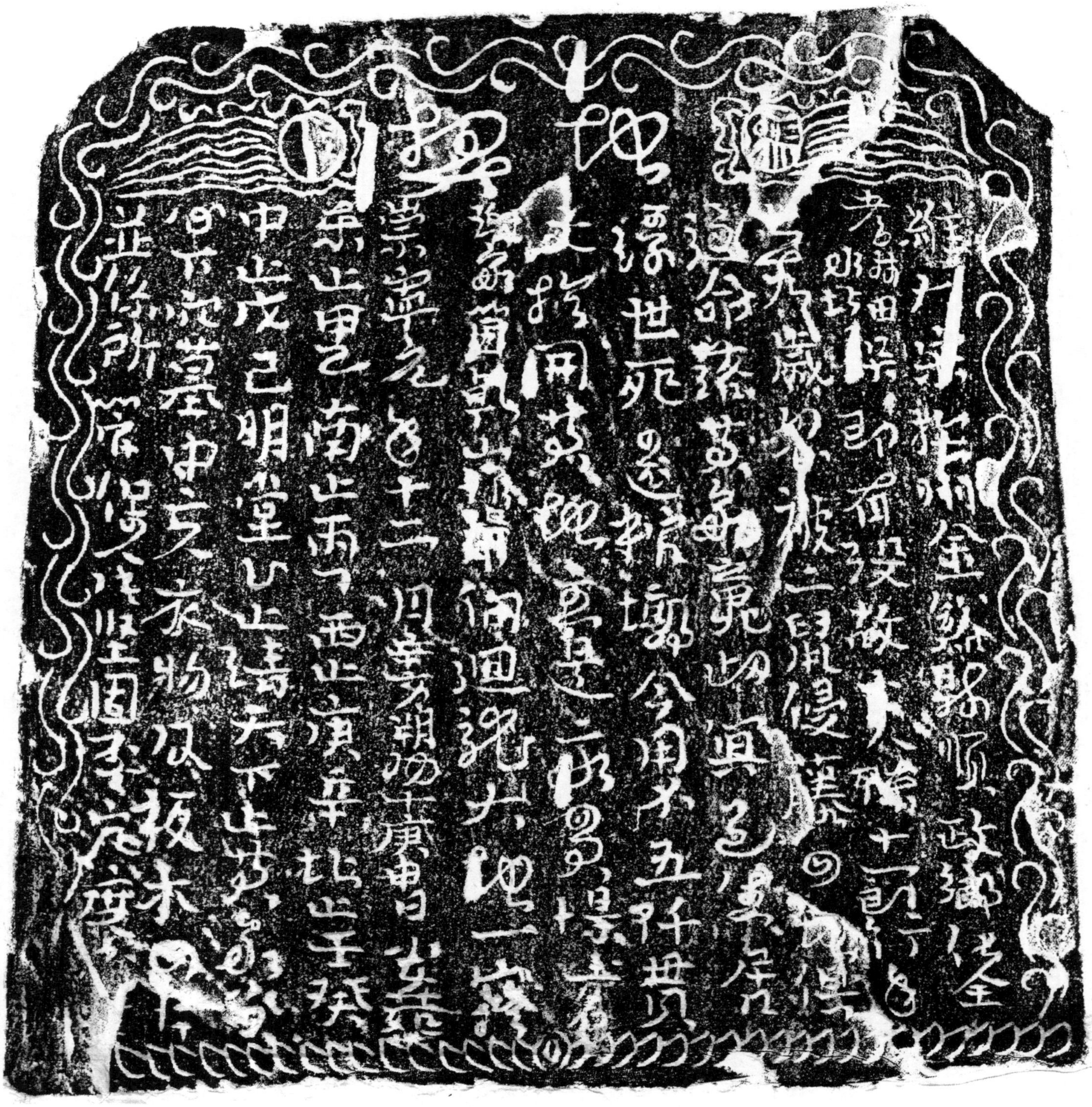

089 十二郎地券

時代：北宋崇寧二年（1103年）三月初五日　尺寸：高35釐米，寬32釐米

090 方大娘地券

時代：北宋崇寧二年（1103年）十二月　尺寸：高40.5釐米，寬35.5釐米

091 吴十三娘開墳宅記号

時代：北宋崇寧三年（1104年）二月一日　　尺寸：高39.5釐米，寬35.5釐米

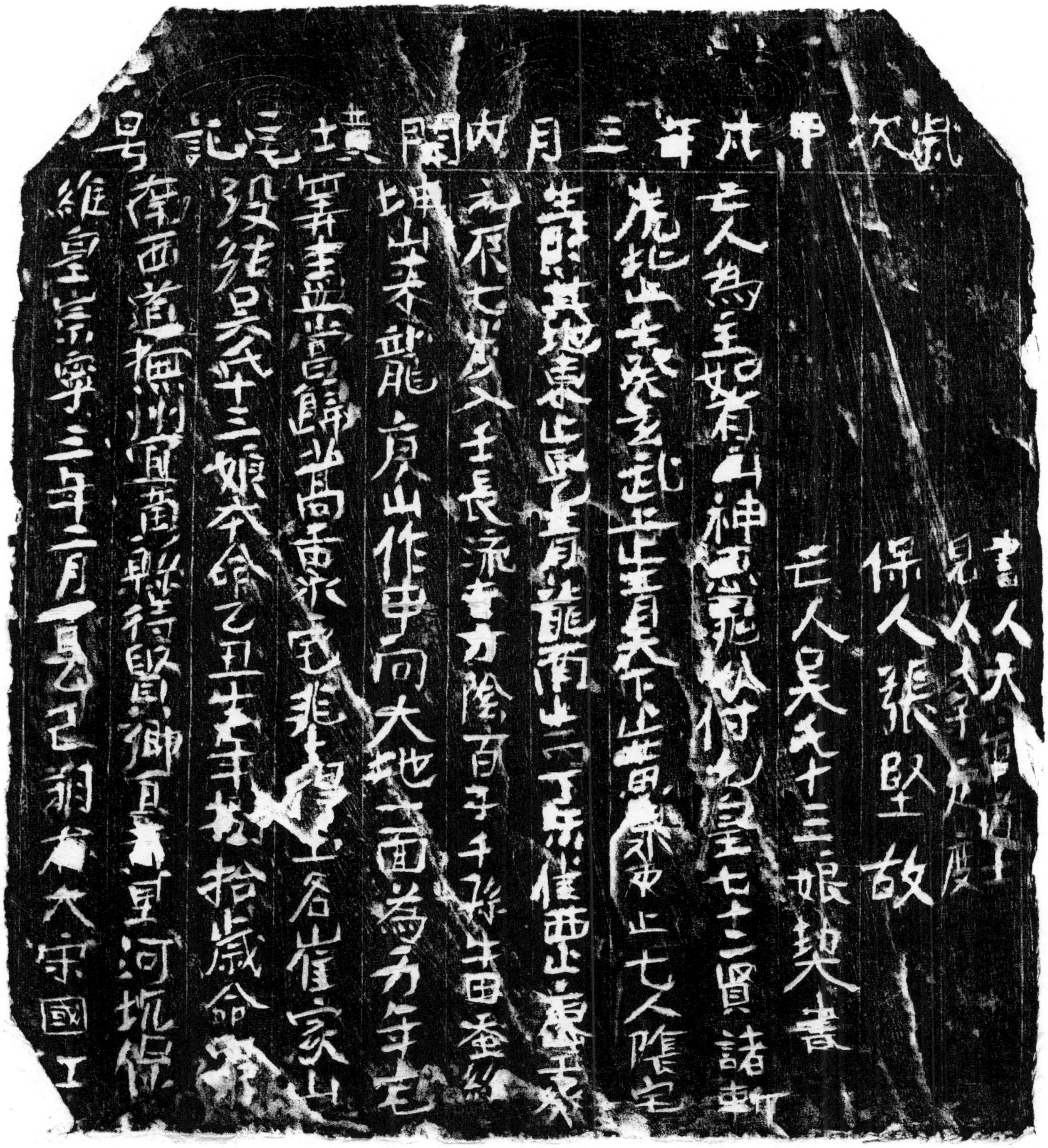

092　隴西夫人地券

時代：南宋崇寧三年（1104年）九月初二日　尺寸：高42.4釐米，寬33.8釐米

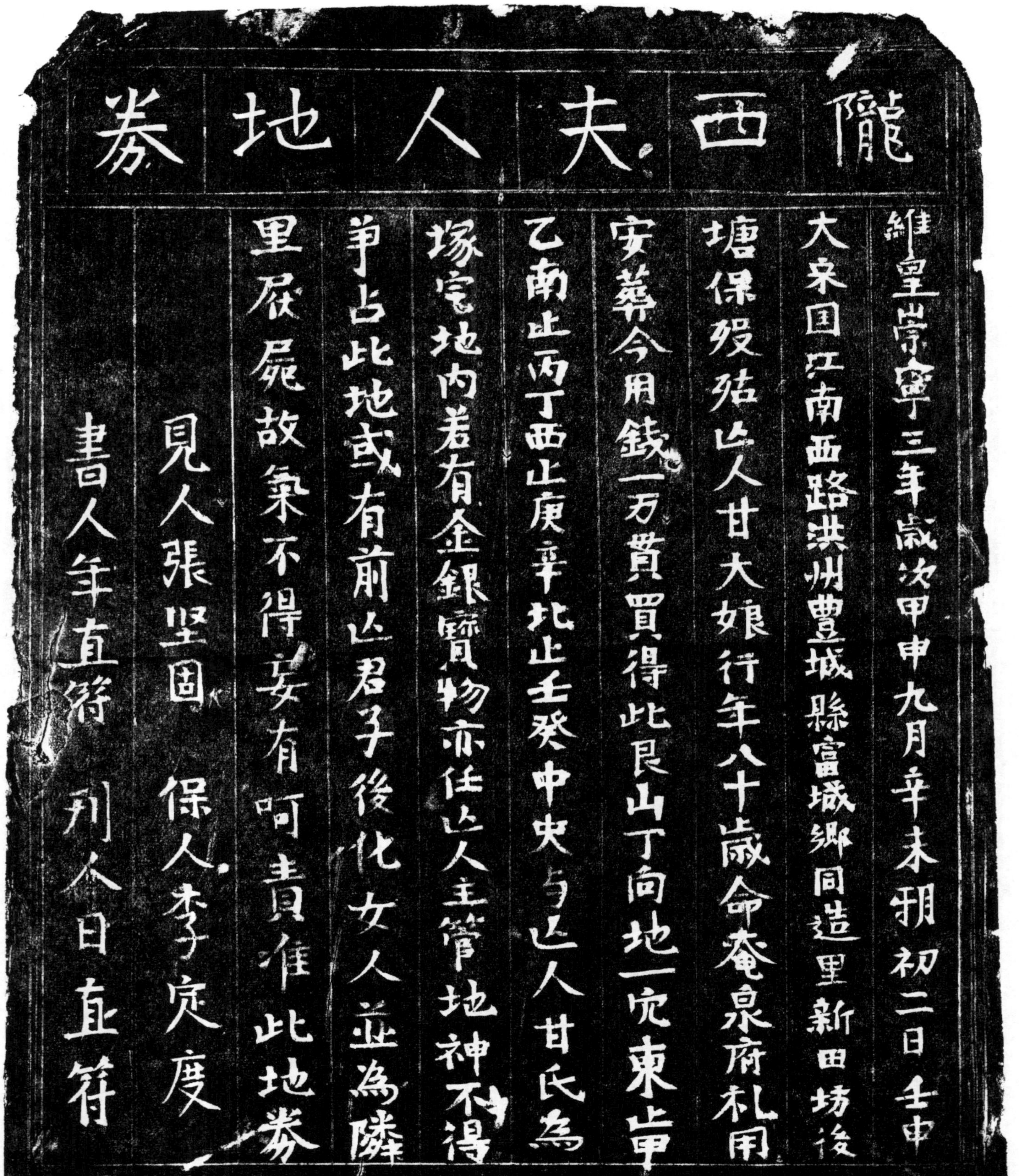
隴西夫人地券

維皇宋崇寧三年歲次甲申九月辛未朔初二日壬申
大宋国江南西路洪州豐城縣富城鄉同造里新田坊後
塘保殁故亡人甘大娘行年八十歲命奄泉府礼用
安葬今用錢一万貫買得此艮山丁向地一穴東止
乙南止丙丁西止庚辛北止壬癸中央与亡人甘氏為
塚宅地内若有金銀寶物亦任亡人主管地神不得
爭占此地或有前亡君子後化女人並為隣
里伏屍故氣不得妄有呵責准此地券
見人張堅固　保人李定度
書人年直符　刊人日直符

093　李二十七娘地券

時代：北宋崇寧三年（1104年）十一月一日　尺寸：高42.9釐米，寬43.9釐米

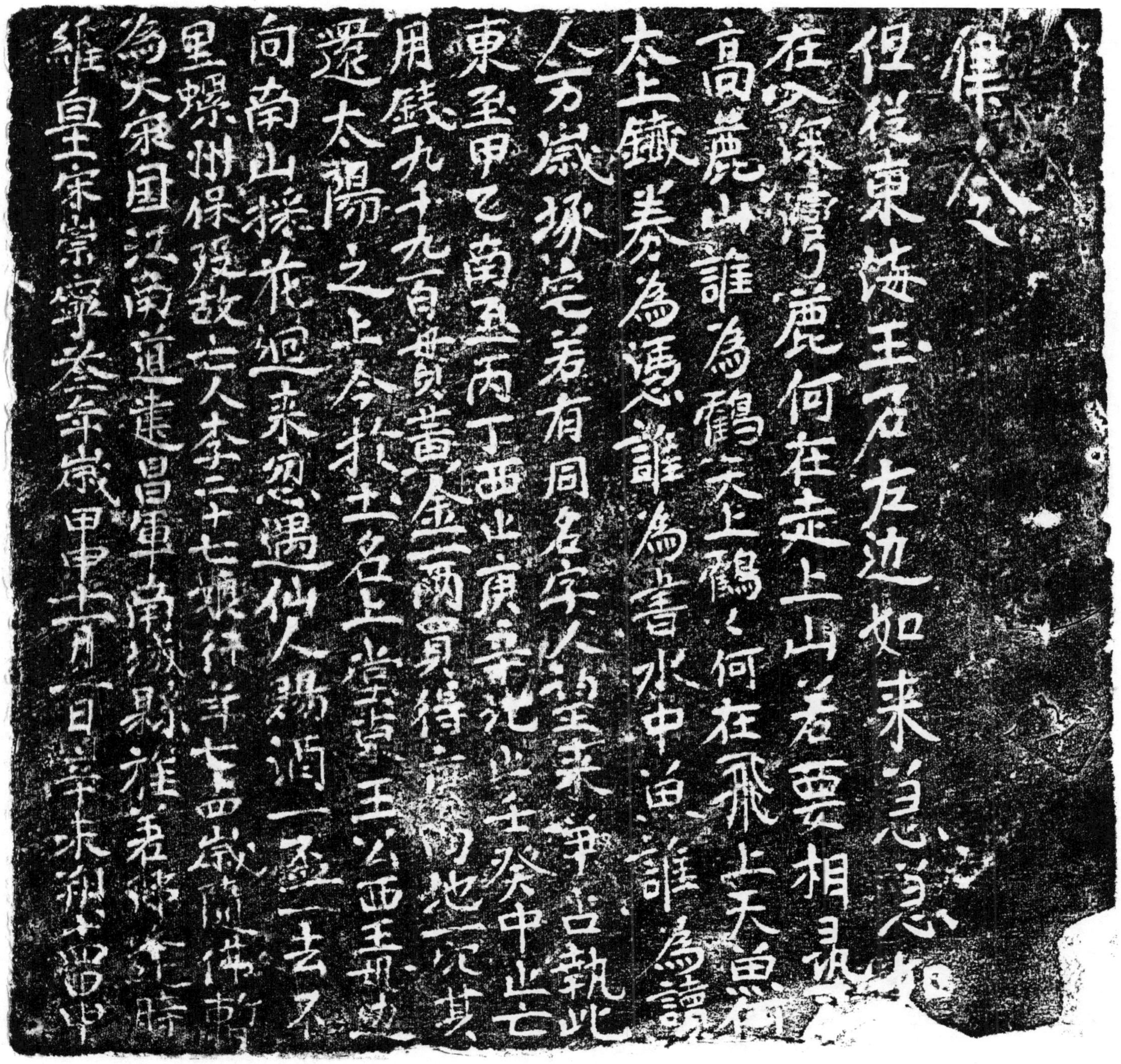

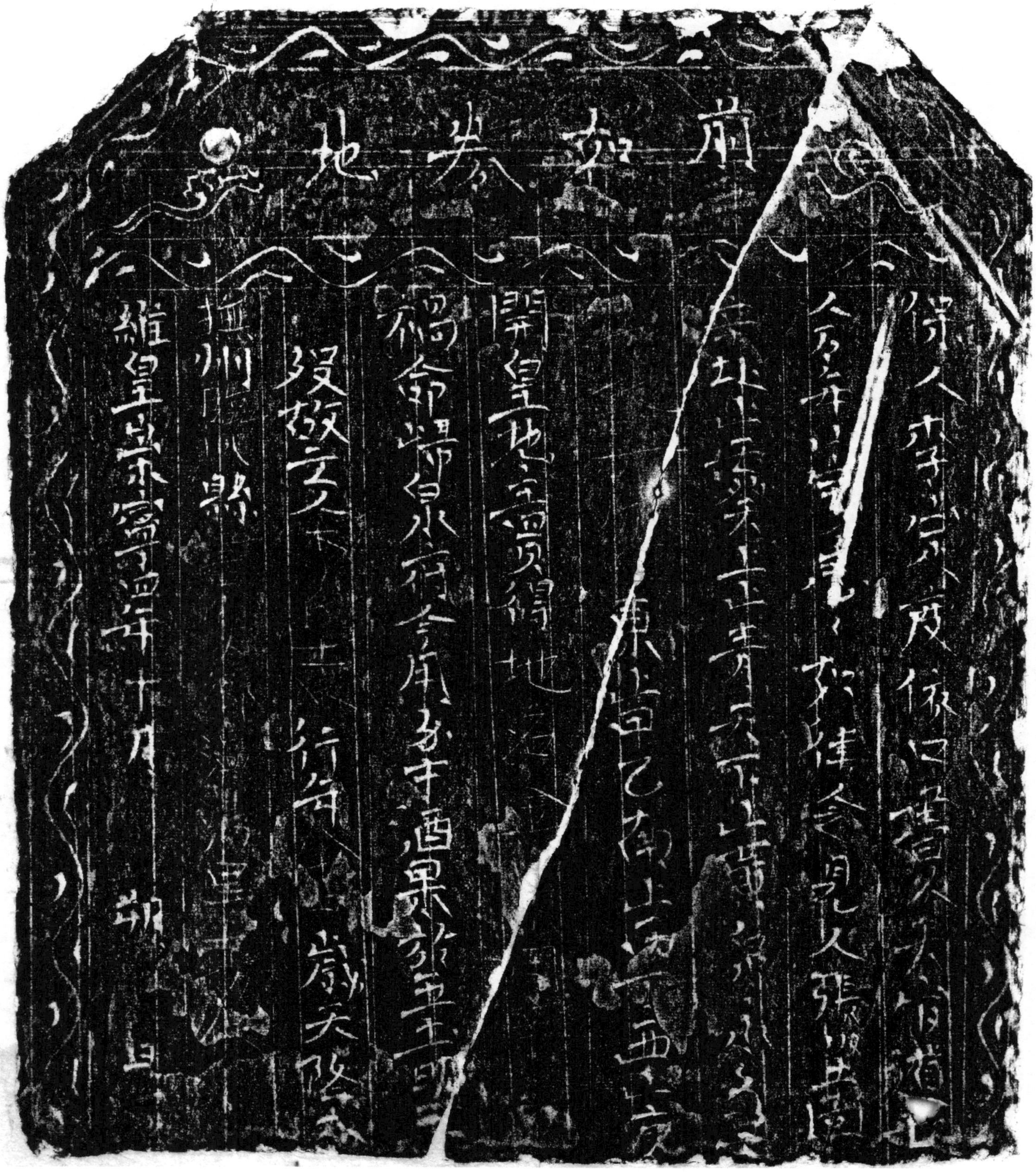

094　李氏十一娘地券

時代：北宋崇寧四年（1105年）十月　尺寸：高41.5釐米，寬35.5釐米

095 陳十七郎地券

時代：北宋崇寧五年（1106年）十月二日　尺寸：高41.2釐米，寬34.5釐米

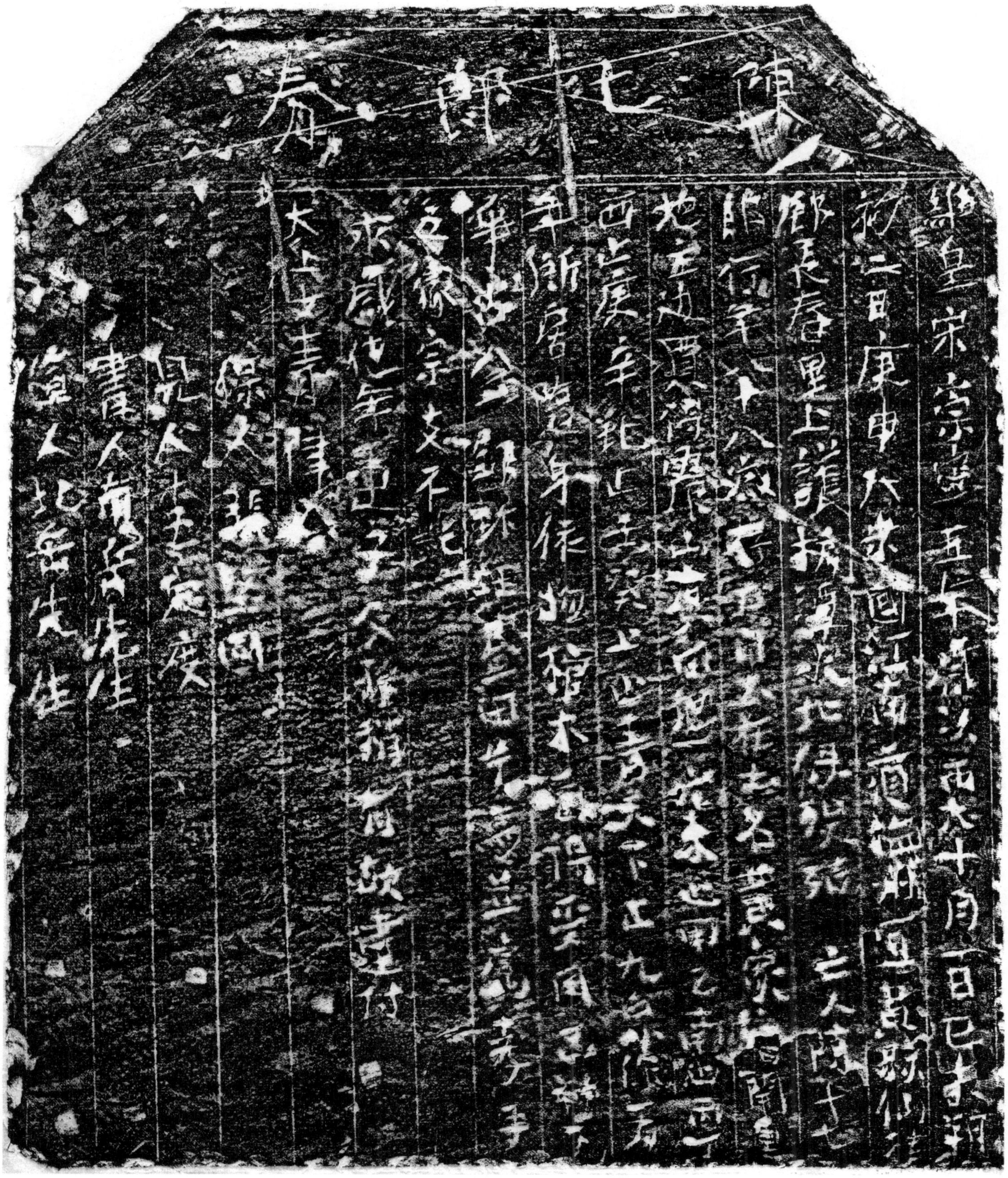

096　隴西李公地券

時代：北宋大觀元年（1107年）十月　尺寸：高33釐米，寬37釐米

097 徐君十郎地券

時代：北宋大觀元年（1107年）十一月初五日

尺寸：高38.4釐米，寬51釐米

098　王九郎地券

時代：北宋大觀二年（1108年）十二月　尺寸：高37.4釐米，寬39.5釐米

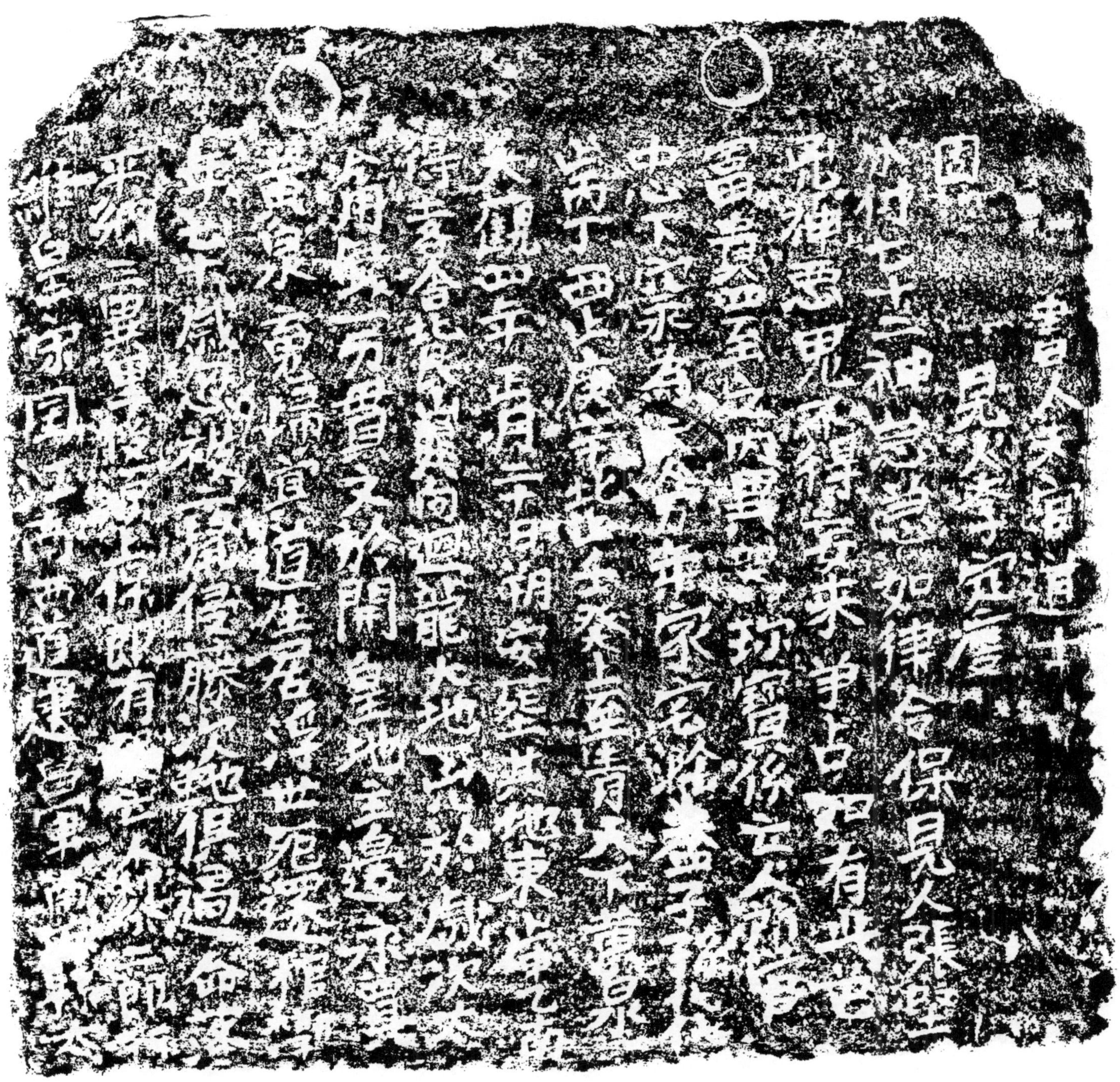

099　黎二郎地契

時代：北宋大觀四年（1110年）正月二十日　尺寸：高42釐米，寬43釐米

100 宋故先考二十一郎之倦

時代：北宋大觀四年（1110年）正月二十二日　尺寸：高57.9釐米，寬47.5釐米

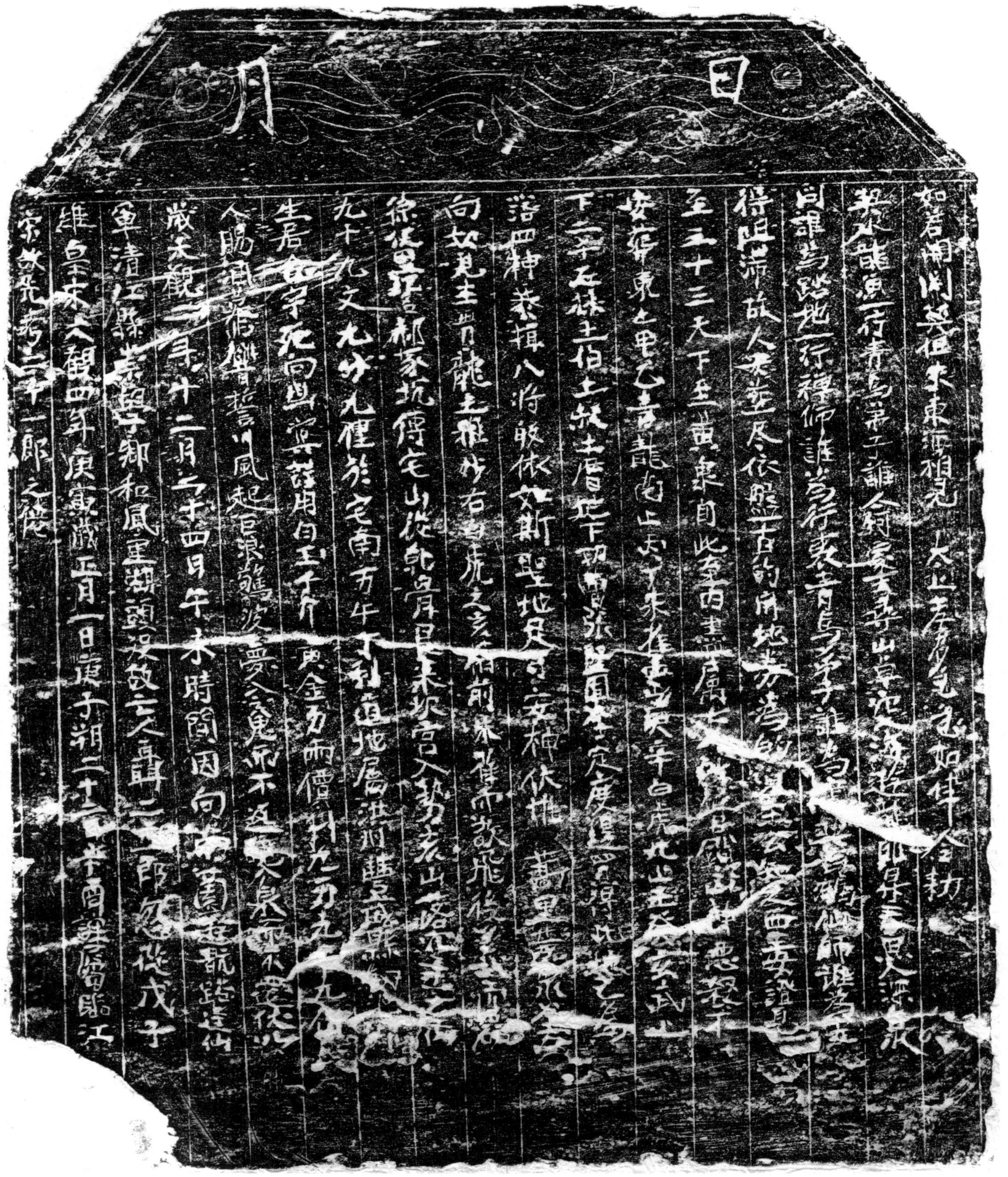

101 殁殆鄒二郎地券

時代：北宋大觀四年（1110年）閏八月二十日　尺寸：高45.5釐米，寬38釐米

殁殆鄒二郎地券

維皇宋大觀四年歲次庚寅閏八月丁酉朔二
十日丙辰故人鄒二郎[illegible]永人也与[illegible]童分派
大郎之兒娶劉氏生子三人長曰鄒[illegible]次贈弟小贈為
女一人以祖諱階都不事為鄉里豐[illegible]之族也故人
進年三十有四偶縈于疾終於寢[illegible]千歲開山勢
療无痊故人寄終以礼安葬准
青烏之法按　仙地之科用錢財信[illegible]
皇天父邑邊買得土名社坑崗山癸向吉地一穴
東止甲乙南止丙丁西止庚辛北止壬癸上止
皇天下止黄泉内方勾陳為界[illegible]之內各
係亡人所管故[illegible]邪精不得争犯何[illegible]主者
奇禁千秋万歲主人内外存亡安吉
五帝使者請大律令
賣地人張堅固　李定度
買地人鄒二郎　書契人功曹
讀契人主簿　證見人歲月主者

102　宋氏二娘地契

時代：北宋大觀四年（1110年）十月一日

尺寸：高42.2釐米，寬39.5釐米

103　譚一郎地券

時代：北宋大觀四年（1110年）十一月二十日　尺寸：高40釐米，寬37釐米

譚一郎地券
維皇宋大觀四年歲次庚寅十一月
乙丑朔二十日甲申謹屬撫州崇仁
縣坊郭東耆塔後保故譚一郎行年
四十四歲今用真錢九万九千九百
九十九貫文於開皇地主邊買得長
安鄉第四都地名上堰完山乙向地一穴
東止朱雀南止白虎西止玄武北止青
龍上止青天下止黃泉中止亡人正穴
其地永為亡人譚一郎萬年塚宅仍
請執此照證安葬已後即不得邪神
乱有争占急急如太上律令
保人張堅固
見人李定度
為書人天官道士

104 范七娘地券

時代：北宋政和元年（1111年）十二月十六日

尺寸：高43.2釐米，寬41.3釐米

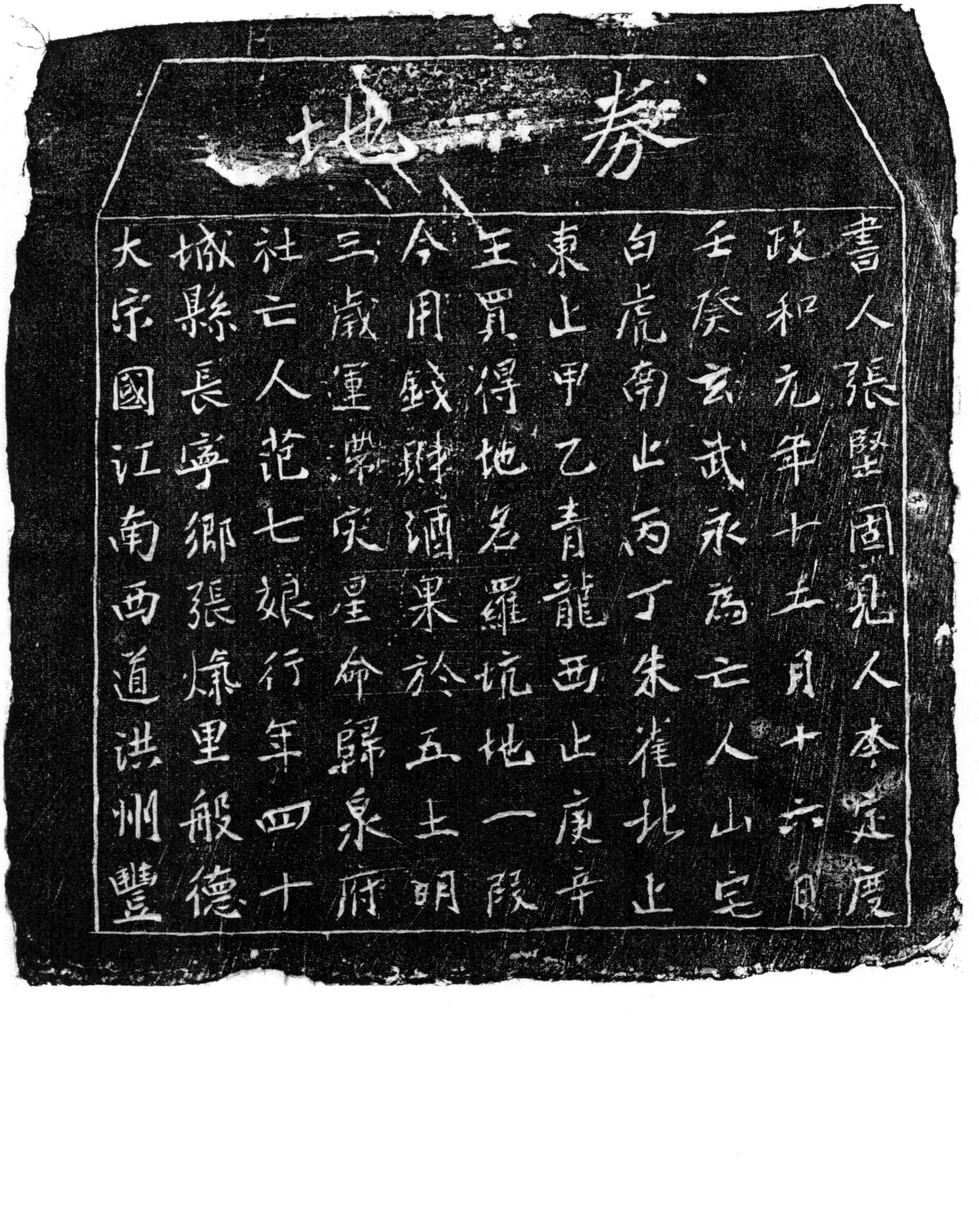

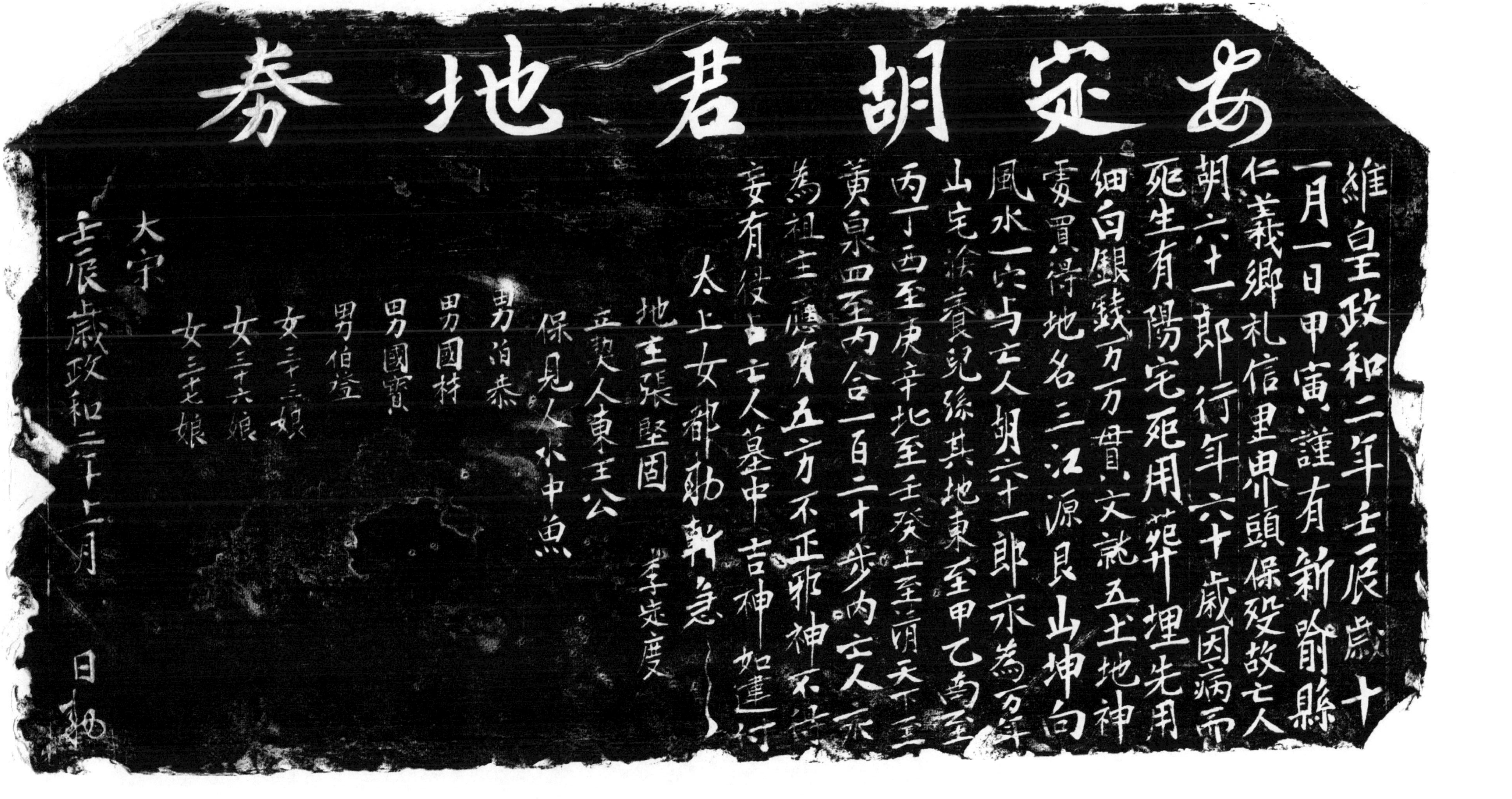

105 安定胡君地券

時代：北宋政和二年（1112年）十一月　　尺寸：高61.2釐米，寬32釐米

106 范十八郎地券

時代：北宋政和二年（1112年）十二月初九日

尺寸：高36.4釐米，寬32.1釐米

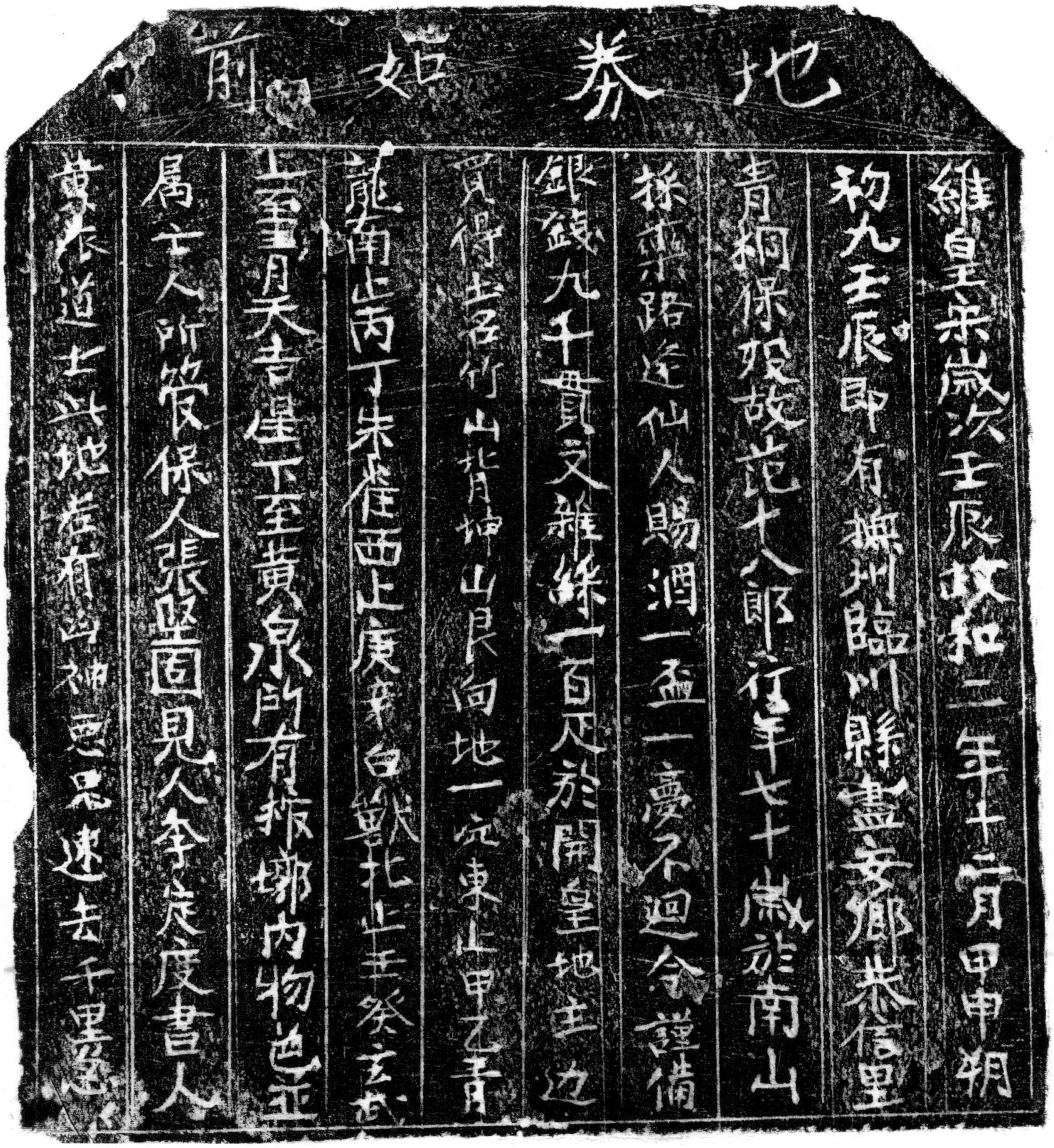
地券如前
維皇宋歲次壬辰政和二年十二月甲申朔
初九壬辰即有撫州臨川縣盡安鄉恭信里
青桐保殁故范十八郎行年七十歲於南山
採藥路逢仙人賜酒一盃一夢不迴今謹備
銀錢九千貫文雜綵一百疋於開皇地主邊
買得土名竹山北背坤山艮向地一穴東止甲乙青
龍南止丙丁朱雀西止庚辛白獸北止壬癸玄武
上至青天下至黃泉所有掘埆內物色並
屬亡人所管保人張堅固見人李定度書人
黄衣道士此地若有凶神惡鬼速去千里

107 陳府君地券

時代：北宋政和三年（1113年）十月十三日　尺寸：高44釐米，寬36.8釐米

108　曾十一郎地券

時代：北宋政和四年（1114年）十月　尺寸：高39.6釐米，寬43釐米

109　劉二郎地券

時代：北宋政和五年（1115年）十月初九日　尺寸：高47釐米，寬39釐米

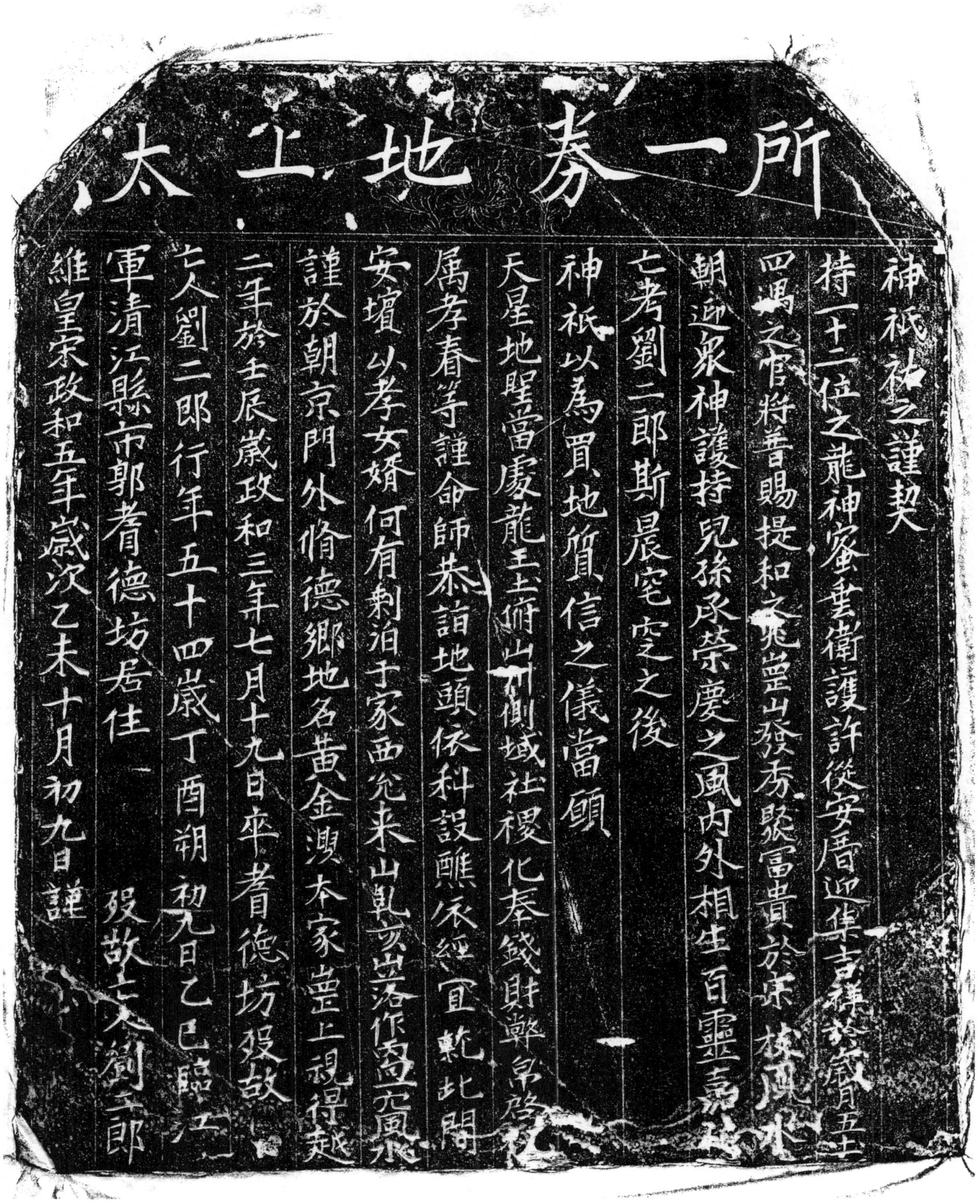

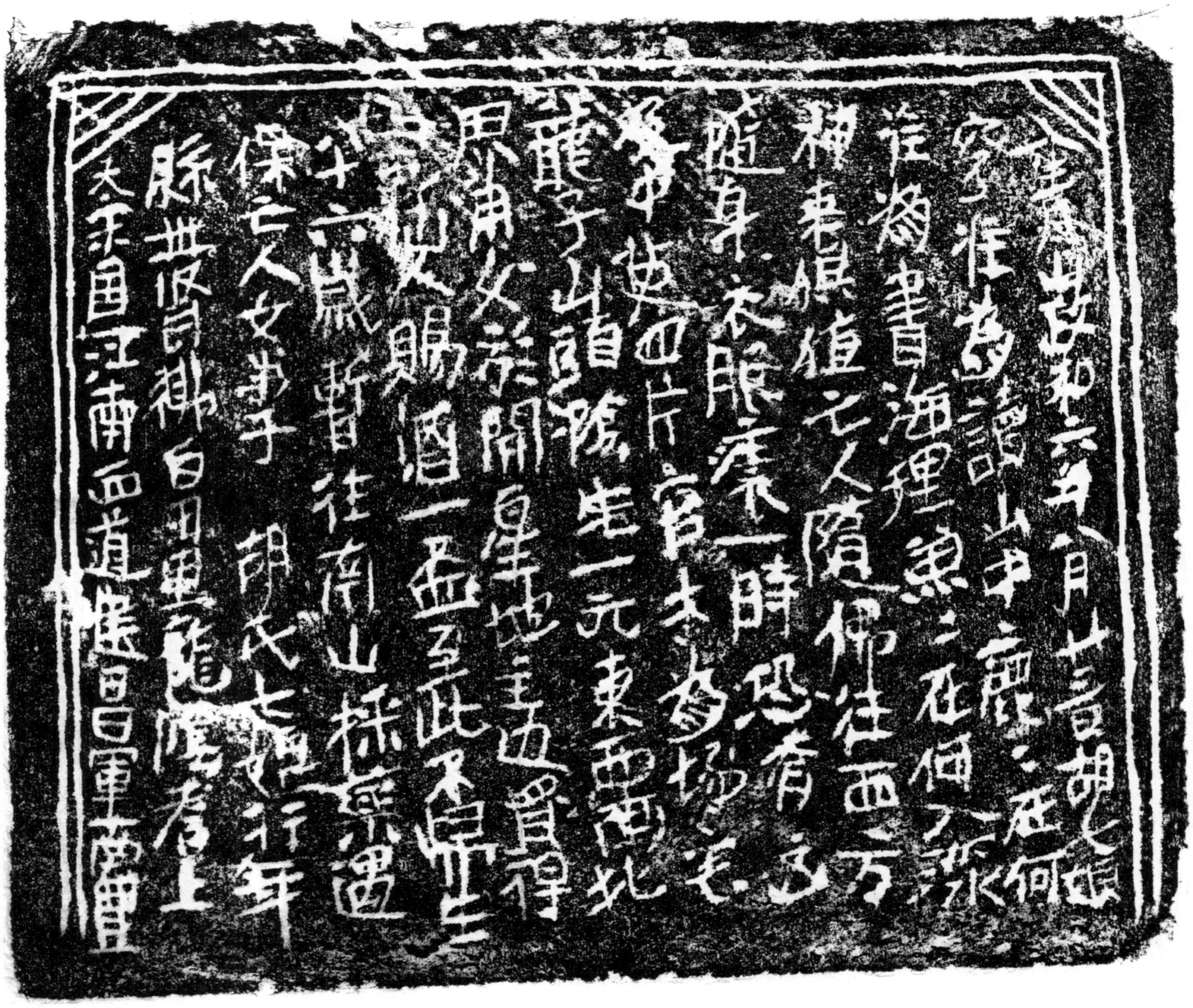

110 胡氏七娘地券

時代：北宋政和六年（1116年）八月二十三日

尺寸：高33釐米，寬39.7釐米

111 徐氏二十娘地券

時代：北宋政和六年（1116年）九月十二日　尺寸：高48釐米，寬43釐米

112 王五郎地券

時代：北宋政和六年（1116年）

尺寸：高42.5釐米，寬36.3釐米

113　郭十四郎地券

時代：北宋政和七年（1117年）十一月二十五日　尺寸：高31釐米，寬33釐米

114　甘君九郎地契

時代：北宋政和八年（1118年）十月初六日　尺寸：高43.4釐米，寬44.9釐米

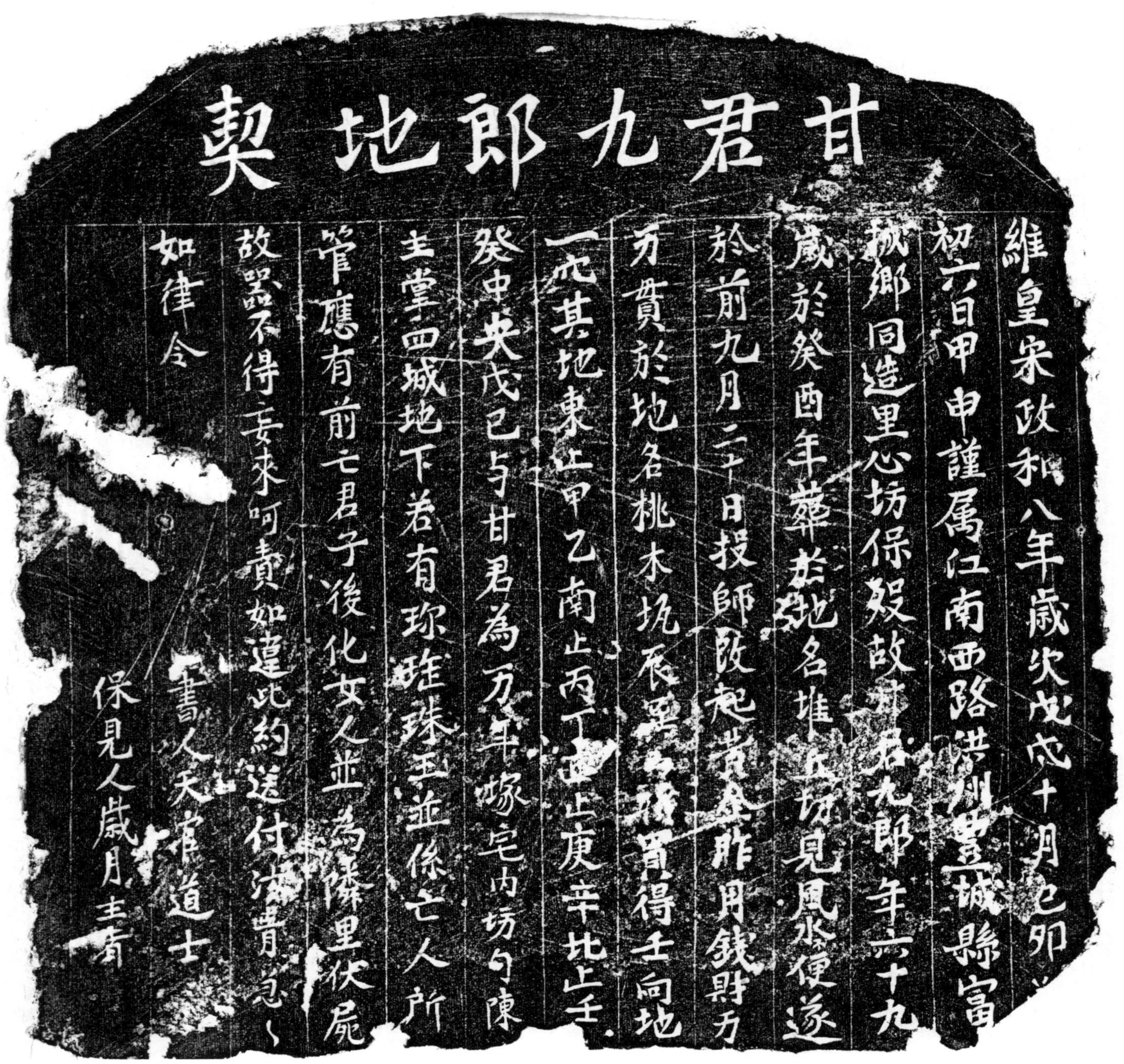

115 余十四郎地券

時代：北宋政和八年（重和元年，1118年）十一月一日　尺寸：高45.8釐米，寬41.9釐米

116 車十五郎地券

時代：北宋重和元年（1118年）十二月十四日

尺寸：高49.5釐米，寬49.5釐米

117　宋故盧念六郎之墓

時代：北宋宣和二年（1120年）十月三十日　　尺寸：高36.3釐米，寬32.7釐米

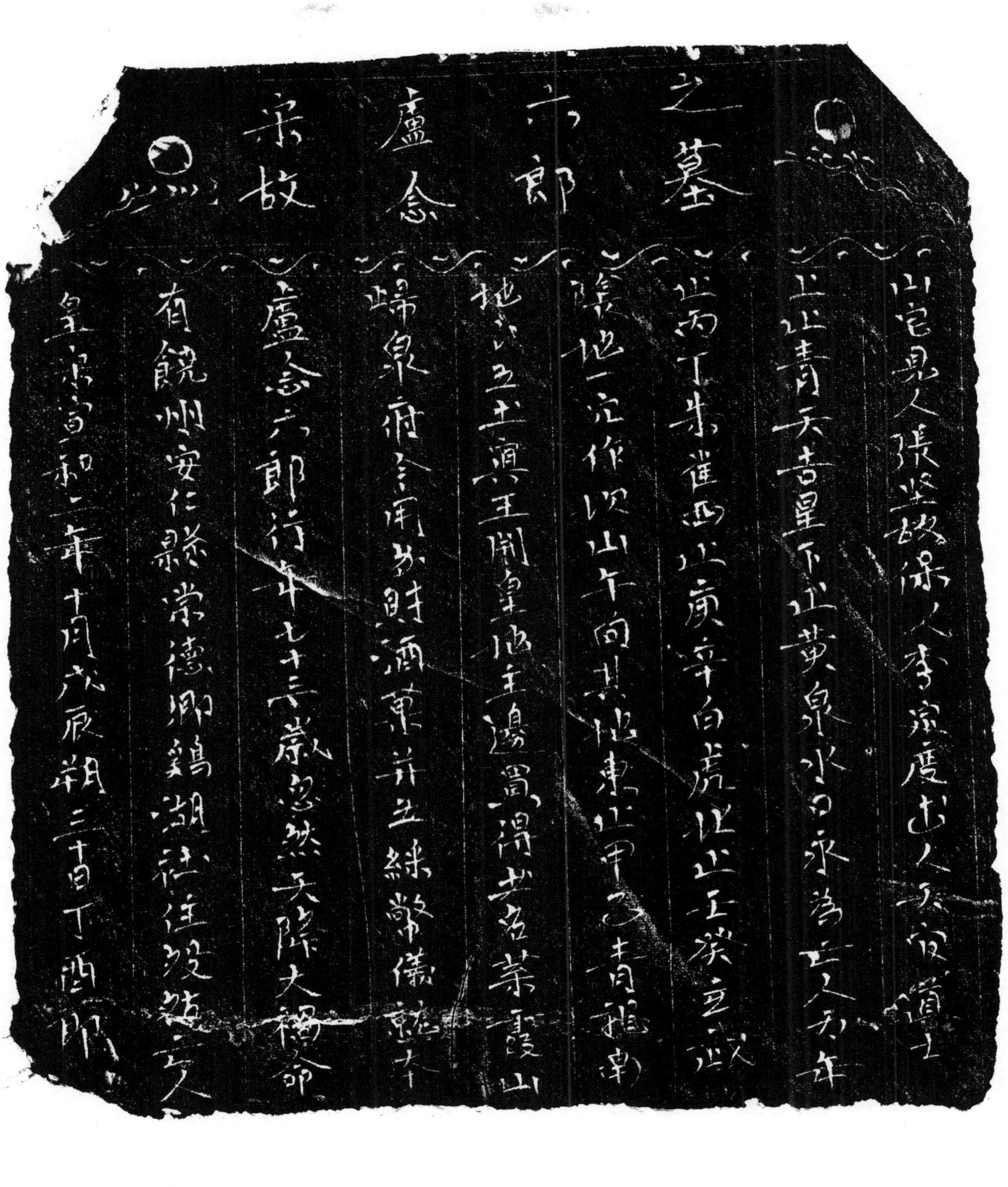
宋故盧念六郎之墓
皇宋宣和二年十月戊辰朔三十日丁酉
有饒州安仁縣崇德鄉鵠湖社住殁故亡人
盧念六郎行年七十三歲忽然天降大禍命
歸泉府今用錢財酒菓并五綵幣儀就本
地以五土冥王開皇地主邊買得土名茶霞山
陰地一穴作以山午向其地東止甲乙青龍南
止丙丁朱雀西止庚辛白虎北止壬癸玄武
上止青天吉星下止黄泉水口永為亡人万年
山宅見人張堅故保人李定度书人天官道士

故妻氏七娘地券
大宋國江南西道臨江軍新淦縣揚名鄉
雙秀里下雄坑下保殁故夫人妻氏七娘
享年四十六歲於宣和二年庚子五月
初六日身故於當年十一月十七日用
於皇天附邑邊買得本里土名河瀧
下頭南山壬向地一穴其地東止甲乙南
止丙丁西止庚辛北止壬癸上止青天下
止黃泉中止亡人山宅四止各有界
二十八宿為界卜定庚子十二月初六日
申時安葬側近精邪不得妄有占如違准
元都律令施行者
賣地人皇天附邑書契人功曹
保見人今日直符

118 故妻氏七娘地券

時代：北宋宣和二年（1120年）十一月十七日　尺寸：高41.5釐米，寬32釐米

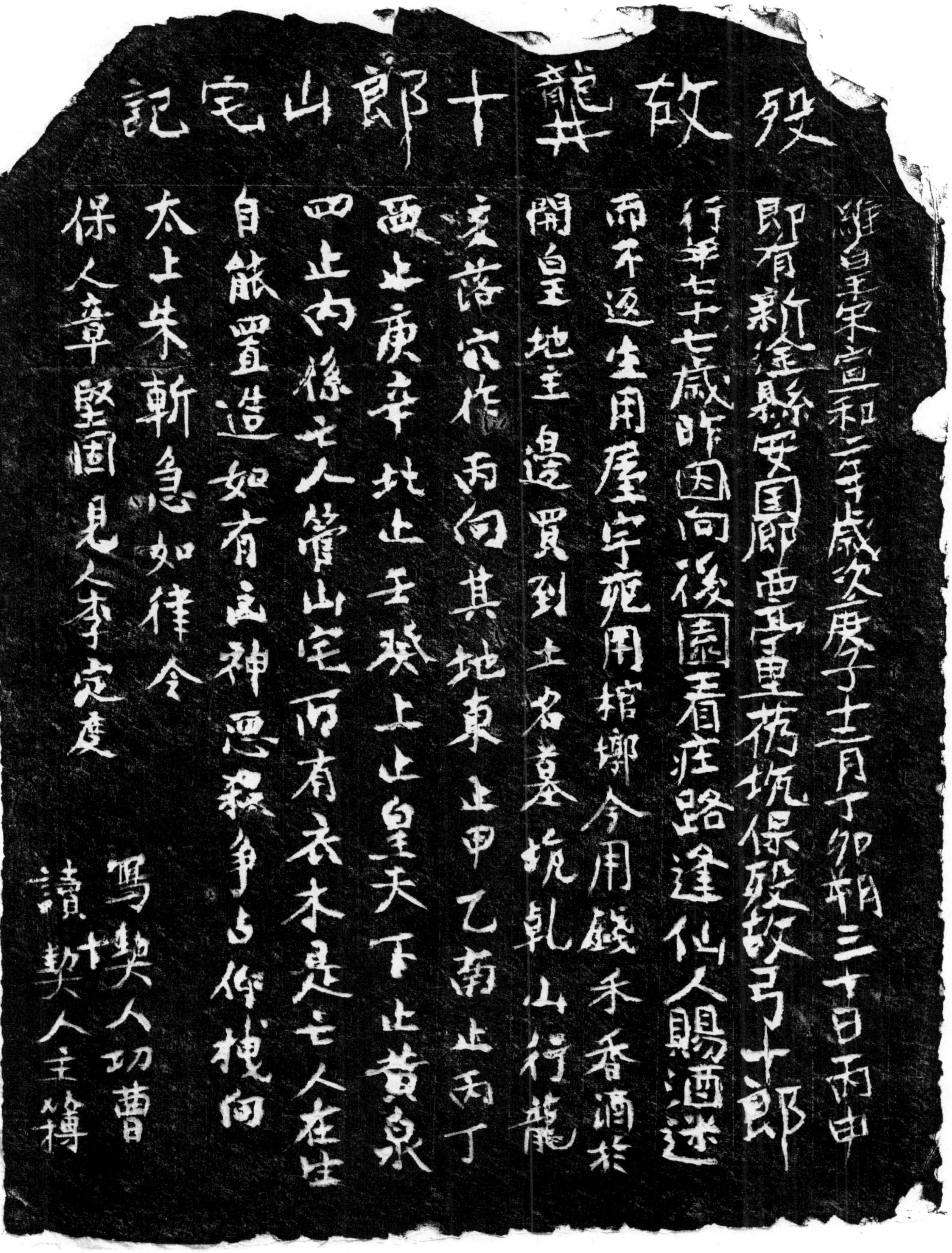
殁故龔十郎山宅記
維皇宋宣和二年歲次庚子十二月丁卯朔三十日丙申
即有新淦縣安國鄉雲亭里猶坑保殁故弓十郎
行年七十七歲昨因向後園看莊路逢仙人賜酒迷
而不返生用屋宇施用棺槨今用錢禾香酒菜
聞皇地主邊買到土名墓坑乾山行龍
交落宗作丙向其地東止甲乙南止丙丁
西止庚辛北止壬癸上止皇天下止黃泉
四止内係亡人管山宅丙有衣木是亡人在生
自能置造如有亞神惡殺爭占
太上朱斬急如律令
保人章堅固見人李定度
寫契人功曹
讀契人主簿

119　殁故龔十郎山宅記

時代：北宋宣和二年（1120年）十二月三十日　尺寸：高46.2釐米，寬34.5釐米

120　毛氏二娘地券

時代：北宋宣和二年（1120年）十二月　尺寸：高62.5釐米，寬31釐米

121 黄三十八娘地券

時代：北宋宣和三年（1121年）十月二十日　尺寸：高39.3釐米，寬31.9釐米

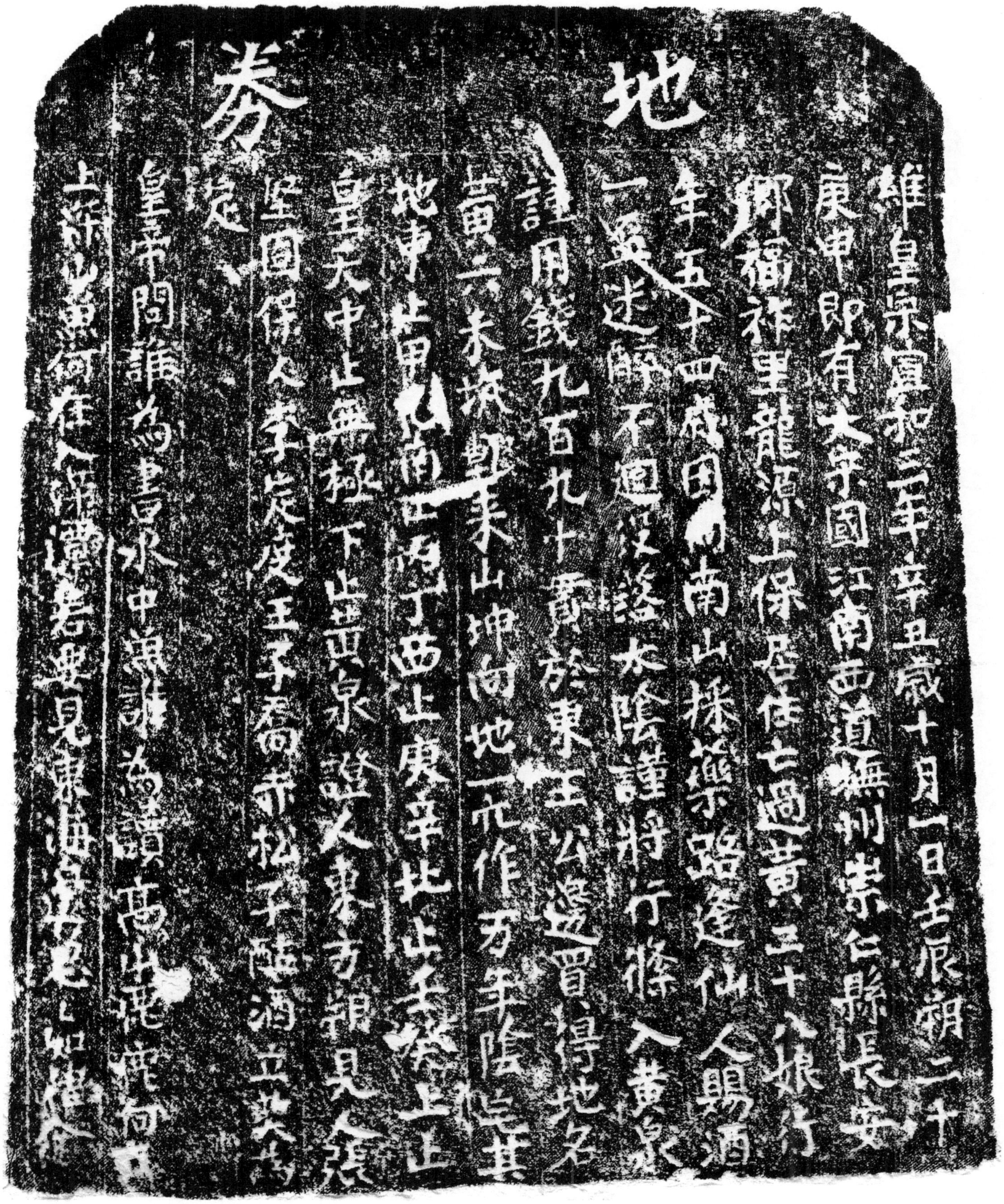

地券

維皇宋宣和三年辛丑歲十月一日壬辰朔二十
庚申即有大宋國江南西道撫州崇仁縣長安
鄉福祚里龍源上保居住亡過黃三十八娘行
年五十四歲因往南山採藥路逢仙人賜酒
一盃迷醉不迴沒落太陰謹將行條入黃泉
謹用錢九百九十貫於東王公邊買得地名
黃六未塊塋來山坤向地一穴作萬年陰宅其
地中黃界東止甲乙南止丙丁西止庚辛北止壬癸上止
皇天中止無極下止黃泉證人東方朔見錢
堅固保人李定度王子喬赤松子酤酒立券為
定
皇帝問誰為書水中魚誰為讀高山鹿何在
上高山魚何在入深淵若要見東海邊急急如律令

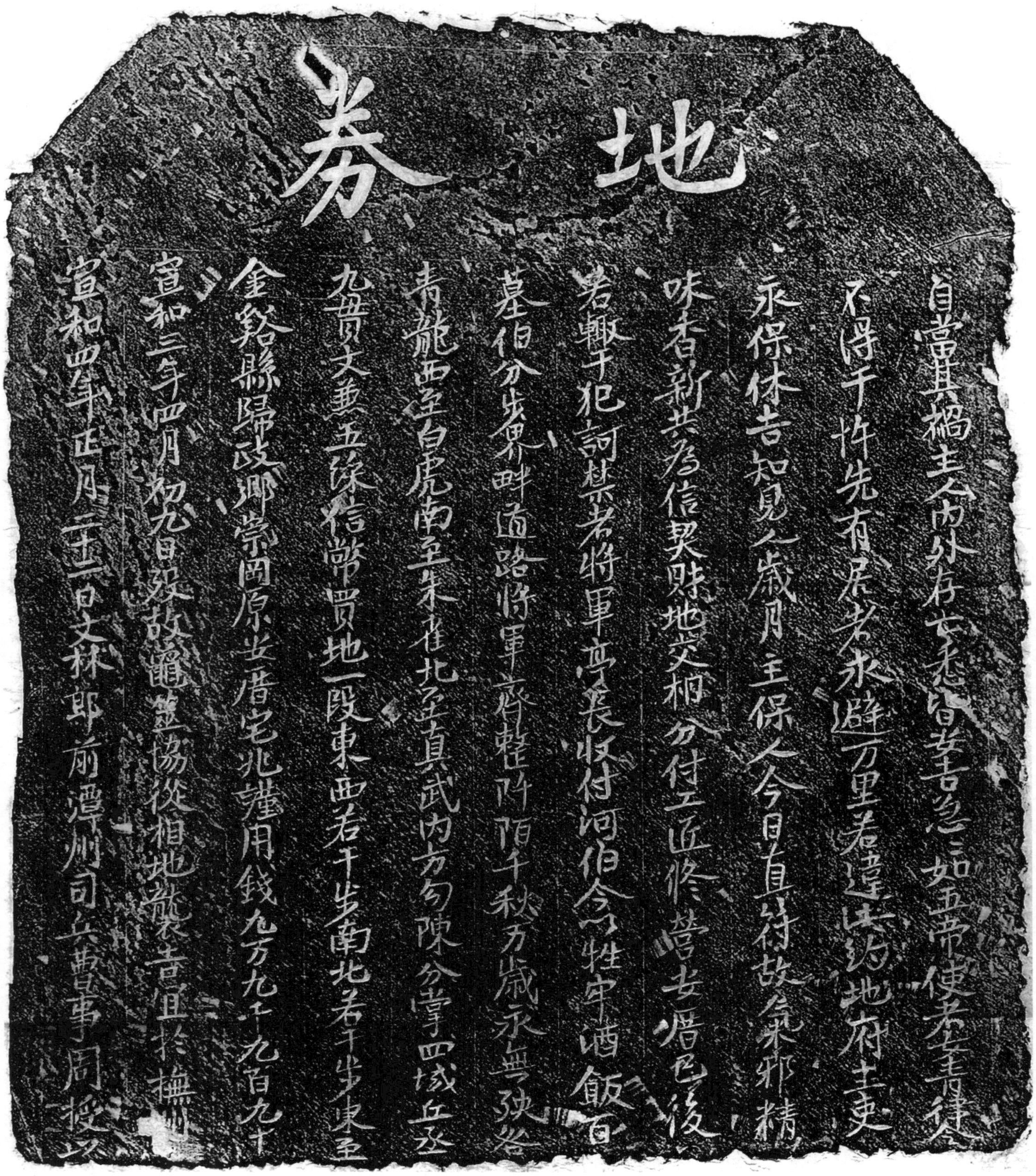

122 周授以地券

時代：北宋宣和四年（1122年）正月二十二日

尺寸：高47釐米，寬40.5釐米

123 李十一郎地券

時代：北宋宣和四年（1122年）十月一日 尺寸：高42.3釐米，寬44釐米

李十一郎收掌
地券一道与亡人
內外存亡安樂吉昌急急如律令
李十一郎行年五十九歲今用錢米買得土名胡家坑艮山丙向
宋國江南西道臨江軍新喻縣仁義鄉懷恩里嚴團保亡人
維皇宋宣和四年歲次壬寅十月一日丙戌朔二十九日甲寅日大

124 殁殆游君大郎地券記

時代：北宋宣和四年（1122年）十一月二十九日　尺寸：高42釐米，寬36.5釐米

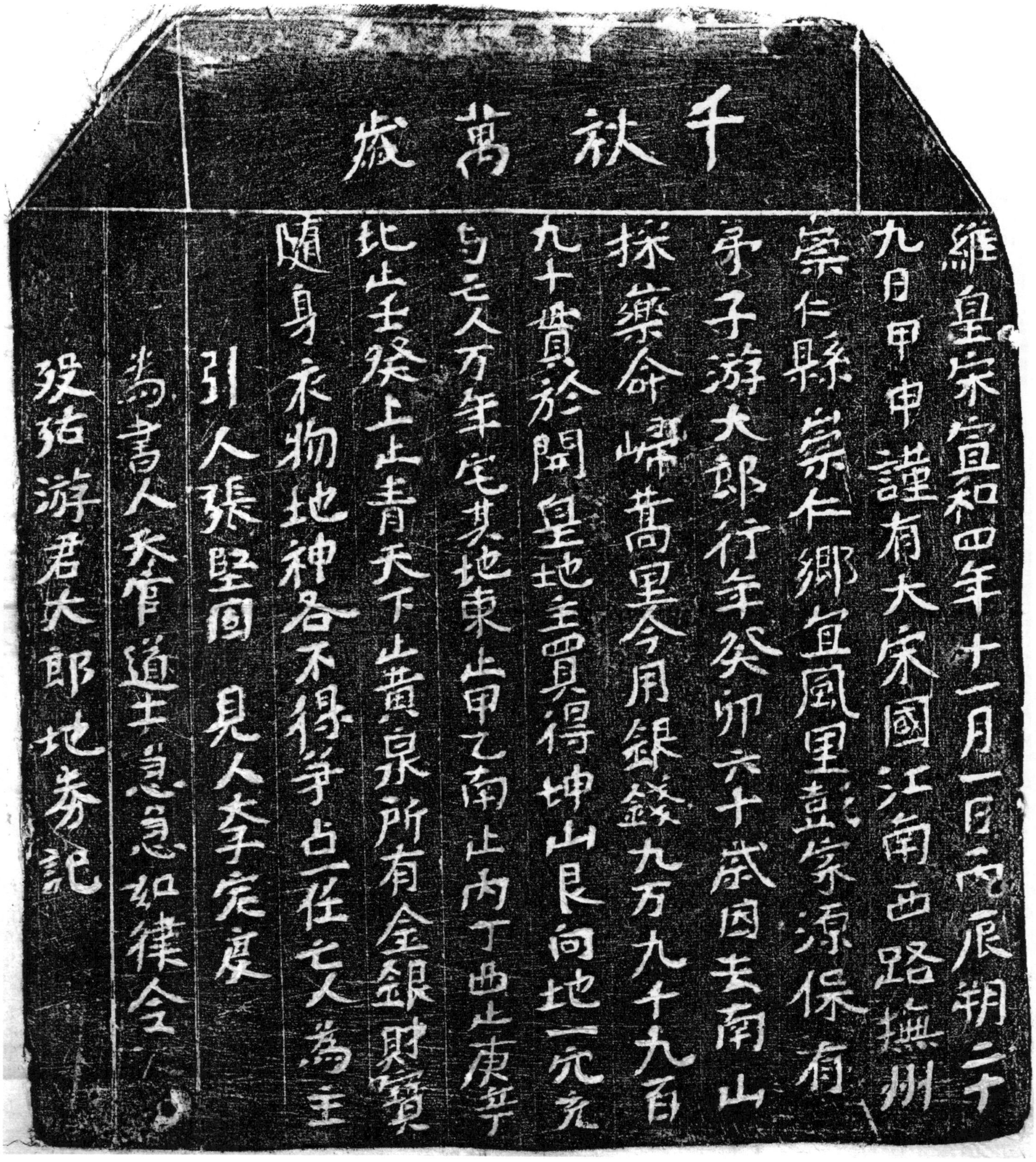
千秋萬歲
維皇宋宣和四年十一月一日丙辰朔二十
九日甲申謹有大宋國江南西路撫州
崇仁縣崇仁鄉宜風里彭家源保有
殁子游大郎行年癸卯六十歲因去南山
採藥命終萬里今用銀錢九万九千九百
九十貫於開皇地主買得坤山艮向地一穴充
与亡人万年宅其地東止甲乙南止丙丁西止庚辛
北止壬癸上止青天下止黃泉所有金銀財寶
隨身衣物地神各不得爭占一任亡人為主
引人張堅固　見人李定度
為書人天官道士急急如律令
殁殆游君大郎地券記

125　徐三郎地券

時代：北宋宣和四年（1122年）十二月二十九日　尺寸：高39.5釐米，寬35.5釐米

126 故杜三十郎地券

時代：北宋宣和五年（1123年）十月　尺寸：高32.5釐米，寬32釐米

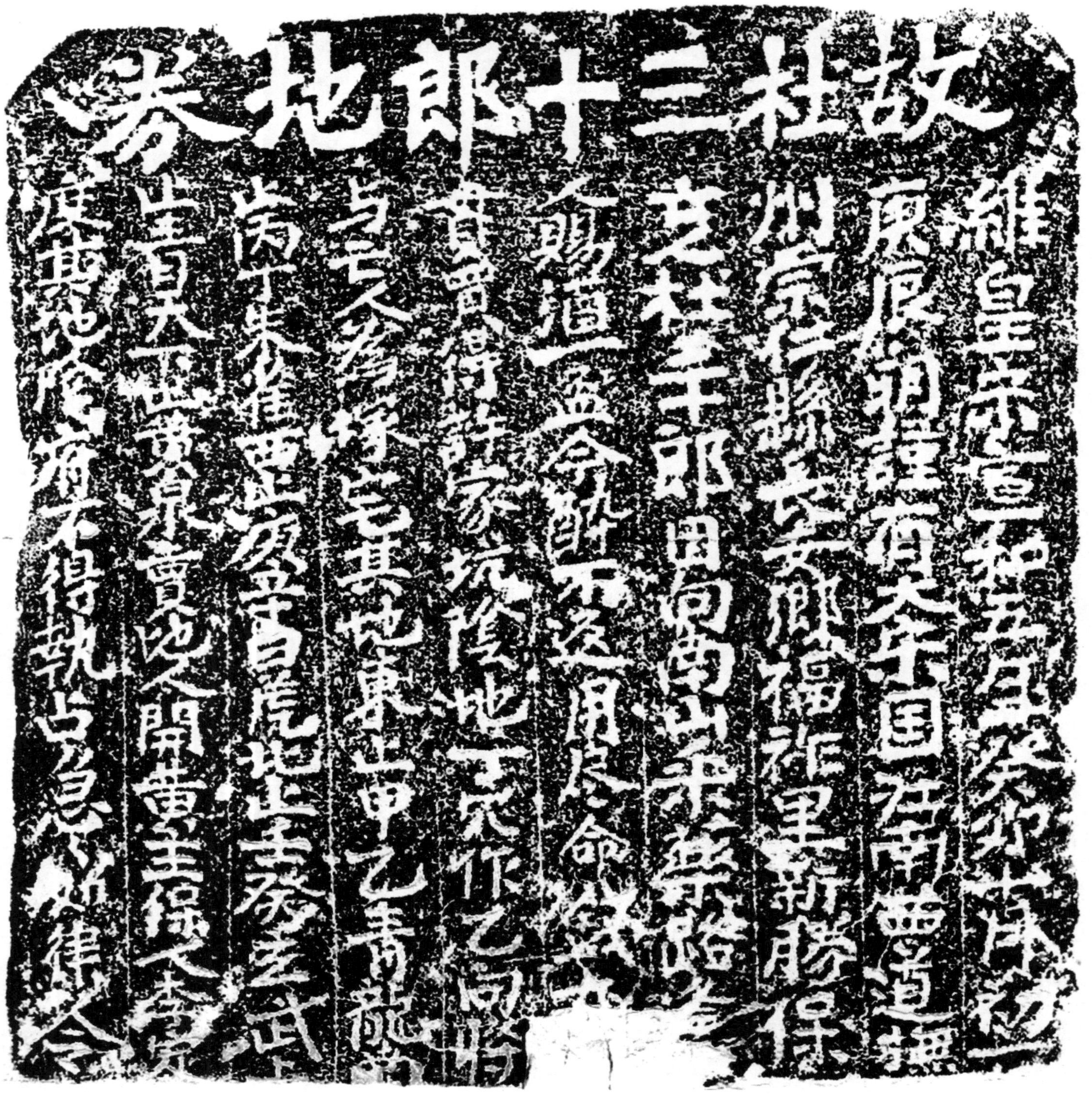

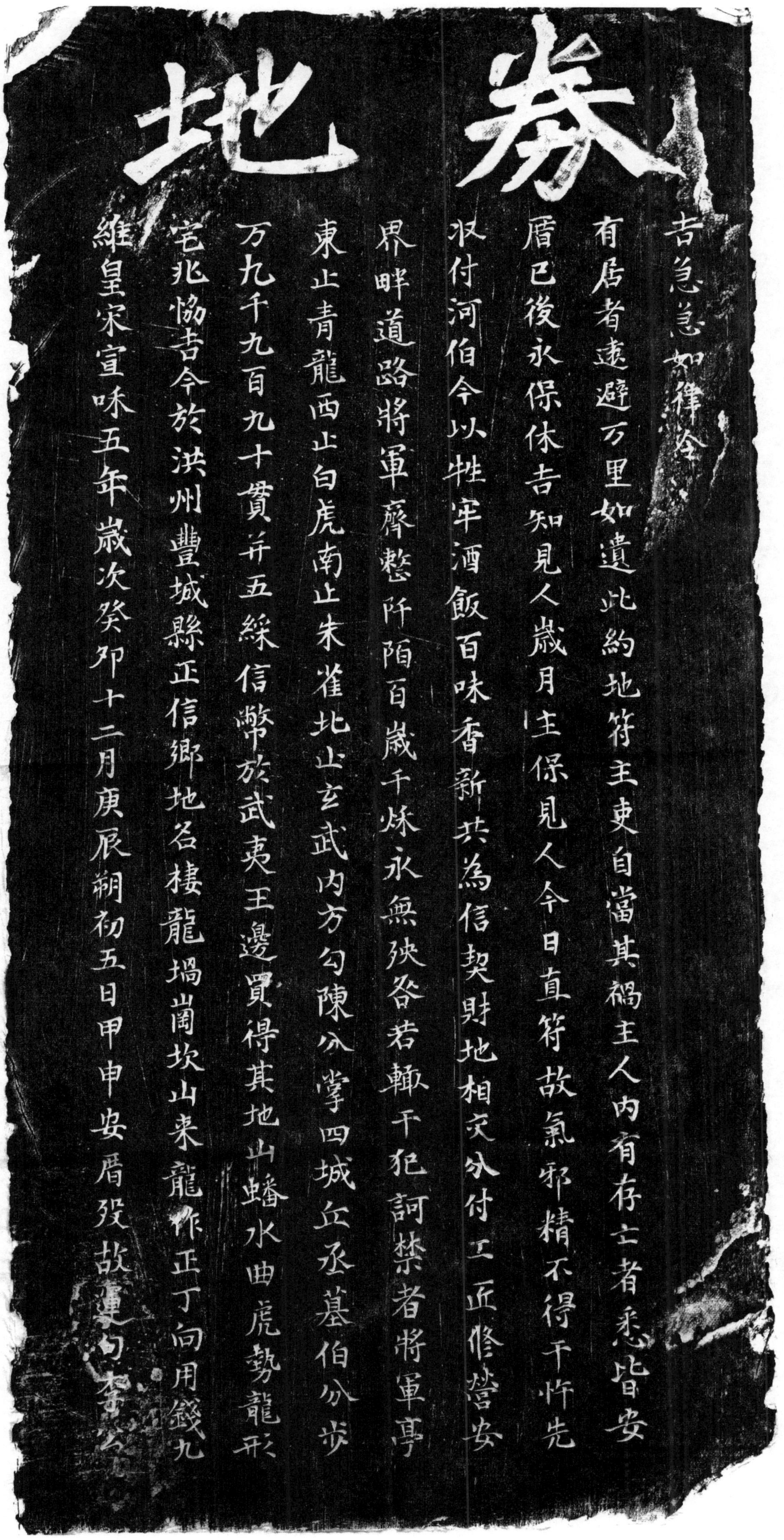
地券

維皇宋宣和五年歲次癸卯十二月庚辰朔初五日甲申安厝歿故運句李公
宅兆協吉今於洪州豐城縣正信鄉地名棲龍塢崗坎山來龍作正丁向用錢九
万九千九百九十貫并五綵信幣於武夷王邊買得其地山蟠水曲虎勢龍形
東止青龍西止白虎南止朱雀北止玄武内方勾陳分掌四城丘丞墓伯分步
界畔道路將軍齊整阡陌百歲千秋永無殃咎若輒干犯訶禁者將軍亭
收付河伯今以牲牢酒飯百味香新共為信契財地相交分付工匠修營安
厝已後永保休吉知見人歲月主保見人今日直符故氣邪精不得干忤先
有居者遠避万里如遺此約地符主吏自當其禍主人内有存亡者悉皆安
吉急急如律令

127 李公地券

時代：北宋宣和五年（1123年）十二月初五日

尺寸：高69釐米，寬33.5釐米

128 宋故渤海吴小二郎地券

時代：北宋宣和五年（1123年）十二月初五日

尺寸：高44.5釐米，寬13.5釐米

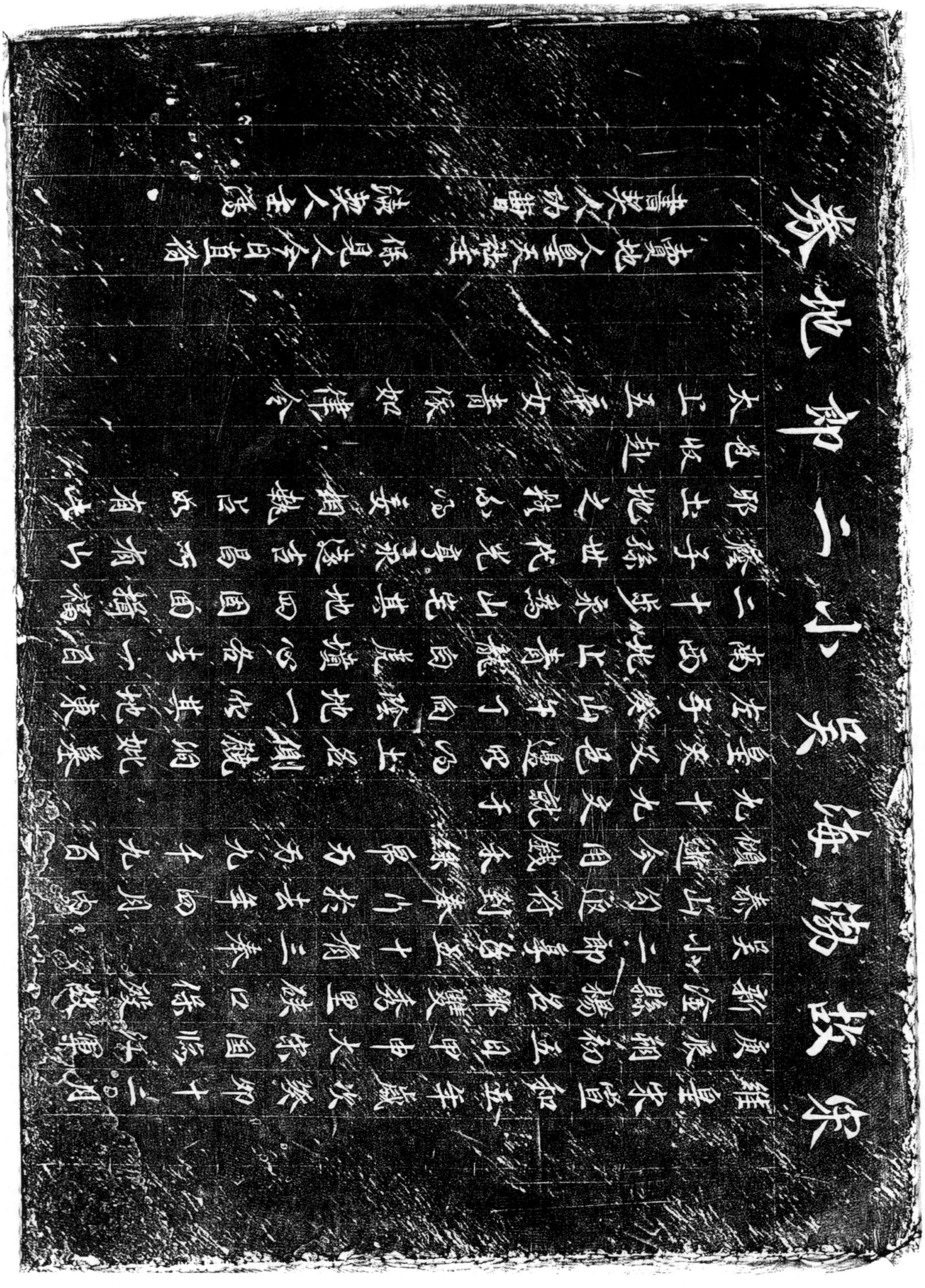

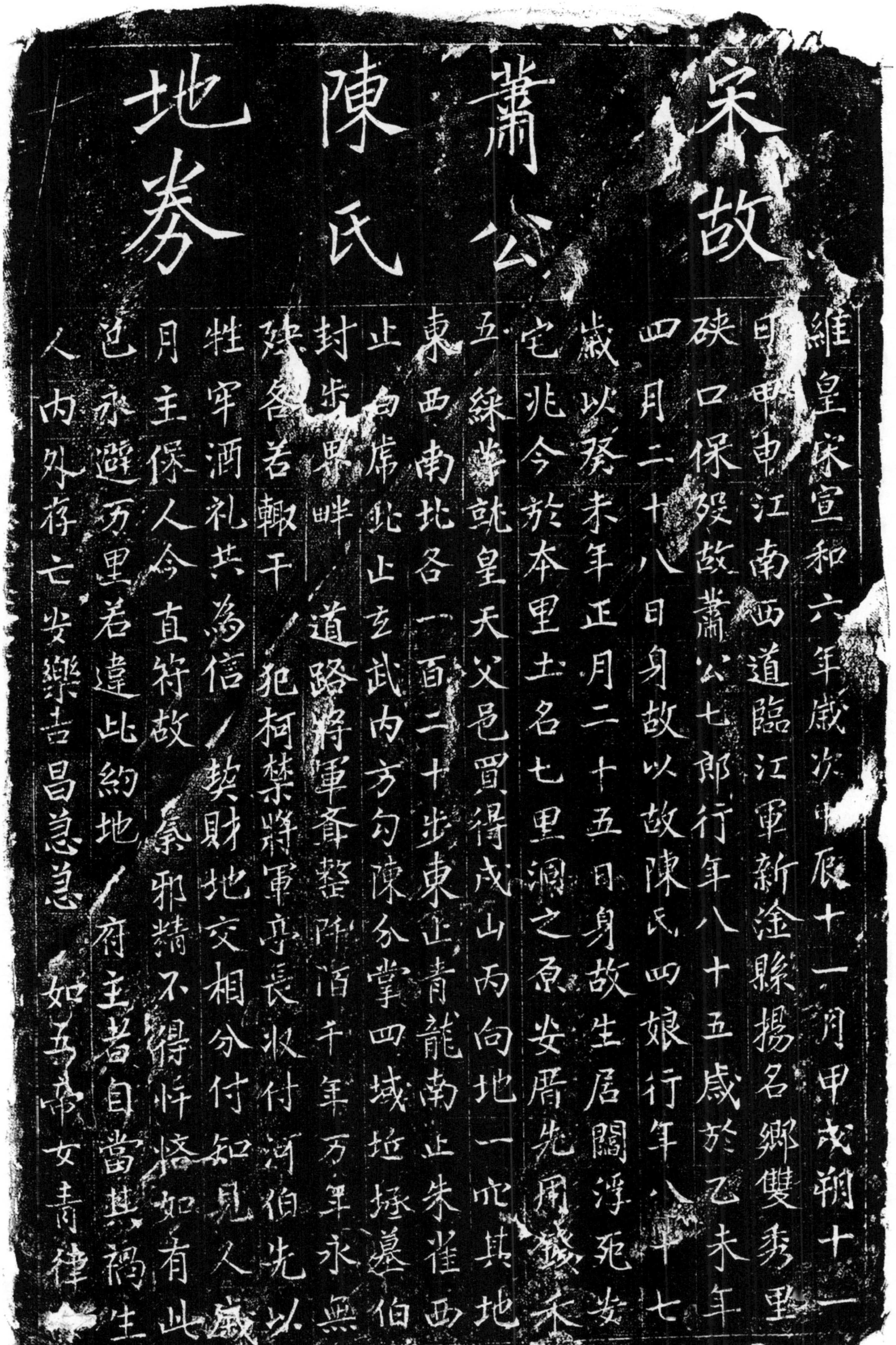
宋故
蕭公
陳氏
地券
維皇宋宣和六年歲次甲辰十一月甲戌朔十一
日甲申江南西道臨江軍新淦縣揚名鄉雙秀里
硤口保殁故蕭公七郎行年八十五歲於乙未年
四月二十八日身故以故陳氏四娘行年八十七
歲以癸未年正月二十五日身故生居閻浮死安
宅兆今於本里土名七里洞之原安厝先用錢禾
五綵幣就皇天父邑買得戌山丙向地一穴其地
東西南北各一百二十步東止青龍南止朱雀西
止白虎北止玄武內方勾陳分掌四域丘丞墓伯
封步界畔道路將軍齊整阡陌千年万年永無
殃咎若輒干犯呵禁將軍亭長収付河伯先以
牲牢酒礼共為信契財地交相分付知見人歲
月主保人今直符故氣邪精不得忤悋如有此
色永避万里若違此約地府主者自當其禍生
人內外存亡安樂吉昌急急如五帝女青律令

129 宋故蕭公陳氏地券

時代：北宋宣和六年（1124年）十一月十一日　尺寸：高48釐米，寬30釐米

130 徐八郎地契

時代：北宋宣和六年（1124年）十二月十八日

尺寸：高47.2釐米，寬40.5釐米

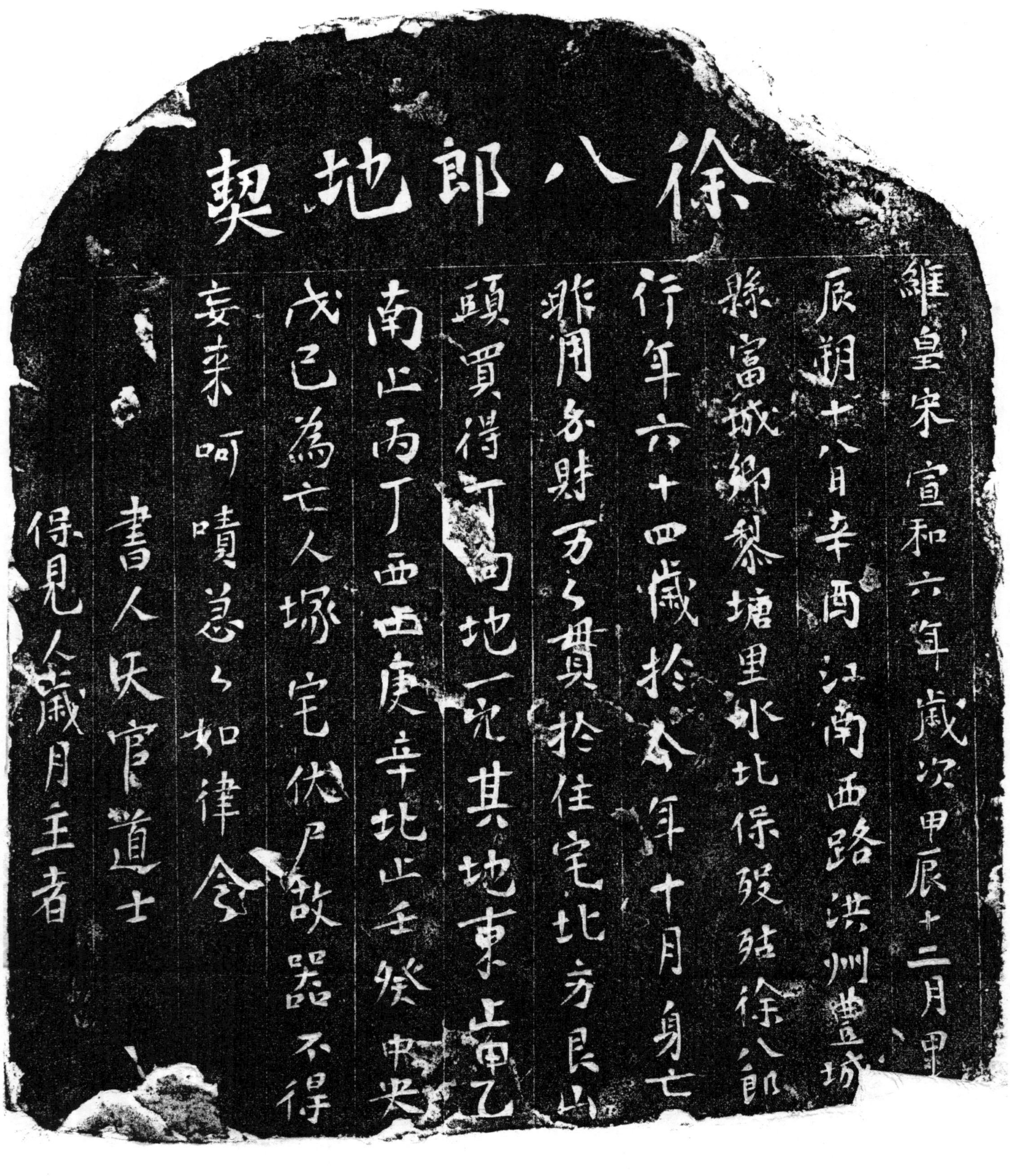
徐八郎地契
維皇宋宣和六年歲次甲辰十二月甲
辰朔十八日辛酉江南西路洪州豐城
縣富城鄉黎塘里水北保殁故徐八郎
行年六十四歲於本年十月身亡
兆用多財万々貫於住宅北方艮山
頭買得一面地一穴其地東止甲乙
南止丙丁西止庚辛北止壬癸中央
戊己為亡人塚宅伏尸故器不得
妄來呵嘖急々如律令
書人天官道士
保見人歲月主者

131 金卯五娘地券

時代：北宋宣和七年（1125年）二月十四日　尺寸：高44釐米，寬38釐米

132 宋故郭公地券

時代：北宋宣和七年（1125年）十一月二十六日　尺寸：高41釐米，寬36.7釐米

133 李二娘地券

時代：北宋宣和七年（1125年）十二月初一　尺寸：高29釐米，寬33釐米

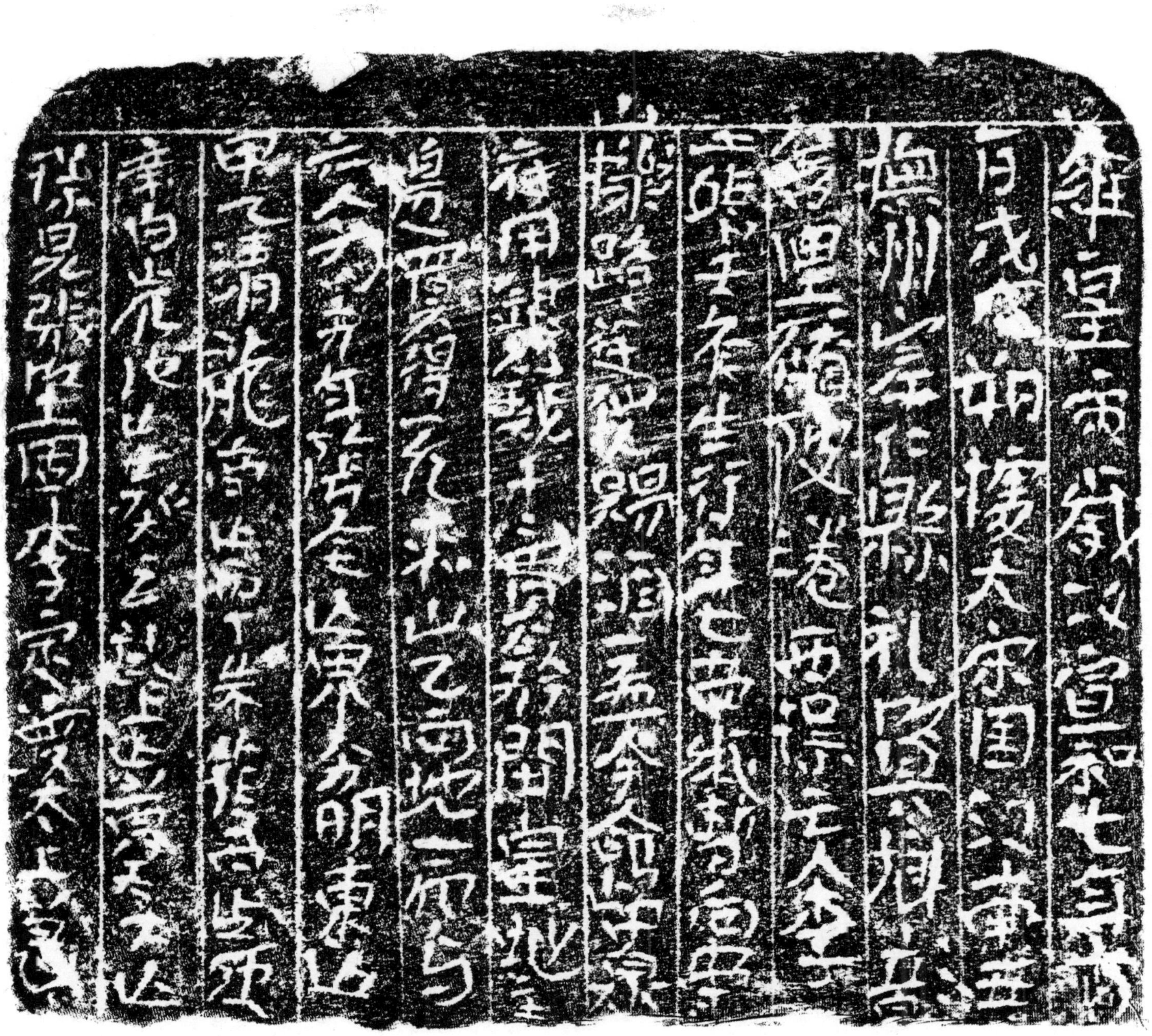

134　故俞一郎墓誌

時代：南宋建炎二年（1128年）正月十九日　尺寸：高44.5釐米，寬36釐米

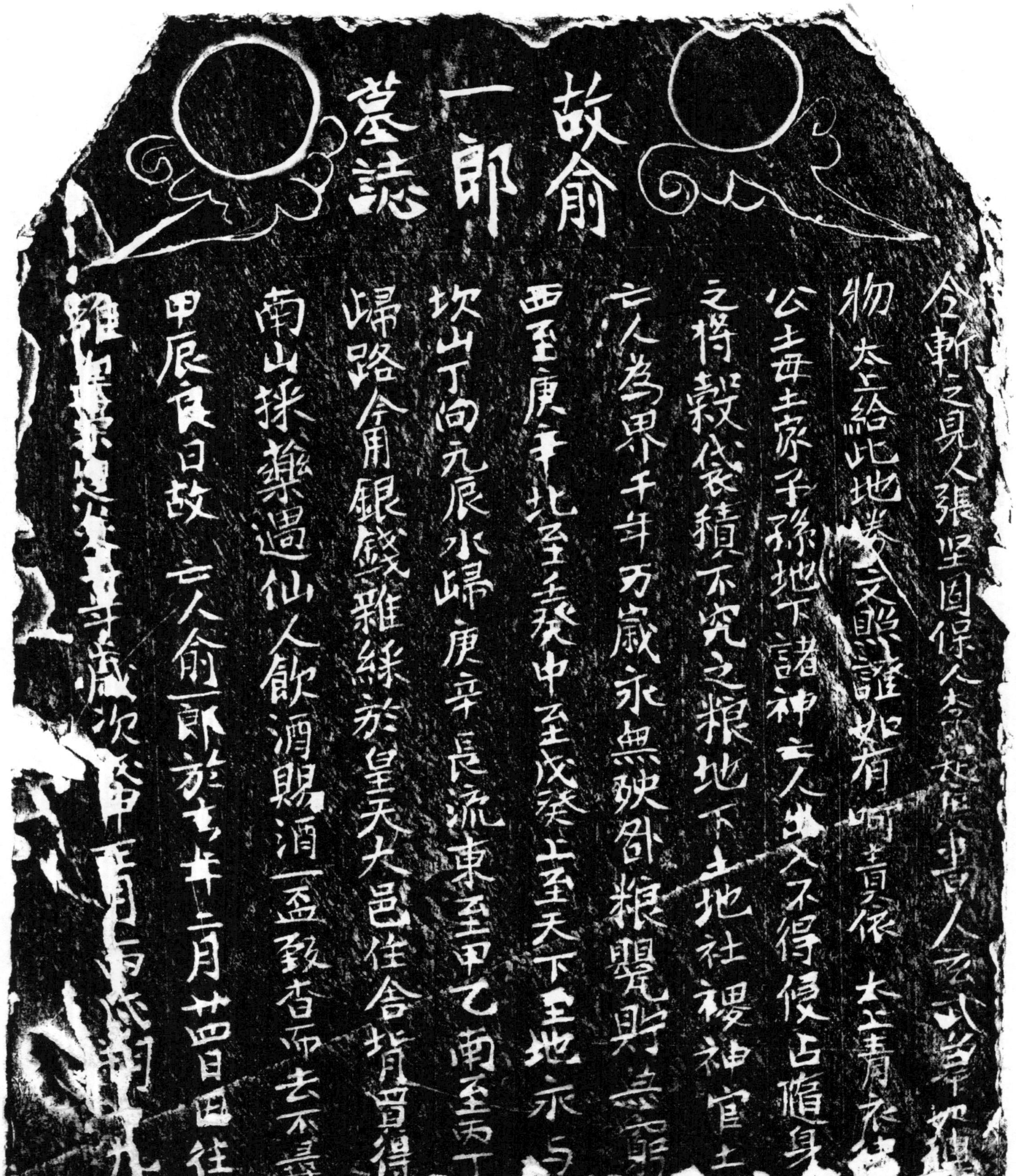

135 王氏地券

時代：南宋建炎二年（1128年）十一月初四

尺寸：高45.5釐米，寬37.5釐米

136 何君地券

時代：南宋建炎二年（1128年）十一月二十二日　尺寸：高32釐米，寬50釐米

宋建炎二年太歲戊申十二月辛巳朔二十
二日壬寅，江南西道臨江軍新淦縣斷金鄉
崇信里揚仁保何君三十四秀才生居鄉里，死
安宅兆。以己巳年四月十九日殁故，龜筮協
從，相地襲吉，宜於本里錦竹平乙山辛向地
安厝。用錢禾九万九千九百九十九文五綵
信幣，拾聞皇地主邊買地一段，東九十步，南
三十步，西七十步，北五十步。東青龍，南朱雀，
西白虎，北玄武，内方百步。勾陳分掌四域，丞墓
伯封步界畔，道路將軍齊整阡陌。千年万歲，
永無殃咎。輙有干犯，著將軍亭長收河伯。今
以牲牢酒脯香新信幣錢地，交相分付，工
匠脩營，安厝之後，永保休吉。見人歲月主保
人今日直符。故氣邪精不得干擾。先有居者
遠去万里之外。如違此約，地府主吏自當其
禍。内外存亡，悉皆安吉。妄求争占者，付
太上女青詔書斬之。急急如
五帝使者律令。

137 蕭十七郎地券

時代：南宋建炎三年（1129年）十一月十二日　尺寸：高44.9釐米，寬45釐米

138 潁川三郎地券

時代：南宋建炎三年（1129年）十一月十六日　尺寸：高54.5釐米，寬50.5釐米

潁川三郎地券

維皇宋歲次己酉建炎三年十一月
乙巳朔十六庚申日謹屬洪州豐城
縣富城鄉同造里後塘保殁故亡人
陳君三郎壽年三十六歲於今年六
月往南山採藥得遇仙人酌酒一盃
醉而不返先用錢財万々貫於佳宅
亥壬方買得地名坵坑亥山丙向地
一穴其地東止甲乙南止丙丁西止
庚辛北止壬癸中央為亡人万年塚
宅其地内應有金銀珠寶並係亡人
所管地神不得爭占如有前亡君子
後化女人並為隣里屍故器不得
妄来呵責如違此約送付汝青急々
如律令
見人張堅固書人李定度
保見人歲月主者

139 黃十七郎地券

時代：南宋建炎四年（1130年）十一月二十一日　尺寸：高36.5釐米，寬41釐米

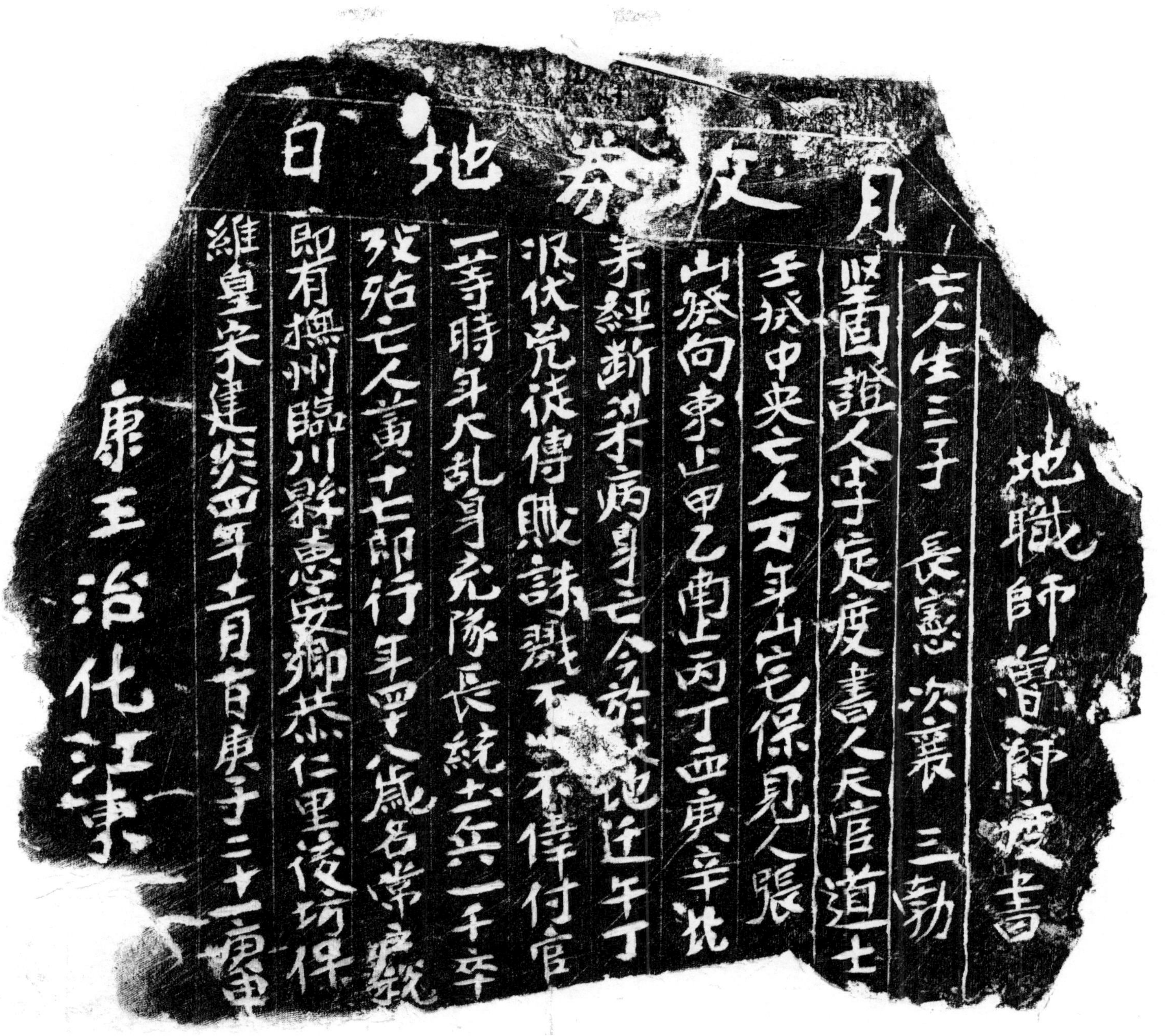

140 高六郎地券

時代：南宋紹興元年（1131年）十一月二十一日

尺寸：高62.1釐米，寬30.5釐米

141 宋故劉氏之墓記

時代：南宋紹興二年（1132年）正月十四日　尺寸：高33.8釐米，寬32.2釐米

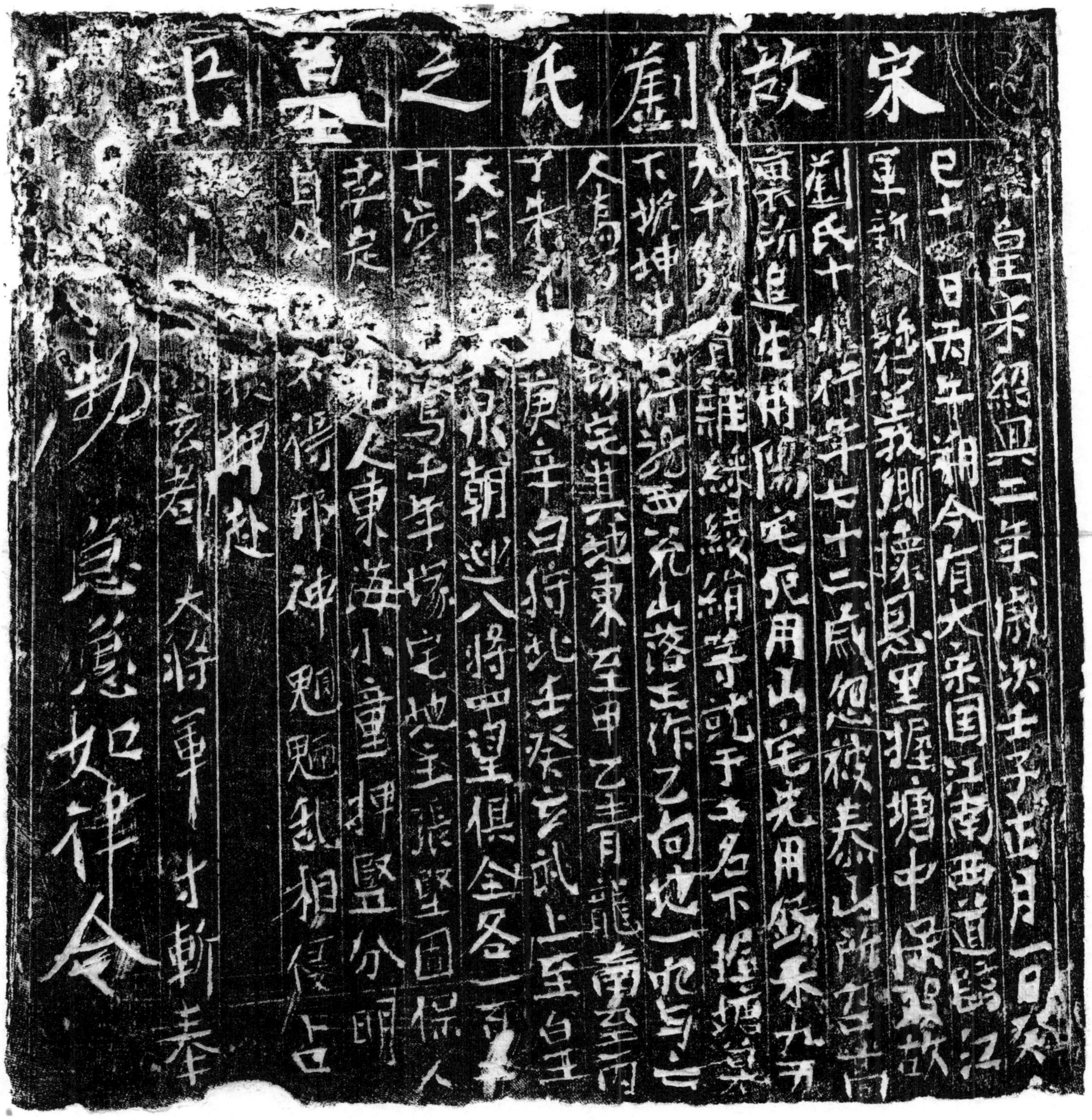

142 亡過黃六郎墓券

時代：南宋紹興二年（1132年）二月二十三日　尺寸：高38釐米，寬31.5釐米

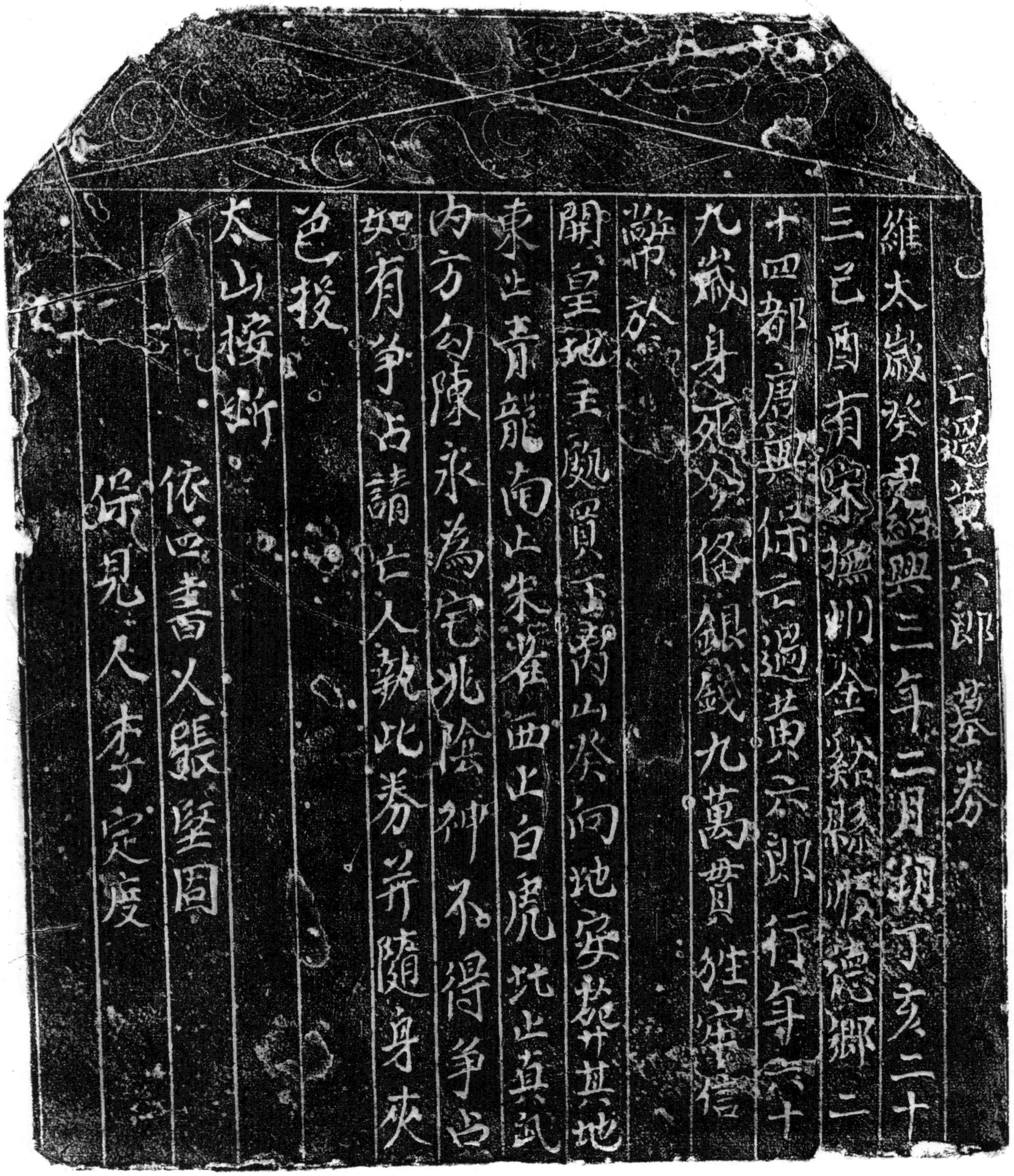
亡過黃六郎墓券
維太歲癸丑紹興二年二月朔丁亥二十
三己酉有宋撫州金谿縣順德鄉二
十四都居住保亡過黃六郎行年六十
九歲身死今將銀錢九萬貫牲牢信
幣於
開皇地主處買下爵山癸向地安葬其地
東止青龍南止朱雀西止白虎北止真武
內方勾陳永為宅兆陰神不得爭占
如有爭占請亡人執此券并隨身灰
邑授
太山按斷
依四書人張堅固
保見人李定度

143　馮四郎地券

時代：南宋紹興二年（1132年）十月二十二日　尺寸：高34.5釐米，寬48釐米

144 熊氏二十娘地券

時代：南宋紹興三年（1133年）十月二十一日

尺寸：高39.5釐米，寬31.8釐米

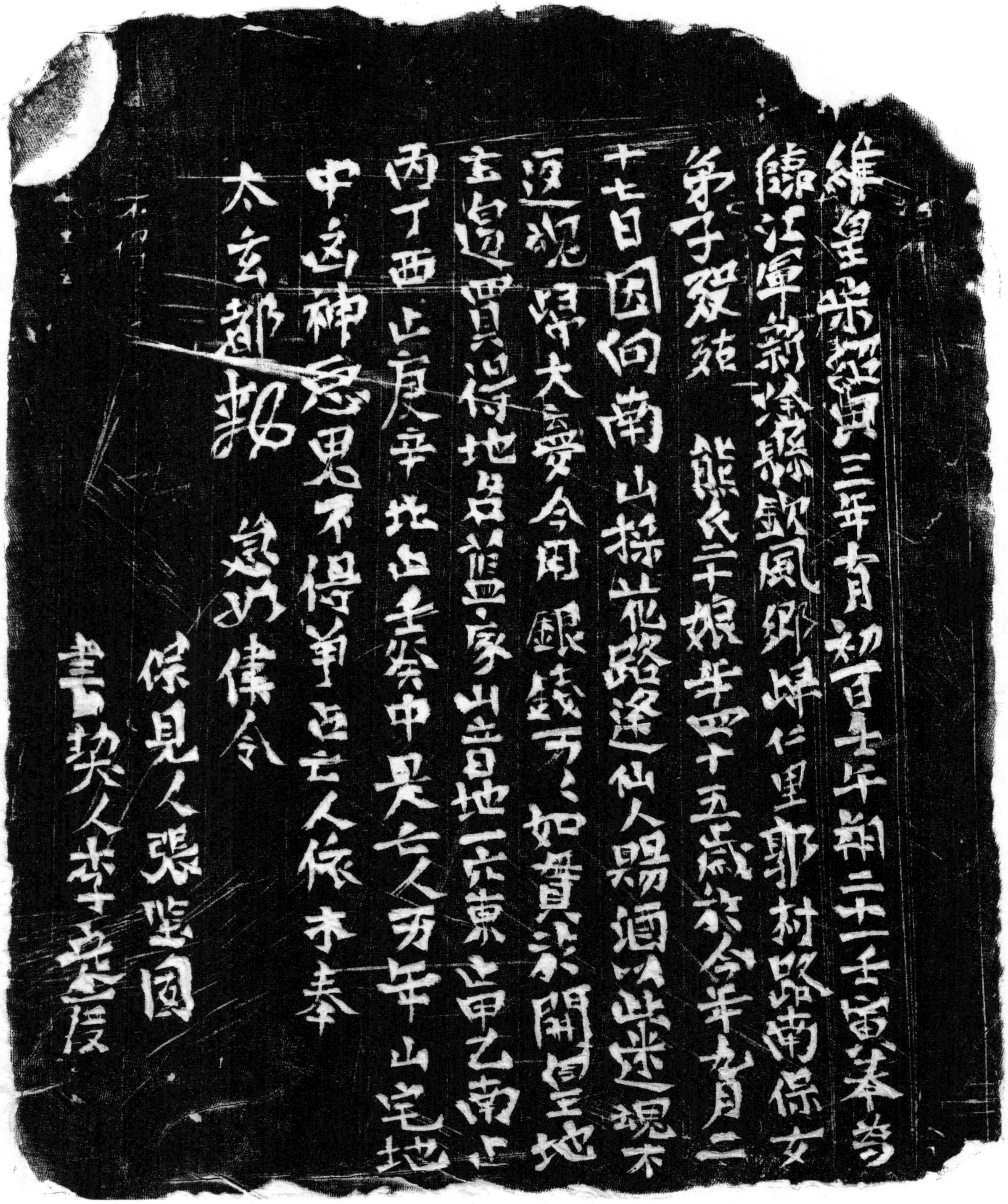
維皇宋紹興三年十月初一日壬午朔二十一壬寅奉為
臨江軍新淦縣欽風鄉歸仁里郭村路南保女
弟子殁故　熊氏二十娘年四十五歲於今年十月二
十七日因向南山採花路逢仙人賜酒以此迷魂不
返魂歸大夜今用銀錢万万九貫文就開皇地
主邊買得地名藍家山吉地一穴東止甲乙南止
丙丁西止庚辛北止壬癸中是亡人万年山宅地
中忌神惡鬼不得爭占亡人依本奉
太玄都鬼　急急如律令
保見人張堅固
書契人李定度

145 傅九娘地券

時代：南宋紹興三年（1133年）十一月二十一日　尺寸：高35釐米，寬39.5釐米

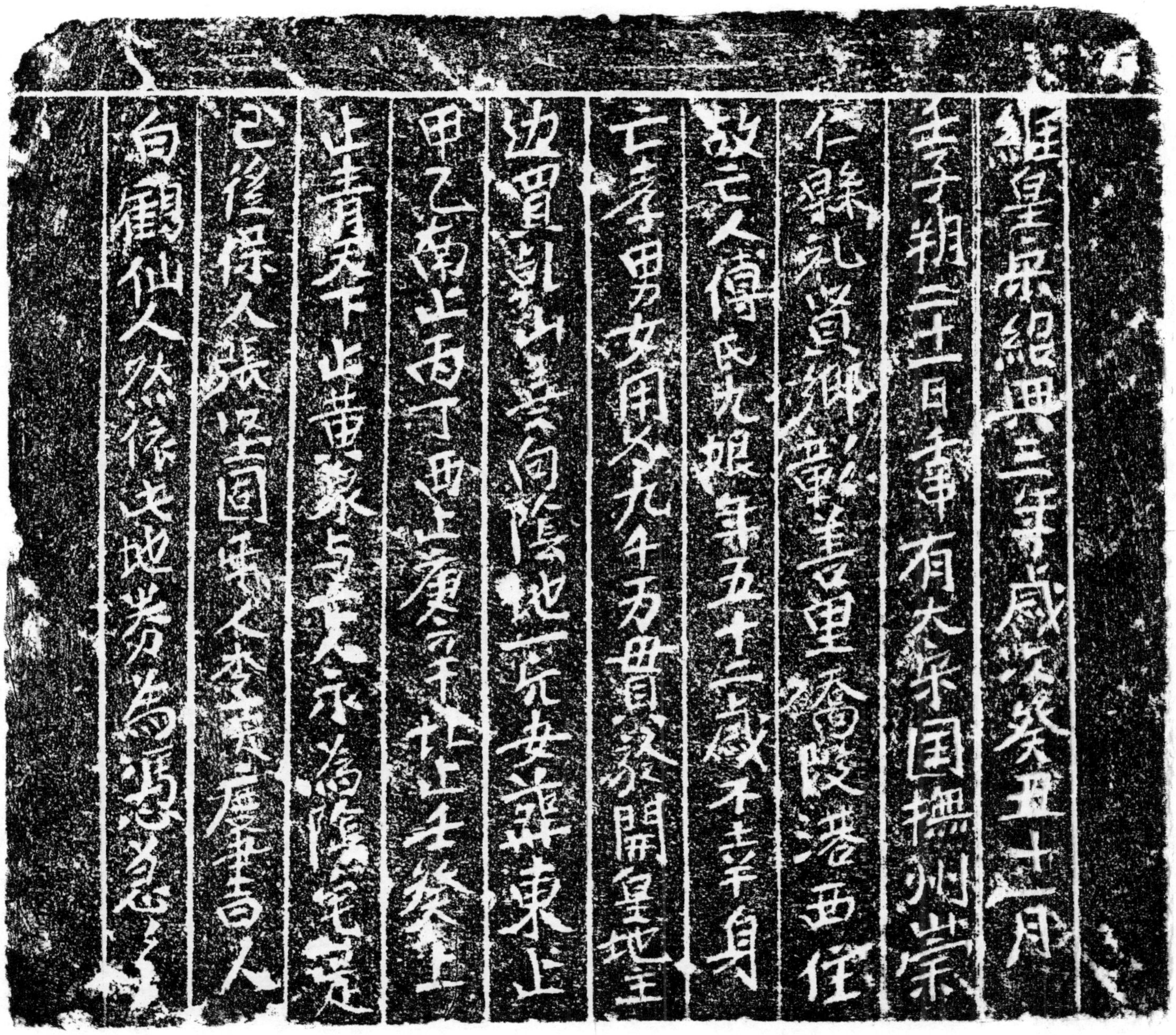
維皇宋紹興三年歲次癸丑十一月
壬子朔二十一日壬申有大宋国撫州崇
仁縣礼賢鄉彰善里喬陂港西住
故亡人傅氏九娘年五十二歲不幸身
亡孝男女用錢九千万貫文就開皇地主
邊買乱山岡向陰地一穴安葬東止
甲乙南止丙丁西止庚辛北止壬癸上
止青天下止黄泉与亡人永為陰宅定
已後保人張坚固見人李定度書人
白鶴仙人然後此地券為憑急急

146 宋氏墓銘券

時代：南宋紹興五年（1135年）十月二十三日　尺寸：高48.5釐米，寬42釐米

中央民族大學民族博物館藏江西出土宋元墓誌地券拓本彙編

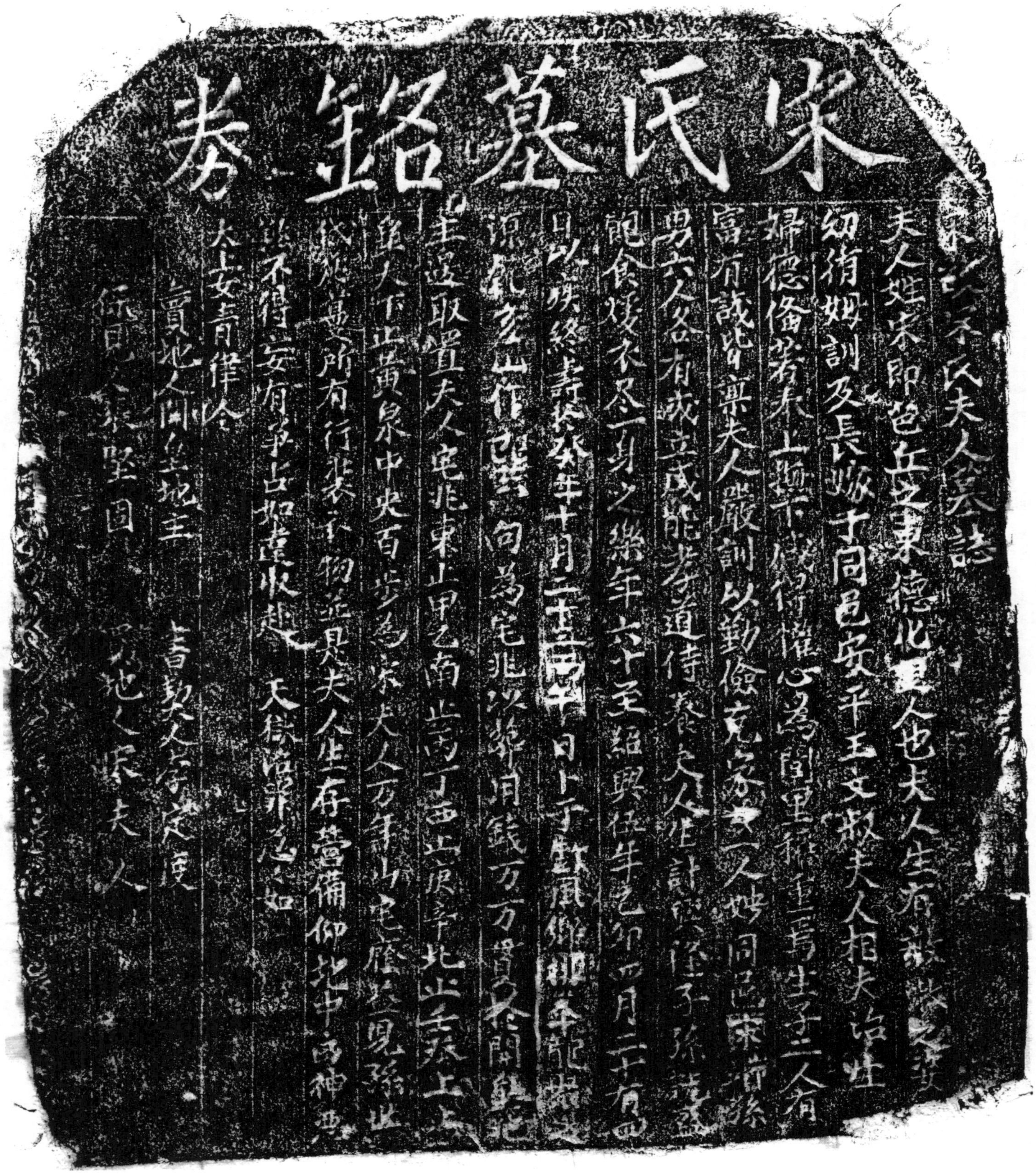

147 李氏四娘地券

時代：南宋紹興七年（1137年）四月二十三日　尺寸：高28.2釐米，寬29釐米

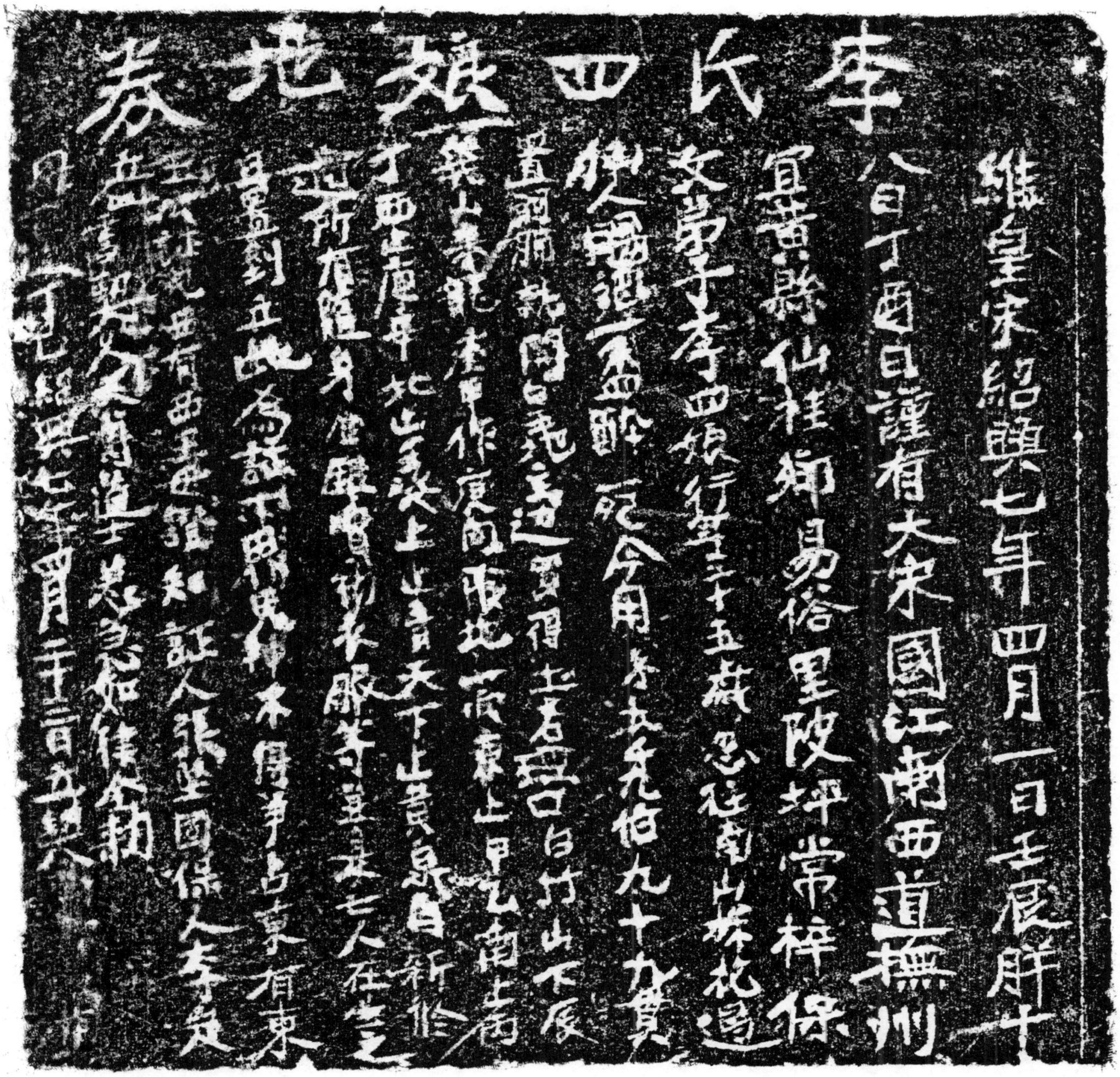

148 揭君地券

時代：南宋紹興八年（1138年）十二月初四日

尺寸：高49.9釐米，寬34釐米

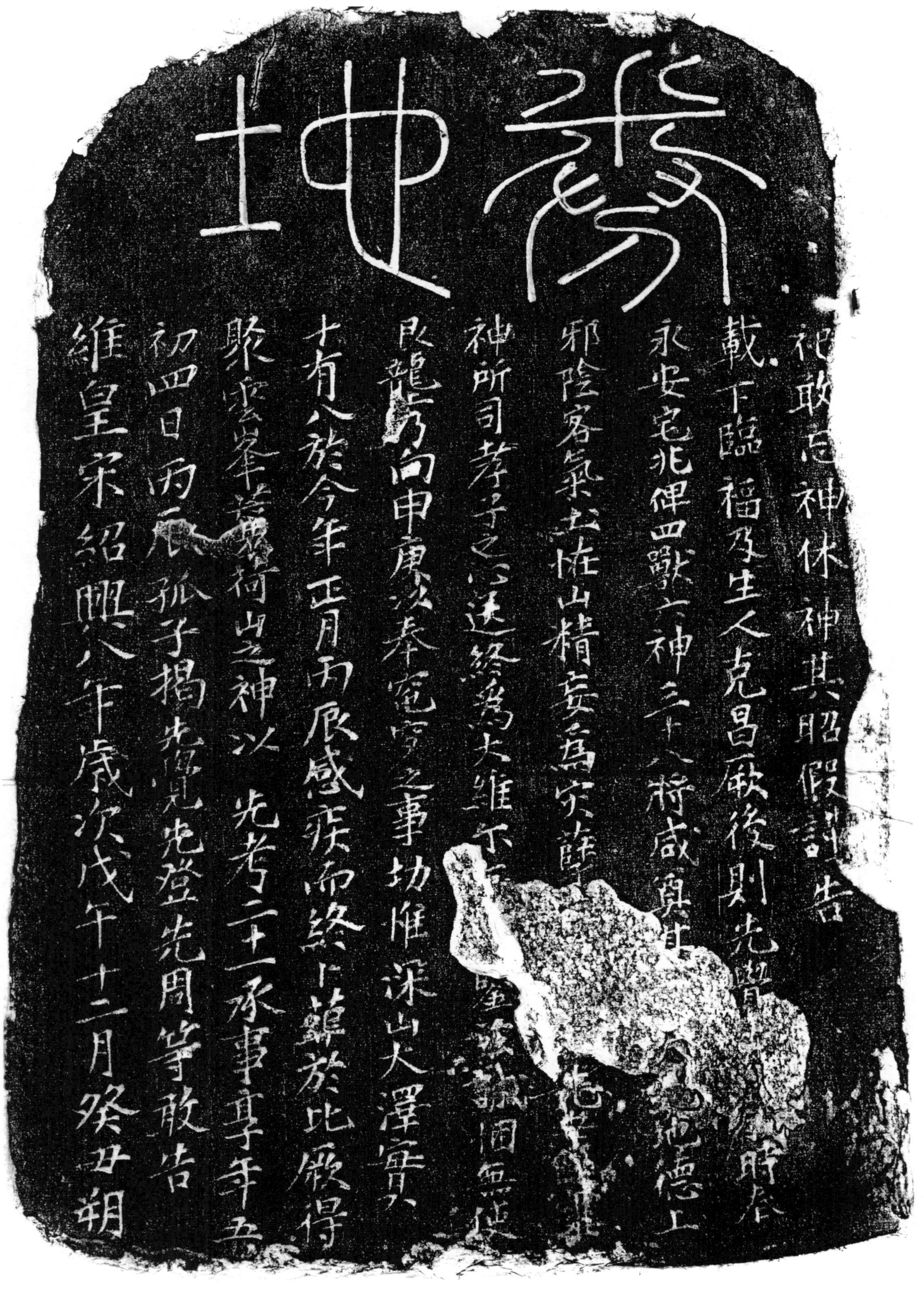

149 陳八娘地券

時代：南宋紹興九年（1139年）三月初四日　尺寸：高44釐米，寬38釐米

維皇宋建昌軍南城縣太平鄉尚樂里
和平上保郎有亡人陳八娘行年四十
歲命落黃泉魂歸冥道生居浮世死還
擔擲今用銀錢一万貫於地王边買得
土名塘面艮山庚向地一穴於己未紹興
九年三月初四日安塟其地東止甲乙南止
丙丁西止庚辛北止壬癸上止青天下止黃
泉中心下穴永為亡人万年家宅陰益
子孫代々富貴四止内珍寶並係亡人所
管魁神忠鬼不得争占如有此色分付亡
十二神王子喬丁令勅先斬後奏急如律令
保人張堅固　書人天官道士

維皇宋建昌軍南城縣南城鄉崇
里即有殁故亡人周二娘行年八十七歲
忽偷二鼠侵藤四蛇俱逼命落黃泉竟歸
冥道生居浮世死還棺槨今用銀錢九千
貫文於地主邊買得土名後坑艮山坤
向地一穴於歲次己未紹興九年十月初九
日安塟其地東止甲乙南止丙丁西止庚辛北止
壬癸上止青天下止黃泉中心下穴永為亡人
万年塚宅陰蔭子孫代代富貴四止內邪寶
並係亡人所管兇神惡鬼不得爭占如有此
色分付七十二神王子喬丁令勅先斬後奏
急如律令　保人張堅固
見人李定度　書人天官道士

150　周二娘地券

時代：南宋紹興九年（1139年）十月初九日　尺寸：高44.8釐米，寬41釐米

151 熊氏夫人地券

時代：南宋紹興十年（1140年）

尺寸：高39.4釐米，寬46.3釐米

152　李十一郎地券

時代：南宋紹興十二年（1142年）十二月初二日　尺寸：高35.9釐米，寬39.3釐米

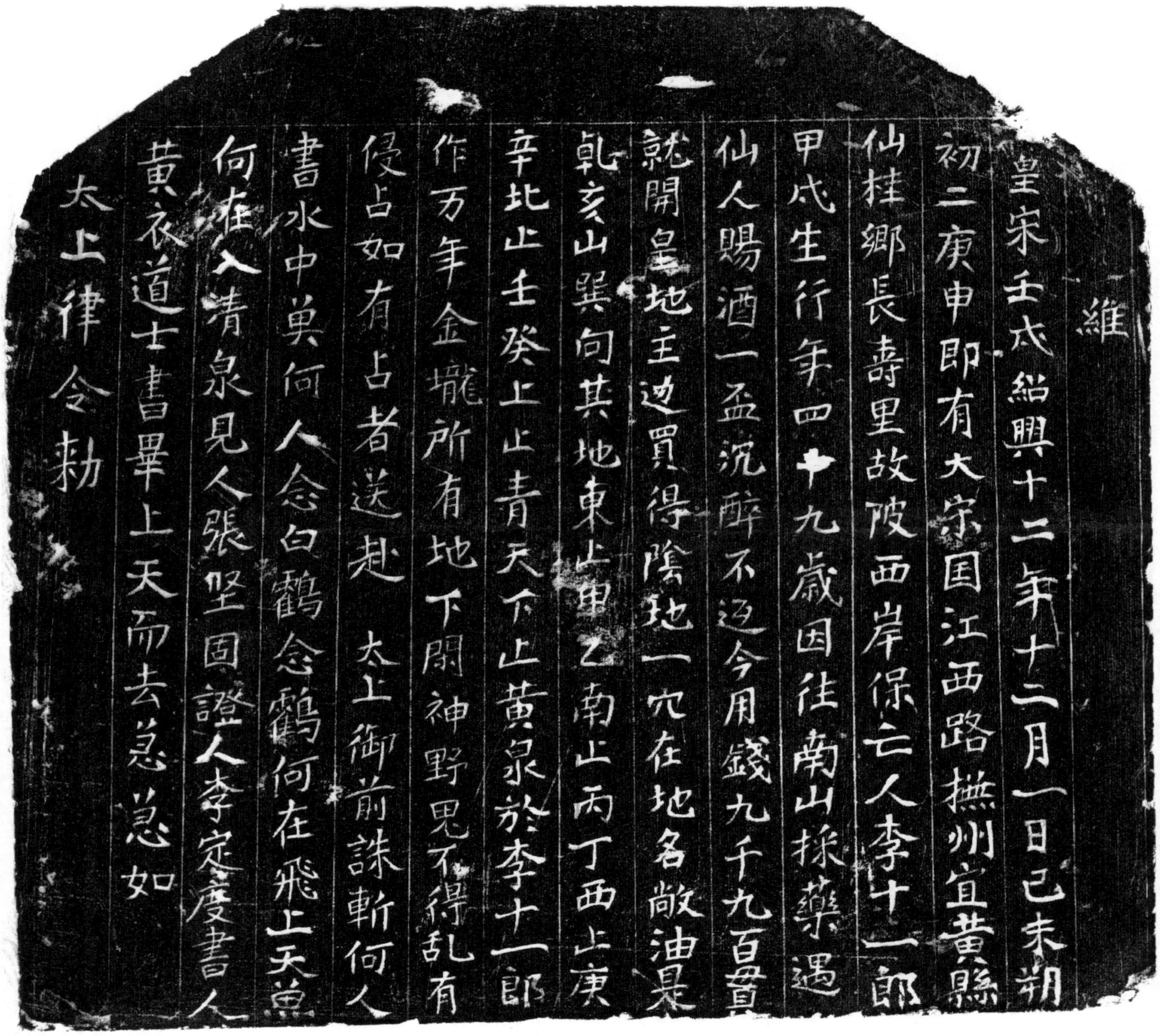
維
皇宋壬戌紹興十二年十二月一日己未朔
初二庚申即有大宋国江西路撫州宜黄縣
仙桂鄉長壽里故陂西岸保亡人李十一郎
甲戌生行年四十九歲因往南山採藥遇
仙人賜酒一盃沉醉不返今用錢九千九百貫
就開皇地主边買得陰地一穴在地名敞油是
乾亥山巽向其地東止甲乙南止丙丁西止庚
辛北止壬癸上止青天下止黄泉於李十一郎
作万年金壠所有地下開神野鬼不得乱有
侵占如有占者送赴　太上御前誅斬何人
書水中魚何人念白鶴念鶴何在飛上天魚
何在入清泉見人張坚固證人李定度書人
黄衣道士書畢上天而去急急如
太上律令勅

153 姜氏八娘地券

時代：南宋紹興十三年（1143年）九月初七日　尺寸：高39釐米，寬38.4釐米

154　姚二十一郎地券

時代：南宋紹興十三年（1143年）十月十九日　尺寸：高30釐米，寬36釐米

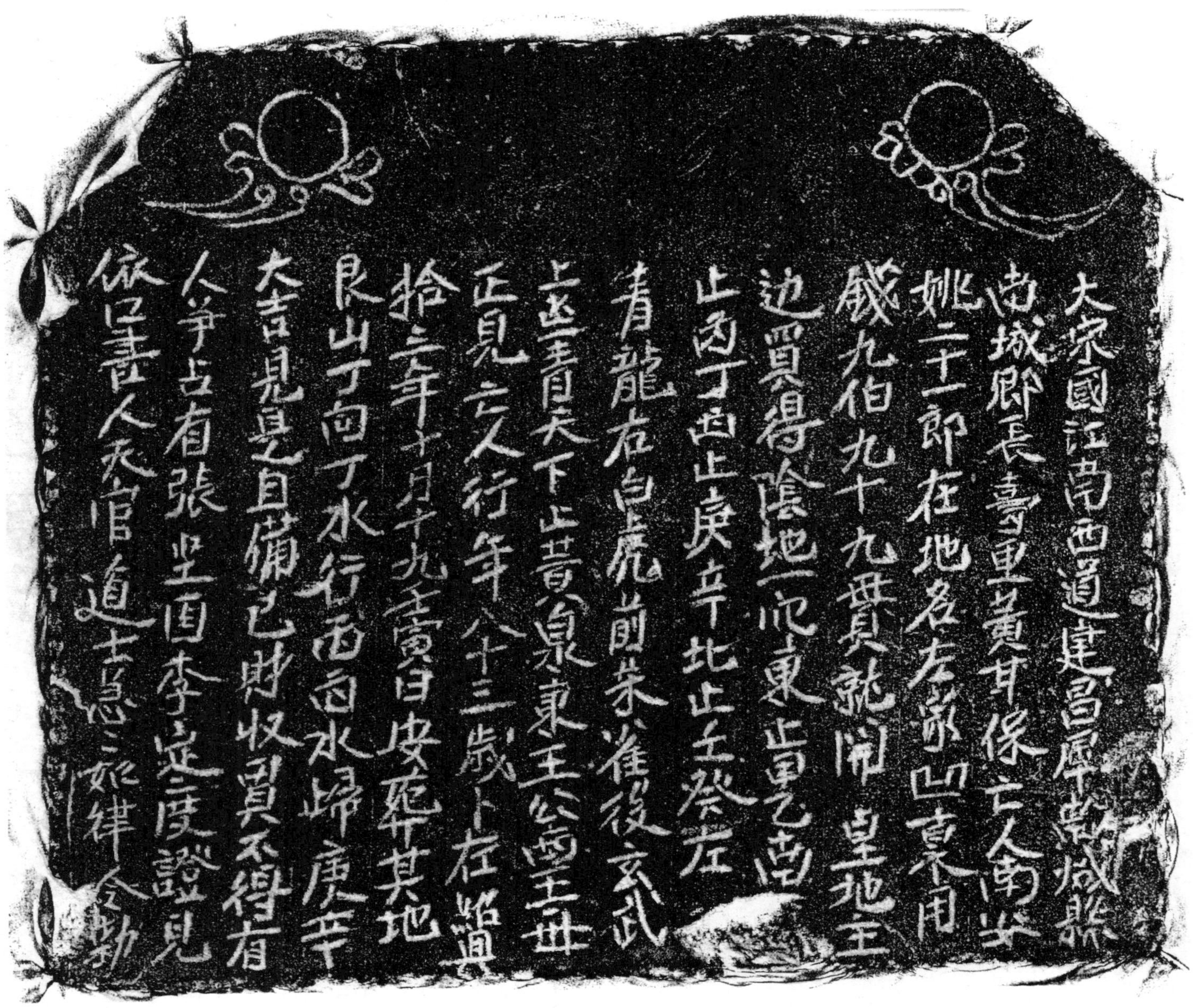
大宋國江南西道建昌軍南城縣
南城鄉長壽里蓋竹保亡人南安
姚二十一郎在地名左家山京東用
錢九伯九十九貫就開皇地主
边買得陰地一穴東止甲乙南
止丙丁西止庚辛北止壬癸左
青龍右白虎前朱雀後玄武
上止青天下止黃泉東王公西王母
正見亡人行年八十三歲卜在紹興
拾三年十月十九壬寅日安厝其地
良山丁向丁水行西酉水歸庚辛
大吉見是自備己財收買不得有
人爭占有張堅固李定度證見
依口書人天官道士急急如律令勑

155 宋故會稽三秘校地券文

時代：南宋紹興十三年（1143年）

尺寸：高41.7釐米，寬39.3釐米

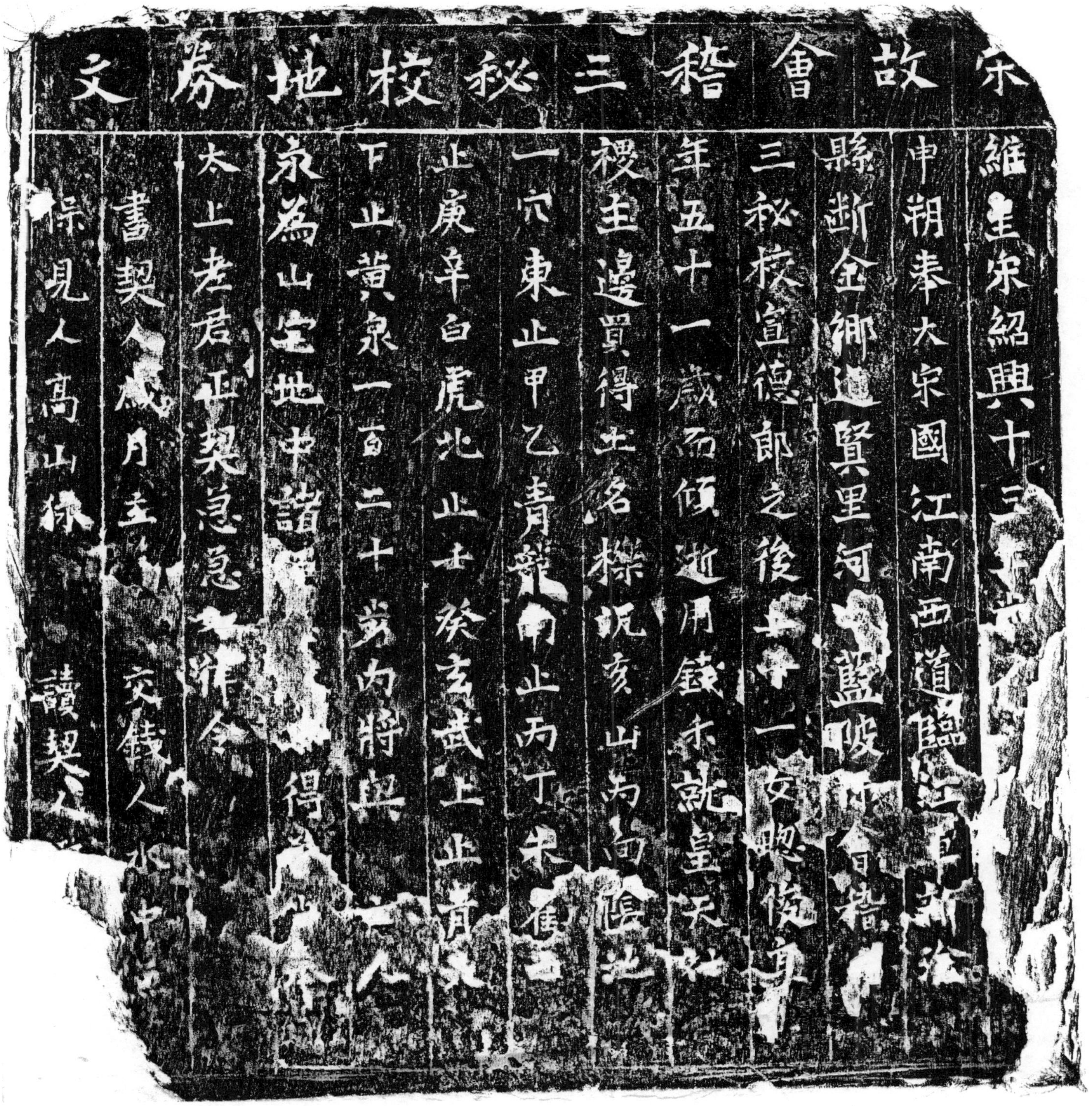
宋故會稽三秘校地券文

維皇宋紹興十三
中朝奉大宋國江南西道臨江軍新淦
縣斷金鄉遵賢里河藍陂
三秘校宣德郎之後
一女聰俊身
年五十一歲而傾逝用錢禾就皇天
禝主邊買得土名櫟岅亥山為白
一穴東止甲乙青龍南止丙丁朱雀
止庚辛白虎北止壬癸玄武上止青天
下止黃泉一百二十步內將與
人
永為山宅地中諸
得
太上老君正契急急如律令
書契人歲月主
交錢人水中
保見人高山祿
讀契人

156　江十四郎地券

時代：南宋紹興十四年（1144年）三月二十一日　尺寸：高48釐米，寬42.5釐米

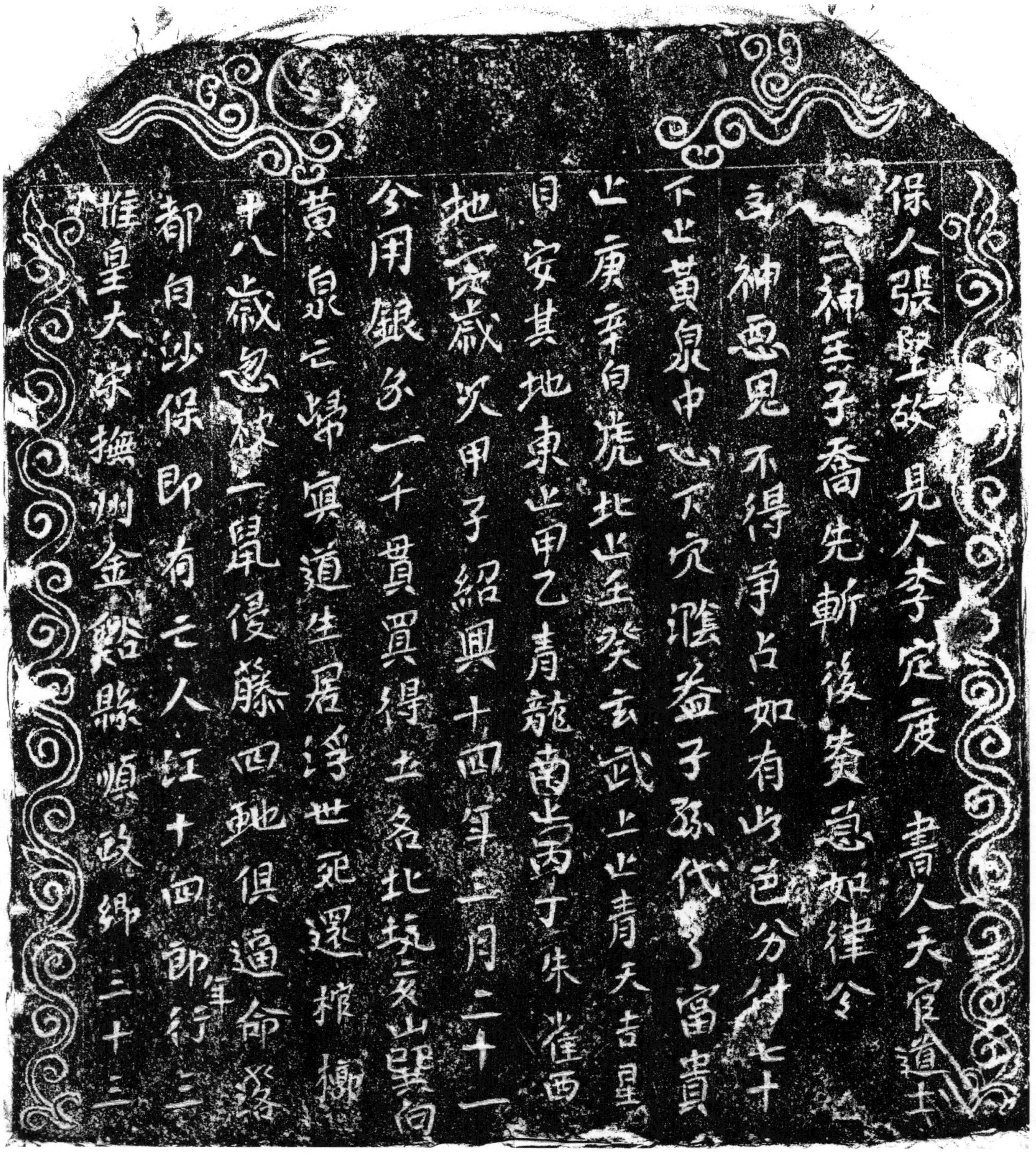

157　米十七郎地券

時代：南宋紹興十四年（1144年）十二月初九日　尺寸：高47.7釐米，寬45.5釐米

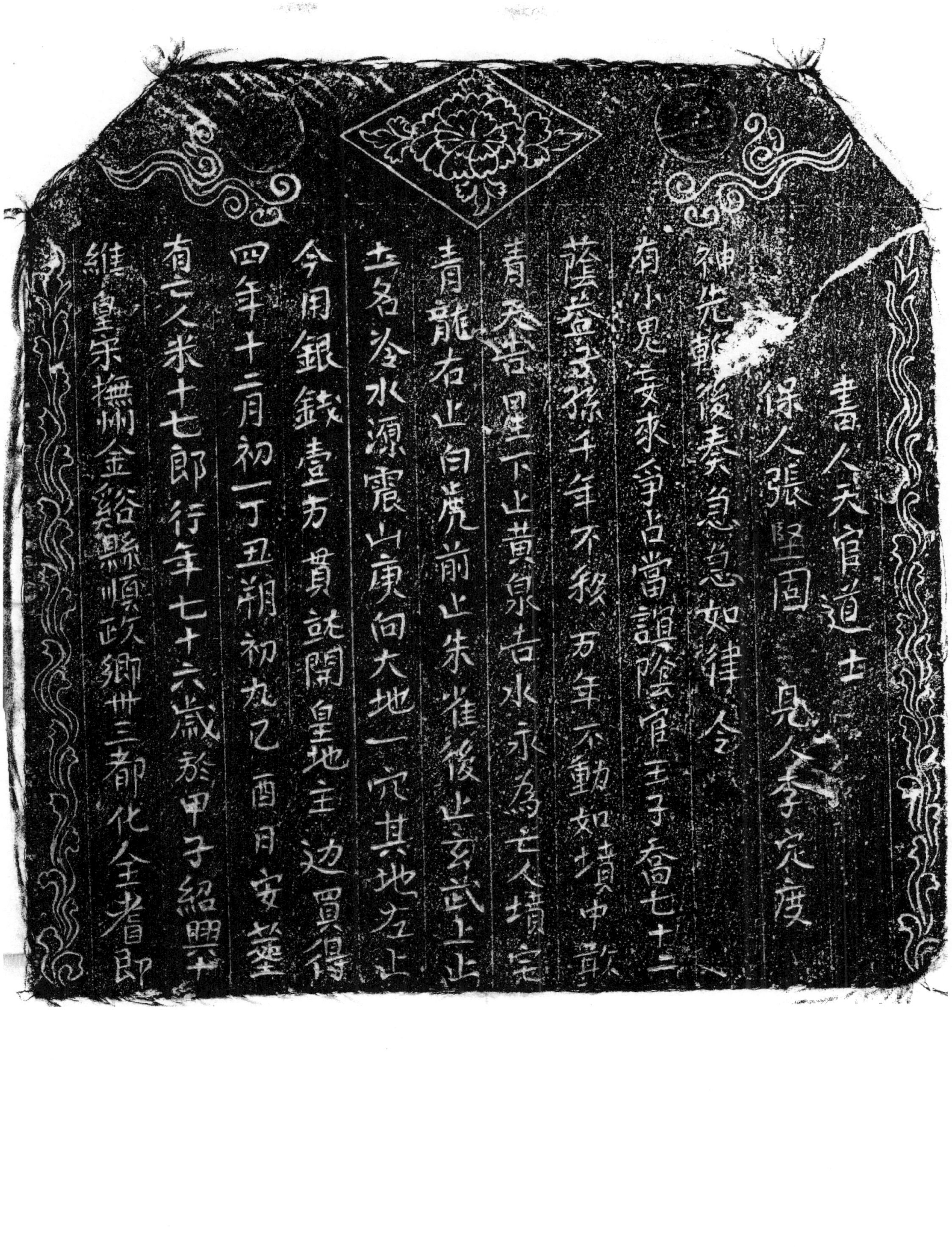
書人天官道士
保人張堅固　見人李定度
神先斬後奏急急如律令
有小鬼妄來爭占當謂陰官王子喬七十三
蔭益子孫千年不殺万年不動如墳中歎
青天右星下止黄泉右水永為亡人墳宅
青龍右止白虎前止朱雀後止玄武上止
土名冷水源震山庚向大地一穴其地左止
今用銀錢壹方貫就開皇地主边買得
四年十二月初一丁丑朔初九乙酉日安葬
有亡人米十七郎行年七十六歲於甲子紹興十
維皇宋撫州金谿縣順政鄉卅三都化全者郎

158　黃公墓券

時代：南宋紹興十五年（1145年）十一月十三日

尺寸：高42.5釐米，寬40.5釐米

黃公墓券

公諱宗雅姓黃氏世為撫州臨川人天資純直為
人慷慨安道興隆力田為業教子訓孫咸其
積善鄉黨宗族動有禮節於紹興十五年十一月
十三日而終享年七十有三娶丘氏子一人名君粹
女一人嫁鄒顯吾人也男孫二人曰琳玭女孫二人嫁
丘燰丘光皆士族遂卜葬於明年十一月十八日用錢
買得地名龍塘霞山酉向萬年塚宅東龍西虎
朱雀玄武守向地主所有棺槨衣物並係亡考所
屬無道邪神不得妄有爭占即仰驗之春秋
祭祀神亦有依與我子孫光顯後代乃為券曰
於穆黃公　積善為慶
天祚斯人　順壽其正
塟于龍塘　千古留名

159　付九娘地券

時代：南宋紹興十五年（1145年）閏十一月二十一日　尺寸：高69.5釐米，寬58.5釐米

書人天官道士
牙保人李定度書
保見人張堅固書
勑然依此契為憑紹興十五年閏十一月廿一日立契
邑分付七十二神王子喬丁令威先斬後奏急急如律令
四止之內并係亡人主管亡神惡鬼不得亡妄來爭占如有此
青天下止黃泉中心下穴永為亡人塚宅蔭益子孫代代不絕
東止甲乙青龍南止丙丁朱雀西止庚辛白虎北止壬癸玄武上止
地一穴地名屋後正亥山丁向於紹興十五年閏十一月廿一日安塟其地
黃泉死還棺槨今用銀錢九千貫於開皇地主邊買得陰
過付氏九娘行年六十九歲忽被二鼠侵藤四蛇俱逼命落
維皇宋撫州金谿縣順政鄉二十都劉公源保殁故

160 宜人朱氏地券

時代：南宋紹興十六年（1146年）七月二十五日　尺寸：高54.4釐米，寬30.5釐米

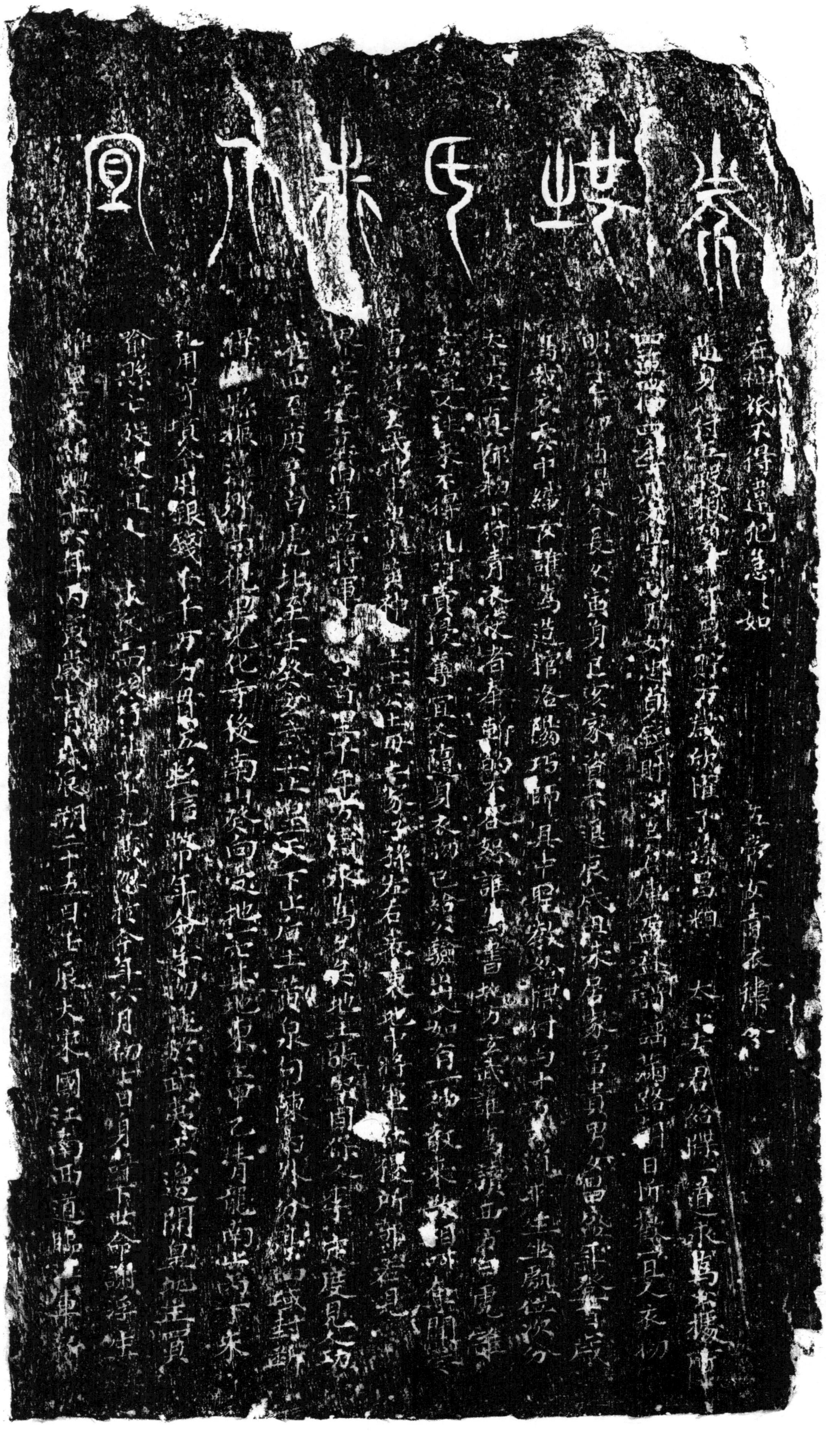

161 胡夫人地券

時代：南宋紹興十六年（1146年）十月二十日　　尺寸：高33釐米，寬33.1釐米

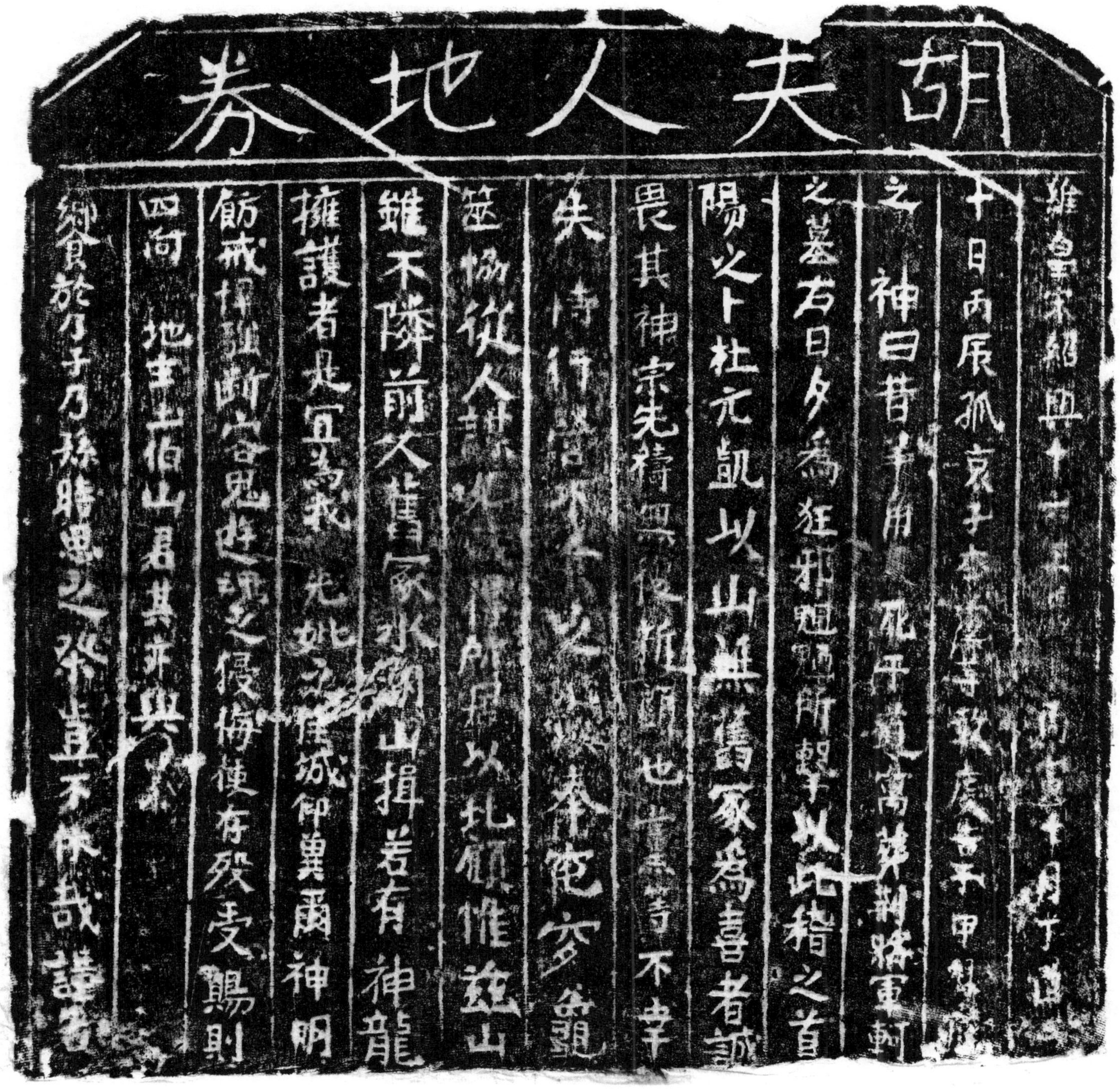

162 饒氏夫人地券

時代：南宋紹興十七年（1147年）九月二十四日　尺寸：高38.5釐米，寬41.5釐米

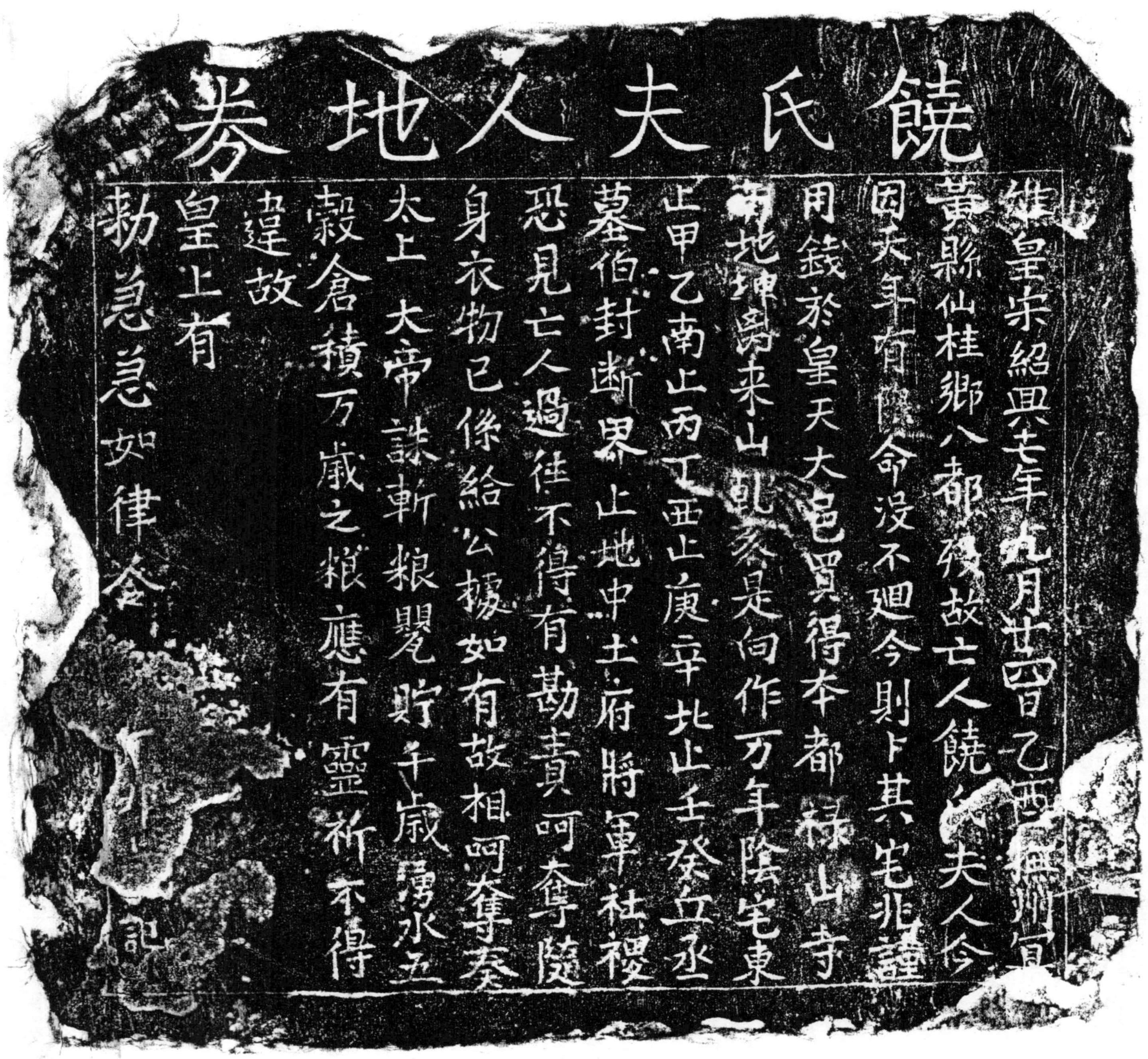
饒氏夫人地券

維皇宋紹興十七年九月廿四日乙酉撫州宜
黃縣仙桂鄉八都殁故亡人饒氏夫人今
因天年有限命没不迴今則卜其宅兆謹
用錢於皇天大邑買得本都祿山寺
前地坤爲來山乾爲是向作万年陰宅東
止甲乙南止丙丁西止庚辛北止壬癸立丞
墓伯封斷界止地中土府將軍社稷
恐見亡人過往不得有勘責呵奪隨
身衣物已係給公據如有故相呵奪奏
太上大帝誅斬粮䴉貯千歲濁水五
穀倉積万歲之粮應有靈祈不得
違故
皇上有
勅急急如律令　記

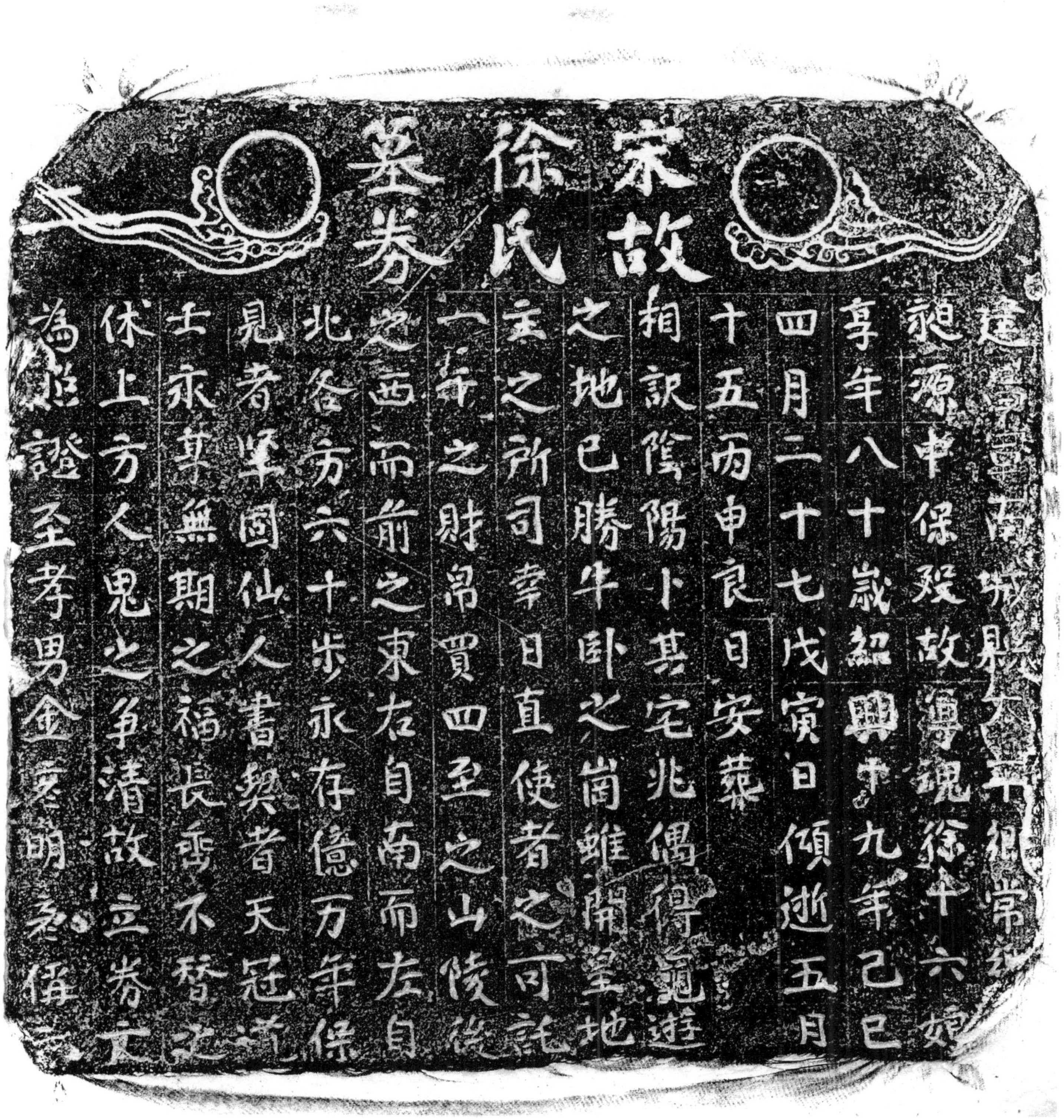

163 宋故徐氏墓券

時代：南宋紹興十九年（1149年）五月十五日

尺寸：高41.6釐米，寬43.2釐米

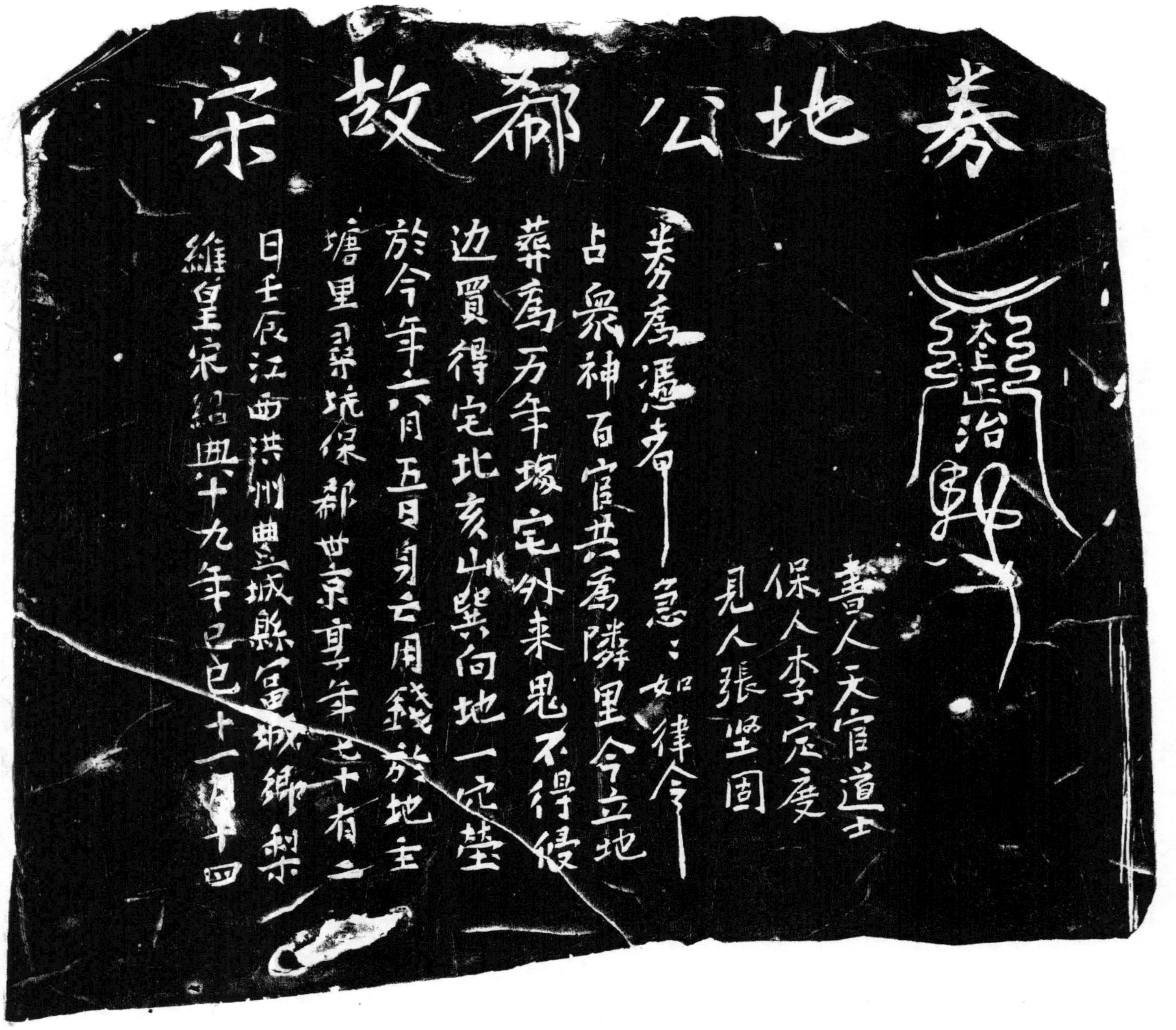
宋故郗公地券
維皇宋紹興十九年己巳十一月十四
日壬辰江西洪州豊城縣富城鄉梨
塘里桑坑保郗世京享年七十有二
於今年六月五日身亡用錢於地主
边買得宅北亥山巽向地一穴塋
葬爲万年塚宅外来鬼不得侵
占泉神百官共爲隣里今立地
券爲憑者　急急如律令
見人張堅固
保人李定度
書人天官道士

164　宋故郗公地券

時代：南宋紹興十九年（1149年）十一月十四日　　尺寸：高45.5釐米，寬51.8釐米

165 宋故呂氏夫人地券

時代：南宋紹興二十年庚午（1150年）十一月十二日甲申　尺寸：高44釐米，寬36釐米

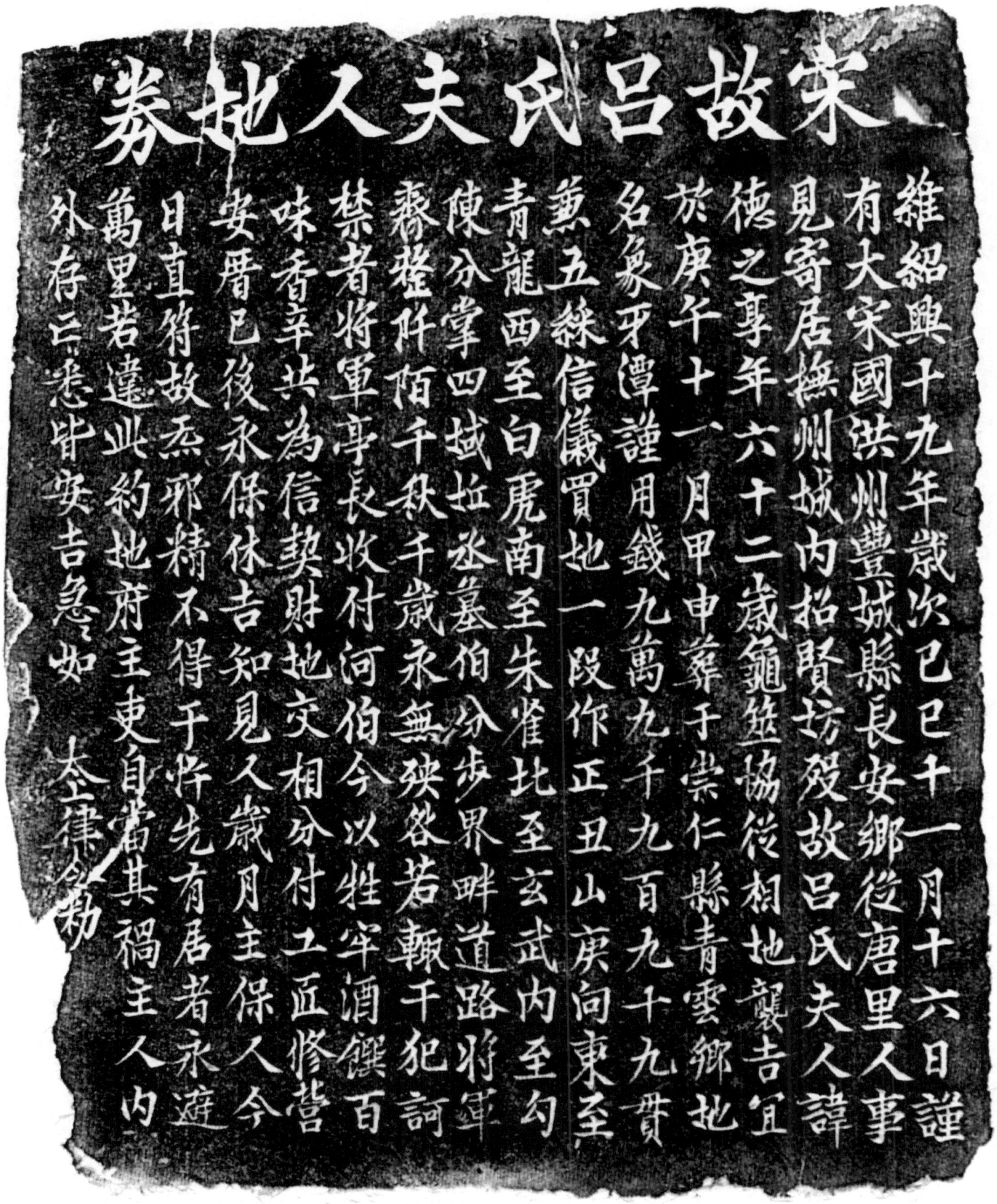
宋故呂氏夫人地券

維紹興十九年歲次己巳十一月十六日謹
有大宋國洪州豐城縣長安鄉從唐里人事
見寄居撫州城內招賢坊殁故呂氏夫人諱
德之享年六十二歲龜筮協從相地襲吉宜
於庚午十一月甲申葬于崇仁縣青雲鄉地
名象牙潭謹用錢九萬九千九百九十九貫
兼五綵信儀買地一段作正丑山庚向東至
青龍西至白虎南至朱雀北至玄武內至勾
陳分掌四域丘丞墓伯分步界畔道路將軍
齊整阡陌千秋千歲永無殃咎若輒干犯訶
禁者將軍亭長收付河伯今以牲牢酒饌百
味香辛共為信契財地交相分付工匠修營
安厝已後永保休吉知見人歲月主保人今
日直符故炁邪精不得干恡先有居者永避
萬里若違此約地府主吏自當其禍主人內
外存亡悉皆安吉急急如　太上律令勅

166　鄒氏地券

時代：南宋紹興二十年（1150年）十二月初七日　尺寸：高33釐米，寬44釐米

167　虞氏四娘地券

時代：南宋紹興二十二年（1152年）正月　尺寸：高34釐米，寬42.8釐米

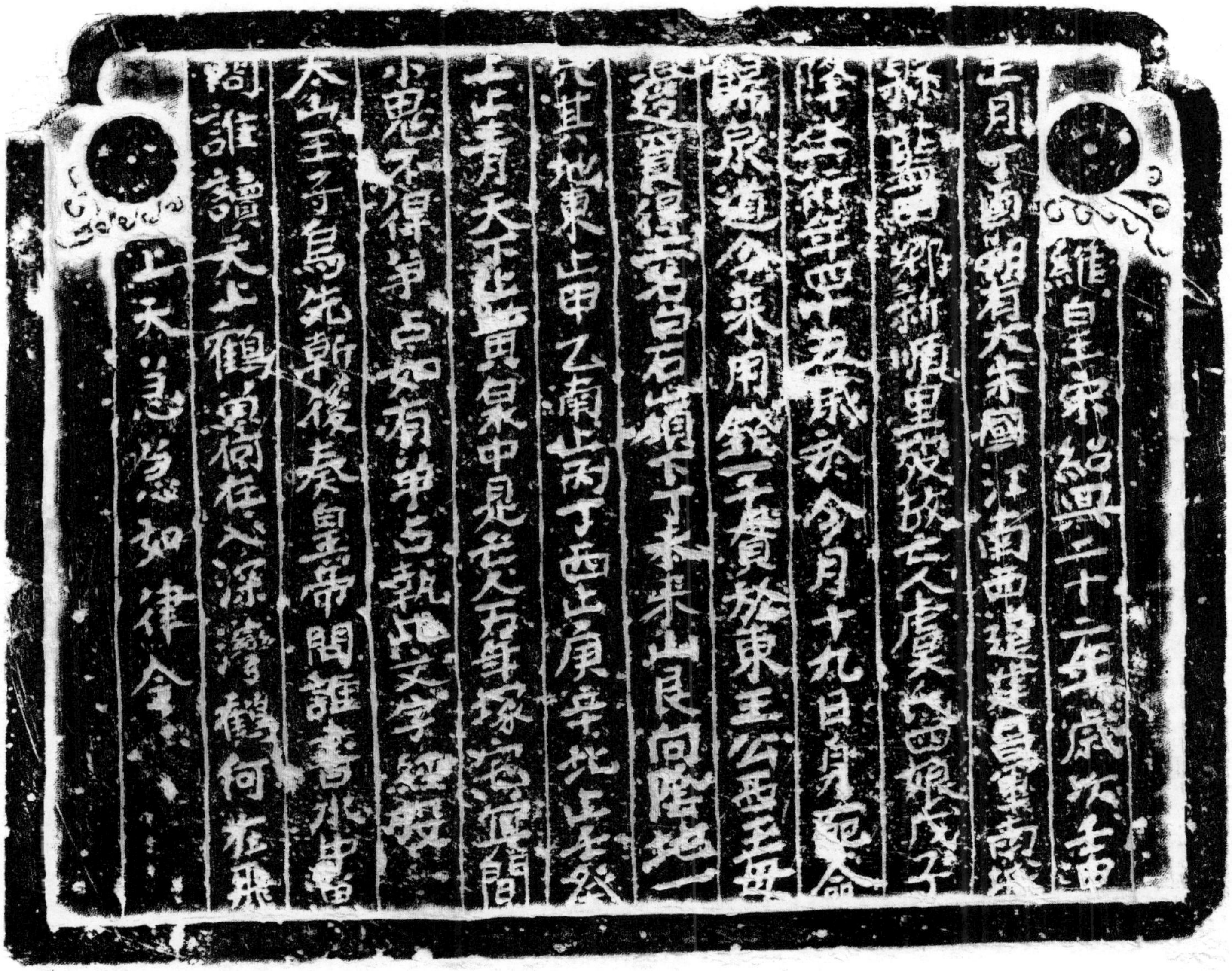

維皇宋紹興二十二年歲次壬申
正月丁酉朔越大宋國江南西道建昌軍南城
縣[illegible]鄉新順里殁故亡人虞氏四娘戊子
降生享年四十五歲於今月十九日身故命
歸泉道今用錢一千貫於東王公西王母
邊買得吉石嶺下丁未山艮向陰地一
穴其地東止甲乙南止丙丁西止庚辛北止壬癸
上止青天下止黄泉中是亡人万年塚宅[illegible]間
小鬼不得爭占如有爭占執此文字經[illegible]
太山王子烏先斬後奏皇帝問誰書水中魚
問誰讀天上鶴鶴何在入深潭魚何在飛
上天急急如律令

168 殁故甘公地契

時代：南宋紹興二十二年（1152年）十一月初七

尺寸：高41.5釐米，寬30.5釐米

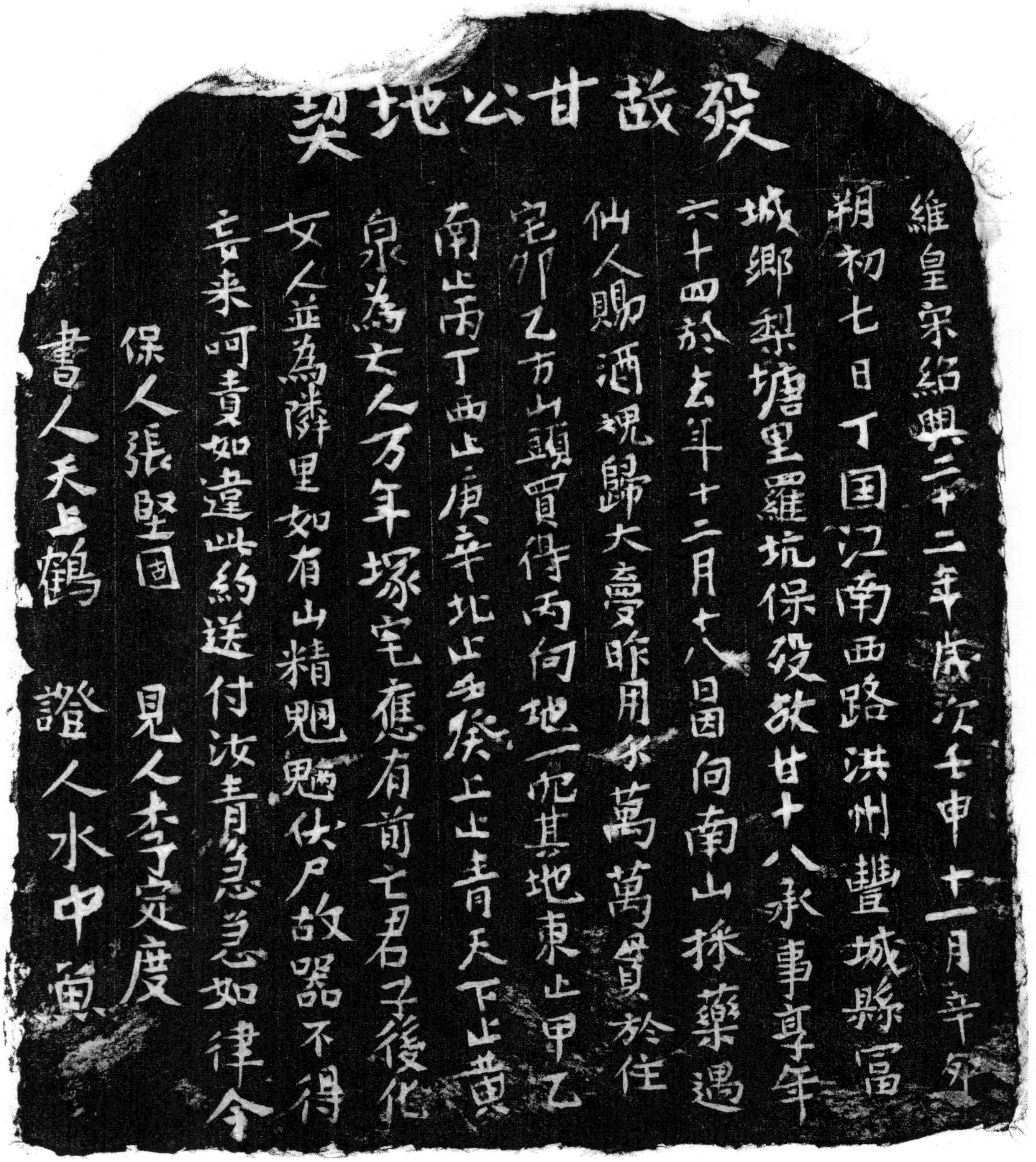
殁故甘公地契
維皇宋紹興二十二年歲次壬申十一月辛亥
朔初七日丁酉江南西路洪州豐城縣富
城鄉梨塘里羅坑保殁故甘十八承事享年
六十四於去年十二月十八日因向南山採藥遇
仙人賜酒魂歸大夢昨用錢萬萬貫於住
宅卯乙方山頭買得丙向地一所其地東止甲乙
南止丙丁西止庚辛北止壬癸上止青天下止黄
泉為亡人万年塚宅應有前亡君子後化
女人並為隣里如有山精魍魎伏尸故器不得
妄来呵責如違此約送付汝青急急如律令
保人張堅固 見人李定度
書人天上鶴 證人水中魚

169　宋故黃氏地券

時代：南宋紹興二十二年（1152年）十二月二十二日　尺寸：高43釐米，寬36釐米

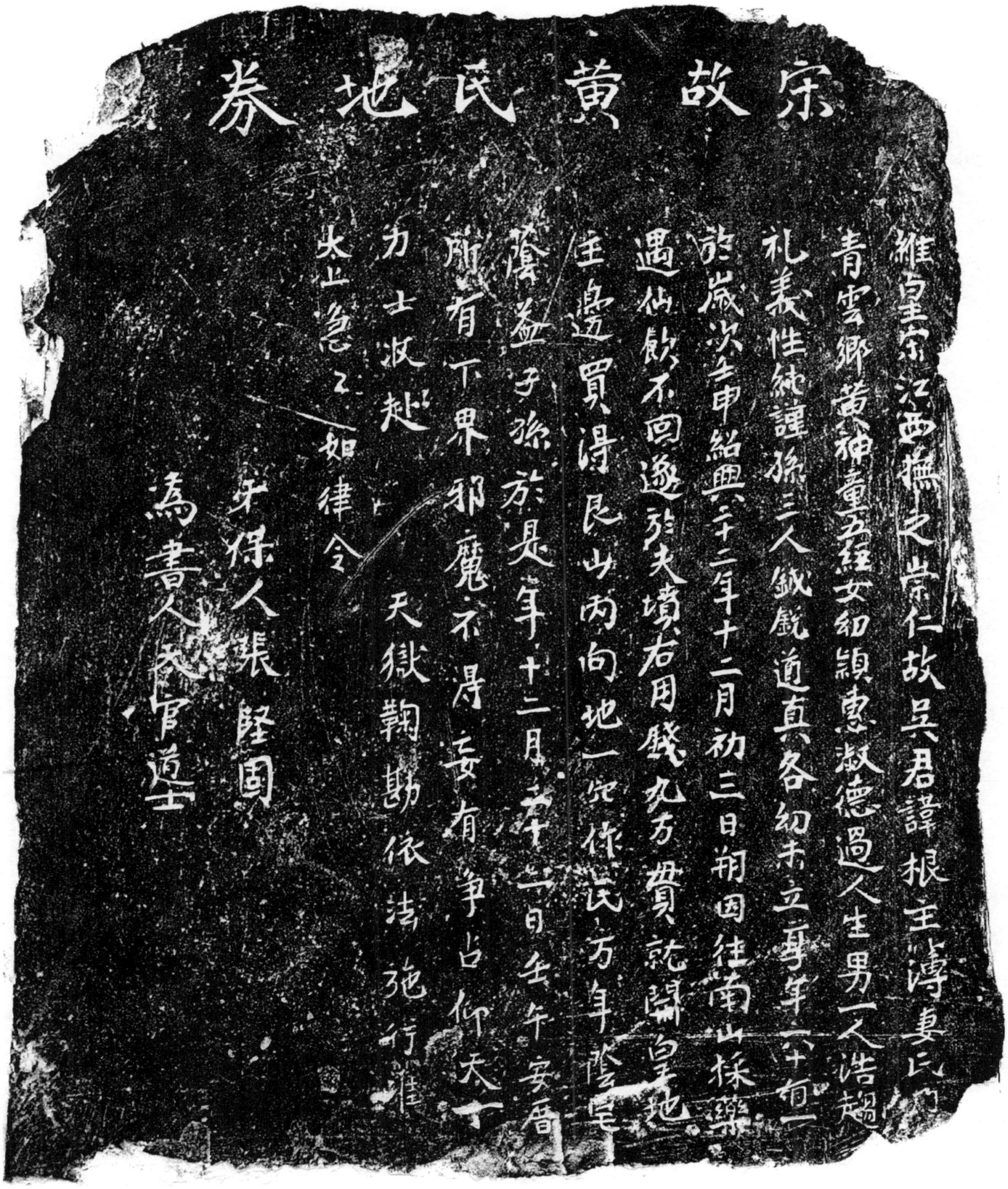
宋故黃氏地券
維皇宋江西撫州崇仁故吳君諱根主妻氏
青雲鄉黃神童五絰女幼頴惠淑德過人生男一人浩超
礼義性純謹孫三人鉞戩道真各幼未立尋年六十有一
於歲次壬申紹興二十二年十二月初三日朔因往南山採藥
遇仙飲不回遂致夭壙右用錢九万貫就開皇地
主邊買得艮山丙向地一穴作氏万年陰宅
蔭益子孫於是年十二月二十二日壬午安厝
所有下界邪魔不得妄有爭占仰太上
力士收起　天獄鞫勘依法施行准
太上急急如律令
牙保人張堅固
為書人李定度

170 陳氏十七娘地券

時代：南宋紹興二十三年（1153年）十一月初六日　尺寸：高41釐米，寬38釐米

張堅固　見人李定度書人天官道士
手占急〻如律令勑先斬後奏保人
亡内珎寶係亡人所管見神悪見不得
亡人万年家宅陰益子孫代〻富貴田
癸上止青天下止黃泉中心下穴永為
其地東止甲乙南止丙丁西止庚辛北止壬
厚乾亥山巽向地一穴紹興廿三年十一月初六日安塟
用銀錢□千貫文就地主边買得上名住據
十七娘行年五十五歲命落黃泉今
太平鄉常學里疊石得郎有亡人陳氏
維皇大宋國江南西道建昌軍南城縣

171 紹興二十六年地券

時代：南宋紹興二十六年（1156年）三月　尺寸：高30釐米，寬36.5釐米

皆安吉急急如女青律
主吏自當其禍主人內外存亡
符故氣邪精不得忤恡若違此約地府
永保吉昌知見人歲月主保人今日直
新共為信契財地交相分付安厝已後
亭長收付河伯今以牲牢酒飯百味香
陌千秋永無殃咎若輒干犯訶禁者將軍
域丘丞墓伯封步界畔道路將軍齊整阡
丁酉至庚辛北至壬癸內方戊己分掌四
段東西南北各去百步東至甲乙南至丙
千九百九十九貫文兼五綵信幣買地一
辛酉日安厝艮山庚向宅兆謹用錢
建昌軍南城縣太平鄉古城里
去年十二月歿故龜筮協從
三月壬寅朔鄉
維皇宋紹興貳

172 謝三郎地券

時代：南宋紹興二十七年（1157年）十二月二十八日　尺寸：高41.5釐米，寬44釐米

173　王氏地券

時代：南宋紹興二十八年（1158年）十一月初四　尺寸：高39.3釐米，寬39.8釐米

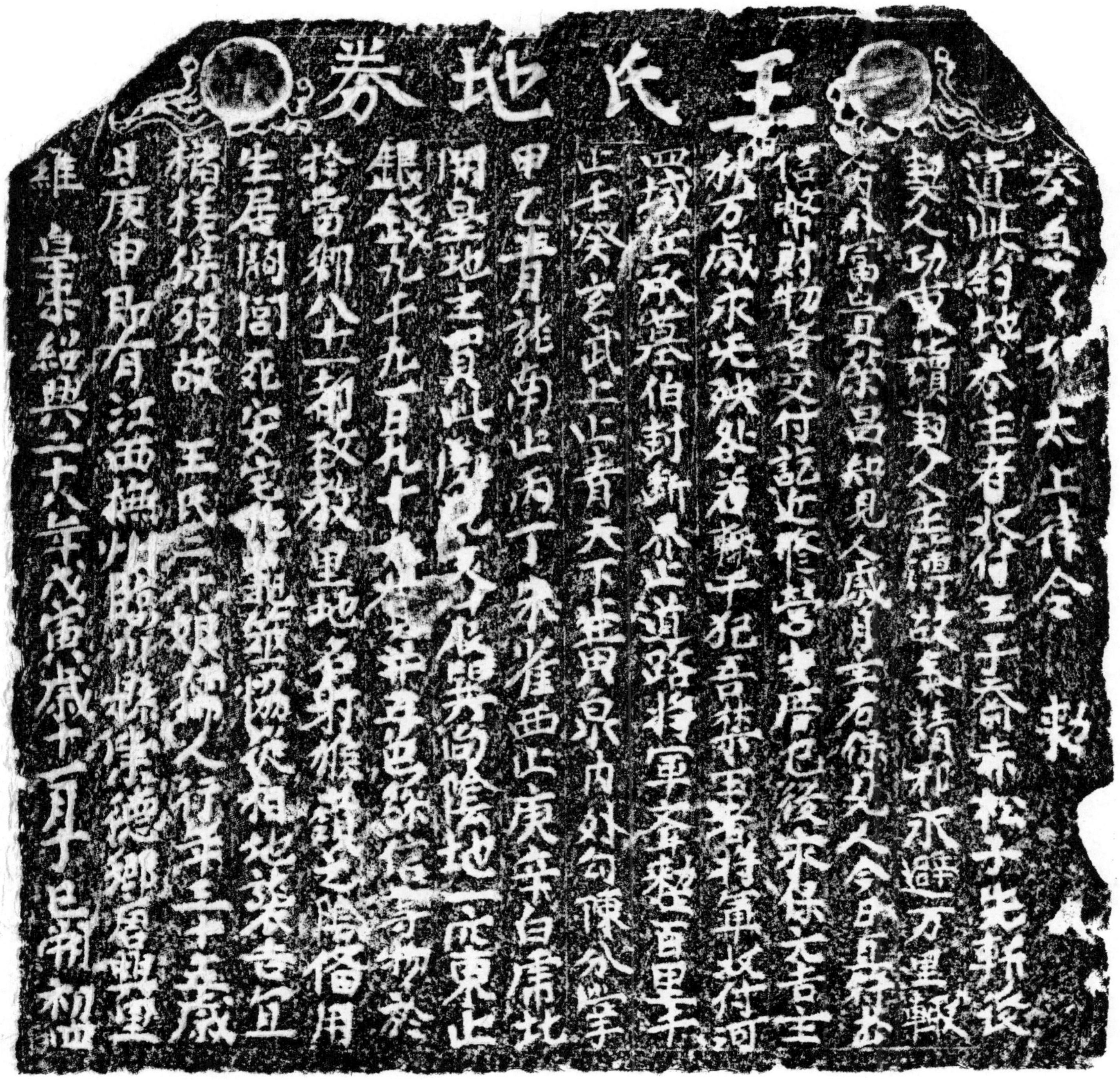

174 王八郎地券

時代：南宋紹興二十九年（1159年）七月二十五日　尺寸：高35.6釐米，寬38.3釐米

紹興二十九年七月二十五日契
急々如律令
何人書水中魚何人讀天上鶴
並不得爭占牙人張堅固李定度
黃泉蔭益子孫万代富貴冥外地神
西止庚辛北止壬癸上止青天下止
亡人万年塚宅東止甲乙南止丙丁
地主邊買得艮山丁向陰地一穴為
生之日用分九万九千貫於開皇
歲上南山採藥仙人賜酒一醉不歸西
墻保故人王八郎戊寅降生行年[illegible]
惟皇宋撫州金谿縣順政鄉城

175 楊氏大娘地券

時代：南宋紹興三十年（1160年）十二月初五日　尺寸：高45.5釐米，寬43.3釐米

176 □六郎地券

時代：南宋紹興三十一年（1161年）二月十八日　尺寸：高31.4釐米，寬31.4釐米

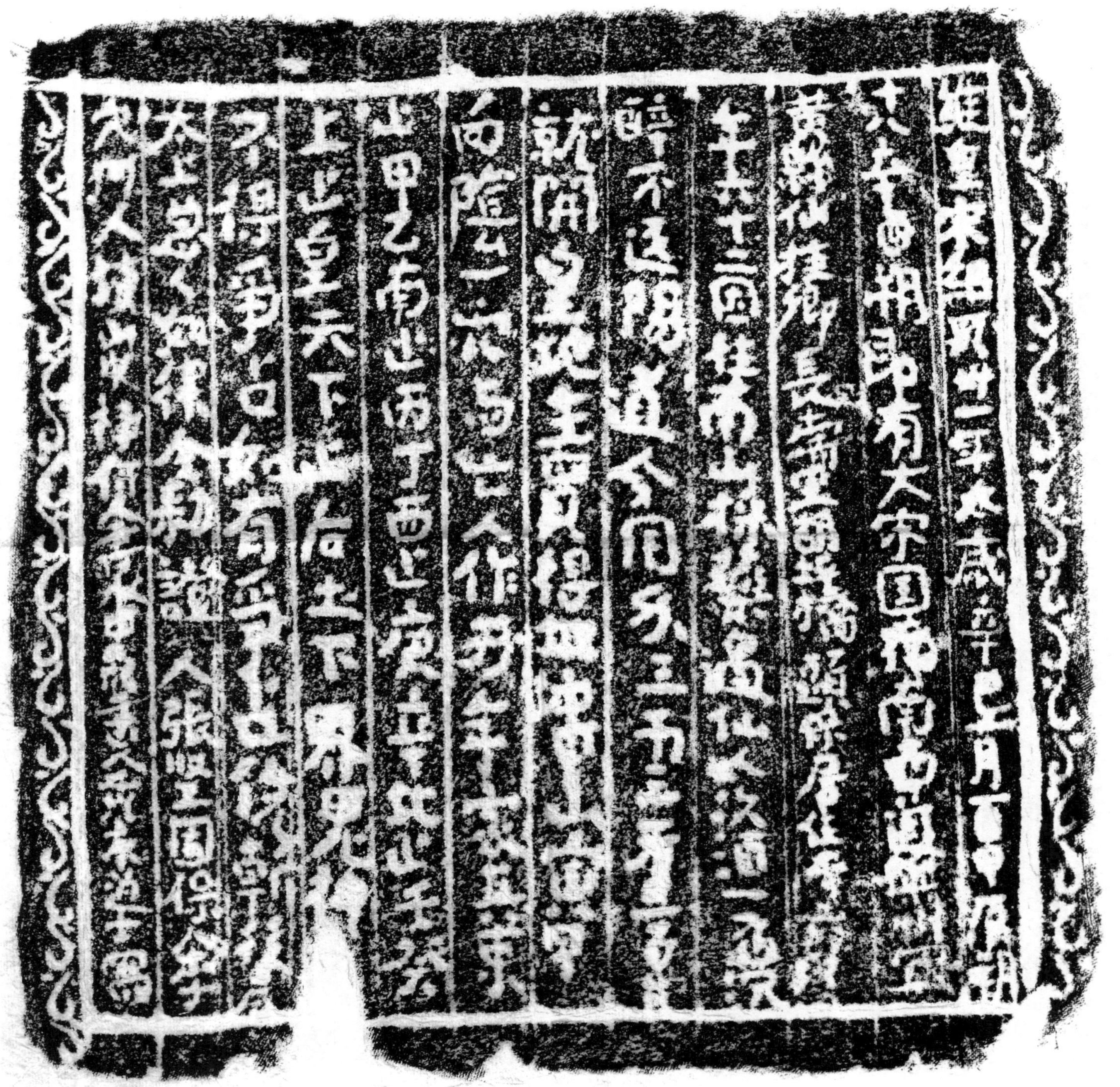

177 江氏十娘地券

時代：南宋紹興三十一年（1161年）十月二十日　尺寸：高46.5釐米，寬43.5釐米

178 羅七居士地券

時代：南宋紹興三十二年壬午（1162年）

尺寸：高36釐米，寬31.6釐米

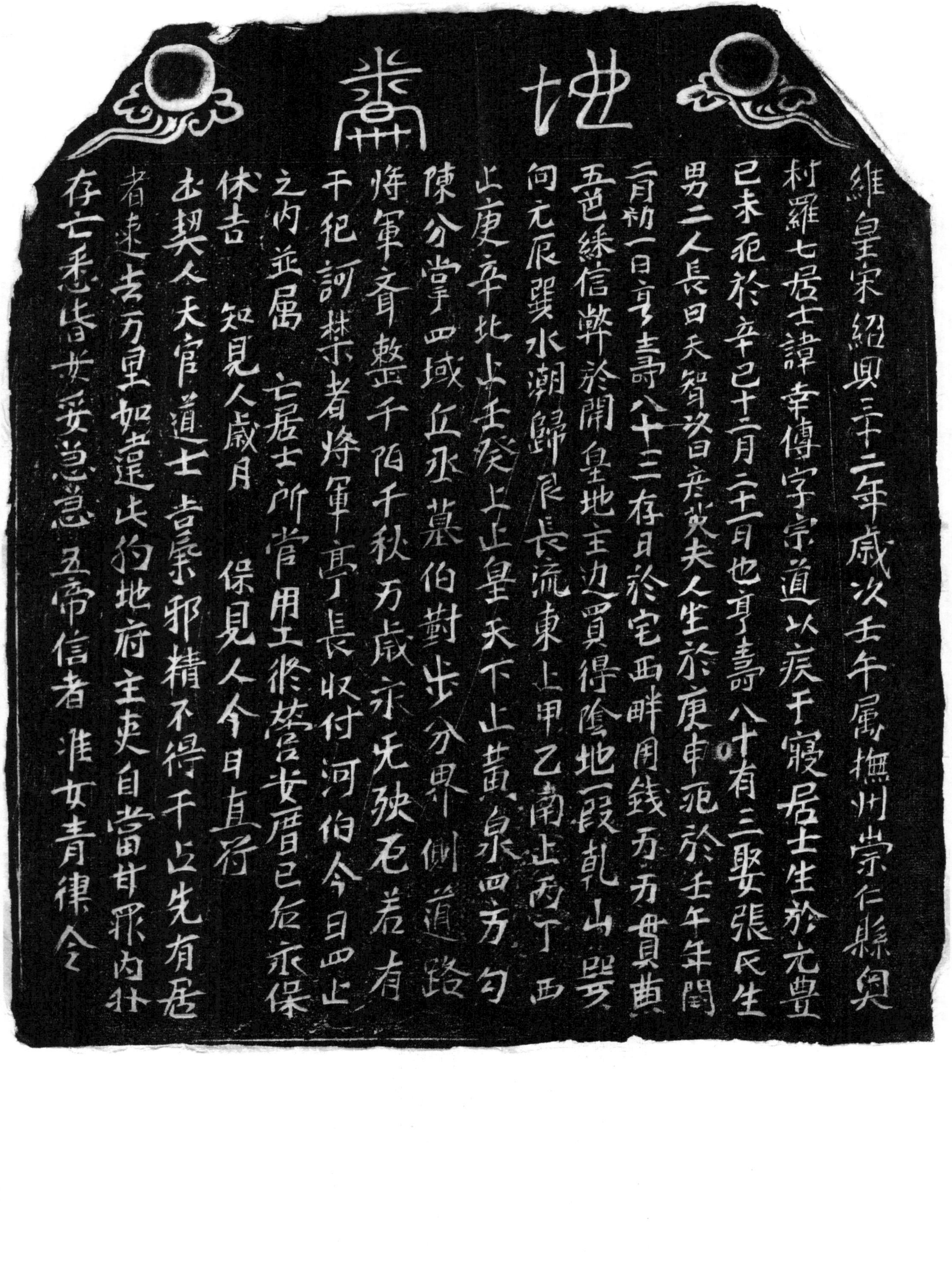
地券
維皇宋紹興三十二年歲次壬午屬撫州崇仁縣奧
村羅七居士諱幸傳字宗道以疾于寢居士生於元豐
己未死於辛巳十二月二十日也享壽八十有三娶張氏生
男二人長曰天智次曰彥英夫人生於庚申死於壬午年閏
二月初一日享壽八十三存日於宅西畔用錢万万貫貫
五色綵信幣於開皇地主邊買得陰地一段乾山巽
向元辰巽水潮歸艮長流東止甲乙南止丙丁西
止庚辛北止壬癸上止皇天下止黃泉四方勾
陳分掌四域丘丞墓伯封步分界側道路
將軍齊整千陌千秋万歲永无殃咎若有
干犯訶禁者將軍亭長收付河伯今日四止
之內並居　亡居士所営用工修營安厝已后永保
休吉　知見人歲月　保見人今日直符
立契人天官道士　吉氣邪精不得干占先有居
者速去万里如違此約地府主吏自當甘罪內外
存亡悉皆安吉急急　五帝信者　准女青律令

179 余氏一娘地券

時代：南宋隆興元年（1163年）正月二十五日　尺寸：高42釐米，寬38釐米

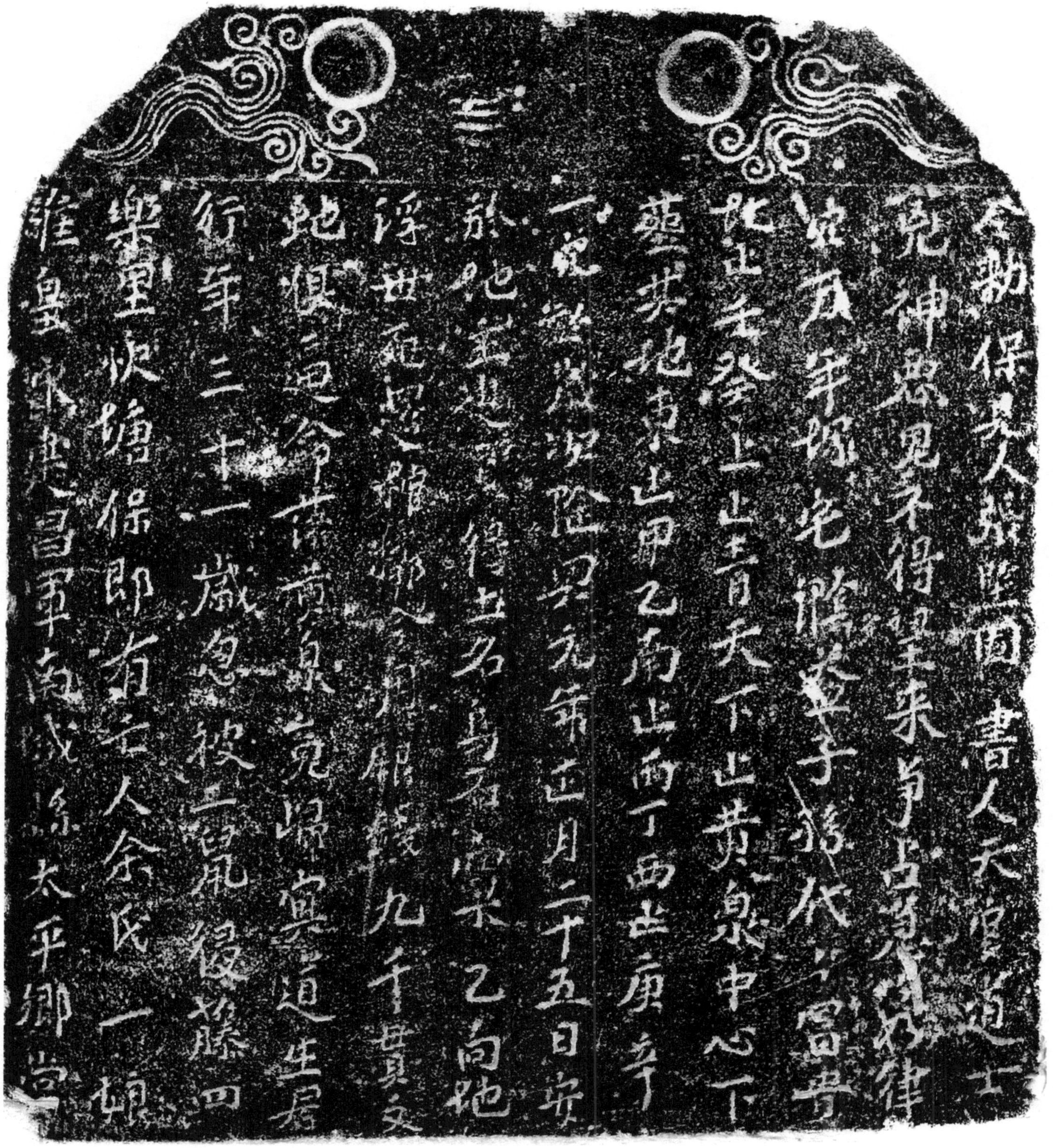

180 熊孺人地券

時代：南宋隆興二年（1164年）四月初七日

尺寸：高39釐米，寬38釐米

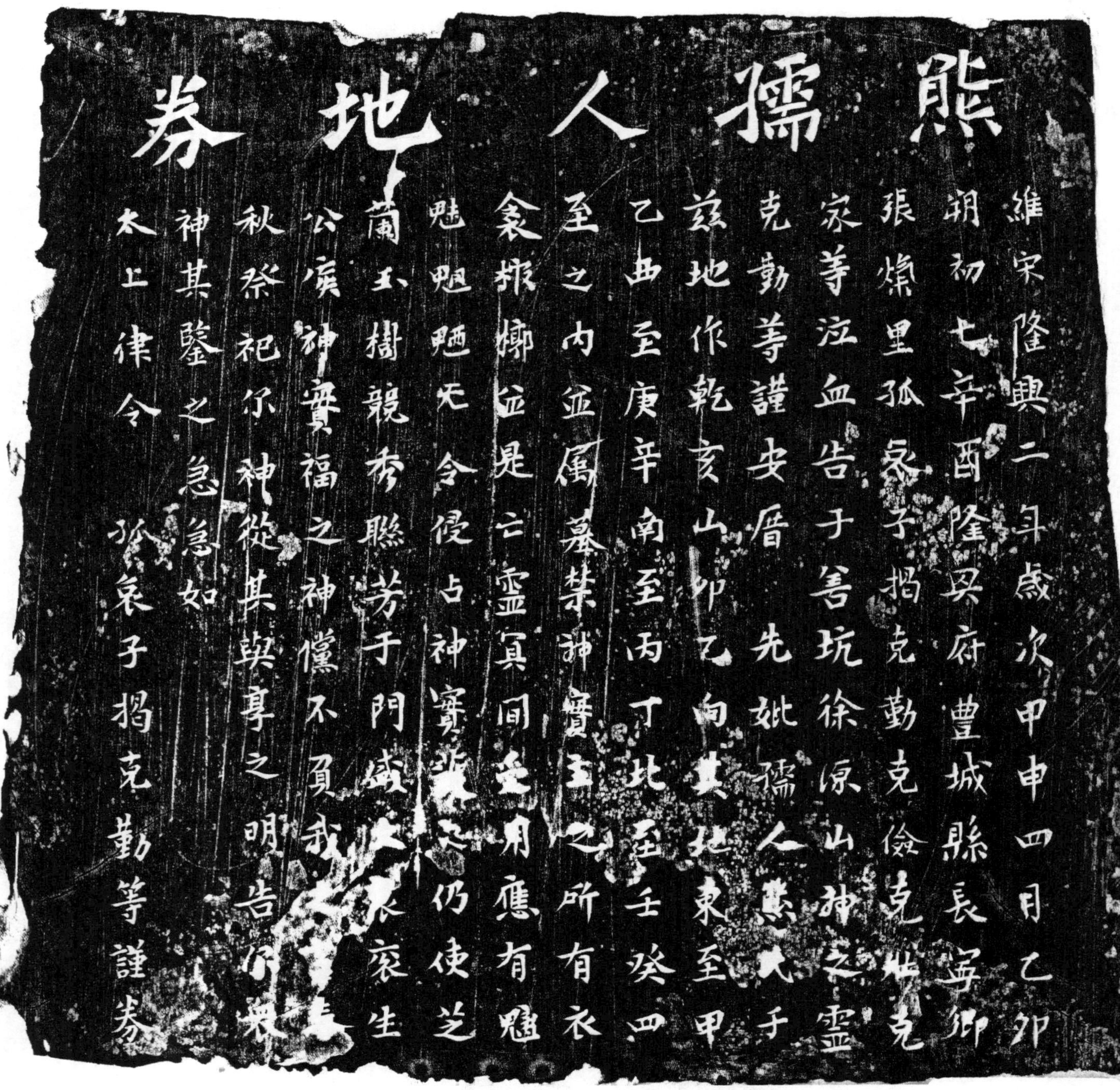
熊孺人地券
維宋隆興二年歲次甲申四月乙卯
朔初七辛酉隆興府豐城縣長寧鄉
張燉里孤哀子揭克勤克儉克壯克
家等泣血告于后土徐源山神之靈
克勤等謹安厝先妣孺人熊大子
茲地作乾亥山卯乙向其地東至甲
乙西至庚辛南至丙丁北至壬癸四
至之內並屬墓禁神竇主之所有衣
衾棺槨並是亡靈冥間受用應有魑
魅魍魎无令侵占神竇護之仍使芝
蘭玉樹競秀聯芳于門戶衣衰生
公侯神實福之神儻不負我
秋祭祀你神從其與享之明告你衆
神其鑒之急急如
太上律令
孤哀子揭克勤等謹券

181 傅十郎地券

時代：南宋隆興二年（1164年）十月初八日　尺寸：高36.5釐米，寬29釐米

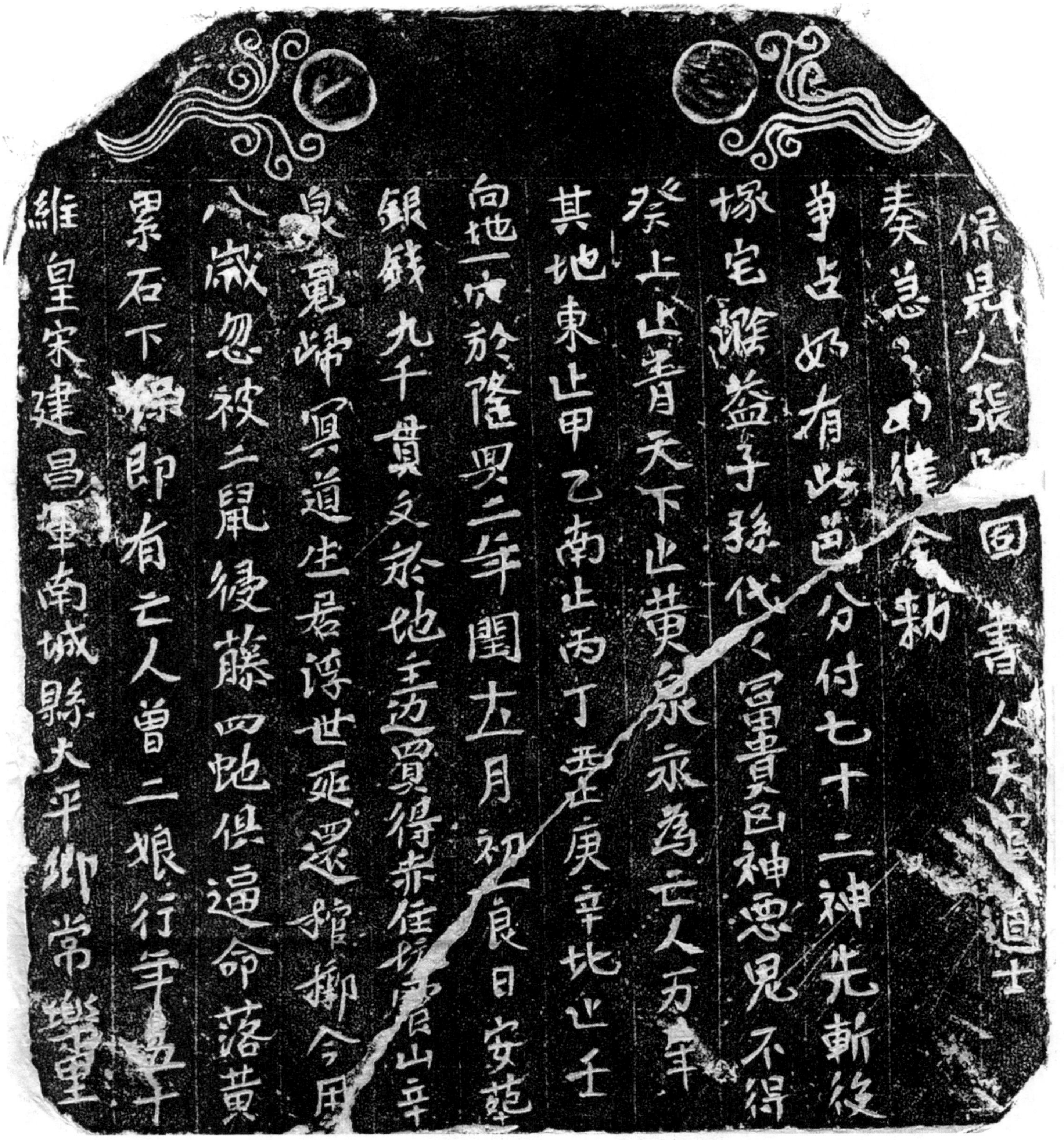

182 曾二娘地券

時代：南宋隆興二年（1164年）閏十一月初一日　尺寸：高44釐米，寬39.5釐米

183　吴氏十娘地券

時代：南宋隆興二年甲申（1164年）十二月三十日丙午　　尺寸：高31釐米，寬47.5釐米

184 黃四娘地券

時代：南宋乾道二年（1166年）正月二十七日

尺寸：高36釐米，寬39.8釐米

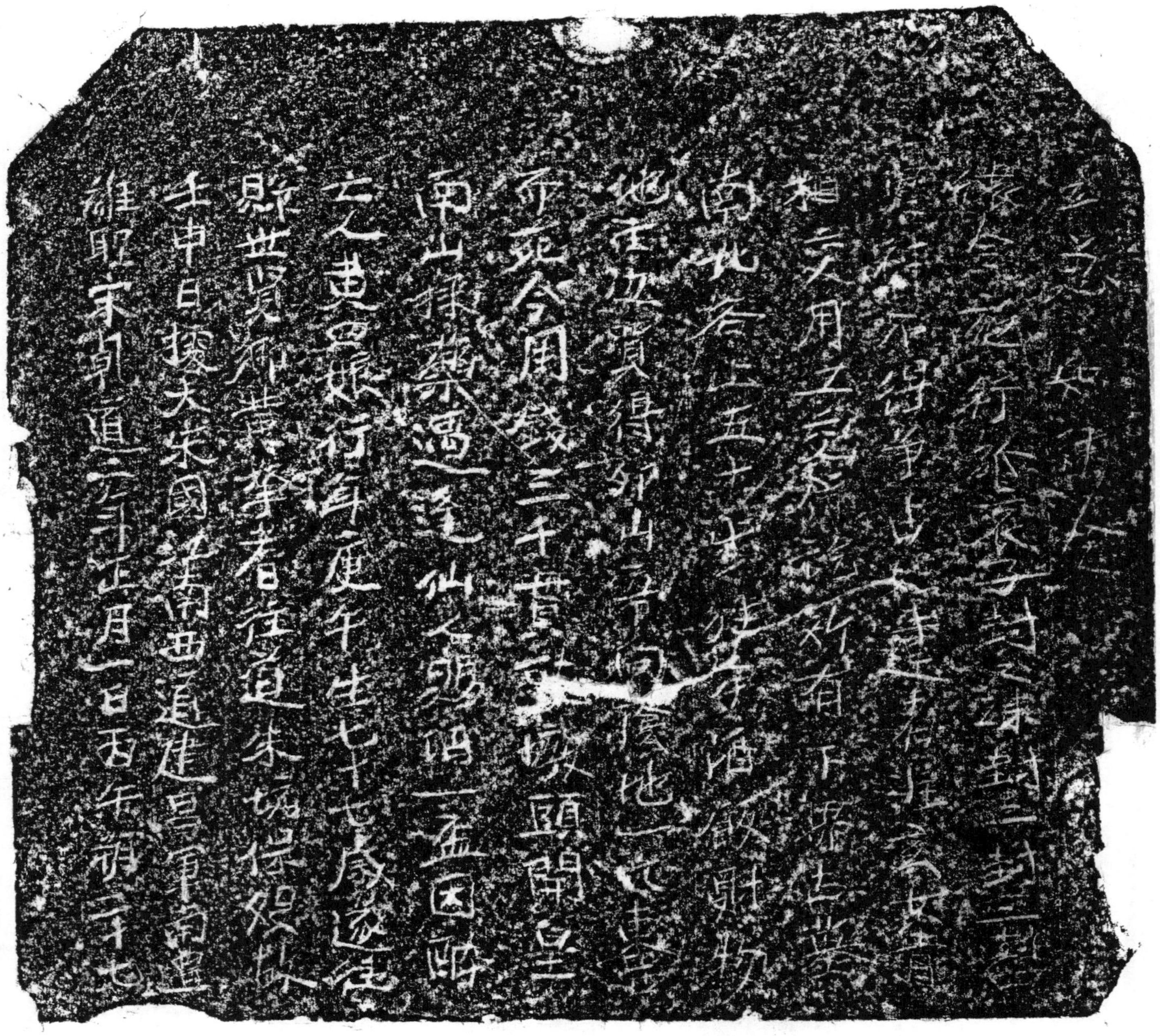

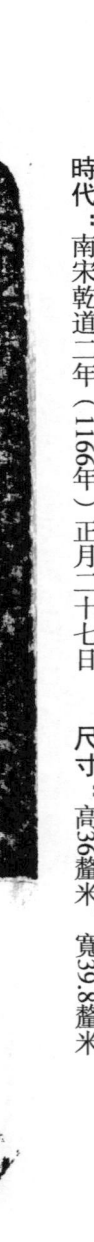

185 傅十八郎地券

時代：南宋乾道三年（1167年）五月二十二日

尺寸：高32.5釐米，寬40.5釐米

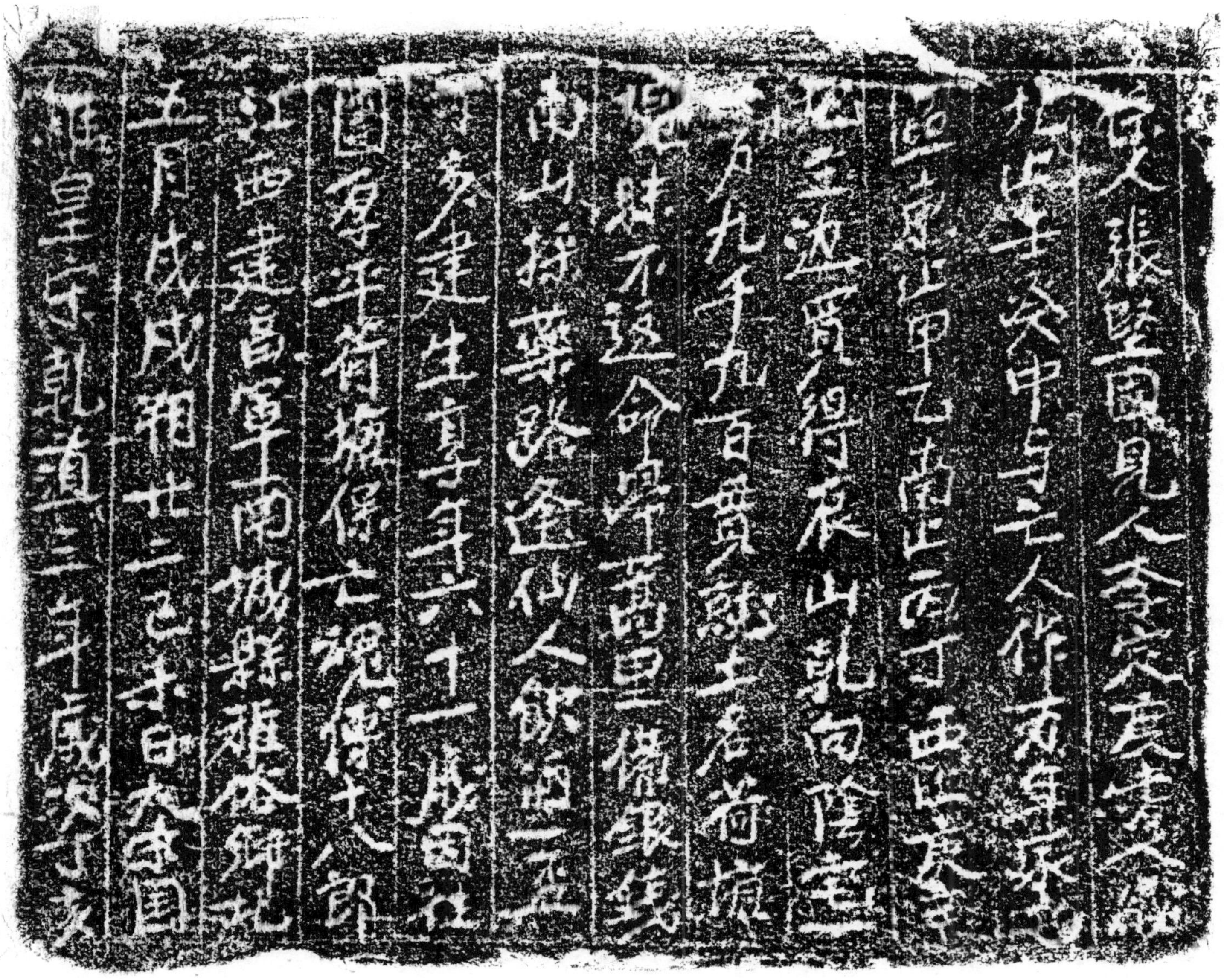

186 宋故危公地券

時代：南宋乾道三年（1167年）十二月十六日

尺寸：高39釐米，寬34釐米

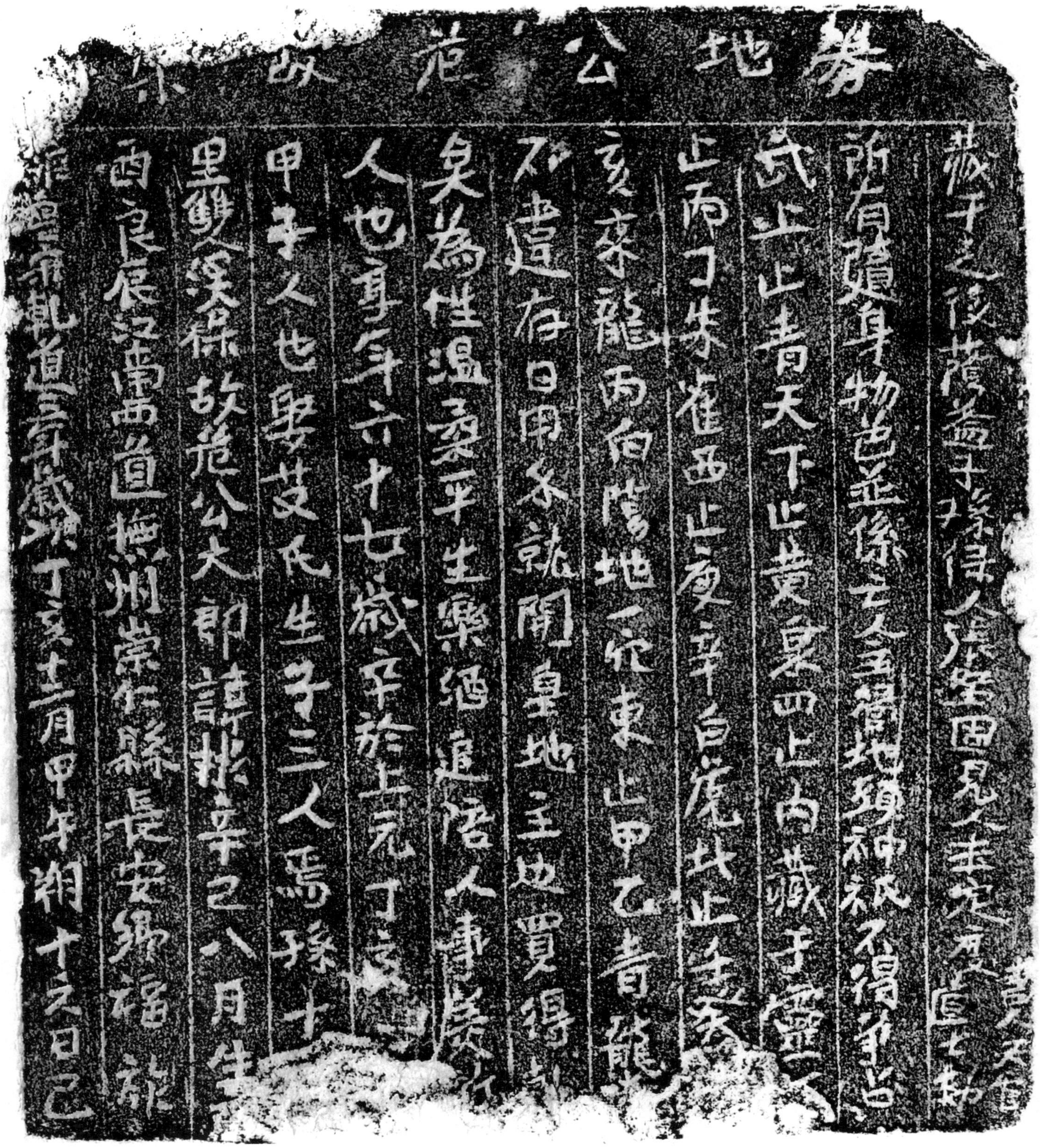

187　李君地券

時代：南宋乾道四年（1168年）三月　尺寸：高47.5釐米，寬35.5釐米

維皇宋戊子歲乾道肆年三月癸亥朔臨
江軍新淦縣文昌坊街西住殁故李三十
三承務享年陸拾伍歲於乾道貳年二月
十八日辭世龜筮協吉宜往善政鄉咸陽
里沿陂上謹用錢財五綵科儀就　開皇
地主邊買得艮山庚向地一穴充作山宅
其地東止甲乙南止丙丁西止庚辛北止
壬癸上止皇天下止黄泉盡屬李三十三
承務所管應有邪精故氣不得妄有呵犯
如違仰地中功曹收付河伯謹依　太上
女清律令　寫契人功曹　讀契人主簿
[illegible]至張堅顧　保見李定度

188 江四娘地券

時代：南宋乾道六年（1170年）十二月十八日 尺寸：高37釐米，寬37釐米

189 黄氏十一娘地券

時代：南宋乾道八年（1172年）九月初六日

尺寸：高42.8釐米，寬39.7釐米

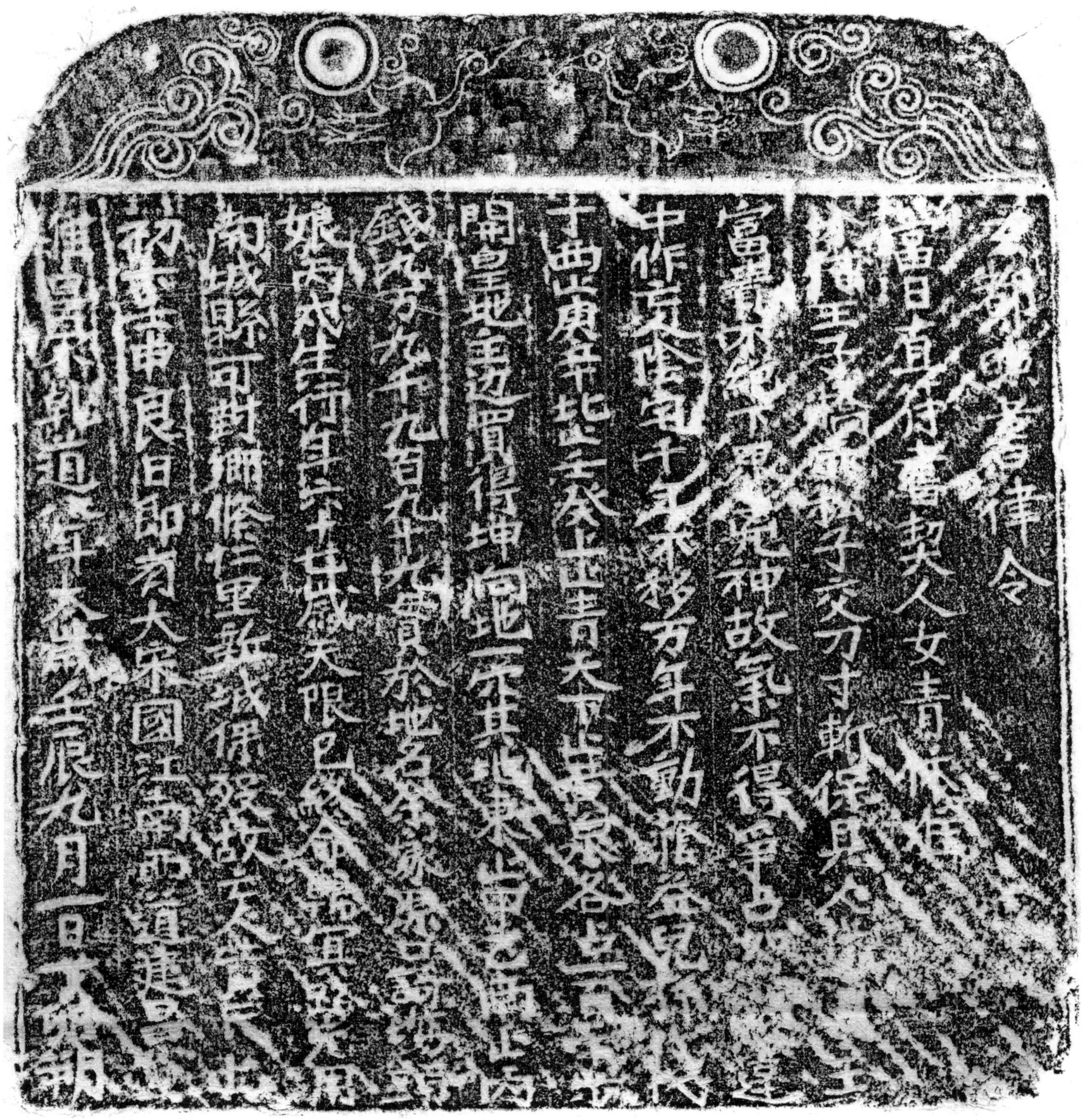

190　吴氏二娘地券

時代：南宋乾道八年（1172年）十一月十九日　尺寸：高28釐米，寬28.3釐米

191　胡氏地券

時代：南宋乾道八年（1172年）十二月二十六日　尺寸：高38.5釐米，寬30.6釐米

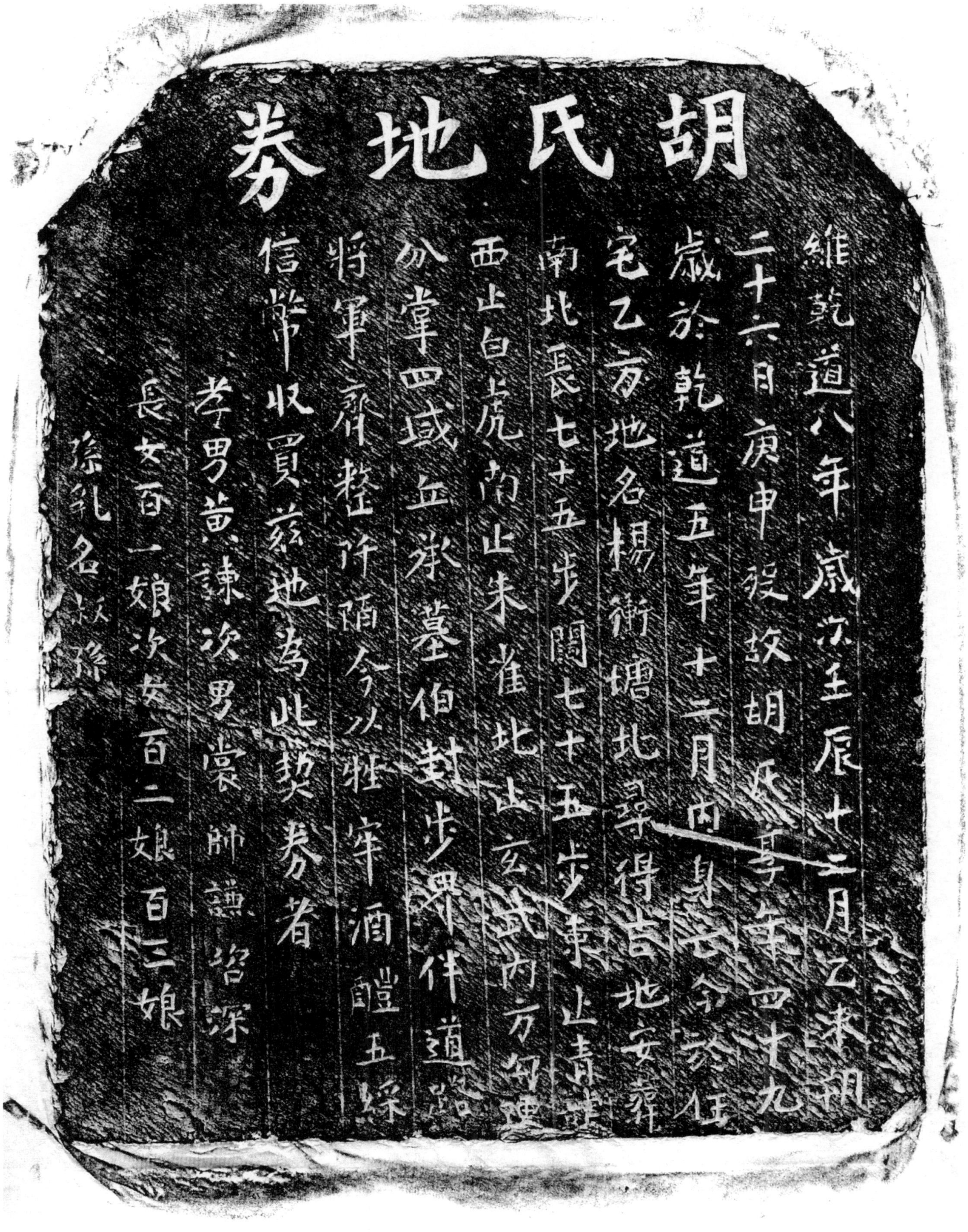
胡氏地券

維乾道八年歲次壬辰十二月乙未朔
二十六日庚申殁故胡氏享年四十九
歲於乾道五年十二月内身亡今於任
宅乙方地名楊衛塘北尋得吉地安葬
南北長七十五步闊七十五步東止青龍
西止白虎南止朱雀北止玄武内方勾陳
分掌四域丘丞墓伯封步界伴道路
將軍齊整阡陌今以牲牢酒醴五綵
信幣收買茲地為此契券者
孝男黃謙次男裳師謙皆深
長女百一娘次女百二娘百三娘
孫孔名叔孫

192 徐十九郎地券

時代：南宋乾道九年（1173年）五月二十九日

尺寸：高45.5釐米，寬44釐米

193 李二十二娘地券

時代：南宋乾道九年（1174年）十一月二十日　尺寸：高44.5釐米，寬39釐米

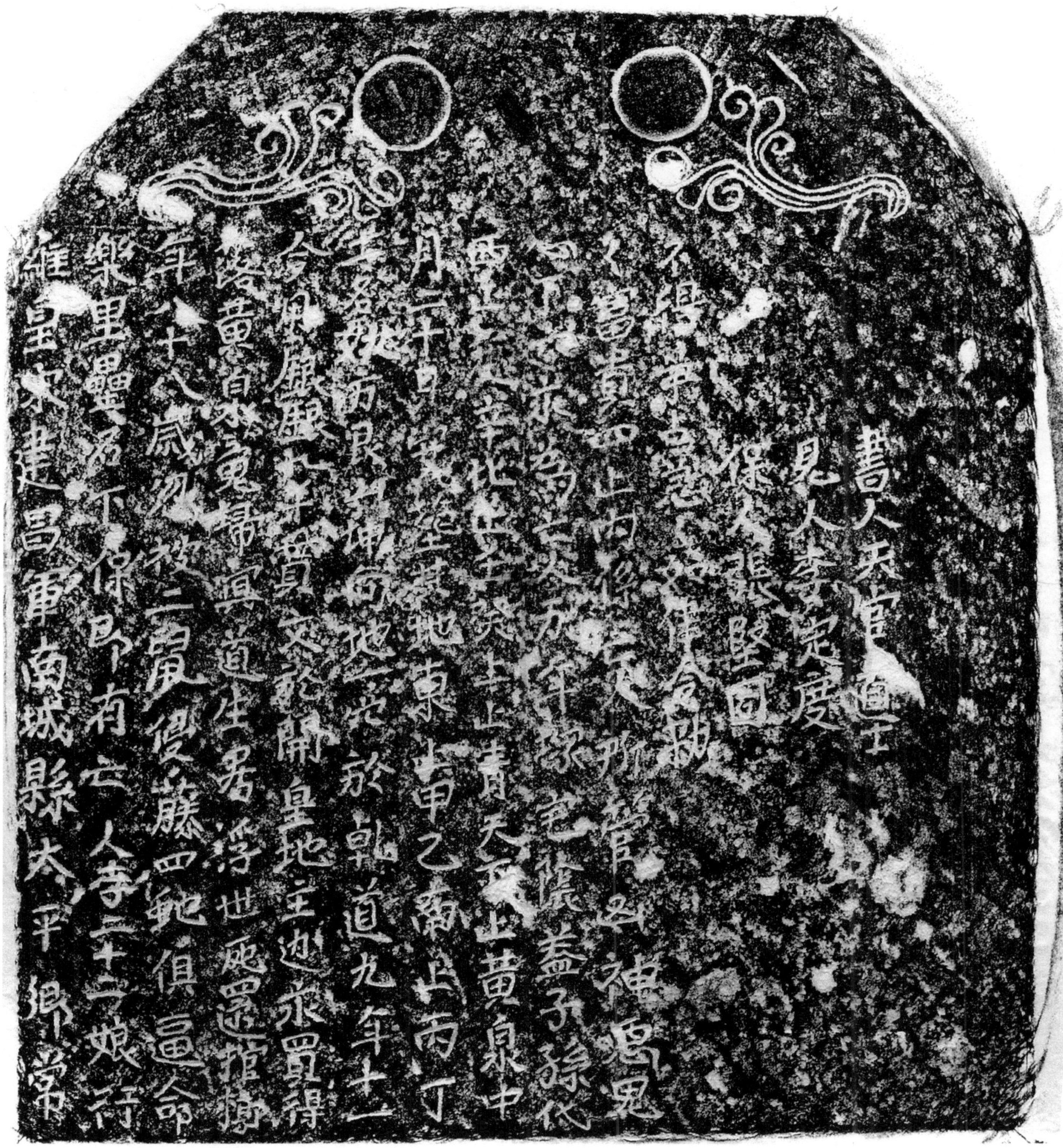

194 雷君地券

時代：南宋乾道□□□□十七日　尺寸：高43釐米，寬46.5釐米

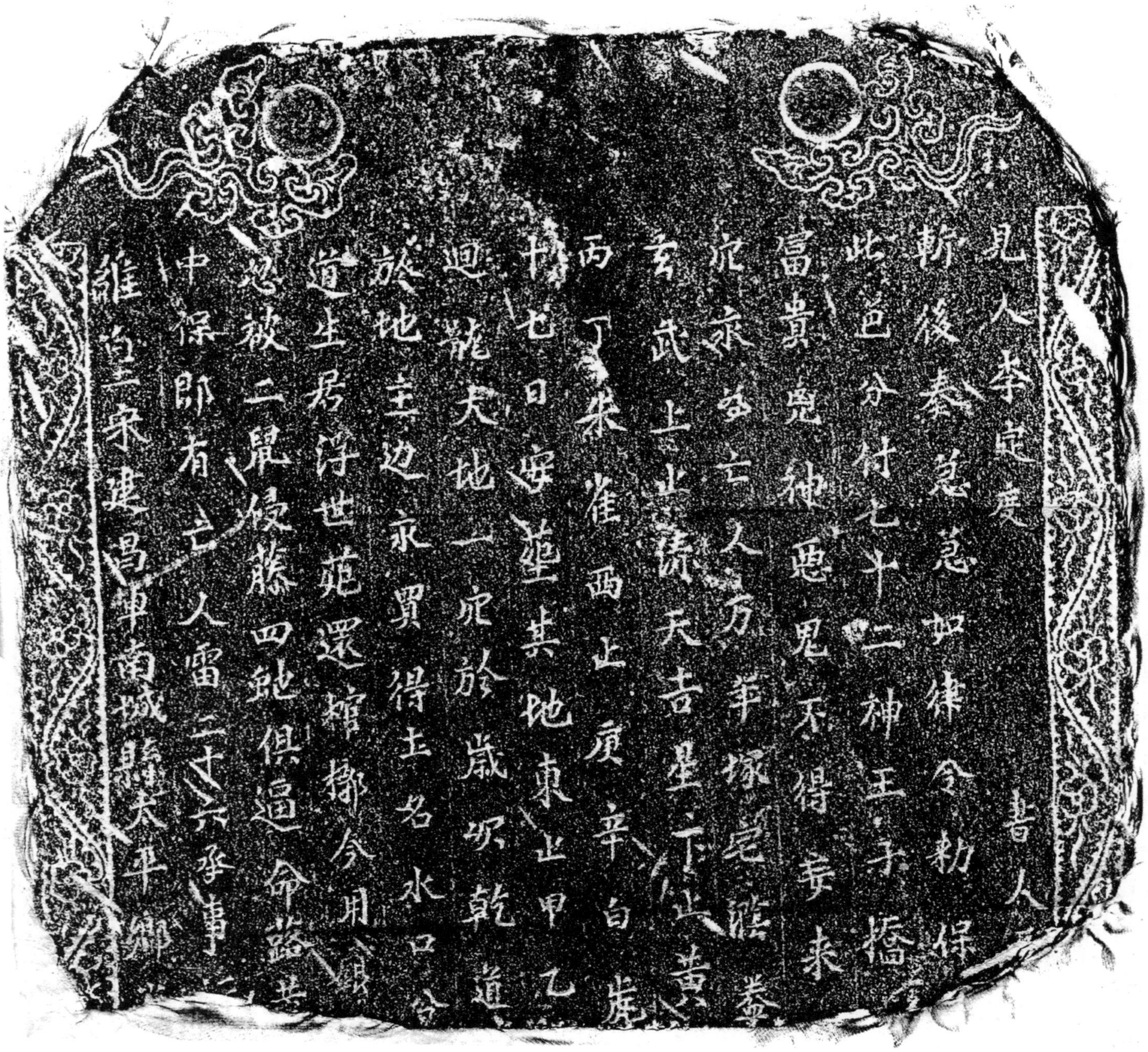

195　余三六郎地券

時代：南宋淳熙元年（1174年）九月三十日甲寅　尺寸：高37.3釐米，寬32.2釐米

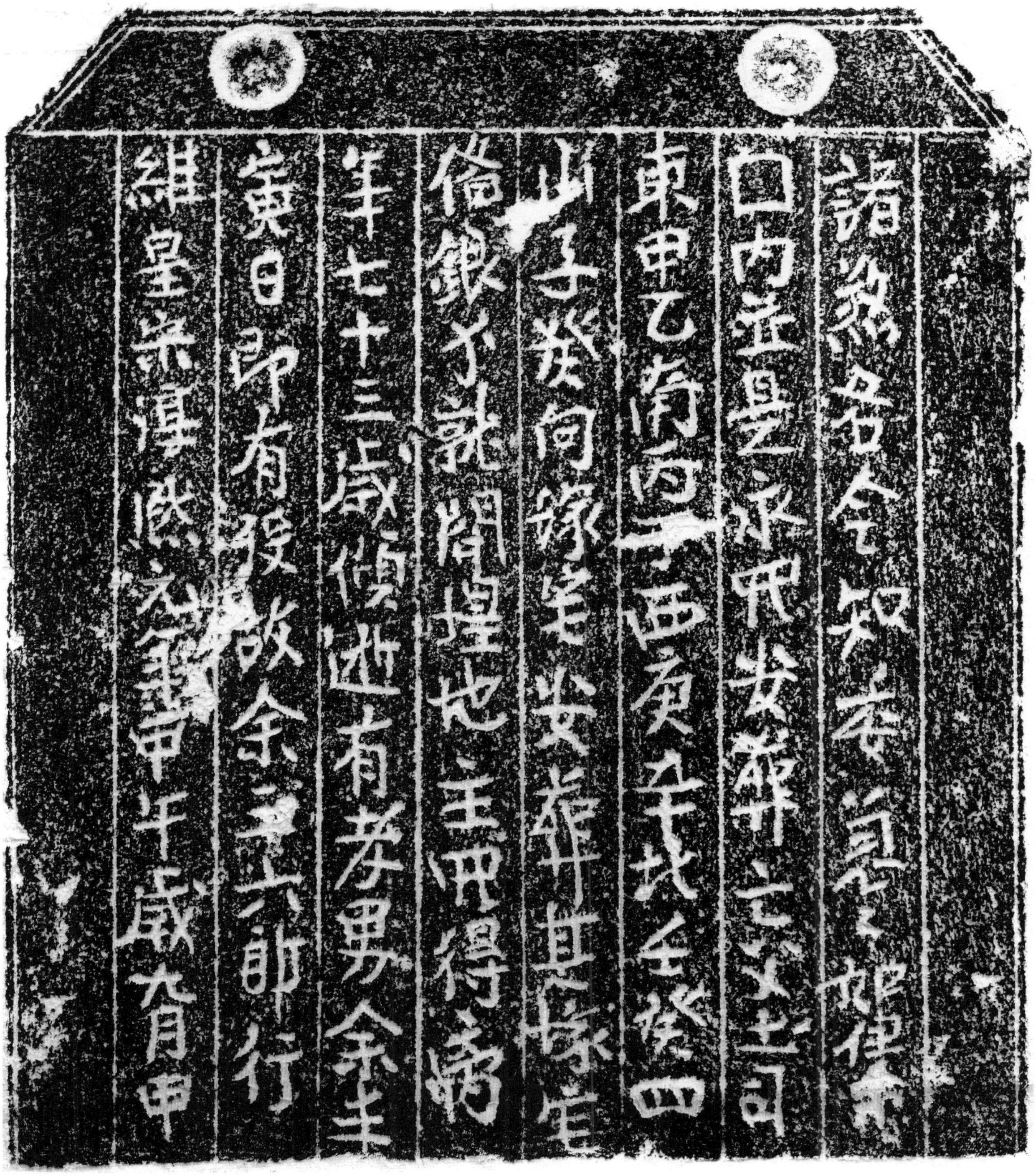

196　宋故濟陽念三郎夫婦地券

時代：南宋淳熙元年（1174年）十月初七日　尺寸：高35.5釐米，寬56釐米

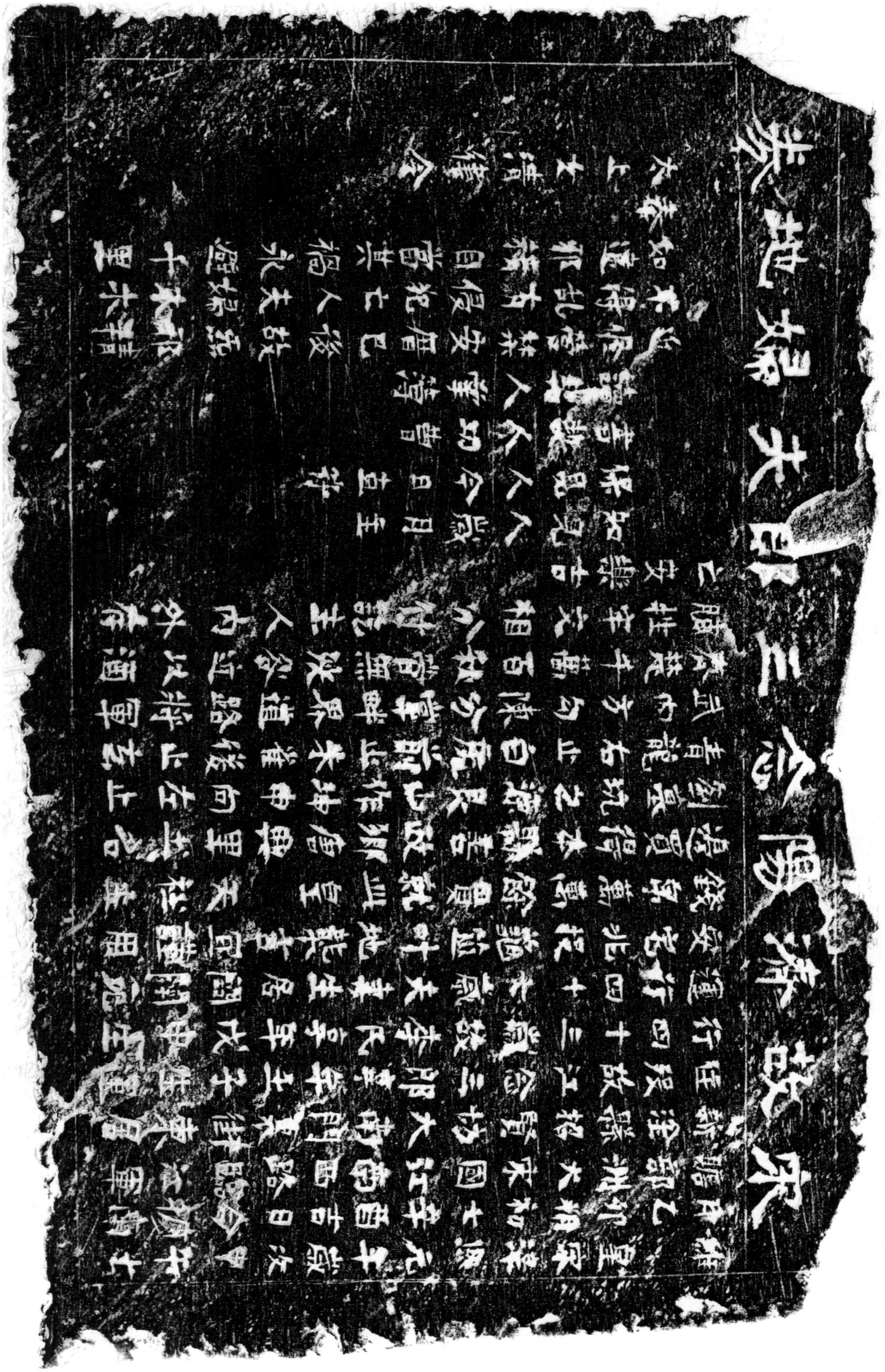

197　曾三郎地券

時代：南宋淳熙元年（1174年）十二月十三日　尺寸：高42釐米，寬38釐米

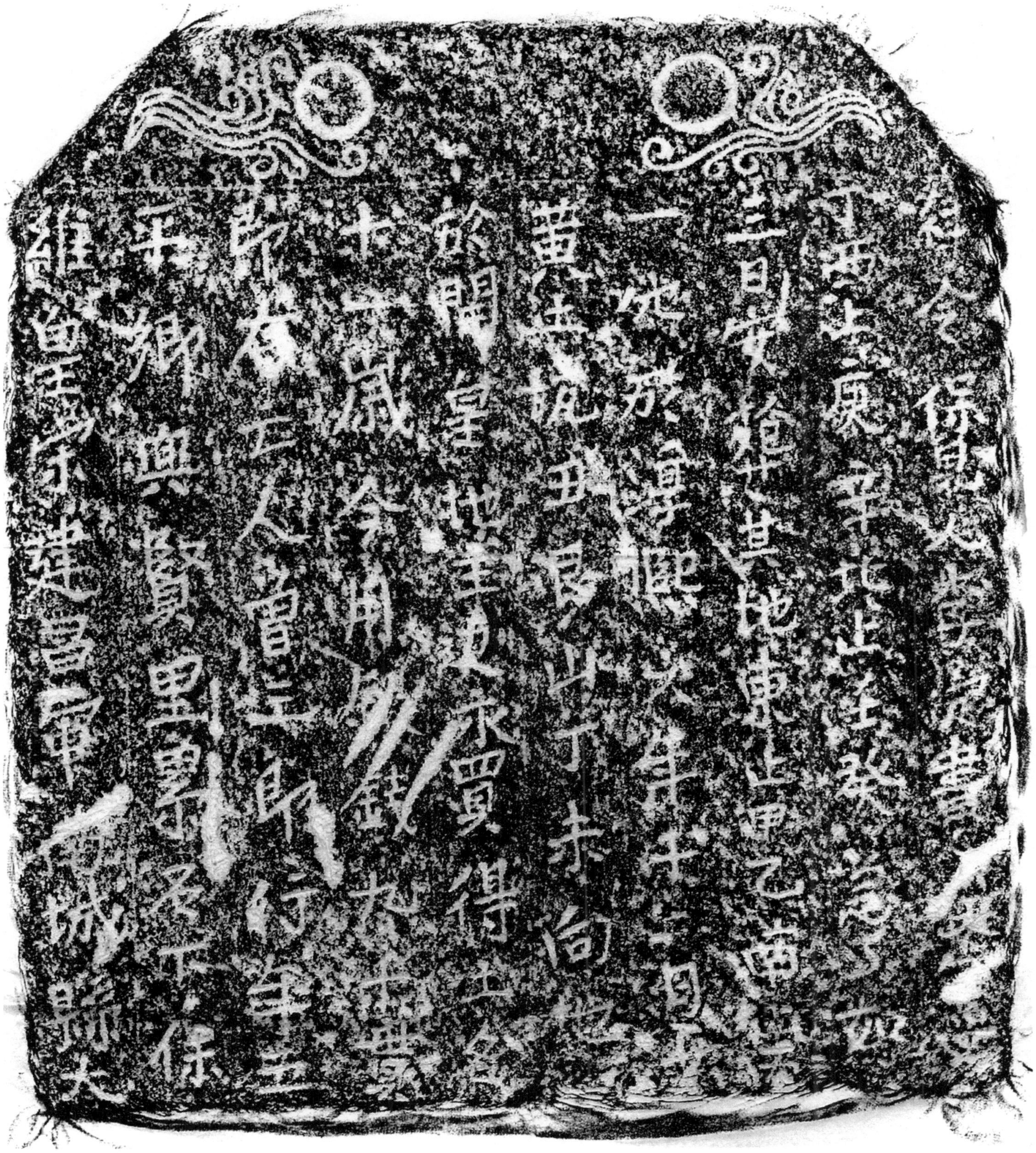

198　趙宋故御幹廣平宋公成忠地券

時代：南宋淳熙二年（1175年）八月十三日　尺寸：高30.8釐米，寬42釐米

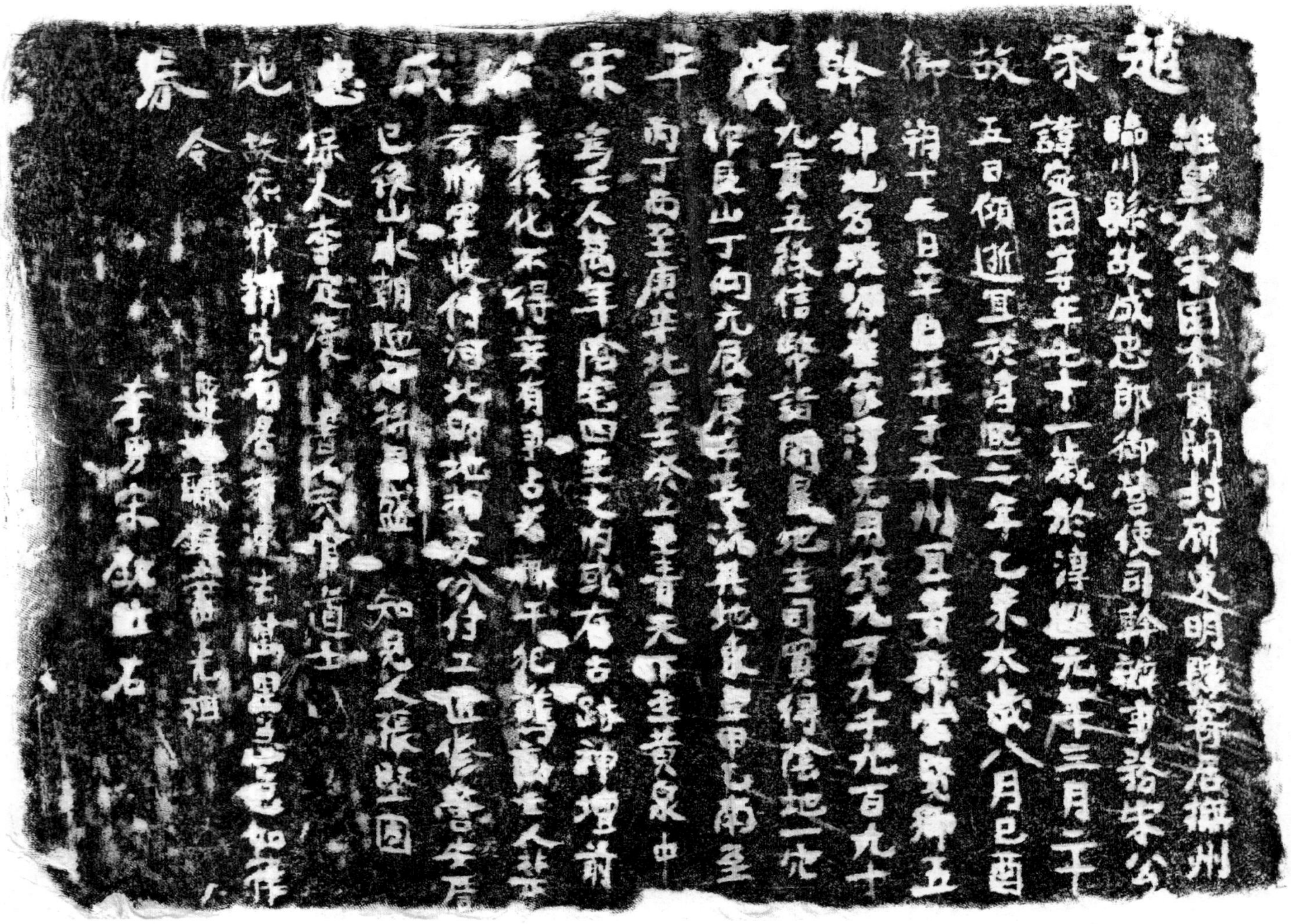

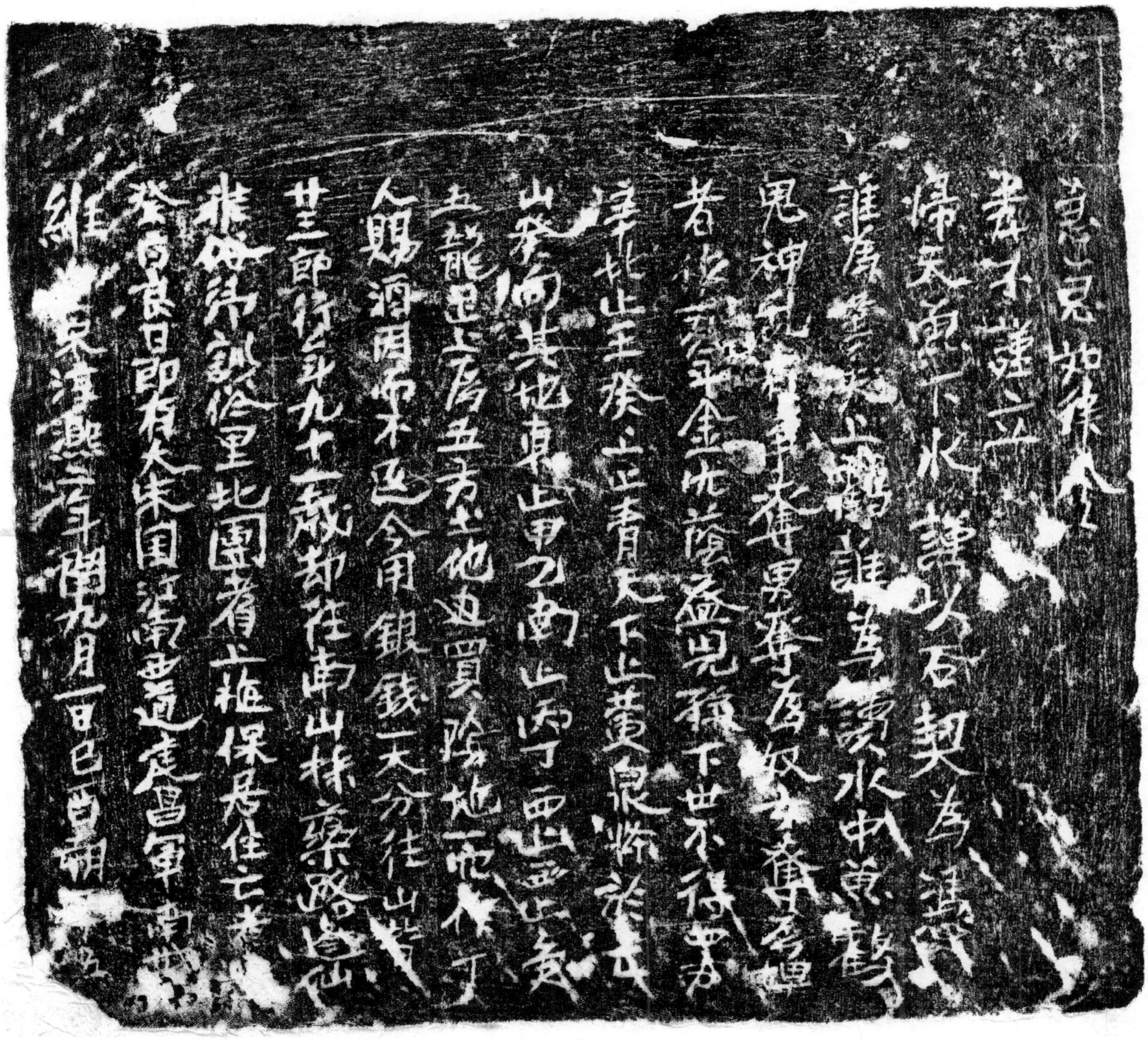

199 二十三郎地券

時代：南宋淳熙二年（1175年）閏九月二十五日　尺寸：高35.5釐米，寬38釐米

200 危十九承事地券

時代：南宋淳熙三年（1176年）八月初十日　尺寸：高41.7釐米，寬41.7釐米

201　吴志遠墓券

時代：南宋淳熙三年丙申（1176年）十二月十三日　尺寸：高58.2釐米，寬41.4釐米

吴志遠墓券

宋故吴志遠墓券
吴氏姓也文濬名也志遠乃其字也撫之崇仁郡與其邑也
惠安則所處之鄉名也曹舍則所居之舊地也其後志遠乃
父以舊居湫隘而從家于東坪之保相距舊居則鷄犬相聞
也而志遠與兄咸樂其居迨今猶同處志遠自幼聰敏篤
於好學而六經子史無不徧覽而曉其大義其亦博學之儒
者也事二親以孝聞及終喪制與兄義居數年之後方議析
業分既定而兄以屋而推遜已則固辭而不忍受迄今鄉都
之人或有以是而稱羨者至於承累世之富而未嘗以富自
驕事其上也敬接其下也恭交於人也信下至奴隸則又眷
之以惠焉及死之日而宗親朋舊奴隸之人無不為之哀感
也曾祖德祢祖伯謙父仕淵皆潛德不仕兄一人諱文浩而
佳城之卜則兄為之謀也娶傅氏有二子長曰元壽次曰元
哲二人俱幼習於儒業女三人長女乙未歲亡餘皆童稚志
遠以淳熙元年甲午七月十九日卒享年三十有七以丙申
十有二月壬申朔十三甲申日葬于臨川縣盡安鄉地名清
陂父塋之右其地乃自已之地甲山行龍庚向落穴龍虎回
抱山育水秀庚水歸辛辛水歸丁丁水至坤而長流矣所有
四圍禁地及靈柩財物明而人幽而鬼不得妄有爭占故刻
石為券以為億千萬年之記焉故券

202 熊氏一娘地券

時代：南宋淳熙四年（1177年）正月十六日　尺寸：高36.7釐米，寬33釐米

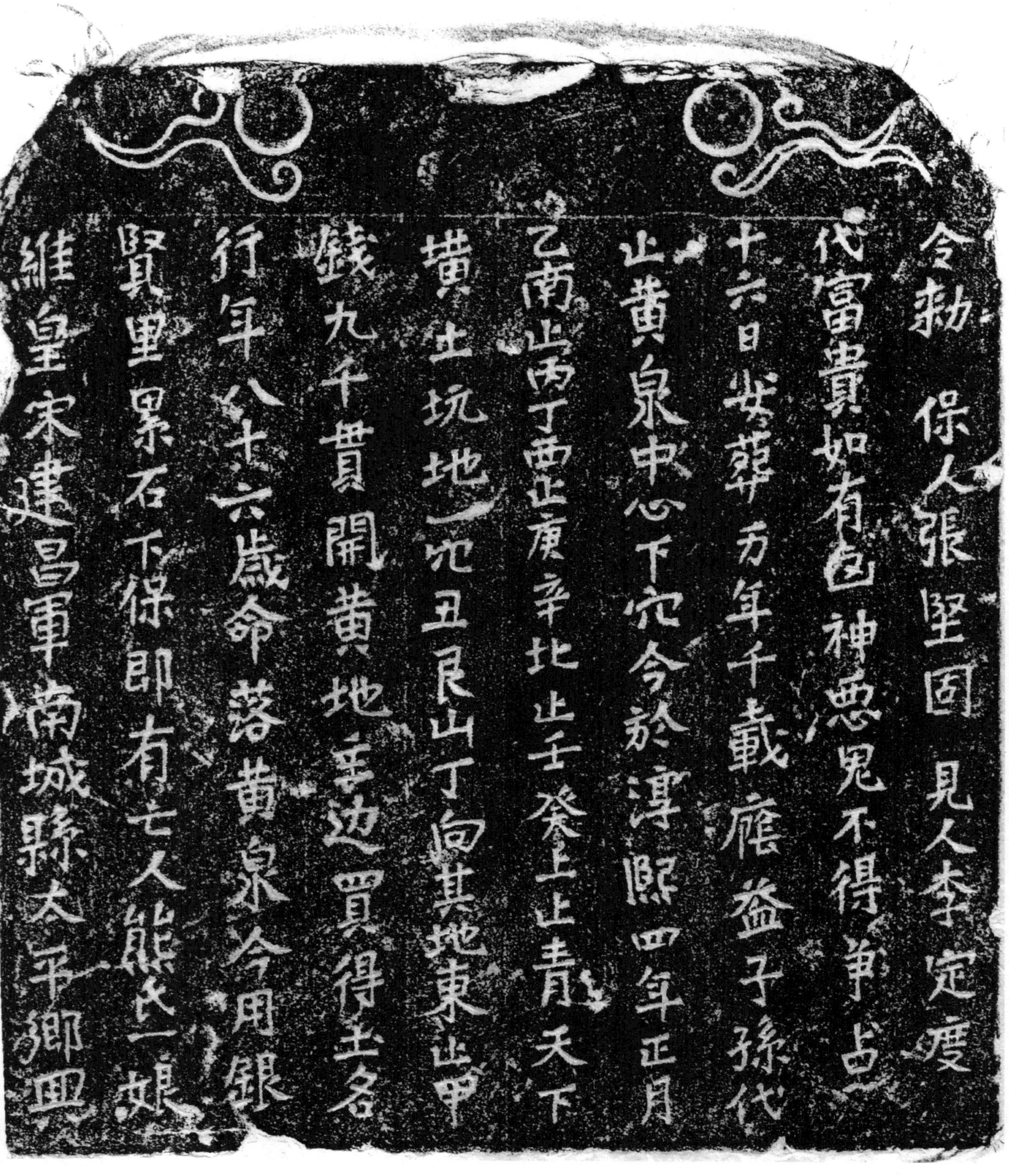
維皇宋建昌軍南城縣太平鄉興
賢里界石下保即有亡人熊氏一娘
行年八十六歲命落黄泉今用銀
錢九千貫開黄地主邊買得土名
黄土坑地一穴丑艮山丁向其地東止甲
乙南止丙丁西止庚辛北止壬癸上止青天下
止黄泉中心下穴今於淳熙四年正月
十六日安葬万年千載庇蔭子孫代
代富貴如有邑神惡鬼不得爭占
令勑 保人張堅固 見人李定度

203 蔡氏二娘地券

時代：南宋淳熙四年（1177年）十二月初七日　尺寸：高49.5釐米，寬43.7釐米

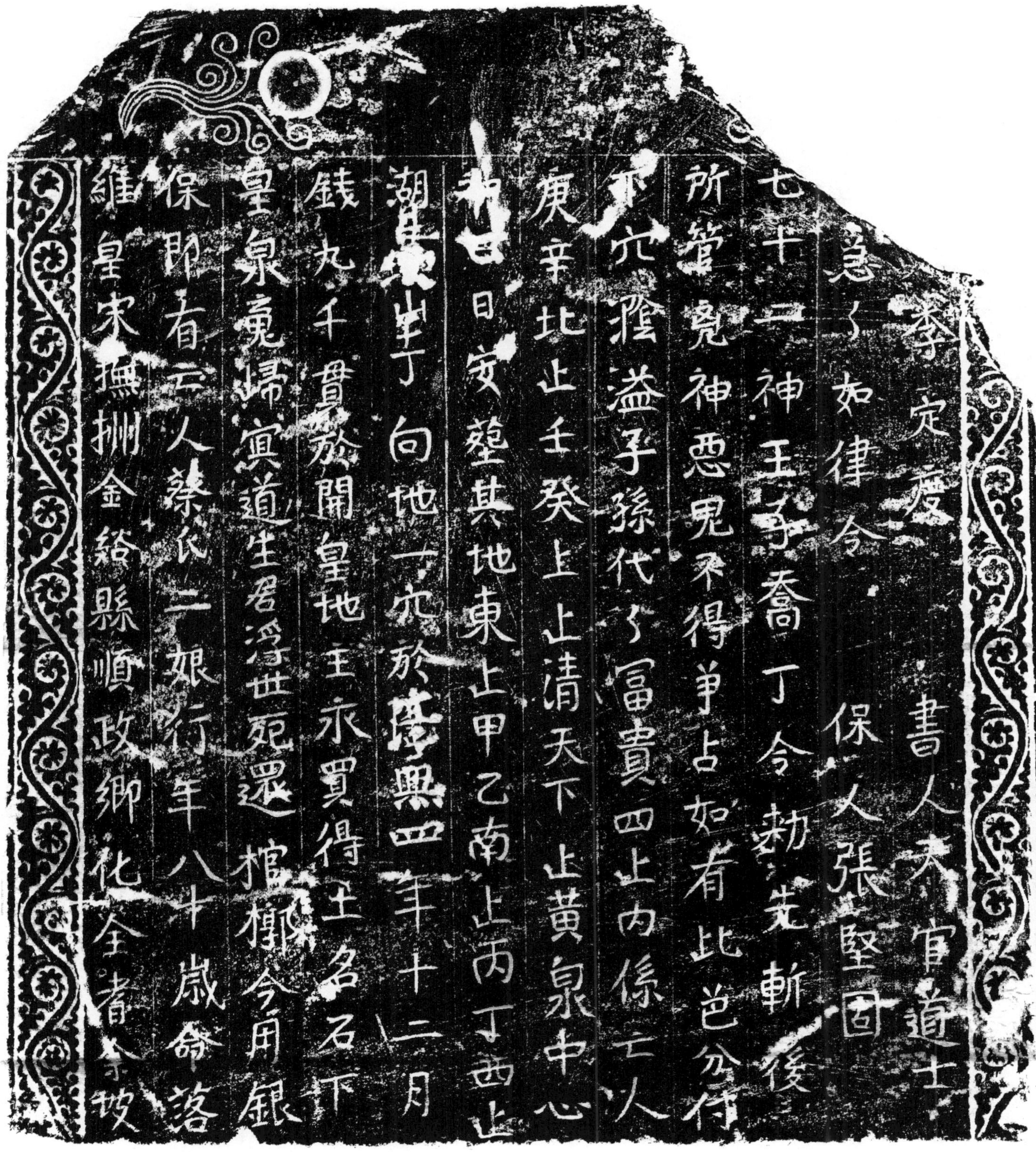

204 亡者姜二娘地券

時代：南宋淳熙五年（1178年）正月二十五日

尺寸：高38.6釐米，寬44.8釐米

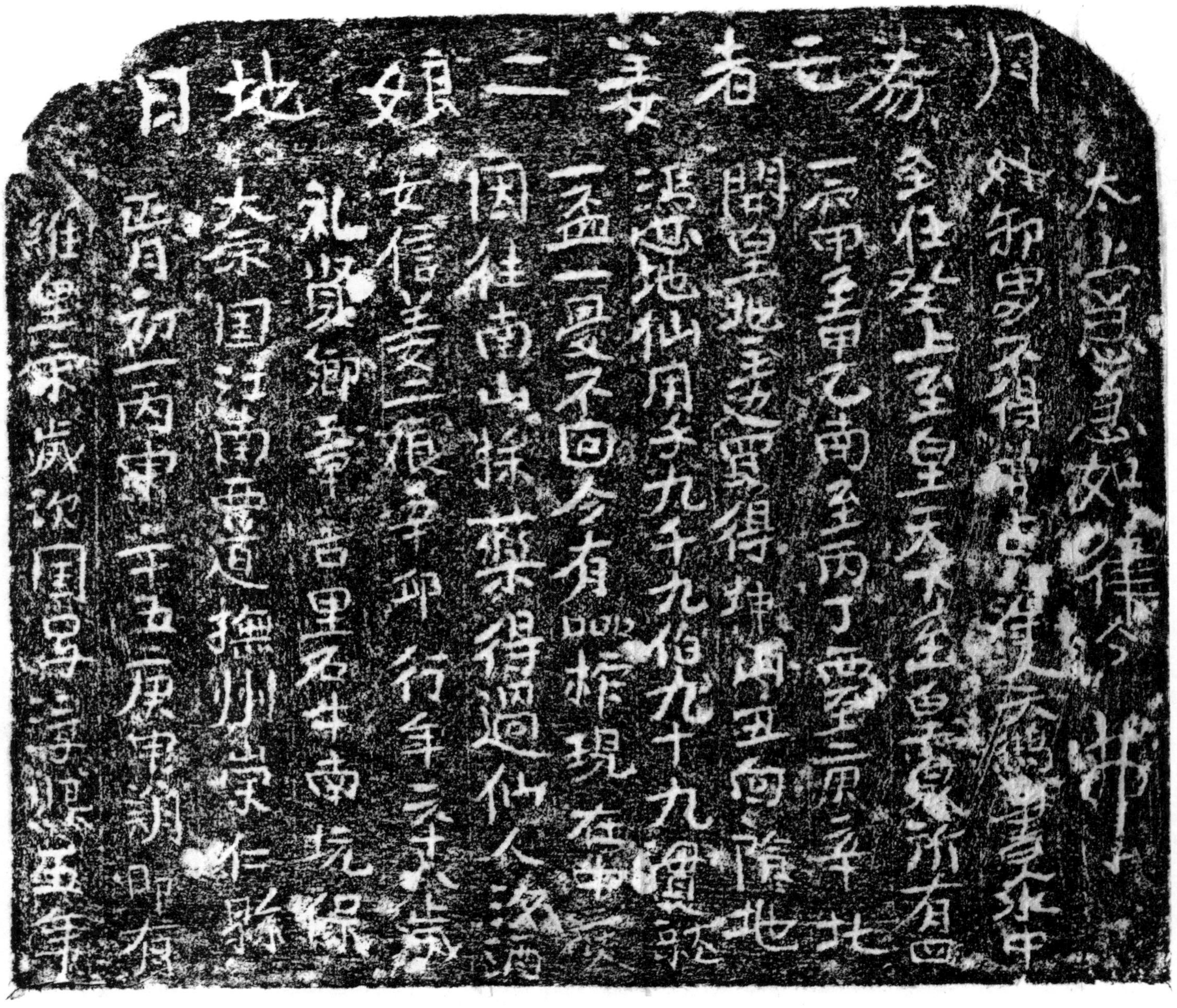

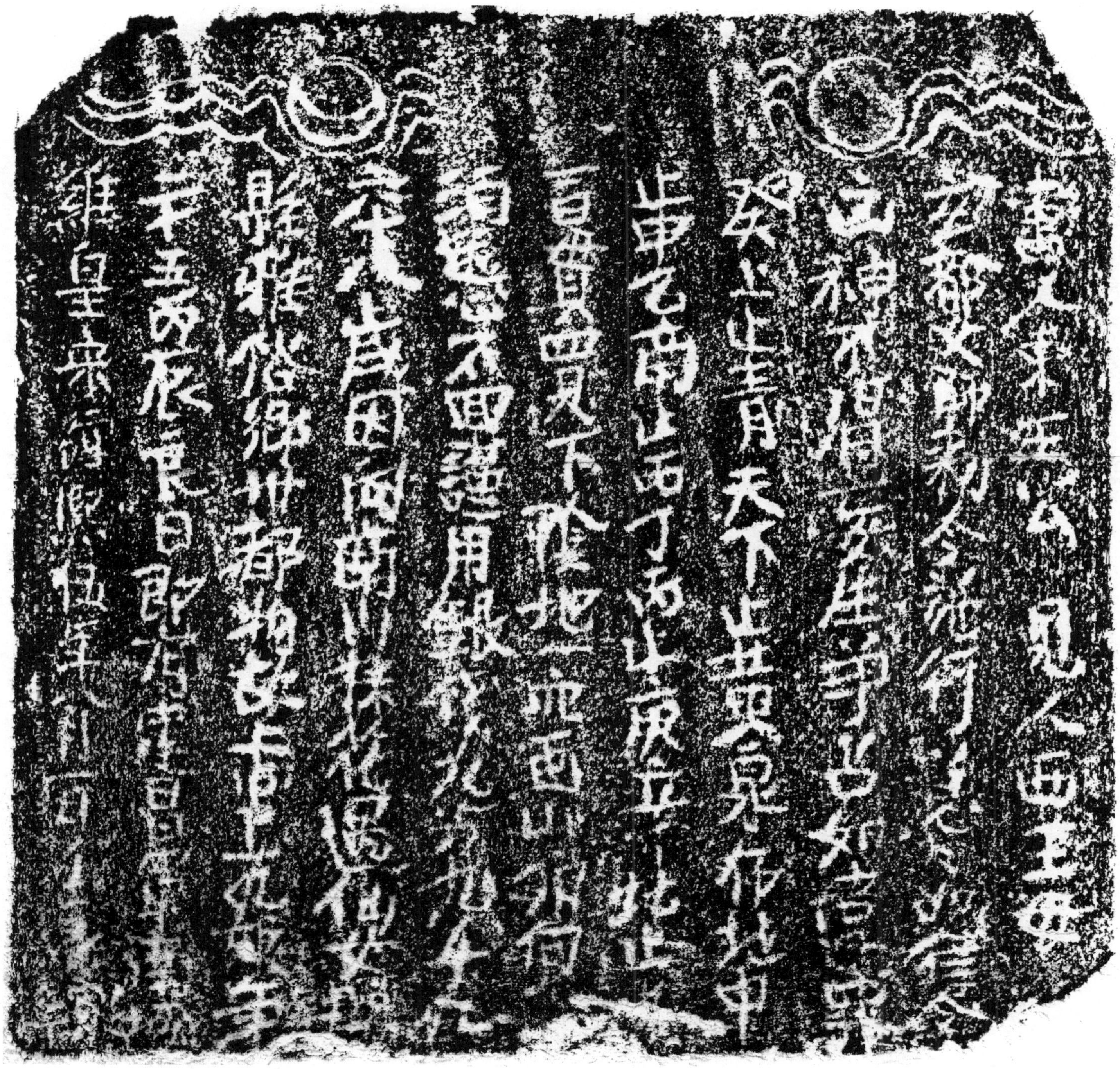

205 上官十九娘地券

時代：南宋淳熙五年（1178年）八月二十五日　尺寸：高36釐米，寬37釐米

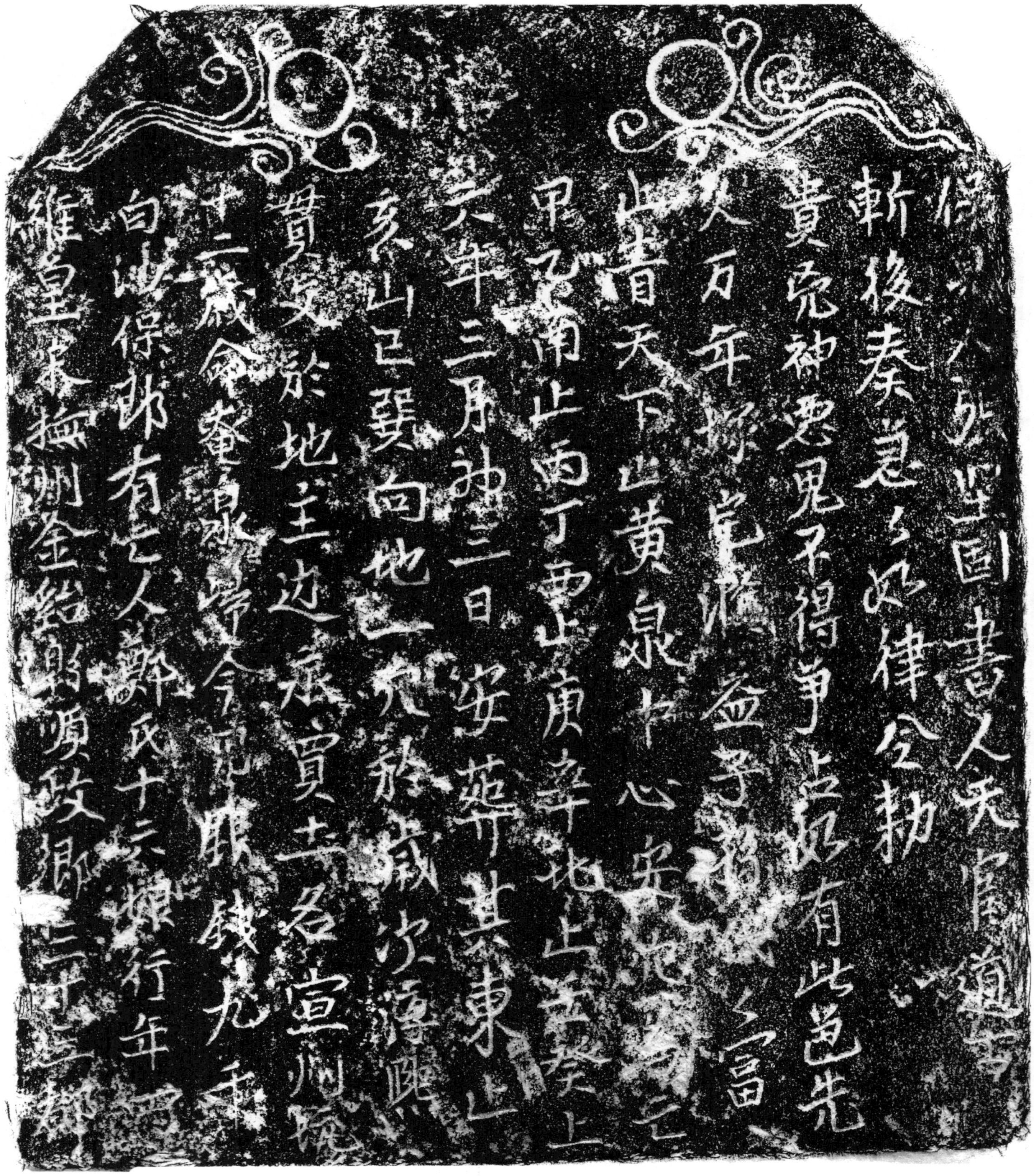

206　鄭氏十六娘地券

時代：南宋淳熙六年（1179年）三月初三日　尺寸：高47.8釐米，寬40.5釐米

207　熊氏地券

時代：南宋淳熙六年（1179年）七月二十八日甲申　尺寸：高38釐米，寬39釐米

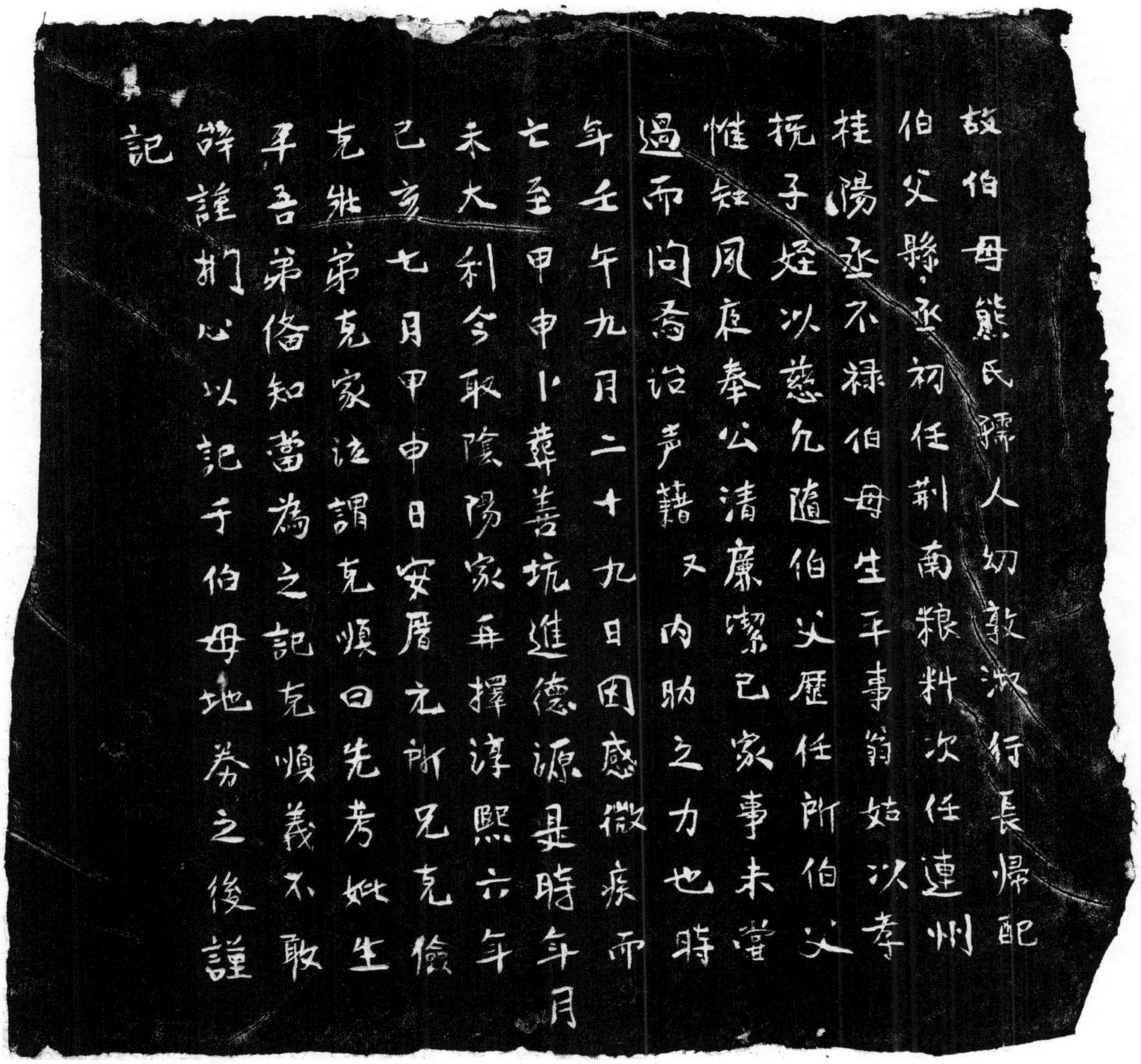
故伯母熊氏孺人幼敦淑行長歸配伯父縣丞初任荊南粮料次任連州桂陽丞不禄伯母生平事翁姑以孝撫子姪以慈允隨伯父歷任所伯父性知風度奉公清廉潔己家事未嘗過而問焉治声藉又内助之力也時年壬午九月二十九日因感微疾而亡至甲申卜葬善坑進德源县時年月未大利令取陰陽家再擇淳熙六年己亥七月甲申日安厝之所兄克儉克兆弟克家泣謂克順曰先考妣生平吾弟備知當為之記克順義不敢辭謹捫心以記于伯母地券之後謹記

208 毛十一郎地券

時代：南宋淳熙六年（1179年）　尺寸：高33釐米，寬40.7釐米

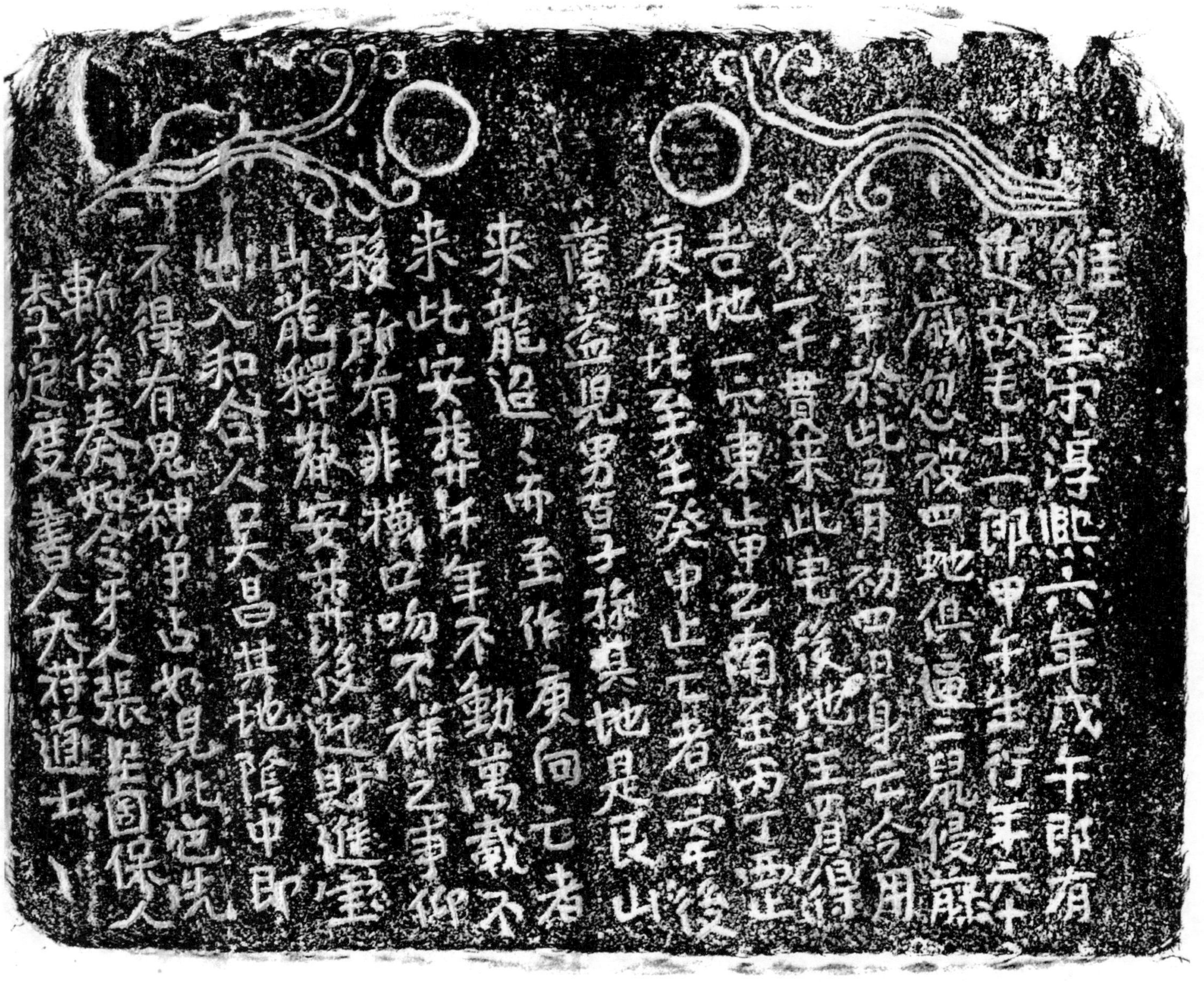
維皇宋淳熙六年戊午郎有
近故毛十一郎甲午生行年六十
六歲忽被四蛇侵逼二鬼侵擾
不幸於此五月初四日身亡今用
錢一千貫買此宅後地主買得
吉地一穴東止甲乙南至丙丁西止
庚辛北至壬癸中止亡者一穴後
蔭益見男百子孫其地是良山
來龍迢迢而至作庚向亡者
來此安葬千年不動萬載不
移所有非橫口吻不祥之事御
山龍釋散安葬後迎財進寶
出入和合人吴昌其地陰中即
不得有鬼神爭占如見此色先
斬後奏知今牙人張堅固保人
李定度書人天符道士

209　黃氏一娘地券

時代：南宋淳熙七年（1180年）九月二十三日　尺寸：高45.5釐米，寬41.5釐米

210 殁故亡人鄒氏五娘地券

時代：南宋淳熙八年（1181年）九月十一日　尺寸：高29.5釐米，寬29釐米

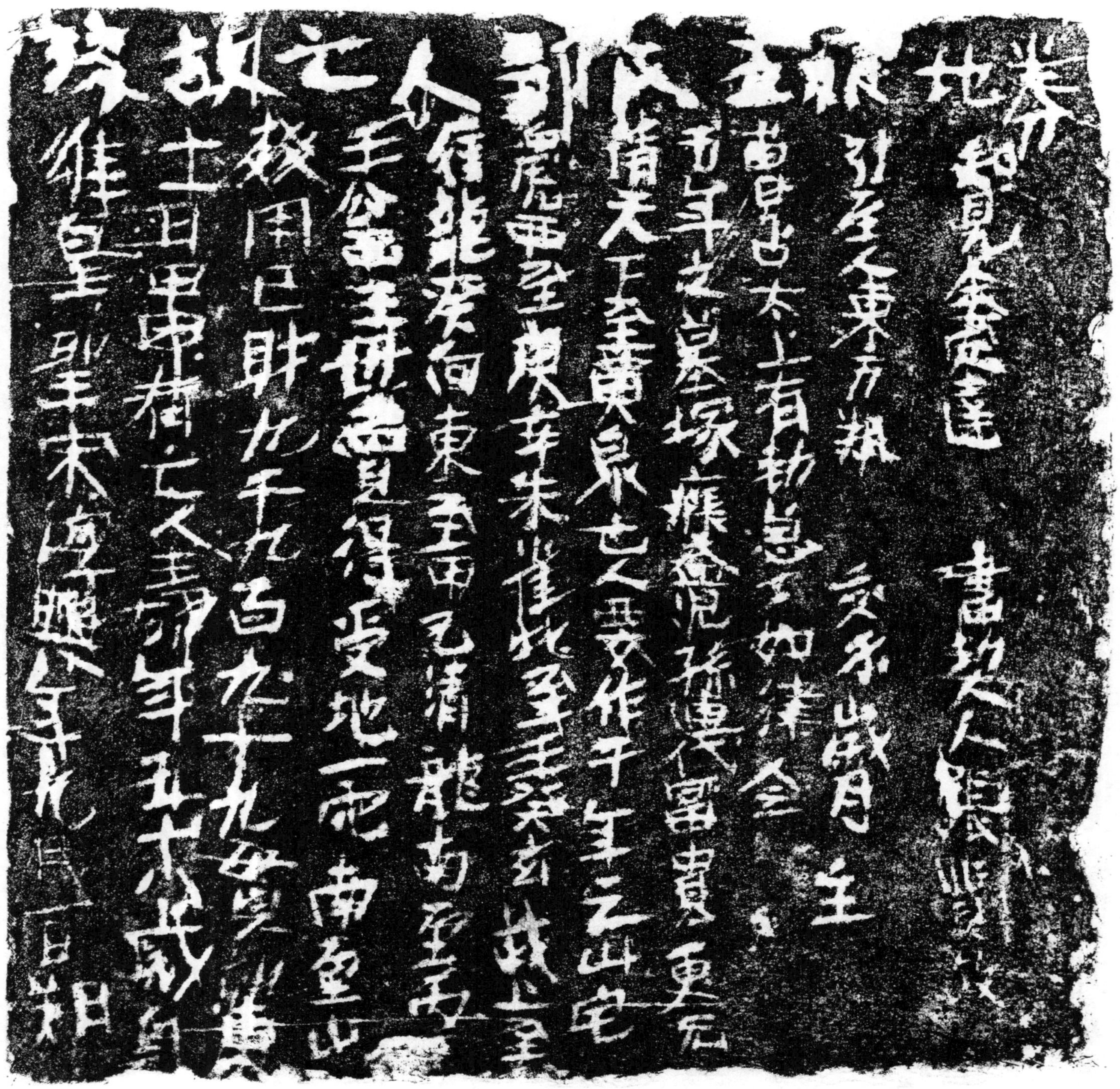

211 葉三十郎地券

時代：南宋淳熙十年（1183年）十月初一日　尺寸：高29.4釐米，寬30釐米

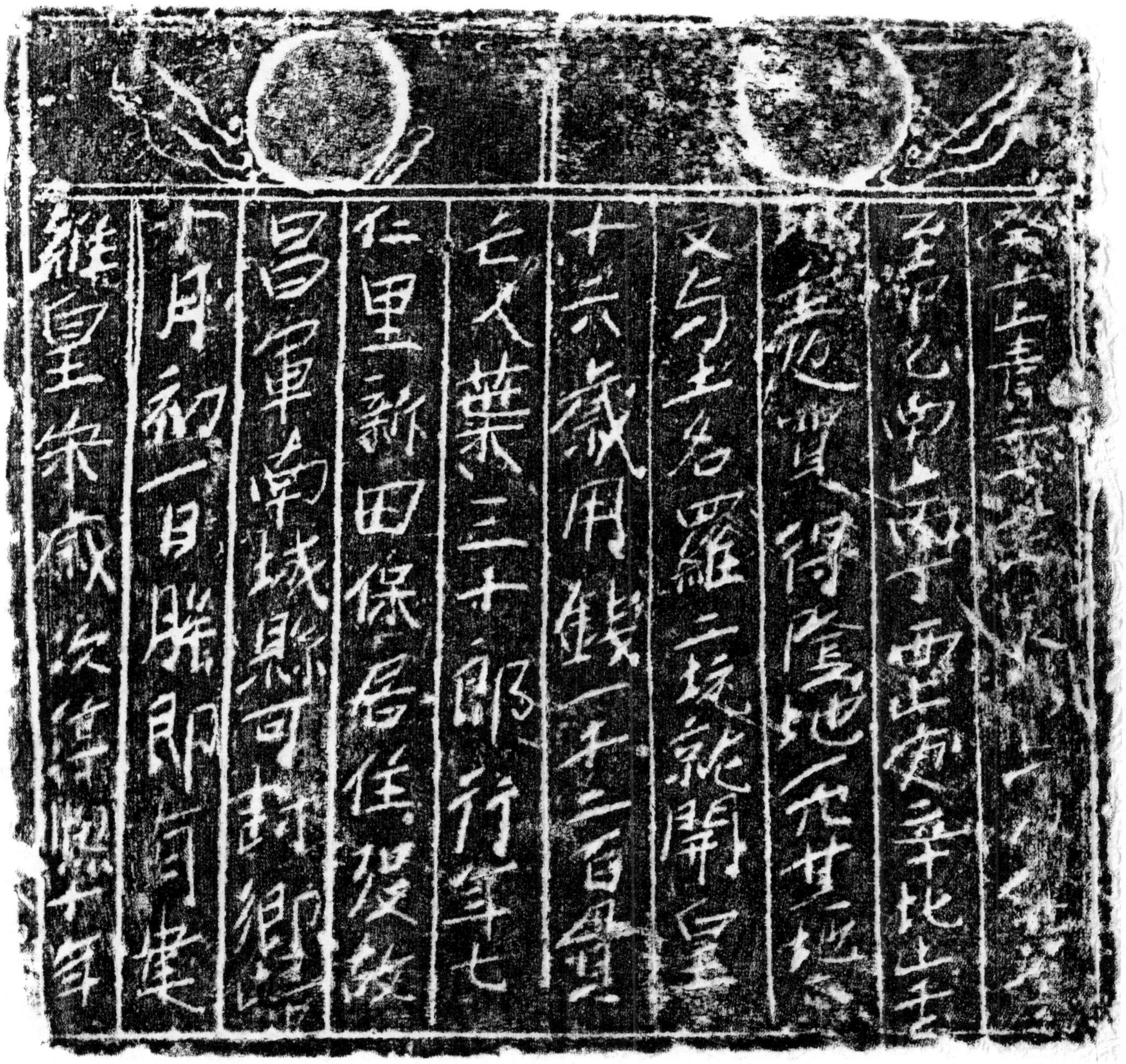

212 朱氏三十三娘地券文

時代：南宋淳熙十二年（1185年）九月初四日

尺寸：高41釐米，寬37釐米

213 宋故范君行狀

時代：南宋淳熙十二年（1185年）十一月初五日　尺寸：高67.2釐米，寬53.9釐米

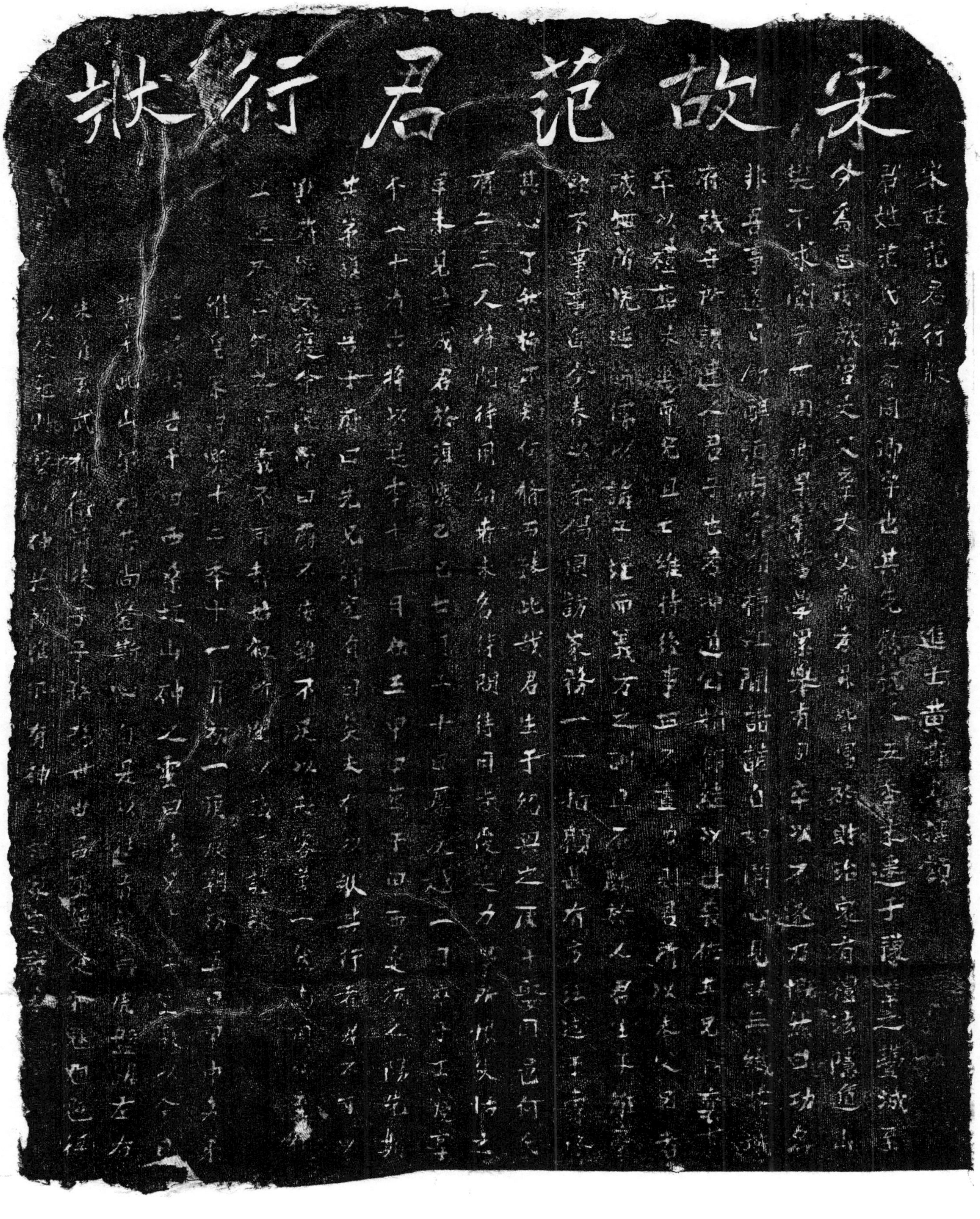

214　胡氏七娘地券

時代：南宋淳熙十四年（1187年）八月二十七日

尺寸：高27.2釐米，寬27.5釐米

劉承議地券

時代：南宋淳熙十五年（1188年）五月初二日

尺寸：高26.5釐米，寬26.5釐米

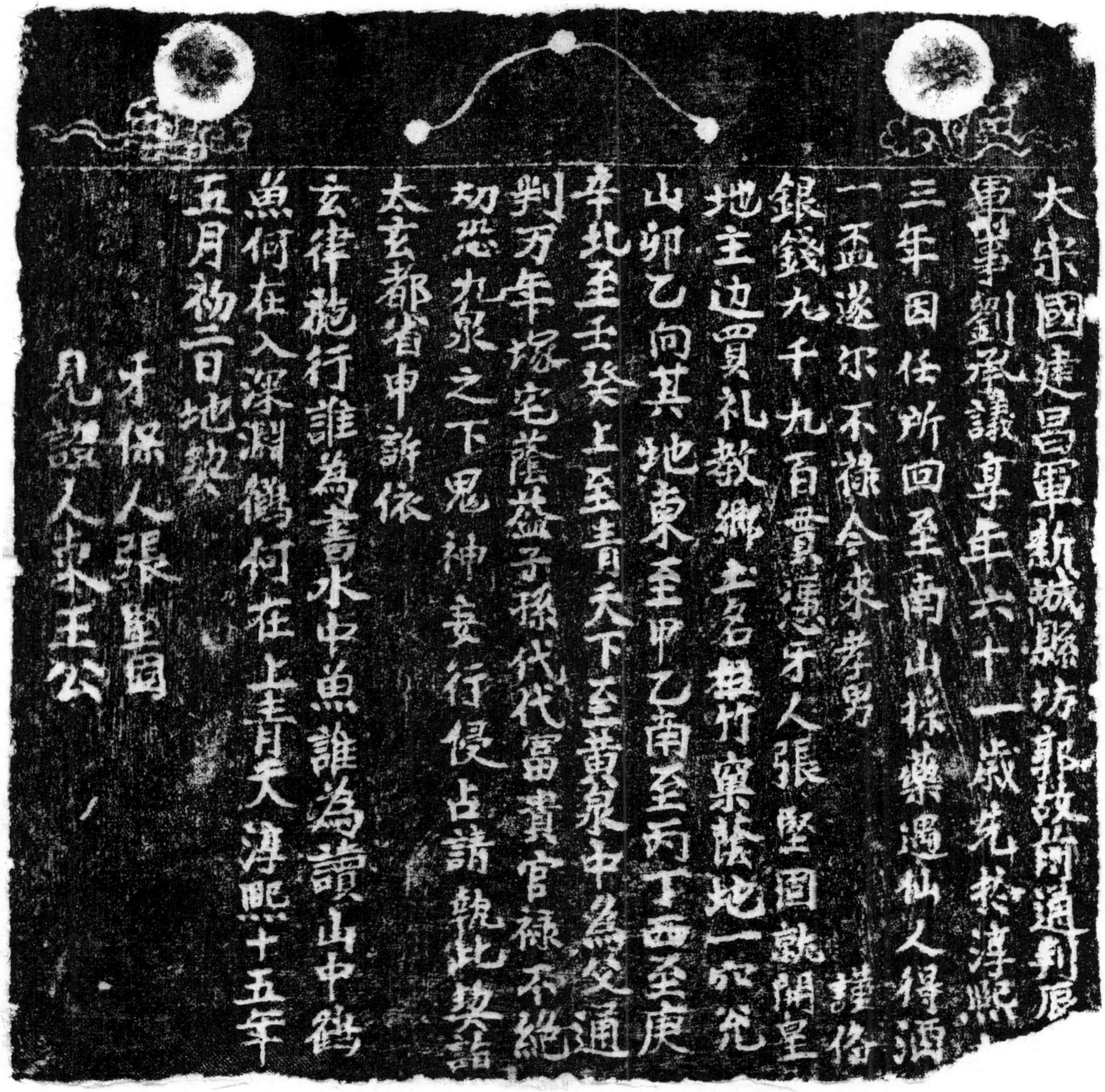
大宋國建昌軍新城縣坊郭故前通判
軍事劉承議享年六十一歲先於淳熙
三年因任所回至南山採藥遇仙人得酒
一盃遂爾不歸今來孝男　謹備
銀錢九千九百貫遣牙人張堅固就開皇
地主边買礼教鄉土名　竹窠蔭地一穴兑
山卯乙向其地東至甲乙南至丙丁西至庚
辛北至壬癸上至青天下至黃泉中為交通
判万年塚宅蔭益子孫代代富貴官祿不絕
切恐九泉之下鬼神妄行侵占請執此契詣
太玄都省中訴依
玄律龍行誰為書水中魚誰為讀山中鶴
魚何在入深淵鶴何在上青天淳熙十五年
五月初二日地契
牙保人張堅固
見證人東王公

216 黃十二娘地券

時代：南宋淳熙十五年（1188年）十二月十一日　尺寸：高36.5釐米，寬34.5釐米

地券
維皇宋撫州金谿縣順政鄉
二十都沙港何門信女黃十二娘行
年四十四歲命落黃泉用銀錢
九千貫買得土名　亥山巽向
地一穴於淳熙十五年十二月十
一日葬其地東龍西虎南雀北
龜上天下地中心立穴蔭子孫
代代富貴鬼神悪鬼不得占
奪有此邑先斬後奏
急急如律令
保見堅固仙人
書人官道士

217 殁故馮氏地券

時代：南宋淳熙十六年（1189年）三月初二　尺寸：高32.3釐米，寬32.4釐米

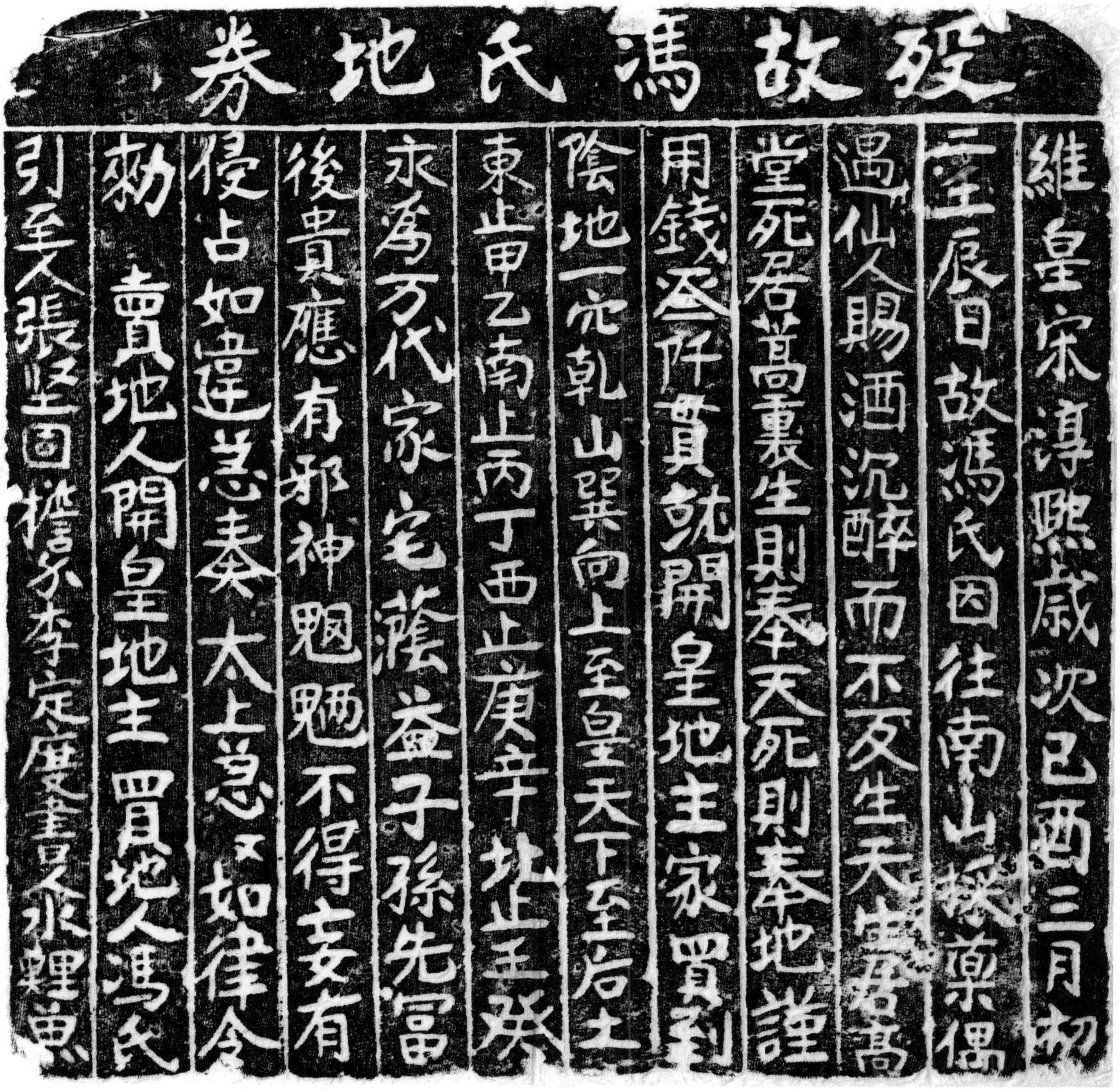

殁故馮氏地券

維皇宋淳熙歲次己酉三月初
二至辰日故馮氏因往南山採藥偶
遇仙人賜酒沉醉而不反生天宮居高
堂死居蒿裏生則奉天死則奉地謹
用錢叁仟貫就開皇地主家買到
陰地一穴乾山巽向上至皇天下至后土
東止甲乙南止丙丁西止庚辛北止壬癸
永為万代家宅蔭益子孫先富
後貴應恣有邪神魍魎不得妄有
侵占如違恙奏太上急急如律令
勅　賣地人開皇地主　買地人馮氏
引至人張堅固　書人李定度　見人水裡魚

218 宋太碩人李氏地券

時代：南宋淳熙十六年（1189年）十二月二十一日　尺寸：高55.8釐米，寬38.5釐米

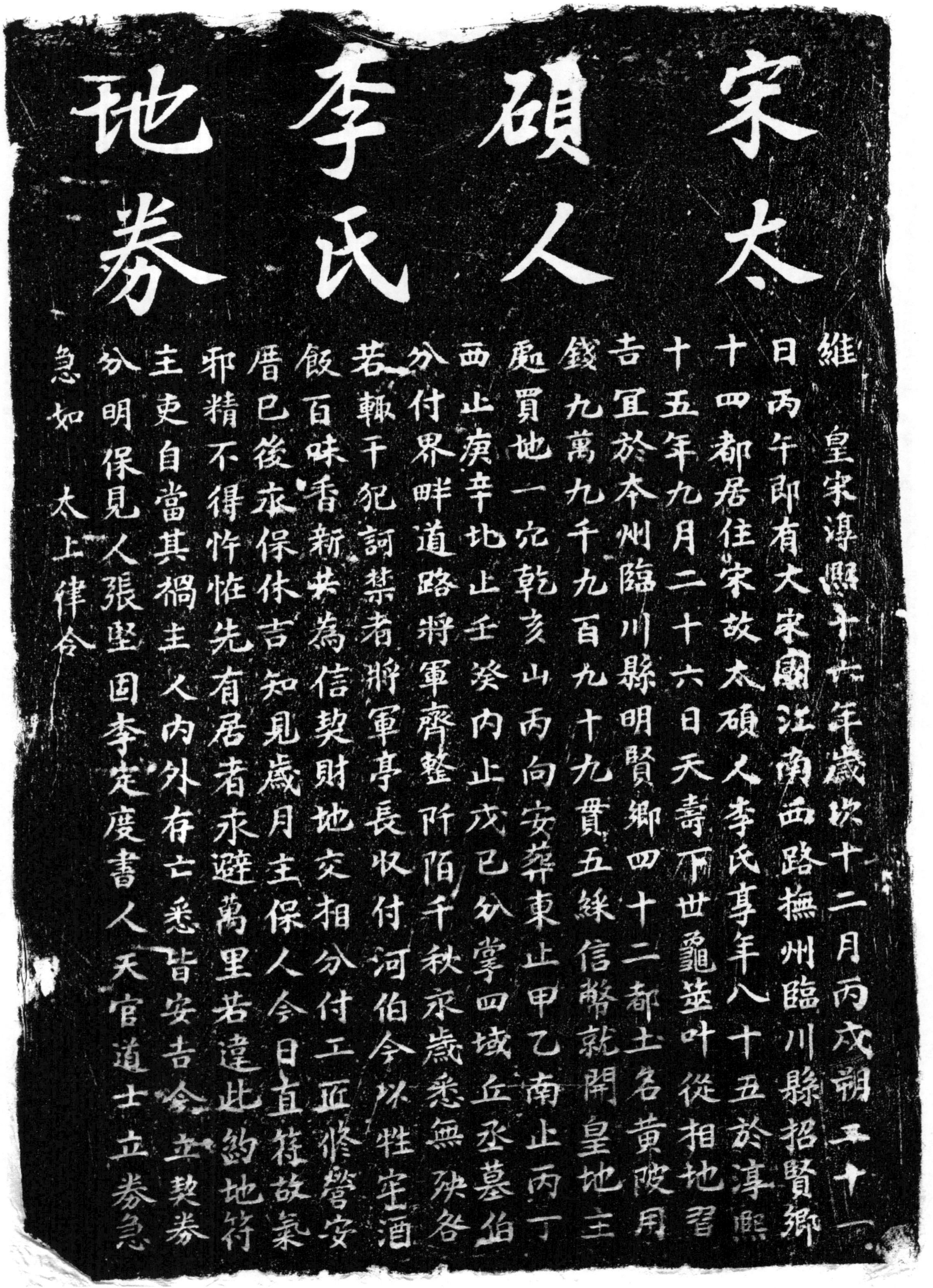
宋太碩人李氏地券
維　皇宋淳熙十六年歲次十二月丙戌朔二十一
日丙午即有大宋國江南西路撫州臨川縣招賢鄉
十四都居住宋故太碩人李氏享年八十五於淳熙
十五年九月二十六日天壽下世龜筮叶從相地習
吉宜於本州臨川縣明賢鄉四十二都土名黄陂用
錢九萬九千九百九十九貫五絲信幣就開皇地主
邊買地一穴乾亥山丙向安葬東止甲乙南止丙丁
西止庚辛北止壬癸内止戊巳分掌四域丘丞墓伯
分付界畔道路將軍齊整所陌千秋永歲悉無殃咎
若輙干犯訶禁者將軍亭長收付河伯今以牲牢酒
飯百味香新共為信契財地交相分付工匠修營安
厝已後永保休吉知見歲月主保人今日直符故氣
邪精不得忓恡先有居者永避萬里若違此約地符
主吏自當其禍主人内外存亡悉皆安吉今立契券
分明保見人張堅固李定度書人天官道士立券急
急如　太上律令

219 徐氏大娘地券

時代：南宋紹熙元年（1190年）三月初三日

尺寸：高27.6釐米，寬27.6釐米

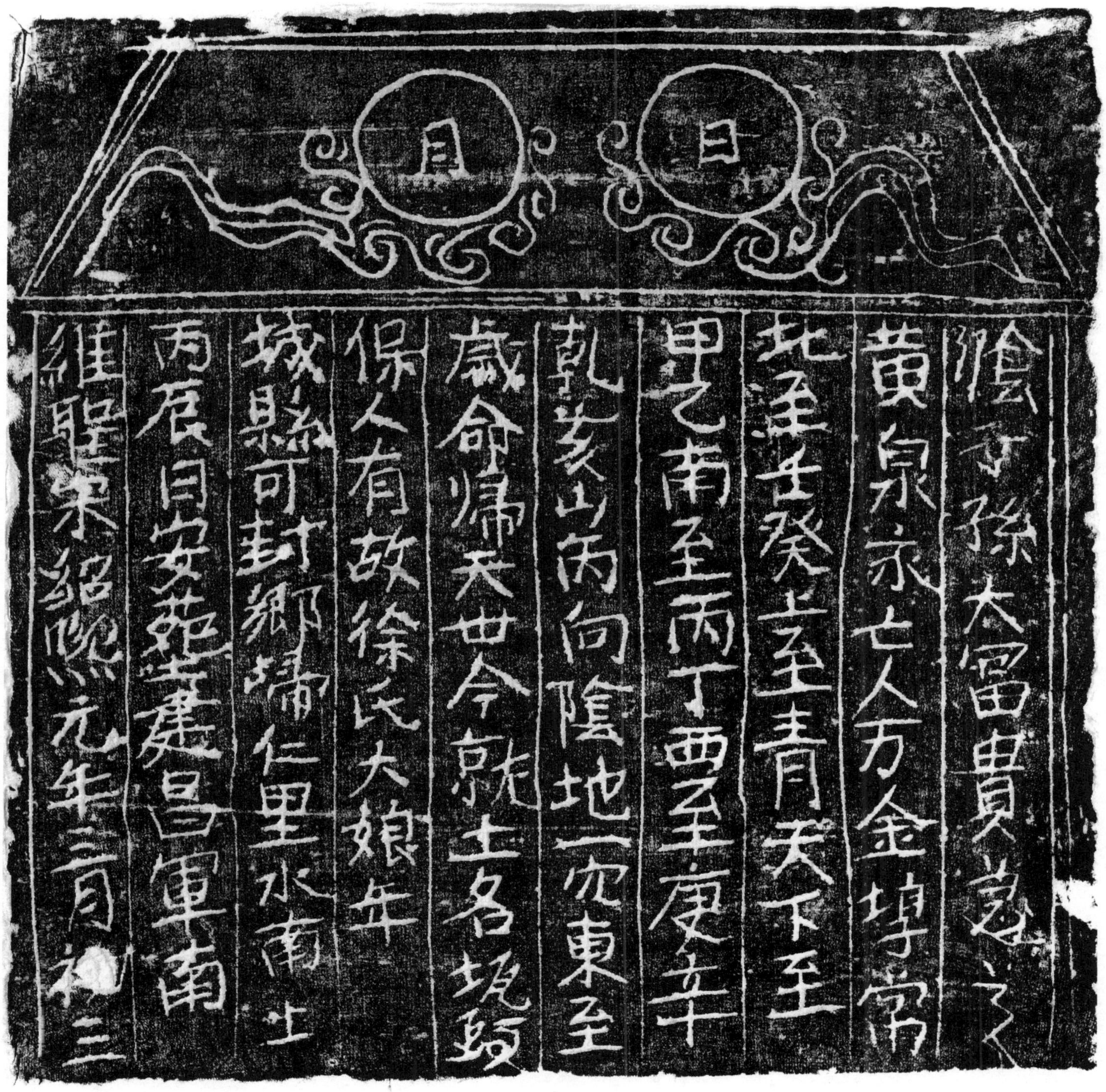

220 鄧君地券

時代：南宋紹熙元年（1190年）三月十八日

尺寸：高51釐米，寬43.3釐米

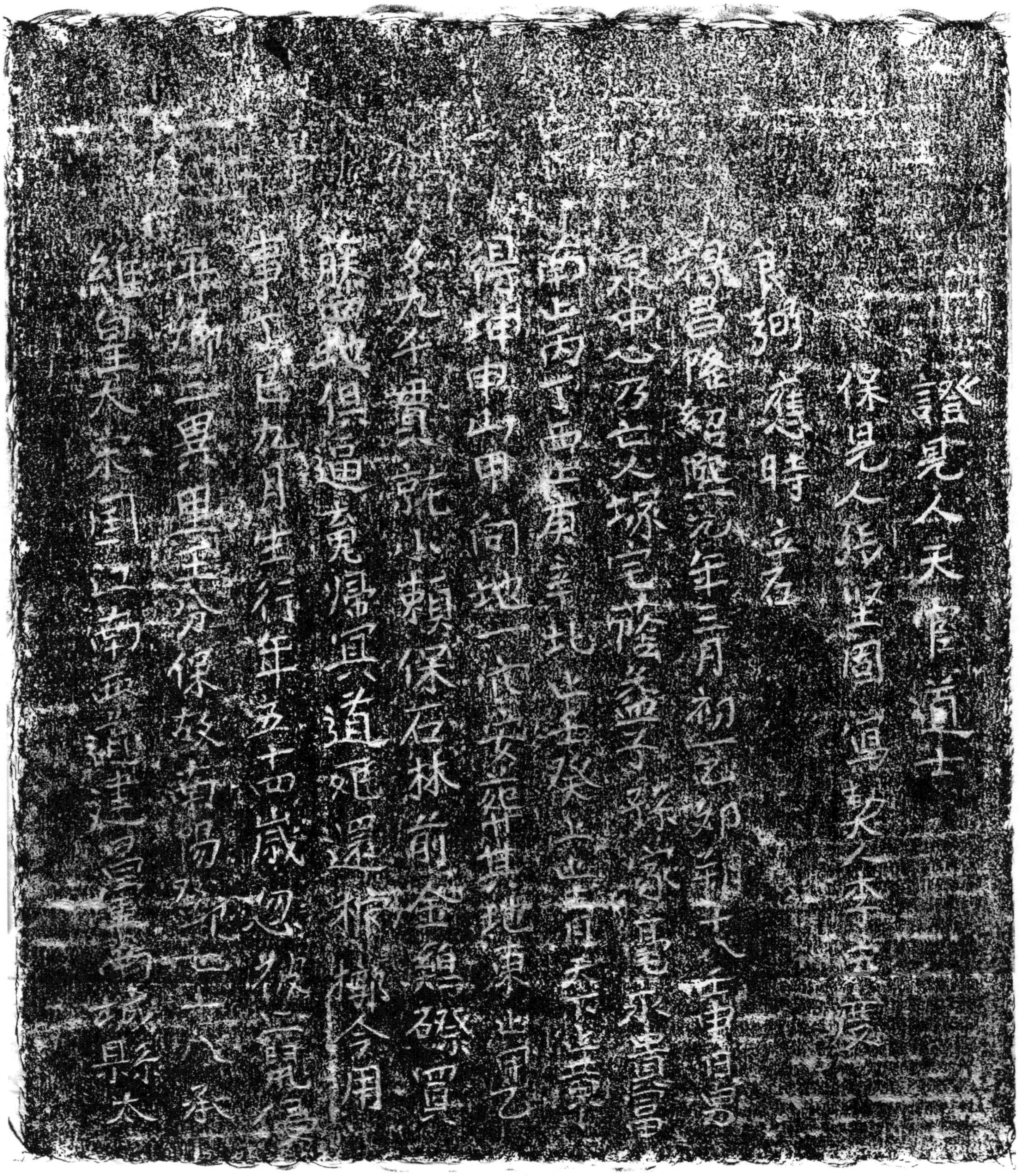

221 宋故譚公樊氏合葬地券

時代：南宋紹熙元年（1190年）十二月初四日　尺寸：高30釐米，寬35釐米

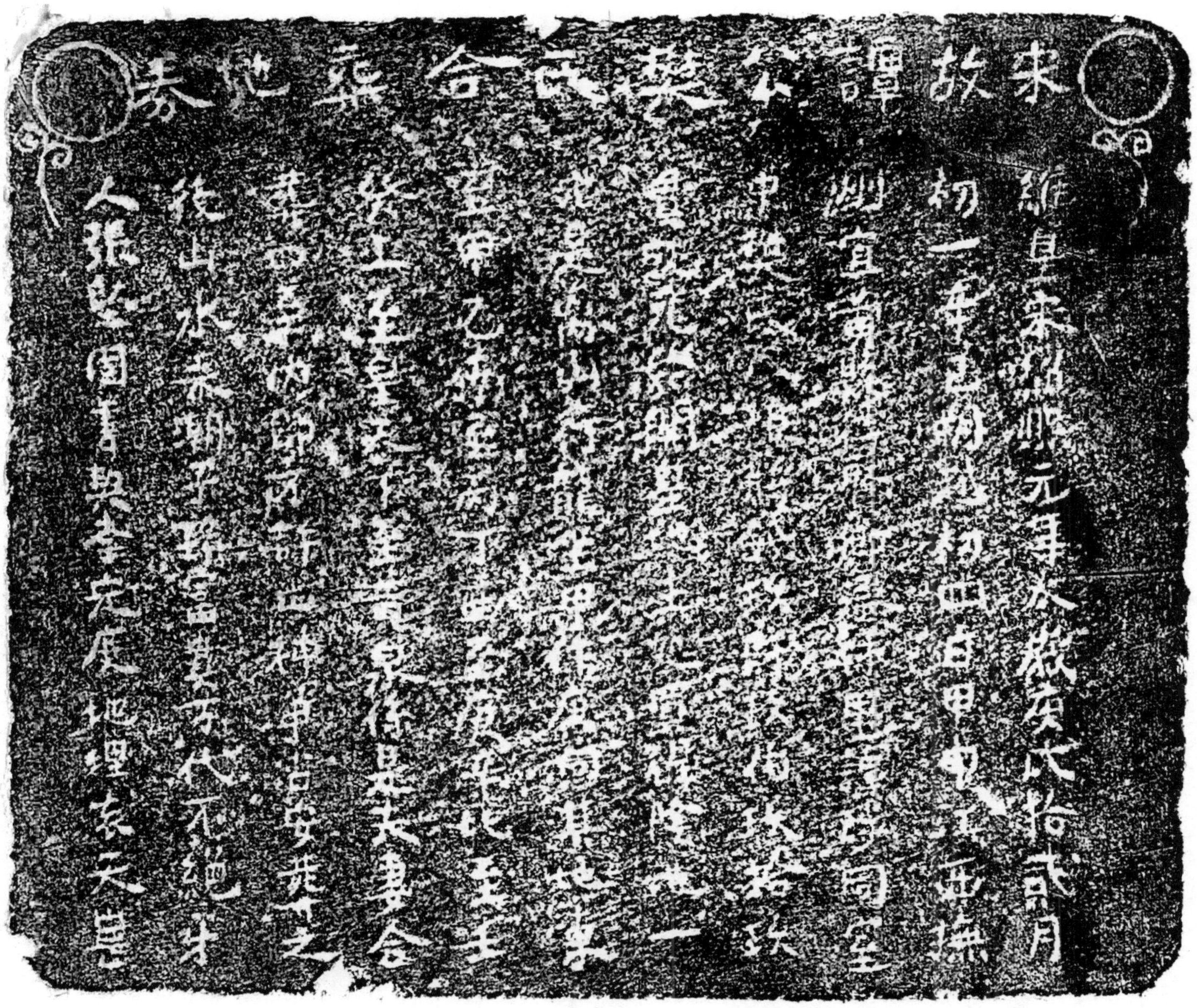

222 何氏百一娘地券

時代：南宋紹熙二年（1191年）九月十五日　尺寸：高37.3釐米，寬35.3釐米

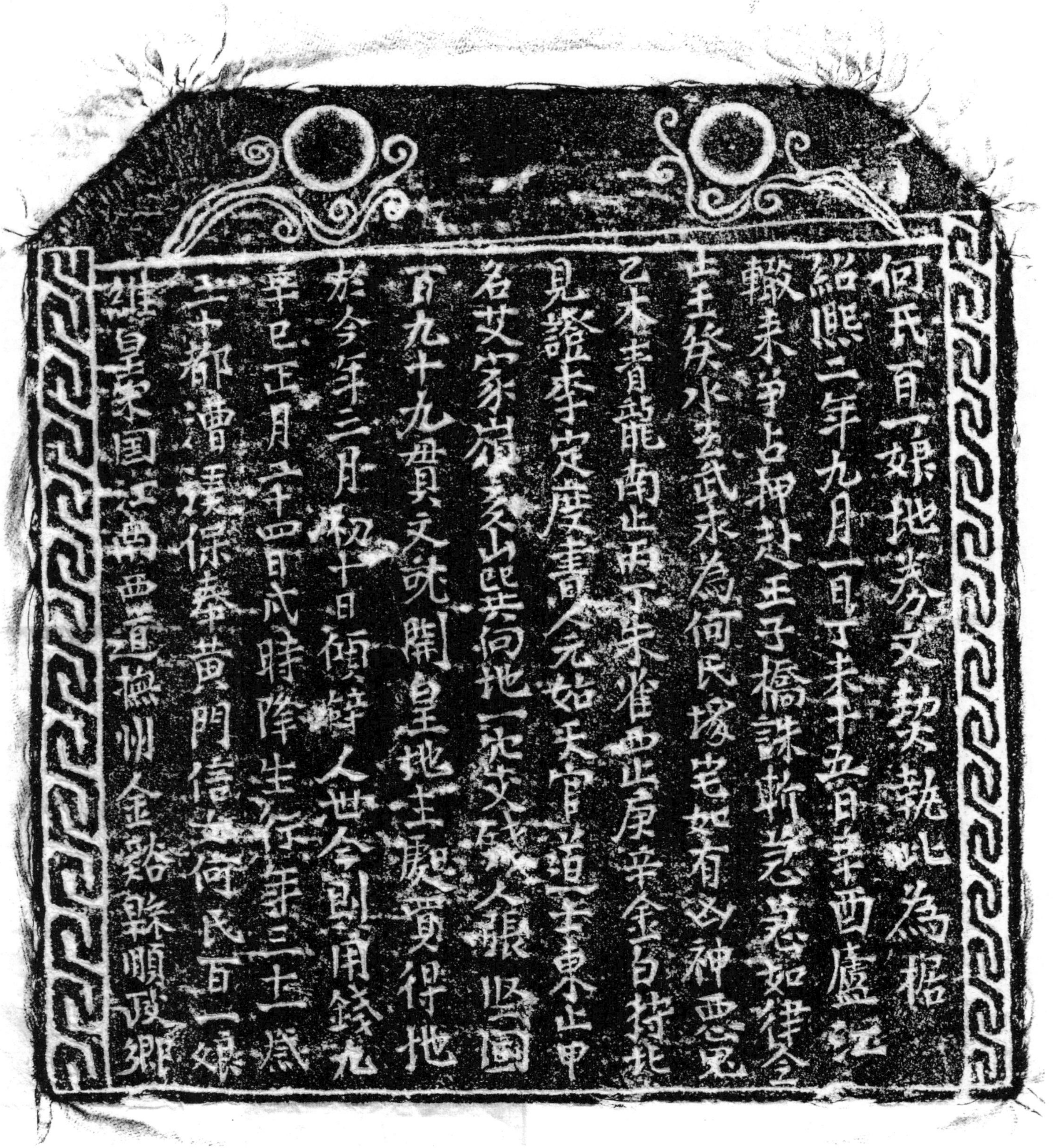

223 府君學諭地券

時代：南宋紹熙三年（1192年）十二月庚申

尺寸：高36.7釐米，寬28釐米

224　鄒公地券

時代：南宋紹熙四年（1193年）一月　尺寸：高39釐米，寬33.5釐米

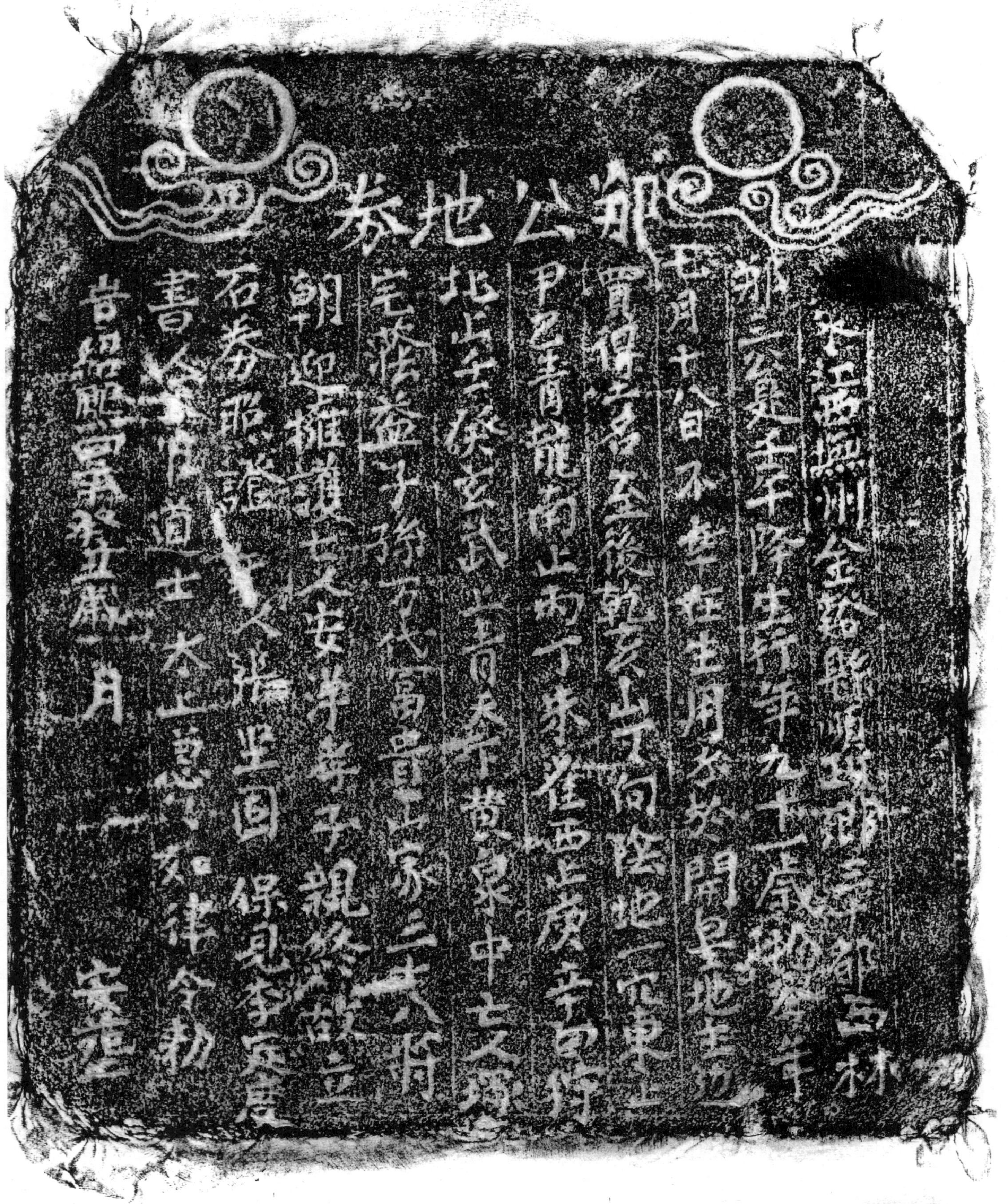

225　黃氏三娘地券

時代：南宋紹熙四年（1193年）二月二十三日

尺寸：高33.3釐米，寬31.5釐米

226 江氏地券

時代：南宋紹熙四年（1193年）八月二十六日

尺寸：高49.7釐米，寬45.5釐米

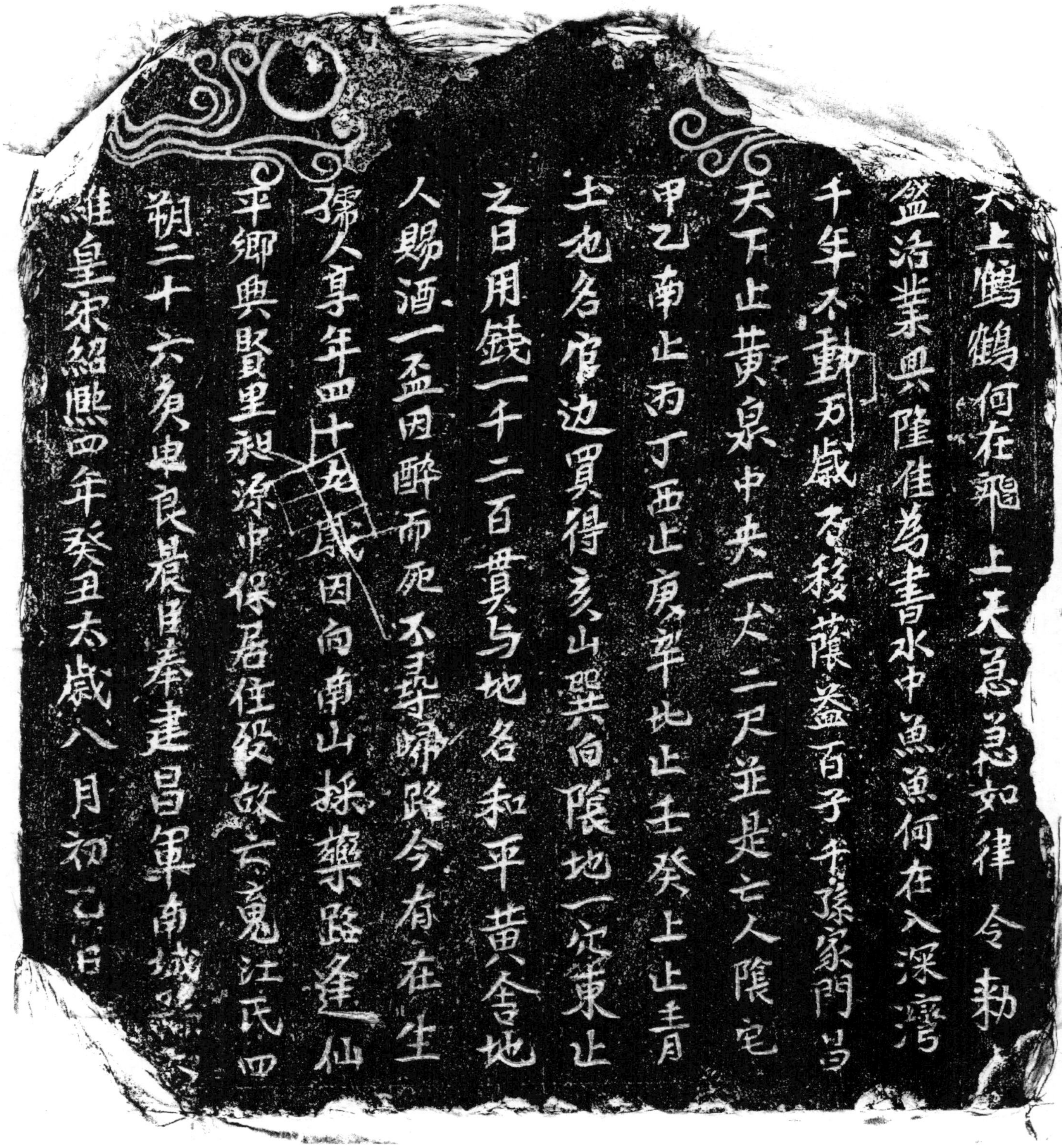
維皇宋紹熙四年癸丑太歲八月初乙日
朔二十六庚申良晨日奉建昌軍南城縣
平鄉興賢里祖源中保居住殁故亡魂江氏四
孺人享年四十九歲因向南山採藥路逢仙
人賜酒一盃因醉而死不尋歸路今有在生
之日用錢一千二百貫与地名和平黄舍地
主地名官边買得亥山巽向陰地一穴東止
甲乙南止丙丁西止庚辛北止壬癸上止青
天下止黄泉中央一丈二尺並是亡人陰宅
千年不動万歲不移蔭益百子千孫家門昌
盛活業興隆僅為書水中魚魚何在入深灣
天上鶴鶴何在飛上天急急如律令勅

227　張氏地券

時代：南宋紹熙四年（1193年）十月二十八日　　尺寸：高54.8釐米，寬49.5釐米

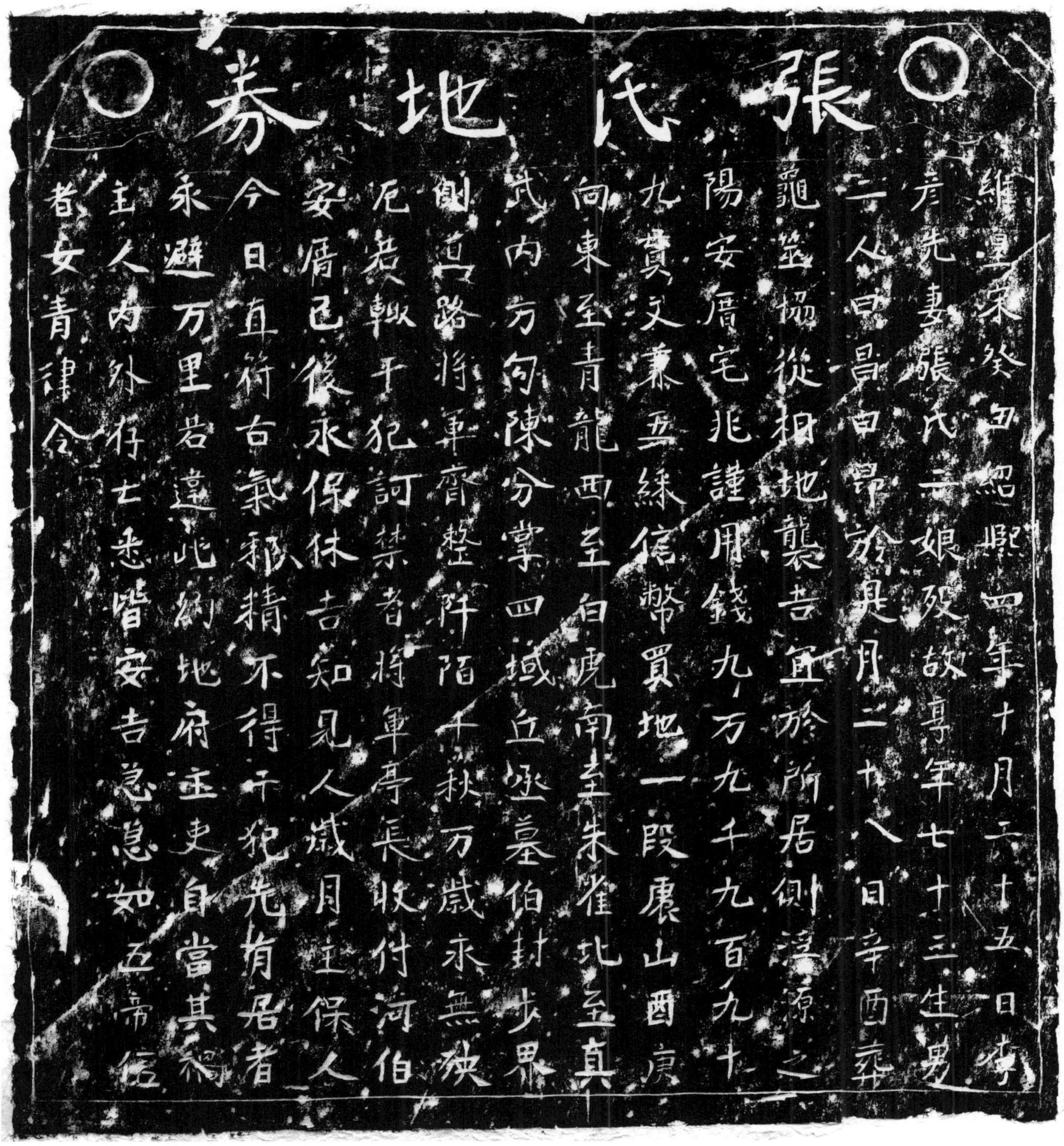

228　何十郎地券

時代：南宋紹熙五年（1194年）七月初五日甲子　尺寸：高33.5釐米，寬38釐米

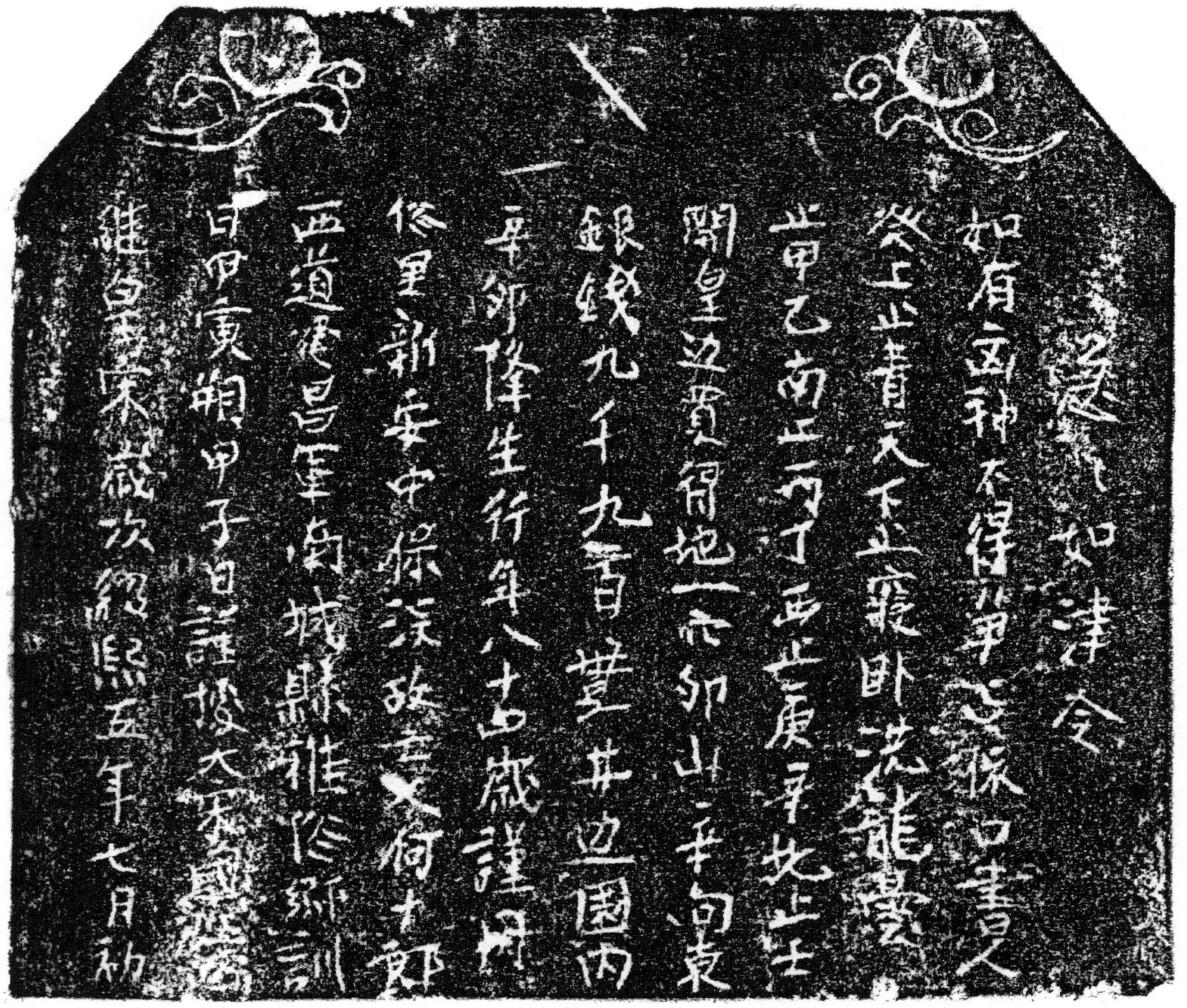

229 聶氏十九娘地券

時代：南宋紹熙五年（1194年）八月十八日　尺寸：高51釐米，寬4.8釐米

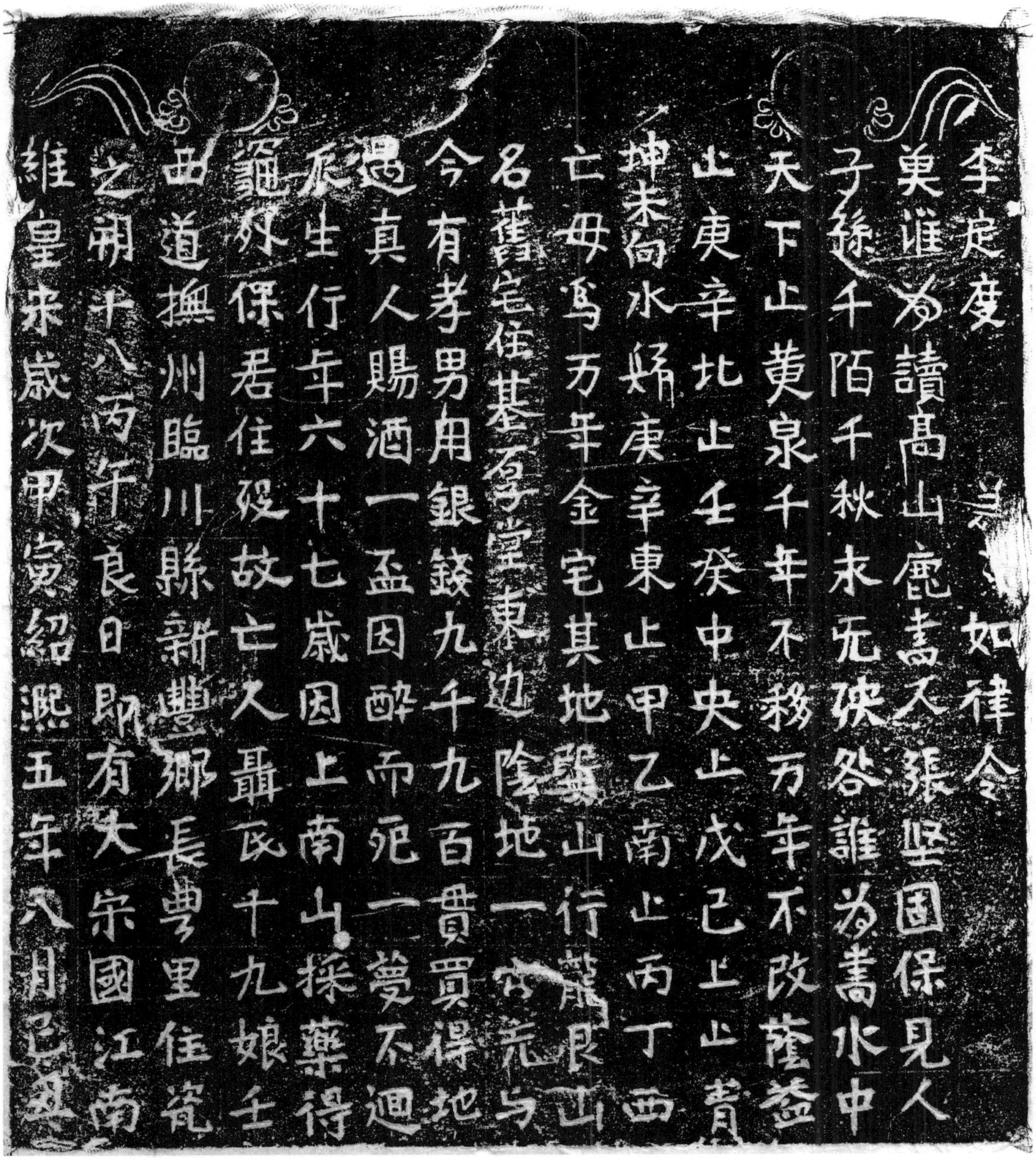
維皇宋歲次甲寅紹熙五年八月己丑
之朔十八丙午良日即有大宗國江南
西道撫州臨川縣新豐鄉長豐里住瓷
窯外保君住殁故亡人聶氏十九娘壬
辰生行年六十七歲因上南山採藥得
遇真人賜酒一盃因醉而死一夢不迴
今有孝男用銀錢九千九百貫買得地
名舊宅住基石亭堂東边陰地一穴元与
亡母為万年金宅其地艮山行龍艮山
坤未向水婦庚辛東止甲乙南止丙丁西
止庚辛北止壬癸中央止戊己上止青
天下止黃泉千年不務万年不改蔭益
子孫千陌千秋永无殃咎誰為書水中
奠誰為讀高山鹿書人張堅固保見人
李定度　如律令

230 吴君地券

時代：南宋紹熙五年（1194年）閏十月二十七日　尺寸：高39.5釐米，寬37釐米

231 李念八公地券

時代：南宋慶元二年（1196年）三月初七日　尺寸：高43釐米，寬37.5釐米

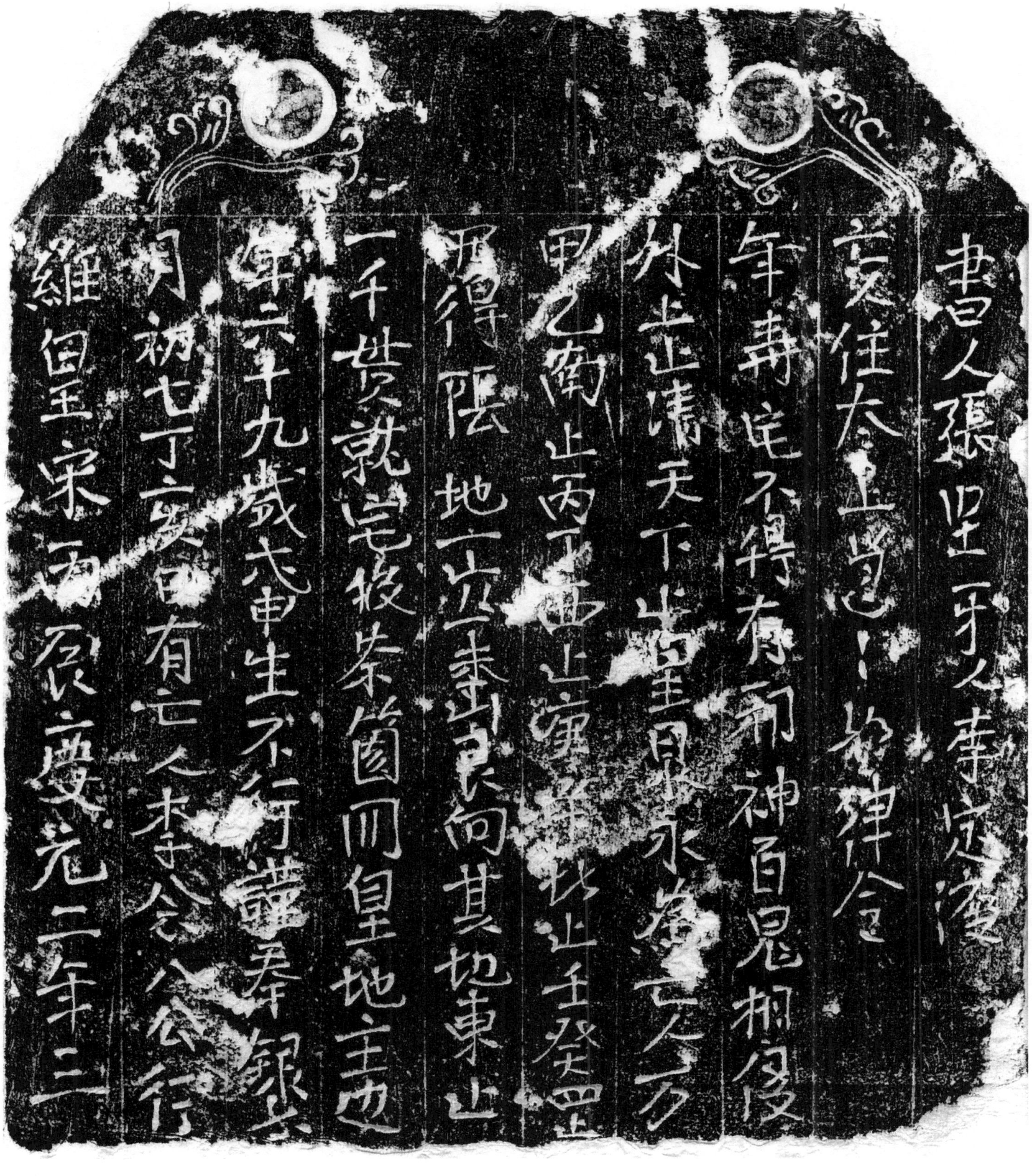

232 宋故閔西隱君墓券

時代：南宋慶元二年（1196年）七月二十七日　尺寸：高41釐米，寬42釐米

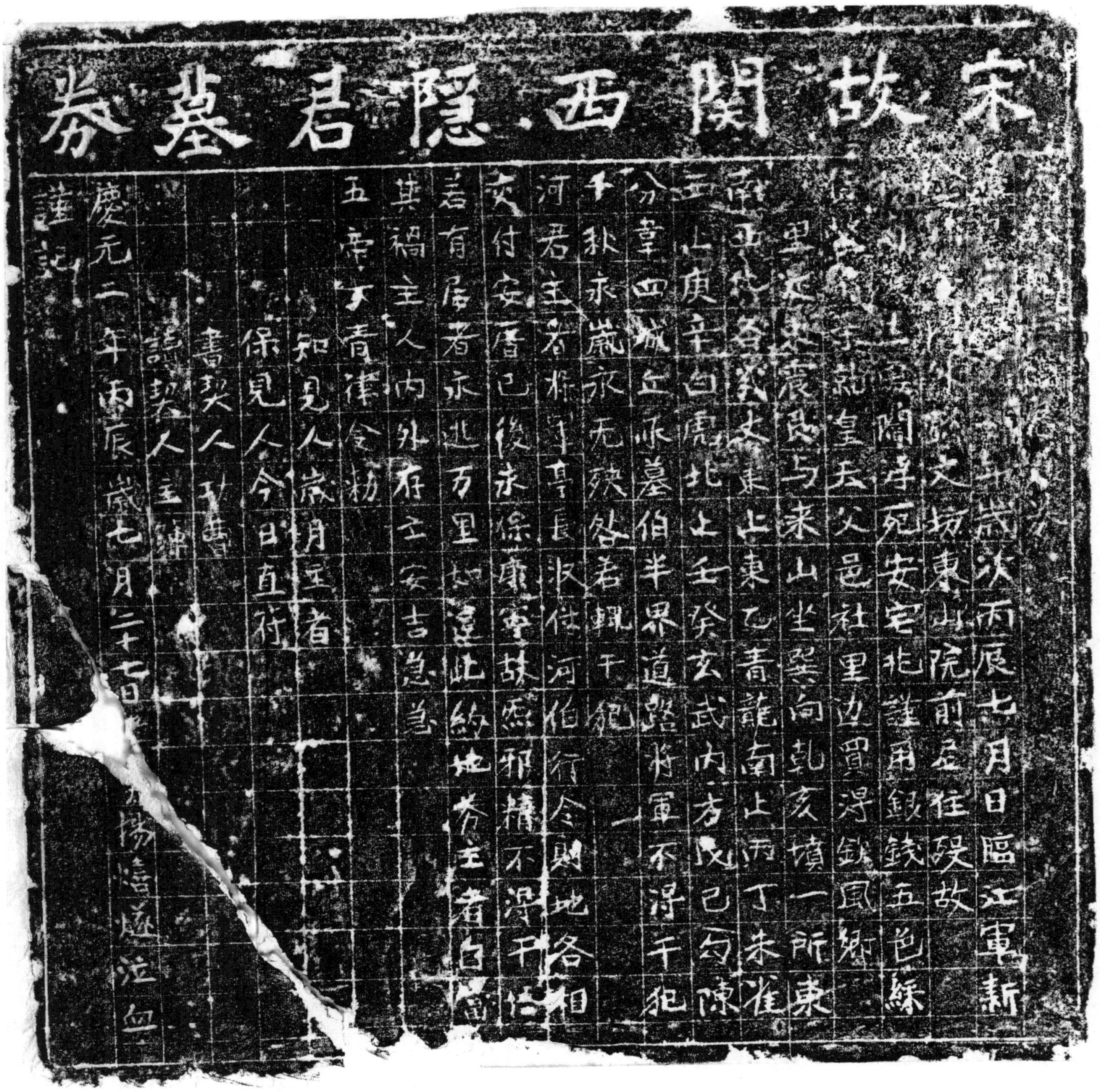
宋故閔西隱君墓券

[illegible]歲次丙辰七月日臨江軍新
[illegible]之坊東山院前丘住殁故
[illegible]閔孝死安宅兆謹用銀錢五色綵
[illegible]就皇天父邑社里邊買得錢風鄉
里延[illegible]震艮與來山坐巽向乾亥墳一所東
南[illegible]各文東止東乙青龍南止丙丁朱雀
西止庚辛白虎北止壬癸玄武內方戊己勾陳
分章四域丘丞墓伯半界道路將軍不得干犯
千秋永歲永无殃咎若輒干犯
河君主者將軍亭長收付河伯行令與地各相
交付安厝已後永保康寧[illegible]悉邪精不得干[illegible]
若有居者永逃万里如違此約地券主者自當
其禍主人內外存亡安吉急急
五帝[illegible]青律令勑
知見人歲月主者
保見人今日直符
書契人功曹
讀契人主簿
慶元二年丙辰歲七月二十七日[illegible]陽信庭泣血
謹記

233 蕭君墓地券

時代：南宋慶元二年（1196年）十二月十六日

尺寸：高34.5釐米，寬36釐米

墓地券
皇宋臨江軍新喻縣萬慶坊孤哀子蕭極
極權挂伏爲
先考十五致政簽判傾逝相地襲吉宜於
本縣仁孝鄉懷歷里東原安葬先於慶元
二年丙辰歲十月初十日乙卯以牲牢酒
飯錢財五綵信幣買墓山壬子向地一穴
東至青龍西至白虎南至朱雀北至玄武
內方勾陳分掌四域丘丞墓伯封步界畔
道路將軍齊整阡陌知見人歲月主保人
當日直符今擇定當年十二月十六日辛
酉扶護靈柩於此安葬自葬已後千秋萬
歲永保休吉妖氣邪精不得干犯訶禁如
有輒敢者將軍亭長收付河伯先有居者
永避萬里若違此約地府主吏自當其禍
主人內外存亡悉皆安吉急急如五帝信
者律令

234 宋故江氏四娘地券

時代：南宋慶元三年（1197年）壬寅月二十二日　尺寸：高30.5釐米，寬30.5釐米

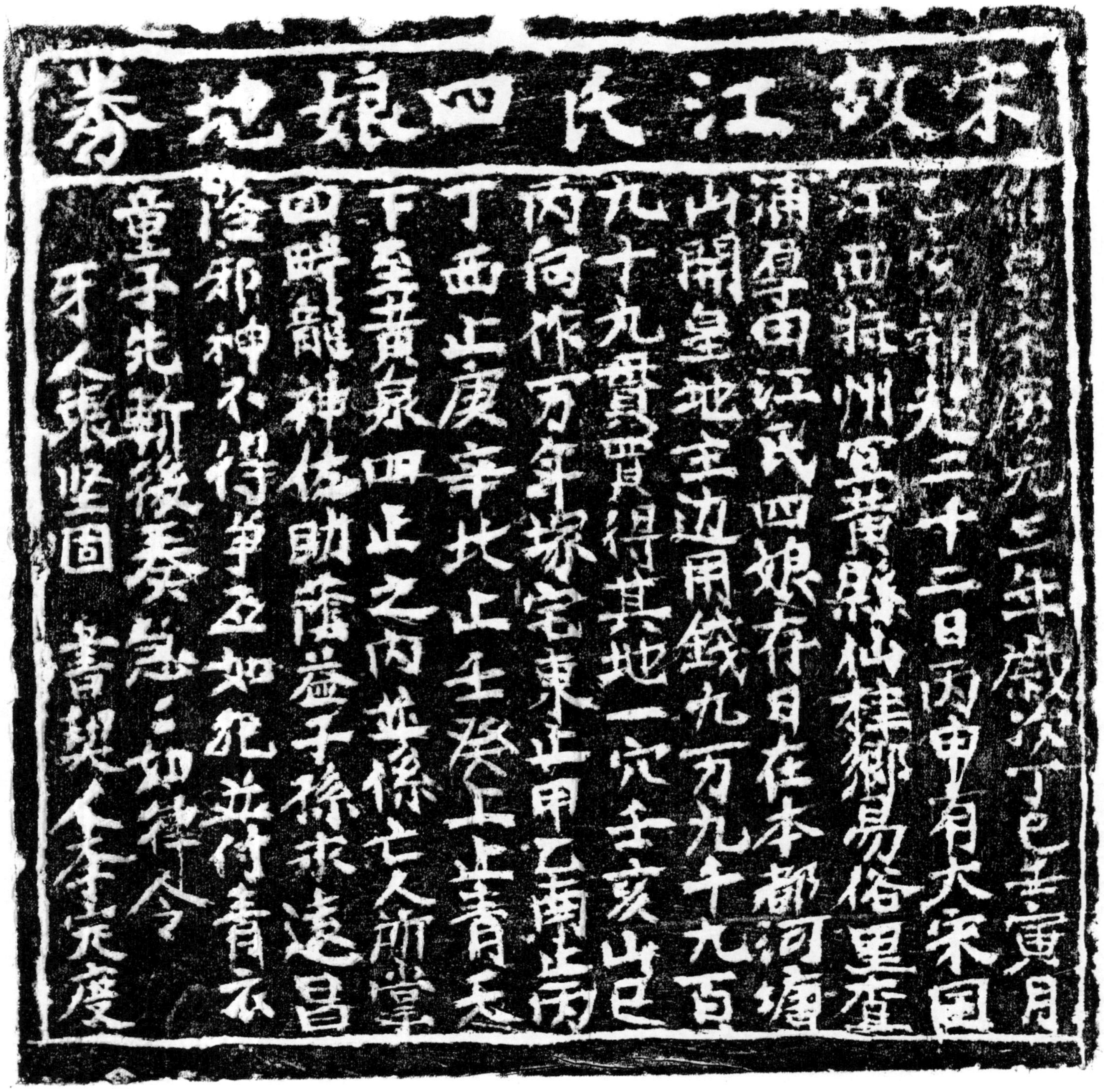
宋故江氏四娘地券
維皇宋慶元三年歲次丁巳壬寅月
己亥朔越二十二日丙申有大宋國
江西撫州宜黃縣仙桂鄉易俗里查
浦原田江氏四娘存日在本都河塘
山開皇地主邊用錢九万九千九百
九十九貫買得其地一穴壬亥山巳
丙向作万年塚宅東止甲乙南止丙
丁西止庚辛北止壬癸上止青天
下至黃泉四止之內並係亡人所掌
四時龍神佐助蔭益子孫永遠昌
隆邪神不得爭占如犯並付青衣
童子先斬後奏急急如律令
牙人張堅固　書契人李定度

235 故劉君墓券

時代：南宋慶元三年（1197年）二月五日　尺寸：高59釐米，寬36.4釐米

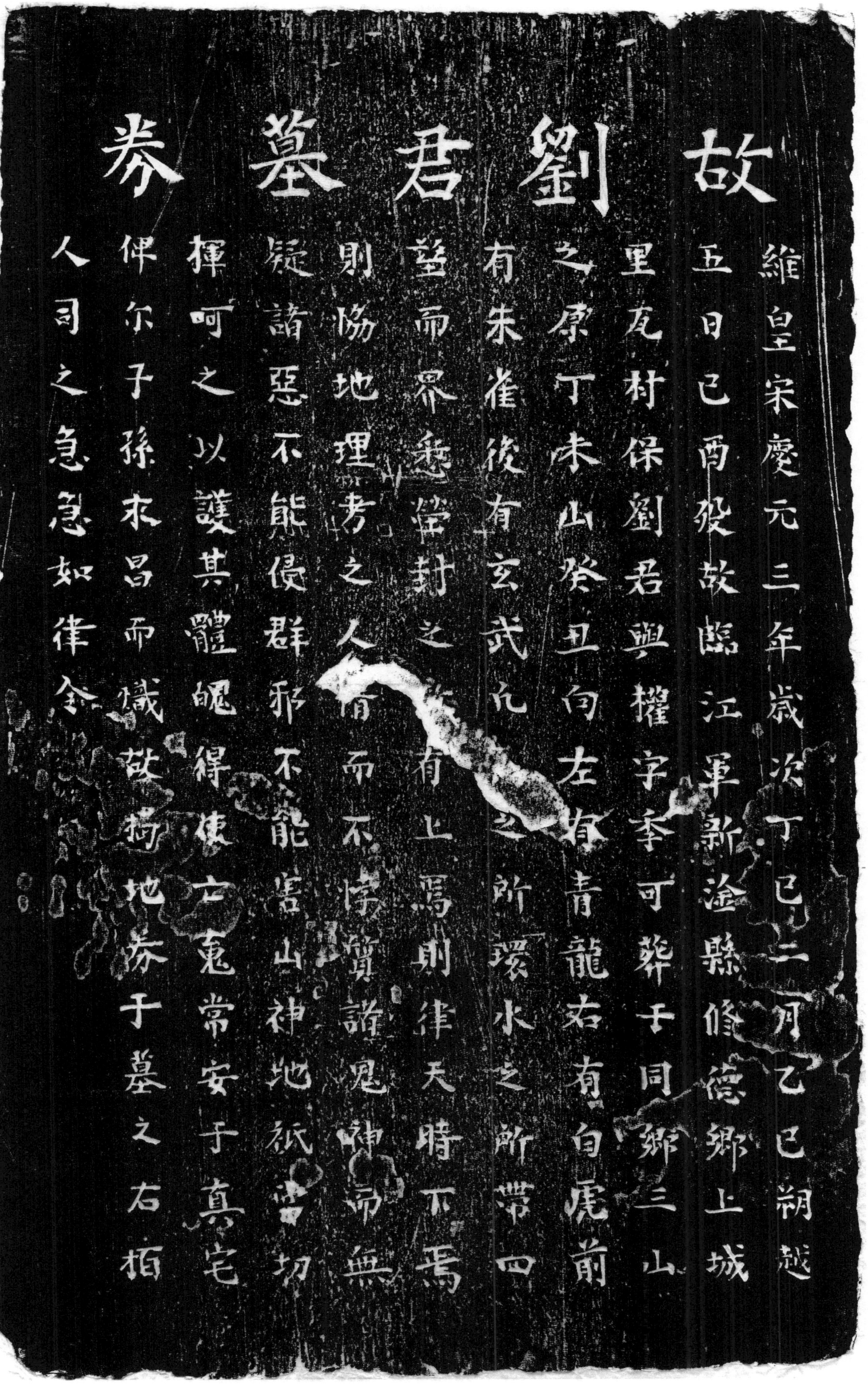

故劉君墓券

維皇宋慶元三年歲次丁巳二月乙巳朔越
五日己酉殁故臨江軍新淦縣修德鄉上城
里龍村保劉君興權字季可葬于同鄉三山
之原丁未山癸丑向左有青龍右有白虎前
有朱雀後有玄武几之所環水之所帶四
望而界悉營封之有上焉則律天時下焉
則協地理考之人情而不悖質諸鬼神而無
疑諸惡不能侵群邪不能害山神地祇當切
揮呵之以護其體魄得使亡鬼常安于真宅
俾尔子孫來昌而熾故將地券于墓之右栢
人司之急急如律令

236　黄氏二娘地券

時代：南宋慶元三年（1197年）六月十四日　尺寸：高38釐米，寬30釐米

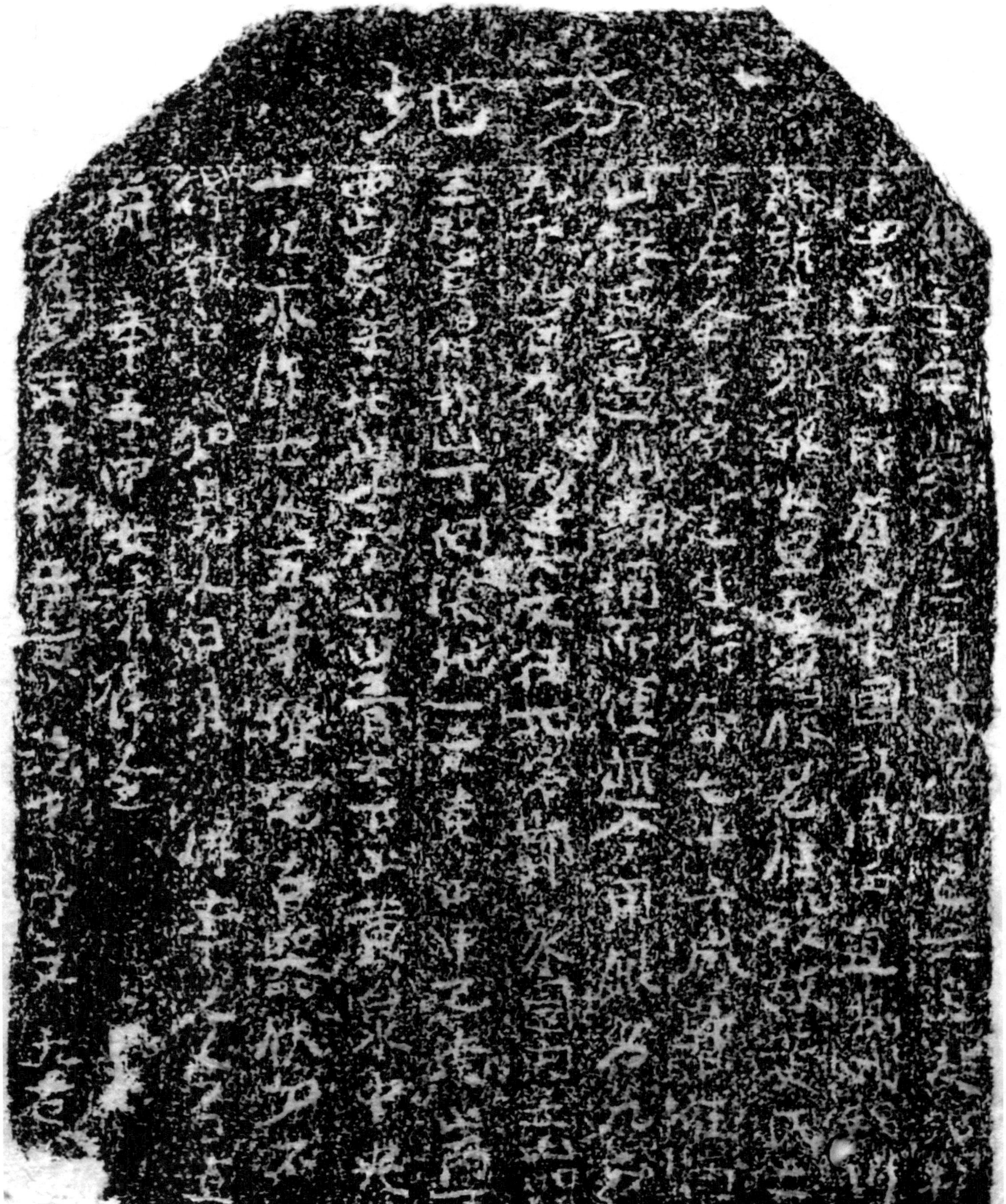

237　余念八公地券

時代：南宋慶元三年（1197年）八月十三日　尺寸：高49.5釐米，寬38釐米

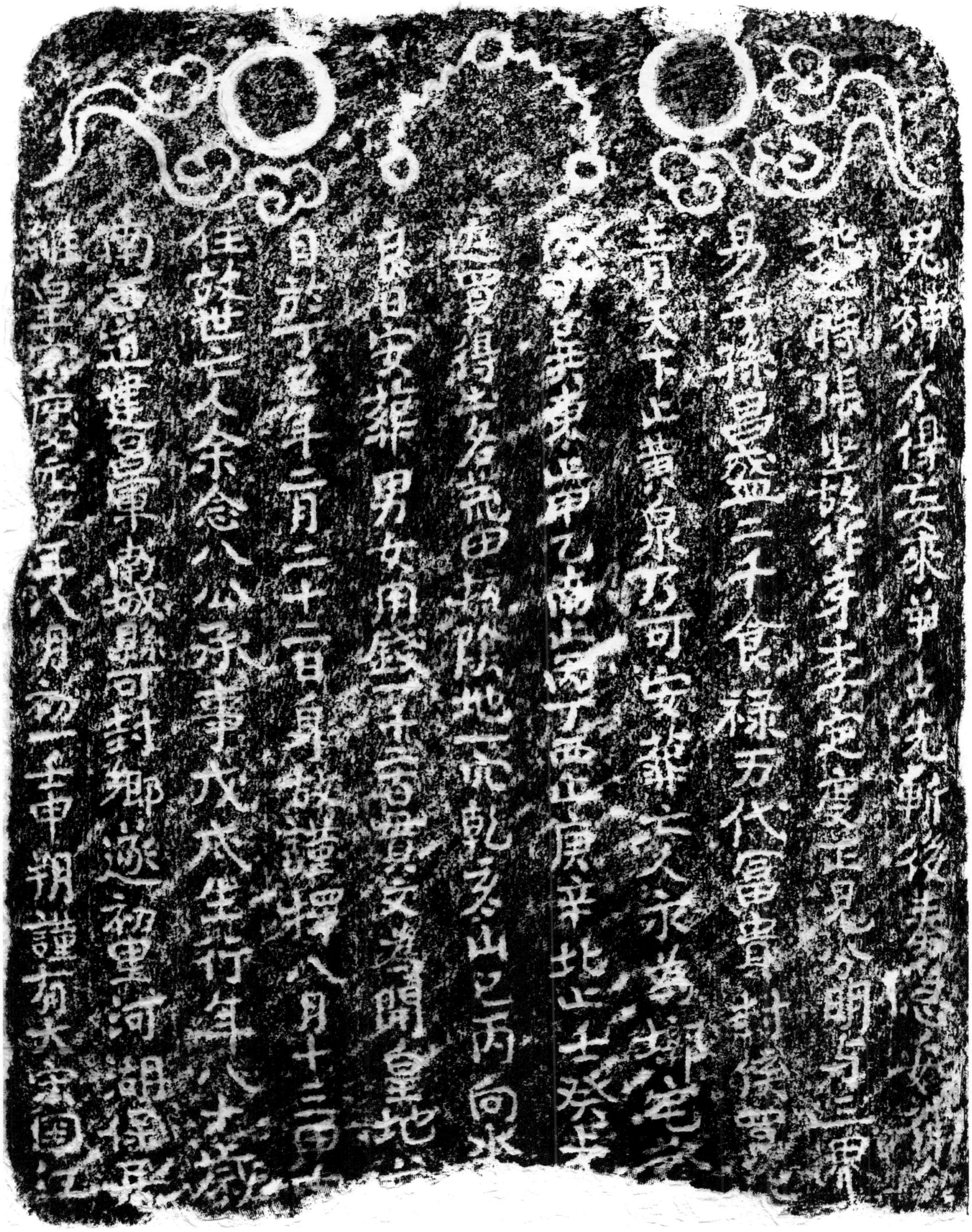

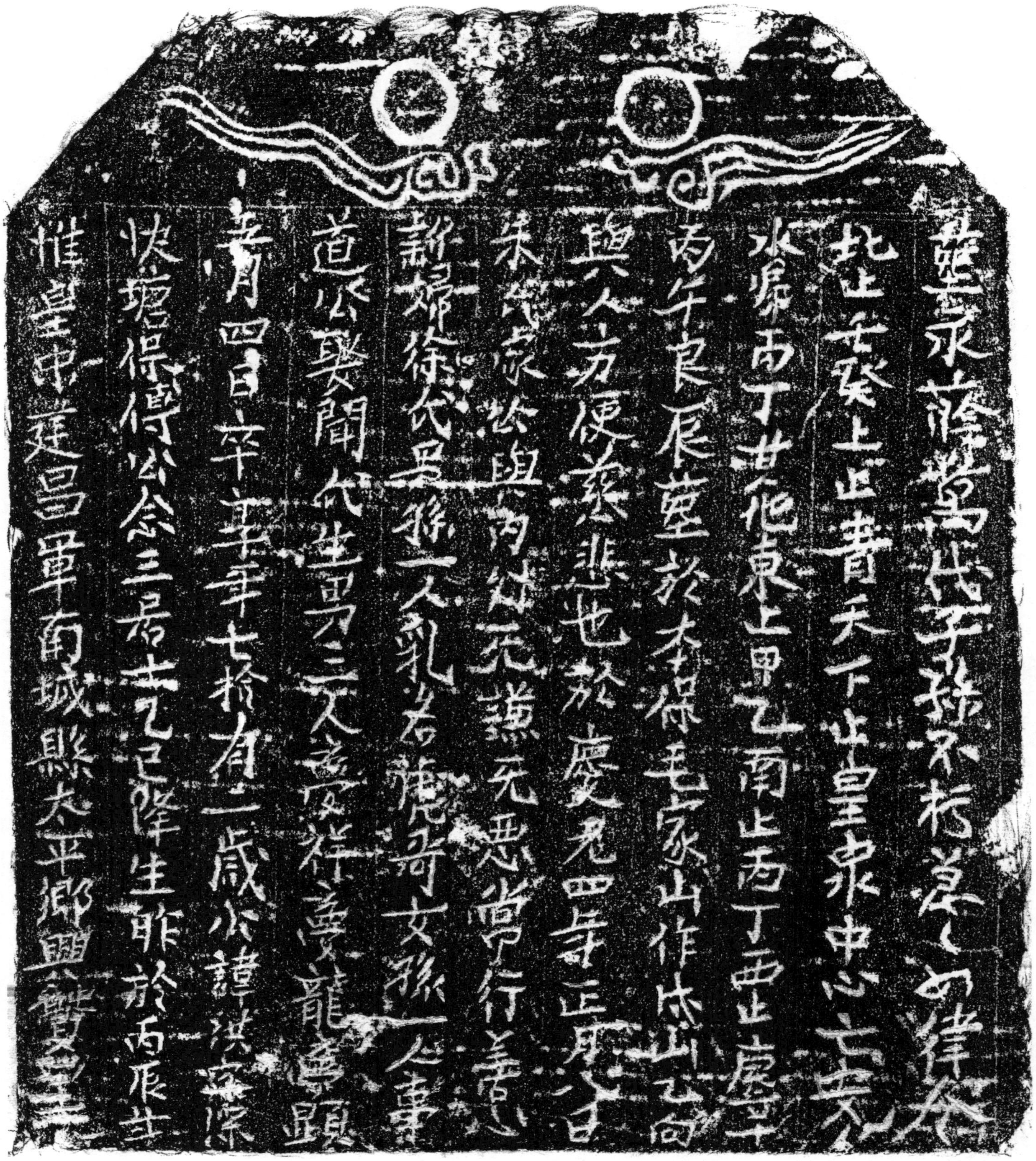

238 傅公地券

時代：南宋慶元四年（1198年）正月八日 尺寸：高41釐米，寬36釐米

239 鄧六十郎地券

時代：南宋慶元四年（1198年）十二月十九日壬午　尺寸：高39.5釐米，寬36釐米

240 黃朝瑞地券

時代：南宋慶元五年己未（1199年）二月二十二日　尺寸：高38.6釐米，寬39.2釐米

241 范氏三娘地券

時代：南宋慶元五年（1199年）七月二十六日丙辰　尺寸：高34.5釐米，寬43.5釐米

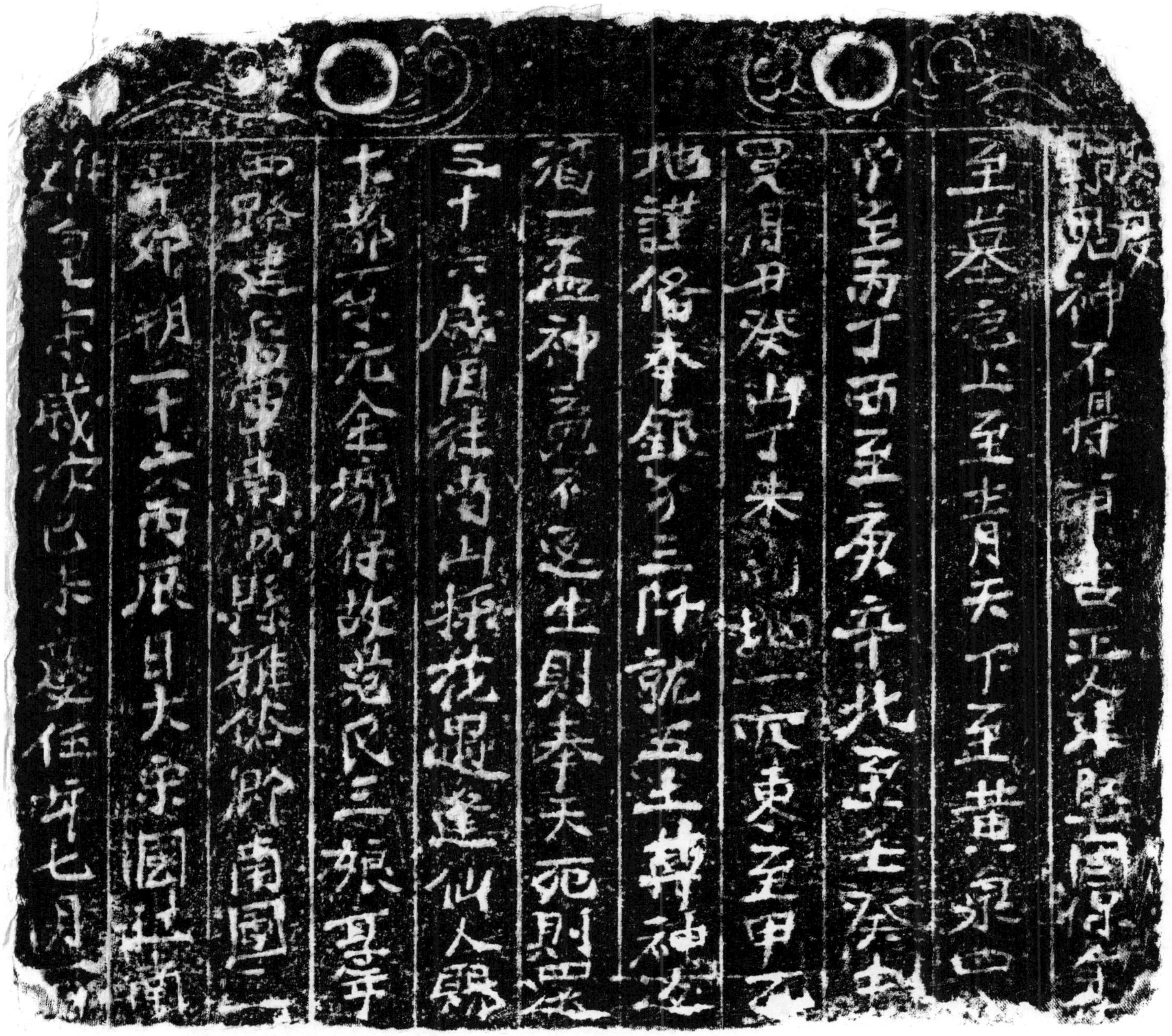

242 劉氏十二娘地券

時代：南宋慶元五年（1199年）八月二十四日

尺寸：高38.4釐米，寬36.6釐米

243 王二郎地券

時代：南宋慶元五年（1199年）十一月十五日　尺寸：高51釐米，寬29釐米

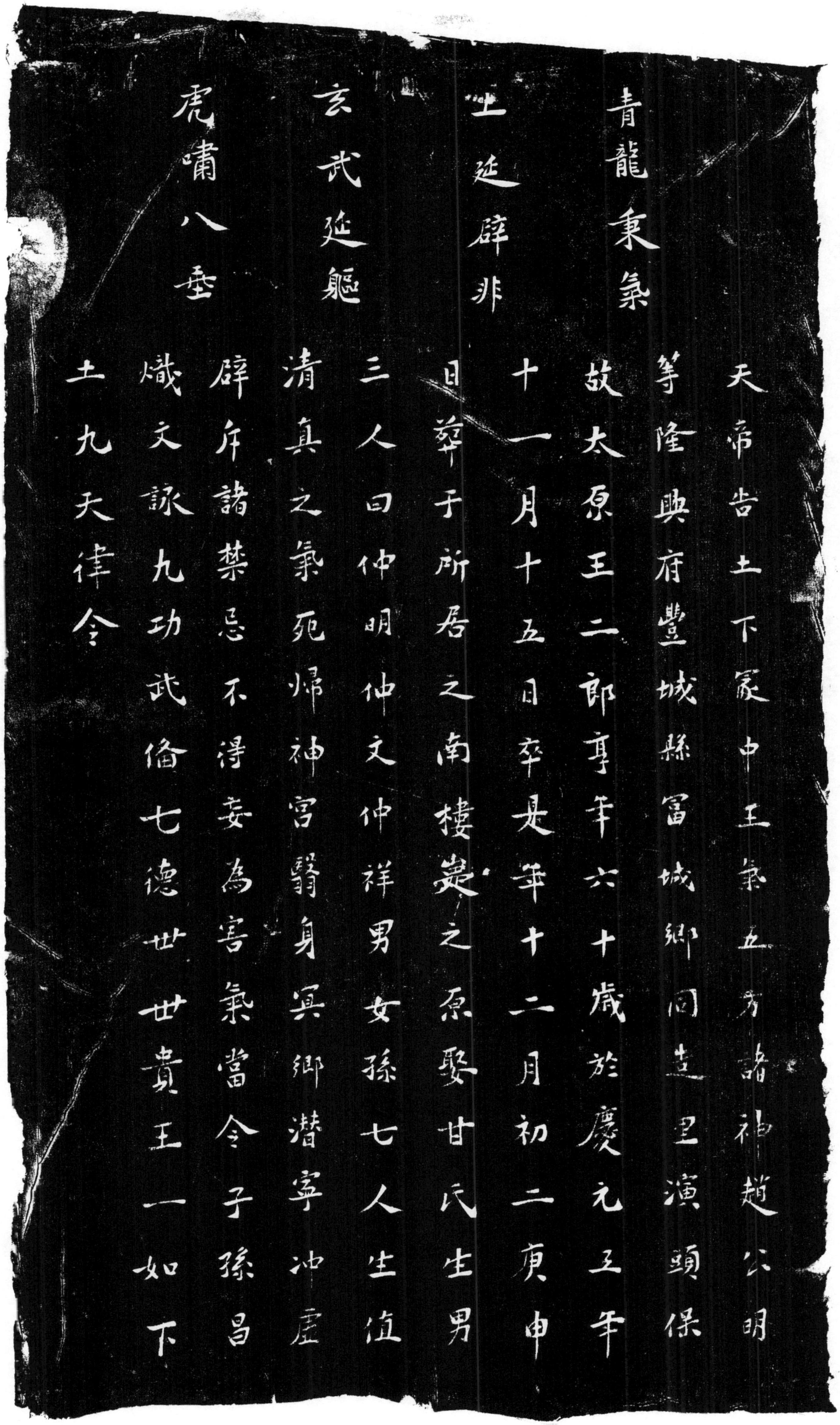
青龍秉氣
土延辟非
玄武延軀
虎嘯八垂
天帝告土下冢中王氣五方諸神趙公明
等隆興府豐城縣富城鄉同造里濱頭保
故太原王二郎享年六十歲於慶元五年
十一月十五日卒是年十二月初二庚申
日葬于所居之南樓[illegible]之原娶甘氏生男
三人曰仲明仲文仲祥男女孫七人生值
清真之氣死歸神宮翳身冥鄉潛寧沖虛
辟斥諸禁忌不得妄為害氣當令子孫昌
熾文詠九功武備七德世世貴王一如下
土九天律令

244 危細四郎地券

時代：南宋慶元六年（1200年）正月十九日　尺寸：高36.5釐米，寬34釐米

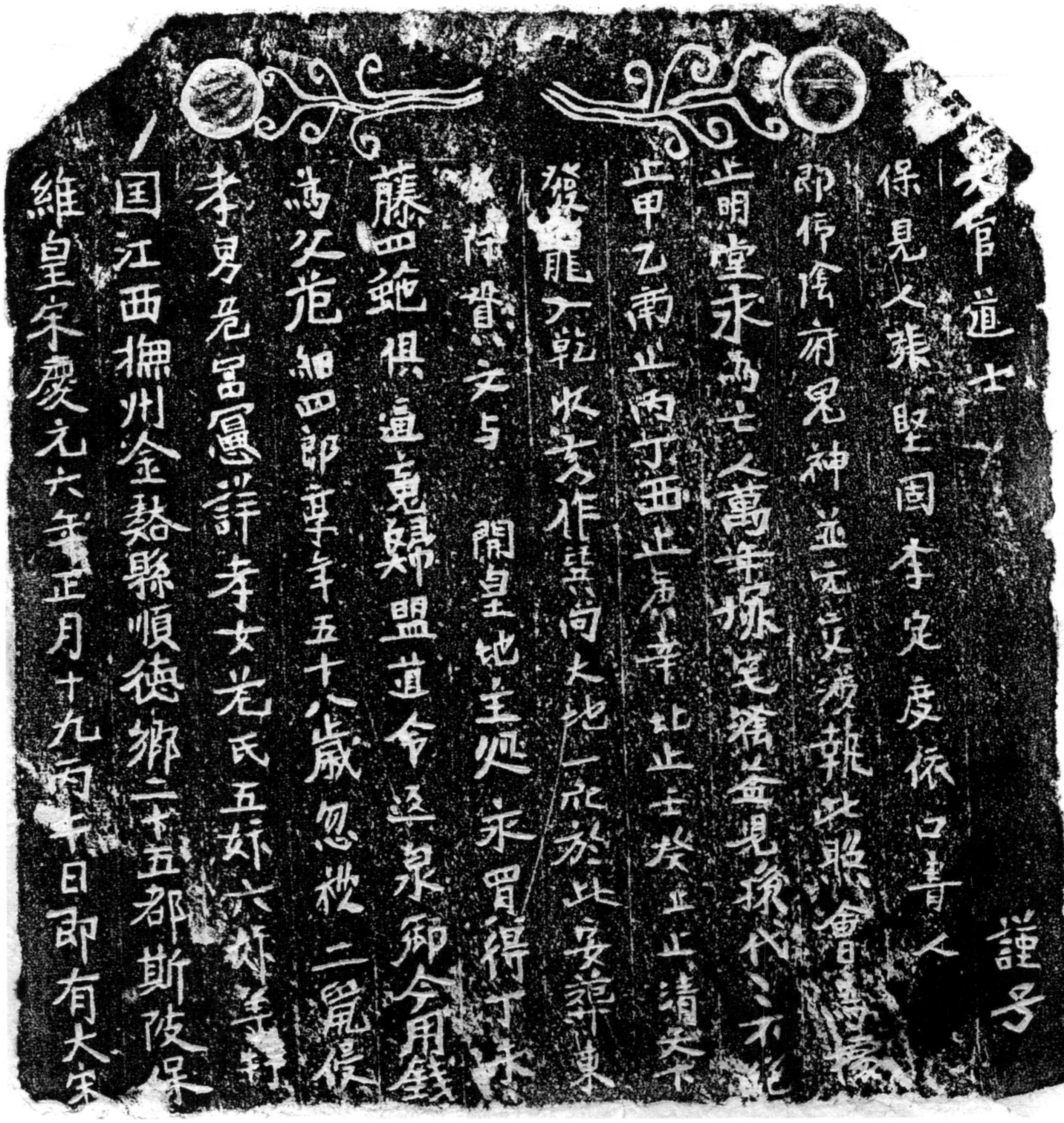
太上官道士　　謹子
保見人張堅固李定度依口青人
郎何信府鬼神並元文勝執此照會為據
上明堂永為亡人萬年塚宅蔭益兒孫代代不絕
止甲乙南止丙丁西止庚辛北止壬癸上止青天下
發龍入乾收辰作巽向大地一穴於此安葬東
伸貫文與　開皇地主處永買得丁未
藤四鈍俱通鬼歸盟道令逐泉鄉今用錢
為父危細四郎享年五十八歲忽被二鼠侵
孝男危富憲祥孝女危氏五娘六娘等
國江西撫州金谿縣順德鄉二十五都斯陂保
維皇宋慶元六年正月十九丙午日即有大宋

245 李細一翁地券

時代：南宋嘉泰元年（1201年）十月　尺寸：高39.7釐米，寬36釐米

246 黄氏地券

時代：南宋嘉泰三年（1203年）四月二十二日

尺寸：高33.5釐米，寬44.5釐米

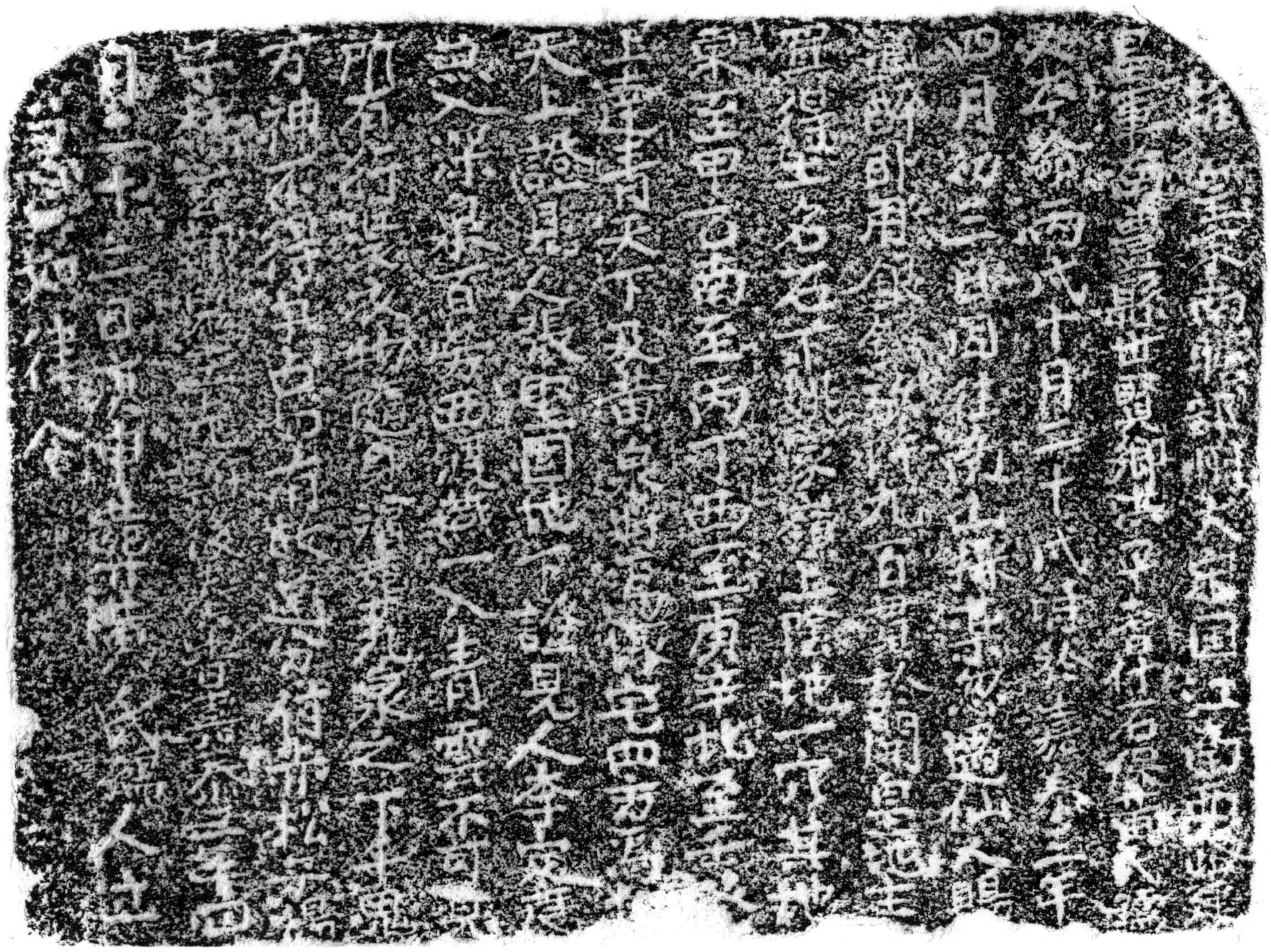

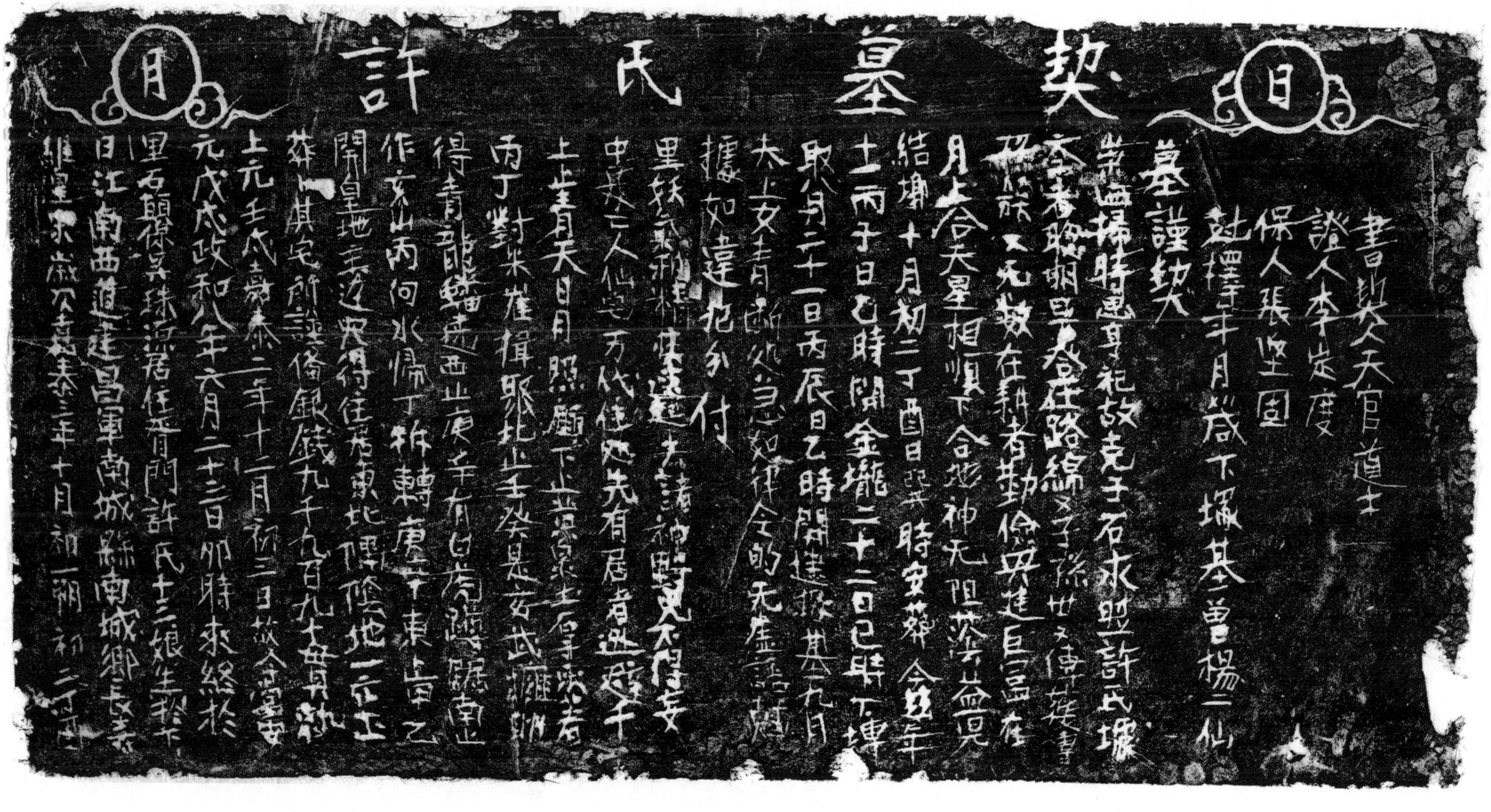

247 許氏墓契

時代：南宋嘉泰三年（1203年）十月初二日　　尺寸：高29釐米，寬56.8釐米

248 歐陽公地券

時代：南宋嘉泰三年（1203年）十月二十五日　尺寸：高31.2釐米，寬30.9釐米

249　胡十六郎地券

時代：南宋嘉泰四年（1204年）八月二日　尺寸：高42.5釐米，寬37.7釐米

250　宋故孺人晏氏地券

時代：南宋嘉泰四年（1204年）九月初一日　尺寸：高58.5釐米，寬41.5釐米

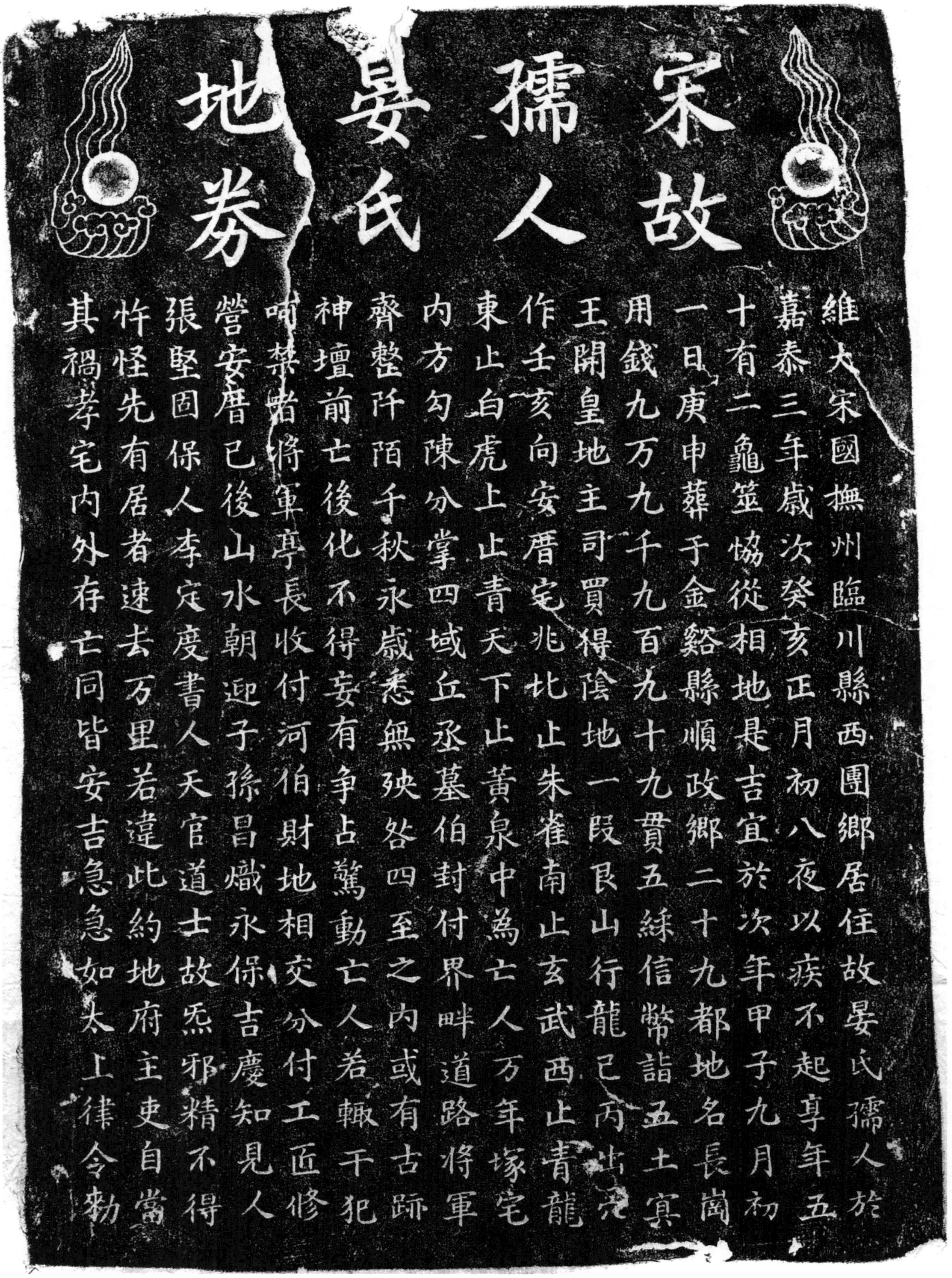

宋故孺人晏氏地券

維大宋國撫州臨川縣西園鄉居住故晏氏孺人於
嘉泰三年歲次癸亥正月初八夜以疾不起享年五
十有二龜筮協從相地是吉宜於次年甲子九月初
一日庚申葬于金谿縣順政鄉二十九都地名長崗
用錢九万九千九百九十九貫五綵信幣詣五土冥
王開皇地主司買得陰地一段艮山行龍已內出穴
作壬亥向安厝宅兆北止朱雀南止玄武西止青龍
東止白虎上止青天下止黃泉中為亡人万年塚宅
內方勾陳分掌四域丘丞墓伯封付界畔道路將軍
齊整阡陌千秋永歲悉無殃咎四至之內或有古跡
神壇前亡後化不得妄有爭占驚動亡人若輙干犯
呵禁者將軍亭長收付河伯財地相交分付工匠修
營安厝已後山水朝迎子孫昌熾永保吉慶知見人
張堅固保人李定度書人天官道士故炁邪精不得
忤怪先有居者速去万里若違此約地府主吏自當
其禍孝宅內外存亡同皆安吉急急如太上律令勑

251　故鄧氏孺人地券

時代：南宋開禧元年（1205年）正月初七日乙丑　尺寸：高42.3釐米，寬52.8釐米

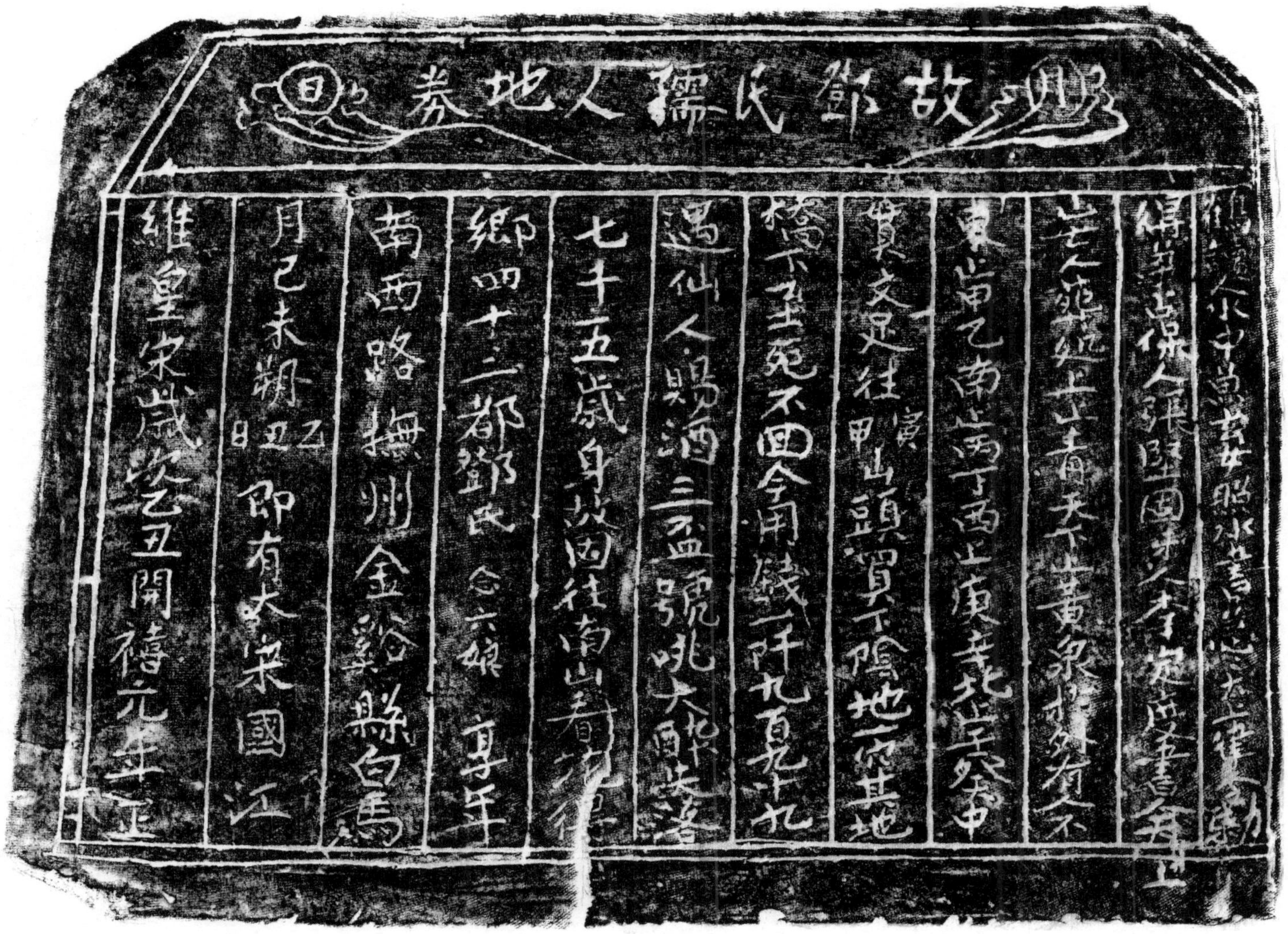

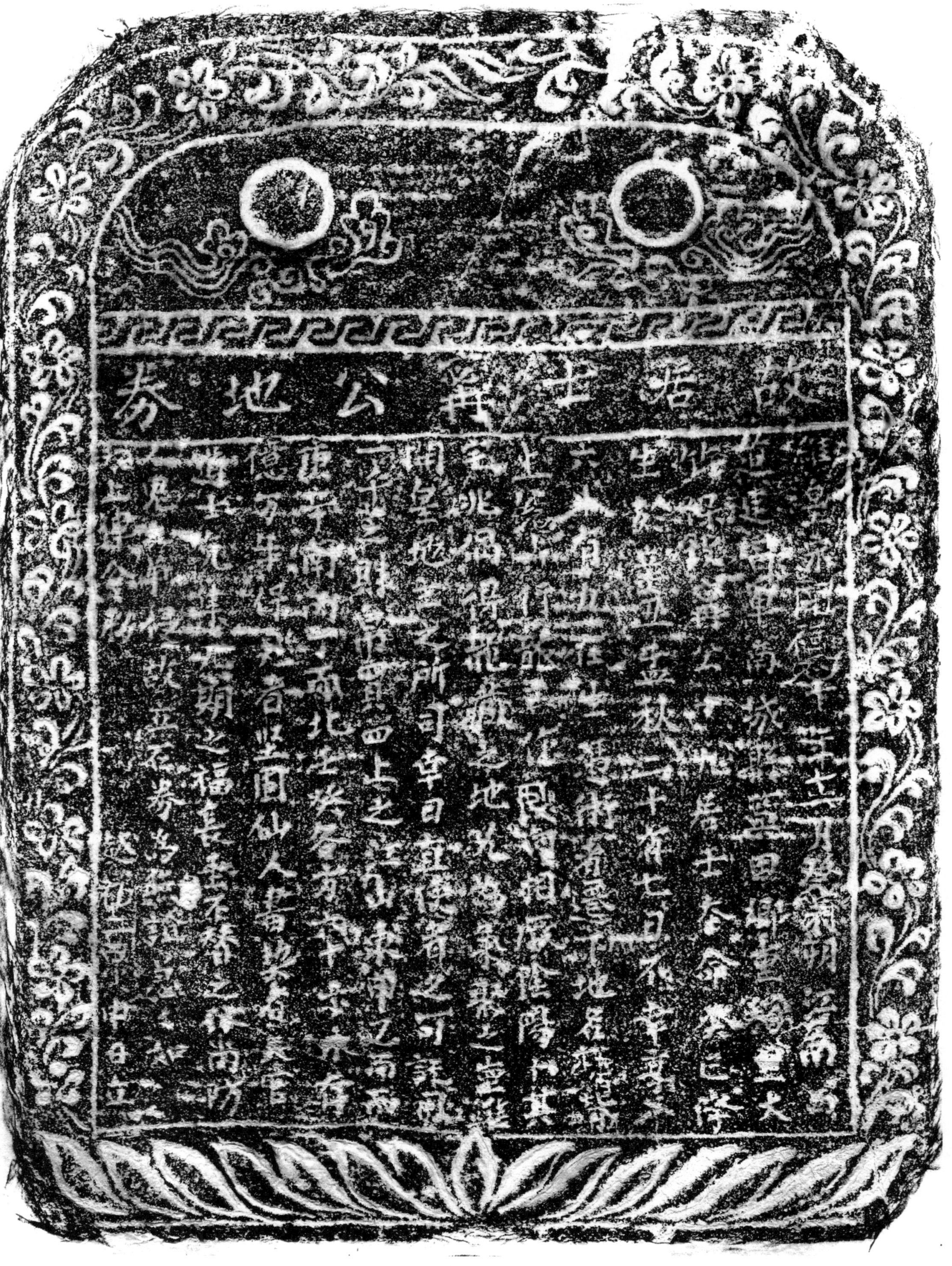

252　故居士甯公地券

時代：南宋開禧元年（1205年）十一月　尺寸：高57.5釐米，寬42.9釐米

253　夏氏大娘地券

時代：南宋開禧二年（1206年）正月十四日　尺寸：高40.5釐米，寬37.5釐米

254 周氏七娘地券

時代：南宋開禧三年（1207年）八月十八日　尺寸：高36釐米，寬39釐米

255 亡過李公地券

時代：南宋開禧三年（1207年）十一月二十五日　尺寸：高29.8釐米，寬30.6釐米

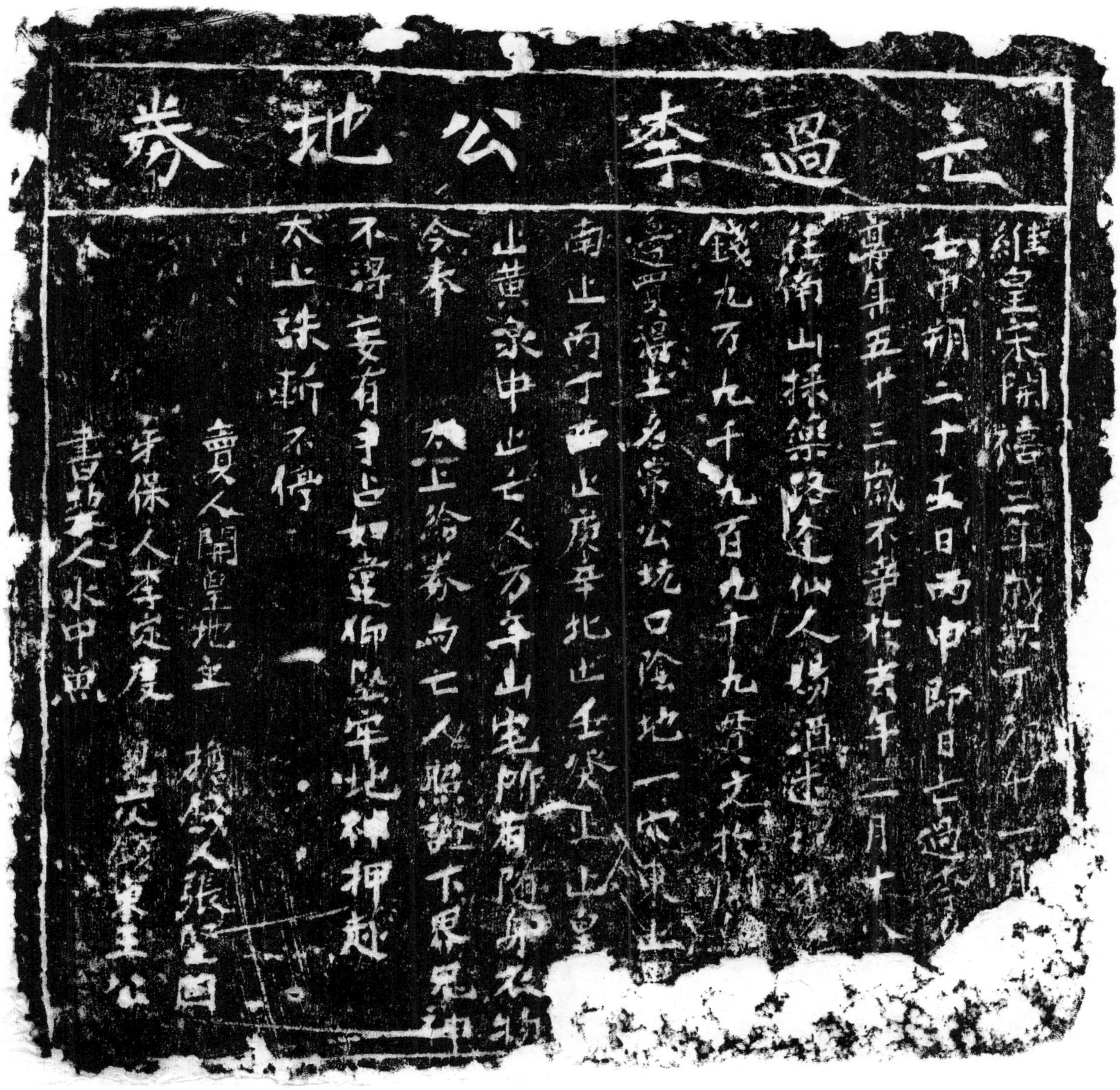

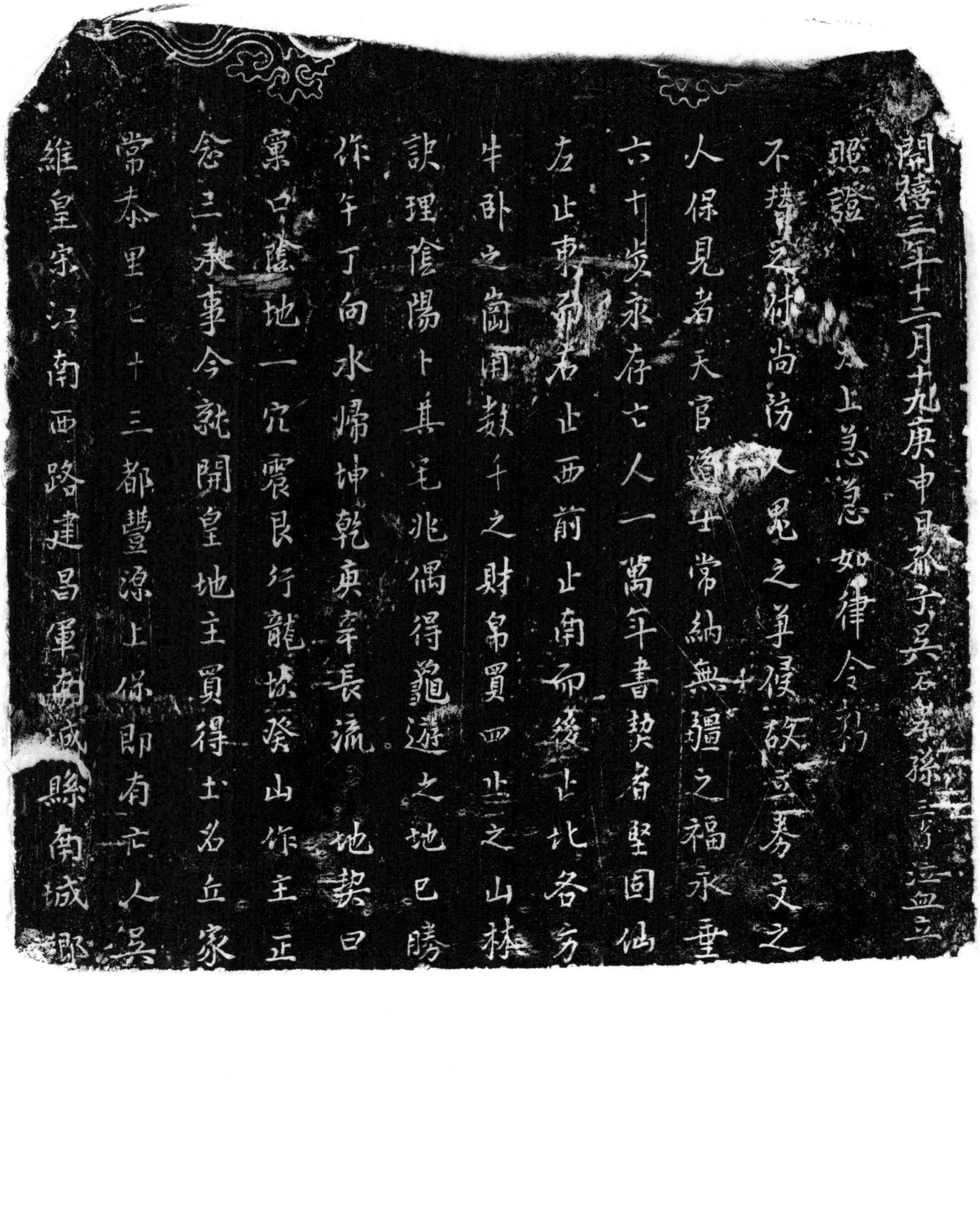
開禧三年十二月十九庚申日孤子吳右孝孫三𫝀泣血立
照證 太上急急如律令勅
不持之材尚防 魍魎之爭侵破此券文之
人保見者天官道士常納無疆之福永垂
六十歲永存亡人一萬年書契者堅固仙
左止東 右止西前止南后止北各方
牛卧之崗用數千之財帛買四至之山林
訣理陰陽卜其宅兆偶得龜遊之地已勝
作午丁向水歸坤乾與辛長流 地契曰
稟口陰地一穴震艮行龍坎癸山作主正
念三承事今就開皇地主買得土名丘家
常泰里七十三都豐源上保即有亡人吳
維皇宋江南西路建昌軍南城縣南城鄉

256 吴公地券

時代：南宋開禧三年（1207年）十二月十九日

尺寸：高45釐米，寬44.2釐米

257 宋故江五十三秀才地券

時代：南宋嘉定元年（1208年）八月二十三日　尺寸：高33.7釐米，寬33.7釐米

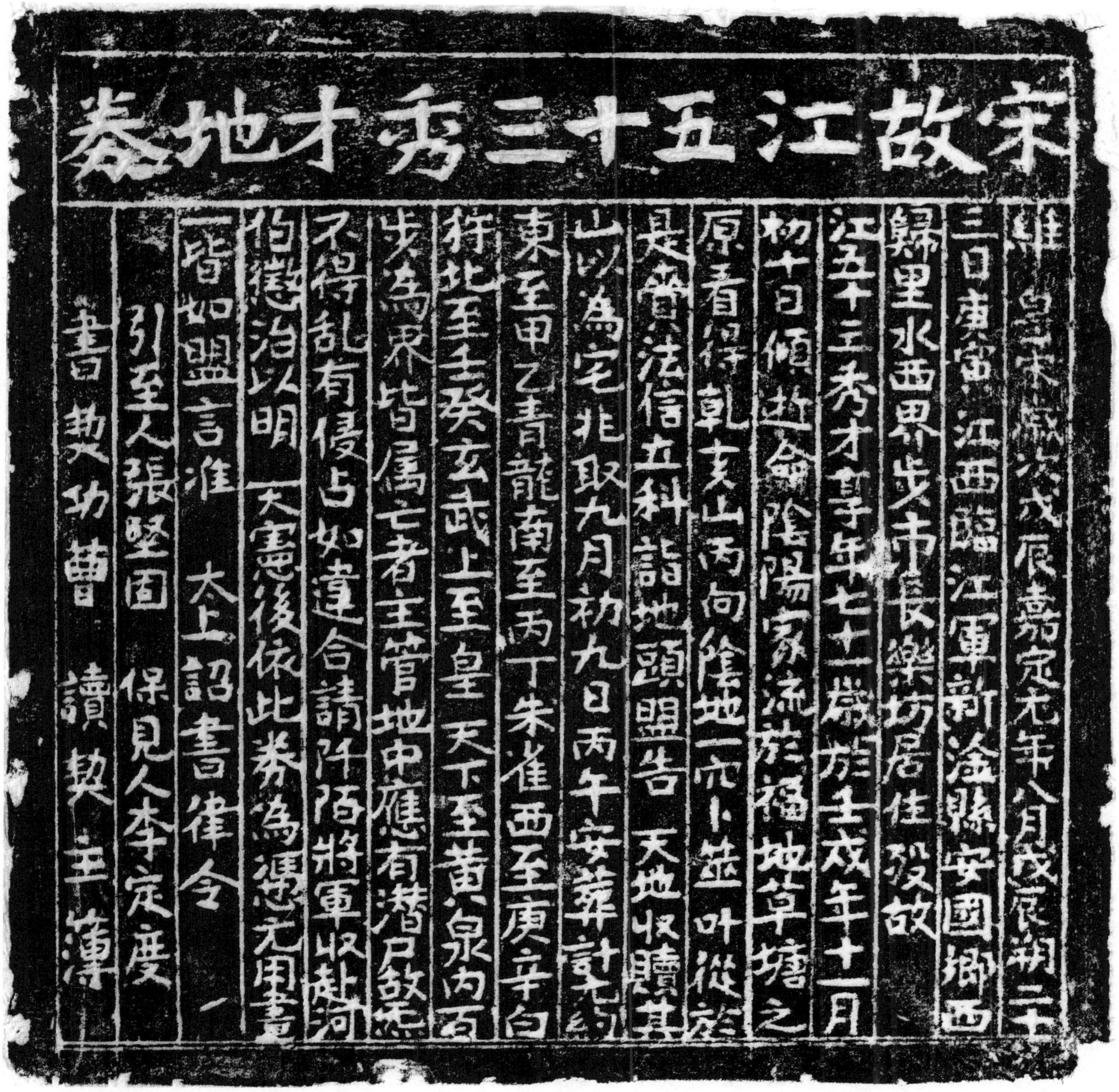
宋故江五十三秀才地券
維皇宋歲次戊辰嘉定元年八月戊辰朔二十
三日庚寅江西臨江軍新淦縣安國鄉西
歸里水西界步市長樂坊居住殁故
江五十三秀才享年七十一歲於壬戌年十一月
初十日傾逝命陰陽家流於福地草塘之
原看得乾亥山丙向陰地一穴卜筮叶從於
是會法信五科詣地頭盟告 天地收贖其
山以為宅兆取九月初九日丙午安葬討乞約
東至甲乙青龍南至丙丁朱雀西至庚辛白
虎北至壬癸玄武上至皇天下至黃泉內方
步為界皆屬亡者主管地中應有潛尸故炁
不得亂有侵占如違令請阡陌將軍收赴河
伯懲治以明 天憲後依此券為憑恐无用書
一皆如盟言准 太上詔書律令
引至人張堅固 保見人李定度
書契功曹 讀契主簿

258 宋故章四五公承事墓券

時代：南宋嘉定二年（1209年）正月二十五日　尺寸：高53釐米，寬47.5釐米

宋故章四五公承事墓券
書人天官道士太歲己巳嘉定二年正月二十五日孝男章詮立石
有保見歲太上有勑先斬後奏保人張堅固見証人李定度
蔭子孫千秋不朽故立此券魍魎鬼神不得妄有干犯
天下至黃泉中至亡人安寢之地永為佳城亡者安逝蔭
長流其地東止甲乙南止丙丁西止庚辛北止壬癸上至青
從山行龍坎山出向作丁向丁水流丙丙水歸巽伏轉未坤
良日用錢三万二千貫買到陰宅一區在宅西土名章居是
女孫四人五娘七娘八娘妹哩一族孝眷擇定此月二十五己未
梅承事宅女婚梅必達男孫五人長九叔次九萬次哥六哥七哥
娘鄧氏九娘高氏二娘女一人章氏九娘出適宜黃縣大潜保
長曰龔英次彥俊彥安彥祥彥珎新婦四人傅氏七四娘黃氏六
二年己巳正月初一乙未朔初十甲辰日傾逝存生存日有子五人
己巳十月十二日午時建生享年六十一歲娶黃氏不幸於嘉定
維皇宋世居撫州臨川縣新豐鄉敬順里黃源水西保居住

259 李二公墓券

時代：南宋嘉定二年（1209年）九月二十五日　尺寸：高45釐米，寬37釐米

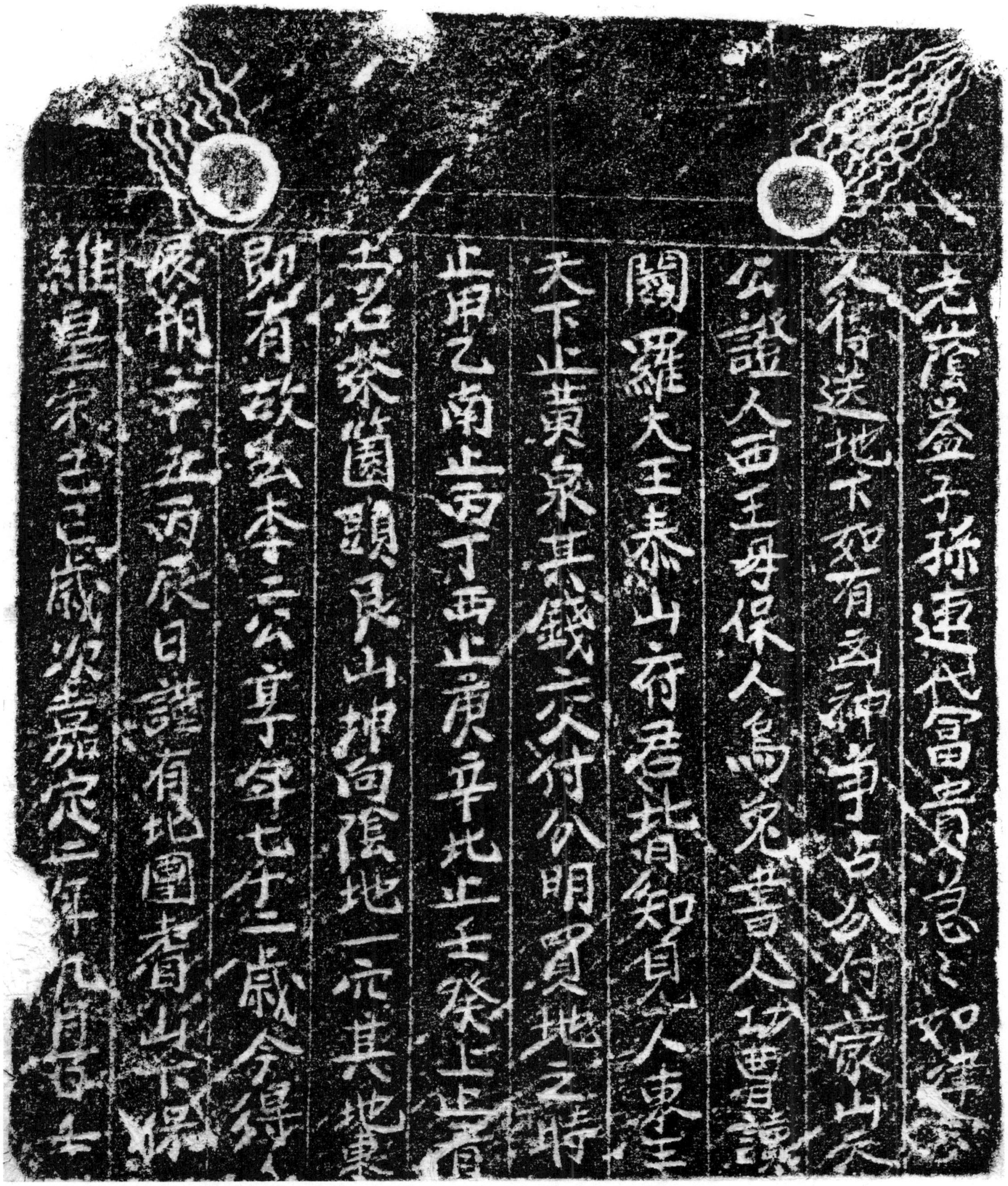

260　付光大父地券

時代：南宋嘉定三年（1210年）正月二十日　尺寸：高38.7釐米，寬30.4釐米

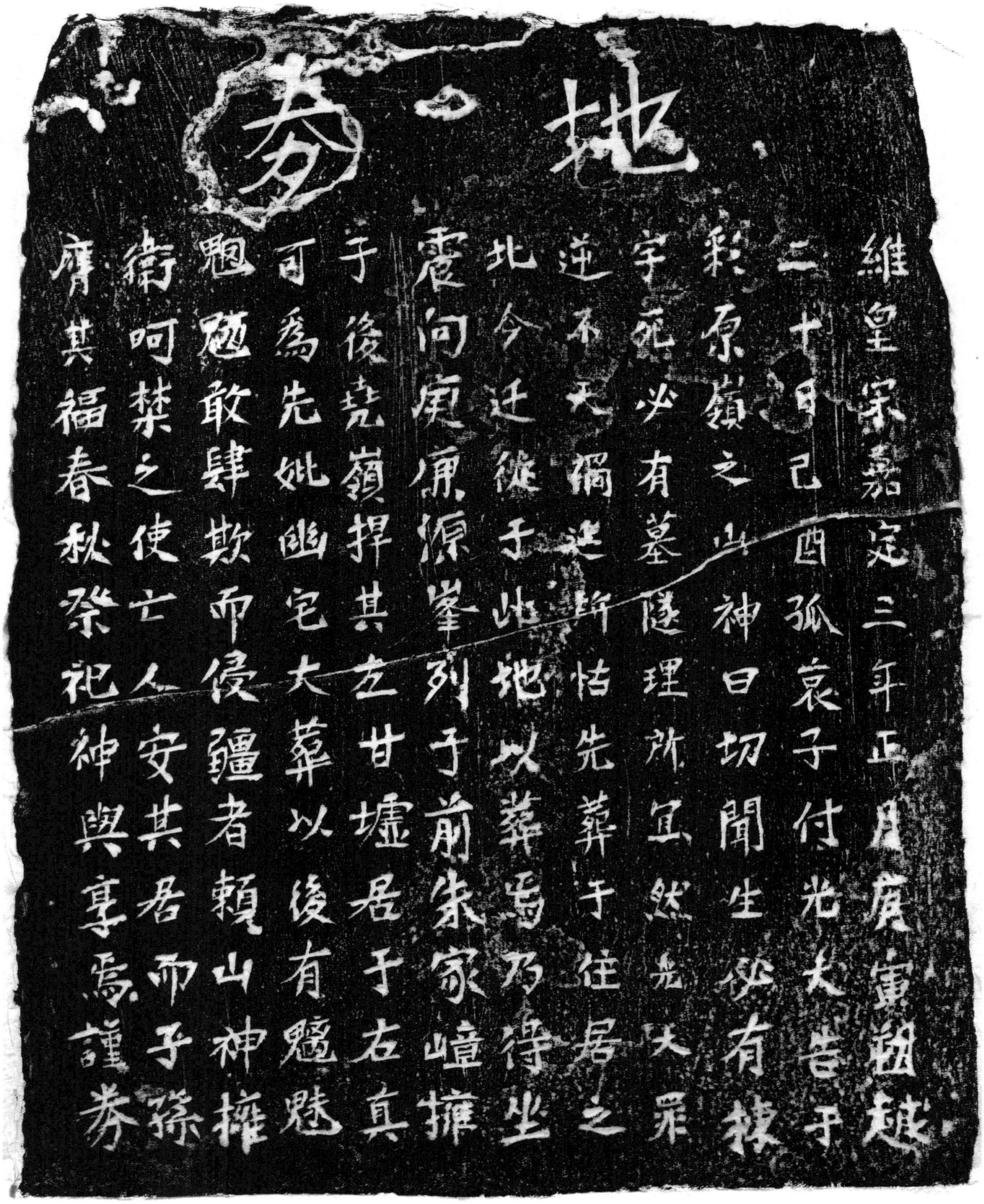
地券

維皇宋嘉定三年正月庚寅朔越
二十日己酉孤哀子付光大告于
彩原嶺之山神曰切聞生必有棲
宇死必有墓隧理所宜然光大罪
逆不天禍延所怙先葬于住居之
北今迁從于此地以葬焉乃得坐
震向庚庚源峯列于前朱家嶂擁
于後堯嶺捍其左甘墟居于右真
可為先妣幽宅大葬以後有魑魅
魍魎敢肆欺而侵疆者賴山神擁
衛呵禁之使亡人安其居而子孫
膺其福春秋祭祀神與享焉謹券

261　周氏三娘地券

時代：南宋嘉定三年（1210年）六月十六日　尺寸：高43釐米，寬41.3釐米

地券

大宋国江西路建昌軍南城縣太平鄉三異里七都乂城保徐門信女周氏三娘本命庚辰行年五十一歲因往南山採藥致死遂用銀錢三千貫就開皇地主邊買得住居嶺上陰地一穴安葬其地行龍自乾轉辛戌坐庚作甲向東止艮震南止巽离西止坤兑北止乾坎上止青天下止黃泉中心立穴永為亡人宅兆蔭益子孫代代富貴緜遠御龍神常切衛護不得容令外来精邪妄有爭占如違依天法施行急急如律令嘉定三年庚午太歲六月十六日立

永賣地人開皇地主

牙人張堅固　證人李定度

書人天冠道士

262 宋曾公五四承事墓券

時代：南宋嘉定三年（1210年）八月二十九日

尺寸：高47釐米，寬35.4釐米

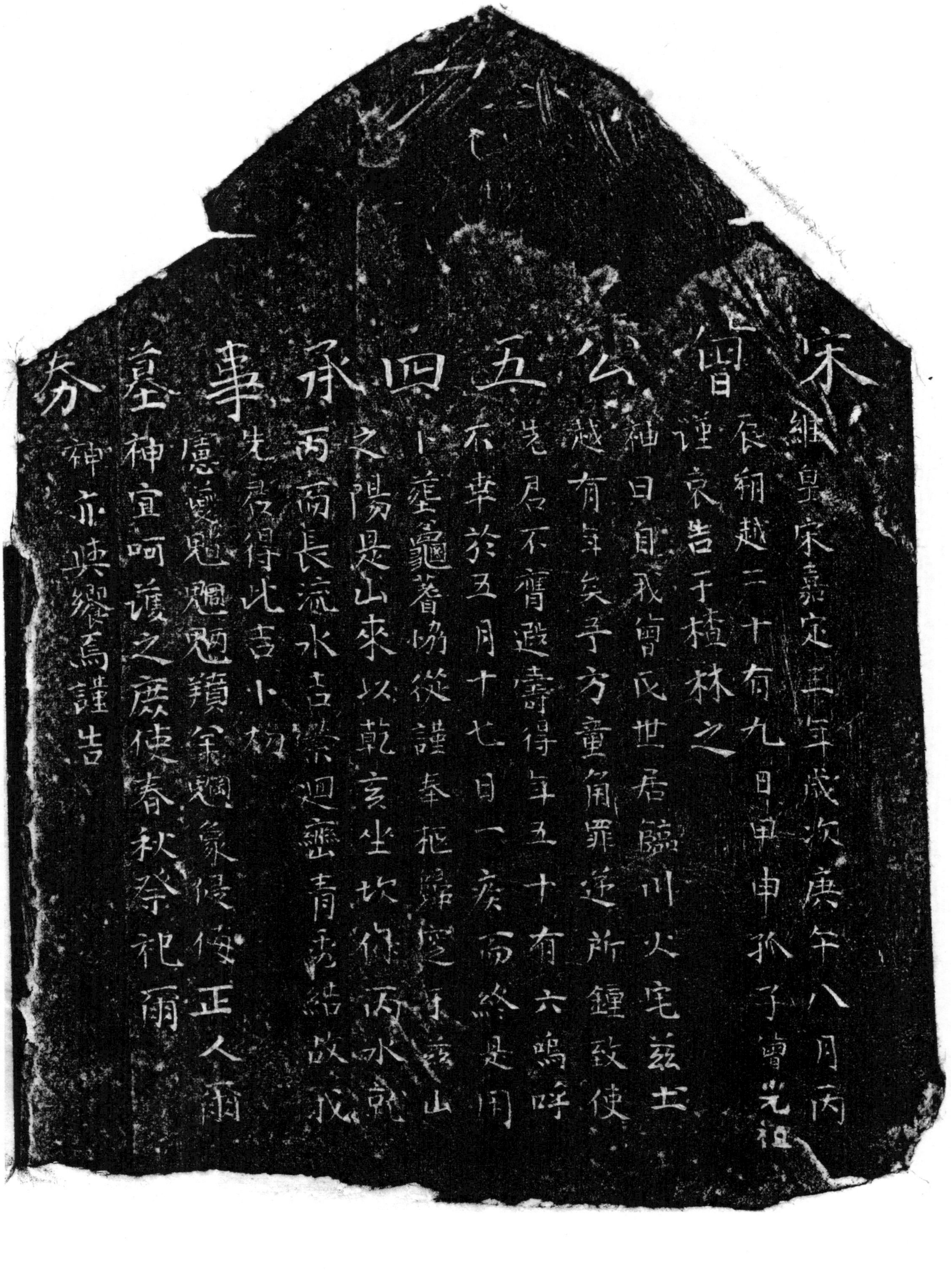

宋曾公五四承事墓券

維皇宋嘉定三年歲次庚午八月丙
辰朔越二十有九日甲申孫子曾光祖
謹哀告于植林之
神曰自我曾氏世居臨川火宅茲土
越有年矣予方童角罹逆所鍾致使
先君不肯避壽得年五十有六嗚呼
不幸於五月十七日一疾而終是用
卜筮龜蓍協從謹奉柩歸窆于茲山
之陽是山來以乾亥坐坎作丙水就
丙而長流水吉縈迴繚青秀結故我
先君得此吉卜初
慮夔魑魍魎[illegible][illegible]魍象侵侮正人爾
神宜呵護之廣使春秋祭祀爾
神亦與饗焉謹告

263 劉公地券

時代：南宋嘉定三年（1210年）九月二十一日　尺寸：高44釐米，寬43.8釐米

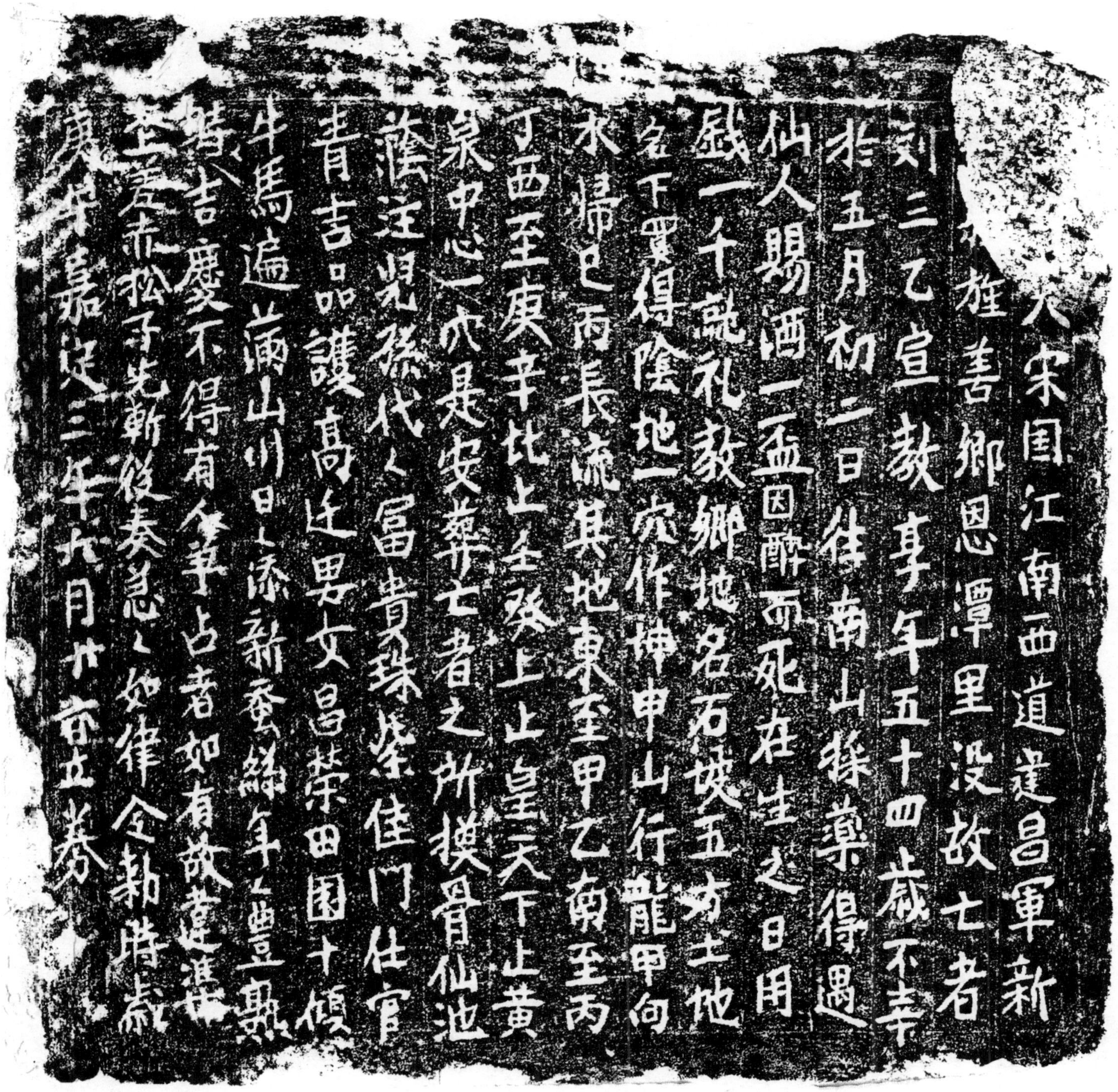
大宋国江南西道建昌軍新
城旌善鄉恩潭里没故亡者
刘三乙宣教享年五十四歲不幸
於五月初二日往南山採藥得遇
仙人賜酒一盃因醉而死在生之日用
錢一千貫礼致鄉地名石坡五方土地
名下買得陰地一穴作坤申山行龍甲向
水歸巳丙長流其地東至甲乙南至丙
丁西至庚辛北上至癸上上皇天下止黄
泉中心一穴是安葬亡者之所換骨仙池
蔭注児孫代代富貴珠紫佳門仕官
青吉品護高廷男女昌榮田園千頃
牛馬遍滿山川日日添新蚕絲年年豐熟
時吉慶不得有人爭占者如有故違準
丞上差赤松子先斬後奏急急如律令勅將歲
庚午嘉定三年九月廿一日立券

264 徐氏八娘地券

時代：南宋嘉定三年（1210年）十二月初七日

尺寸：高43.4釐米，寬39.4釐米

265 鄧四郎地券

時代：南宋嘉定三年（1210年）十二月二十三日　尺寸：高45.7釐米，寬42.5釐米

266 余七三秀才地券

時代：南宋嘉定四年（1211年）六月初一日

尺寸：高41釐米，寬34.6釐米

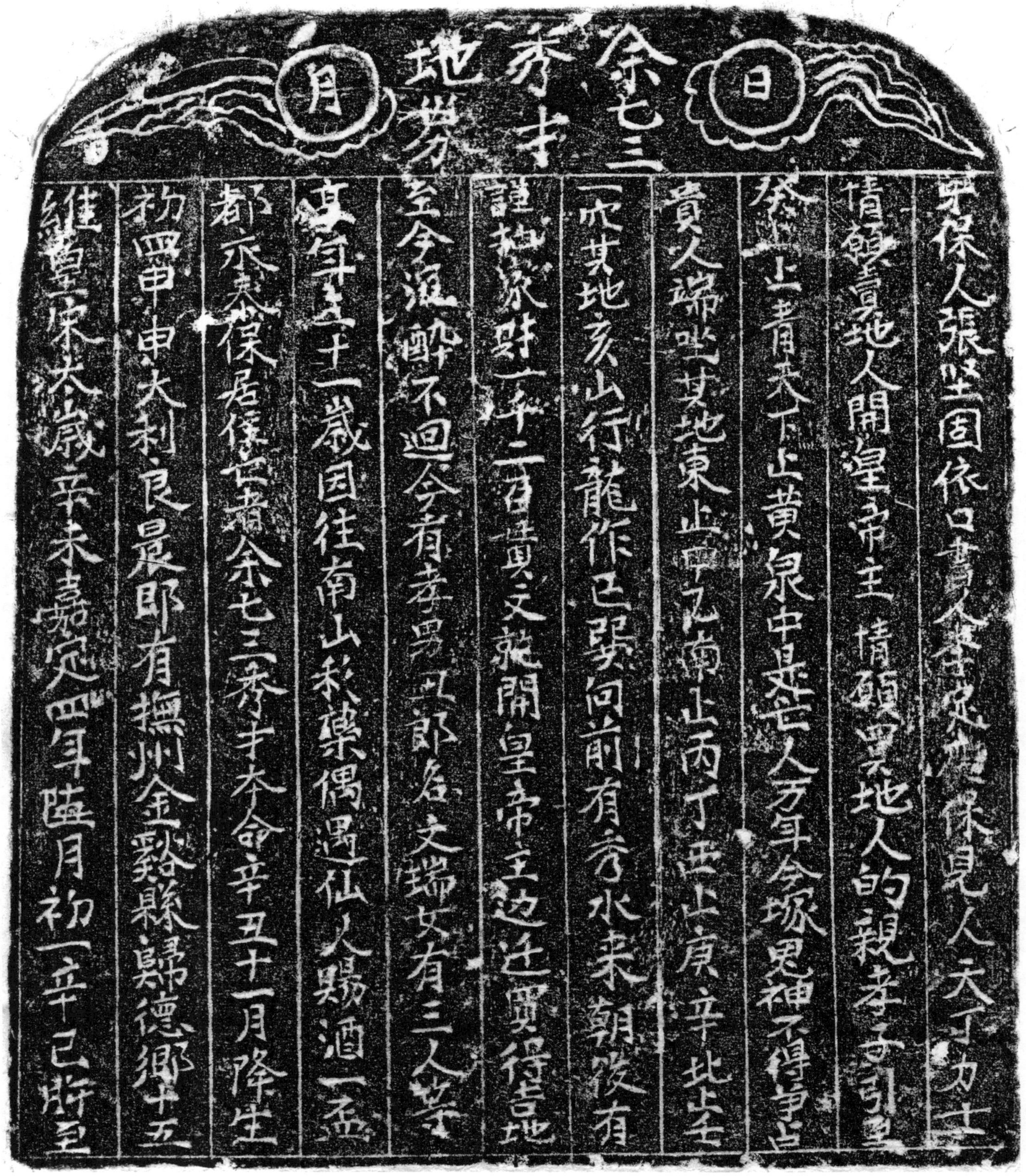

267　熊二郎地券

時代：南宋嘉定四年（1211年）八月初五日　尺寸：高45釐米，寬42釐米

維皇宋嘉定四年歲次辛未八月初五甲申
良日即有建昌軍南城縣太平鄉八都後坑
下保亡人熊二郎享年六十八歲今就
地主边買得陰地一穴安葬其地
西坐乾山作巽向元辰水流巳丙丙水歸丁長流
慶昌女熊氏二娘
其地東止甲乙南止丙丁西止庚辛北止壬癸上止
青天下止黃泉中是亡人熊二郎千年塚宅
百子千孫不得鬼神爭占太上老君急急如律令
勅　保見人張堅固　證人李定度
依口書人天官道士
孝男熊慶昌　孝女熊氏二娘

268　少五秀才地券

時代：南宋嘉定五年（1212年）十月二十日　尺寸：高34.5釐米，寬34釐米

維皇宋嘉定五年歲次壬申十
月癸酉朔二十日壬辰撫州宜黃
縣仙桂鄉十都俞坊水東保沒故
少五秀才本命壬戌閏十二月十
日辰時生於今年正月二十日夭化
令用銀錢三千就此開皇地主邊買
得陰地一穴兌山卯向安葬保人張
堅固證人李定度東止甲乙南止丙
丁西止庚辛北止壬癸四止之內乞為
主邪神不得爭占准　太上律令敕行

269 僥十八郎地券

時代：南宋嘉定五年（1212年）十二月　尺寸：高37.2釐米，寬40.5釐米

270 上官三郎地券

時代：南宋嘉定六年（1213年）閏九月十五日　尺寸：高42.3釐米，寬36.5釐米

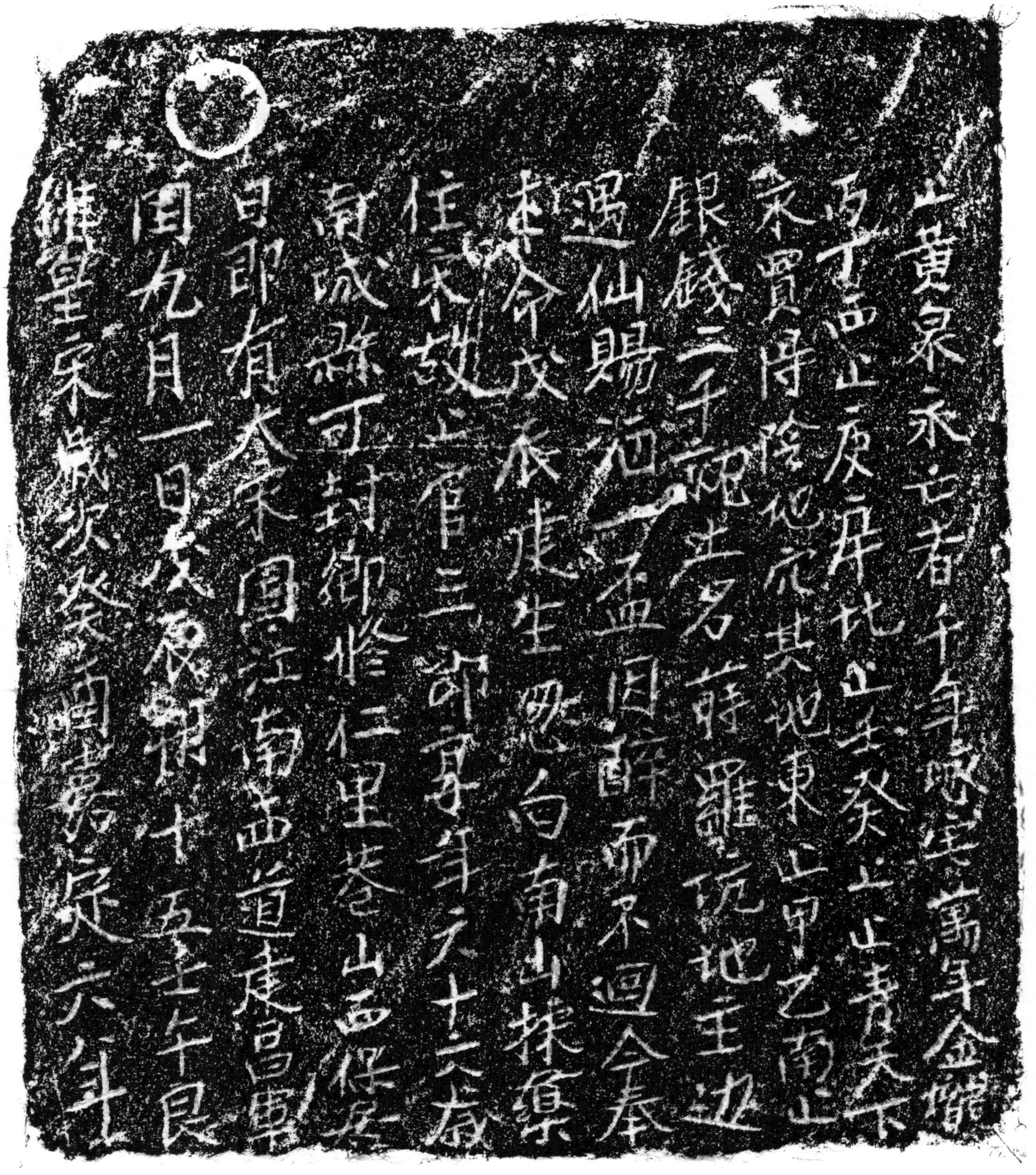

271 張氏地券

時代：南宋嘉定六年（1213年）閏九月二十九日　尺寸：高33釐米，寬24.5釐米

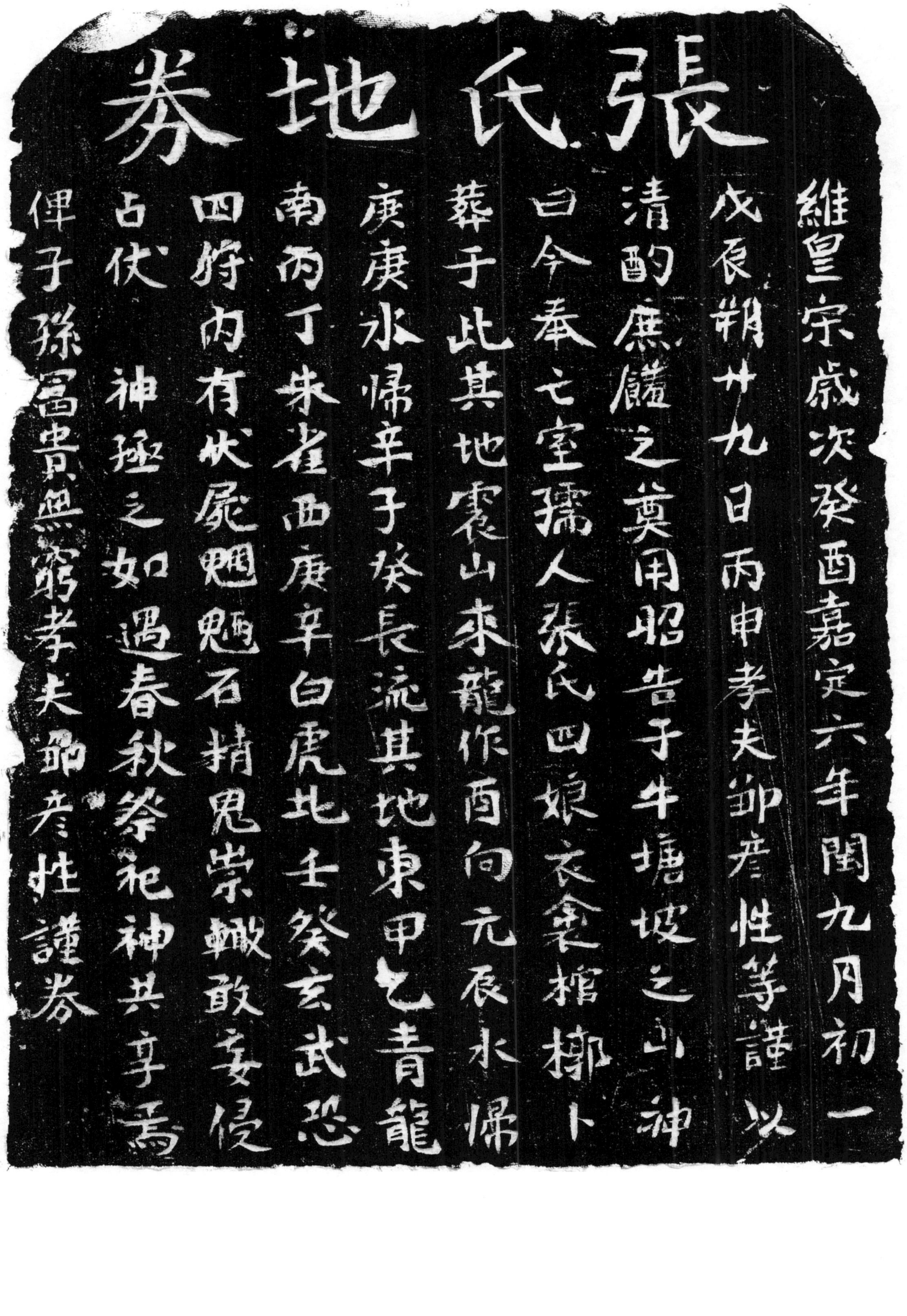

張氏地券

維皇宋歲次癸酉嘉定六年閏九月初一
戊辰朔廿九日丙申孝夫鄧彥性等謹以
清酌庶饈之奠用昭告于牛塘坡之山神
曰今奉亡室孺人張氏四娘衣衾棺槨卜
葬于此其地震山來龍作酉向元辰水帰
庚庚水帰辛子癸長流其地東甲乙青龍
南丙丁朱雀西庚辛白虎北壬癸玄武恐
四肘內有伏屍魍魎石精鬼祟輒敢妄侵
占伏　神殛之如遇春秋祭祀神共享焉
俾子孫富貴無窮孝夫鄧彥性謹券

272 王二郎地券

時代：南宋嘉定七年（1214年）九月二十六日　尺寸：高30.4釐米，寬30.6釐米

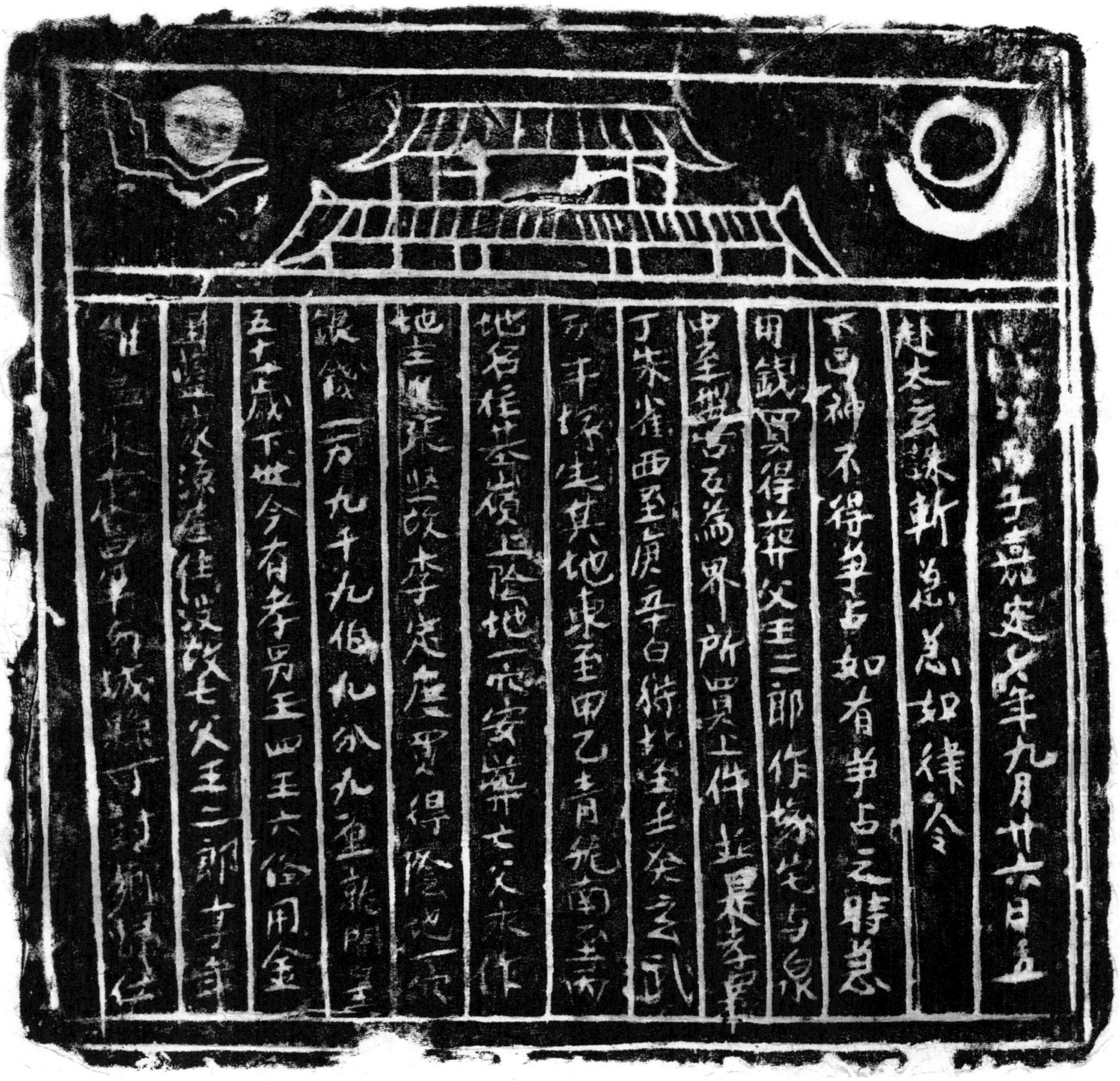

273　宋故陳氏墓券

時代：南宋嘉定七年（1214年）十月五日　尺寸：高58.5釐米，寬45釐米

宋故陳氏墓券
維皇宋嘉定七年十月朔越五日丙申陳氏夫
黃文郊偕男璡璉桂隱玠孫男錙煥燁熅
如陵如川如松如椿如圭如山如璋等謹哀告于
此山之神曰陳氏生於紹興之丙寅五月卒於
嘉定之壬申十一月今之日孝子暨孫扶柩而
投葬于大洞西之伯澤原右際楚坑郎先塋也
左聽神岫乃巨鎮也羅峯之勝地外其前連珠
之仙島擣其後維此羣山寶擁衛之其或魑魅
魍魎敢有睥睨我宜當剿竊我宜器者惟此山
靈實珍藏之俾陳氏精魄安於斯樂於斯永古藏
於斯則春秋祭祀神其與饗之謹告

274 故孺人張氏地券

時代：南宋嘉定七年（1214年）十月二十五日　尺寸：高49.2釐米，寬41.3釐米

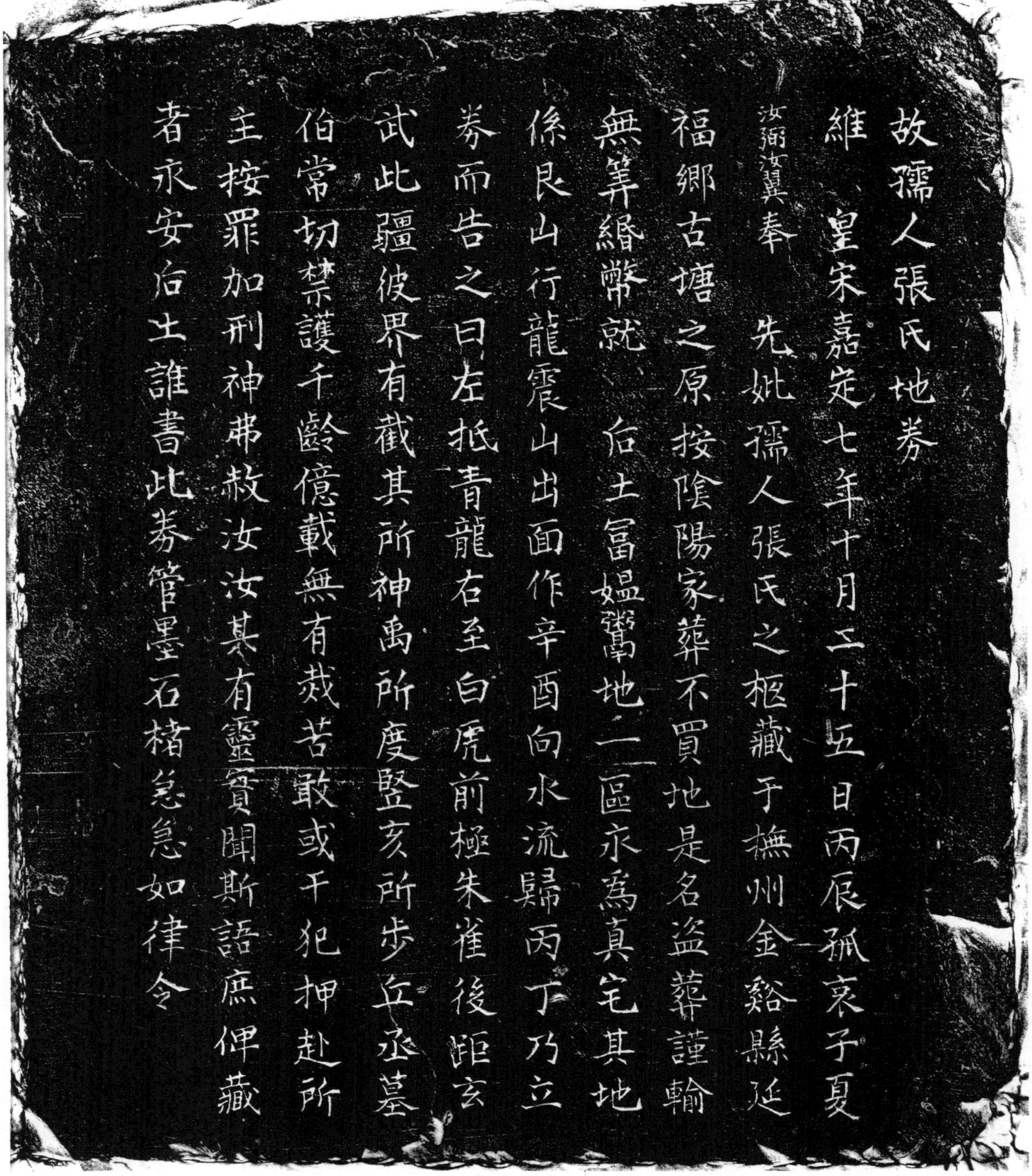

故孺人張氏地券
維　皇宋嘉定七年十月二十五日丙辰孤哀子夏
汝弼汝翼奉　先妣孺人張氏之柩藏于撫州金谿縣延
福鄉古塘之原按陰陽家葬不買地是名盜葬謹輸
無算緡幣就　后土富媪鬻地一區永爲真宅其地
係艮山行龍震山出面作辛酉向水流歸丙丁乃立
券而告之曰左抵青龍右至白虎前極朱雀後距玄
武此疆彼界有截其所神禹所度竪亥所步丘丞墓
伯常切禁護千齡億載無有災苦敢或干犯押赴所
主按罪加刑神弗赦汝汝其有靈實聞斯語庶俾藏
者永安后土誰書此券管墨石楮悤悤如律令

275　陳氏三娘地券

時代：南宋嘉定七年（1214年）十二月　尺寸：高42.5釐米，寬36釐米

276　李九郎地券

時代：南宋嘉定八年（1215年）五月初二日　尺寸：高43.7釐米，寬39.5釐米

277 宋故亡鄧氏四娘地券

時代：南宋嘉定八年（1215年）七月二十五日

尺寸：高34.5釐米，寬35釐米

278 謝念二公地券

時代：南宋嘉定九年（1216年）十月二十三日

尺寸：高34釐米，寬27釐米

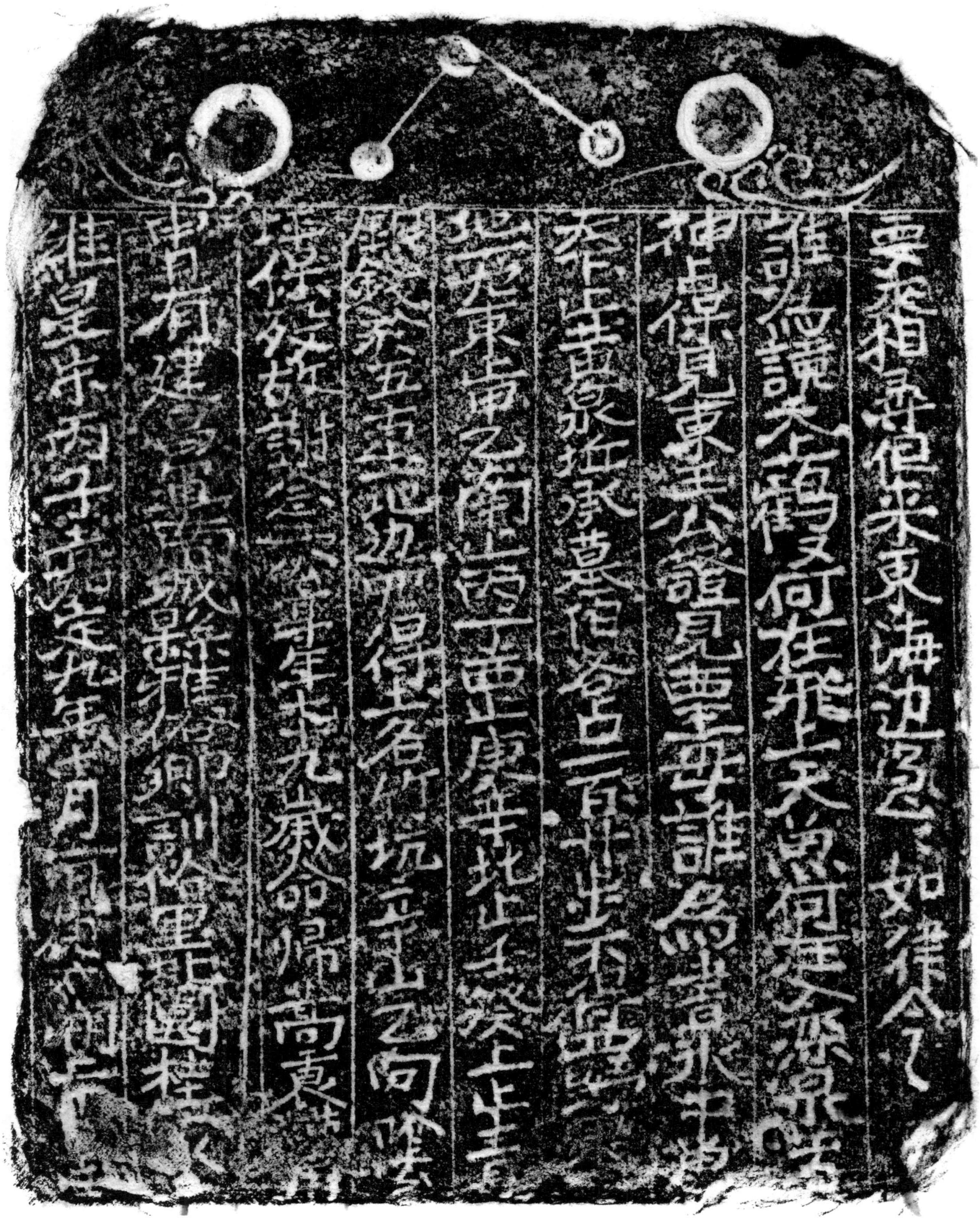

279 甘氏地券

時代：南宋嘉定九年（1216年）十二月二十五日　尺寸：高39.6釐米，寬35.4釐米

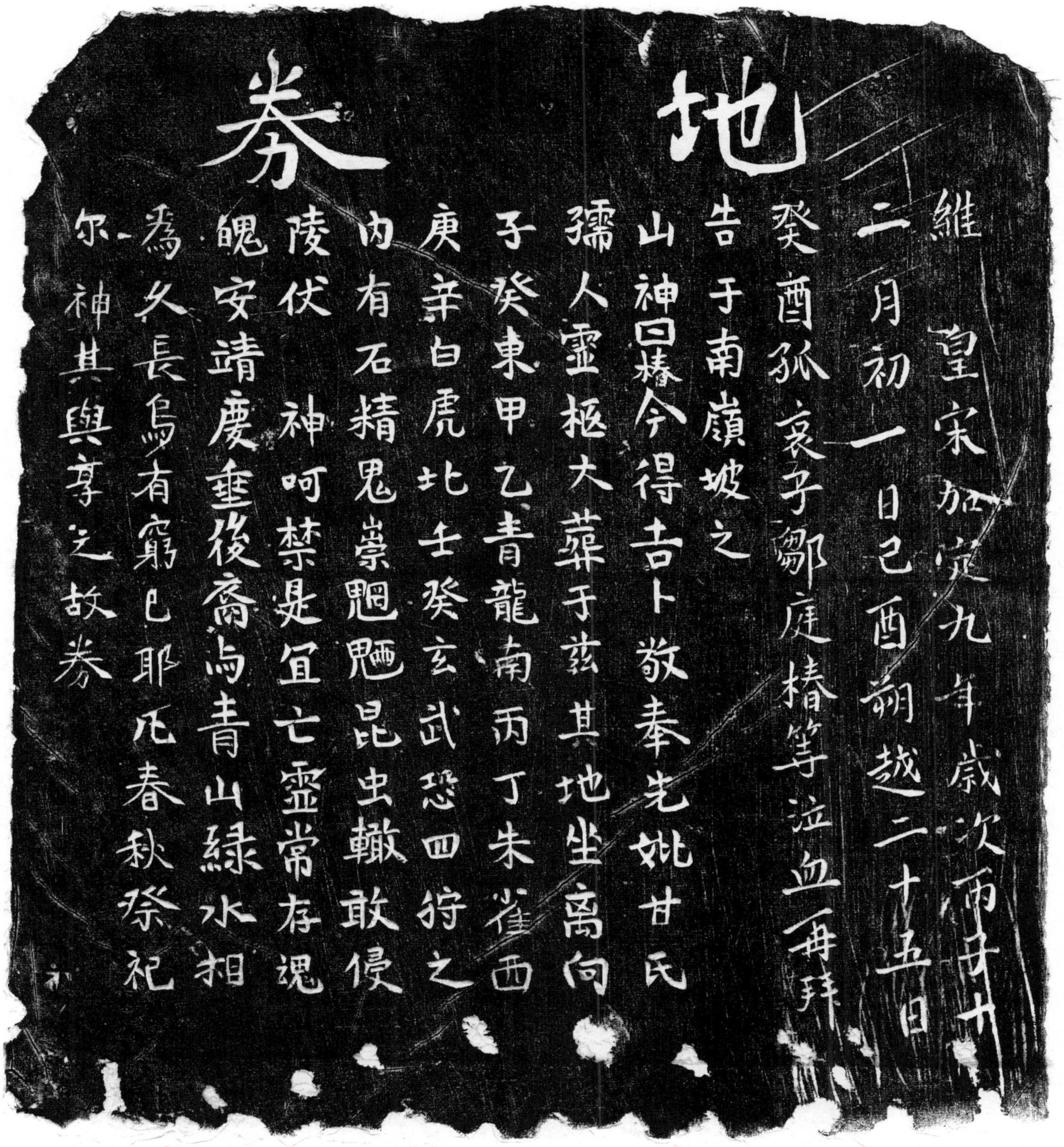
地券

維皇宋加定九年歲次丙子十
二月初一日己酉朔越二十五日
癸酉孤哀子鄒庭椿等泣血再拜
告于南嶺坡之
山神曰椿今得吉卜敬奉先妣甘氏
孺人靈柩大葬于茲其地坐离向
子癸東甲乙青龍南丙丁朱雀西
庚辛白虎北壬癸玄武恐四狩之
内有石精鬼祟魍魎昆虫輙敢侵
陵伏神呵禁是宜亡靈常存魂
魄安靖慶垂後裔尚青山綠水相
為久長烏有窮已耶凡春秋祭祀
尔神其與享之故券

280　黃氏地券

時代：南宋嘉定十年（1217年）八月十四日　尺寸：高64釐米，寬31釐米

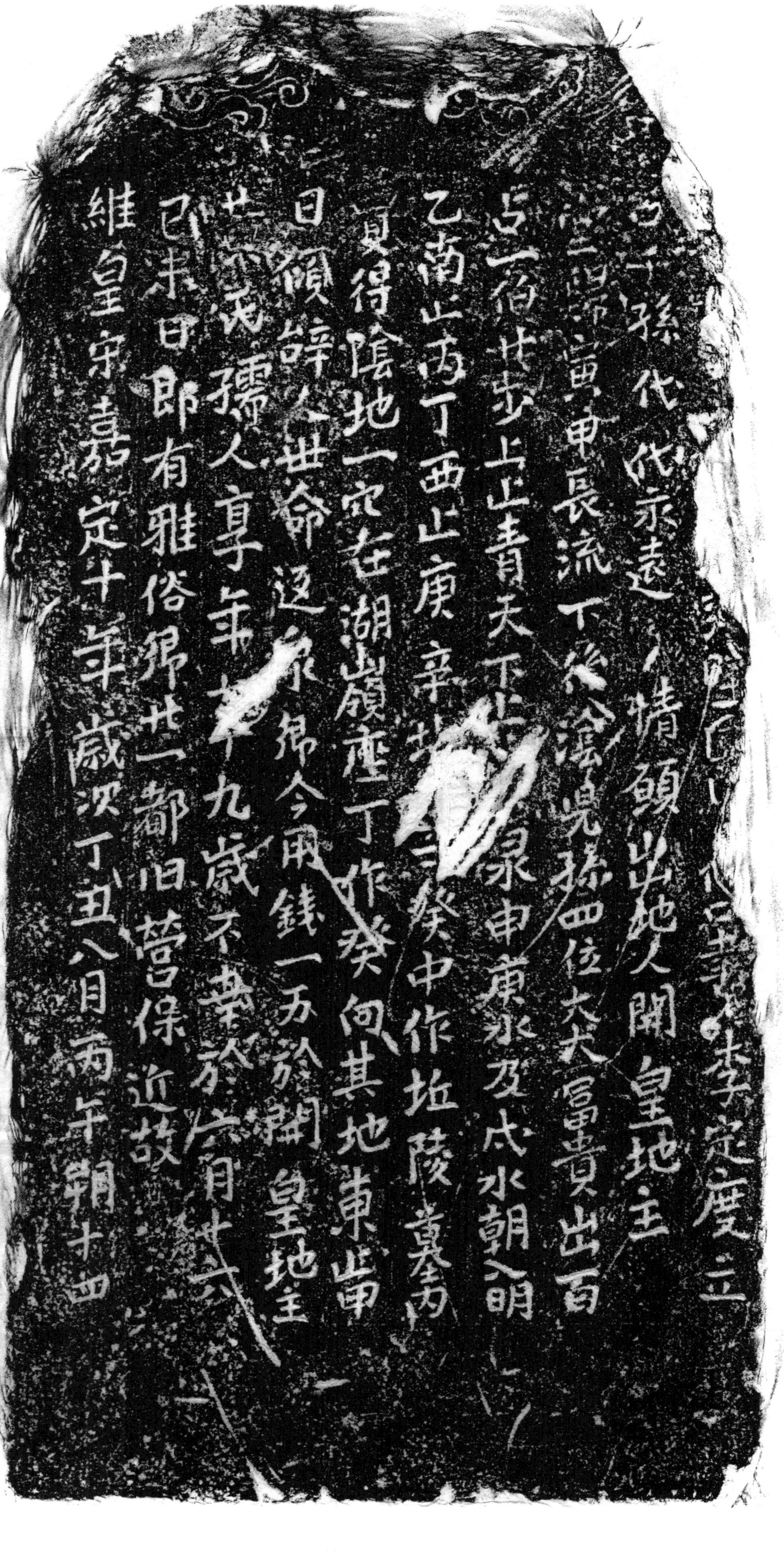

281 宋故進士夏公地契

時代：南宋嘉定十年（1217年）十月初五日　尺寸：高51釐米，寬32.2釐米

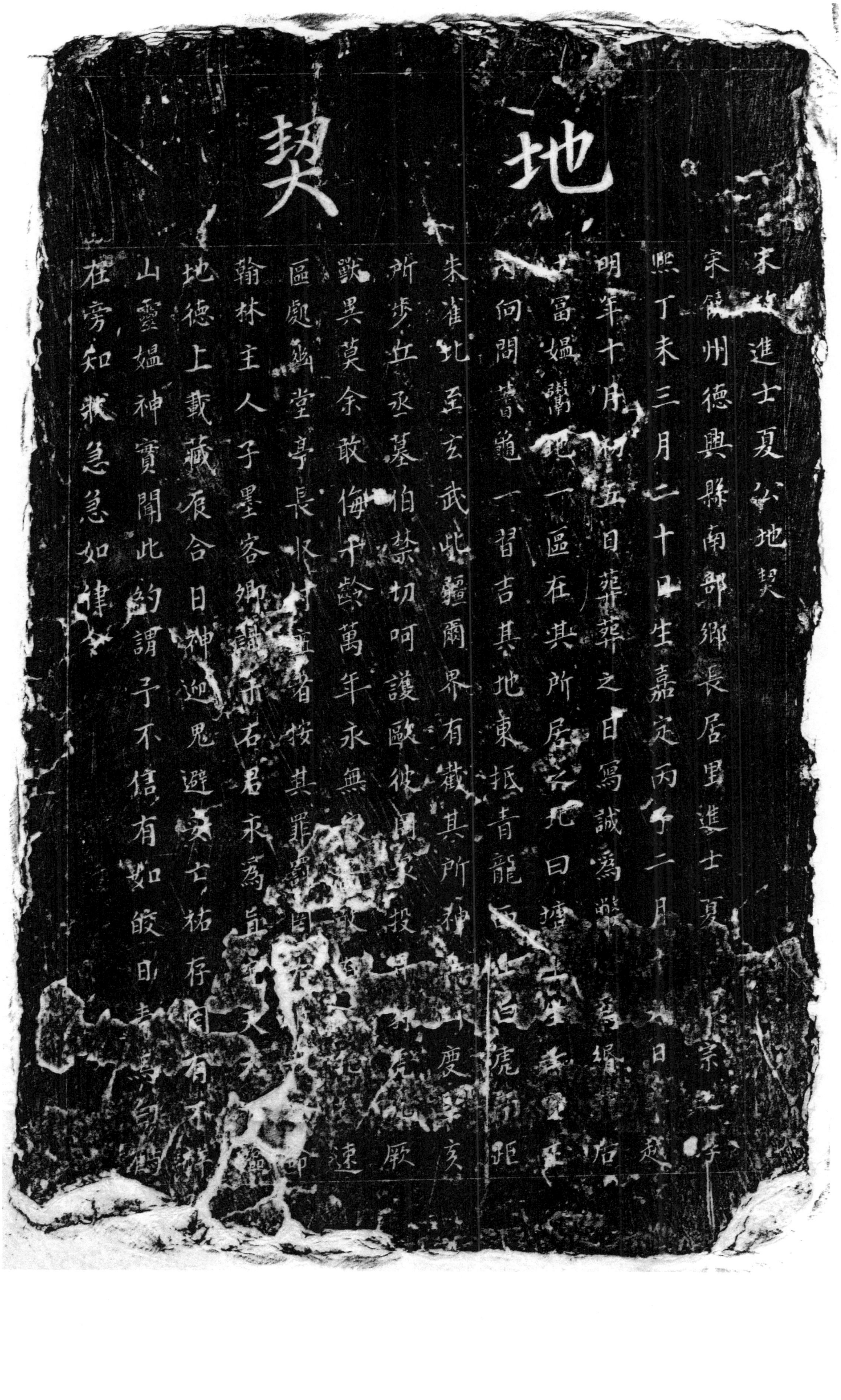

282 孫氏券文

時代：南宋嘉定十一年（1218年）八月二十一日　尺寸：高54.6釐米，寬46.2釐米

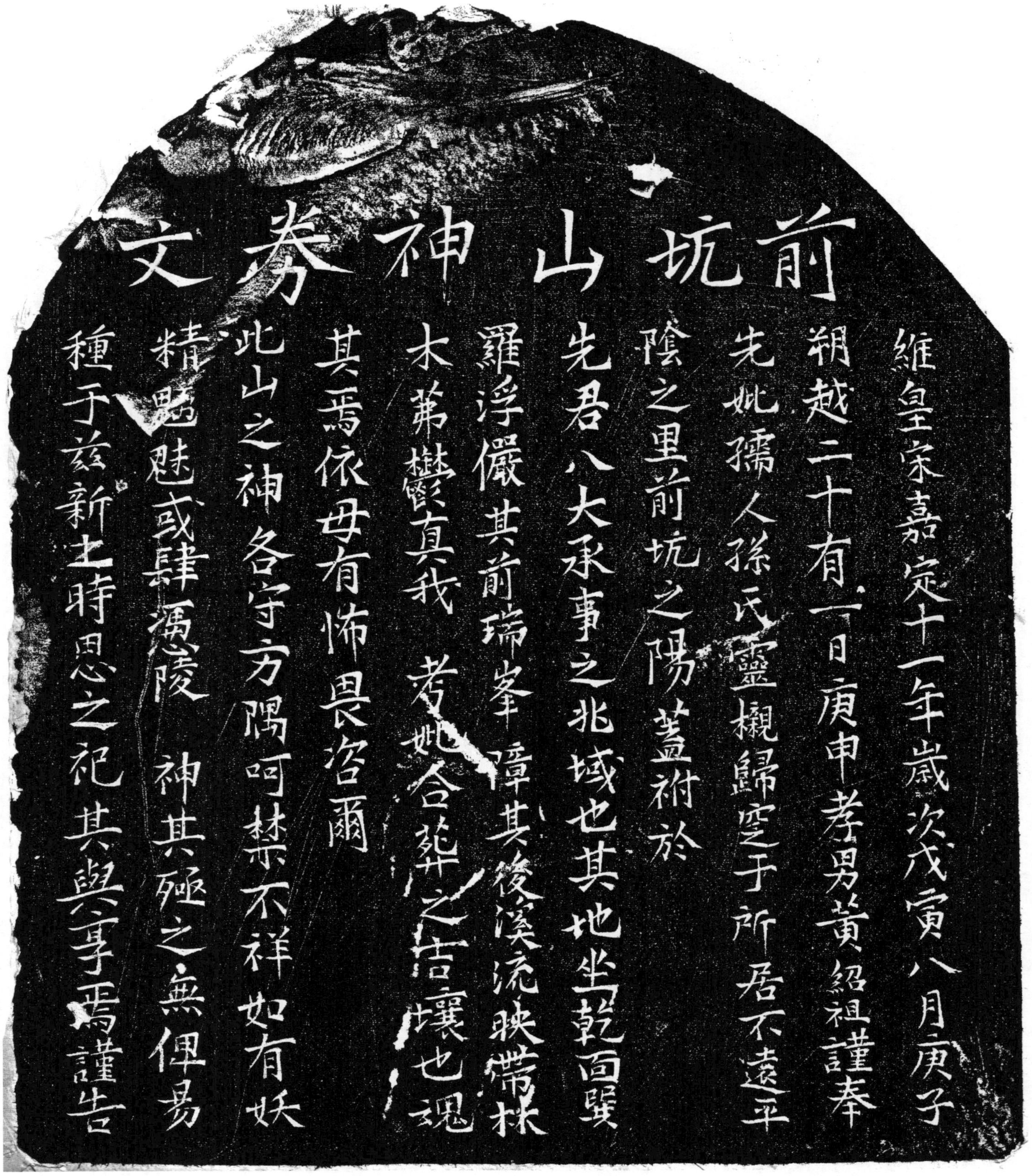
前坑山神券文
維皇宋嘉定十一年歲次戊寅八月庚子
朔越二十有一日庚申孝男黃紹祖謹奉
先妣孺人孫氏靈櫬歸窆于所居不遠平
陰之里前坑之陽蓋祔於
先君八大承事之兆域也其地坐乾面巽
羅浮儼其前瑞峯障其後溪流映帶林
木蔚鬱真我 考妣合葬之佳壤也魂
其焉依毋有怖畏咨爾
北山之神各守方隅呵禁不祥如有妖
精魑魅或肆憑陵 神其殛之無俾易
種于茲新土時思之祀其與享焉謹告

283　宋故李七承事地券

時代：南宋嘉定十一年（1218年）十月八日　尺寸：高51釐米，寬43.3釐米

284 上官六郎地券

時代：南宋嘉定十一年（1218年）十二月初四日

尺寸：高38.8釐米，寬35.5釐米

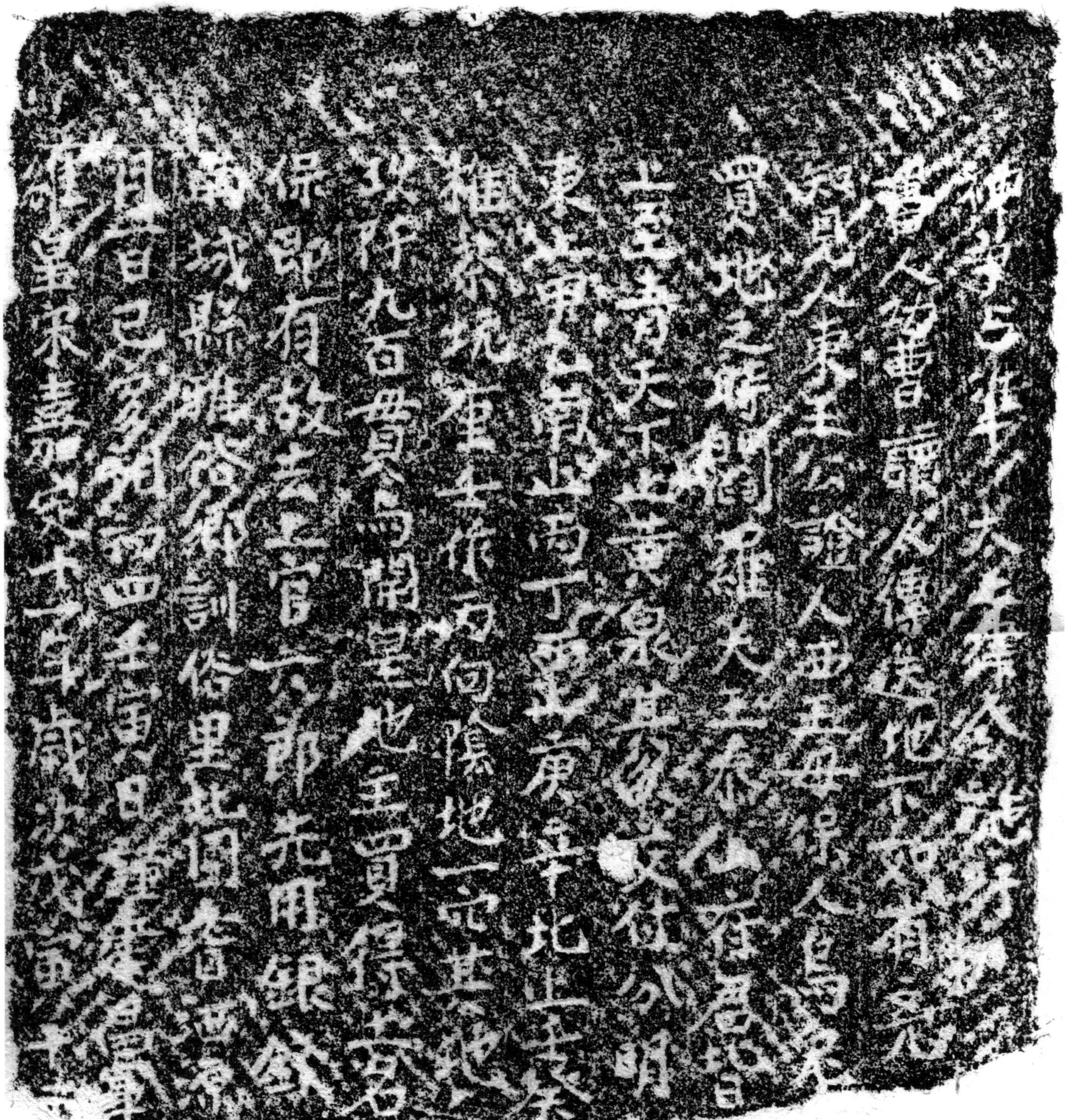

285 杜三十二郎地券

時代：南宋嘉定十二年（1219年）五月初二日丙申　尺寸：高28.3釐米，寬28.5釐米

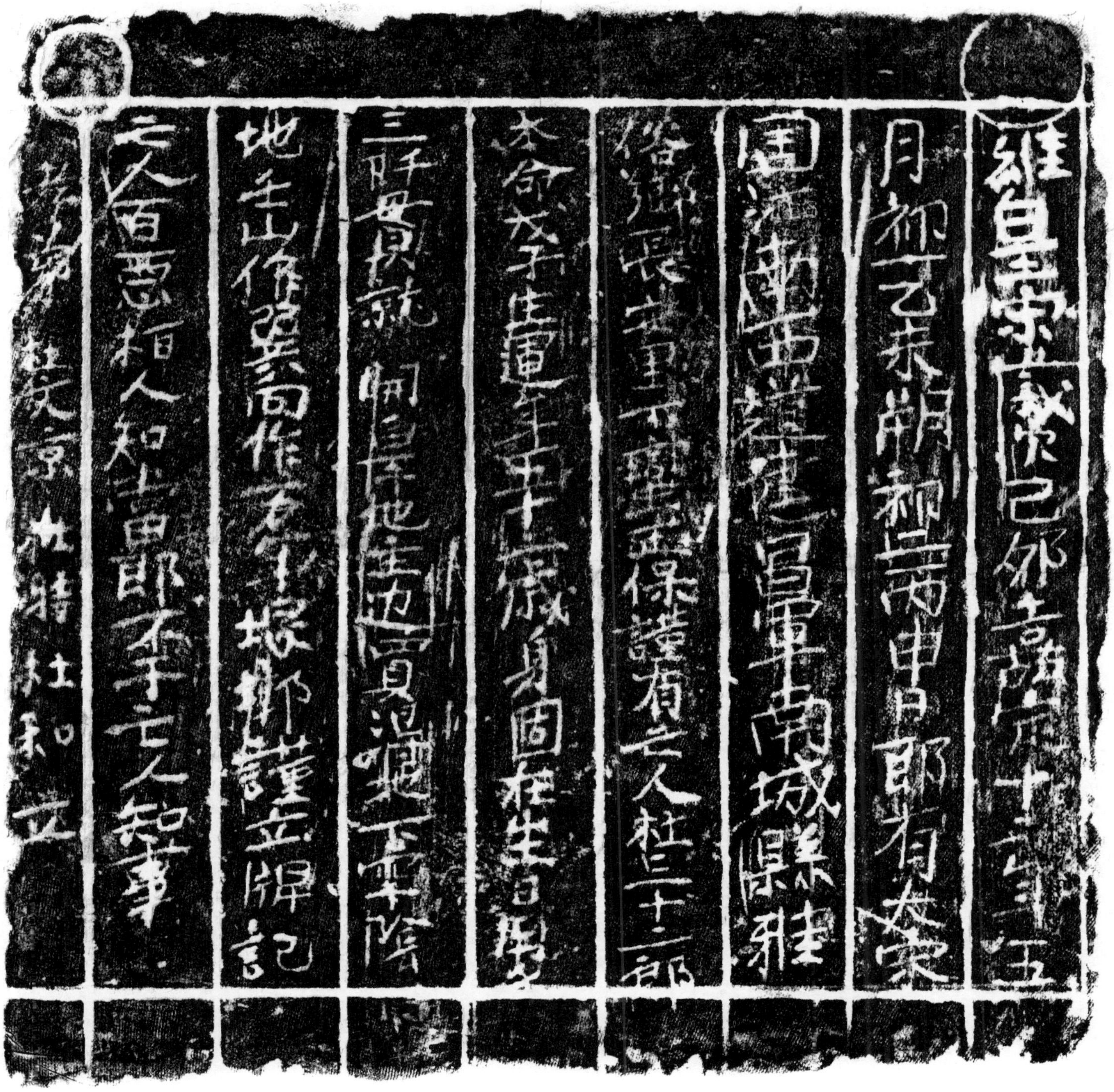

286 宋故鄒公十四郎地券

時代：南宋嘉定十二年（1219年）七月二十六日　　尺寸：高31.5釐米，寬32.5釐米

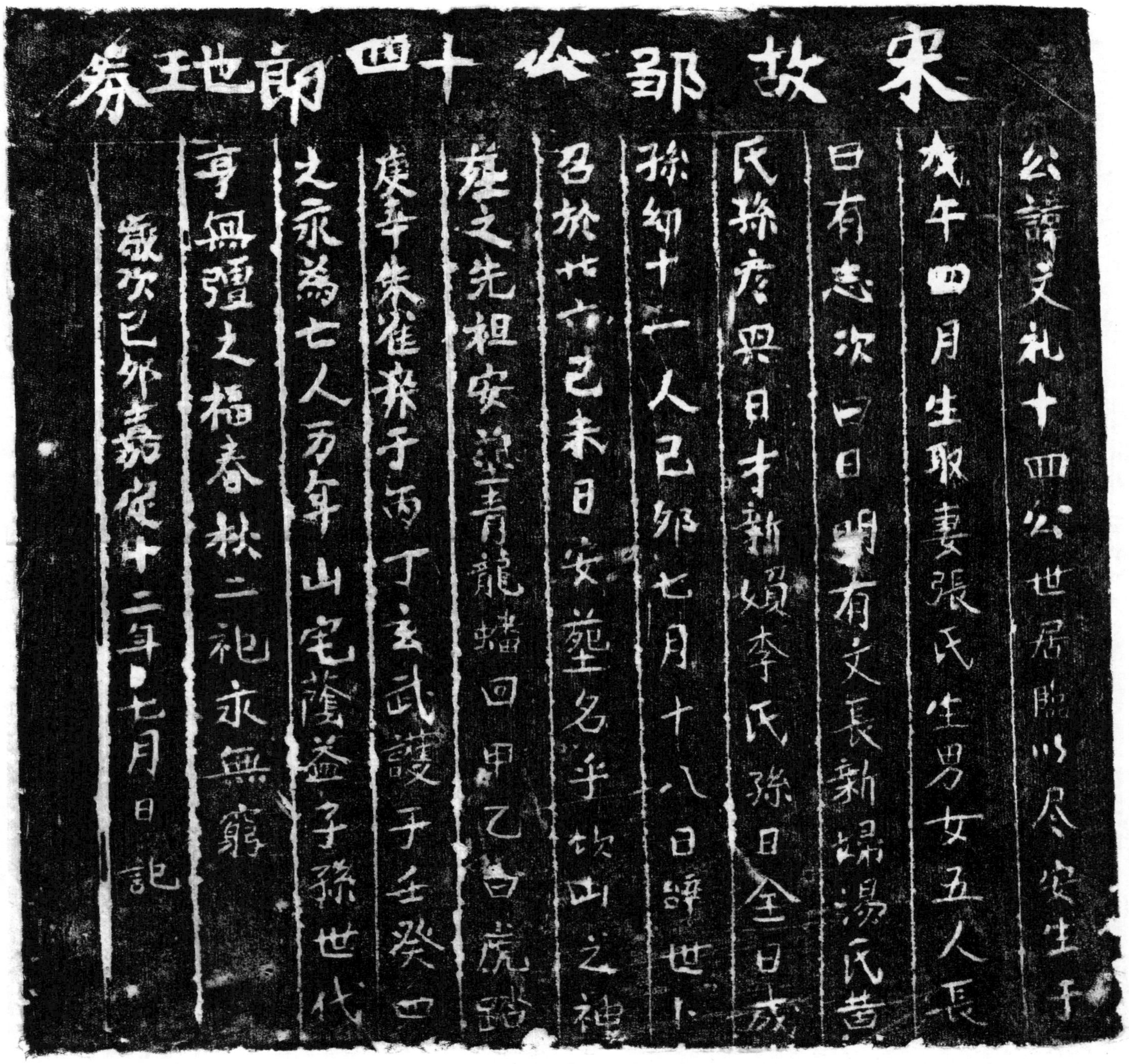

宋故鄒公十四郎地券

公諱文礼十四公世居臨川尽安生于
戊午四月生取妻張氏生男女五人長
曰有志次曰明有文長新婦湯氏黃
氏孫彥興曰才新媳李氏孫曰全曰成
孫細十一人己卯七月十八日辭世卜
召於廿六己未日安塋名乎坎山之神
塋之先祖安塟青龍蟠回甲乙白虎踞
庚辛朱雀森于丙丁玄武護于壬癸四
之永為七人万年山宅蔭益子孫世代
享無疆之福春秋二祀永無窮
歲次己卯嘉定十二年七月日記

287 袁公二郎地券

時代：南宋嘉定十三年（1220年）十一月　尺寸：高36.5釐米，寬32.5釐米

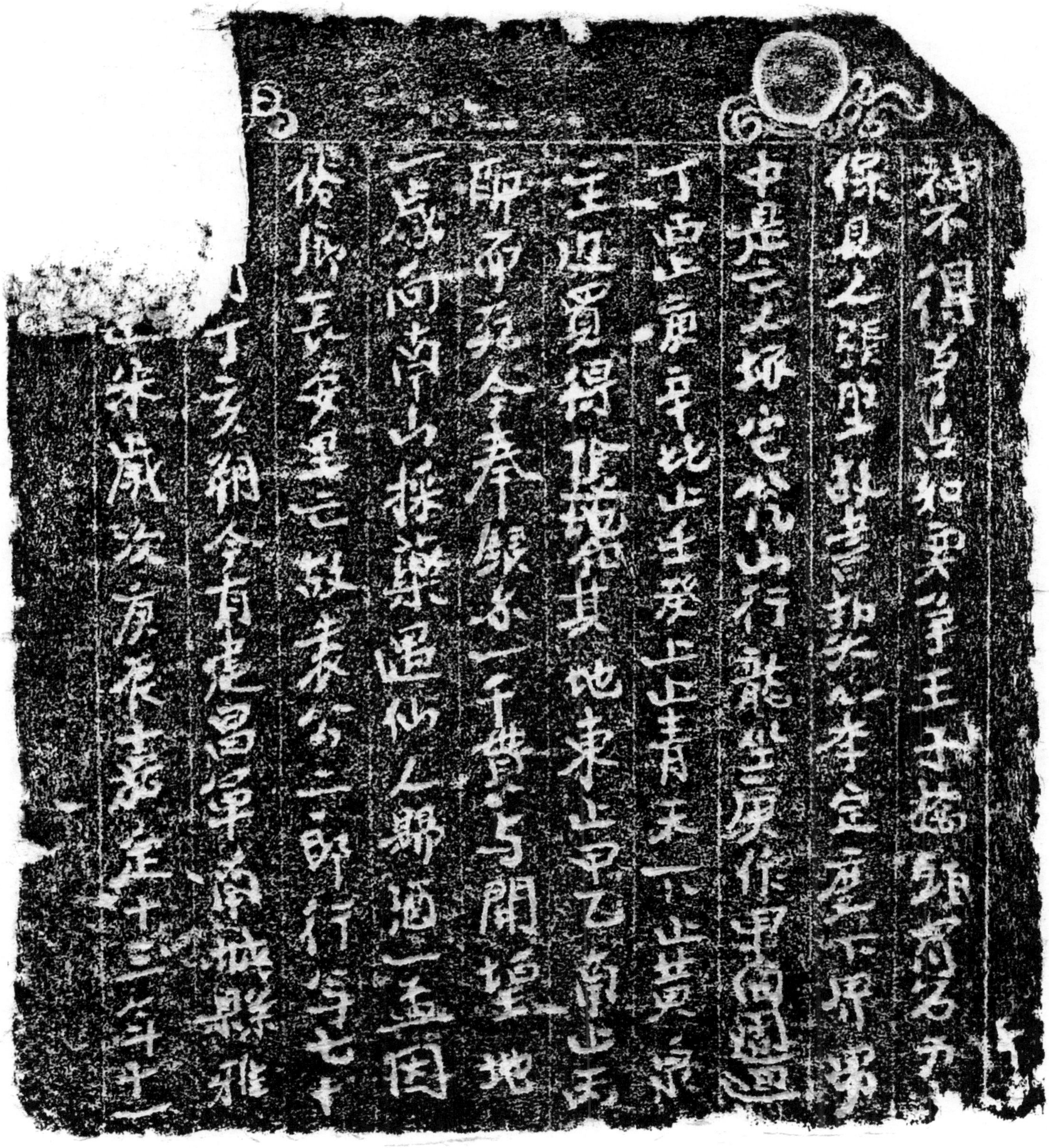

288　宋故萬公券記

時代：南宋嘉定十四年（1221年）十月一日　尺寸：高30釐米，寬30釐米

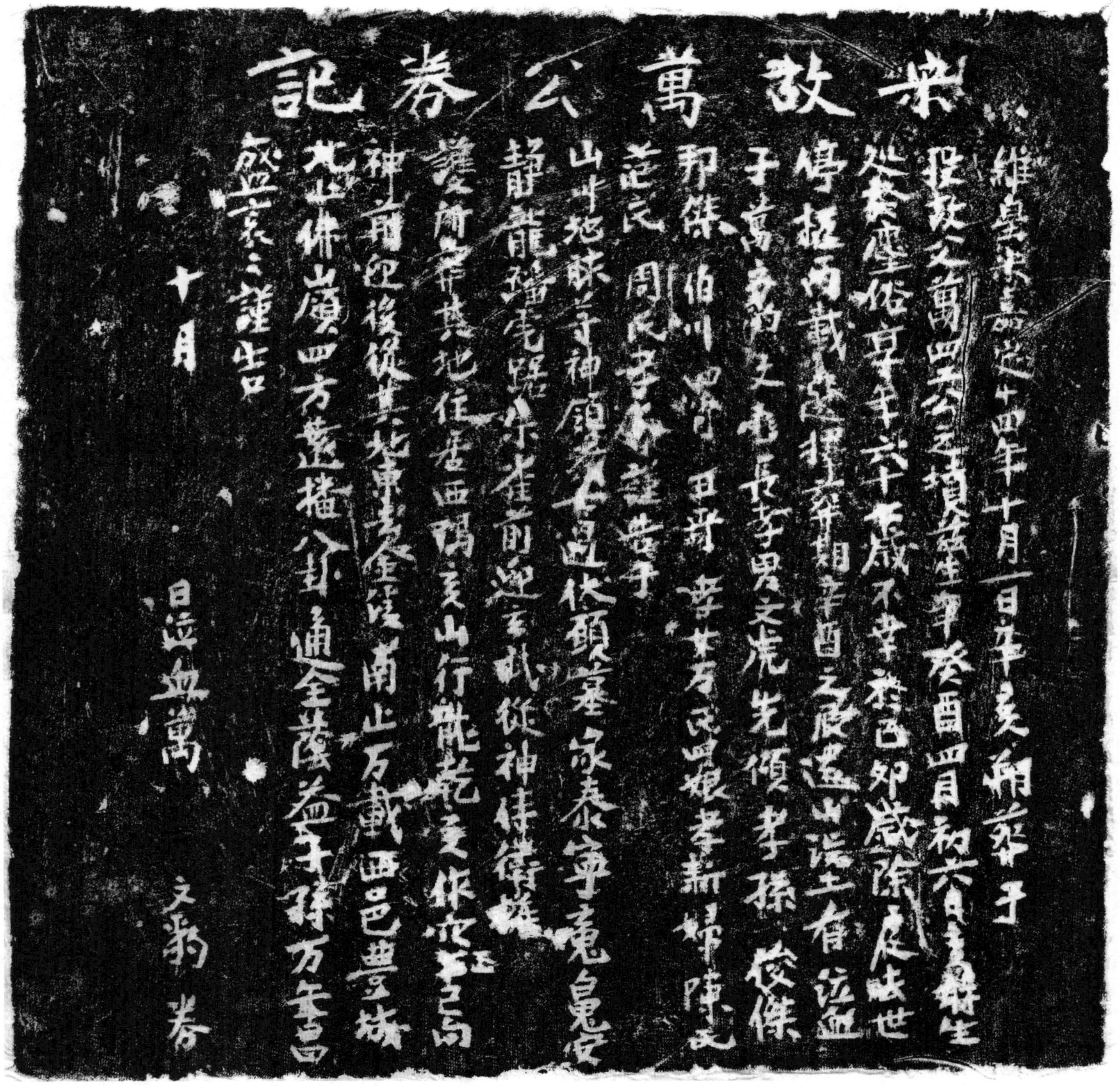
宋故萬公券記

289　馮公地券

時代：南宋嘉定十四年（1221年）十一月三日　尺寸：高75.8釐米，寬48.5釐米

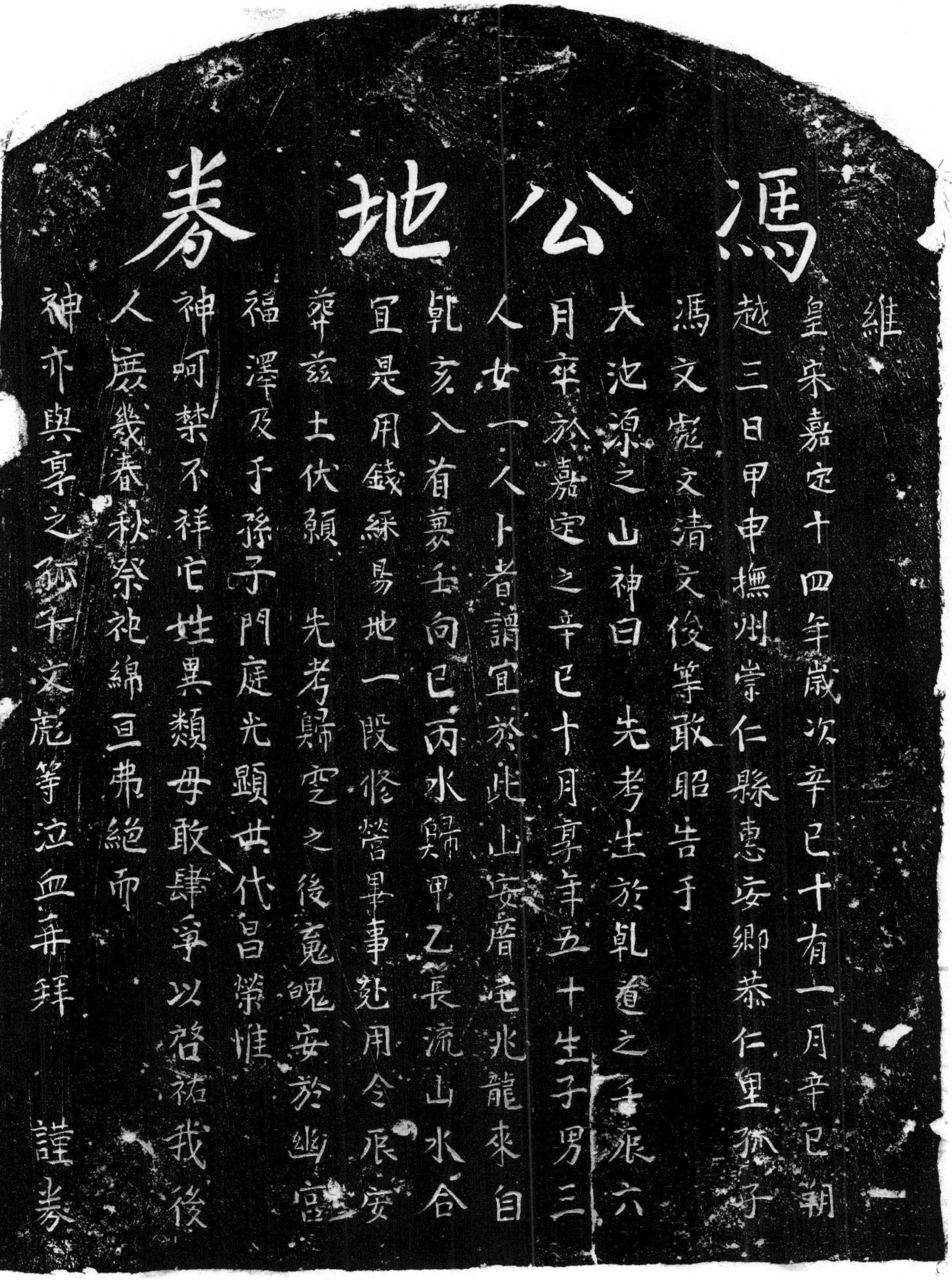
馮公地券
維
皇宋嘉定十四年歲次辛巳十有一月辛巳朔
越三日甲申撫州崇仁縣惠安鄉恭仁里孫子
馮文彪文清文俊等敢昭告于
大池源之山神曰先考生於乾道之壬辰六
月卒於嘉定之辛巳十月享年五十生子男三
人女一人卜者謂宜於此山安厝宅兆龍來自
乾亥入首癸壬向巳丙水歸甲乙辰流山水合
宜是用錢綵易地一段修營畢事赴用今辰安
葬茲土伏願先考歸窆之後魂魄安於幽宮
福澤及于孫子門庭光顯世代昌榮惟
神呵禁不祥它姓異類毋敢肆爭以啓祐我後
人庶幾春秋祭祀綿亘弗絕而
神亦與享之孤子文彪等泣血再拜　謹券

290 危氏地券

時代：南宋嘉定十五年（1222年）十一月初五日

尺寸：高42釐米，寬30.7釐米

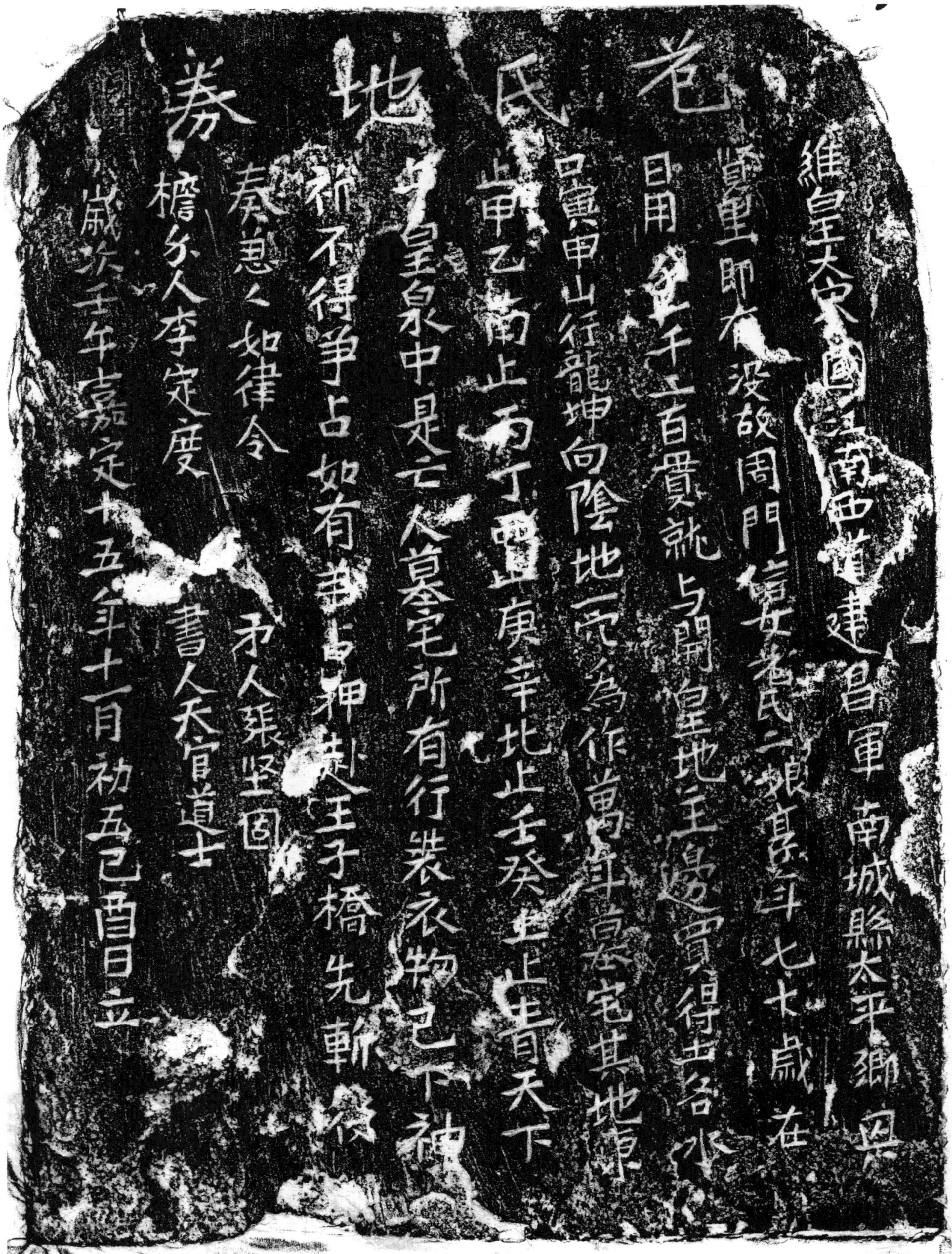
危氏地券
維皇大宋國江南西道建昌軍南城縣太平鄉吳
賢里即有没故周門危女老氏二娘享年七十歲在
日用錢千五百貫就与開皇地主邊買得土名水
口黄甲山行龍坤向陰地一穴為作萬年墓宅其地東
止甲乙南止丙丁西止庚辛北止壬癸上止青天下
止皇泉中是亡人墓宅所有行装衣物已下神
祇不得爭占如有爭占神赴王子橋先斬後
奏急急如律令 牙人張堅固
檜分人李定度 書人天官道士
歲次壬午嘉定十五年十一月初五己酉日立

291　范巨川先考地券

時代：南宋嘉定十七年（1224年）十月十六日　尺寸：高52釐米，寬39釐米

地券
維皇宋嘉定十七年十月甲午朔
越十有六日己酉孤子范巨川偕
弟巨源巨海等謹昭告于
后土之神雷田山神土地之靈曰
巨川等罪逆重深禍延
先考安厝之事不敢後時乃卜宅
兆於茲土戒是穀旦敬安襄奉九
驅除魍魎屏絕妖邪皆籍
明神之威力自今保佑無有他虞
俾我
先君獲安於九泉之下豈惟福及
後人抑將以顯
神休於無斁謹告之券

292　雷一兄俊地券

時代：南宋寶慶元年（1225年）十二月二十三日　尺寸：高34.5釐米，寬34.3釐米

293 有宋楊公地券

時代：南宋寶慶二年（1226年）八月十三日　尺寸：高59.5釐米，寬51釐米

294 宋故王公地券

時代：南宋寶慶三年丁亥（1227年）三月二十三日壬申　尺寸：高45釐米，寬36.9釐米

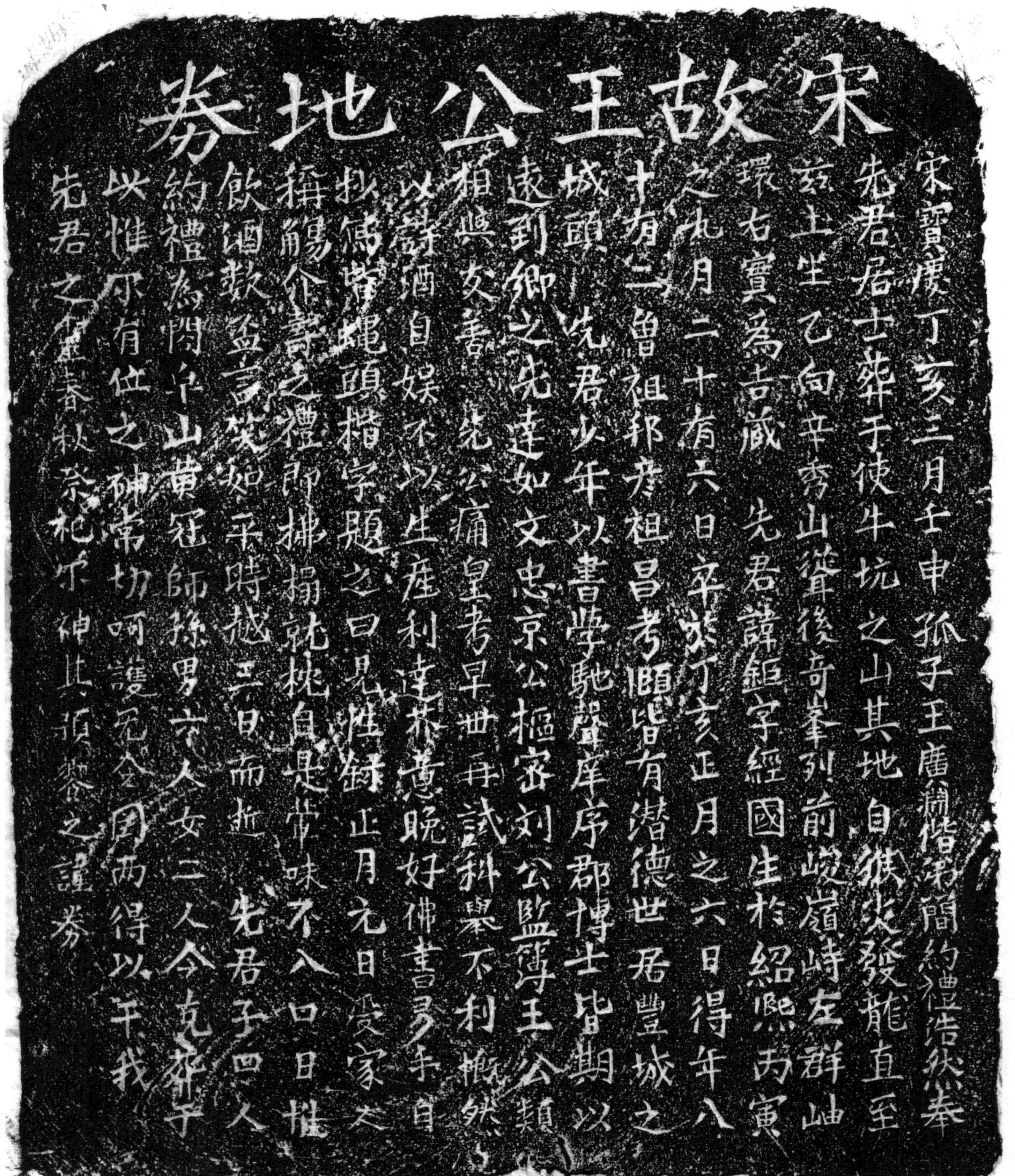
宋故王公地券
宋寶慶丁亥三月壬申孫子王㢜稱偕弟簡約禮浩然奉
先君居士葬于使牛坑之山其地自猴岌發龍直至
玆土坐乙向辛秀山聳後奇峯列前峻嶺峙左群岫
環右實爲吉藏　先君諱鉅字經國生於紹熙丙寅
之九月二十有六日卒於丁亥正月之六日得年八
十有二　曾祖邦彦祖昌考顯皆有潛德世居豐城之
城頭　先君少年以書學馳聲庠序郡博士皆期以
遠到鄉之先達如文忠京公樞密劉公監簿王公類
相與交善　先公痛皇考早世毋試科舉不利慨然
以詩酒自娛不以生産利達介意晚好佛書手自
抄寫嘗蠅頭楷字題之曰見性録正月元日受家之
稱觴介壽之禮即拂榻就枕自是常味不入口日惟
飲酒數盃言笑如平時越三日而逝　先君子四人
約禮爲門戶山黄冠師孫男六人女二人今克葬于
此惟尔有位之神常切呵護宅兆俾因而得以干我
先君之窀春秋祭祀尔神其亦預饗之謹券

295 李公地券

時代：南宋寶慶三年（1227年）十二月二十七日

尺寸：高39.5釐米，寬35.5釐米

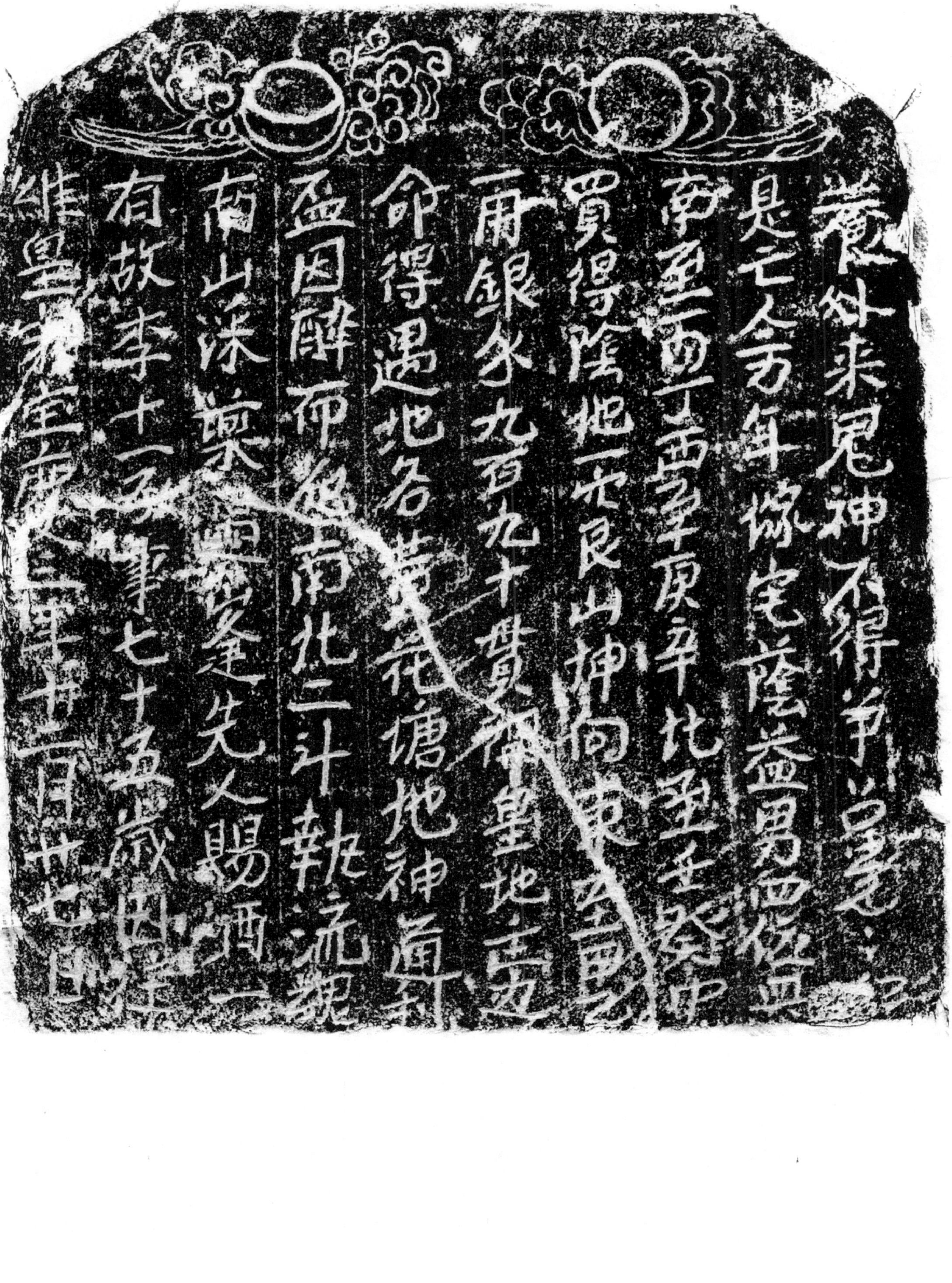

296 李氏十娘地券

時代：南宋紹定二年（1229年）六月六日

尺寸：高47釐米，寬35釐米

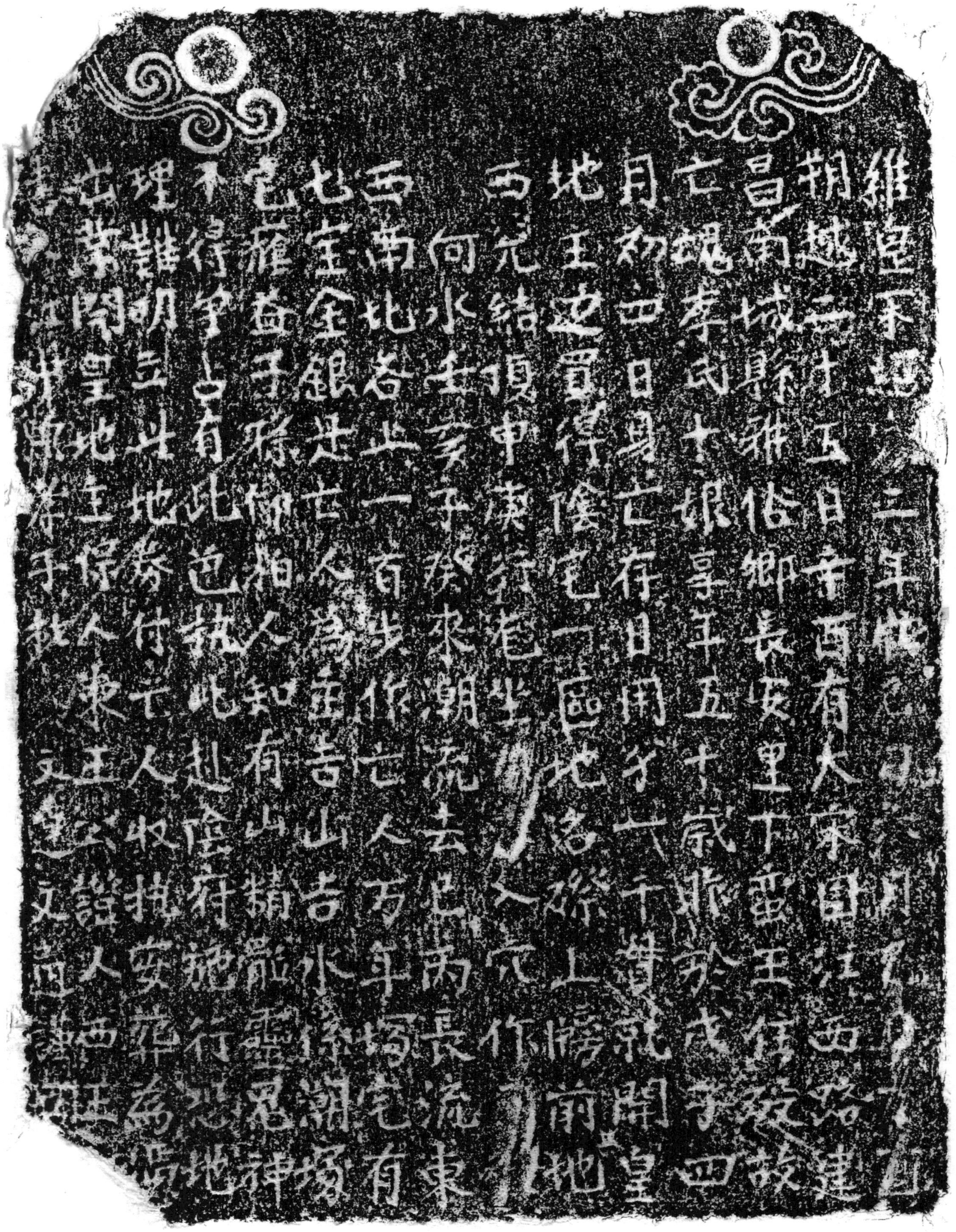

297 故黃念五承事地券

時代：南宋紹定二年（1229年）八月初十日　尺寸：高58釐米，寬49.5釐米

298 范公地券

時代：南宋紹定二年（1229年）十一月十九日

尺寸：高49.7釐米，寬39.4釐米

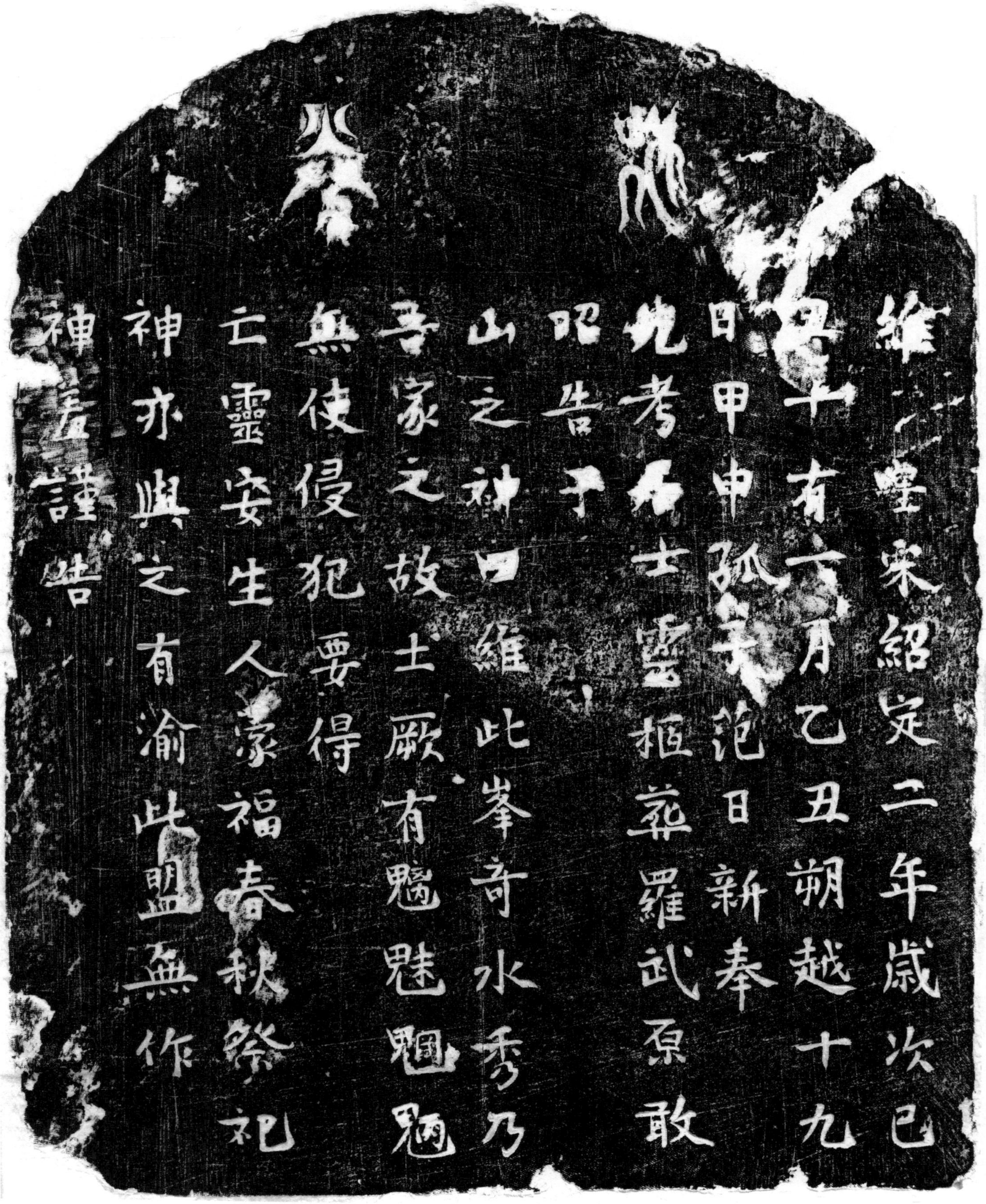

299 吴小五郎地券

時代：南宋紹定三年庚寅（1230年）十月初三日　尺寸：高45.7釐米，寬37釐米

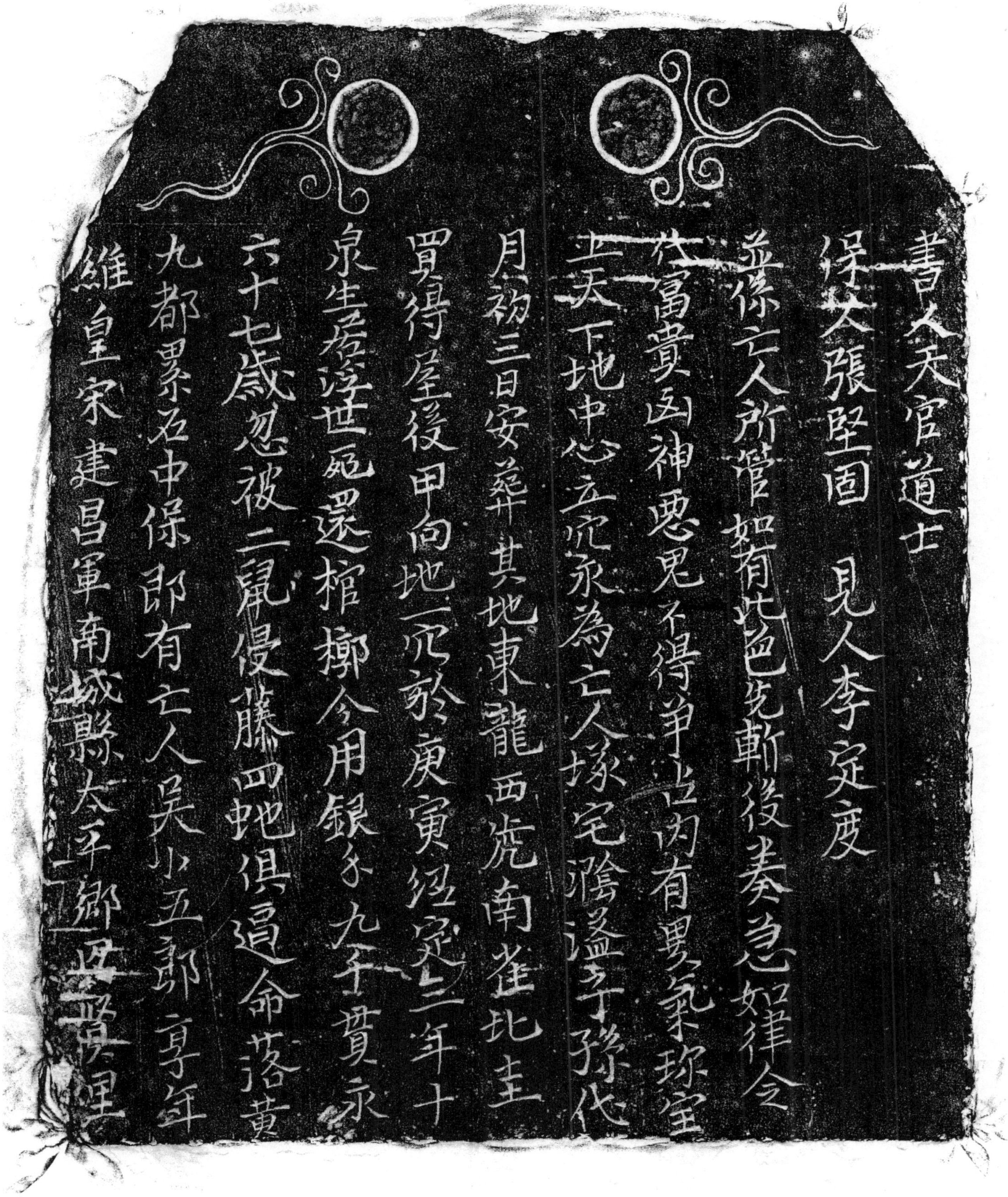
維皇宋建昌軍南城縣太平鄉
九都界石中保郎有亡人吳小五郎享年
六十七歲忽被二鼠侵藤四蛇俱逼命落黃
泉生居浮世死還棺槨今用銀子九千貫永
買得屋後甲向地一穴於庚寅紹定三年十
月初三日安葬其地東龍西虎南雀北
上天下地中心立穴永為亡人塚宅蔭益子孫代
代富貴凶神惡鬼不得爭占內有界氣珍寶
並係亡人所管如有先亡先斬後奏急急如律令
保人張堅固　見人李定度
書人天官道士

300 故余公七承事地券

時代：南宋紹定三年（1230年）十月三十日　尺寸：高47.8釐米，寬33.6釐米

301 彭公監山解化頌

時代：南宋紹定三年（1230年）十二月十五日　　尺寸：高33.5釐米，寬48釐米

302 李夫人地券

時代：南宋紹定四年（1231年）九月二十三日　尺寸：高66.2釐米，寬49.5釐米

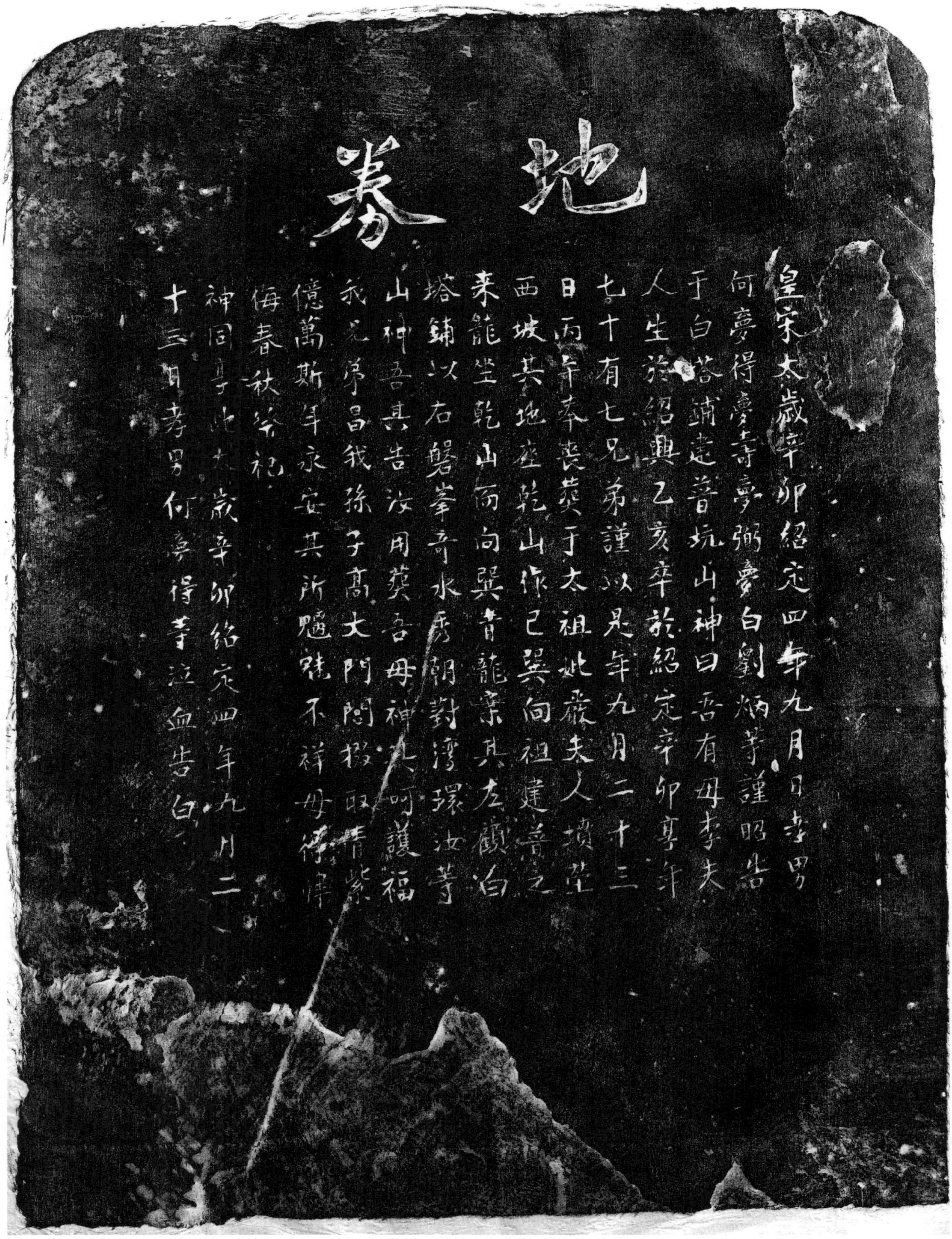

地券

皇宋太歲辛卯紹定四年九月日孝男
何夢得夢壽夢弼夢白劉炳等謹昭告
于白苔鋪逮普坑山神曰吾有母李夫
人生於紹興乙亥卒於紹定辛卯享年
七十有七兄弟謹以是年九月二十三
日丙午奉喪葬于太祖妣嚴夫人墳塋
西坡其地坐乾山作巳巽向祖建普之
來龍坐乾山而向巽青龍案其左顧白
塔鋪以右磐峯奇水秀朝對灣環汝等
山神吾其告汝用葬吾母神其呵護福
我兄弟昌我孫子高大門閭掇取青紫
億萬斯年永安其所魑魅不祥毋得肆
侮春秋祭祀
神同享比太歲辛卯紹定四年九月二
十三日孝男何夢得等泣血告白

303 李氏念一娘地券

時代：南宋紹定四年（1231年）十一月十四日　尺寸：高33釐米，寬33釐米

維皇宋紹定四年歲
辛卯十一月十四丙申良日
就此採得陰地一穴安葬李
氏念一娘其地亥山入穴作
巽向元辰水午丁申
西兑長流安葬之後

304 六四公地券

時代：南宋端平元年（1234年）六月十七日　尺寸：高27.5釐米，寬27.5釐米

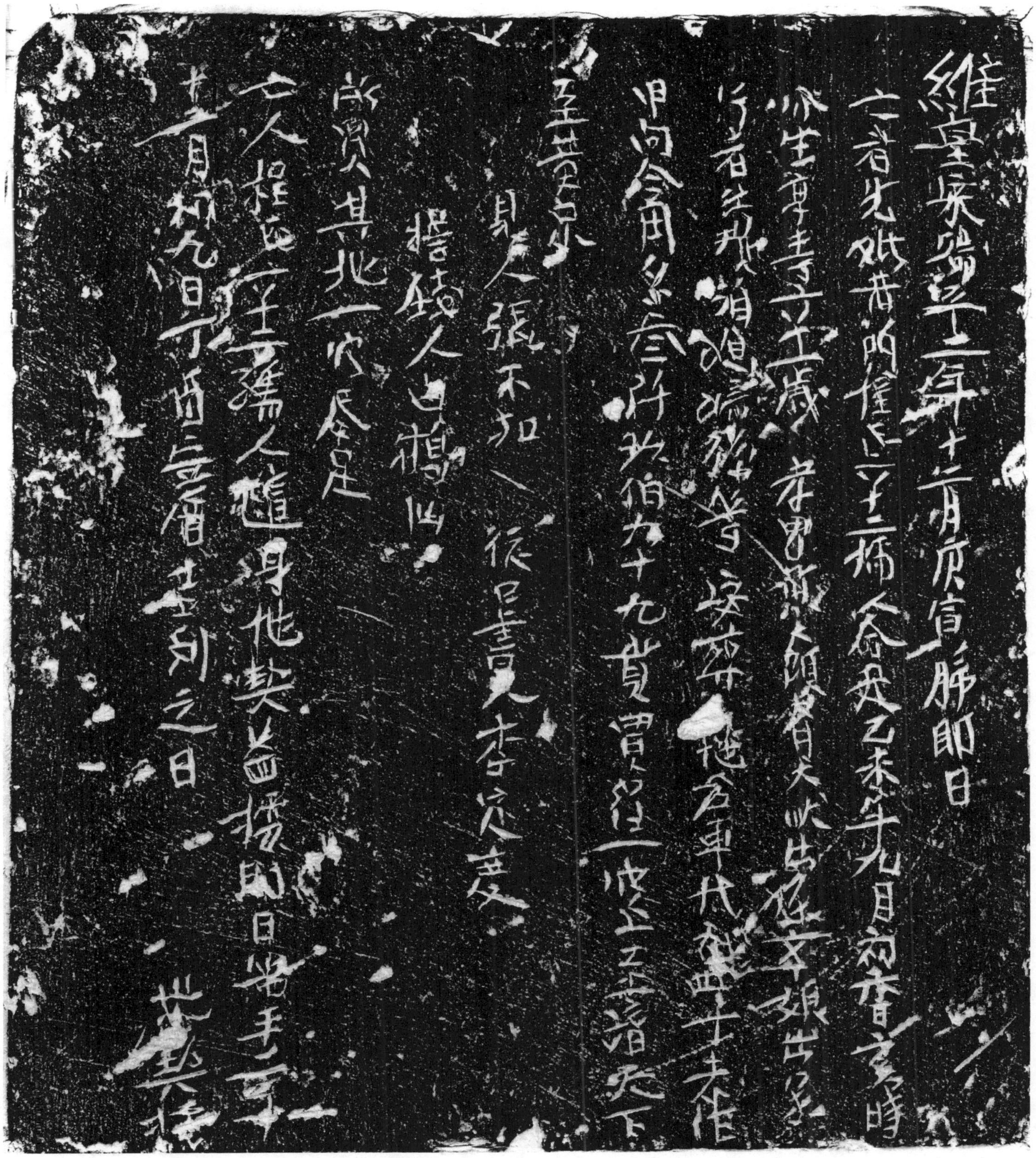

305　黃門程氏六十二地券

時代：南宋端平二年（1235年）十二月初九日　　尺寸：高35釐米，寬30.5釐米

306 故黃夫人傅氏地券

時代：南宋端平二年（1235年）十二月二十六日

尺寸：高50.6釐米，寬34.6釐米

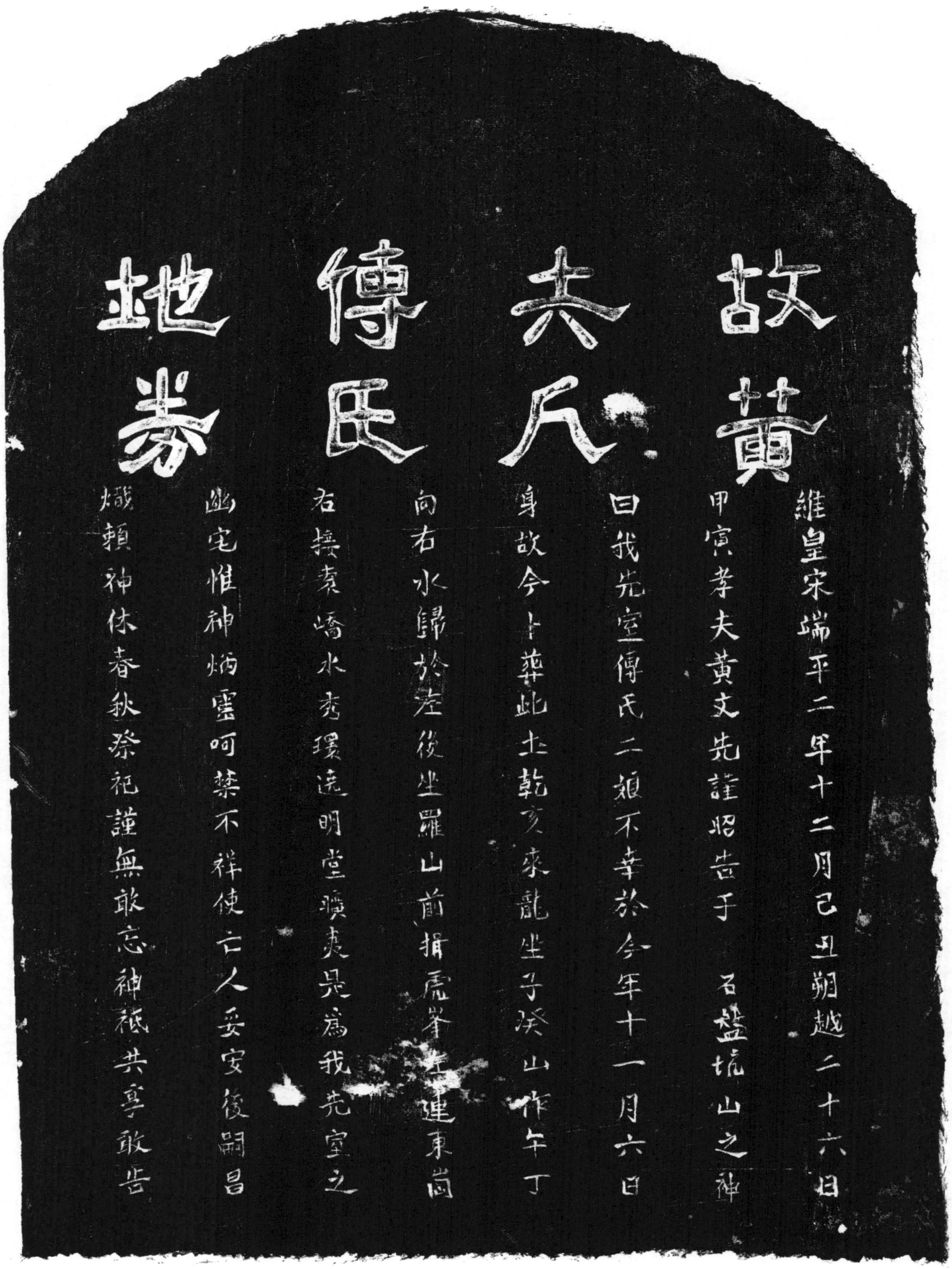

故黃夫人傅氏地券

維皇宋端平二年十二月己丑朔越二十六日
甲寅孝夫黃文先謹昭告于 石盤坑山之神
曰我先室傅氏二娘不幸於今年十一月六日
身故今卜葬此土乾亥來龍坐子癸山作午丁
向右水歸於左後坐羅山前揖虎峯左連東崗
右接衆嶠水秀環遶明堂曠夷是爲我先室之
幽宅惟神炳靈呵禁不祥使亡人妥安後嗣昌
熾賴神休春秋祭祀謹無敢忘神祇共享敢告

307　有故黃君地券

時代：南宋端平三年（1236年）十二月一日　尺寸：高34釐米，寬34.4釐米

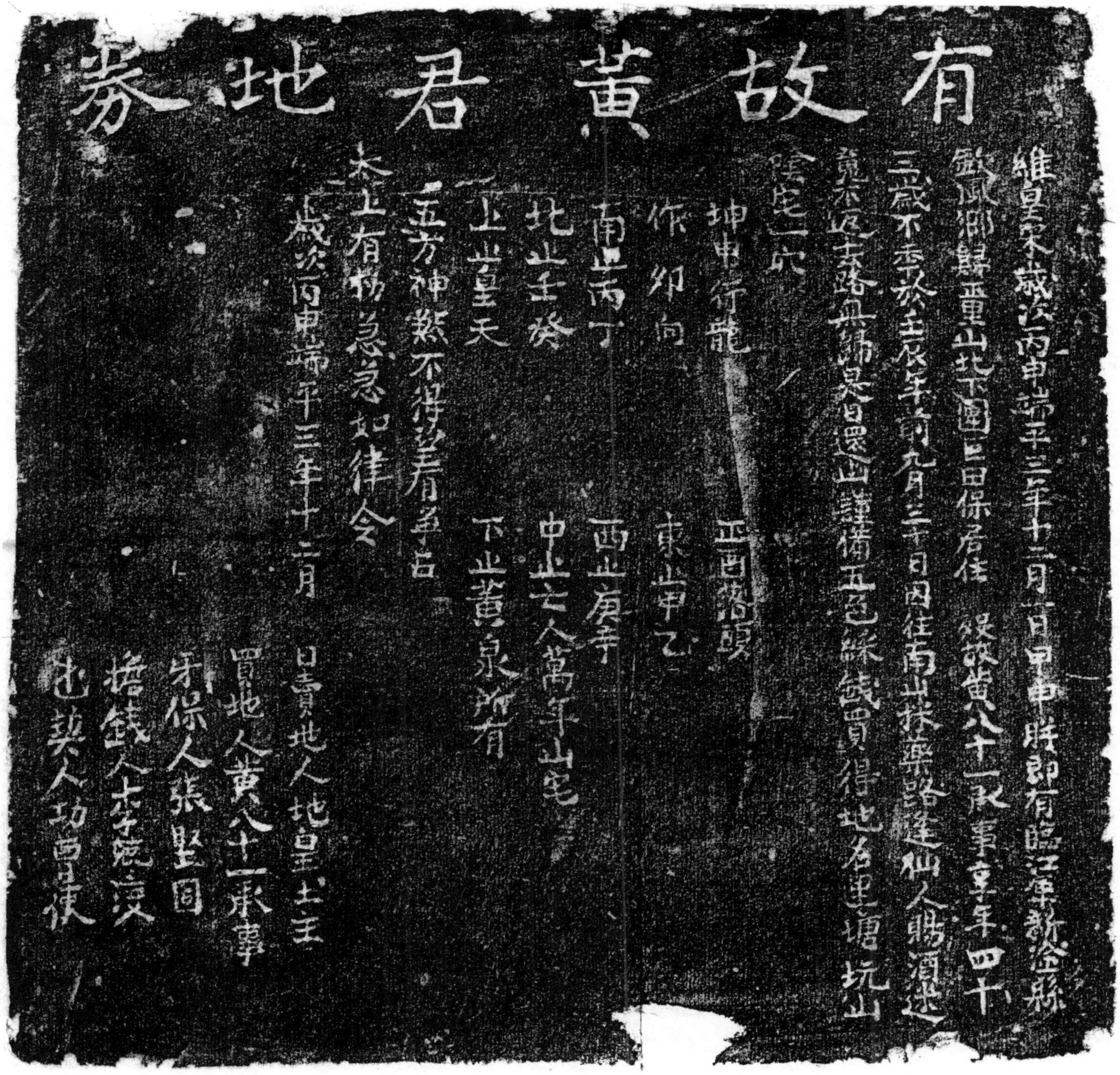

308　官氏二娘地券

時代：南宋嘉熙元年丁酉（1237年）八月十三日　尺寸：高50釐米，寬43.5釐米

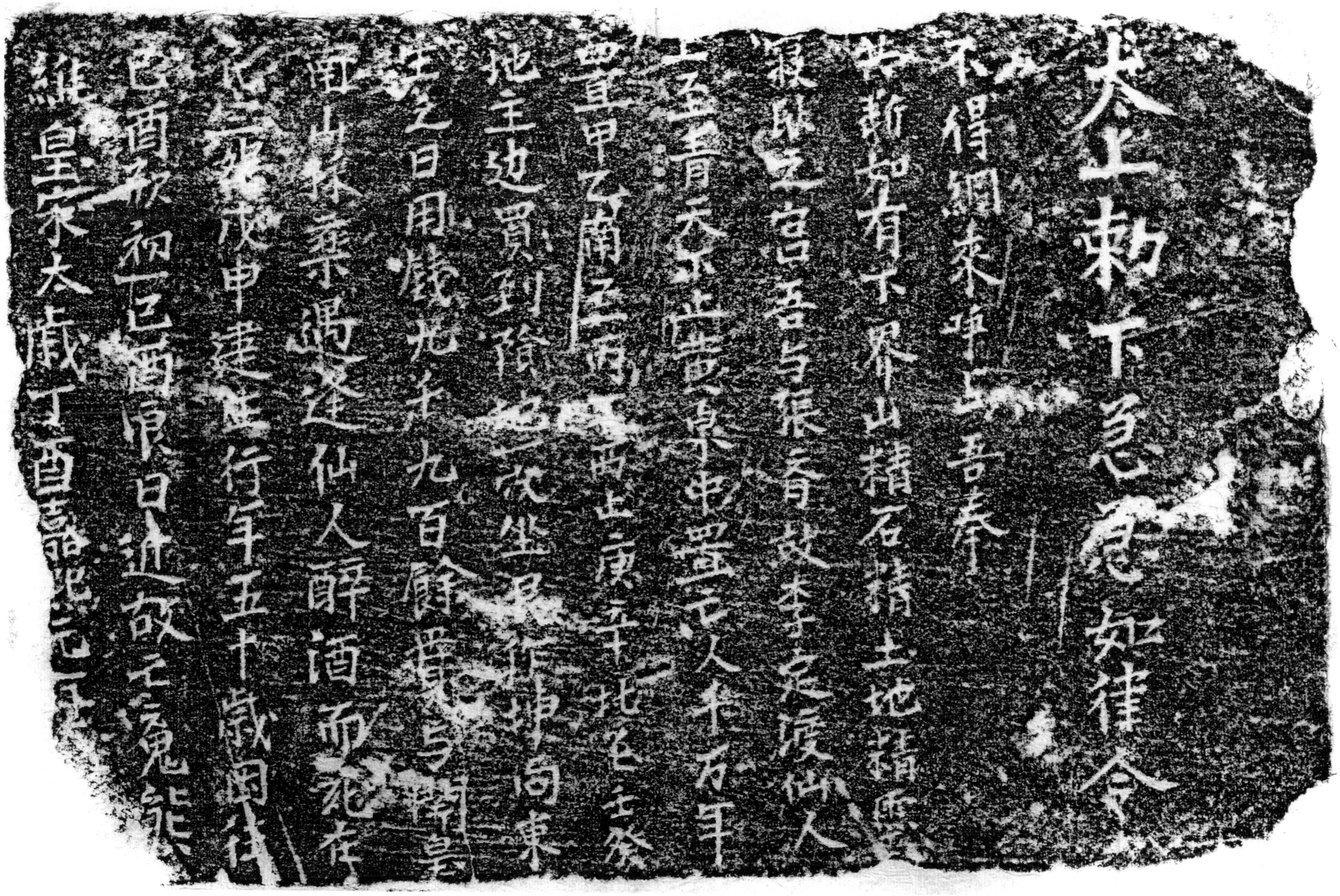

309 熊氏三娘地券

時代：南宋嘉熙元年（1237年）九月己酉初一日　　尺寸：高30.5釐米，寬47.5釐米

310　胡公地券

時代：南宋嘉熙二年（1238年）二月初八日　尺寸：高39釐米，寬32釐米

地券

維　皇宋嘉熙二年歲次戊戌二月
丁丑朔越八日甲申孝子胡宜孫謹
昭告于賈家井之神曰先考一三承
務生於開禧乙丑二月二十八日不
幸卒於紹定壬辰六月二十日享年
二十有八今安葬于此其地前止朱
雀後止玄武左止青龍右止白虎恐
有山精魍魎輒敢侵犯須當申奏
天庭乞行誅戮常宜擁護亡人應益
兒孫春秋祭祀爾神亦與享之謹告

311　李公地券

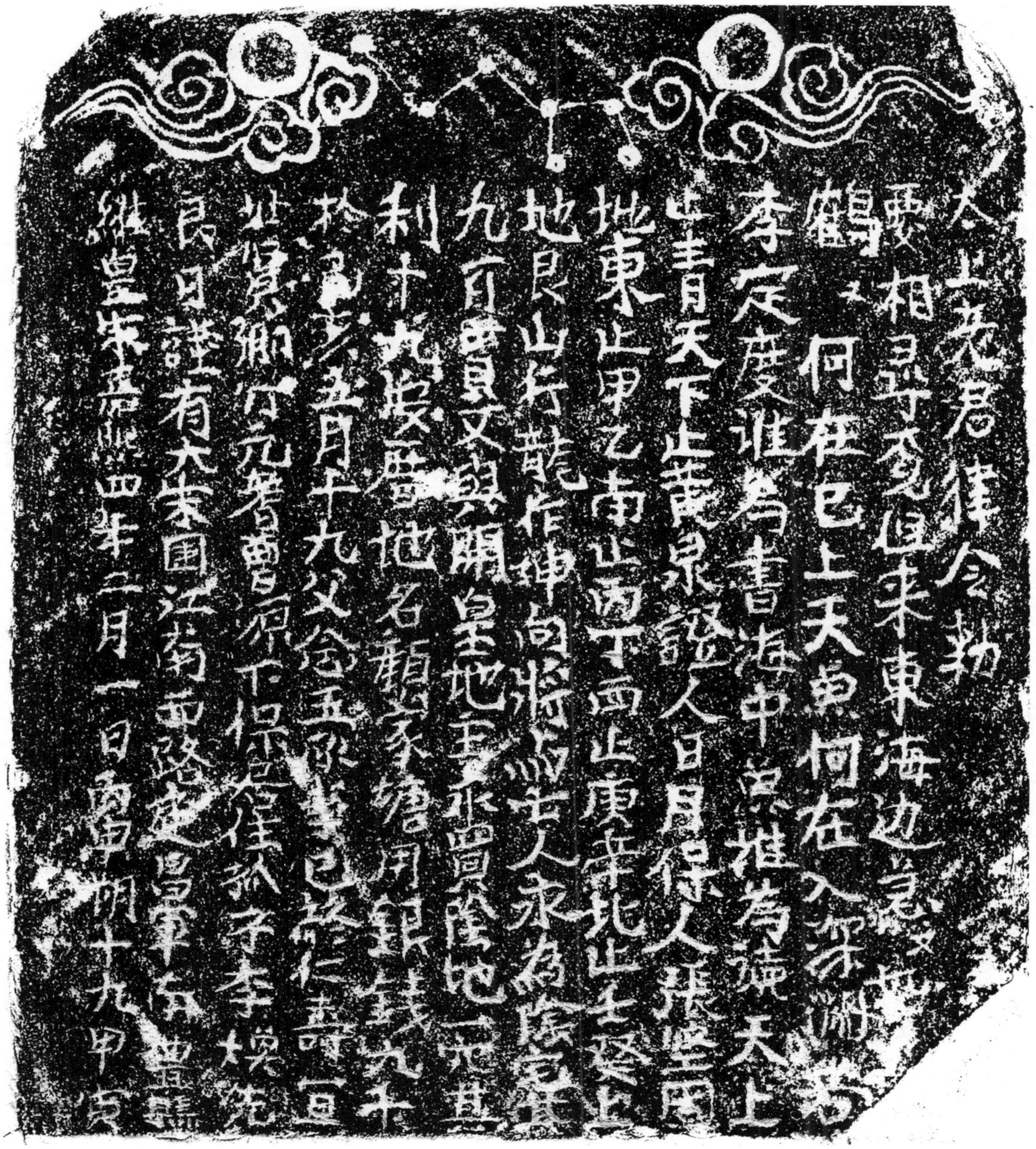

時代：南宋嘉熙四年（1240年）二月十九日　尺寸：高42.7釐米，寬37.2釐米

312 鄭氏一娘地券

時代：南宋嘉熙四年（1240年）三月初七日　尺寸：高39.2釐米，寬41釐米

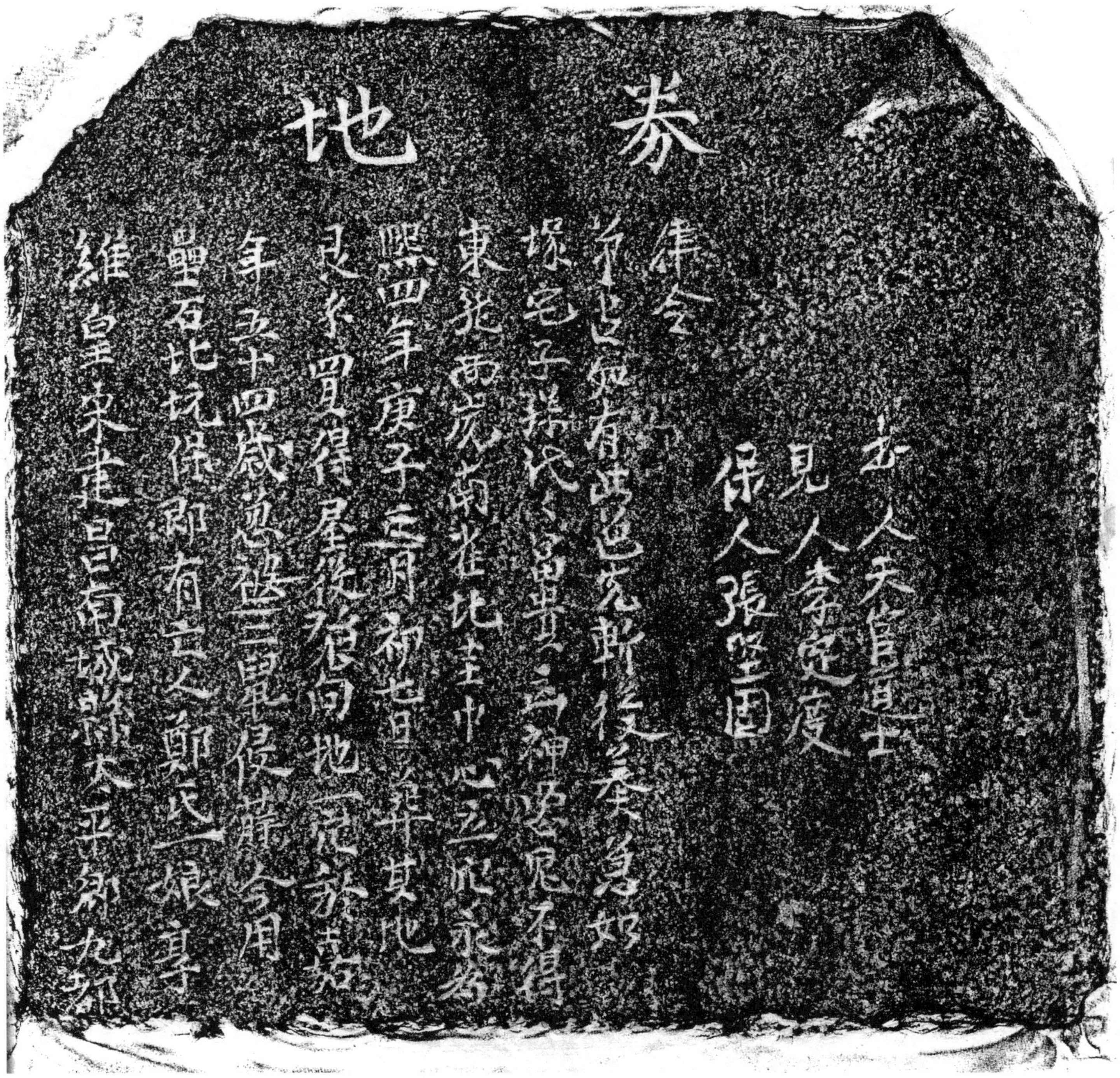

313　三四宣義地券

時代：南宋嘉熙四年（1240年）十一月二十四日　尺寸：高40.3釐米，寬32.5釐米

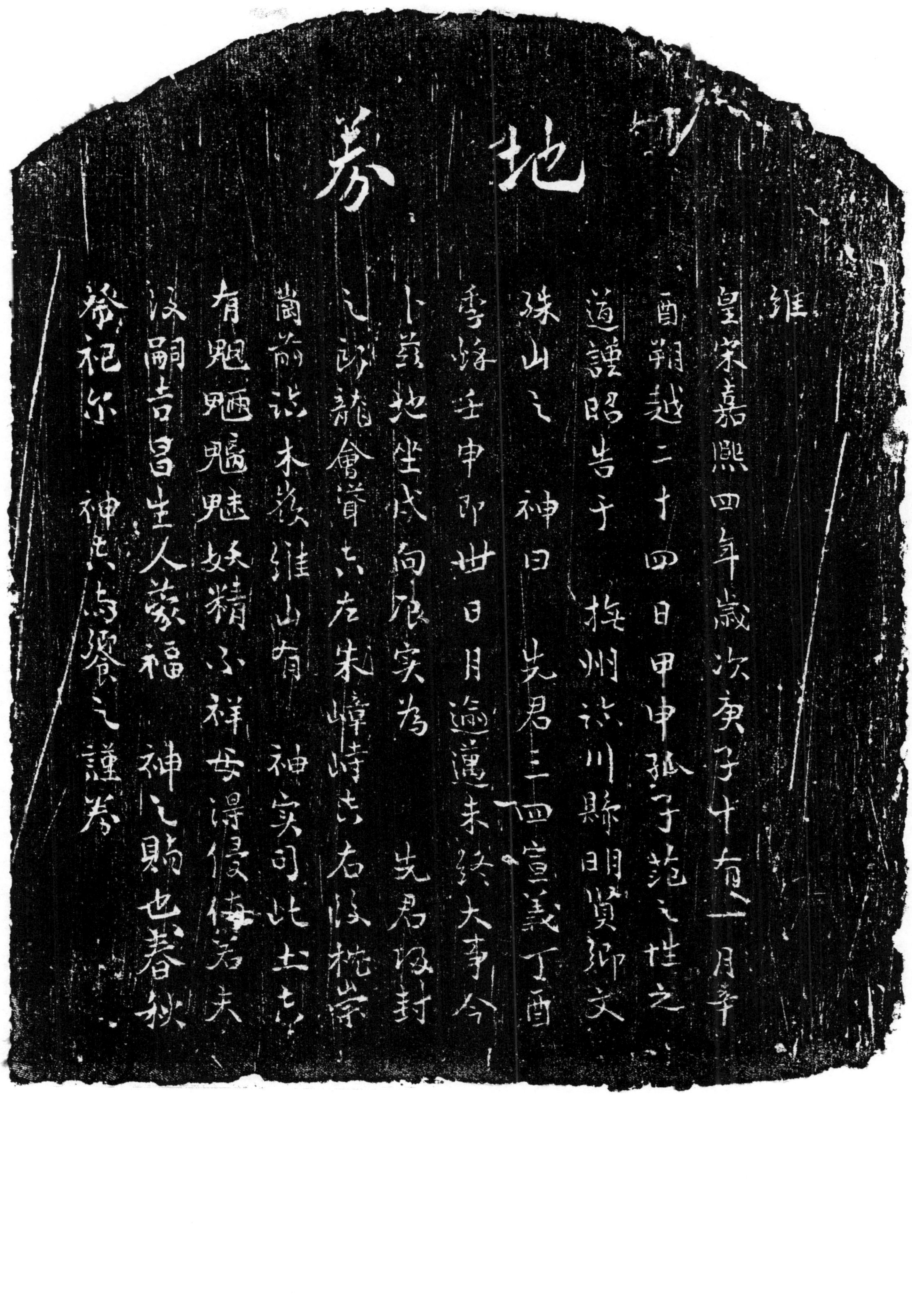
地券
維
皇宋嘉熙四年歲次庚子十有一月辛
酉朔越二十四日甲申孤子范之
適謹昭告于　撫州臨川縣明賢鄉文
殊山之　神曰　先君三四宣義丁酉
季夏壬申即世日月逾邁未終大事今
卜茲地坐戌向辰實為　先君攸封
之邸龍會背山左朱嶂時山右收桃嶺
崗前迭木茂維山有　神實司此土也
有魍魎魑魅妖精不祥毋得侵侮若夫
後嗣吉昌生人蒙福　神之賜也春秋
祭祀尔　神其為饗之謹券

314 先妣夫人地券

時代：南宋淳祐二年（1242年）十二月六日

尺寸：高36.5釐米，寬31釐米

地券

維皇宋淳祐二年歲次壬寅十二
月己酉朔越六日甲寅哀子曾孫
奕等謹昭告于丘原之神曰惟山
龍出派堯山自乾亥坎癸而來轉
寅作申向水流歸庚辛縈回秀麗
拱揖如畫觀者曰宜卜者曰吉敢
奉先妣夫人之喪歸葬于此惟賴
呵禁不祥非惟亡者獲福而生者
亦蒙其利則春秋獻時思之礼尔
神其與享之謹告

315　吴細六公地券

時代：南宋淳祐四年（1244年）十月　　尺寸：高47釐米，寬36.5釐米

證人梁道士　天蓬道士刻
人張堅固　書人李定度
太上玄都　急急如律令
如有爭占者先斬
黃泉下將軍古跡今壇同姓人不得妄行爭占
龍右止白虎前止朱雀後止玄武中心一穴
開皇地祗買其祖考墳左邊地一穴
三姑等今聞孝眷宜錢就于
孝男吳留亭　孝新婦胡氏　孝孫
月二十五日
吳細六公　元命癸卯年正月十八日酉時生享年六十二歲
大宋國江南西路撫州臨川縣長安鄉
皇宋淳祐四年十月

316 甘公地券

時代：南宋淳祐四年（1244年）十二月十八日

尺寸：高39.7釐米，寬32.9釐米

地券
維
皇宋淳祐四年歲次甲辰十二月丁卯
朔越十八日甲申孤子甘榮禩謹泣血
百拜昭告于
西坑之山神曰罪逆不天禍延所怙惟
是窀穸之事不敢替緩爰卜此土實爲
吉壤維水來南流北維山坐寅向申賴
尒神呵禁不祥扶奠其宅以安我
先人之靈若夫春秋來承祭祀尒神亦
從與享之我子孫有百世無疆之休則
尒神亦有百世無窮之利謹告

317 有宋李氏太君地契

時代：南宋淳祐五年（1245年）六月二十五日

尺寸：高40.6釐米，寬51.5釐米

318 鄒公地券

時代：南宋淳祐六年（1246年）十月十二日　尺寸：高57釐米，寬43.5釐米

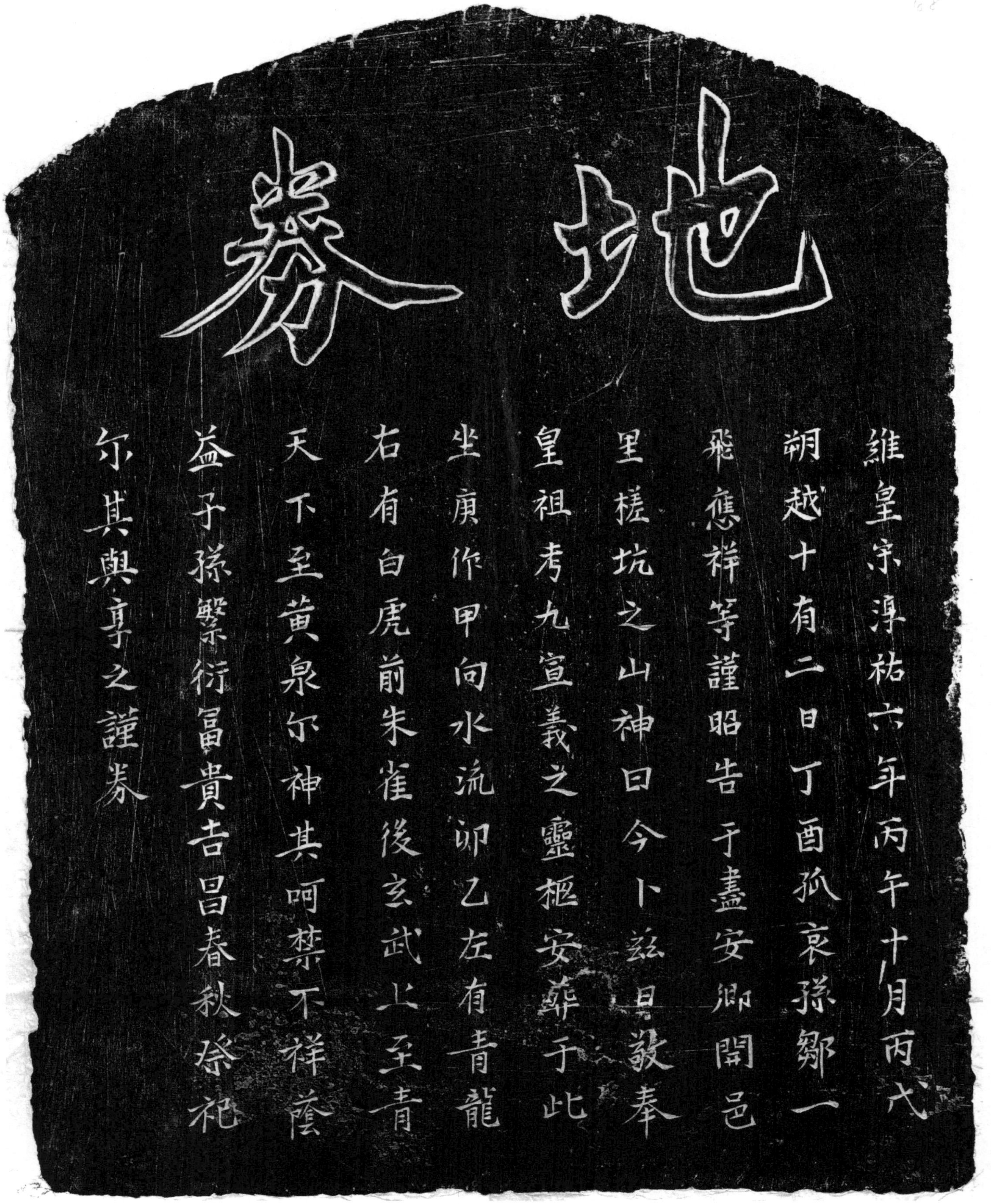
地券
維皇宋淳祐六年丙午十月丙戌
朔越十有二日丁酉孤哀孫鄒一
飛應祥等謹昭告于盡安鄉閭邑
里槎坑之山神曰今卜茲日敬奉
皇祖考九宣義之靈柩安葬于此
坐庚作甲向水流卯乙左有青龍
右有白虎前朱雀後玄武上至青
天下至黃泉尔神其呵禁不祥蔭
益子孫繁衍富貴吉昌春秋祭祀
尔其與享之謹券

319　單一郎地券

時代：南宋淳祐七年（1247年）正月二十三日　　尺寸：高38釐米，寬33.5釐米

320 鄒公地券

時代：南宋淳祐七年（1247年）八月二十二日　尺寸：高49.5釐米，寬45釐米

地券
維 皇宋丁未太歲淳祐七年八
月辛巳朔越二十有二日壬寅孤
子鄒端仁端方全奉 先考君
六四宣機之柩歸藏于奉化鄉龍
泉之南潭峯之源謹昭告于兹山
之神曰維兹山龍自羅浮起祖坐
乾向巽前遮後從虎踞龍蟠揖萬
山之秀聚四水之清維我先君吉
藏之後其或方良妖精遺骸瘗伏
神其驅之山不童澤不涸以妥我
先靈以福我後嗣神其相之無渝
此盟春秋祭祀神其與享之謹告

321 □公地券

時代：南宋淳祐八年（1248年）正月初十日　尺寸：高50.5釐米，寬32釐米

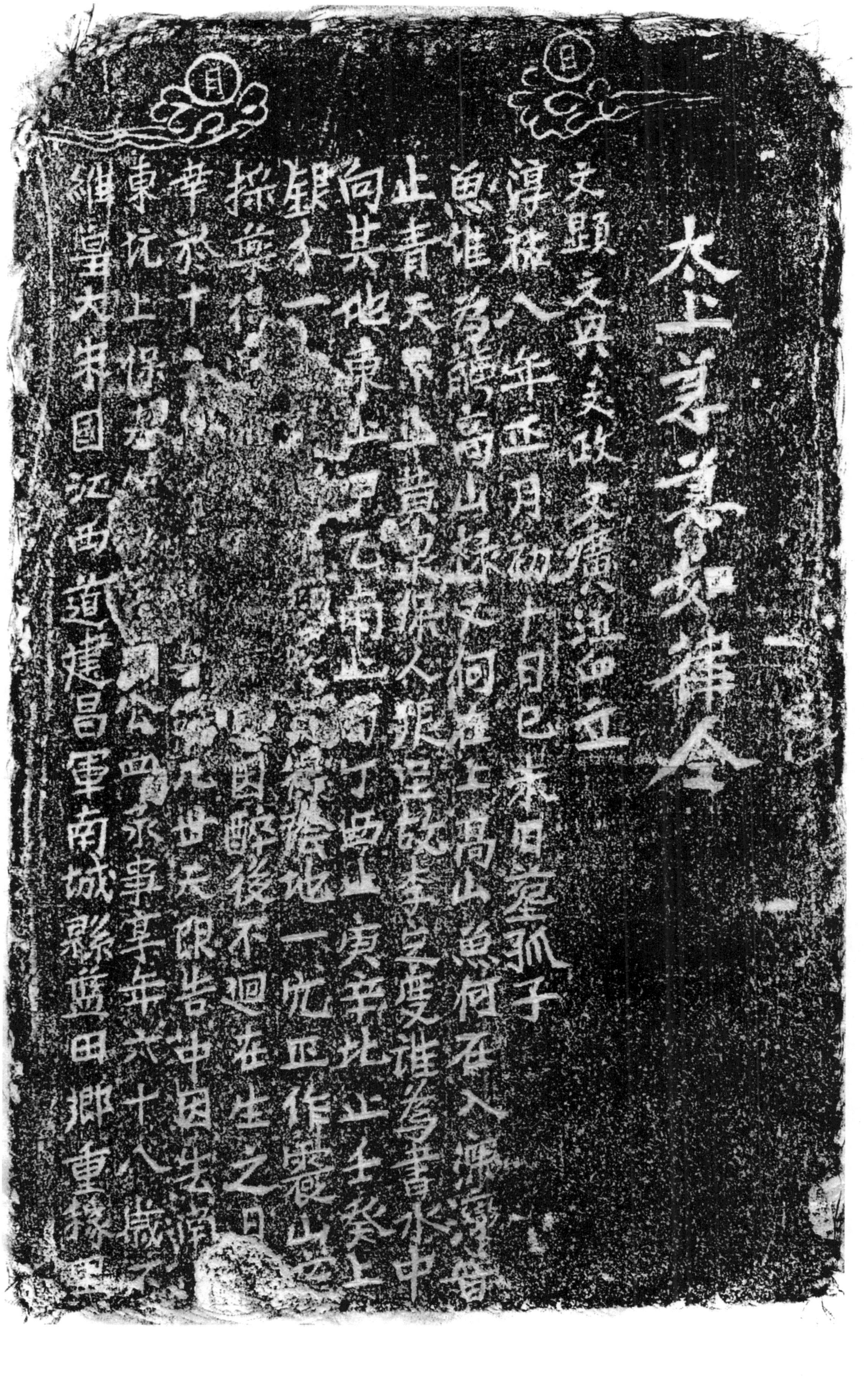
淳祐八年正月初十日己未日孝孤子
維皇大宋國江西道建昌軍南城縣

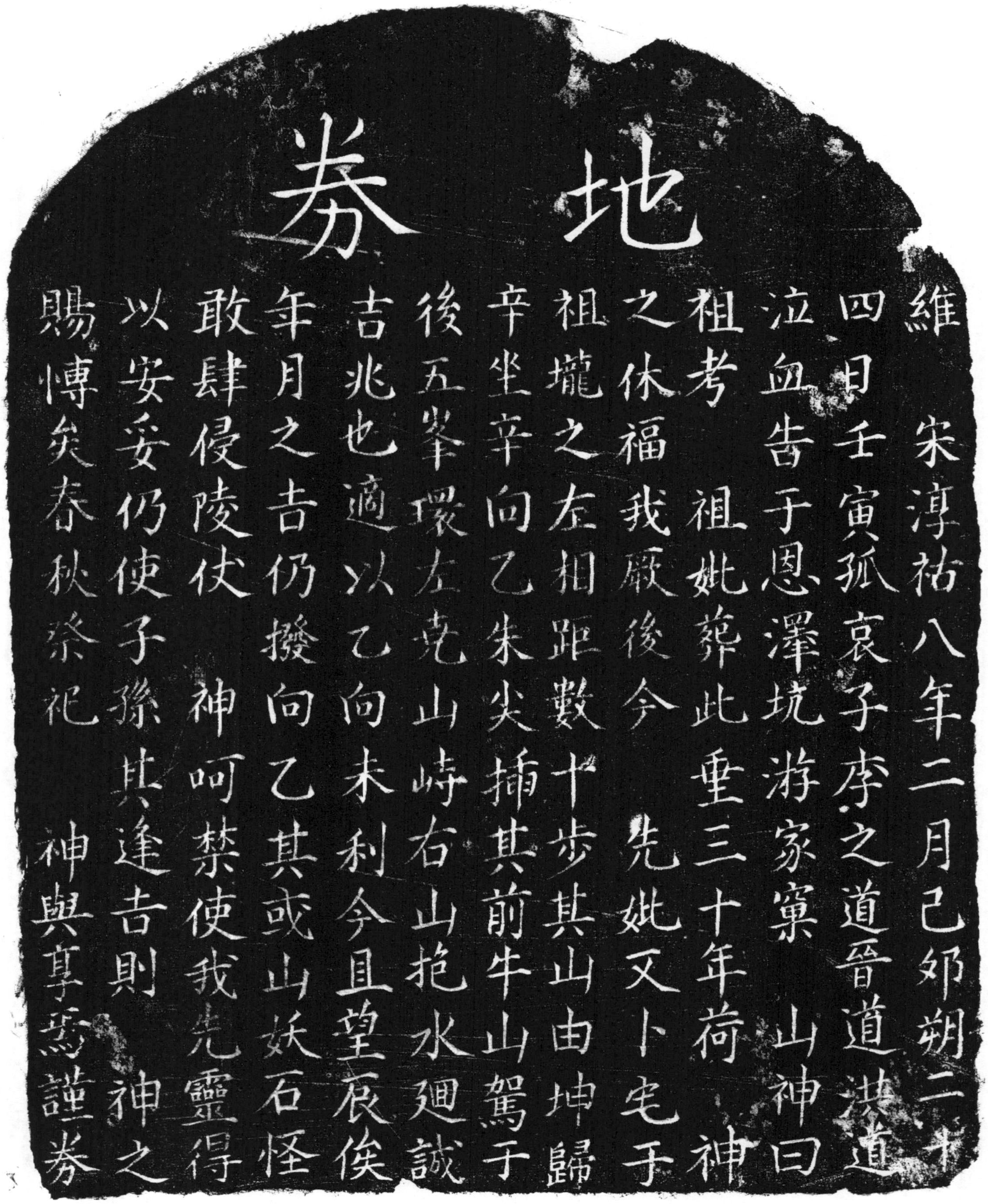
地券
維　宋淳祐八年二月己卯朔二十
四日壬寅孤哀子李之道晉道洪道
泣血告于恩澤坑游家窠　山神曰
祖考　祖妣葬此垂三十年荷　神
之休福　我厥後今　先妣又卜宅于
祖壠之左相距數十步其山由坤歸
辛坐辛向乙朱尖插其前牛山駕于
後五峯環左亮山峙右山抱水廻誠
吉兆也適以乙向未利今且望辰俟
年月之吉仍撥向乙其或山妖石怪
敢肆侵陵伏　神呵禁使我先靈得
以安妥仍使子孫其逢吉則　神之
賜博矣春秋祭祀　神與享焉謹券

322　李之道祖父母地券

時代：南宋淳祐八年（1248年）二月二十四日

尺寸：高37.2釐米，寬29.5釐米

323 宋故李九公墓計

時代：南宋淳祐八年（1248年）三月初六日　尺寸：高41釐米，寬39.5釐米

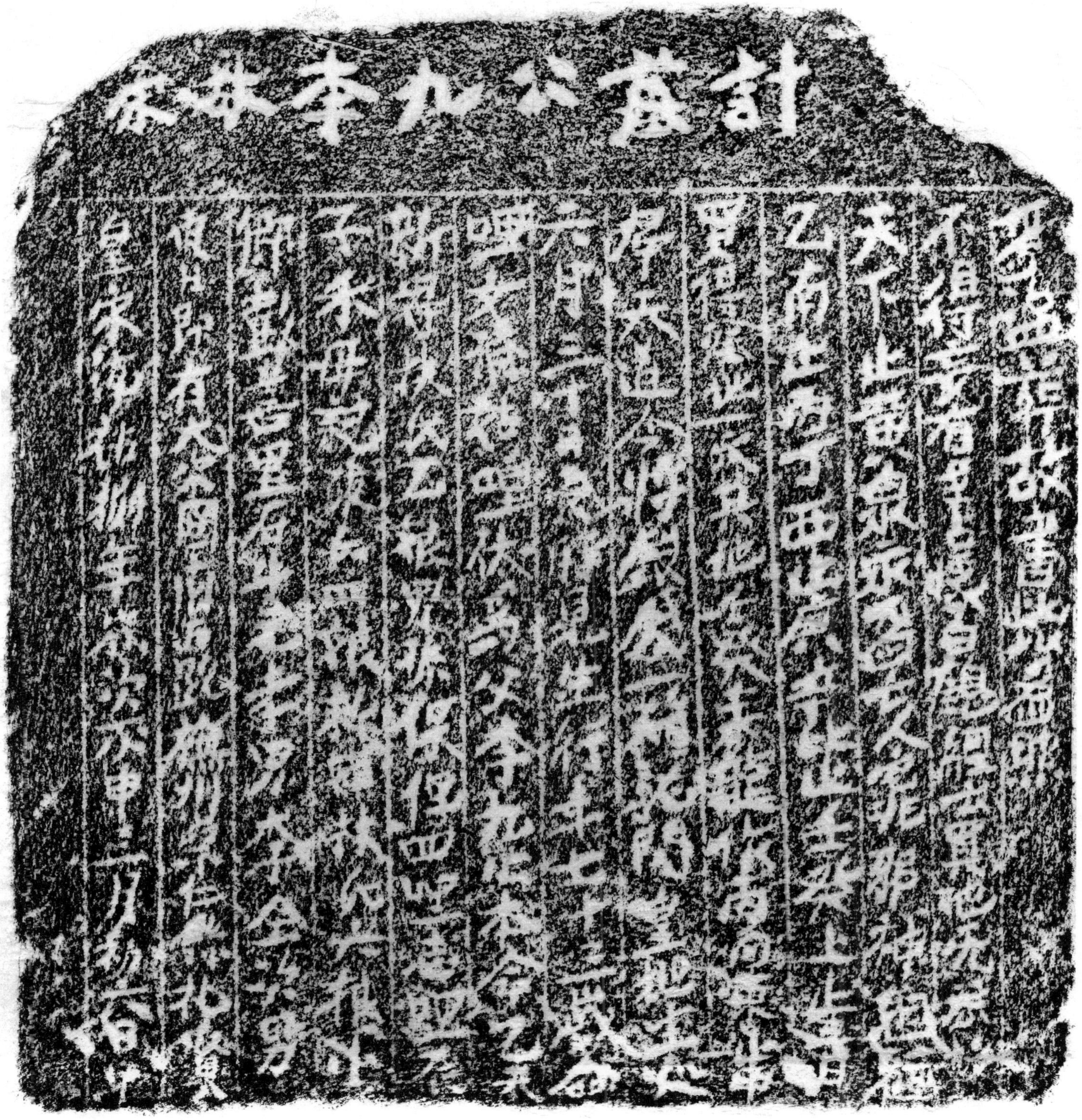

324 有宋唐百三郎莫記

時代：南宋淳祐八年（1248年）九月二十一日　尺寸：高50.5釐米，寬38.5釐米

有宋唐百三郎墓記
皇宋江西撫州金谿縣歸德鄉十二都
前山南保居住奉
宋故亡人唐百三郎享年四十三歲
不幸於戊申年九月二十日身亡今用
銀不一千貫文就開皇地主邊買得
已巽山乾坐丙作壬向水歸乾長流
其地東甲乙南丙丁西庚辛北壬癸
上止青天下止黃泉山精古塚不許爭
右太上有敕先斬後奏急急
孝男唐必昌必貴周哥
孝女唐氏孝新婦金氏
次女唐氏淳祐九月日立

325 甘夫人地券

時代：南宋淳祐八年（1248年）十二月二十四日　尺寸：高51.5釐米，寬44釐米

地券

維皇宋淳祐八年歲次戊申
十二月甲戌朔越廿四日丁酉
孤哀子徐燎謹昭告于富城鄉
鐵爐坑之山神曰維山發迹羅
浮行三十里是為回峯蜿蟺起
伏降勢于此覺溪之水演迤前
朝坐壬向丙卜者曰吉是用改
奉我　先妣甘夫人之柩窆焉
惟是扞掫不若以妥安先靈緊
爾神是賴若節春秋厥有常祀
爾神其從與享之謹告

326　宋故干氏地券

時代：南宋淳祐九年（1249年）三月初十日　尺寸：高50.6釐米，寬35釐米

宋故干氏地券

皇宋江西臨江軍新淦縣文昌坊街南居住何
文炳妻干氏享年三十五歲不幸於戊申年十
二月十七日得疾辭世今用錢取置得本縣善
政鄉二都咸陽里泥江下弦余家塔陰地一穴
亥山來龍作巳向卜取己酉淳祐九年三月初
十日壬午良利安厝文炳亡室干氏靈柩于此
占作萬年山宅謹書地券刊諸石昭告于
當山土地大王
一切龍神禁將
壙中一切靈祇伏望
保庇干氏居此山間平吉仰諸邪祟不得妄行
侵占有害亡魂次
保文炳家道興隆子孫昌盛凡諸運用陰佑
護持者
即月　日何文炳書

327 黄氏地券

時代：南宋淳祐九年（1249年）四月十八日　尺寸：高46釐米，寬34釐米

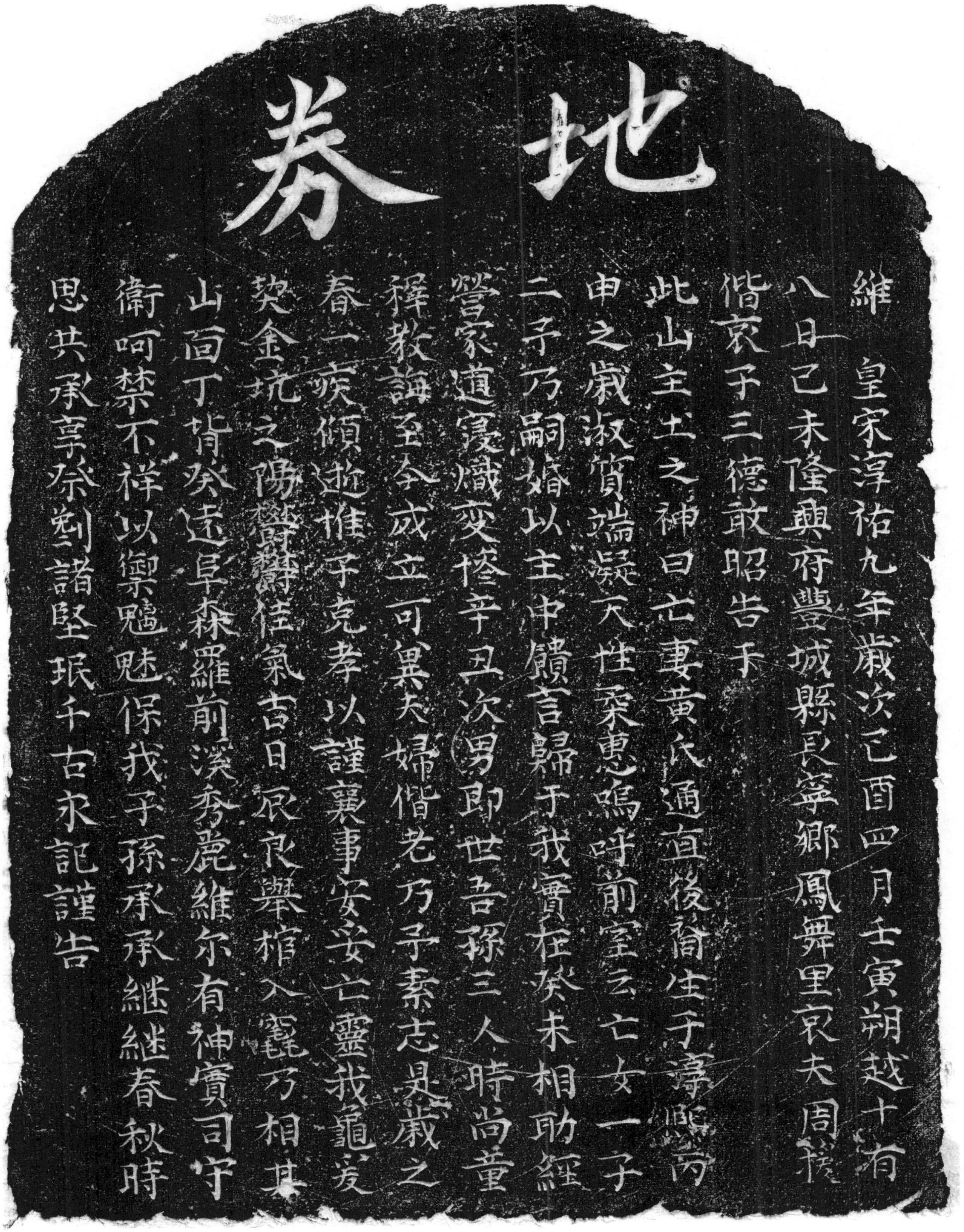
地券
維　皇宋淳祐九年歲次己酉四月壬寅朔越十有
八日己未隆興府豐城縣長寧鄉鳳舞里哀夫周稷
偕哀子三德敢昭告于
此山主土之神曰亡妻黃氏通直後裔生于淳熙丙
申之歲淑質端凝天性柔惠嗚呼前室云亡女一子
二子乃嗣婚以主中饋言歸于我實在癸未相助經
營家道寖熾變慘辛丑次男即世吾孫三人時尚童
穉教誨至今成立可冀夫婦偕老乃予素志是歲之
春一疾傾逝惟子克孝以謹襄事安妥亡靈我龜爰
契金坑之陽鬱鬱佳氣吉日辰良舉棺入窆乃相其
山面丁背癸遠阜森羅前溪秀麗維尔有神實司守
衛呵禁不祥以禦魑魅保我子孫承承繼繼春秋時
思共承享祭剗諸堅珉千古永記謹告

328 吴五七郎地券

時代：南宋淳祐九年（1249年）八月二十八日

尺寸：高47釐米，寬36.5釐米

329 李母地券

時代：南宋淳祐十年（1250年）九月二十一日　尺寸：高41.3釐米，寬32.4釐米

地券

維　皇宋淳祐十年歲次庚戌九月甲子朔越
二十有一日甲申孤哀子李復道從道敢昭告
于李家窠之
神曰復道等罪逆不天不自殞滅禍延
先妣卜其宅兆兹惟協吉此山自堯崗行龍坐
申向寅左龍右虎薦峯崎前簾原障後山秀谷
盤土堅水遶廻吾　先妣眞宅也其或客氣遊
魂妖精魅鬼憑陵不逞侮我方中則四向之內
土伯山君所宜呵護兆域禁止不祥使不肖諸
孤仰承
嘉德春秋祭祀
神其與享豈不休哉謹券

330 胡公墓券

時代：南宋淳祐十年（1250年）十一月十一日

尺寸：高42釐米，寬32釐米

墓券
維皇宋淳祐十年太歲庚戌十有一月朔越
十有一日壬申孤子胡興宗紹宗等謹奉
先考君六九宣機靈柩歸葬于起山之陽從
治命也考君爲
判簿公震子立性剛毅博通經史壯歲有心
進取屢應秋舉有司冬烘常沮其志乃慨然
曰人生患不適古今則没才之恥茲既屢戰
藝圃得非窮達有素分乎遂取星數方脉等
書游心自適無不得其要領末年猶長陰陽
山水之趣里人多賴正焉公生於淳熙辛丑
卒於淳祐甲辰享年六十有四男二人興宗
紹宗女一人適同里進士范士從孫男六人
皆幼今葬于茲若有呵禁不祥亡人安子
孫蒙福皆
爾神之力也而吾春秋祭祀　爾神其同
與饗之謹券

阮公地券

時代：南宋淳祐十一年（1251年）七月二十四日　尺寸：高73.2釐米，寬39.7釐米

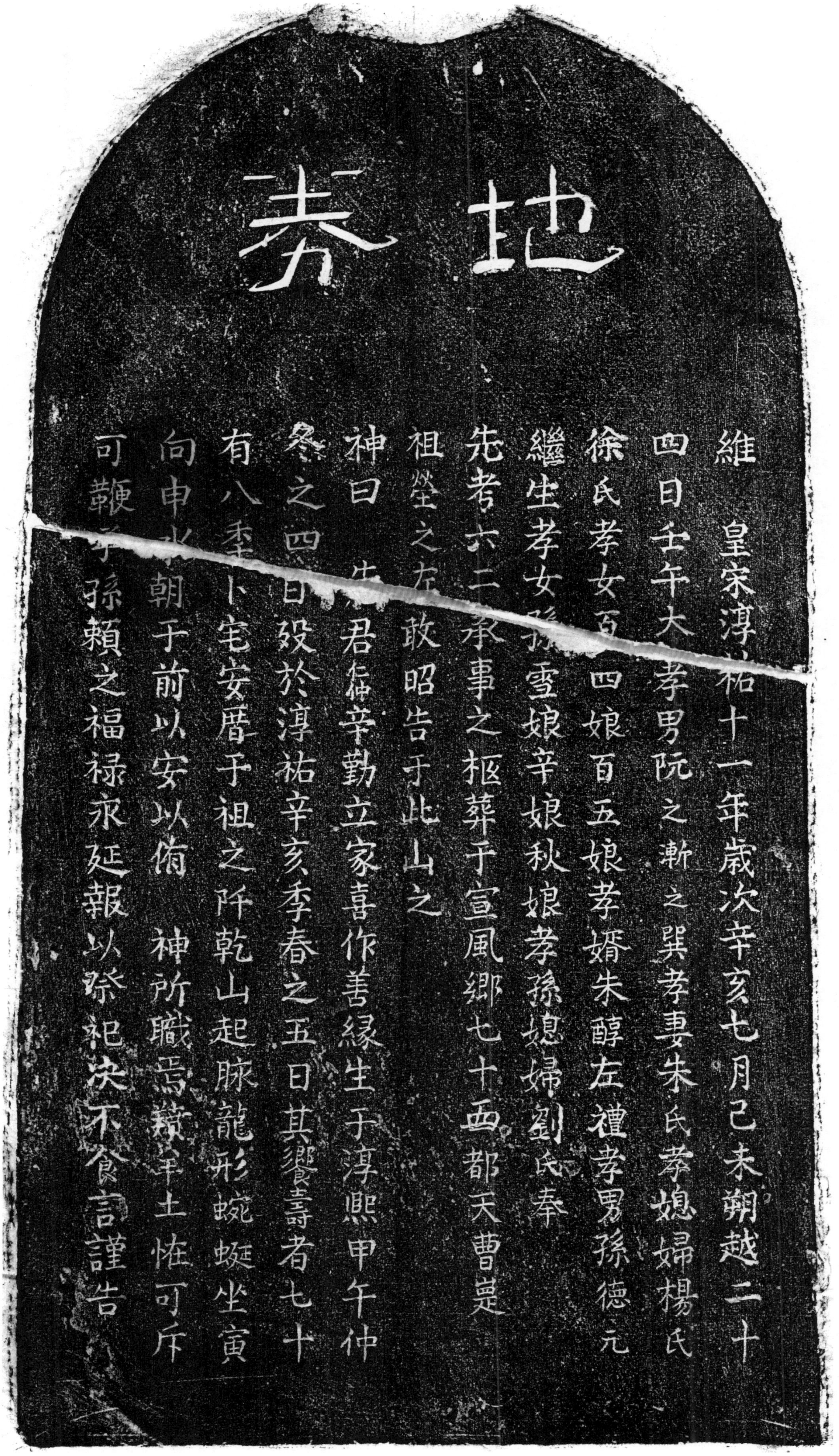
地券

維 皇宋淳祐十一年歲次辛亥七月己未朔越二十
四日壬午大孝男阮之漸之巽孝妻朱氏孝媳婦楊氏
徐氏孝女百四娘百五娘孝婿朱醇左禮孝男孫德元
繼生孝女孫雪娘辛娘秋娘孝孫媳婦劉氏奉
先考六二承事之柩葬于宣風鄉七十西都天曹崑
祖塋之左敢昭告于此山之
神曰 先君倫辛勤立家喜作善緣生于淳熙甲午仲
冬之四日歿於淳祐辛亥季春之五日其饗壽者七十
有八季卜宅安厝于祖之阡乾山起脉龍形蜿蜒坐寅
向申水朝于前以安以侑 神所職焉積年土恠可斥
可鞭孝孫賴之福祿永延報以祭祀決不食言謹告

332 何氏夫人地券

時代：南宋淳祐十二年（1252年）五月　尺寸：高39釐米，寬40釐米

中央民族大學民族博物館藏江西出土宋元墓誌地券拓本彙編

333 吴氏六娘地券

時代：南宋淳祐十二年（1252年）十一月初八日　尺寸：高36釐米，寬31釐米

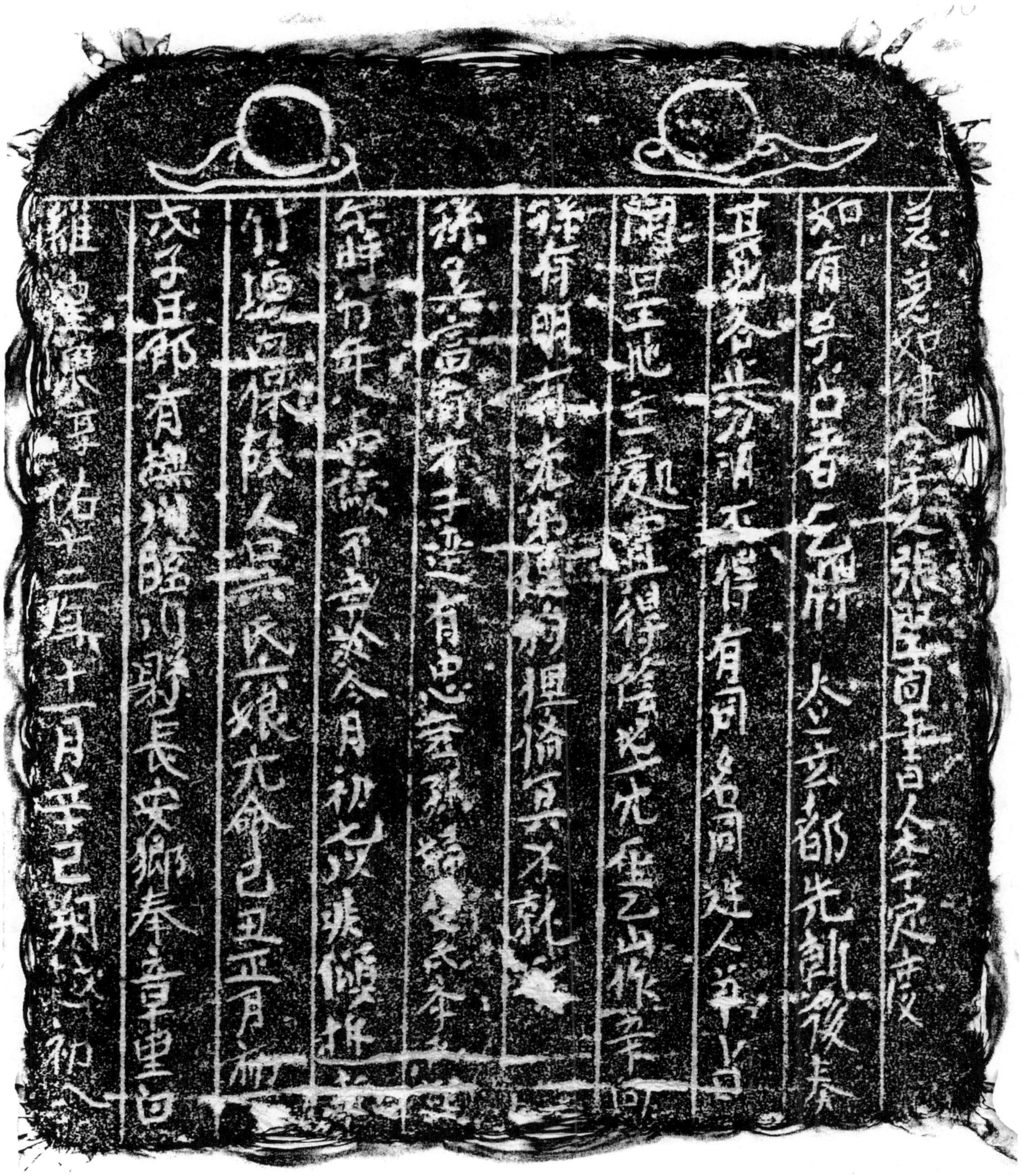

334 故官公墓

時代：南宋寶祐元年（1253年）十月初三日 尺寸：高40.5釐米，寬36釐米

中央民族大學民族博物館藏江西出土宋元墓誌地券拓本彙編

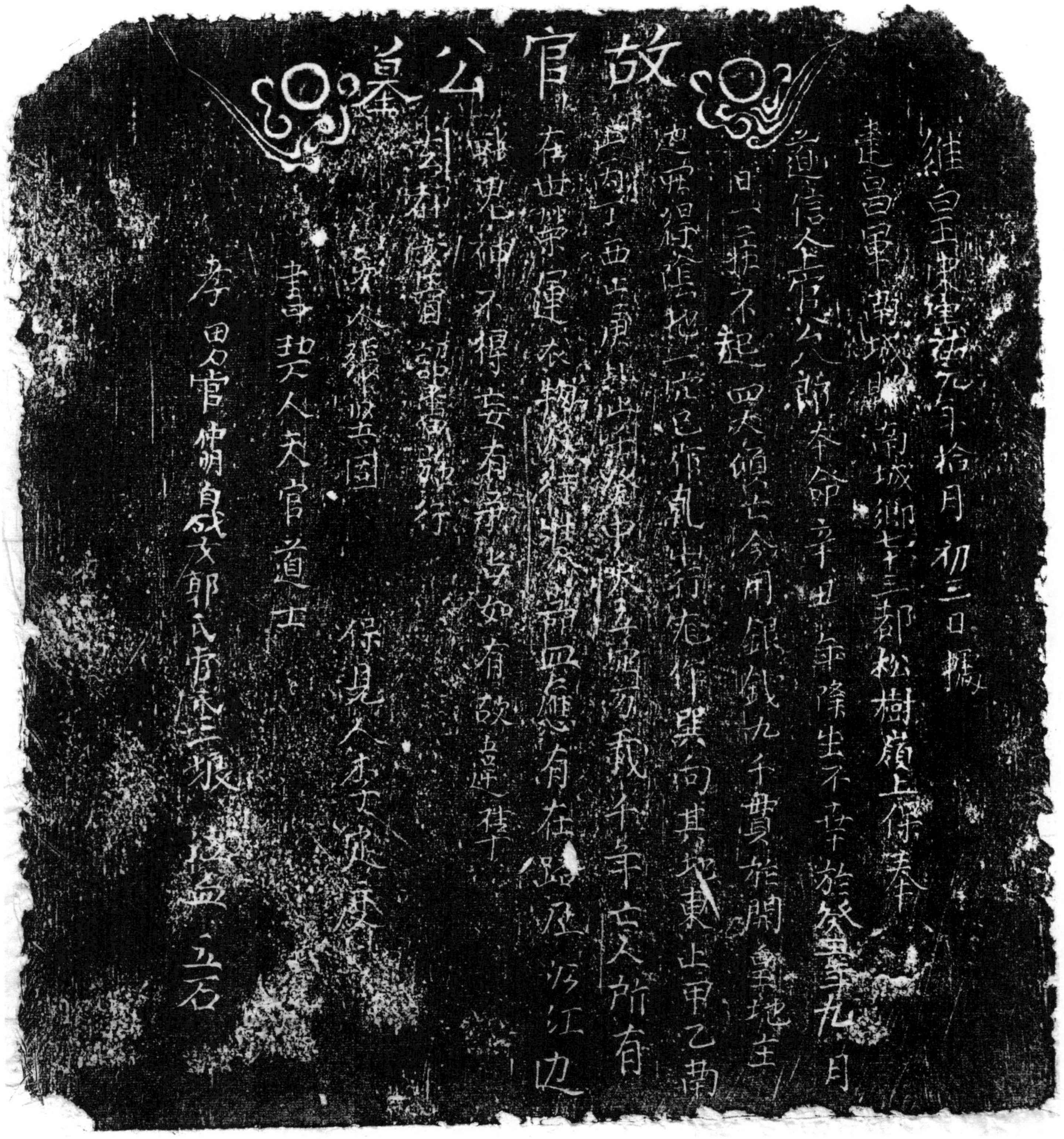

335　黃志道地券

時代：南宋寶祐二年（1254年）十月十六日　尺寸：高39.4釐米，寬31釐米

地券

惟皇宋寶祐二年歲次甲寅
冬十月庚午朔越十有六日乙
酉黃琦以亡幼男志道葬於會
昌鄉曲坑山之原敢昭告于
后土之神曰山川來龍過脉艮
方宛然之勢降此高岡坐辛向
乙嵎谷維賜青龍白虎夾輔明
堂朱雀玄武分衛陰陽龜人献
兆李子是藏　神戕擁護呵禁
不祥墻間之祭侑享有常謹券

336 孫氏地券

時代：南宋寶祐二年（1254年）十月二十七日

尺寸：高35.5釐米，寬27釐米

地券

維　皇宋寶祐二年歲次甲
寅十月庚午朔越二十有七
日丙申孝夫范自昭謹致告
于　神林之山神曰茲得吉
卜以我　孺人孫氏安厝于
此實堯山之來龍面櫧山之
雄峯坐午向子左揖右從神
靈擁護魑魅不逢克昌厥後
福祚所鍾春秋祭祀牲幣以
供神其與享敢不敬恭謹券

337 宋故王氏墓道

時代：南宋寶祐二年（1254年）十二月初十日　尺寸：高56.6釐米，寬45.5釐米

338 陳應龍母地券

時代：南宋寶祐二年（1254年）十二月十六日　尺寸：高42.7釐米，寬33.3釐米

地券
維　皇宋寶祐二年歲次甲
寅十二月巳巳朔越十有六
日甲申孤哀子陳應龍應翔
謹告于大順鄉洗馬池之
山神曰嗟維此山面巽坐乾
龍翔鳳舞潊氣蔥然奇峯環
揖秀水帶連寶龜叶吉已告
于前　皇妣宅此永底安全
或有妖魍　神呵斥焉佑我
後人於千萬年春秌祭祀
神共享旃謹券

339 陶氏地券

時代：南宋寶祐三年（1255年）三月初五日　尺寸：高38釐米，寬39釐米

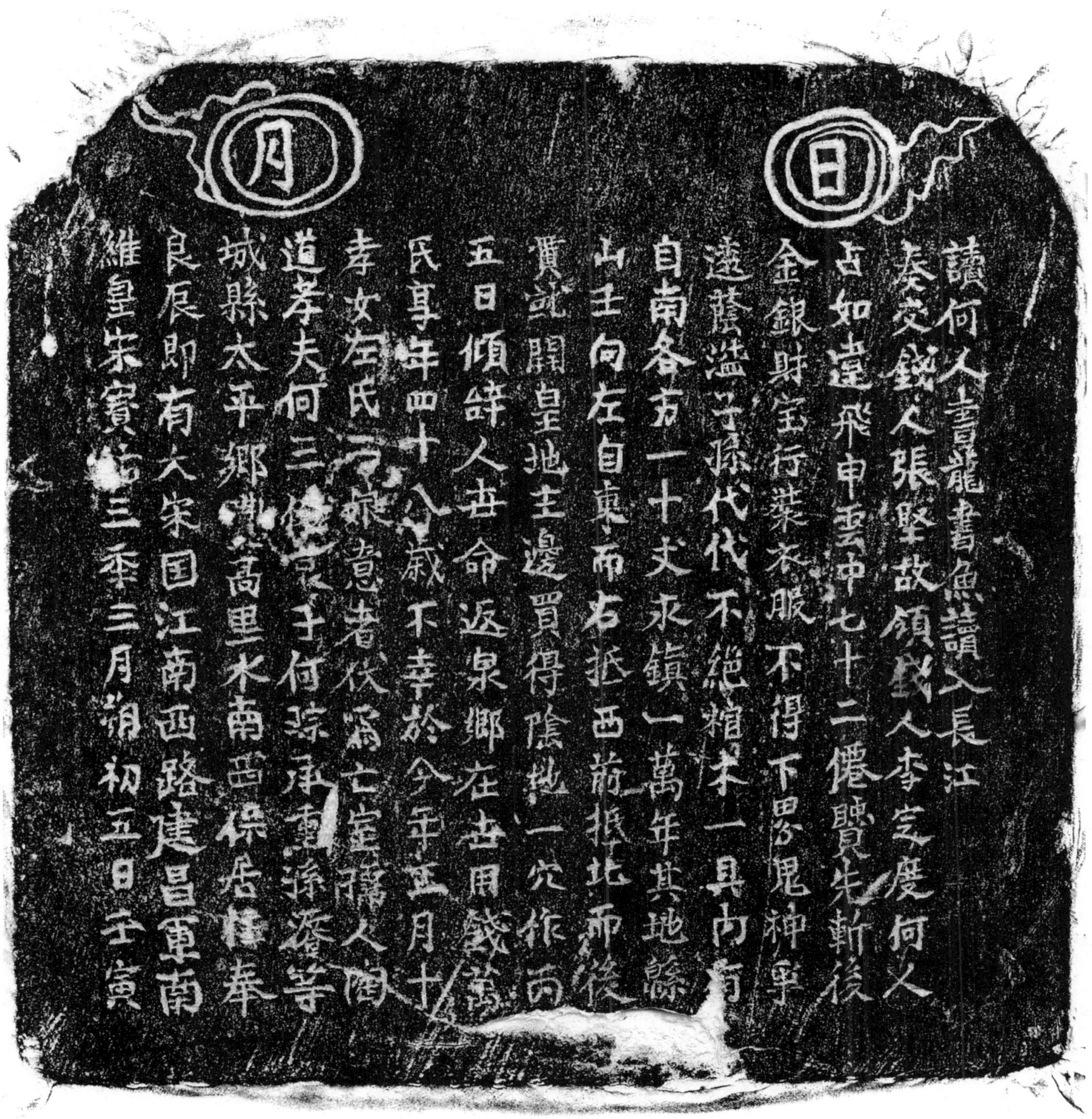
日
月
維皇宋寶祐三季三月朔初五日壬寅
良辰即有大宋国江南西路建昌軍南
城縣太平鄉□高里水南西保居住奉
道孝夫何三使良子何琮承重孫濬等
孝女陶氏孺人意者伏爲亡室孺人陶
氏享年四十八歲不幸於今年正月十
五日傾辞人世命返泉鄉在世用錢萬
貫就開皇地主邊買得陰地一穴作丙
山壬向左自東而右抵西前抵北而後
自南各方一十丈永鎮一萬年其地餘
遠蔭溢子孫代代不絕糧米一具內有
金銀財宝行葉衣服不得下界鬼神爭
占如違飛申雲中七十二僊覺先斬後
奏交錢人張堅故領錢人李定度何人
讀何人書龍書魚讀人長江

340 宋張小八省元地券

時代：南宋寶祐三年（1255年）十一月二十七日

尺寸：高47.5釐米，寬43.5釐米

341 周氏一娘地券

時代：南宋寶祐四年（1256年）十一月初十日

尺寸：高47.5釐米，寬35.4釐米

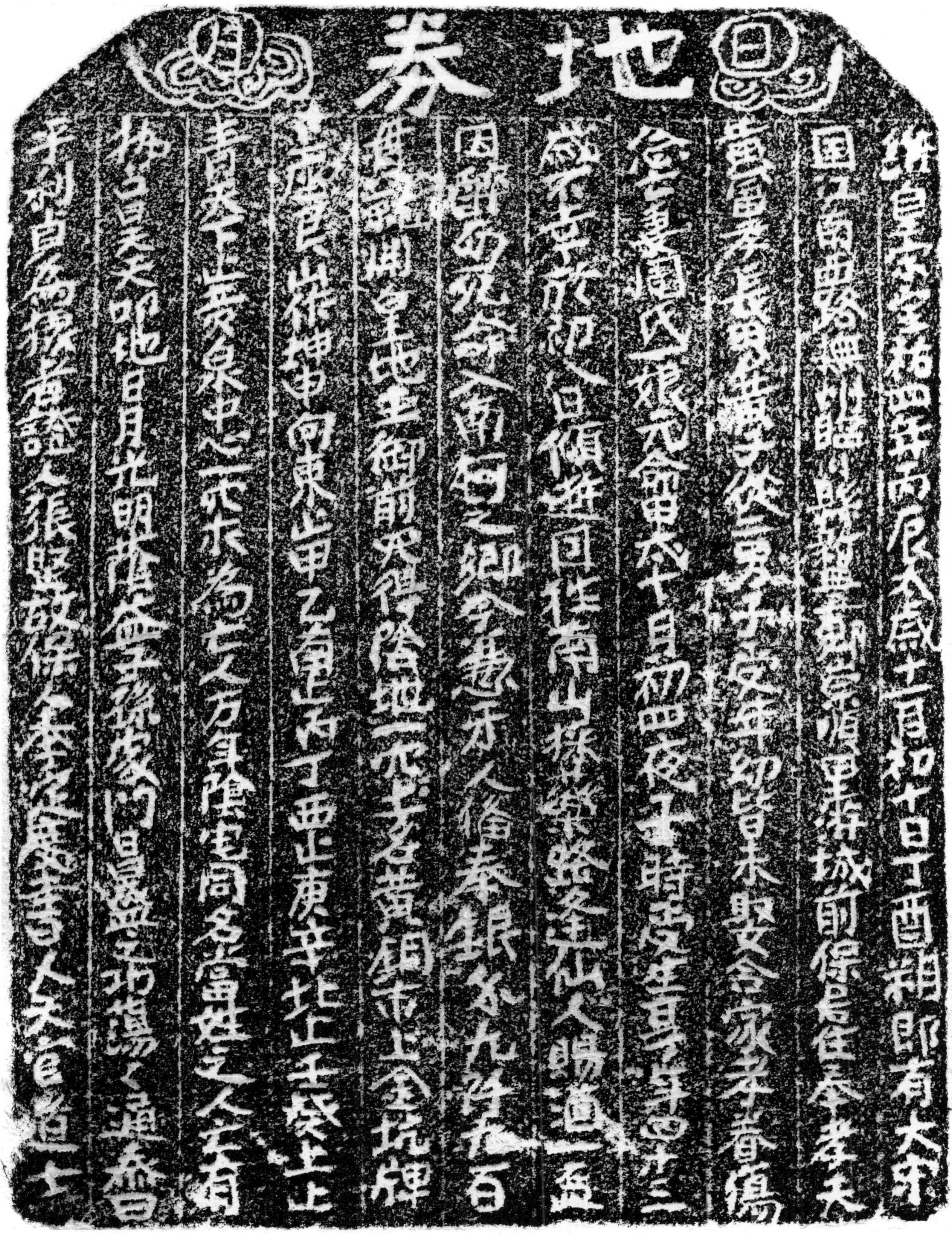

342 熊氏地券

時代：南宋寶祐五年（1257年）二月二十八日　尺寸：高51釐米，寬37釐米

地券

維　皇宋寶祐五年歲次丁巳二月丁
巳朔廿八日甲申臨川尹元達同壻丘
予孫適女念四娘葬妻熊氏於明賢鄉
甘泉里塔坑之蘭窠其山來自離兌坐
乾向巽前揖龍會後挑堨陂左顧樟嶺
右接堯山堂局寬平水城交結風藏氣
聚穴正龍真乃丘塉巡旁山也詢謀僉
同龜筮協吉安葬于茲神其昭格呵護
不祥革迎善氣亡靈安妥男女榮昌春
秋二祀敢忘神力葬前二日元達謹書

343　楊氏地募

時代：南宋寶祐六年（1258年）九月十四日　尺寸：高55.6釐米，寬44.5釐米

楊氏地募
維
皇宋寶祐六年歲次戊午九月丁未朔越十有四日
庚申孝男傅宗強曾慶孫庚孫敢昭告于
山神之靈曰吾母本臨川楊城楊氏之女初適仝邑
傅仲傑生男一人娶范氏男女孫二人再適豐城之
曾用祥生男二人長娶劉氏次尚幼夫婦經營產業
財物滋殖偕老齊眉不幸於丁巳年三月初二日先
父而亡享年七十歲今茲停柩久留爰得卜其宅兆
得吉于所居之下流港西之滸坐寅艮山作坤申向
鵲須參於前朱阜環於後兆茅奉柩葬于斯土尚惟
爾神常加黙護毋令魍魎魑魅敢有干犯俾亡人大
安子孫昌盛春秋祭祀其與爾　神同之謹告
契末天水嚴　汝祥鐫
里人錢壇范　仲章誌

344 宋故吴十二承事地券

時代：南宋寶祐六年（1258年）十一月初九日　尺寸：高42釐米，寬37釐米

345 無名氏地券

時代：南宋開慶元年（1259年）二月二十二日 尺寸：高37釐米，寬33.5釐米

346　鄧公四乙郎地券

時代：南宋開慶元年（1259年）閏十一月十一日　尺寸：高51釐米，寬36.5釐米

347 王氏地券

時代：南宋景定四年（1263年）正月二十八日

尺寸：高35.5釐米，寬29.5釐米

348 周家宜人李氏墓券

時代：南宋咸淳元年（1265年）三月十三日　尺寸：高29.4釐米，寬36.6釐米

349 有宋吴氏二娘地券

時代：南宋咸淳元年（1265年）十二月二十一日　尺寸：高40.8釐米，寬34.5釐米

350 王氏第一年娘地券

時代：南宋咸淳二年（1266年）八月十三日　尺寸：高47.5釐米，寬39.5釐米

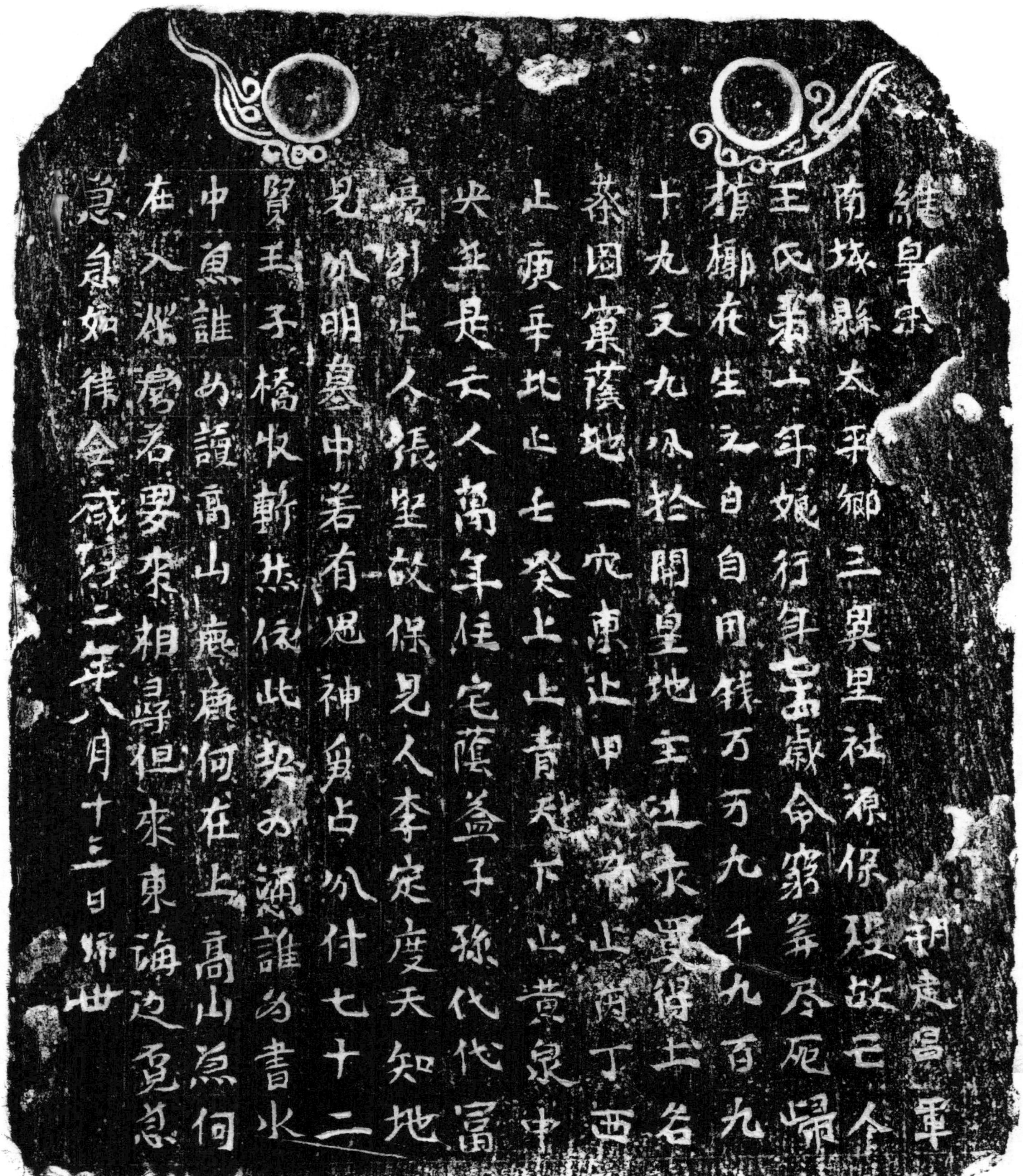

351 曾氏地券

時代：南宋咸淳三年（1267年）十二月初八日　尺寸：高38.5釐米，寬37.5釐米

維皇宋咸淳三年太歲丁卯十二月癸丑朔越初八日庚
申孝男裴仲祀仲明仲才孝女一姑四姑七姑孝媳婦黃氏□
娘鄧氏六娘黃氏九娘男孫士賢士清士通士龍士行女孫三
姑四姑六姑孫媳婦胡氏六娘姚氏二娘吳氏二娘姚氏六娘
男孫孫俚閏俚行俚女孫寄俚女俚弍俚亥俚妹俚合家
孝婿等傷念先妣曾氏夫人尊靈元命戊午建生不幸於
乙丑年十月十四日傾世切念生居闕溪一死安宅兆將錢九百
九千九百九十九貫文就此鄉邑信叢葬就此黃天父邑社主邊買
得此方地若長田是安家坑尾之源生巳山作亥向維宅兆東
止甲乙南止丙丁西止庚辛北止壬癸方內勾陳分掌四域丘承
墓伯封步里畔道路將軍齊整千秋万歲永无殃咎故氣
邪不得干恡若有居者永避万里如違此約地券主使自當其
禍主人內外存亡安樂急急如五帝女青律令
丁卯咸淳三年十二月　日曾氏　廣

352 胡公地券

時代：南宋咸淳四年（1268年）十二月二十六日　尺寸：高47.2釐米，寬33.9釐米

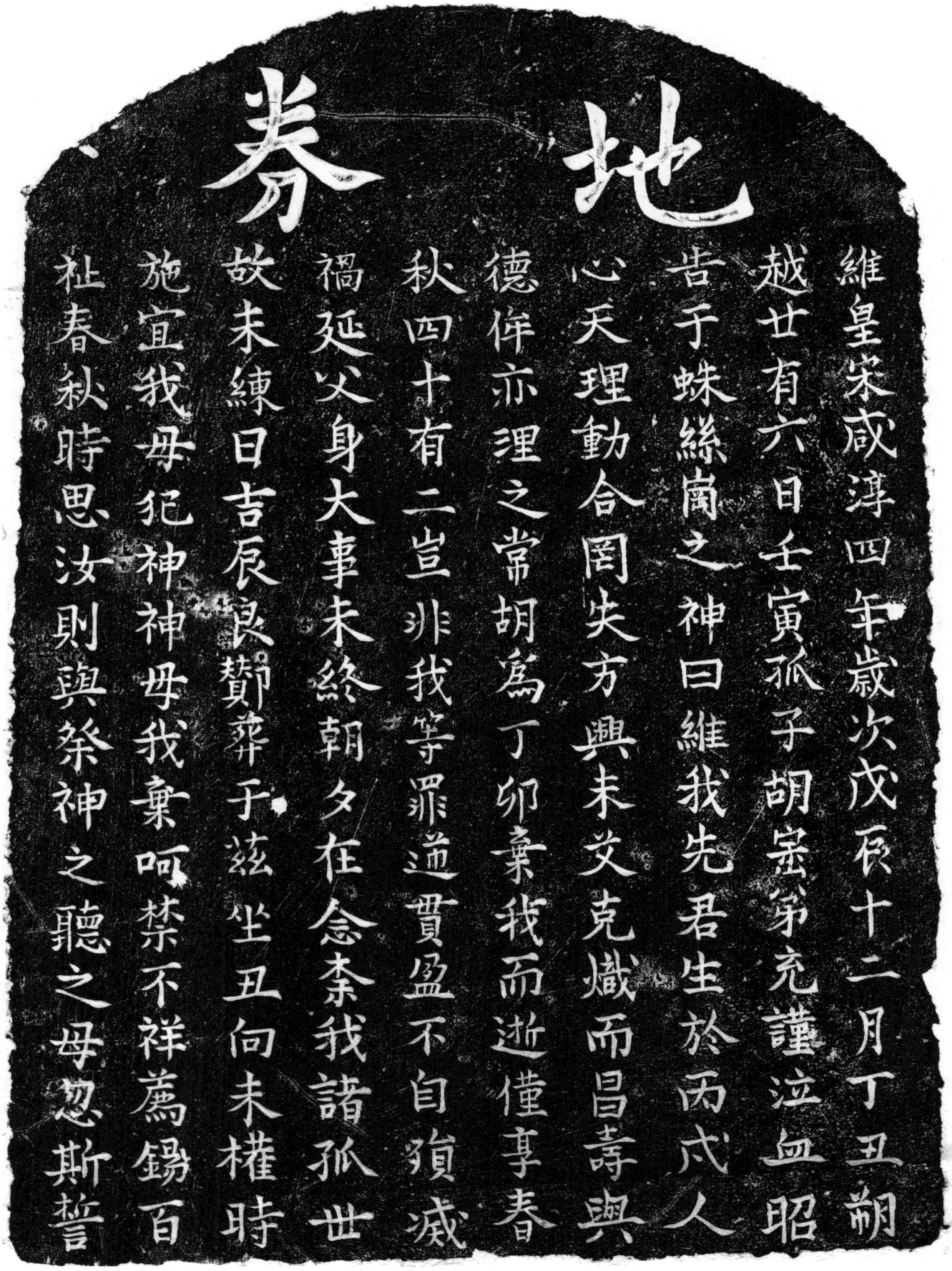

地券

維皇宋咸淳四年歲次戊辰十二月丁丑朔
越廿有六日壬寅孤子胡崈第充謹泣血昭
告于蛛絲崗之神曰維我先君生於丙戌人
心天理動合罔失方興未艾克熾而昌壽與
德侔亦理之常胡爲丁卯棄我而逝僅享春
秋四十有二豈非我等罪逆貫盈不自殞滅
禍延父身大事未終朝夕在念柰我諸孤世
故未練日吉辰良鄭葬于茲坐丑向未權時
施宜我毋犯神神毋我棄呵禁不祥薦錫百
祉春秋時思汝則與祭神之聽之毋忽斯誓

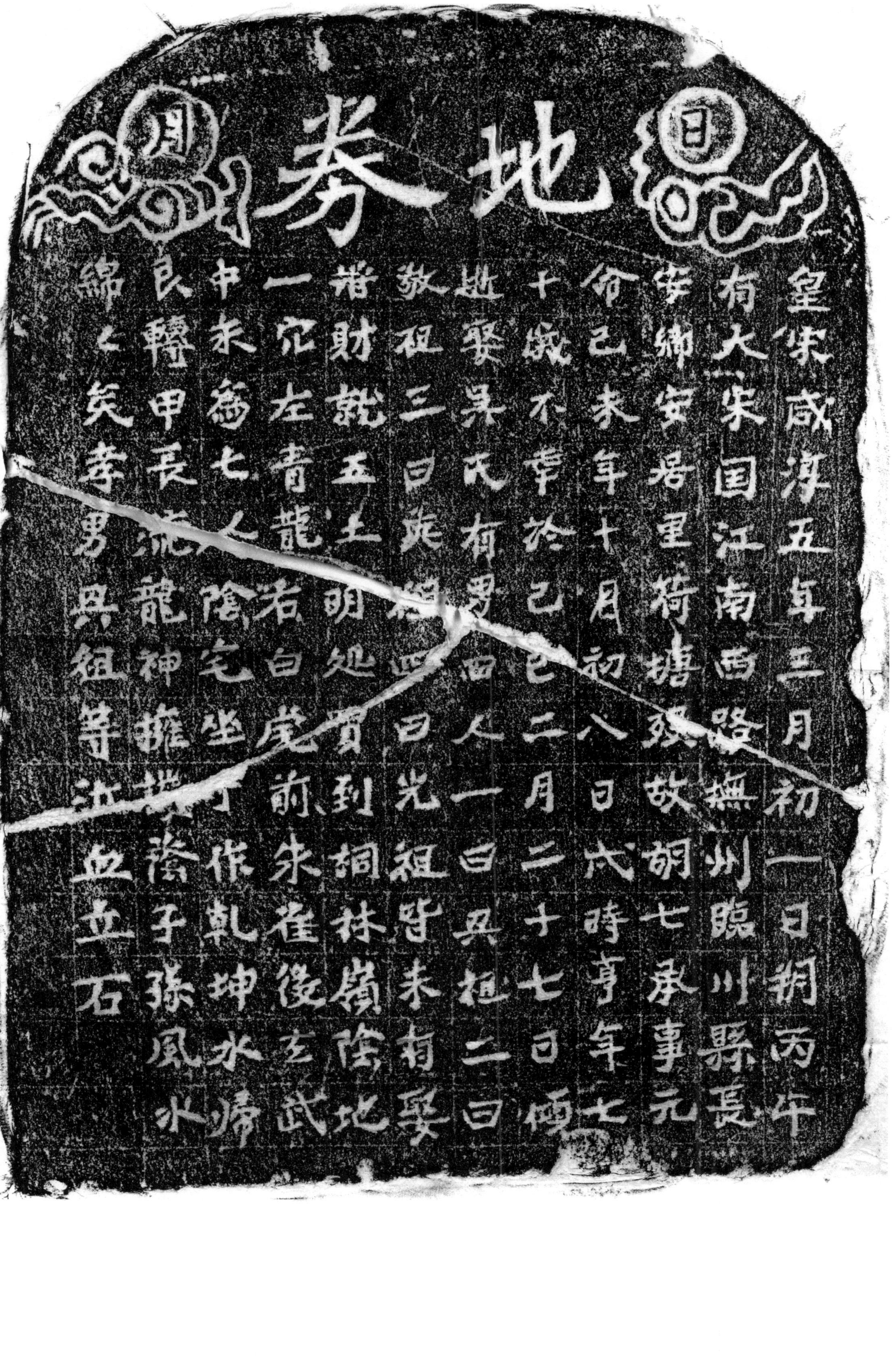
地券
日
月
皇宋咸淳五年三月初一日朔丙午
有大宋国江南西路撫州臨川縣長
安鄉安居里符塘殁故胡七承事元
命乙未年十月初八日戌時亨年七
十歲不幸於己巳二月二十七日傾
逝娶吴氏有男四人一曰與祖二曰
敬祖三曰□祖四曰光祖將來有娶
備財就五土明處買到銅林嶺陰地
一穴左青龍右白虎前朱雀後玄武
中未為七人陰宅坐□作乾坤水歸
良轉甲長流龍神擁護蔭子孫風水
綿々矣孝男與祖等泣血立石

353　胡公地券

時代：南宋咸淳五年（1269年）三月初一日　尺寸：高48.5釐米，寬35釐米

354 故郭五居士地券

時代：南宋咸淳五年（1269年）十二月十一日

尺寸：高34釐米，寬28釐米

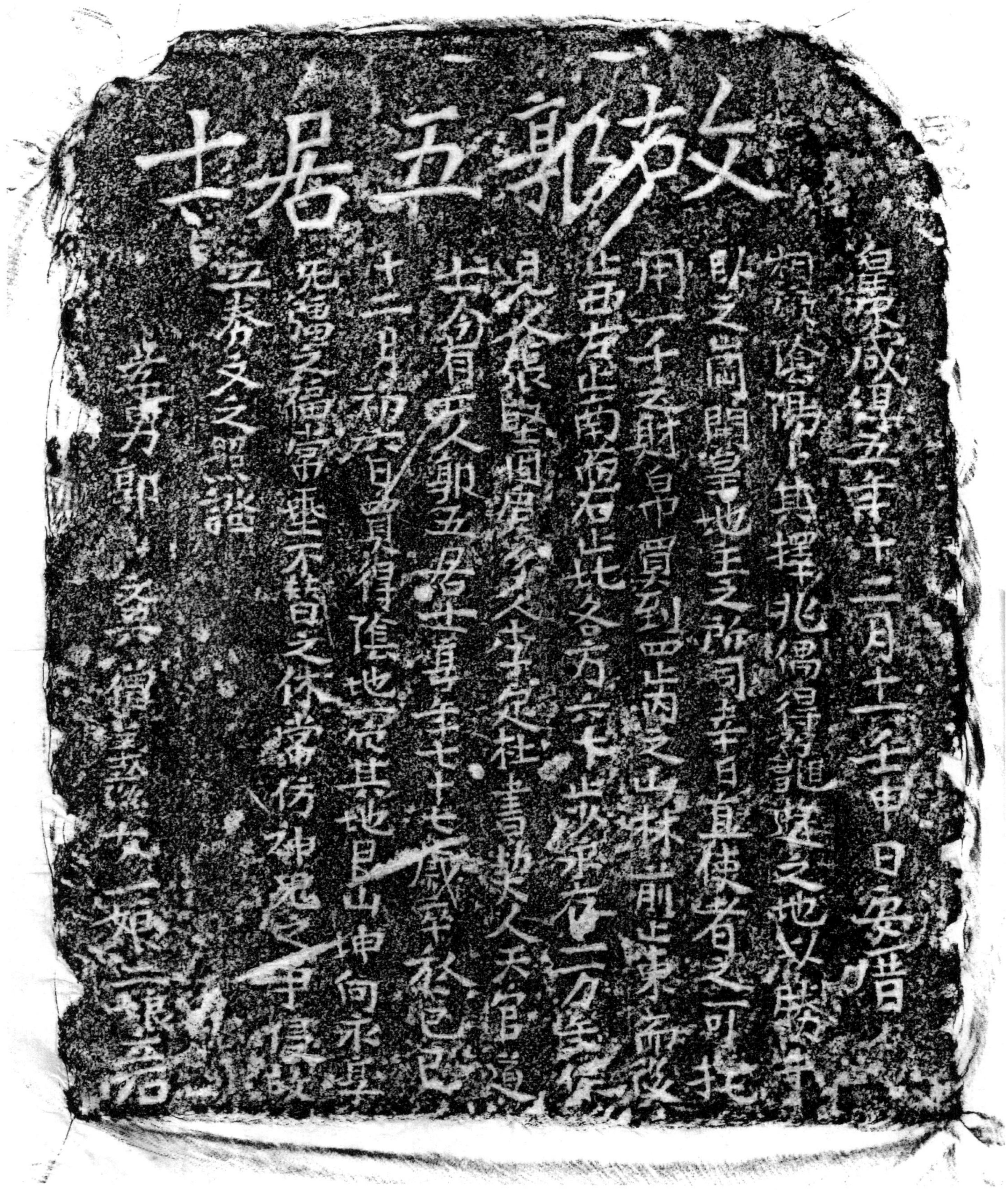

355 有宋李氏孺人地券

時代：南宋咸淳六年（1270年）十二月初一日

尺寸：高64釐米，寬44.4釐米

356 黃公地券

時代：南宋咸淳七年（1271年）九月二十一日
尺寸：高49.9釐米，寬40.3釐米

地券

維 皇宋咸淳七年歲次辛未九月壬
戌朔越二十有一日壬午孝孫黃夢熊
謹銜哀昭告于劉家原之山
神曰夢熊不孝禍延祖考今得吉卜將
奉靈柩藏于茲土離山行龍坐丙向壬
後峙山贅前界康莊右通閩浙左達廣
湘峯巒拱挹水抱人朝叅諸筮龜僉言
并吉尚惟 爾神其守護之凡厥魑魅
是斥是攘俾我 先靈克安斯土惟我
后人百世其昌 神亦饗有無窮之祀
若夫 祖考名諱族出里居壽年行事
具在誌刻茲敢不書謹告

357 詹母地券

時代：南宋咸淳七年（1271年）十二月六日　尺寸：高57釐米，寬38.9釐米

地券
維　皇宋咸淳七年太歲辛未十二月辛
卯朔越六日丙申撫州臨川縣尽安鄉開
邑里陽城孤哀子詹士英塈英昭告于
同里南山之神曰切惟此山祖宗世守左
挹龍泉峨峰峙右去家半里坐未向丑日
吉時良卜葬吾母尚賴山神後先呵護駈
斥不祥罔象潛去亡灵安妥慶流于後春
秋祭祀豚蹄卮酒神亦同歆恩休敢負

358　范氏地券

時代：南宋咸淳八年（1272年）六月十六日　尺寸：高33.3釐米，寬32.1釐米

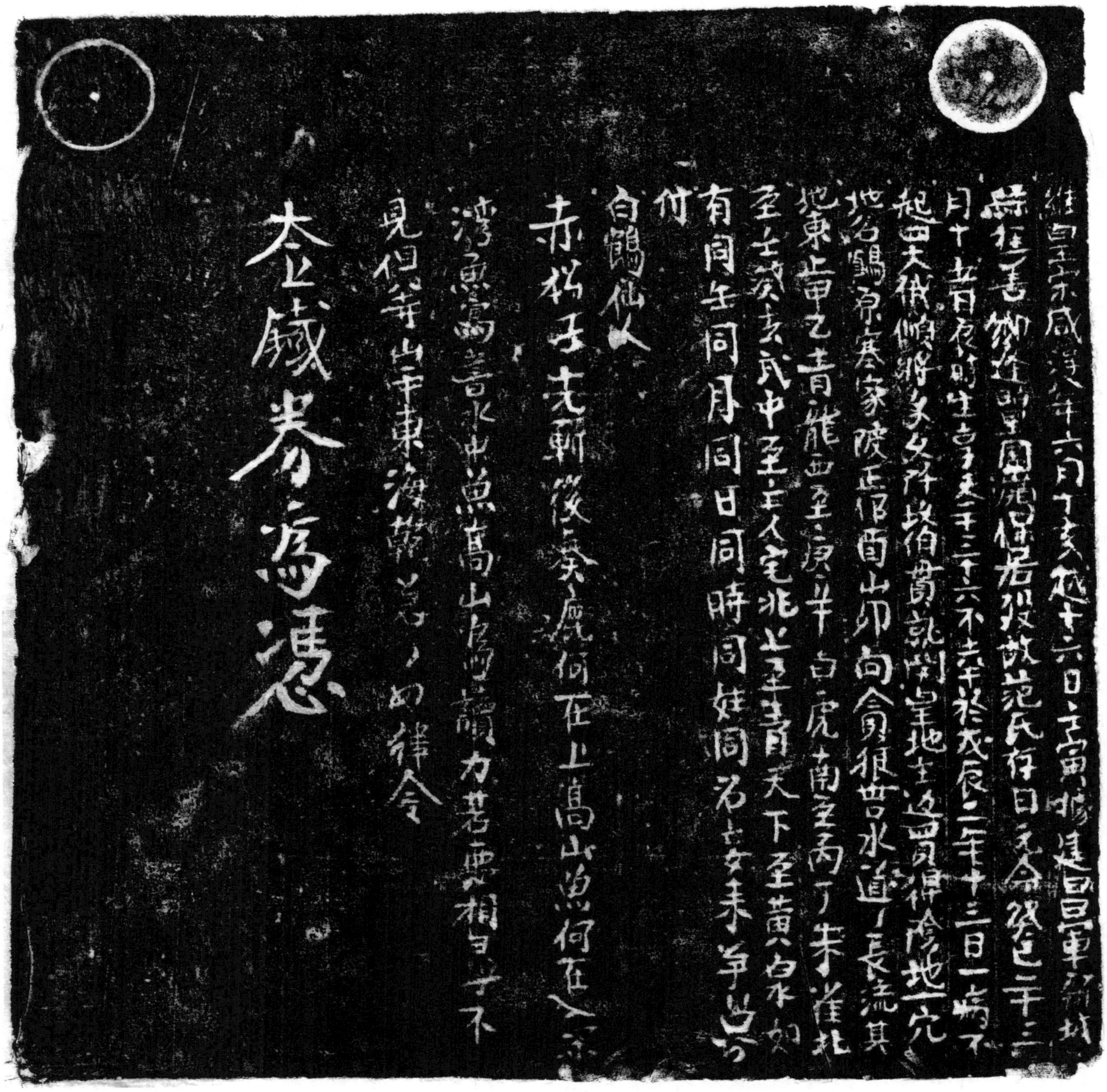

359　徐應酉地券

時代：南宋咸淳九年（1273年）癸酉十二月二十五日　尺寸：高50.5釐米，寬39.8釐米

維皇宋建昌軍南城縣太平鄉孝男次莘次淵昭告
于此地山神之靈照對本人昨用錢就開皇地主買到
陰地一穴坐金谿縣順政鄉地名徐岑原其地南至朱
雀北至玄武左至青龍右至白虎係震山行龍坐寅甲
向申庚水歸辛於咸淳九年十二月二十有五日癸酉
將此地安葬先考君徐公判簿子南公諱應酉字亨叔
生於嘉泰辛酉五月十四日戌時卒於咸淳癸酉五月
二十日寅時其地並依正理即非盜葬伏願山神朝夕
于此擁山閭旺氣儲地下休祥孝道興隆子孫昌盛万
有千年吉慶榮貴謹南吉日立此地券為照咸淳玖年
十二月二十有五日孝男次莘次淵泣血拜立

360 李公地券

時代：南宋咸淳九年（1273年）十二月　尺寸：高53.5釐米，寬38.5釐米

中央民族大學民族博物館藏江西出土宋元墓誌地券拓本彙編

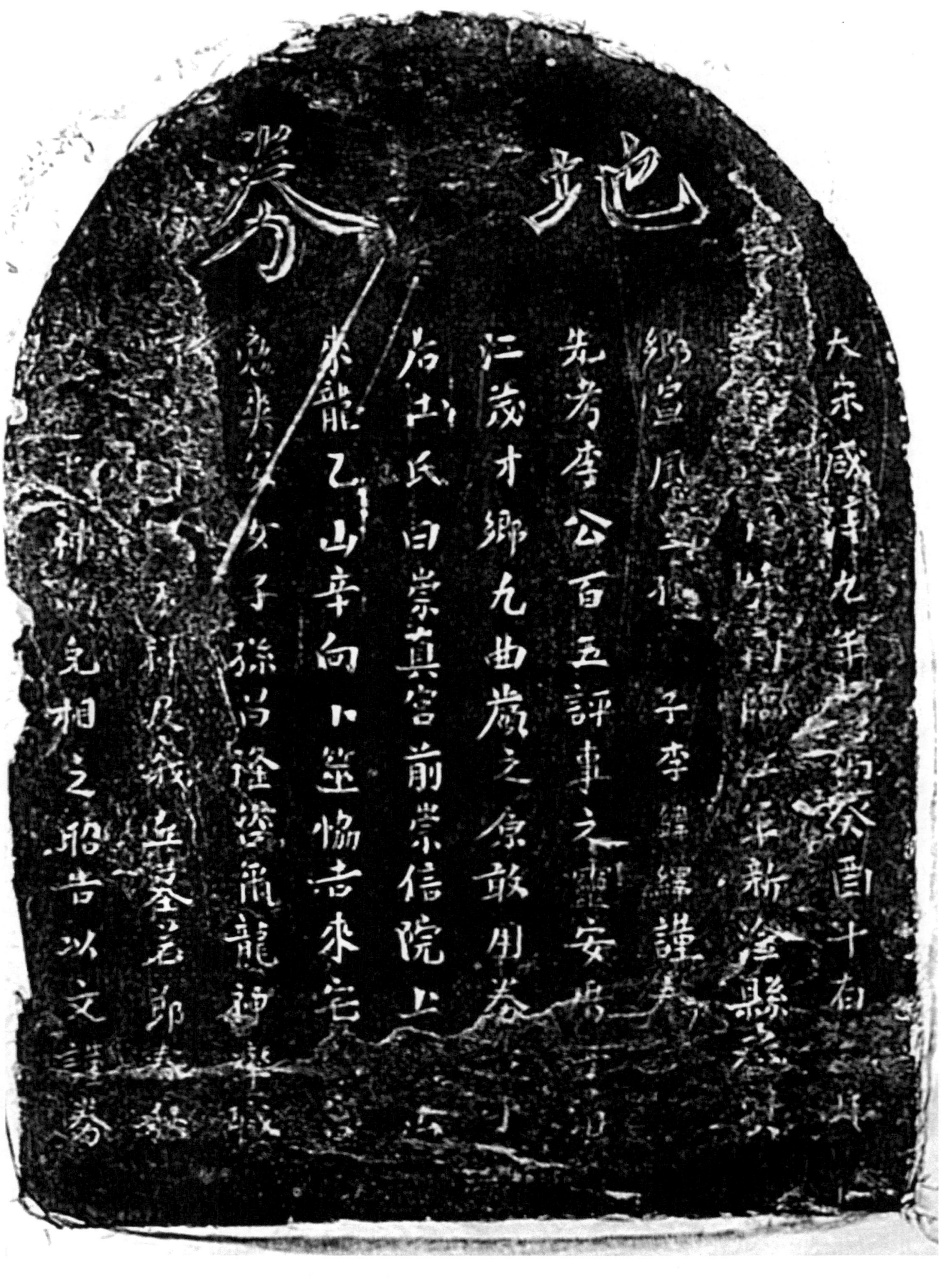

361　徐氏地券

時代：南宋咸淳十年（1274年）九月二十三日　尺寸：高36.7釐米，寬33釐米

地券
維皇宋建昌軍南城縣太平鄉九都丁家岡
居住郎有亡人徐氏享年七十七歲忽被亡風侵
籐四蛇俱逼命落黃泉魂歸冥道生居浮
世死還棺槨今用銀錢九千貫就開皇地
主边買得蔭地一穴當畢坑東止甲乙南止丙
丁西止庚辛北止壬癸上止青天下止黃泉中
心下穴永為亡人万年塚宅蔭益子孫
代代富貴永享無疆之福常無不
替之休尚防人鬼之爭故立券文為
照證保見者堅固仙人書契者天官
道士　咸淳十年九月二十三日　安葬
孝男吳辛吳壬　立石

362 徐思義外舅地券

時代：南宋咸淳十年（1274年）十月十七日　尺寸：高42釐米，寬32釐米

地券
維 皇宋咸淳十年十月癸卯
朔越十七日己未孝壻徐思義
謹哀告 此山之神曰維山迤
迤橫嶺蜿蜒起伏而降勢于鐵
符坡之陽昔也 外姑于兹是
窆今又將奉 外舅之柩而歸
藏有若坐向不易其方尚賴爾
神呵護以妥 先亡則春秋祭
祀又奚敢忘

363　陳公地券

時代：南宋咸淳十年（1274年）十二月十八日庚申　尺寸：高53釐米，寬37.3釐米

地券
維皇宋咸淳十年十二月大寒節後庚申吉日孤子陳琥敢昭
告于
赤塘小坑山之神曰經謂卜其宅兆而安厝之先儒謂葬親五患
不可不謹 先君之葬所以必擇高平原者意正在此今所得地
勢來形止廼與郭景純之說相符山之峙位乎乾而向乎巽水之
流朝於巳而澤於寅以言來落不特三峯連續奚如貫珠至於左
具龍蟠之狀右具虎踞之形無不拱衛於其內以言朝對不特一
峯聳秀擎如立玉至於東有猴山之鈍西有獐嶺之方無不森列
於其前北顧米山南望羅岫此乃吾邦二巨鎮是皆天造地設以
爲藩屏其餘橫斜曲直高低小大或爲纏護或爲闌欄蓋無一山
不奏奇獻巧於卜宅之處草木茂盛土色光潤又皆如伊川先生
所云地謂之吉允協師言斯地也夫豈俗工昔目之所能辨亦豈
不肖孤容心之所能得地不愛寶豈非有以彰 先君之盛德歟
今茲襄奉所合備述山川形勢刻之堅石以爲 先君左券惟爾
后土氏之神其謹守護呵禁不祥庶幾 先靈安妥而遺休餘福
敷遺于後人若夫春秋展省祭之以禮
爾神其從與享之則有朱文公墓祭之家禮在謹告

364 八五郎地券

時代：南宋德祐元年（1275年）九月三十日

尺寸：高42.5釐米，寬37釐米

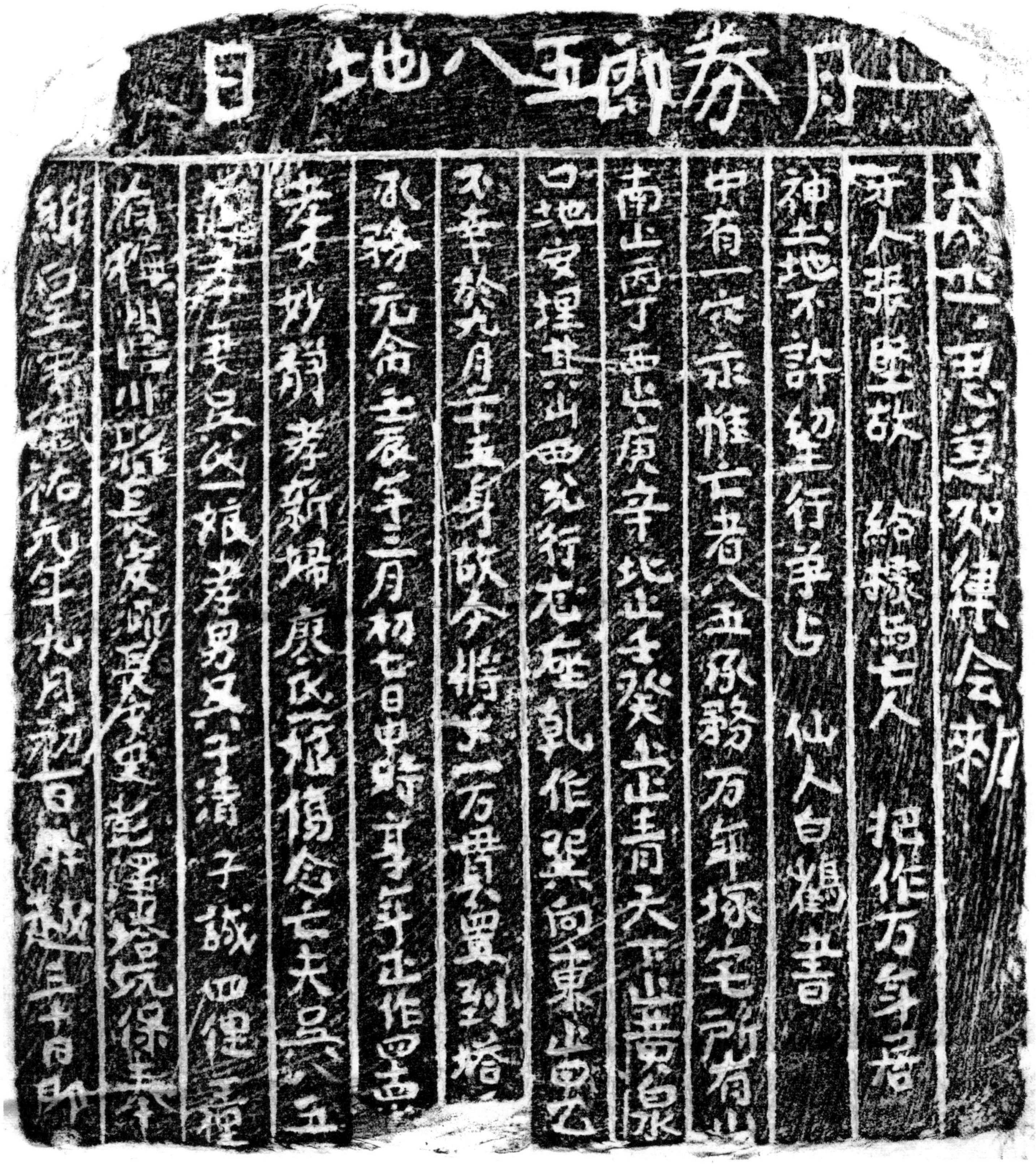

365 夫人王氏墓券

時代：宋甲寅十二月十七日　尺寸：高42.5釐米，寬33釐米

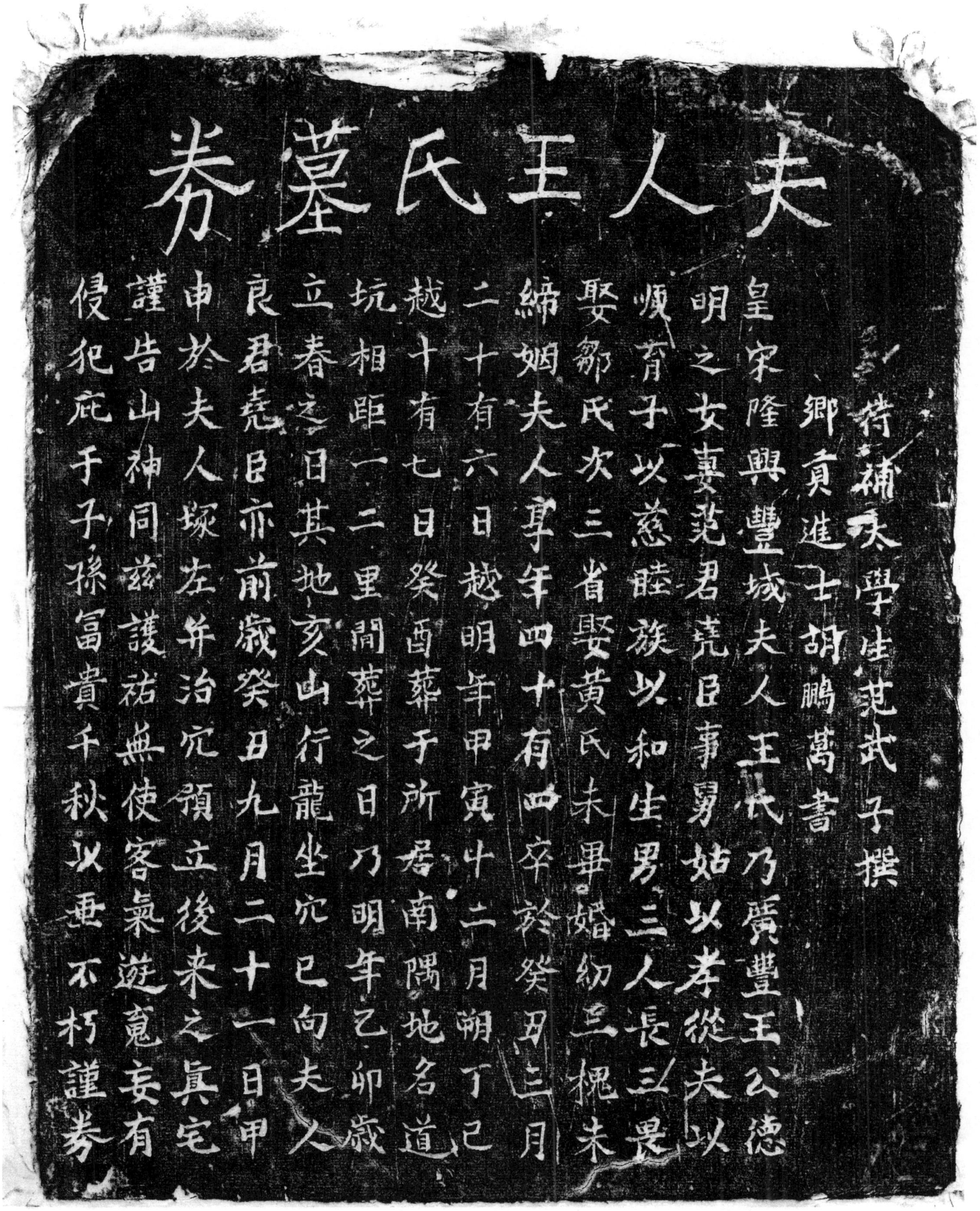

夫人王氏墓券

待補太學生楚武子撰
鄉貢進士胡鵬萬書
皇宋隆興豐城夫人王氏乃廣豐王公德
明之女妻楚君堯臣事舅姑以孝從夫以
順育子以慈睦族以和生男三人長曰畏
娶鄒氏次三省娶黃氏未畢婚幼曰槐未
締姻夫人享年四十有四卒於癸丑三月
二十有六日越明年甲寅十二月朔丁巳
越十有七日癸酉葬于所居南隅地名道
坑相距一二里間葬之日乃明年乙卯歲
立春之日其地亥山行龍坐穴巳向夫人
良君堯臣亦前歲癸丑九月二十一日甲
申於夫人塚左并治穴預立後來之真宅
謹告山神同茲護祐無使客氣遊魂妄有
侵犯庇于子孫富貴千秋以垂不朽謹券

366 郭十郎地券

時代：宋戊寅十二月初九日

尺寸：高37.1釐米，寬36.8釐米

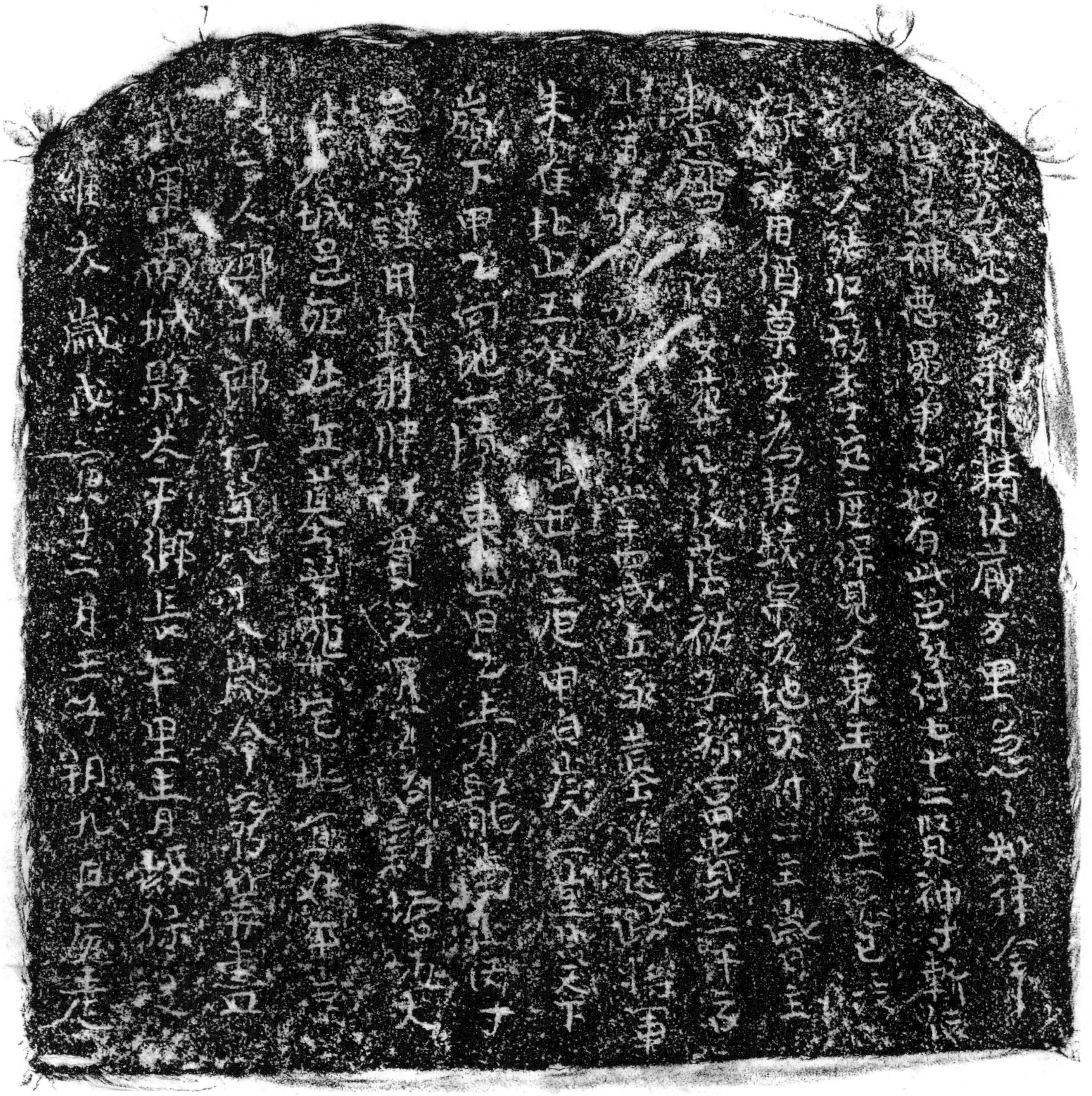

367　宋何公墓誌

時代：宋八月初九日　尺寸：高39.7釐米，寬38釐米

368 胡氏三娘地券

時代：宋庚午正月初八　尺寸：高38.3釐米，寬38釐米

369 有宋江夏十四承事墓記

時代：宋庚寅太歲六月　尺寸：高45.5釐米，寬41.5釐米

370 欒十三郎地券

時代：宋己丑十月初一日庚申　尺寸：高37釐米，寬42釐米

371 有宋李公五乙承事地券

時代：宋丁卯四月十一日　尺寸：高86釐米，寬44.5釐米

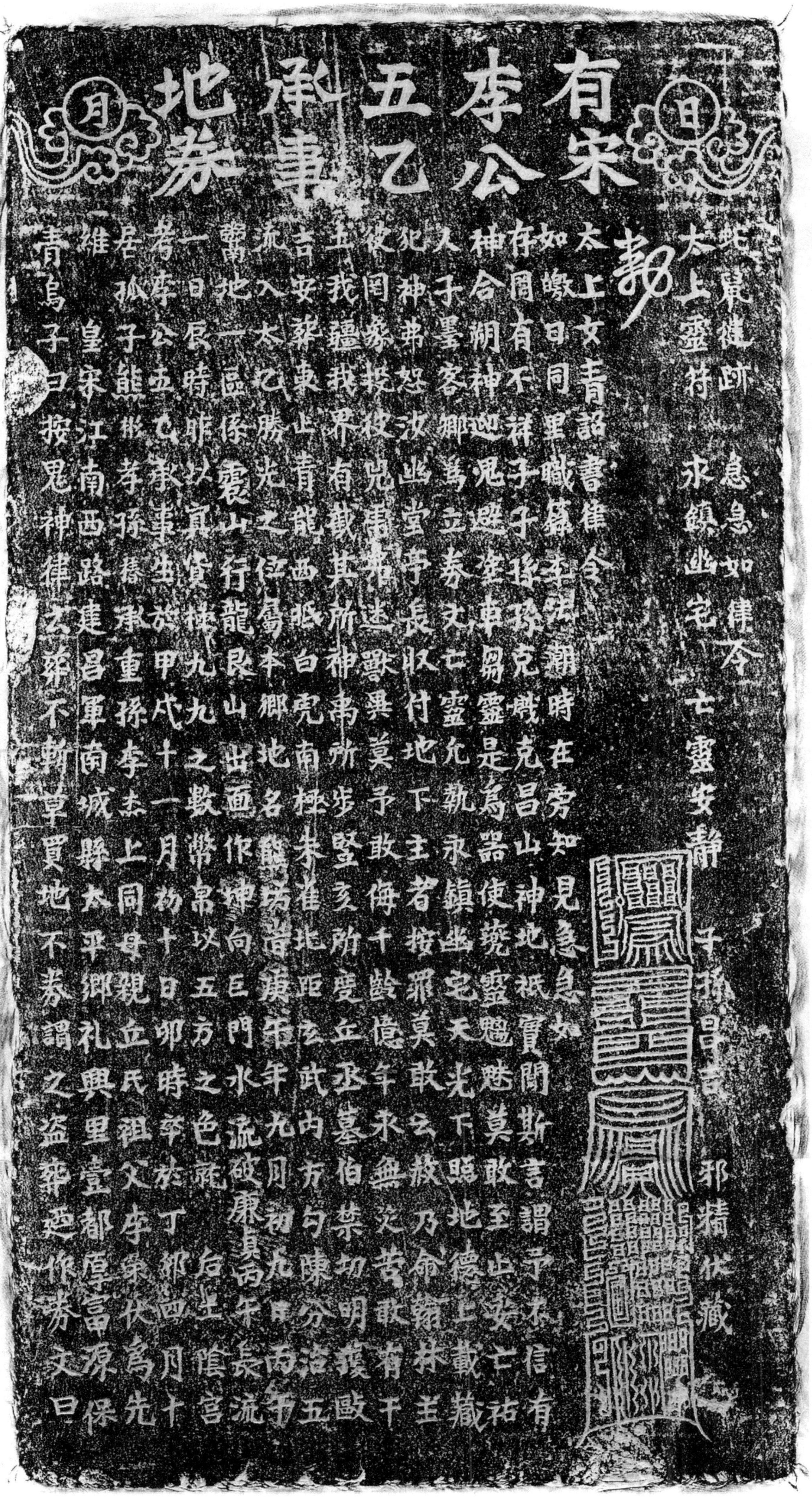

372 故府君地券

時代：宋庚寅正月二十八日　尺寸：高45.9釐米，寬41.4釐米

故府君地券

群玉峯道士陳子祥書字

維大歲庚寅正月一日己丑朔二十八日丙辰臨
江軍新淦縣王笥鄉興福里湖岀上保歿故
馬府君行年七十八歲因向善法堂前聽
經路逢仙人賜酒迷而不返魂歸蒿裏禮用
殯埋今用銀錢一万貫於開皇地主邊買得
土名奧城小坑乾山作正丙向地一穴巳亥
山宅其地東止甲乙南止丙丁西止庚辛
北止壬癸巳上四止為界并及亡人隨身衣
裝或地中兇神惡鬼不得爭占如有此色
捉送
武夷王　蒼林君依條科罪急急如律令
地神問曰
誰為書　水中魚　誰為讀
高山鹿　鹿何在　上高山
魚何在　入深灣　保人張堅固
見人李定度

373 毛十七郎地券

時代：宋乙五年正月十五日　尺寸：高50.8釐米，寬42.2釐米

374 故米千十承事地券

時代：宋壬□十一月二十九日　尺寸：高40釐米，寬33.4釐米

375 王九娘地券

時代：宋乙卯年十二月十日　尺寸：高44.4釐米，寬36釐米

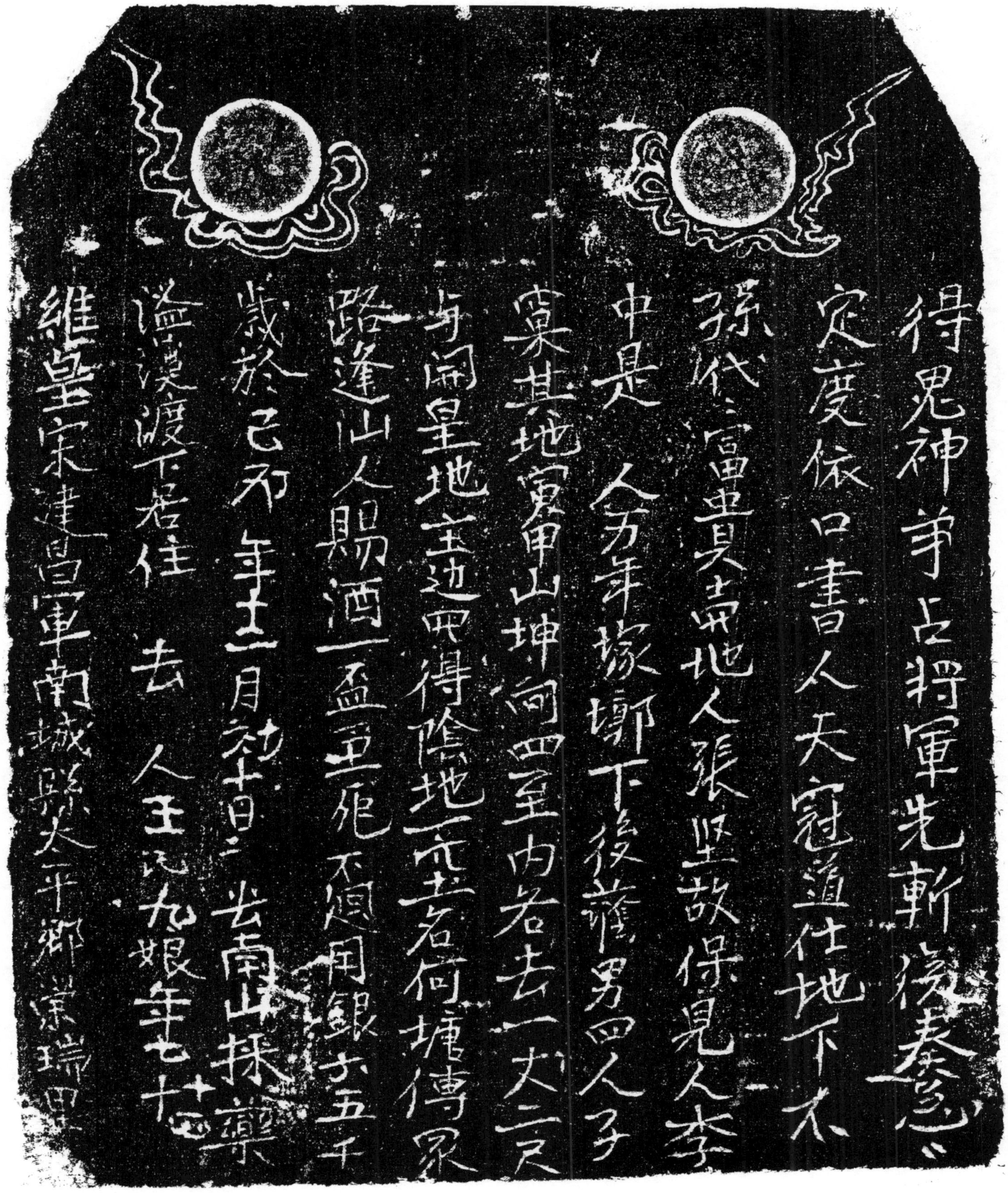

維皇宋建昌軍南城縣太平鄉崇瑞里
濫漢渡下居住　去　人王氏九娘年七十四
歲於乙卯年十二月初十日、去南山採藥
路逢仙人賜酒一盃至死不迴用銀十五千
与開皇地主边界得陰地一穴立名何墉傳家
窠其地寅甲山坤向四至内各去一丈二尺
中是　人万年塚墎下後讙男四人子
孫代、富貴高地人張堅故保見人李
定度依口書人天官道仕地下不
得見神爭占將軍光斬後奉急、

376 有宋王君地券

時代：宋甲寅五月十八日　尺寸：高46釐米，寬43釐米

377 王氏地券

時代：宋甲午九月十四日　尺寸：高50.5釐米，寬43.5釐米

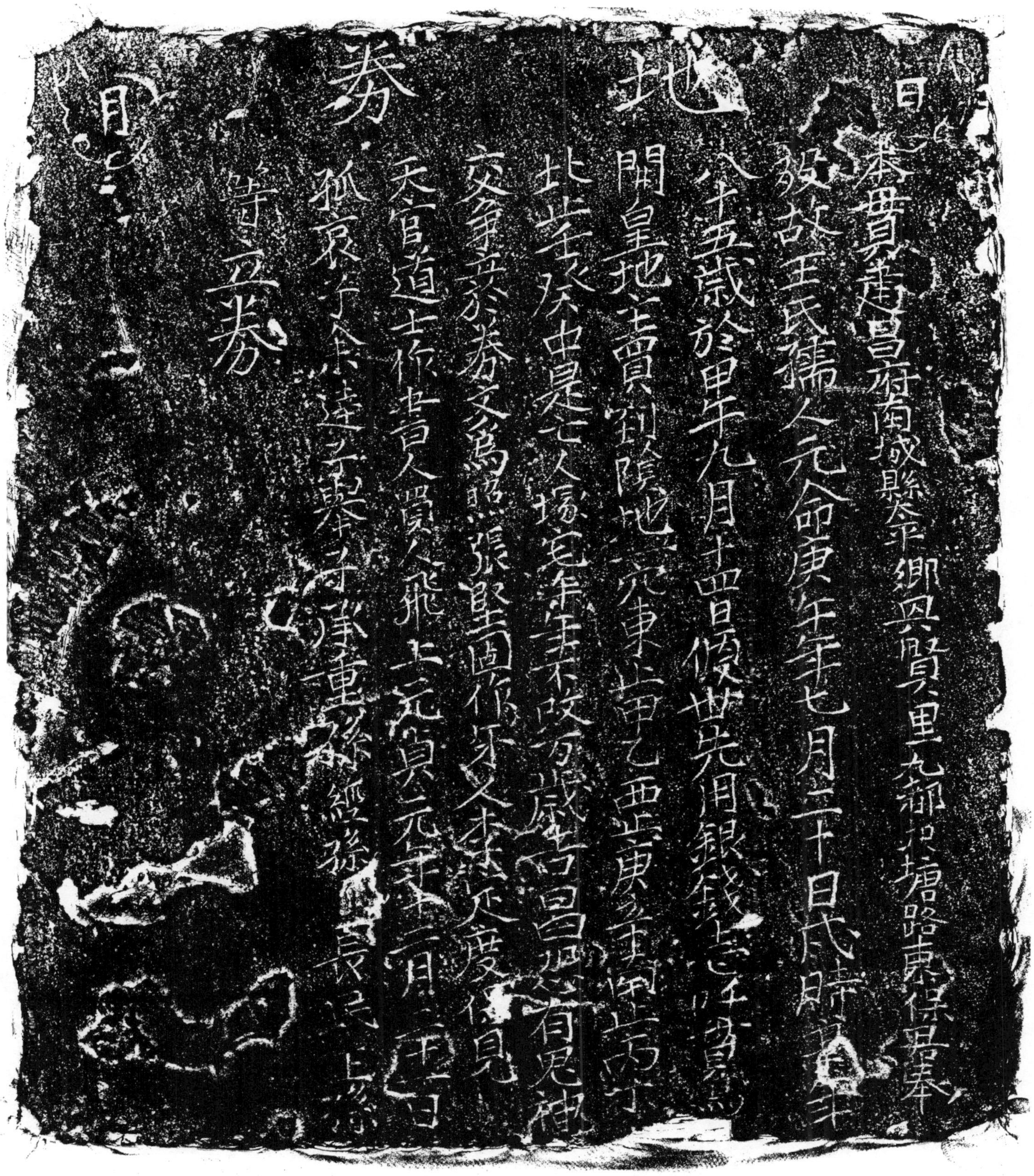

378　熊氏七三娘地券

時代：宋甲戌年十二月二十八日　尺寸：高33.4釐米，寬47.3釐米

379 徐伯垓母地券

時代：宋丙子十一月十二日　尺寸：高49釐米，寬34釐米

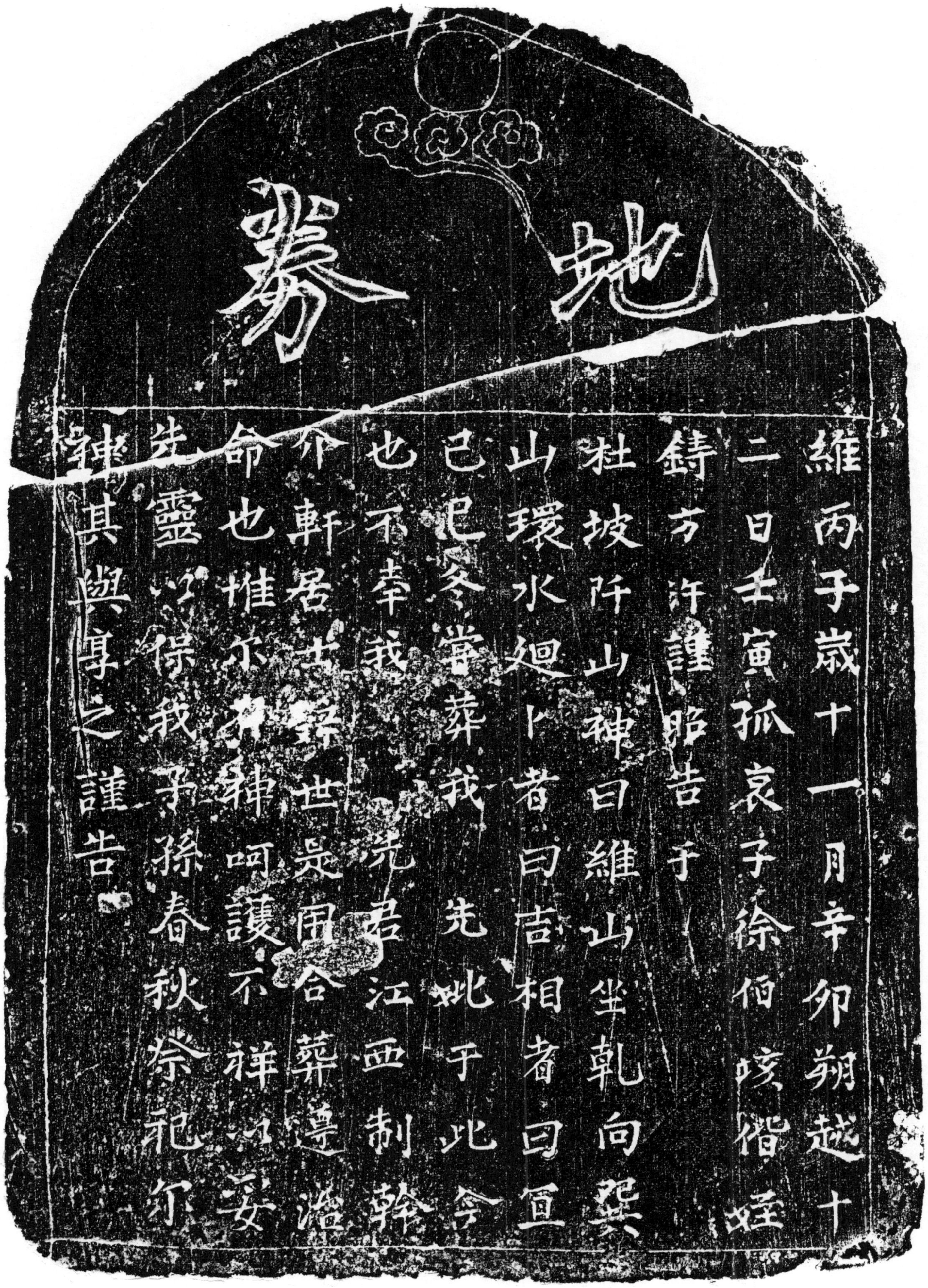

380 宋許十五郎地券

時代：宋庚申五月二十九日　尺寸：高47釐米，寬35.5釐米

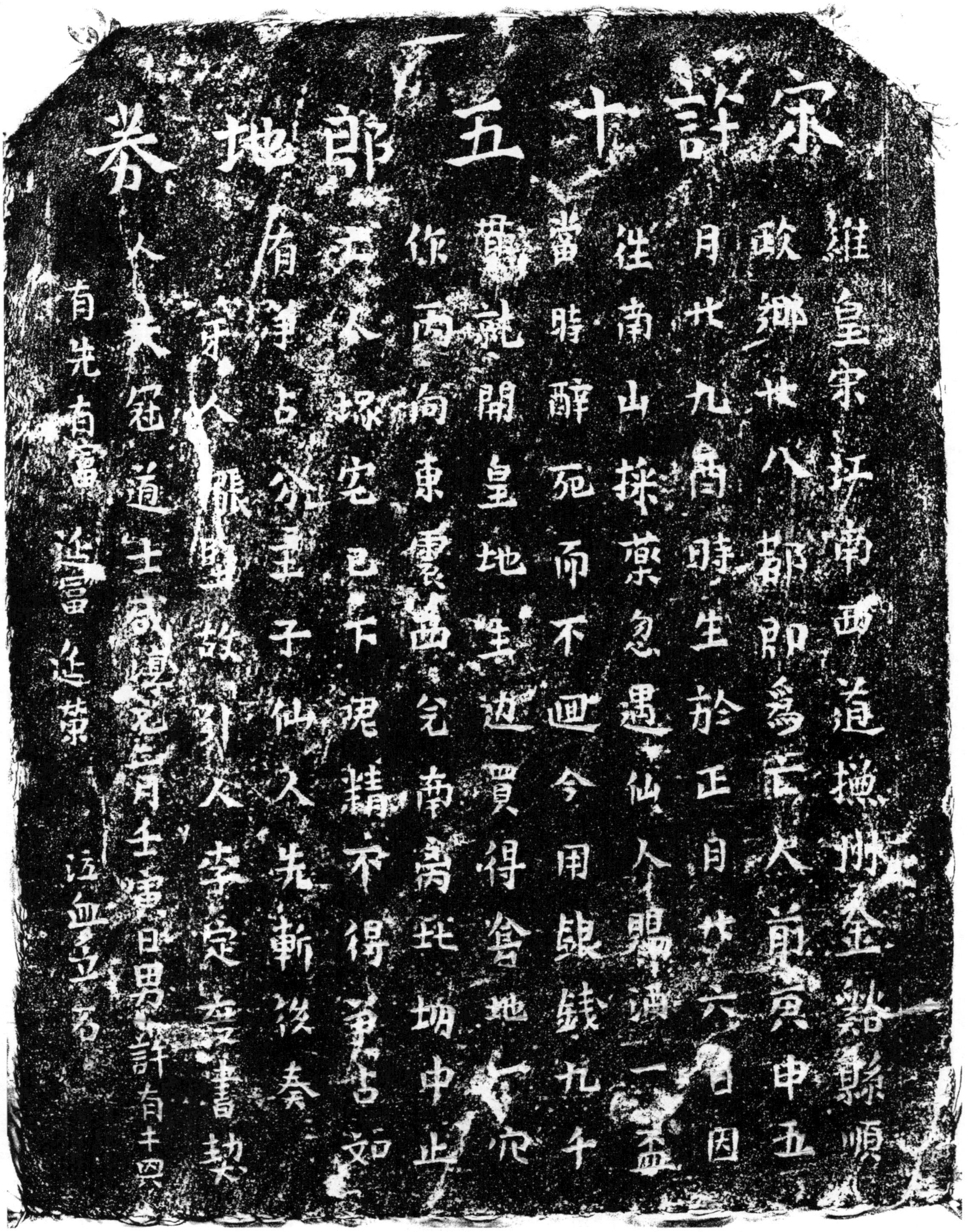
宋許十五郎地券
維皇宋撫州金谿縣順
政鄉廿八都即為亡人前庚申五
月廿九酉時生於正月廿六日因
往南山採藥忽遇仙人賜酒一盃
當時醉死而不迴今用錢九千
貫就開皇地主邊買得倉地穴
作西向東靈宮南離坤中止
亡人塚宅已下魂精不得爭占如
有淨占分主子仙人先斬後奏
承人張堅故引人李定度書契
人天冠道士咸淳年壬寅日男許有十四
有先 有富 進富 進榮
汪血立石

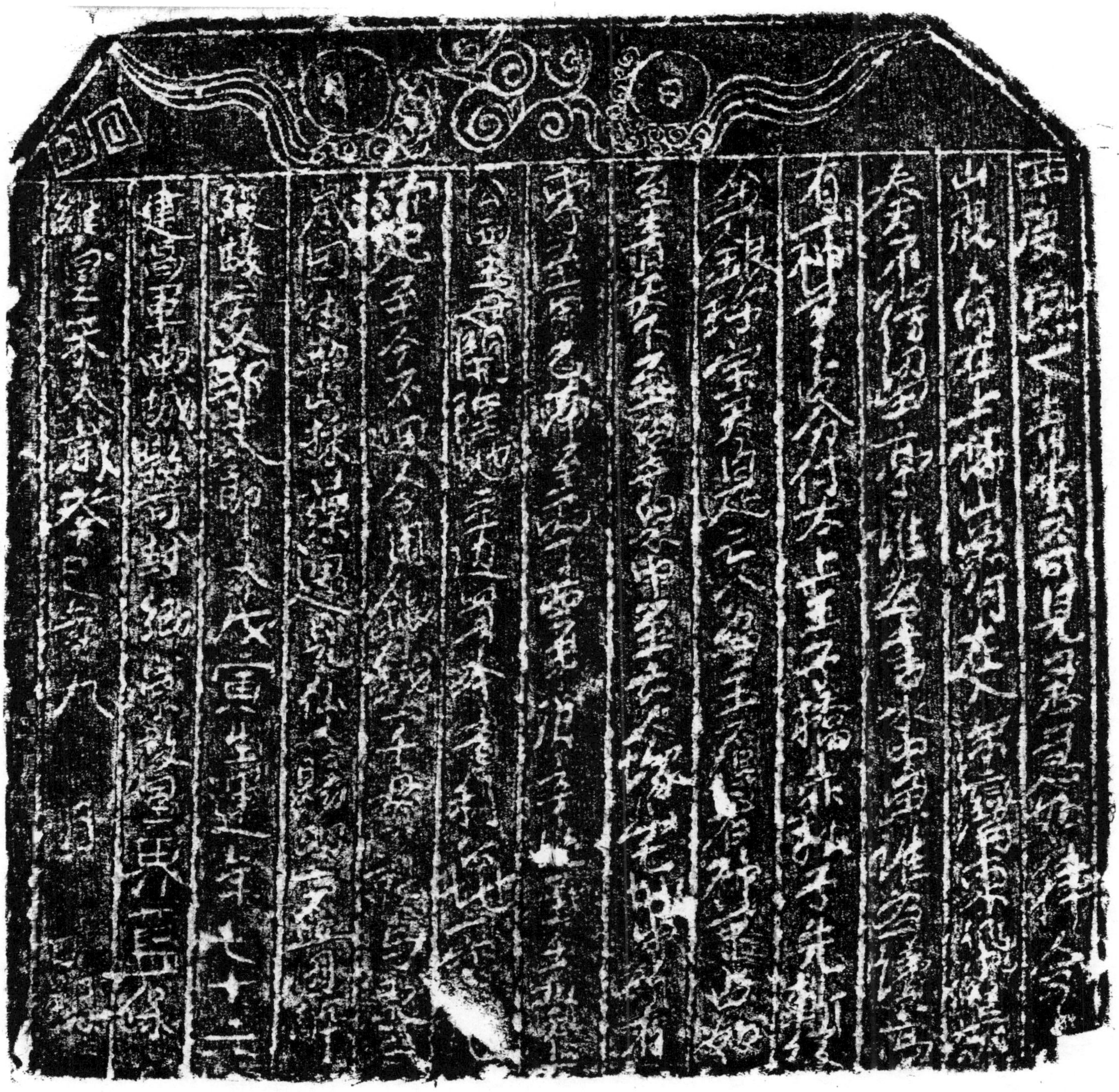

381　鄢十八郎地券

時代：宋癸巳年九月　尺寸：高27.3釐米，寬27.5釐米

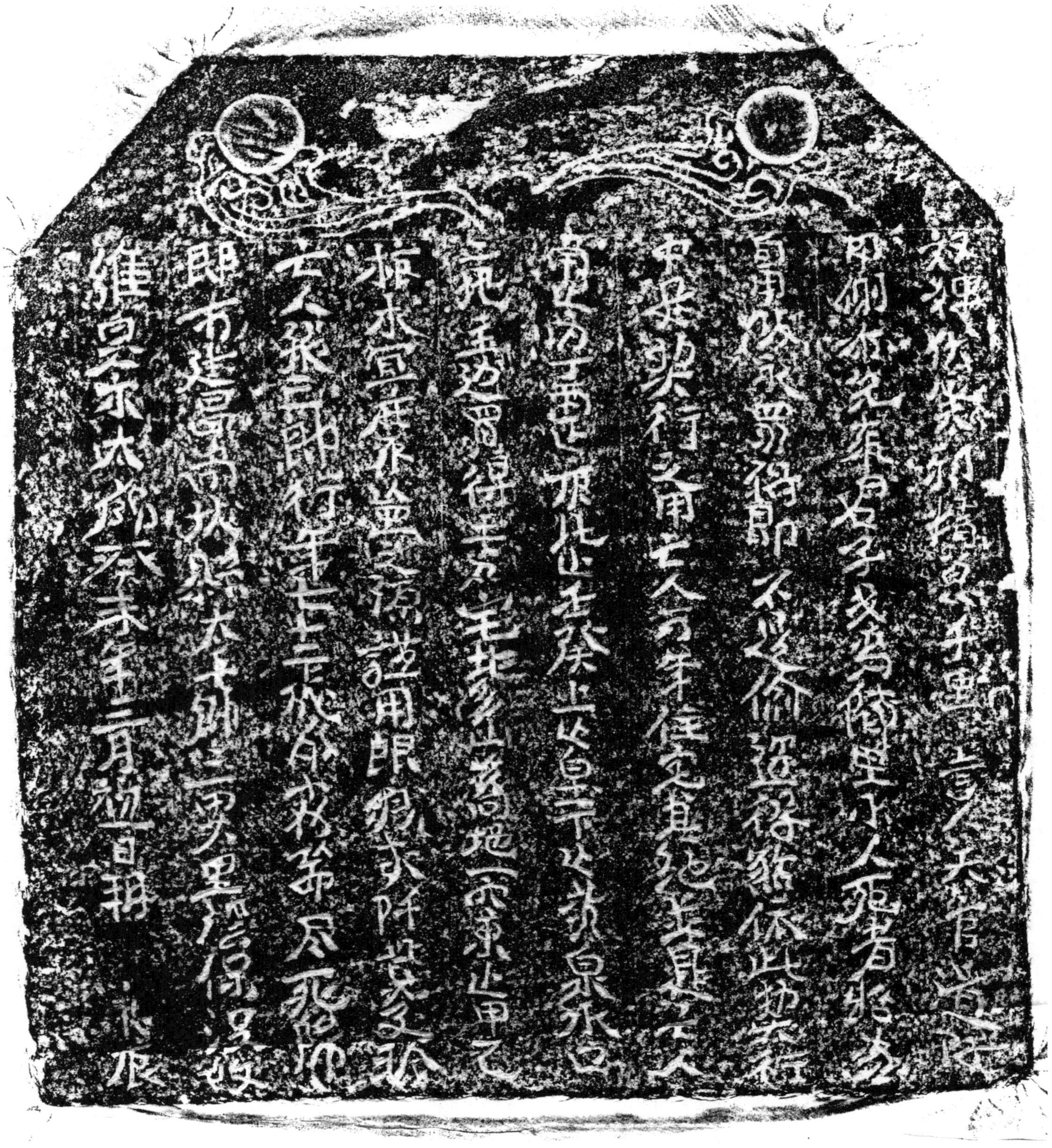

382　張三郎地券

時代：宋癸未年三月初一日　尺寸：高39.6釐米，寬37.2釐米

383 故亡母朱氏地券

時代：宋丁亥年七月十七日　尺寸：高44釐米，寬33釐米

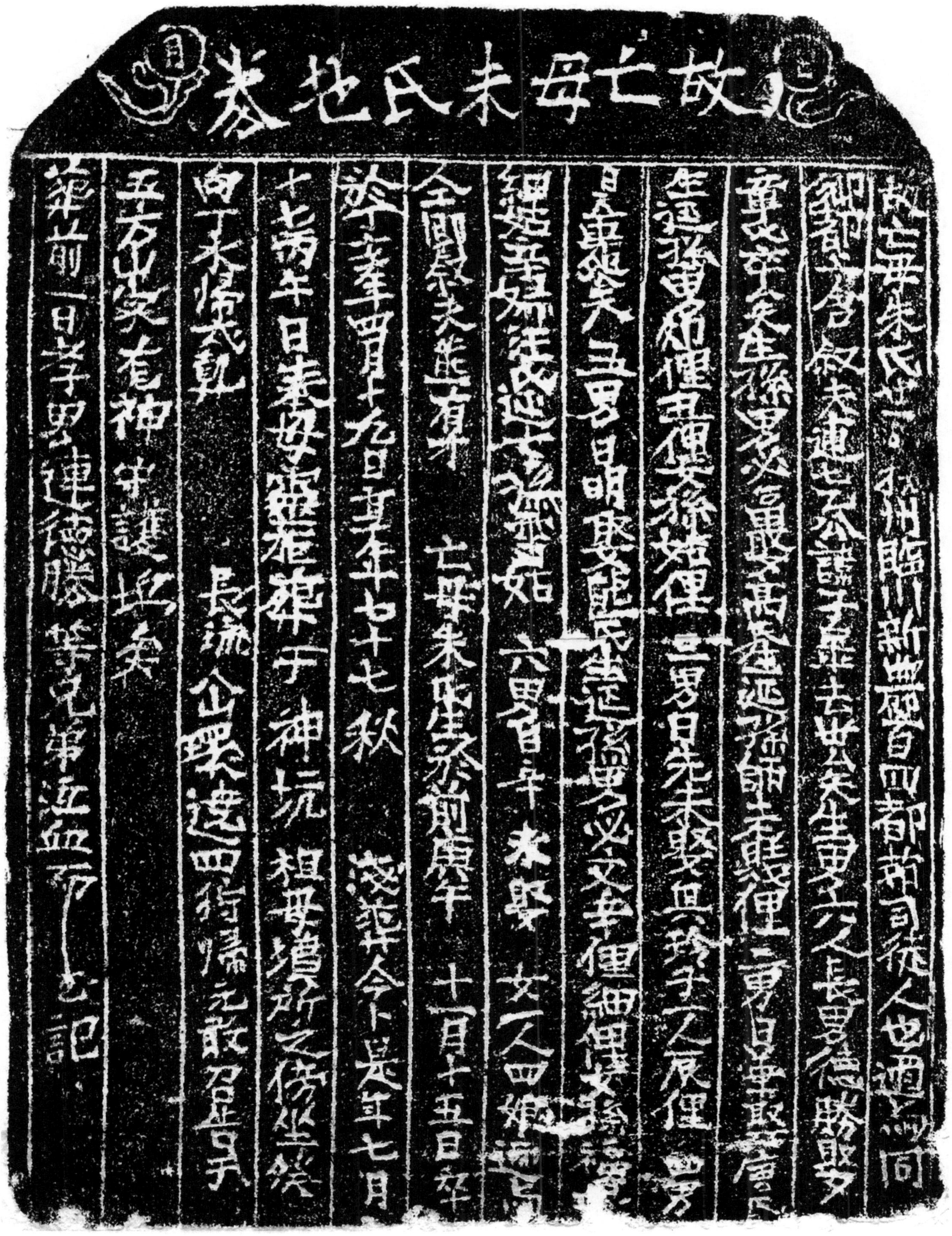

384 宋孺人鄒氏地券

時代：宋壬子年十月二十二日　尺寸：高45.5釐米，寬4釐米

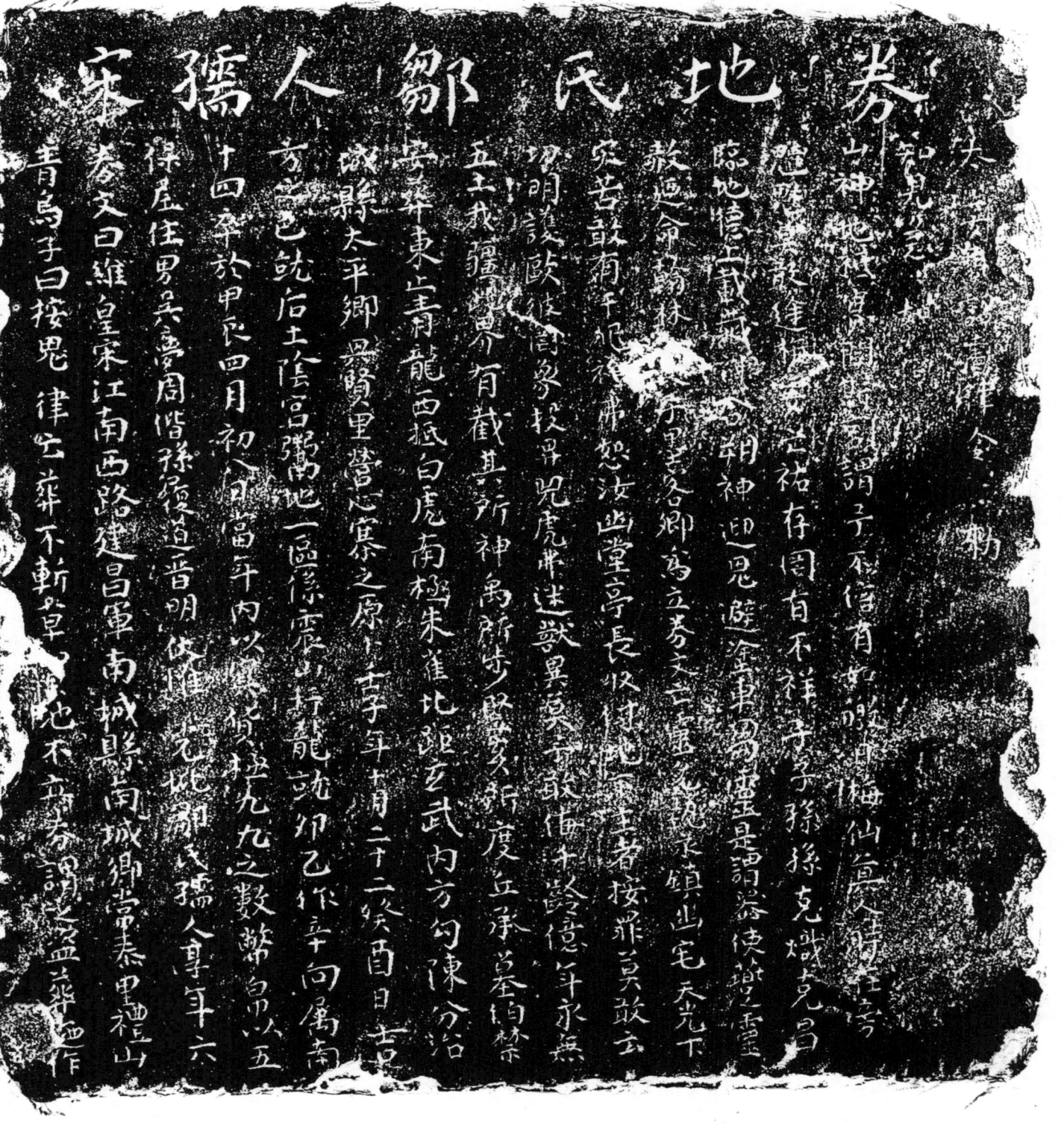

385　鄒氏二十娘地券

時代：宋十三年二月初二日　　尺寸：高43.5釐米，寬42釐米

386 國諭山長曾公地券

時代：宋□□□□十二月十二日甲寅日

尺寸：高88.5釐米，寬44.5釐米

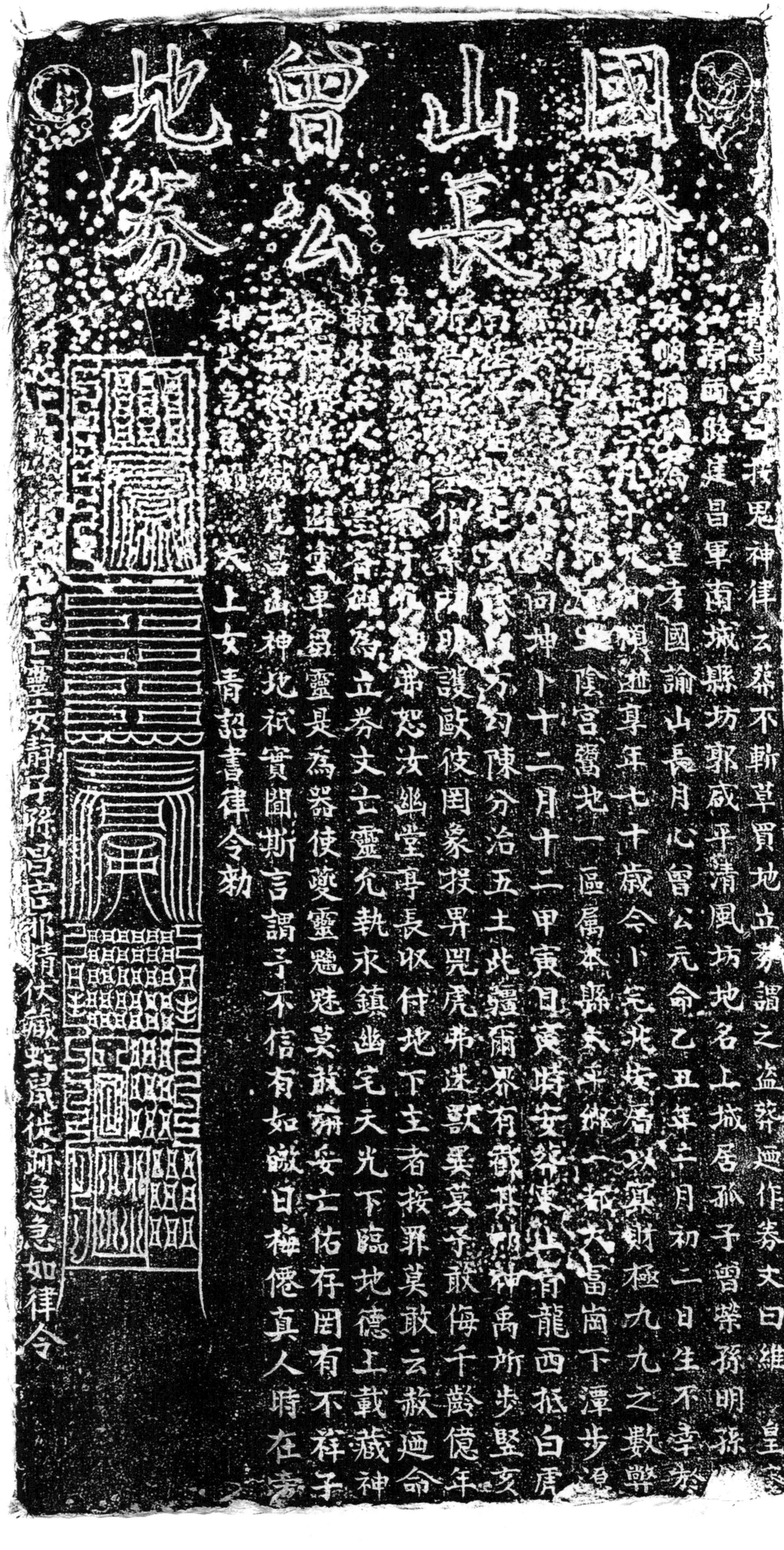

387 □氏大娘地券

時代：宋□□十六年十月二十八日　尺寸：高32釐米，寬44釐米

388 鄧七娘地券

時代：宋　尺寸：高39釐米，寬36.5釐米

389 宋故樊公地券

時代：宋　尺寸：高27.5釐米，寬33釐米

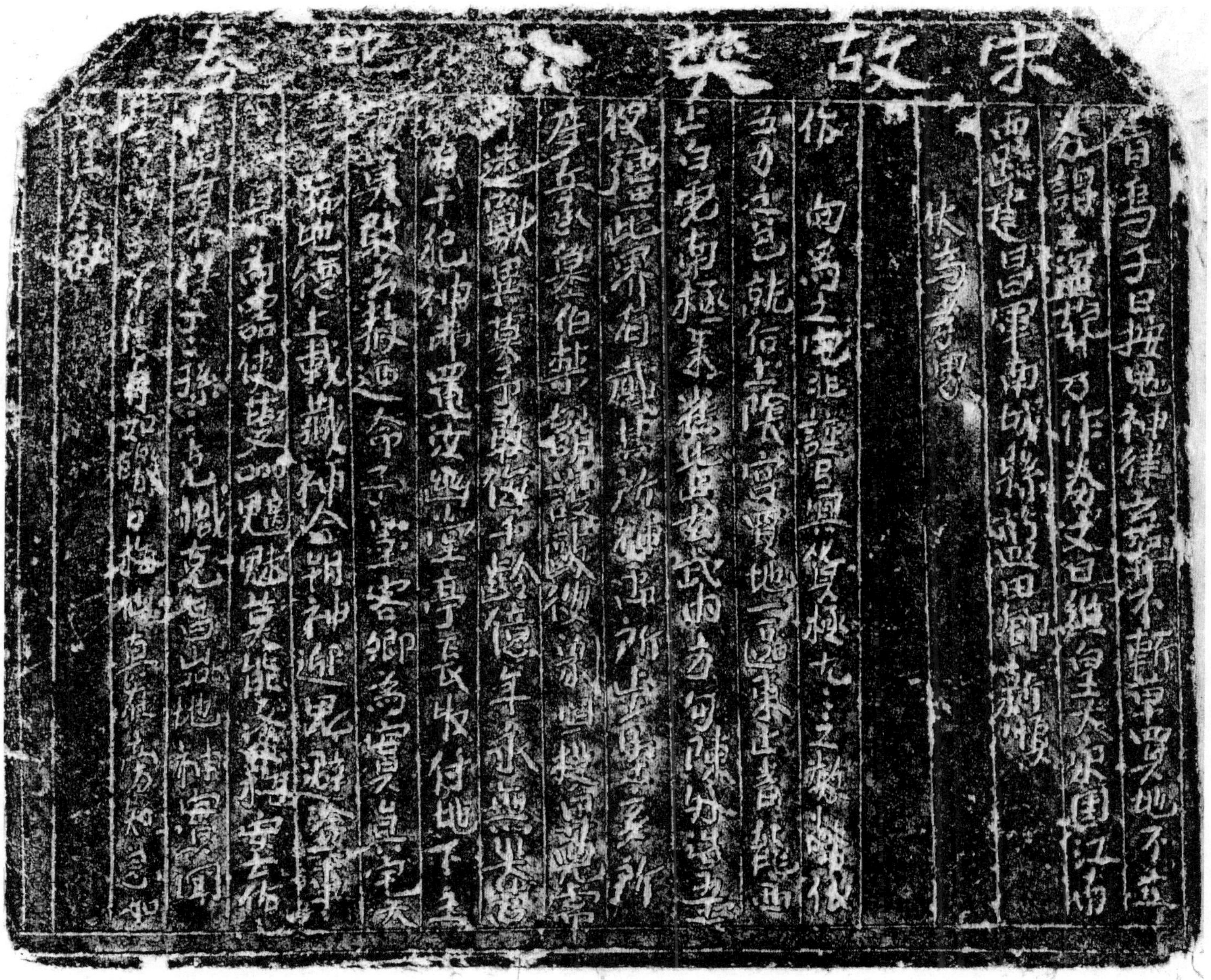
宋故樊公地券

390 胡氏二娘地券

時代：宋　尺寸：高36釐米，寬35.7釐米

391　單二郎地券

時代：宋　尺寸：高37.5釐米，寬35.5釐米

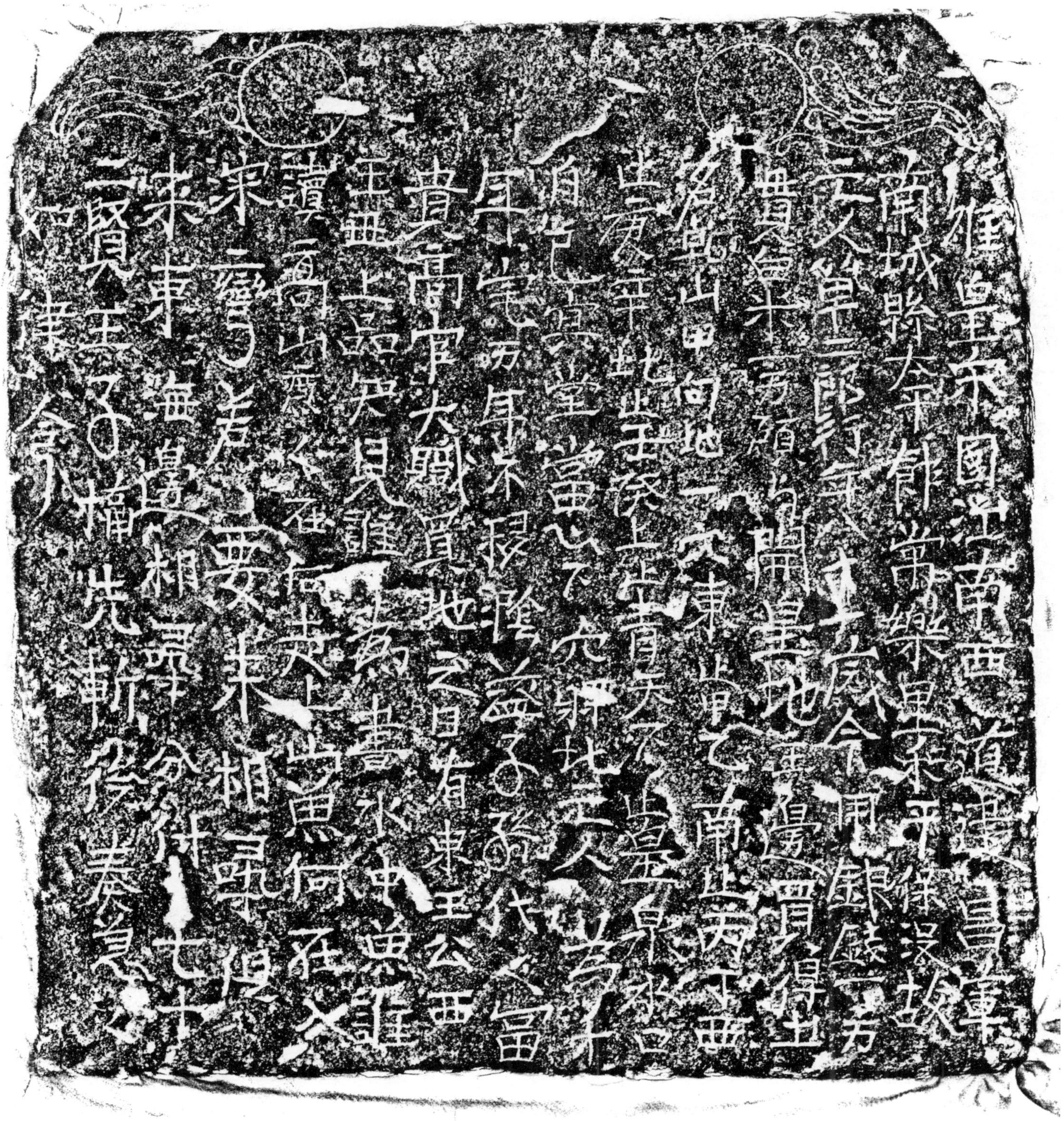

392 四娘地券

時代：宋　尺寸：高25.5釐米，寬32.4釐米

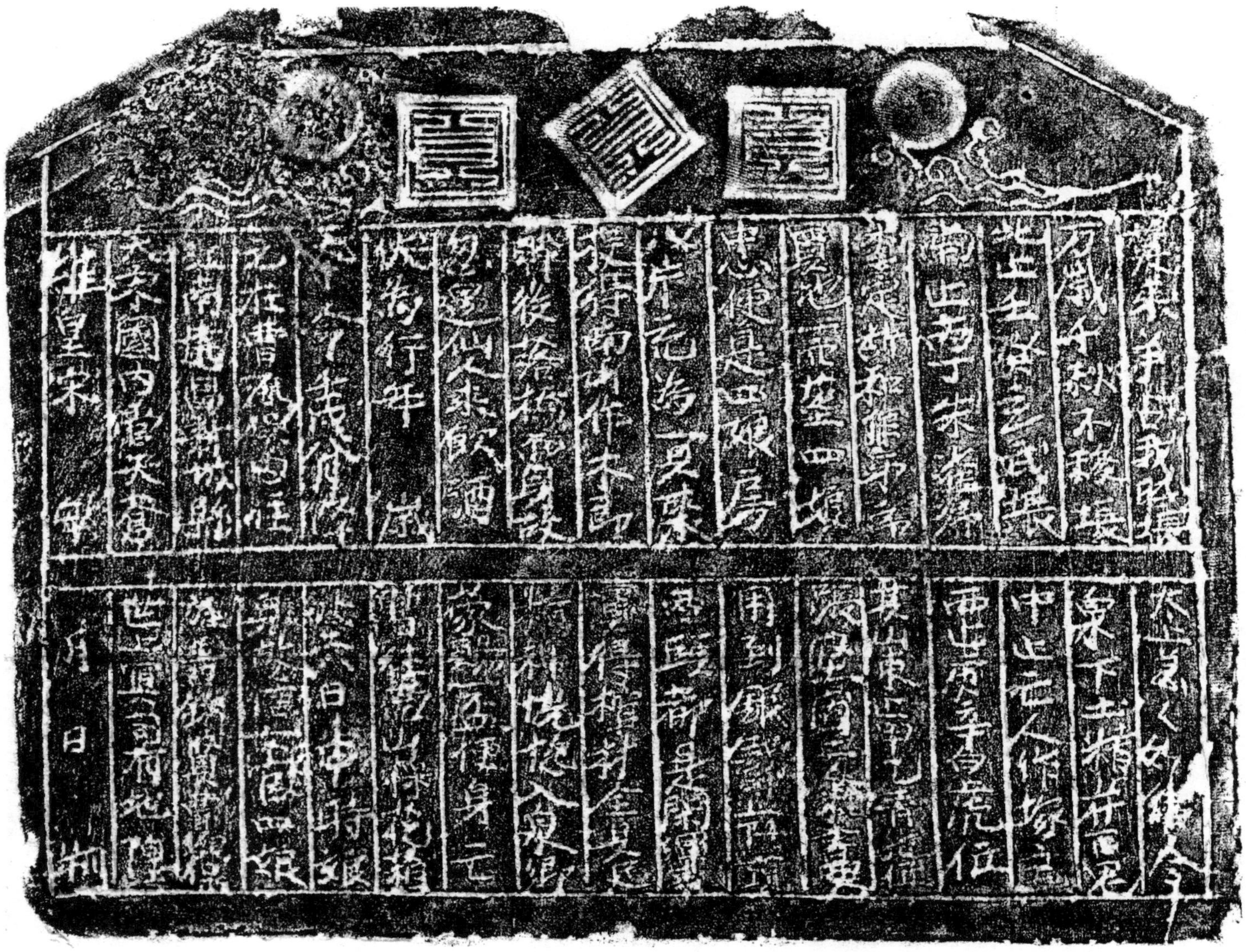

393 王氏大娘地券

時代：宋　尺寸：高45.5釐米，寬47釐米

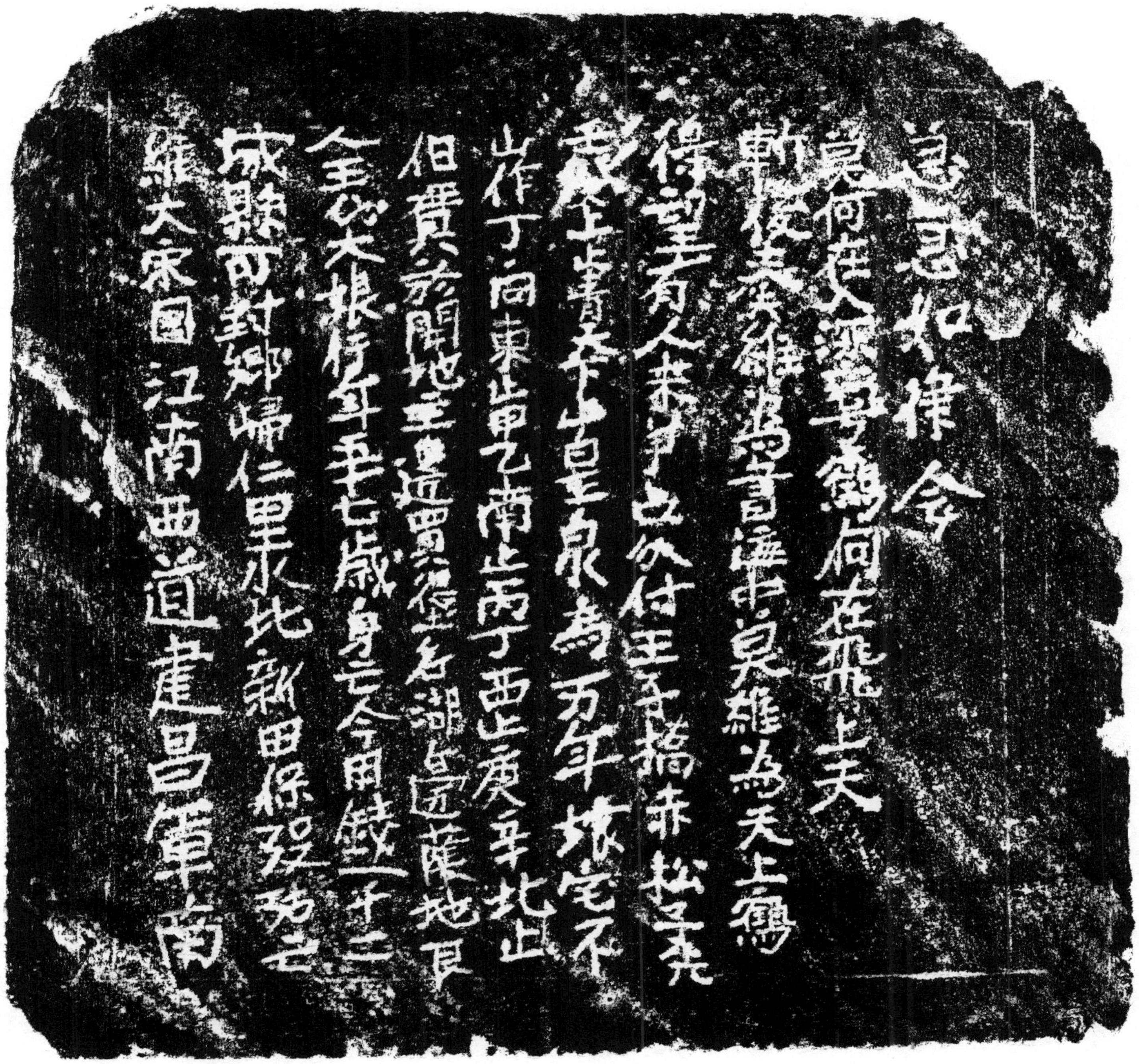

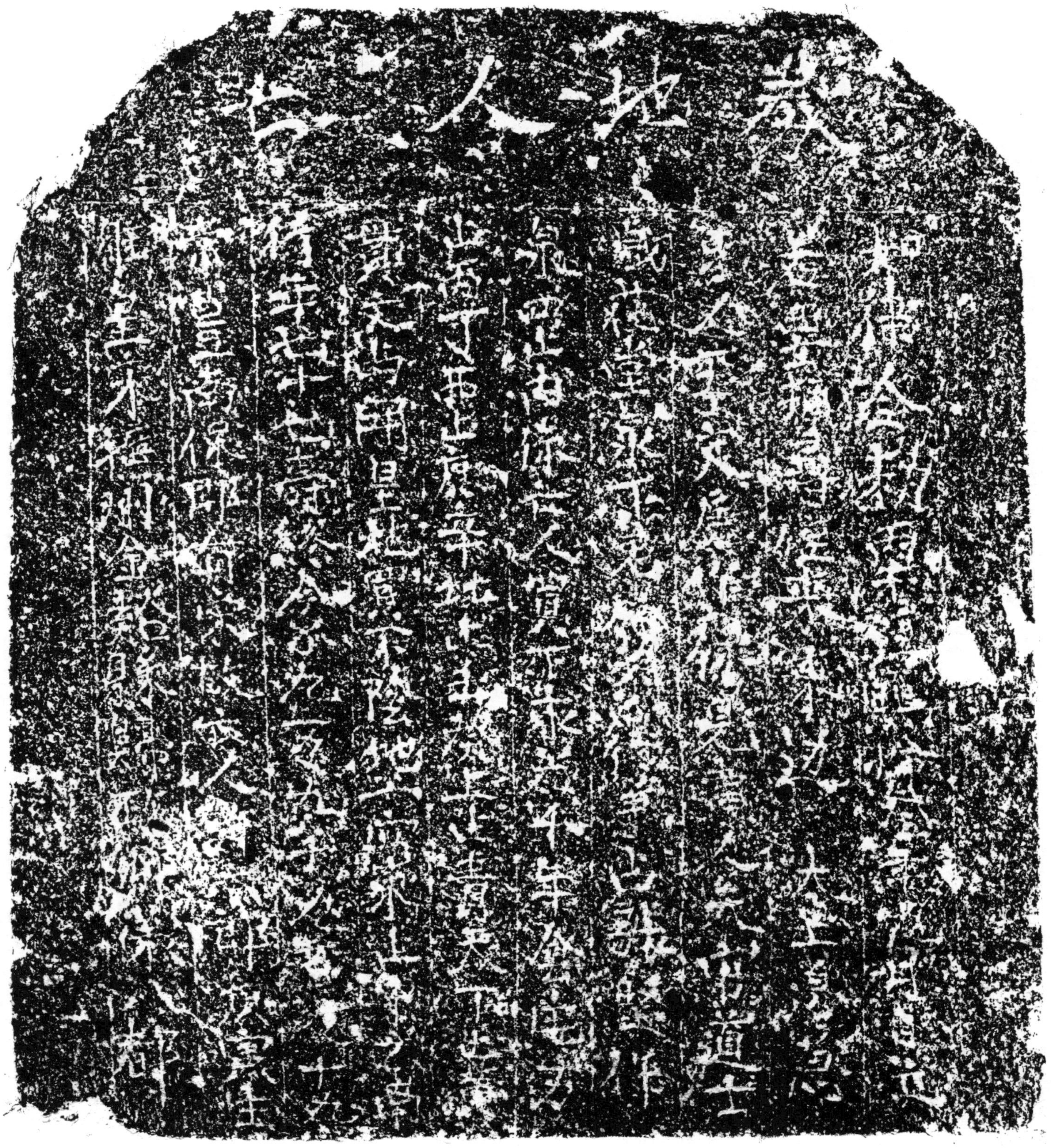

394　亡人□六郎地券

時代：宋　尺寸：高48釐米，寬42.5釐米

395 爲十一郎地券

時代：宋　尺寸：高27釐米，寬30.7釐米

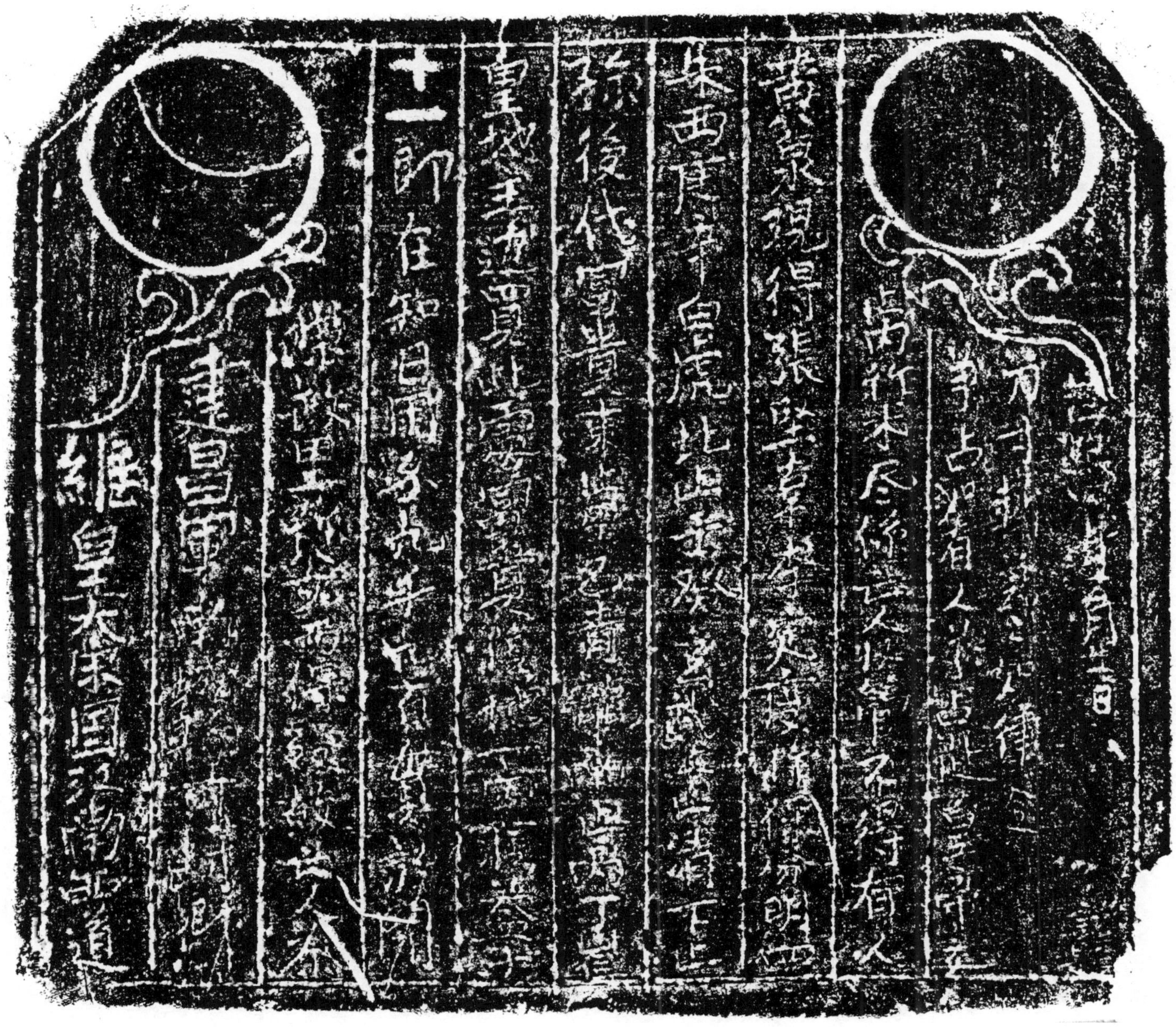

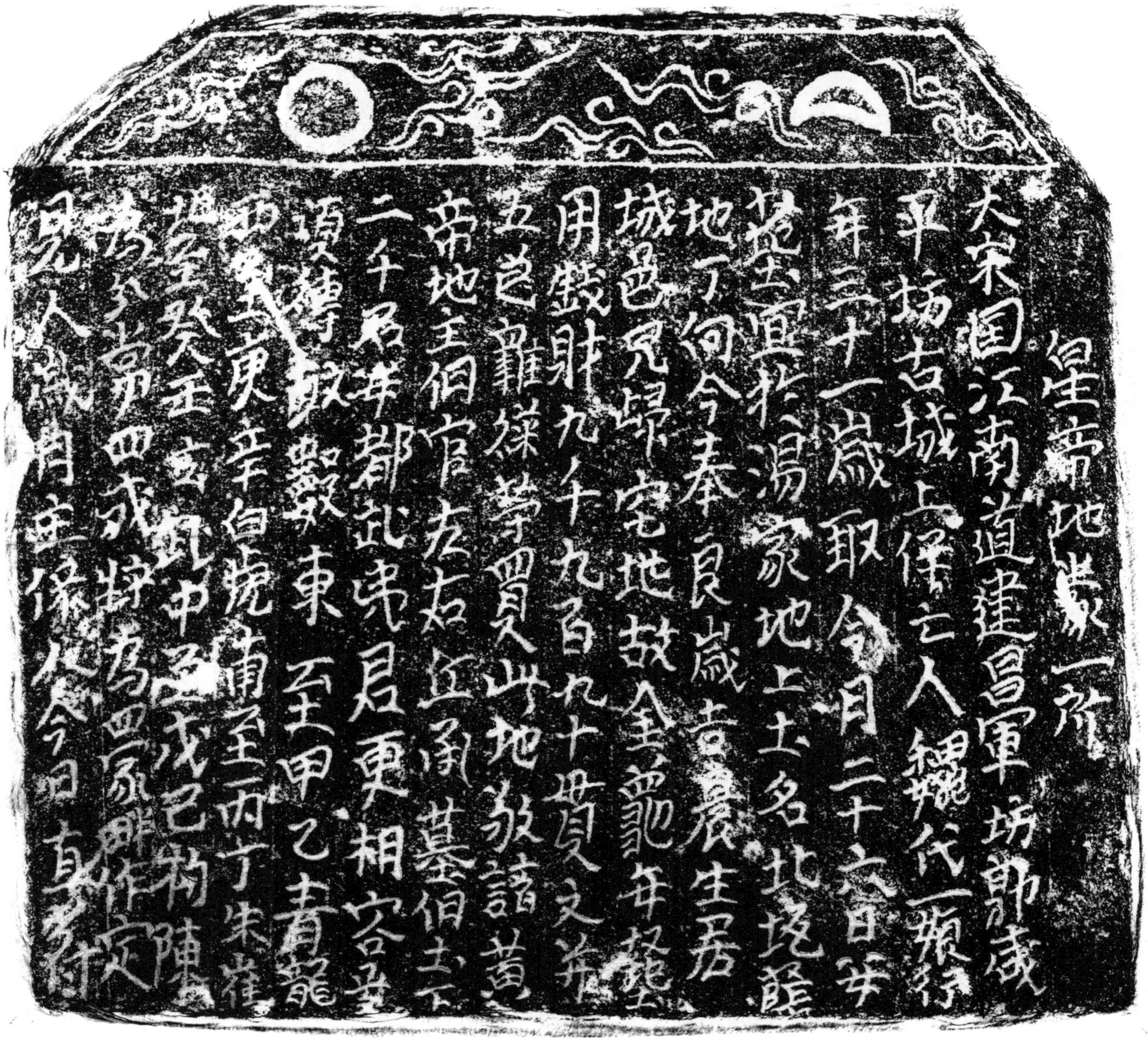

396 魏氏一娘地券

時代：宋　尺寸：高41.9釐米，寬44.5釐米

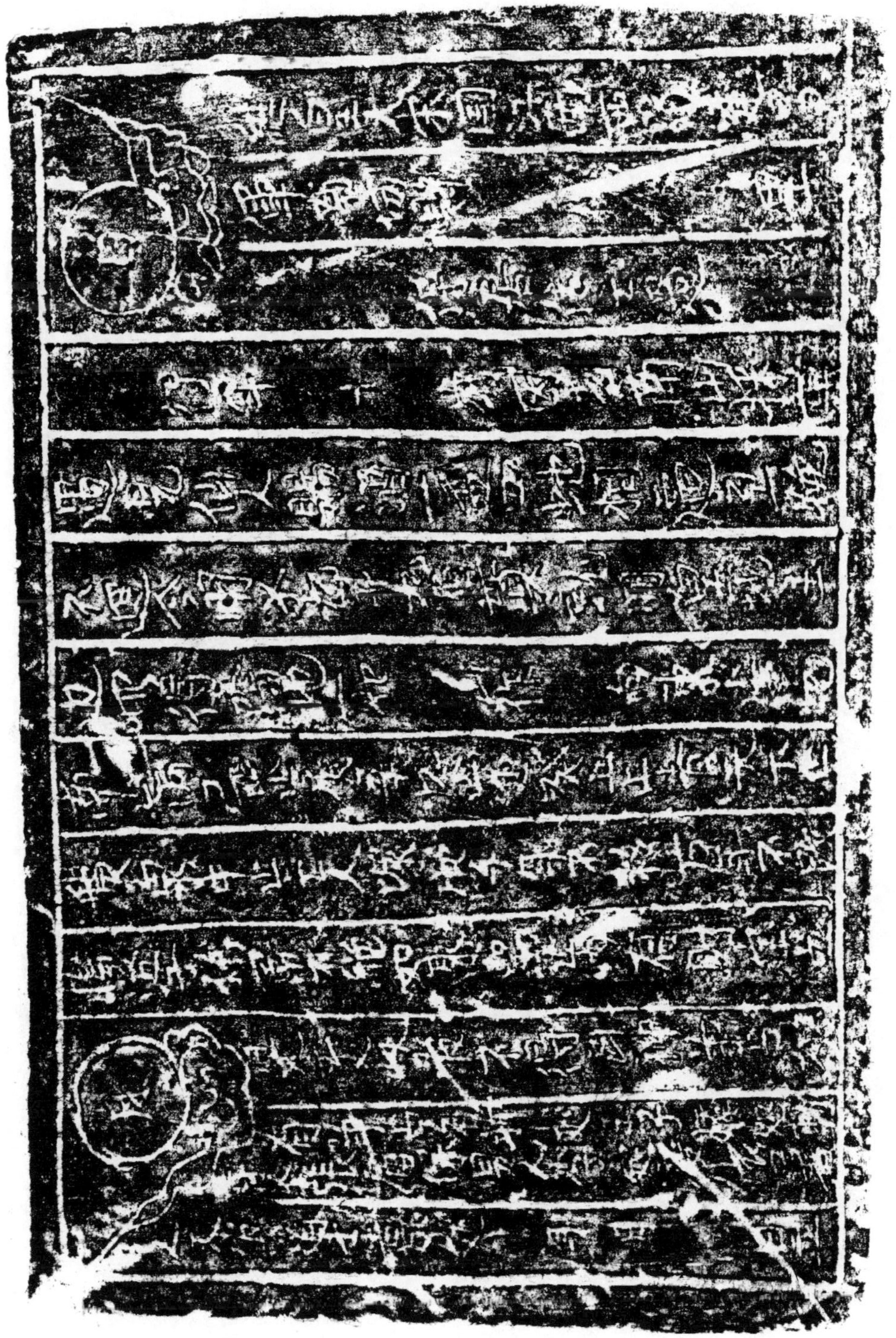

397　□□地券

時代：宋　　尺寸：高23.5釐米，寬35.3釐米

398 夏三娘地券

時代：宋　尺寸：高33釐米，寬33.5釐米

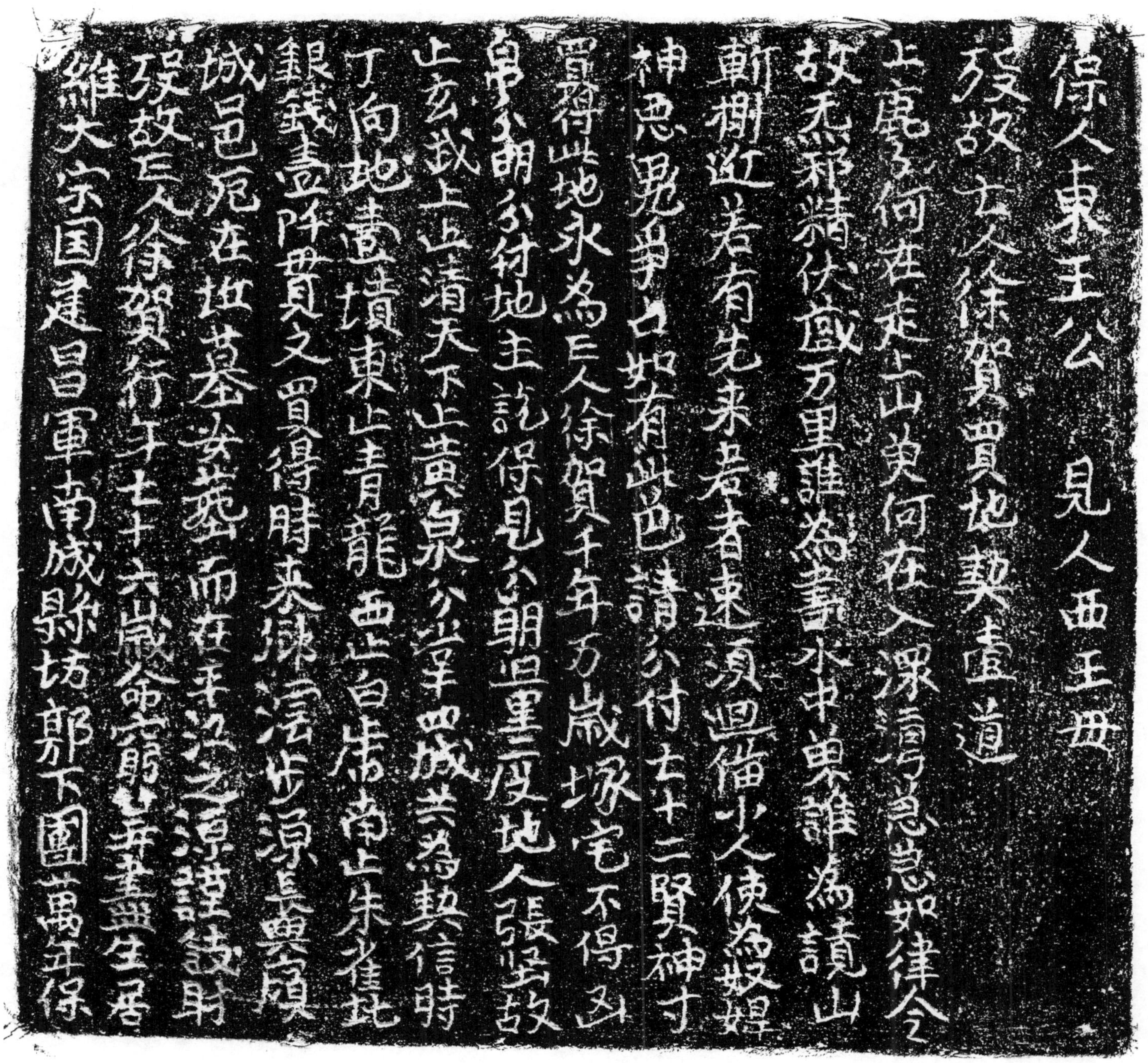

399 徐賀地券

時代：宋　尺寸：高36.5釐米，寬38.3釐米

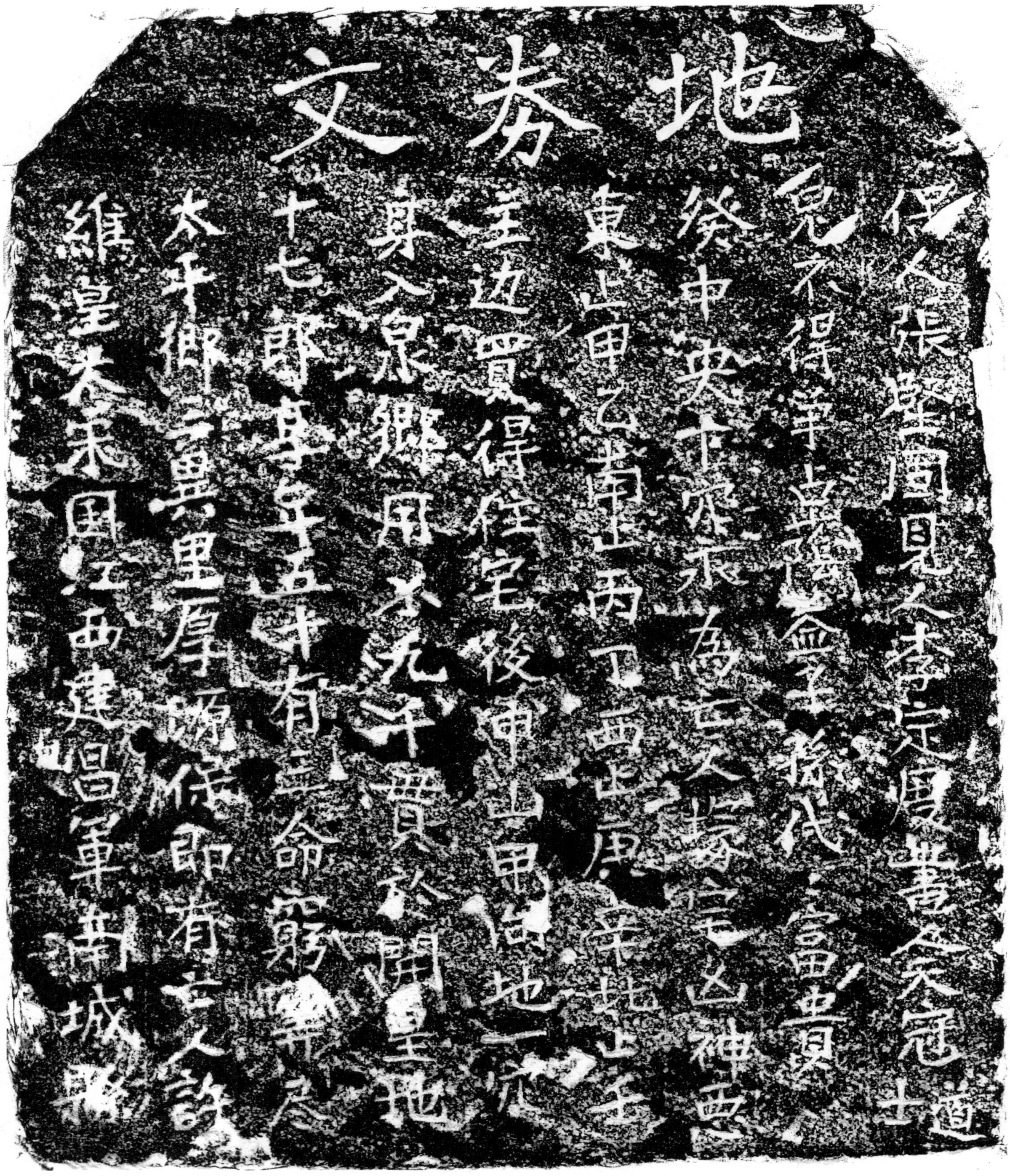

400 許十七郎地券文

時代：宋　尺寸：高39.7釐米，寬33釐米

401 葉十娘地券

時代：宋　尺寸：高41釐米，寬42.5釐米

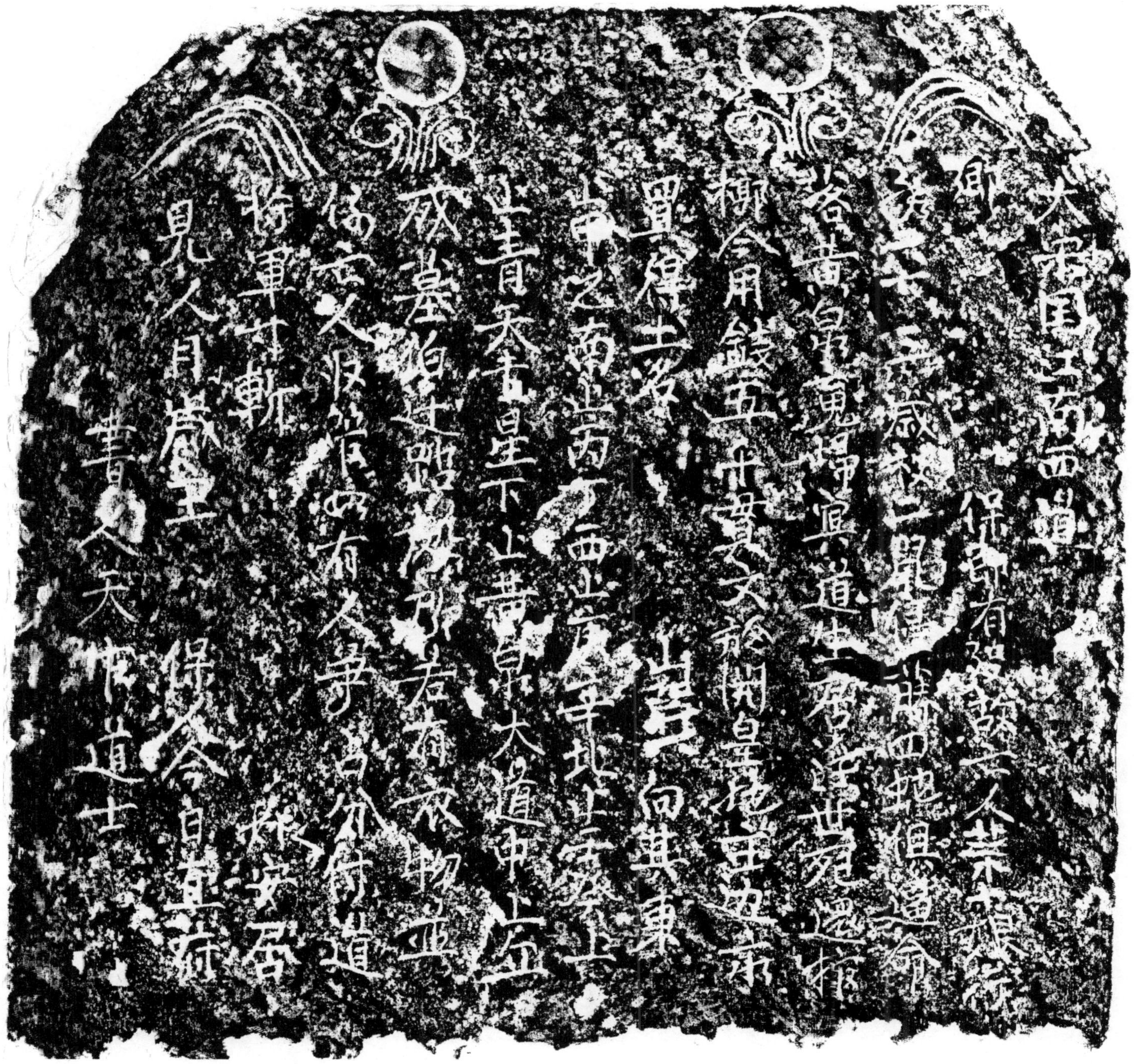

402 章氏大娘地券

時代：宋　尺寸：高45.8釐米，寬44.4釐米

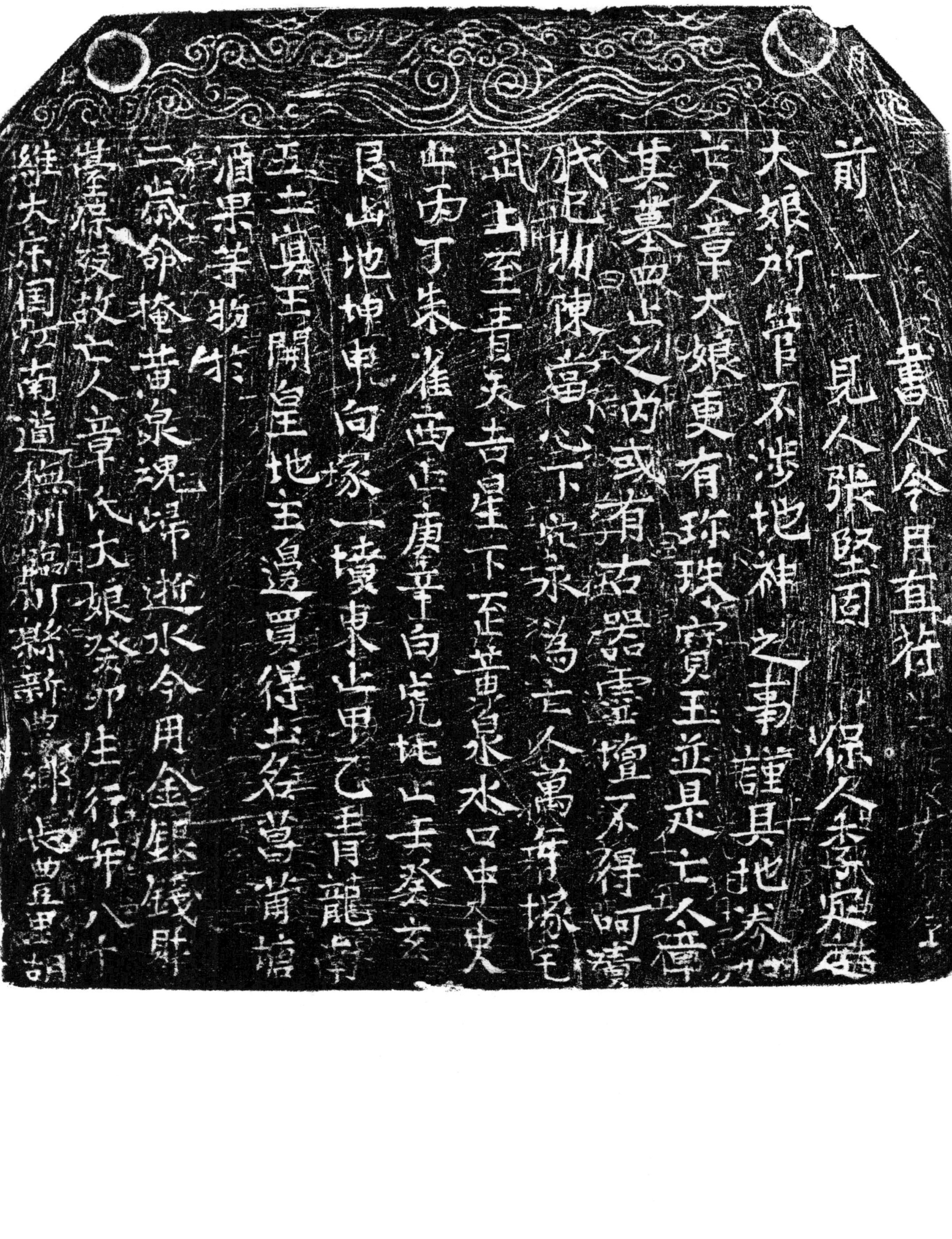

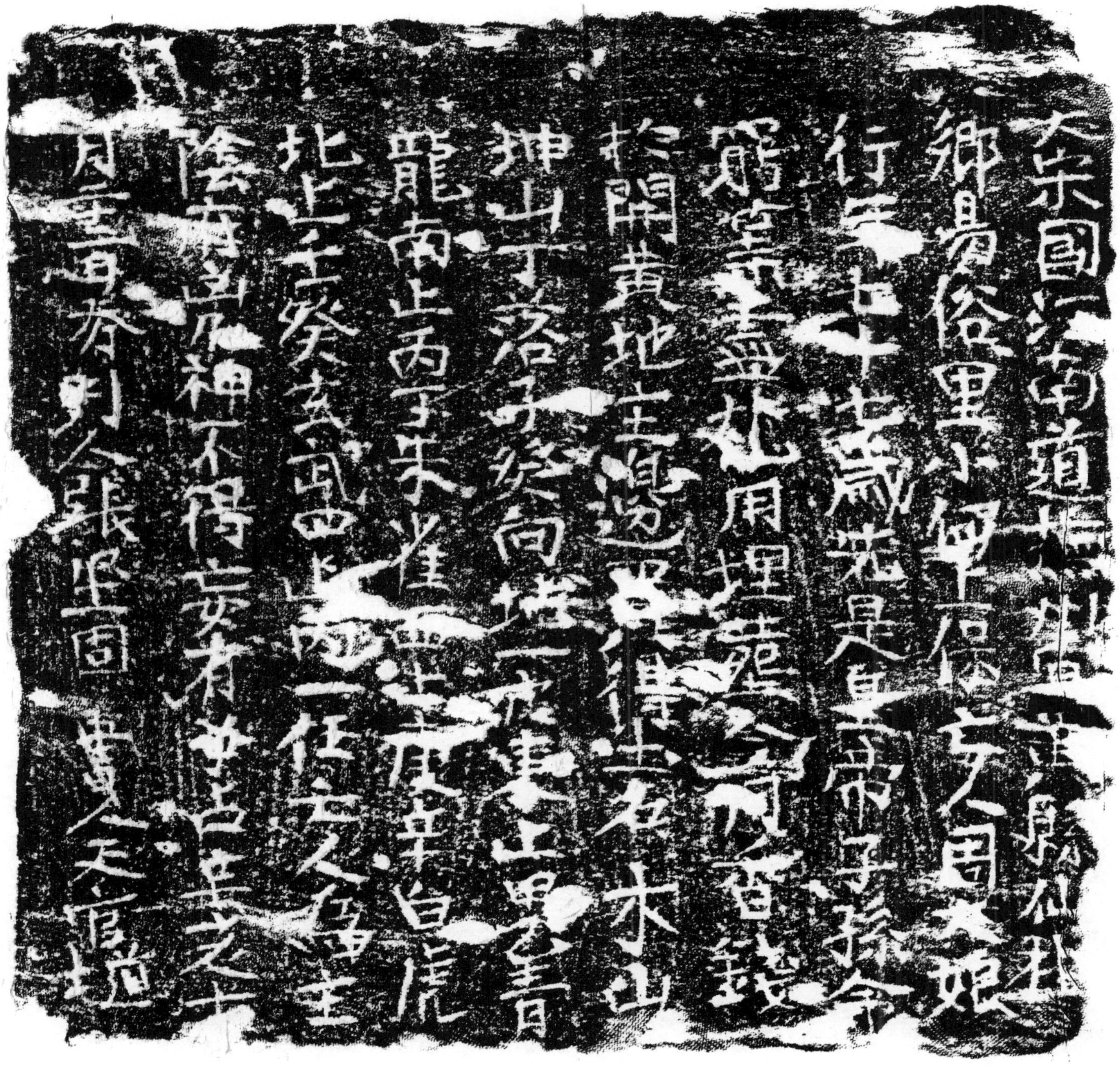

403 周大娘地券

時代：宋　尺寸：高24.8釐米，寬25.5釐米

404　周氏地券

時代：宋　尺寸：高49釐米，寬40釐米

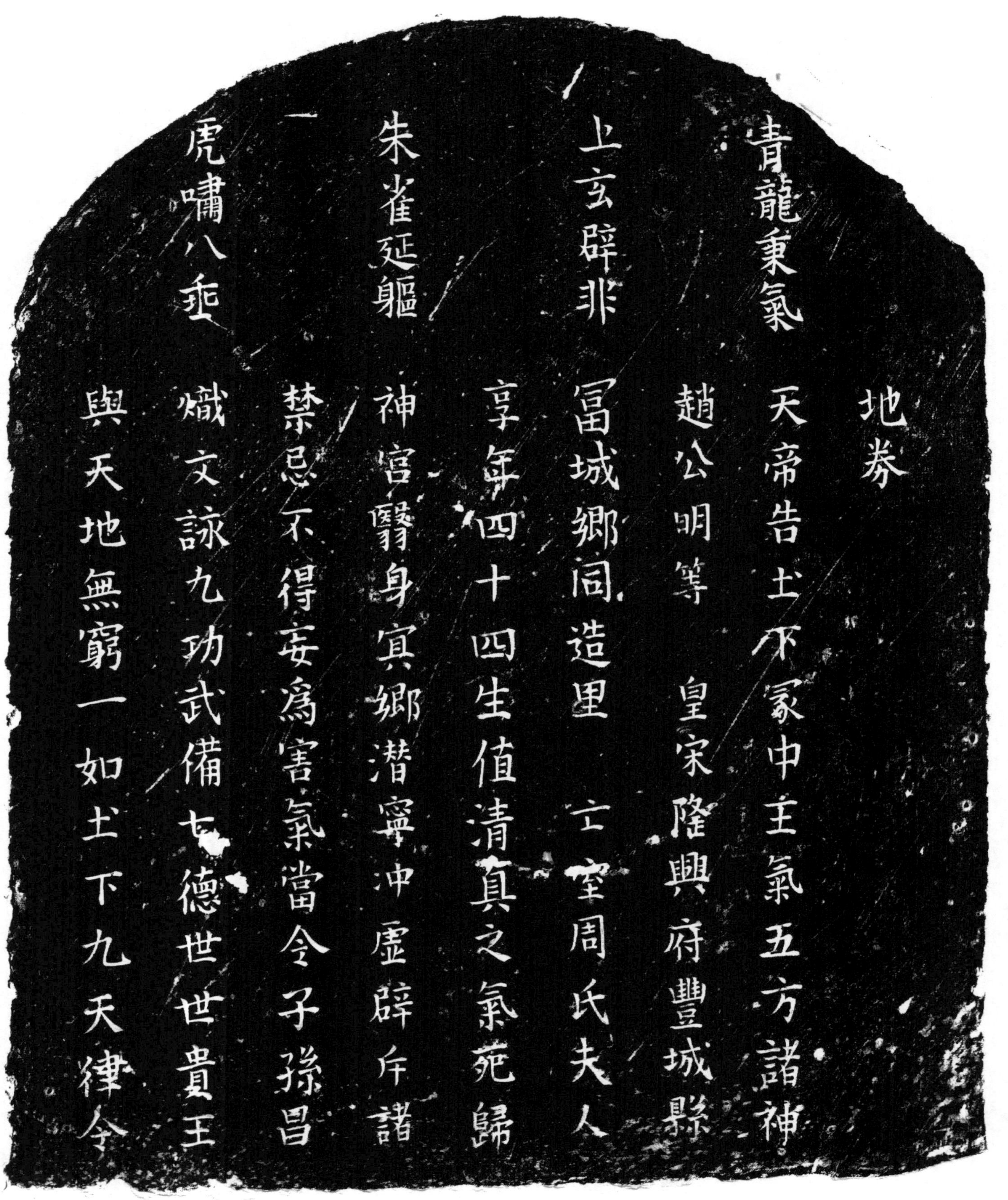
青龍秉氣
上玄辟非
朱雀延軀
虎嘯八垂

地券
天帝告土下冢中王氣五方諸神
趙公明等　皇宋隆興府豐城縣
富城鄉同造里　亡室周氏夫人
享年四十四生值清真之氣苑歸
神宮翳身冥鄉潛寧沖虛辟斥諸
禁忌不得妄爲害氣當令子孫昌
熾文詠九功武備七德世世貴王
與天地無窮一如土下九天律令

天帝告土下冢中王氣五方諸神
趙公明等星家隆興府豐城縣
富城鄉同德里孫四六承務享年
二十有五生值清英之氣死歸神
宮翳身冥鄉潛寧沖寂辟斥諸禁
忌不得妄為害氣當令子孫昌熾
文詠九功武備七德世世貴王與
天地無窮一如土下九天律令
青龍秉氣
上玄辟非
玄武延軀
虎嘯八垂

405　孫君地券

時代：宋　尺寸：高42.7釐米，寬34.9釐米

406 傅十四娘地券

時代：宋　尺寸：高45釐米，寬42釐米

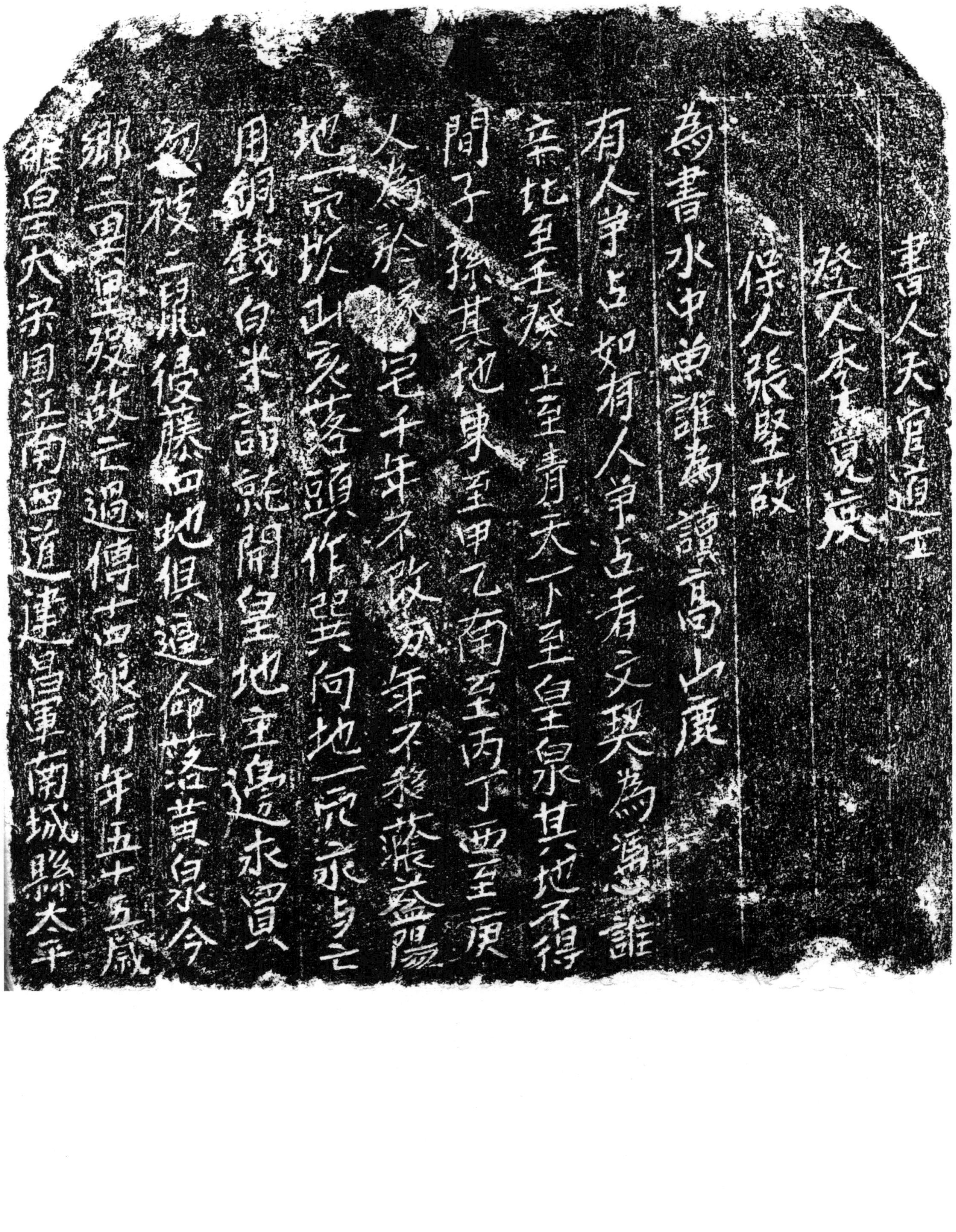
書人天官道士
癸人李覓度
保人張堅故
為書水中魚誰為讀高山鹿
有人爭占如有人爭占者文契為憑誰
來地至壬癸上至青天下至皇泉其地不得
間子孫其地東至甲乙南至丙丁西至庚
人為於緣宅千年不改分毫不移蔭陽
地一穴坎山亥落頭作巽向地一穴永與之
用銅錢白米詣龍開皇地主邊求買
勿被二鼠侵藤四蛇俱逼命落黃泉今
鄉三貴里殁故亡過傅十四娘行年五十五歲
維皇大宋国江南西道建昌軍南城縣太平

407 饒氏地券

時代：元至元十八年（1281年）四月二十日

尺寸：高52.5釐米，寬29.1釐米

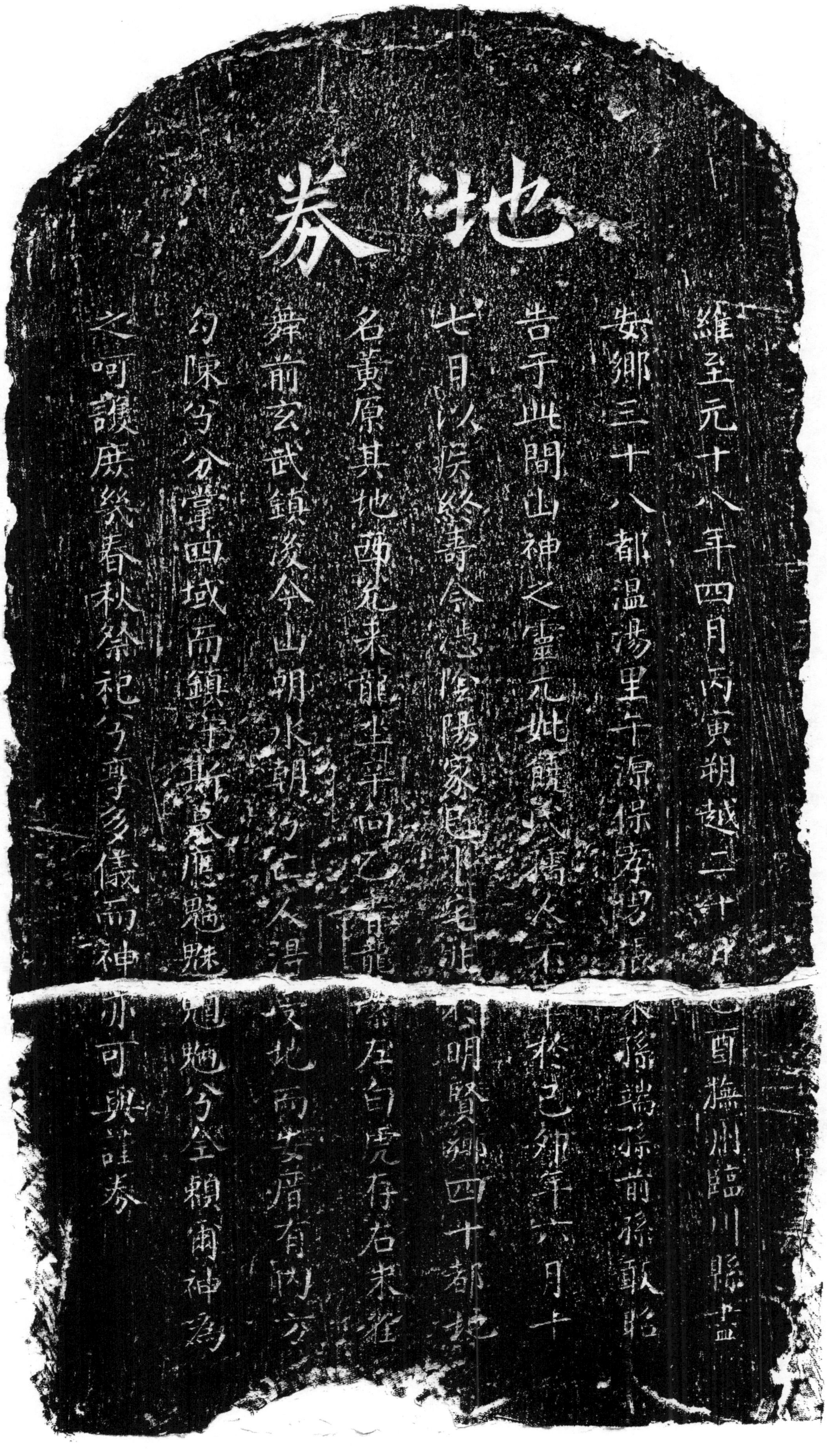

408　余氏地券

時代：元至元十九年（1282年）四月三十日

尺寸：高67.3釐米，寬46.8釐米

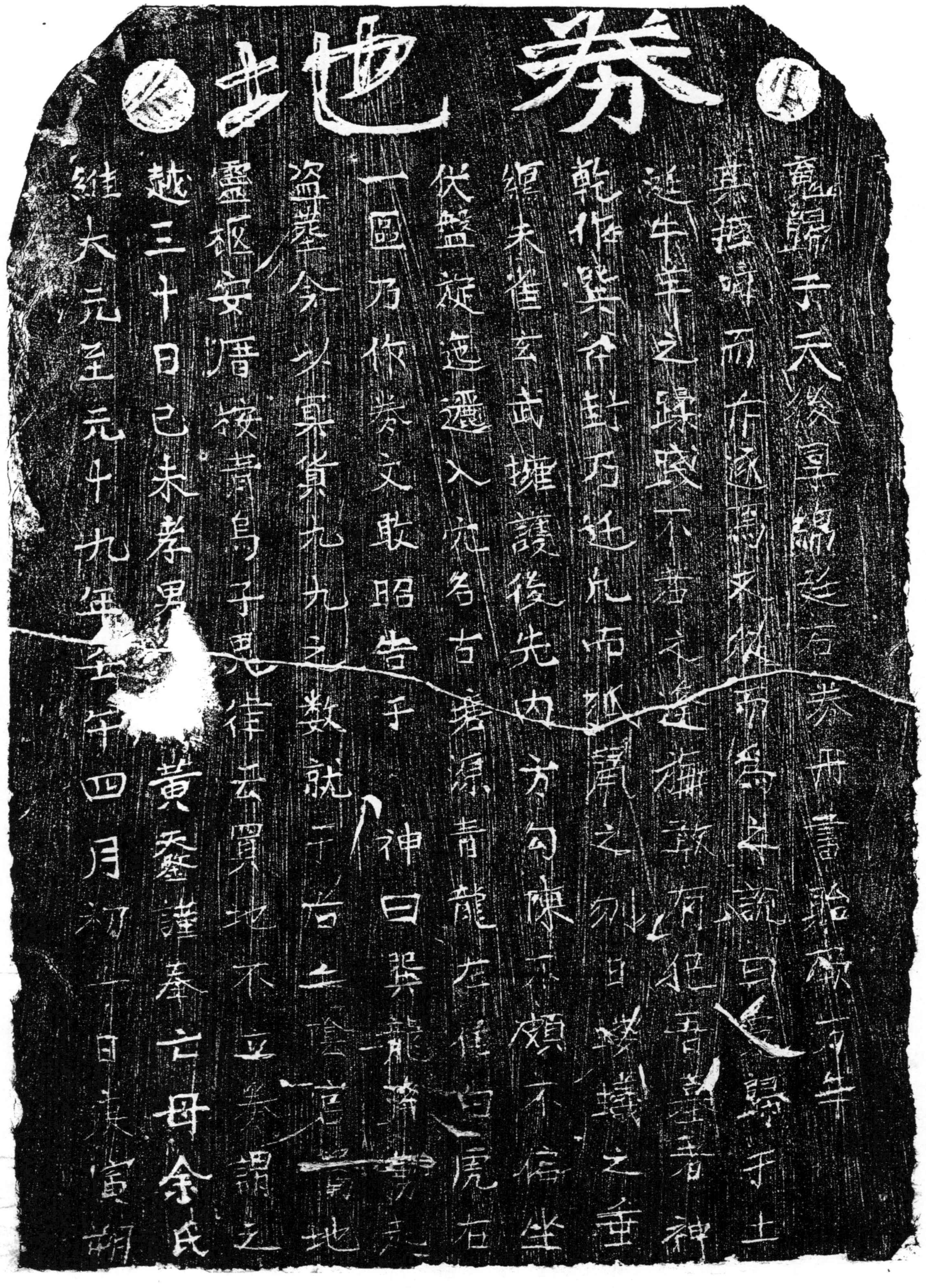
地券
越三十日己未孝男
維大元至元十九年壬午四月初一日庚寅朔

409 郭五公地券

時代：元至元二十年癸未（1283年）二月初四日　尺寸：高38.5釐米，寬33釐米

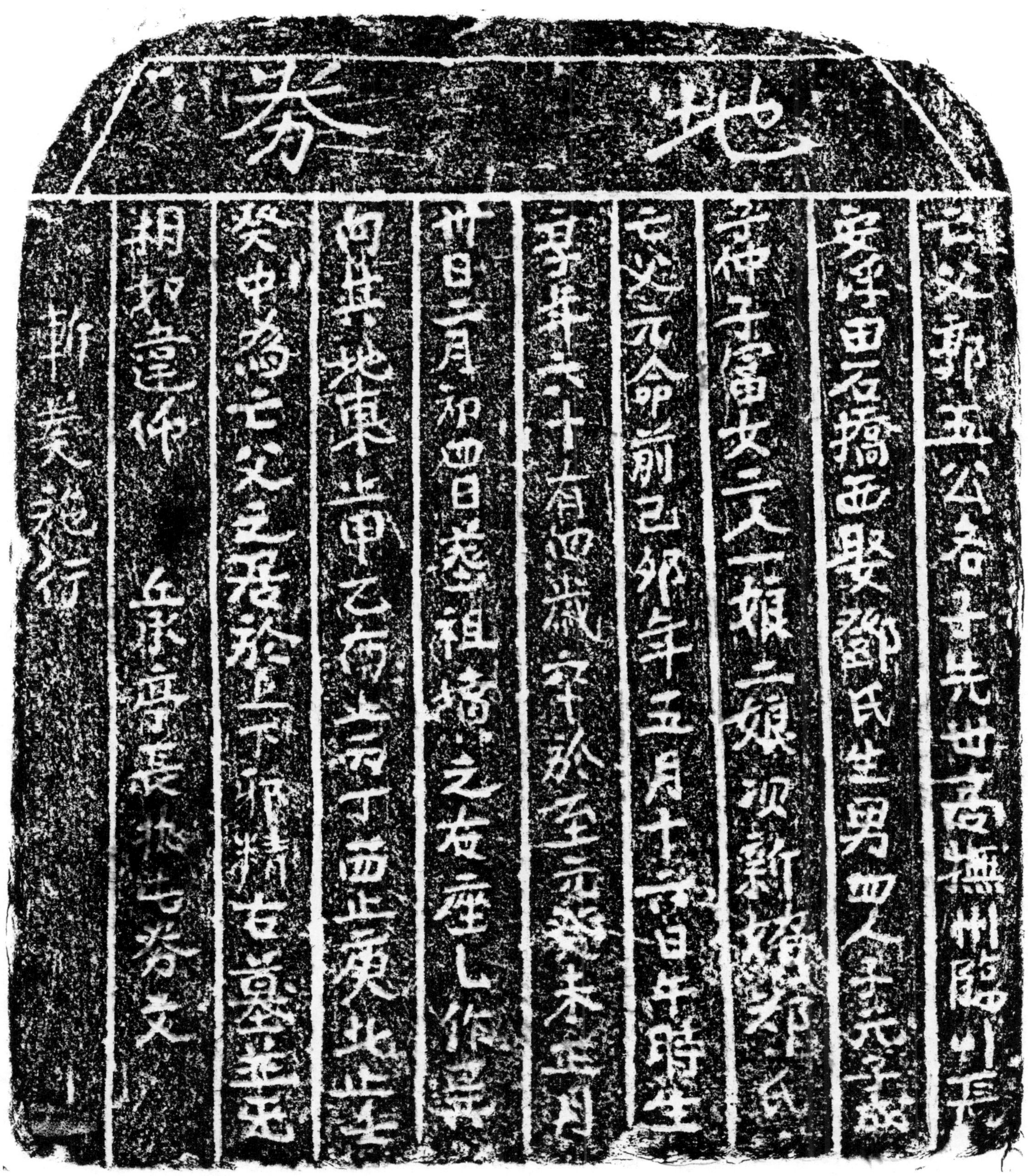

410 故李小三解元地券文

時代：元至元二十年癸未（1283年）七月二十一日　尺寸：高54.2釐米，寬35.3釐米

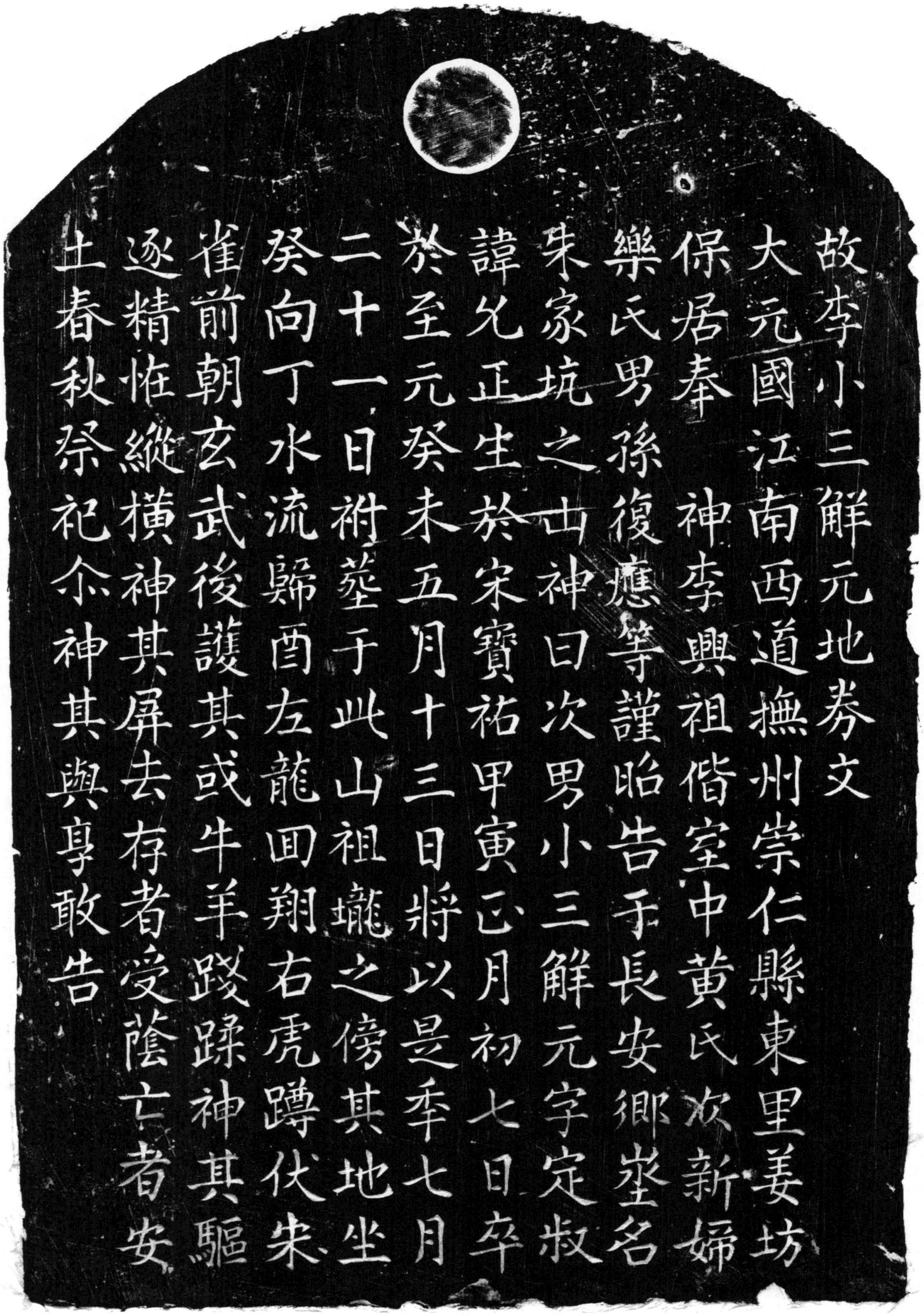
故李小三解元地券文
大元國江南西道撫州崇仁縣東里姜坊
保居奉 神李興祖偕室中黄氏次新婦
樂氏男孫復應等謹昭告于長安鄉塋名
朱家坑之山神曰次男小三解元字定叔
諱允正生於宋寶祐甲寅正月初七日卒
於至元癸未五月十三日將以是季七月
二十一日祔塟于此山祖壠之傍其地坐
癸向丁水流歸酉左龍回翔右虎蹲伏朱
雀前朝玄武後護其或牛羊踐踩神其驅
逐精恠縱横神其屏去存者受蔭亡者安
土春秋祭祀介神其與享敢告

411 故王九郎地券

時代：元至元二十一年（1284年）二月二十七日　尺寸：高39釐米，寬33釐米

412　陳公地券

時代：元至元二十二年（1285年）正月二十三日　尺寸：高33釐米，寬29.5釐米

413 鄧範券記

時代：元至元二十二年（1285年）十二月辛酉日　尺寸：高55.2釐米，寬41釐米

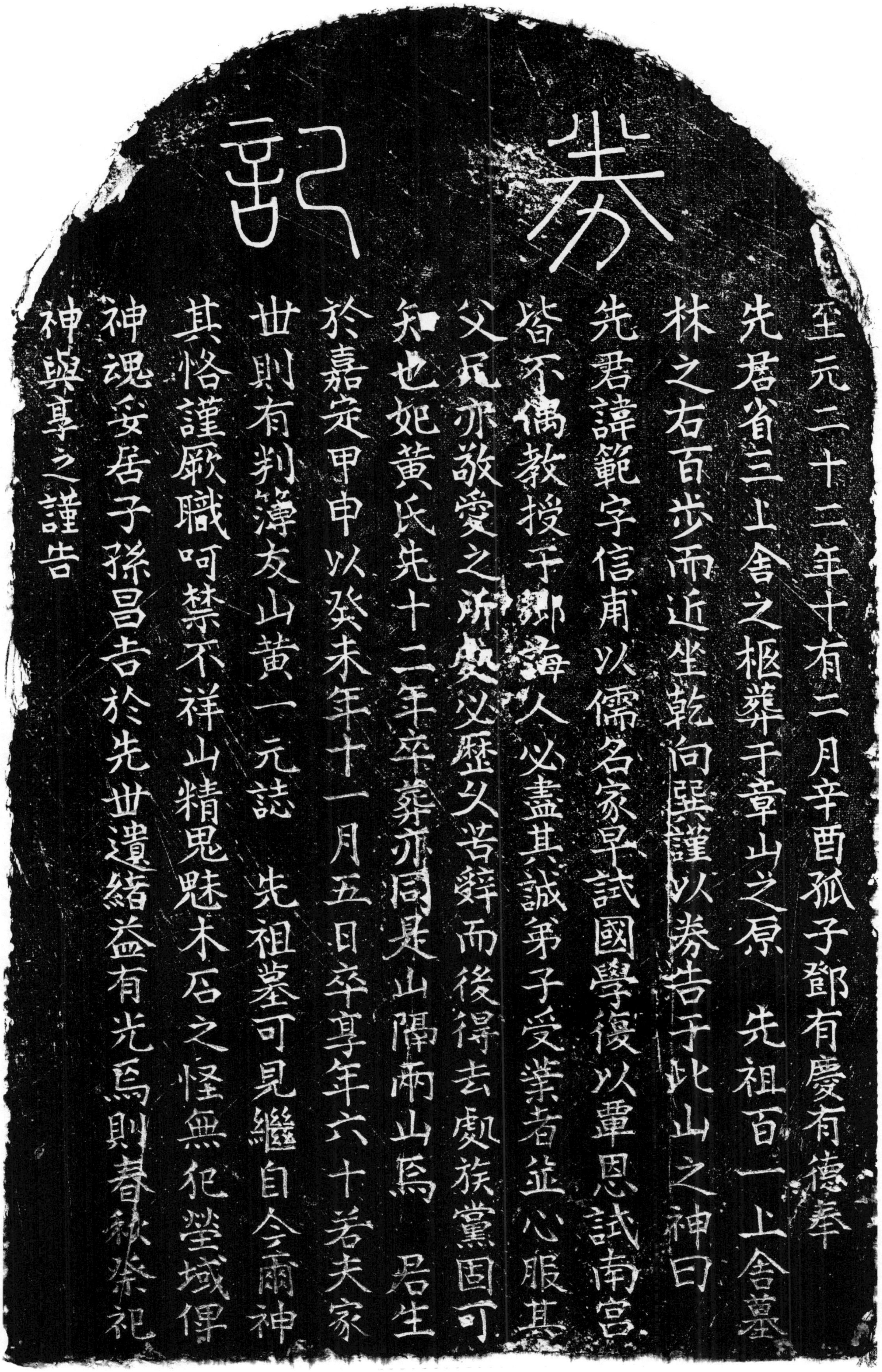

券記

至元二十二年十有二月辛酉孤子鄧有慶有德奉
先居省三上舍之柩葬于章山之原　先祖百一上舍墓
林之右百步而近坐乾向巽謹以券告于此山之神曰
先君諱範字信甫以儒名家早試國學復以覃恩試南宮
皆不偶教授于鄉誨人必盡其誠弟子受業者並心服其
父兄亦敬愛之所處必歷久若辭而後得去鄉族黨固可
知也妣黃氏先十二年卒葬亦同是山陽兩山焉　君生
於嘉定甲申以癸未年十一月五日卒享年六十若夫家
世則有判簿友山黃一元誌　先祖墓可見繼自今爾神
其恪謹厥職呵禁不祥山精鬼魅木石之怪無犯塋域俾
神魂妥居子孫昌吉於先世遺緒益有光焉則春秋祭祀
神與享之謹告

414 李公地記

時代：元至元二十三年（1286年）十月一日　尺寸：高59.7釐米，寬45.2釐米

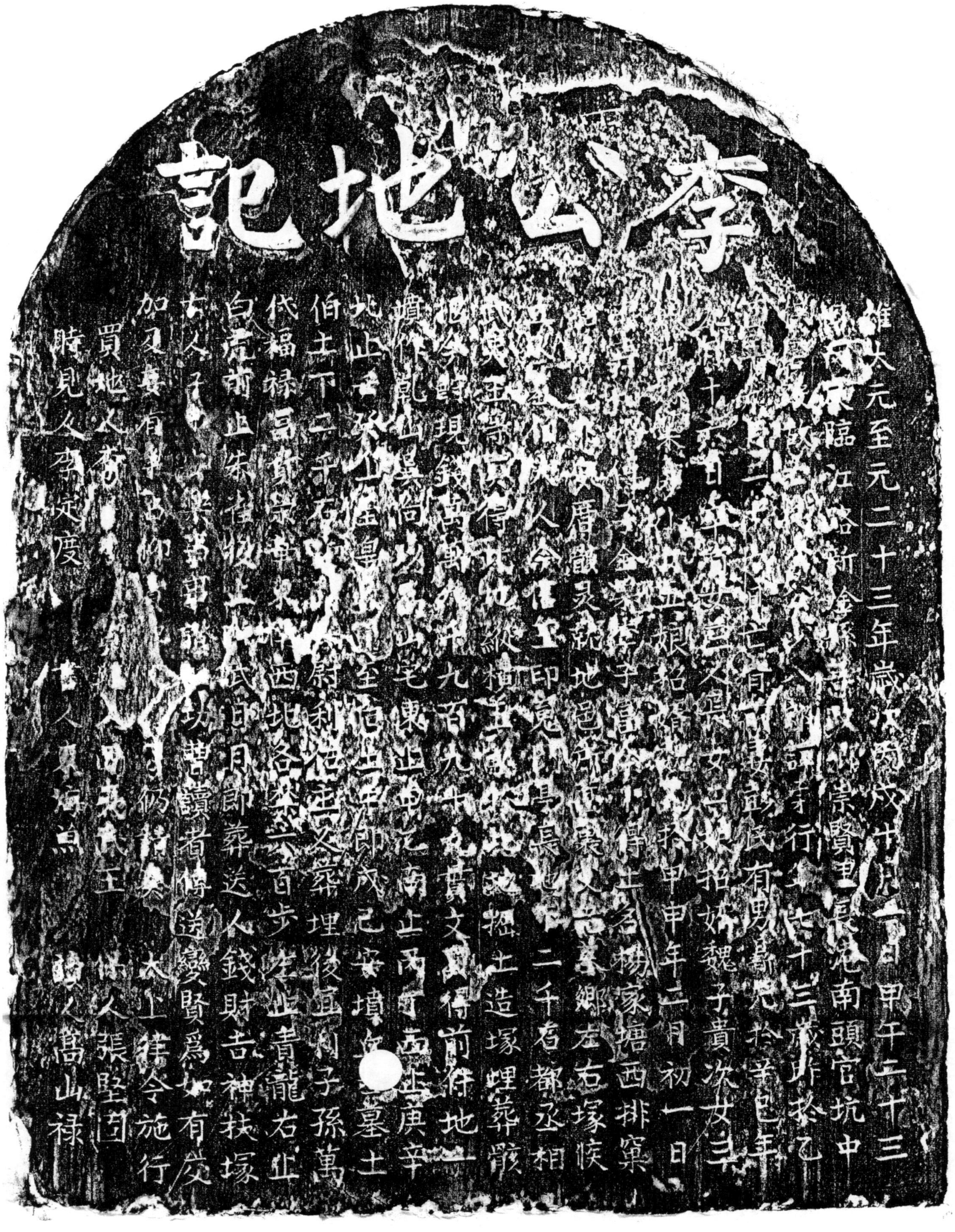

415　傅十承事地券

時代：元至元二十四年（1287年）二月三十日

尺寸：高40.5釐米，寬43.8釐米

416 許公地券

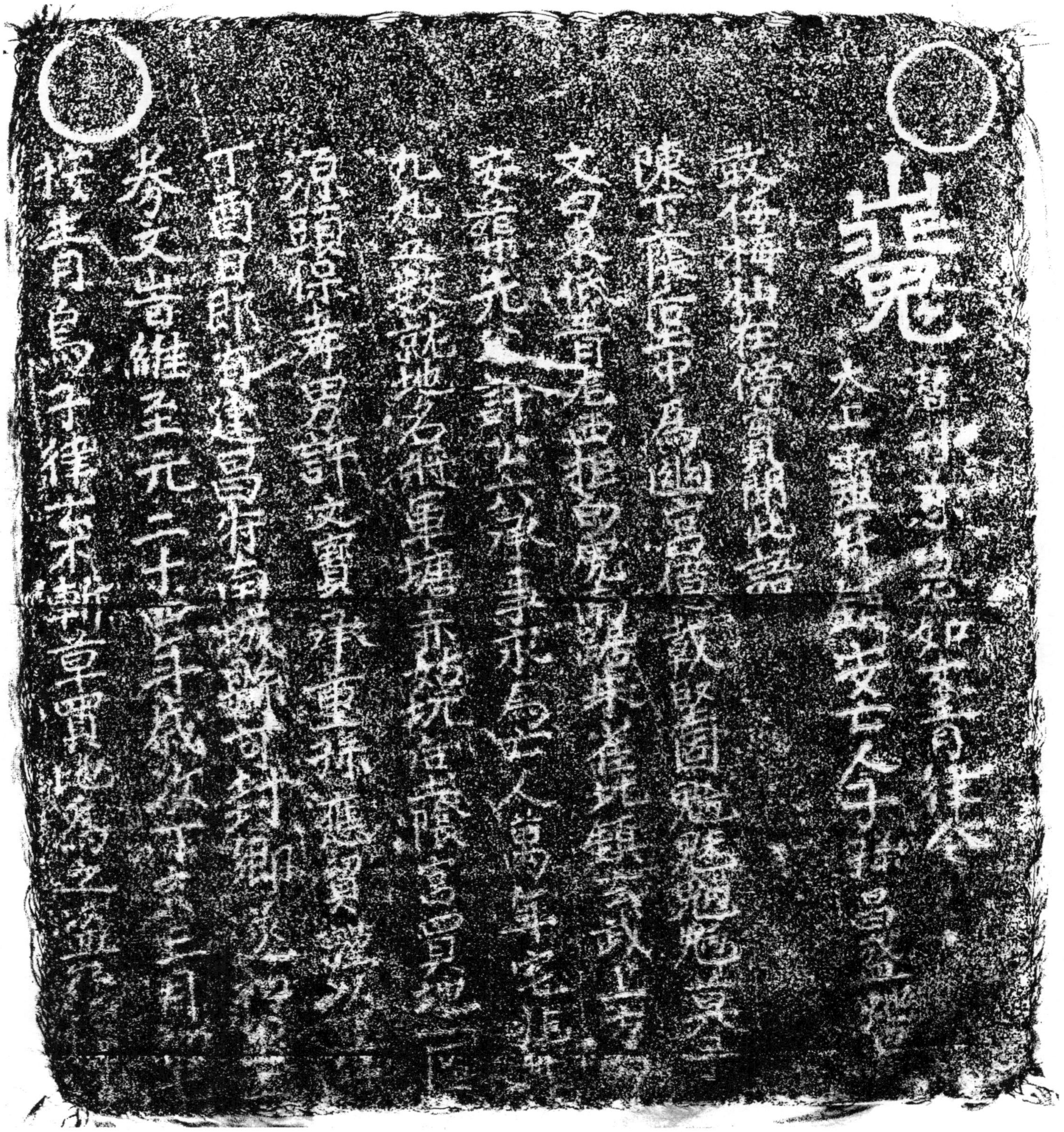

時代：元至元二十四年（1287年）三月初七日

尺寸：高42釐米，寬37.3釐米

417　蔡氏地券

時代：元至元二十四年丁亥（1287年）九月十八日　尺寸：高48.2釐米，寬33.8釐米

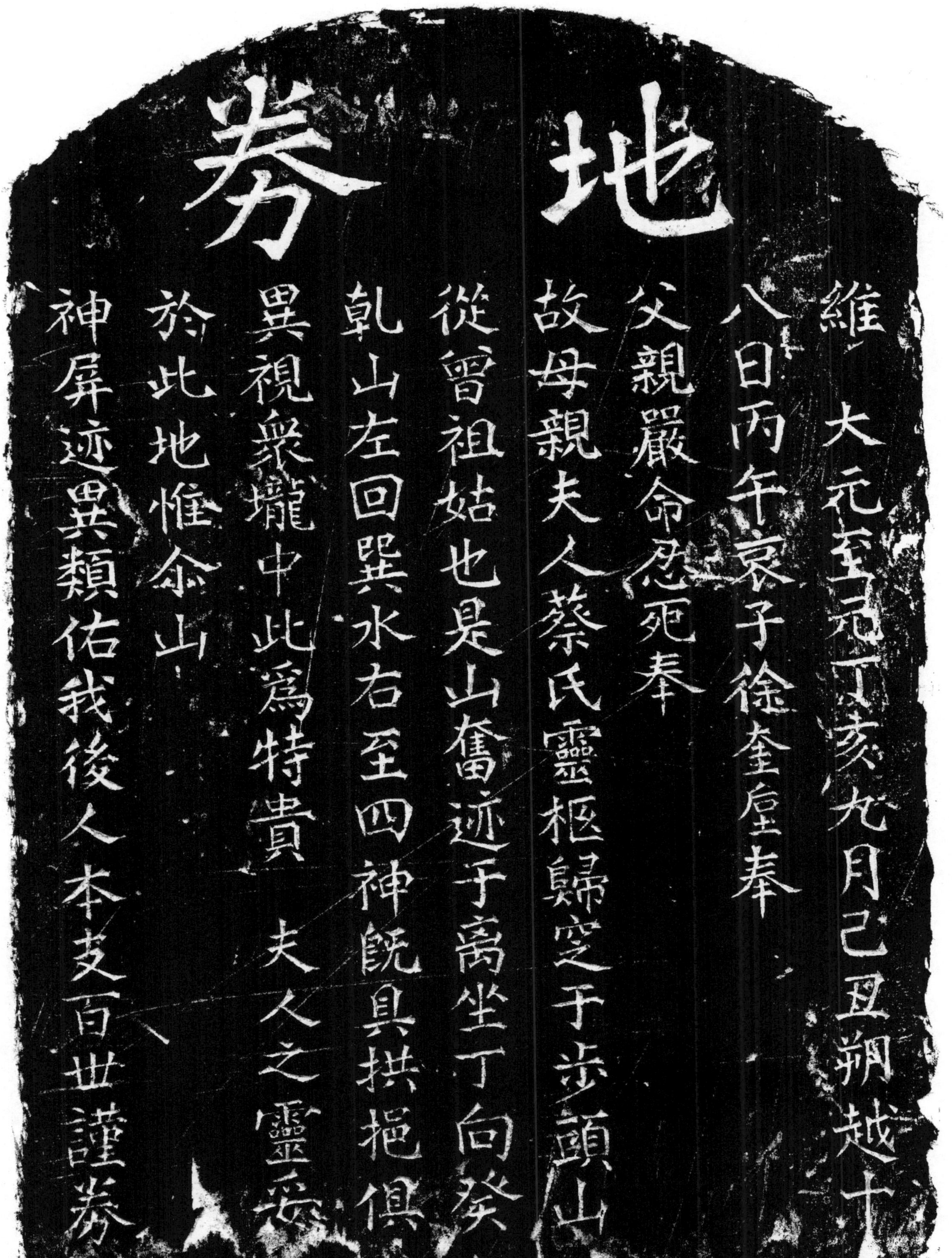

地券

維大元至元丁亥九月己丑朔越十
八日丙午哀子徐奎垕奉
父親嚴命忍死奉
故母親夫人蔡氏靈柩歸窆于步頭山
從曾祖姑也是山舊迹于离坐丁向癸
乾山左回巽水右至四神既具拱揖俱
異視衆壠中此爲特貴　夫人之靈妥
於此地惟佘山
神屏迹異類佑我後人本支百世謹券

418

故傅卅三承事地券

時代：元至元二十四年（1287年）十月十六日　尺寸：高43釐米，寬33釐米

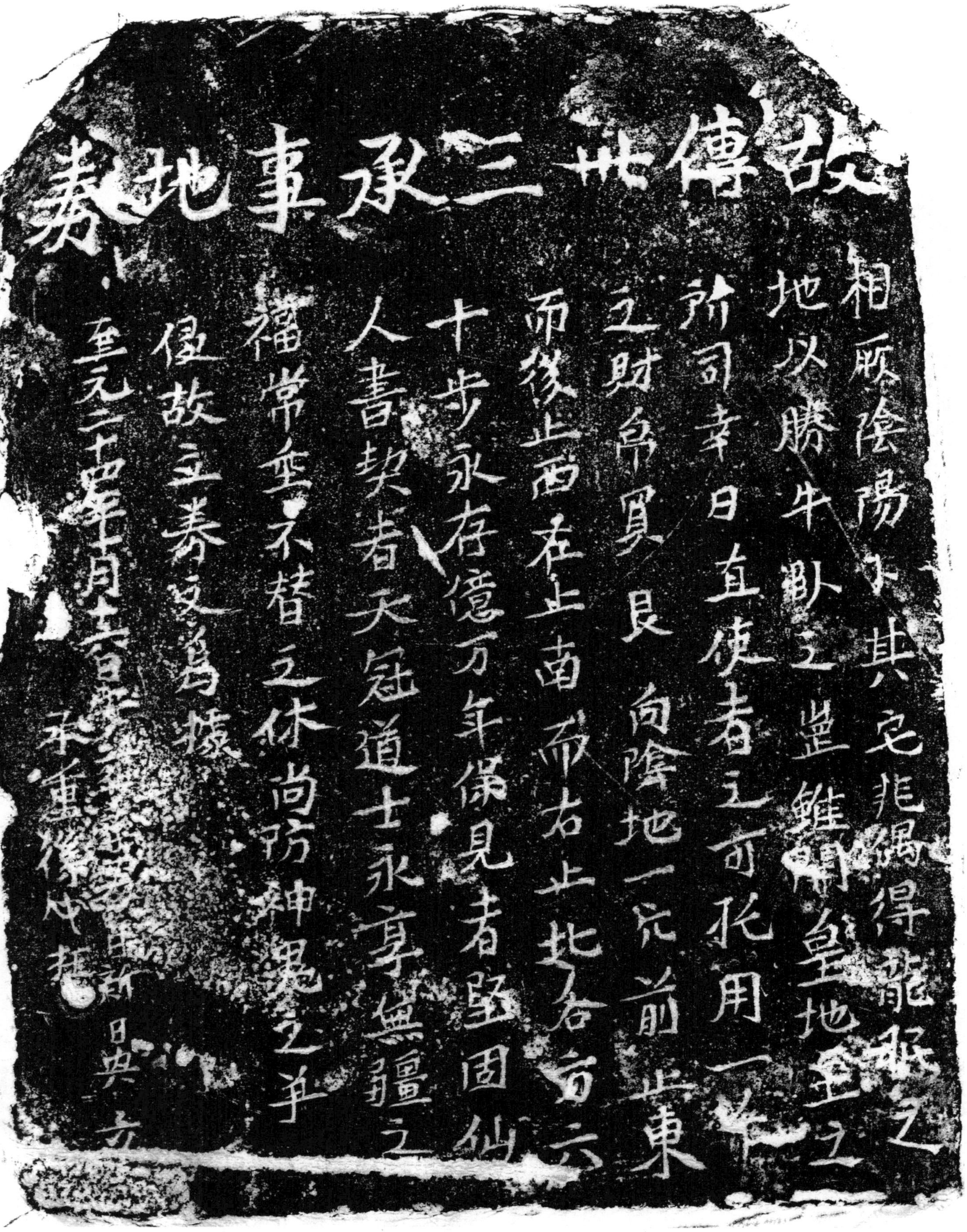

419　范應新券記

時代：元至元二十六年（1289年）十二月初九日　尺寸：高57.4釐米，寬42.3釐米

券記

錢江著姓曰范氏族金橋者亦十數世矣近世祖齊
生宏宏生文明文明生松松生仲益仲益生應新即
先君也先君字子新生宋紹定辛卯幼母吳氏見背
鞠於繼母王氏年五十八以疾終　至元戊子十一
月也值時多艱不肖孤不能丐銘當世然非刻之金
石無以詔于後人恭惟先君質实而坦夷寬慈而簡
易喜慍鮮形於色得喪不累其心自吾母徐氏即世
尤好靜適非家事曾不介意溫飽之外一無它求此
其天性然也嗚呼源之深者流必長本之固者枝必
茂吾先世積善非一日福澤施于子孫方来而未艾
也我先君宜以逸樂延年享其厚報而乃厭弃人間
翩然長往使吾兄弟抱此無涯之戚哀哉孫男賤孫
孫女住娘肅娘以己丑十二月初九日甲申封于鐸
源朱家窠距家才五六里斷地自巽山来龍坐巳向
亥前圓如規後方似矩水流于艮寅也惟爾有神呵
禁不祥先靈獲安後嗣蒙福神之賜也若節春秋来
展祀事將以答神休祈景貺也爾神尚監慈哉孤哀
子遜寬泣血百拜謹書親末陳友元填諱

420 故黃氏太君地券

時代：元至元二十八年（1291年）八月辛丑初十日　尺寸：高47釐米，寬32釐米

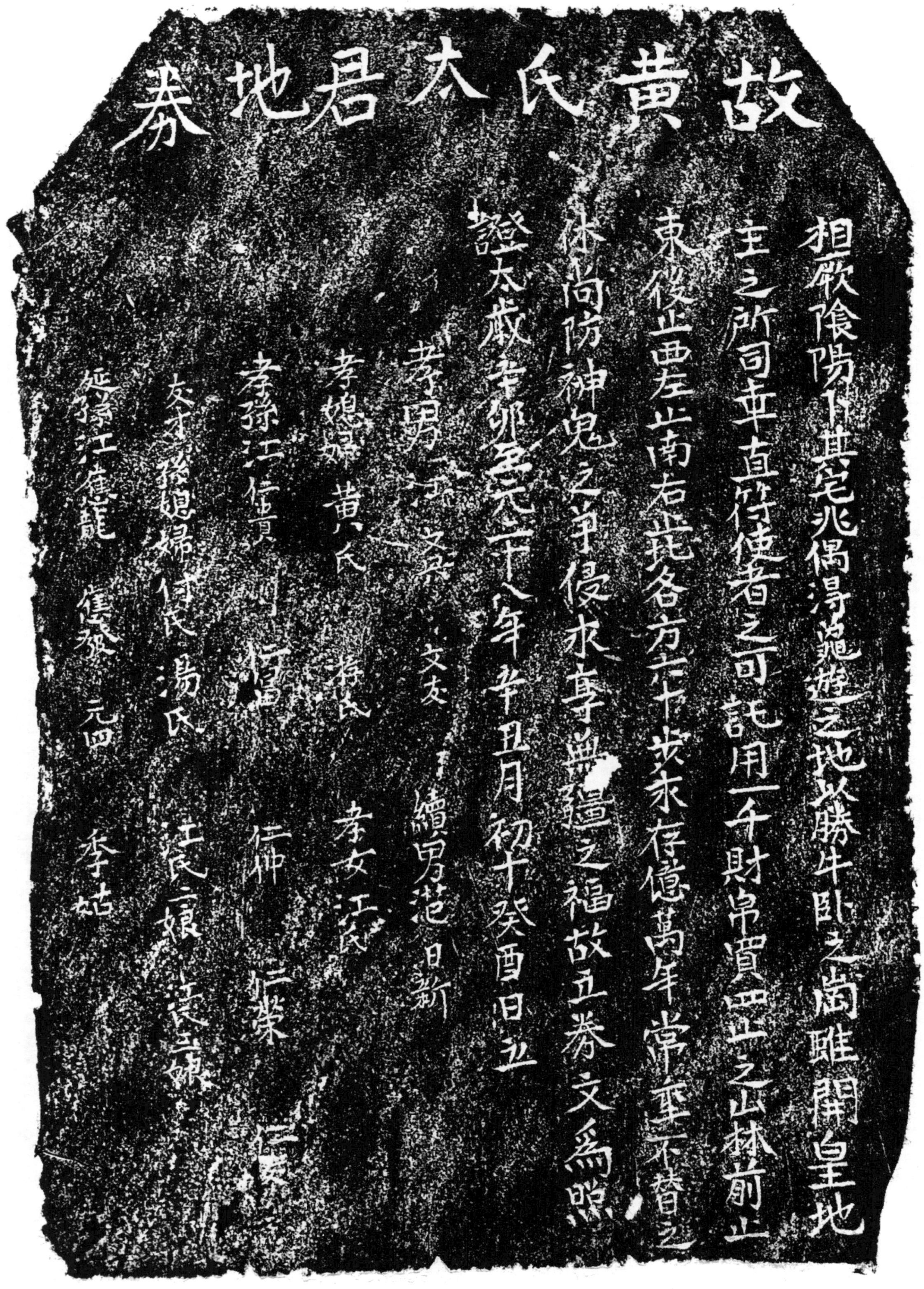
故黃氏太君地券
相厥陰陽卜其宅兆偶得龍游之地以勝牛卧之崗雖開皇地
主之所司申直符使者之可託用一千財帛買四止之山林前止
東後止西左止南右止北各方一千步永存億萬年常垂不替之
休尚防神鬼之爭侵永享無疆之福故立券文為照
證太歲辛卯至元二十八年辛丑八月初十癸酉日立
孝男江文粲　文友　續男范日新
孝媳婦黃氏　楊氏　孝女江氏
孝孫江仁貴　仁福　仁仲　仁榮　仁[illegible]
女孫媳婦付氏　湯氏　江氏二娘　江氏三娘
姪孫江德龍　德發　元四　季姑

421 艾十九太君地券

時代：元至元二十八年辛卯（1291年）十月十八日　尺寸：高44釐米，寬39釐米

422 徐氏地券

時代：元至元二十九年（1292年）正月四日　尺寸：高73.5釐米，寬57.7釐米

地券

孺人徐氏矩山先生之族也祖諱克己
父諱宗弘母甘氏覺谿楂村豐城之望
徐范世世婚姻以咸淳甲戌歸于我其
爲婦事上以謹其於夫順以柔其於家
寬已得衆生於寶祐乙卯至元辛卯十
二月十七日以疾終得年三十有七子
三男則明娶崇仁吳氏祿孫年十一女
五娘甫一周嗚呼吾親老而子幼年壯
而乏助仰事俯育將若之何以壬辰正
月越四日丁酉葬祔于先妣甘氏夫人
墓右夫范沆謹勒歲月于石云

423

故陳卅四承事地券

時代：元至元二十九年（1292年）正月十八日

尺寸：高34.5釐米，寬30.5釐米

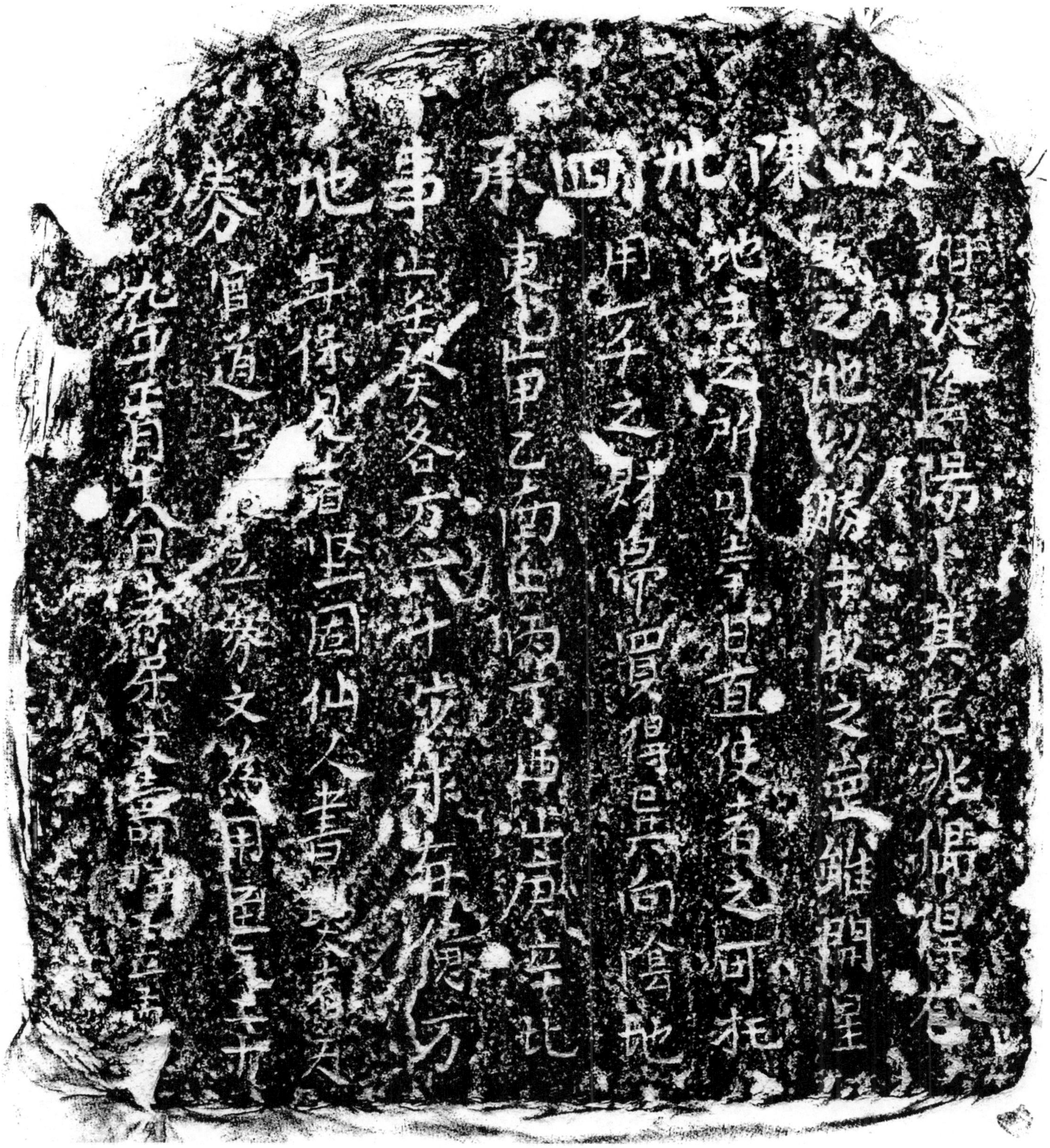

424 黎公地券

時代：元至元二十九年（1292年）三月十一日　尺寸：高37釐米，寬31.5釐米

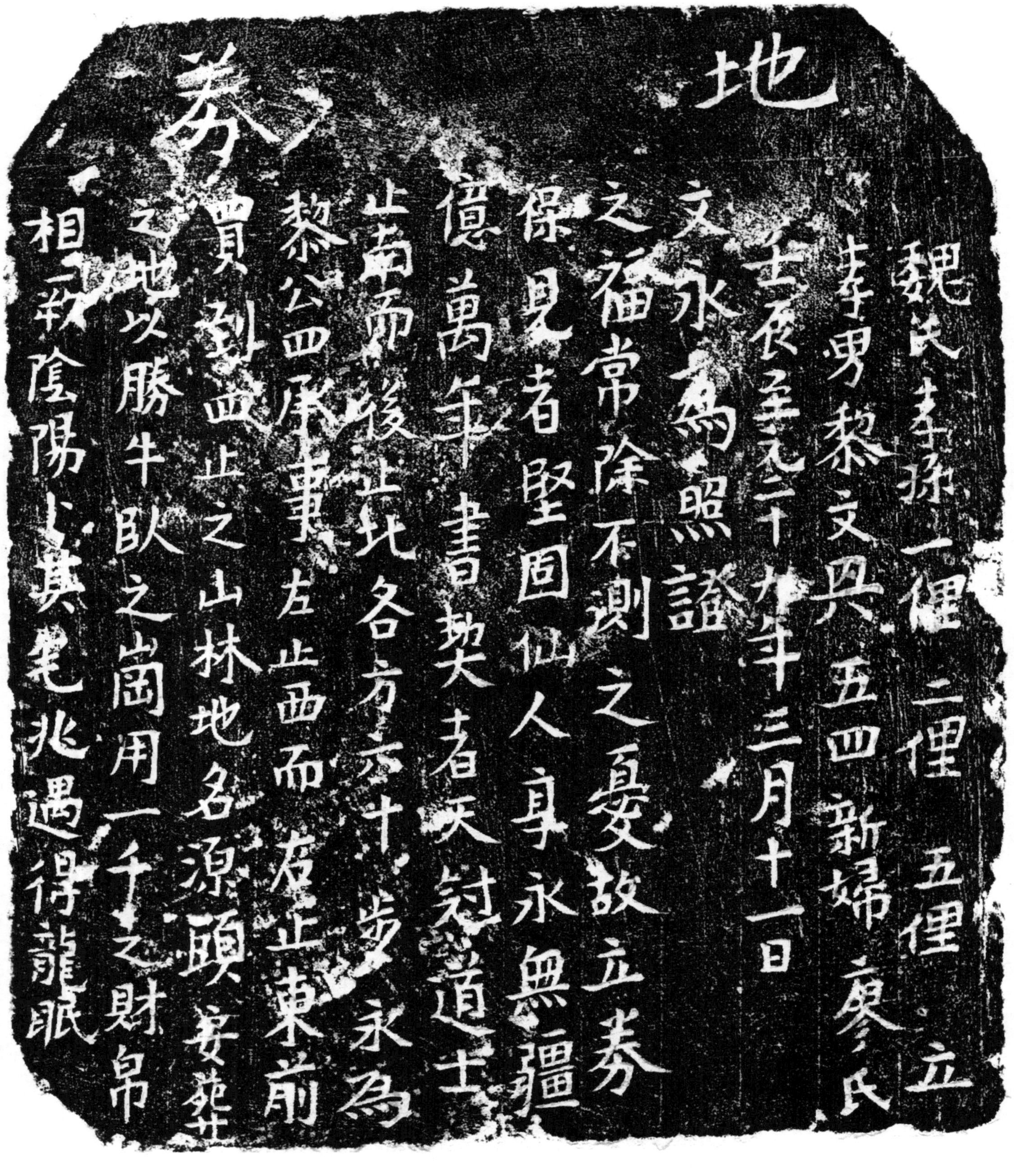
地
魏氏孝孫一俚二俚五俚立
孝男黎文丙五四新婦廖氏
壬辰至元二十九年三月十一日
文永為照證
之福常除不測之憂故立券
保見者堅固仙人身永無疆
億萬年書契者天尉道士
止南而後止北各方六十步永為
黎公四至東左止西而右止東前
買到四止之山林地名源頭安葬
之地以勝牛臥之崗用一千之財帛
相寂陰陽卜其宅兆遇得龍眠
券

425 故艾四一承事地券

時代：元至元二十九年壬辰（1292年）八月十八日

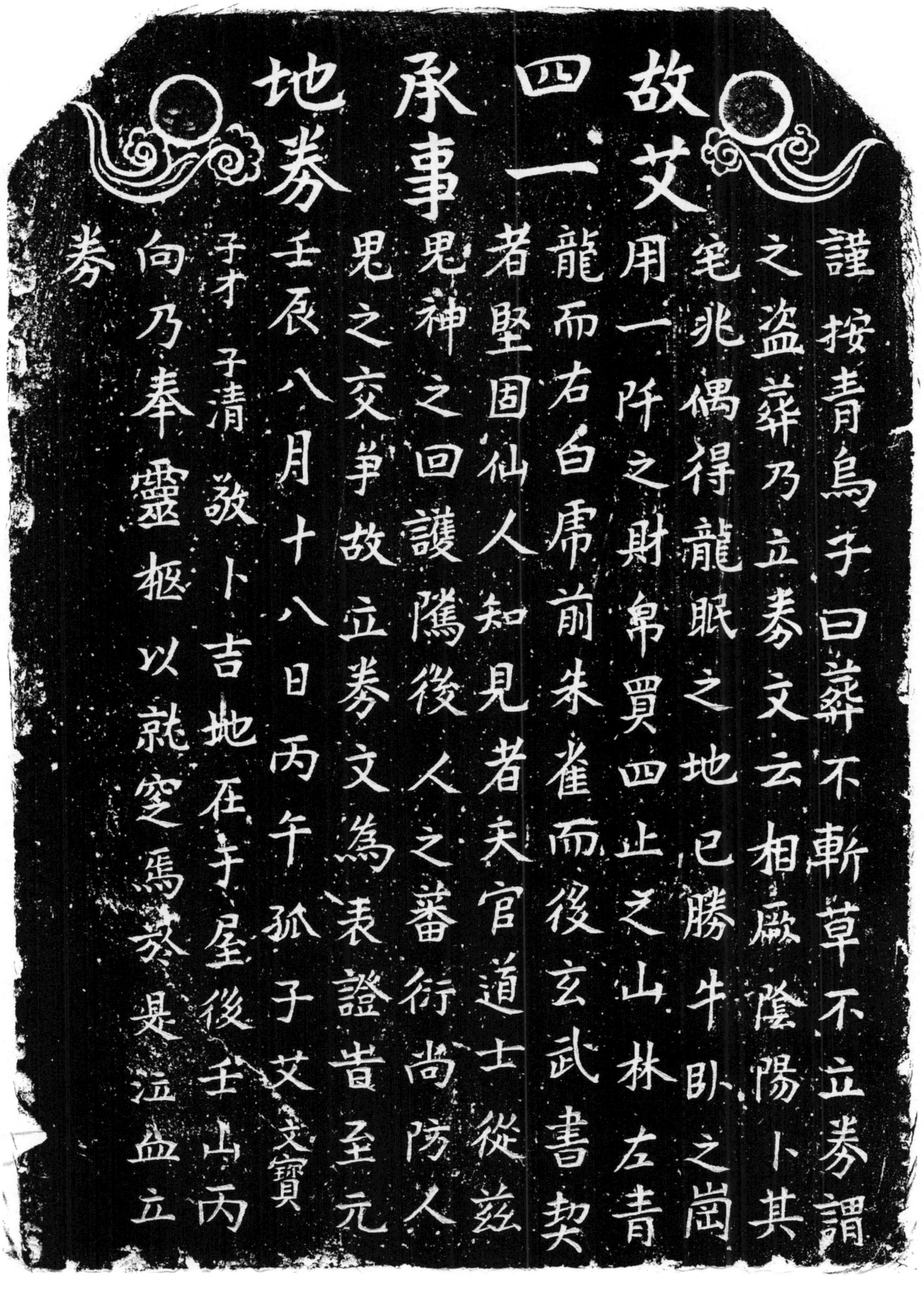
故艾四一承事地券
謹按青烏子曰葬不斬草不立券謂
之盜葬乃立券文云相厥陰陽卜其
宅兆偶得龍眠之地已勝牛卧之崗
用一阡之財帛買四止之山林左青
龍而右白虎前朱雀而後玄武書契
者堅固仙人知見者夫官道士從玆
鬼神之回護隲後人之蕃衍尚防人
鬼之交爭故立券文爲表證旹至元
壬辰八月十八日丙午孤子艾文寶
子才 子清 敬卜吉地在于星後壬山丙
向乃奉靈柩以就窆焉茲是泣血立
券

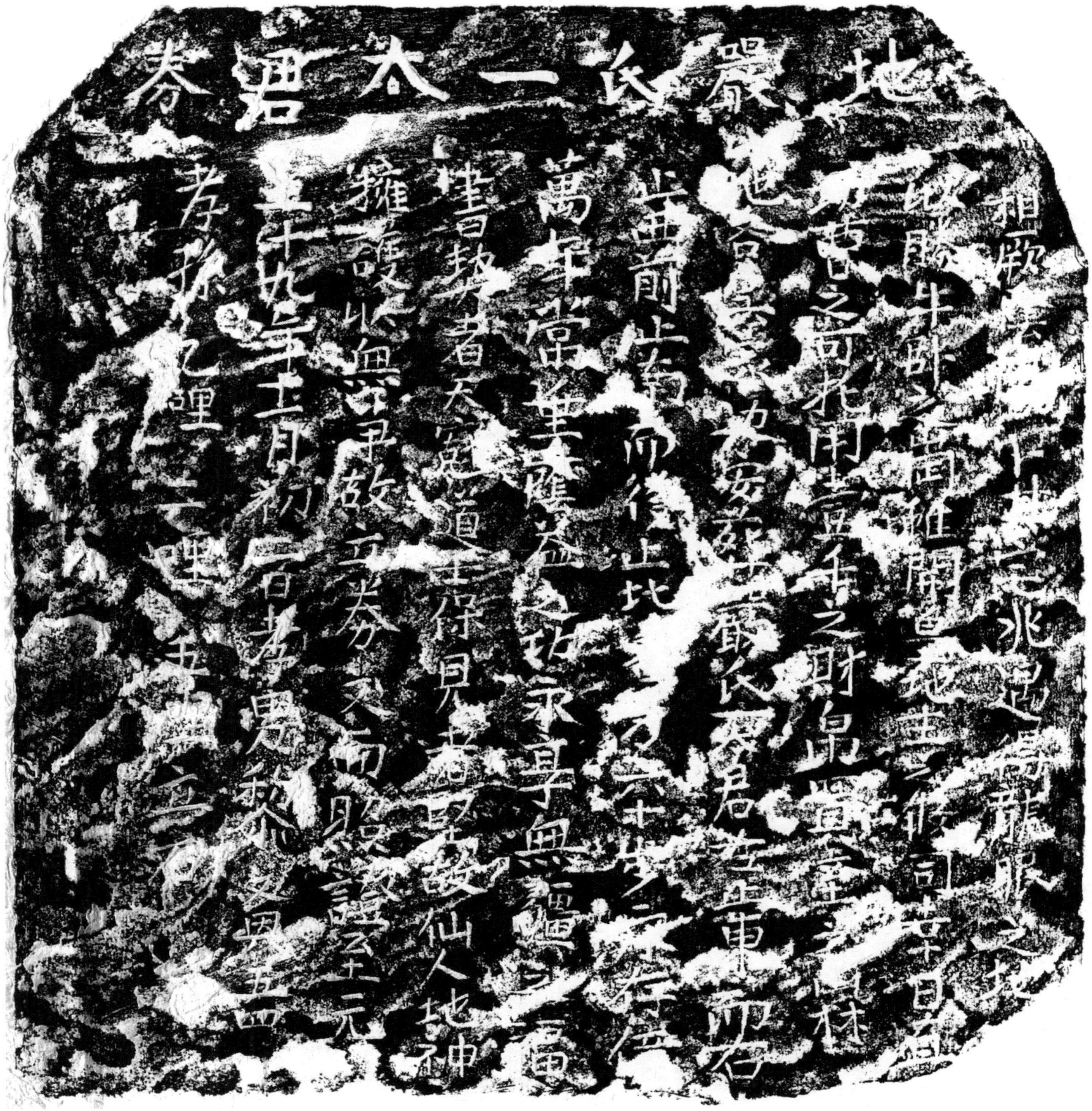

426 嚴氏一太君地券

時代：元至元二十九年（1292年）十一月初二日　尺寸：高39釐米，寬37.5釐米

427　徐公地券

時代：元元貞元年（1295年）十二月二十一日

尺寸：高62.8釐米，寬39.4釐米

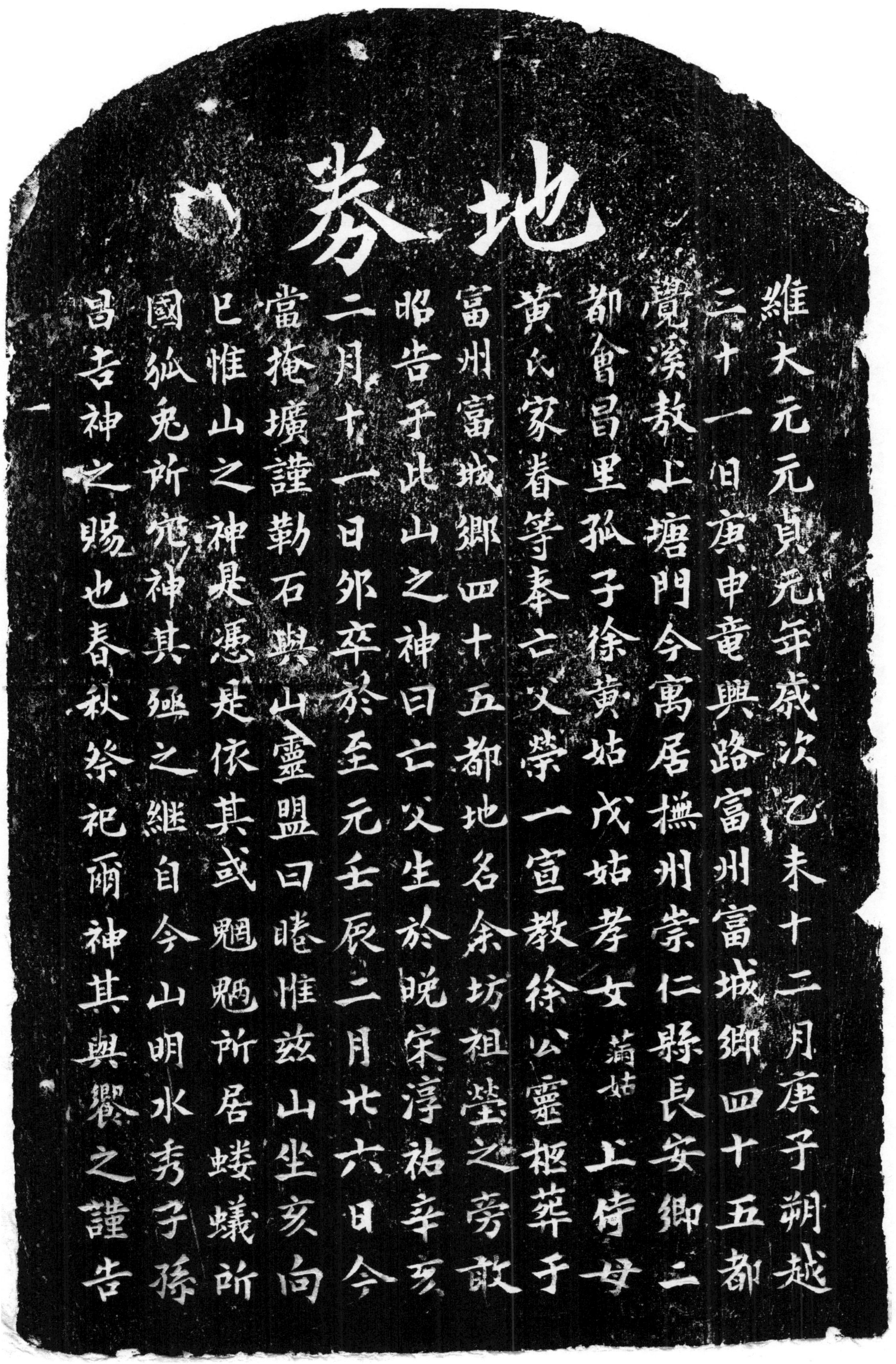

地券

維大元元貞元年歲次乙未十二月庚子朔越
二十一日庚申竜興路富州富城鄉四十五都
覺溪敖上塘門今寓居撫州崇仁縣長安鄉二
都會昌里孤子徐黄姑戊姑孝女蒲姑上侍母
黄氏家眷等奉亡父榮一宣教徐公靈柩葬于
富州富城鄉四十五都地名余坊祖塋之旁敢
昭告于此山之神曰亡父生於晚宋淳祐辛亥
二月十一日卯卒於至元壬辰二月廿六日今
當掩壙謹勒石與山靈盟曰睠惟茲山坐亥向
巳惟山之神是憑是依其或魍魎所居螻蟻所
國狐兔所宅神其殛之継自今山明水秀子孫
昌吉神之賜也春秋祭祀爾神其與饗之謹告

428 故承事甘公劵記

時代：元大德二年（1298年）十一月　尺寸：高53.2釐米，寬35.3釐米

故承事甘公劵記
公諱覺盛富州大順鄉金橋里人姓甘氏曾祖子先祖富父文廣
妣雷氏公心地坦夷謹畏謙讓言寡而信吾祖考即世後事吾祖
妣唯謹困心衡慮艱阻備嘗年十六慕遠公修淨土教與吾伯父
德昌俱入蓮社析居改築舊宅之左歲會同社然燭設饌而作佛
事非有信念力者不能也元貞二年丙申冬吾伯父卒于清安公
一力治喪事後亦得煩懣疾十二月抵家居無何吾姑訃又至死
喪孔懷疾益增劇大德改元丁酉二月初十日終于正寢公生於
宋嘉熙己亥八月二十二日享年五十有九孫男一人孫女一人
公平居時命二孤曰釋氏以荼毗了死生大義我死汝必遵守此
教而以骨歸于土病革言且不已不肖孤謹遵治命公死後三日
即奉柩入滅二年戊戌十一月甲申朔奉母侯氏命葬於羅原吾
祖妣阡之右蓋放乎僧家之入塔也敢告于 山神曰此地坐
壬向丙卜云其吉惟 尒有神呵禁不祥以安先靈以福後嗣
春秋祭祀 尒神其從與享之孤子甘覺有覺周泣血百拜書

429 陳氏地券

時代：元大德六年（1302年）正月十四日

尺寸：高74.3釐米，寬47.2釐米

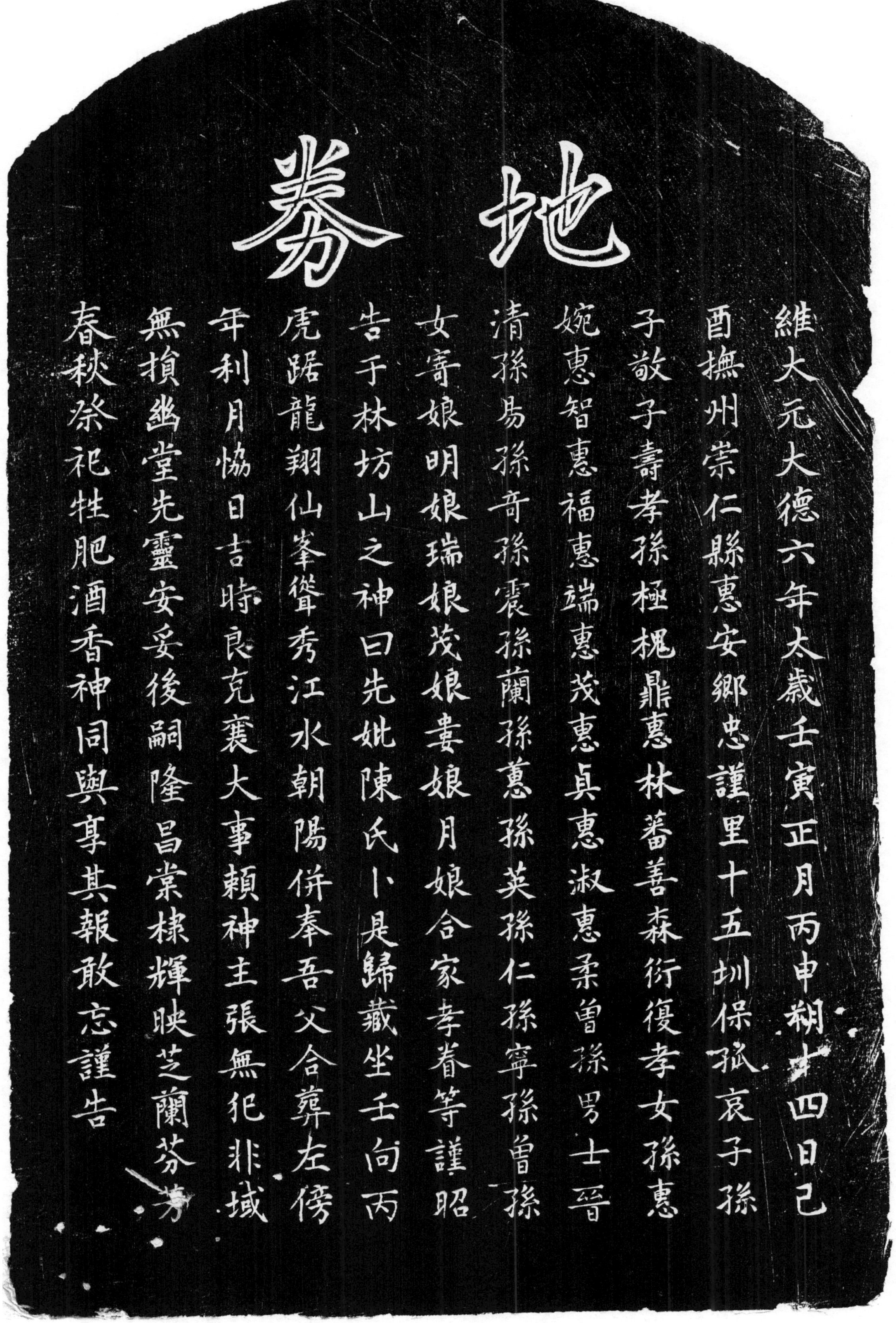
地券

維大元大德六年太歲壬寅正月丙申朔十四日己
酉撫州崇仁縣惠安鄉忠謹里十五圳保孤哀子孫
子敬子壽孝孫極槐鼎惠林蕃善森衍復孝女孫惠
婉惠智惠福惠端惠茂惠貞惠淑惠柔曾孫男士晉
清孫昜孫奇孫震孫蘭孫蕙孫英孫仁孫寧孫曾孫
女寄娘明娘瑞娘茂娘婁娘月娘合家孝眷等謹昭
告于林坊山之神曰先妣陳氏卜是歸藏坐壬向丙
虎踞龍翔仙峯聳秀江水朝陽併奉吾父合葬左傍
年利月協日吉時良克襄大事賴神主張無犯非域
無損幽堂先靈安妥後嗣隆昌棠棣輝映芝蘭芬芳
春秋祭祀牲肥酒香神同與享其報敢忘謹告

430 壽峯五居士地券

時代：元大德六年（1302年）正月十四日　尺寸：高67.8釐米，寬38釐米

地券

維大元大德六年太歲壬寅正月丙申朔
越十四日己酉崇仁縣惠安鄉忠讓里十
五圳保孤哀子孫子敬子壽孝孫極槐鼎
惠林蕃善森衍復曾孫男女等謹昭告于
林坊山之神曰惟茲之山坐壬向丙龍蹯
虎踞水秀山蒼我先君壽峯五居士卜葬
于此併奉吾母合葬於其右龜既食墨遂
行馬鬣封事斯固天畀地載而然亦乃爾
神陰佑之力也自是以往允不利于先君
悉假手于神助先靈安妥後嗣隆昌若節
春秋來修祭祀纘香燔燎其報敢忘謹告

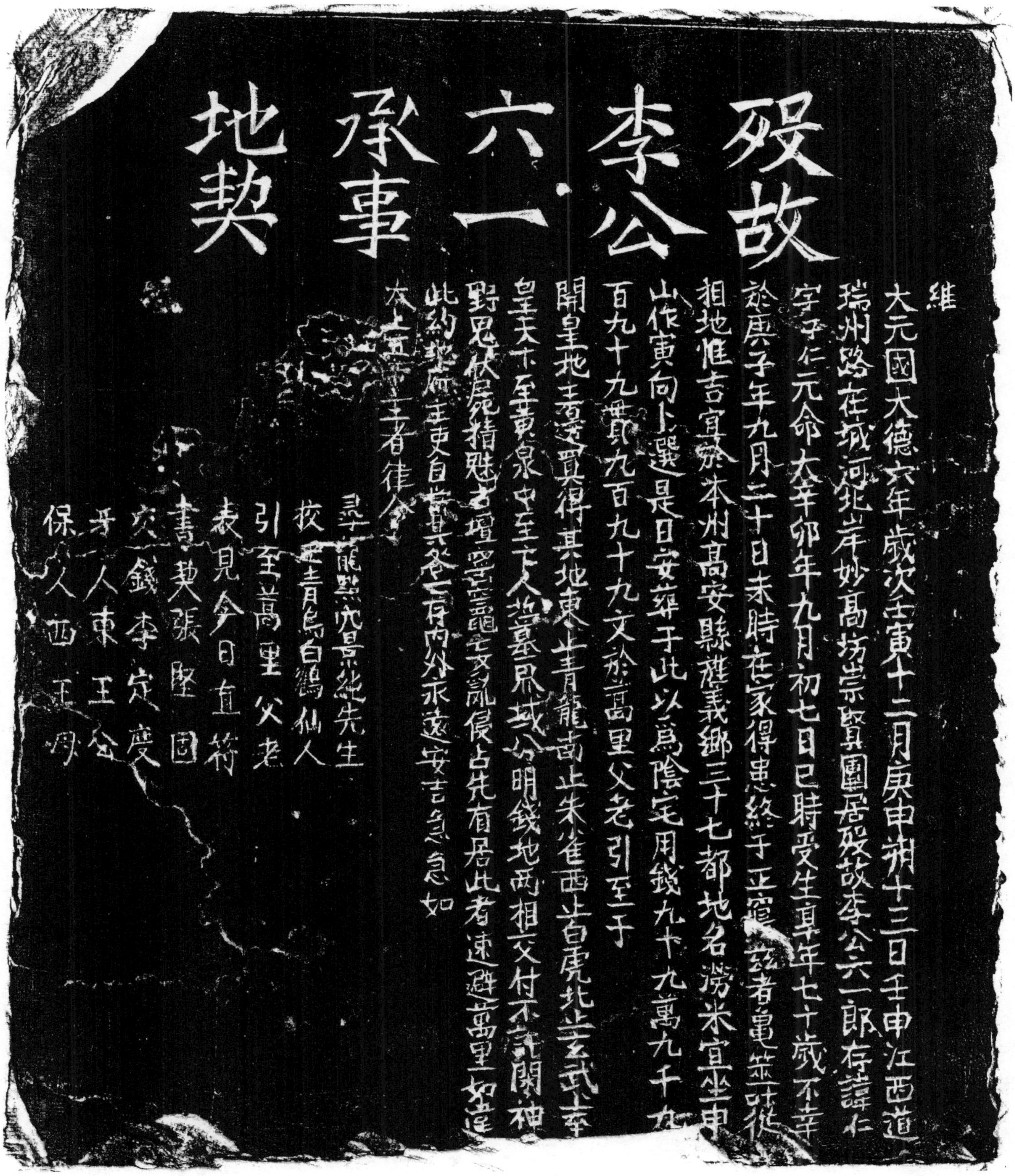

431

殁故李公六一承事地契

時代：元大德六年（1302年）十二月十三日　尺寸：高41.5釐米，寬33.4釐米

432 梅谿公地券

時代：元大德八年（1304年）十月十九日

尺寸：高60.3釐米，寬42.1釐米

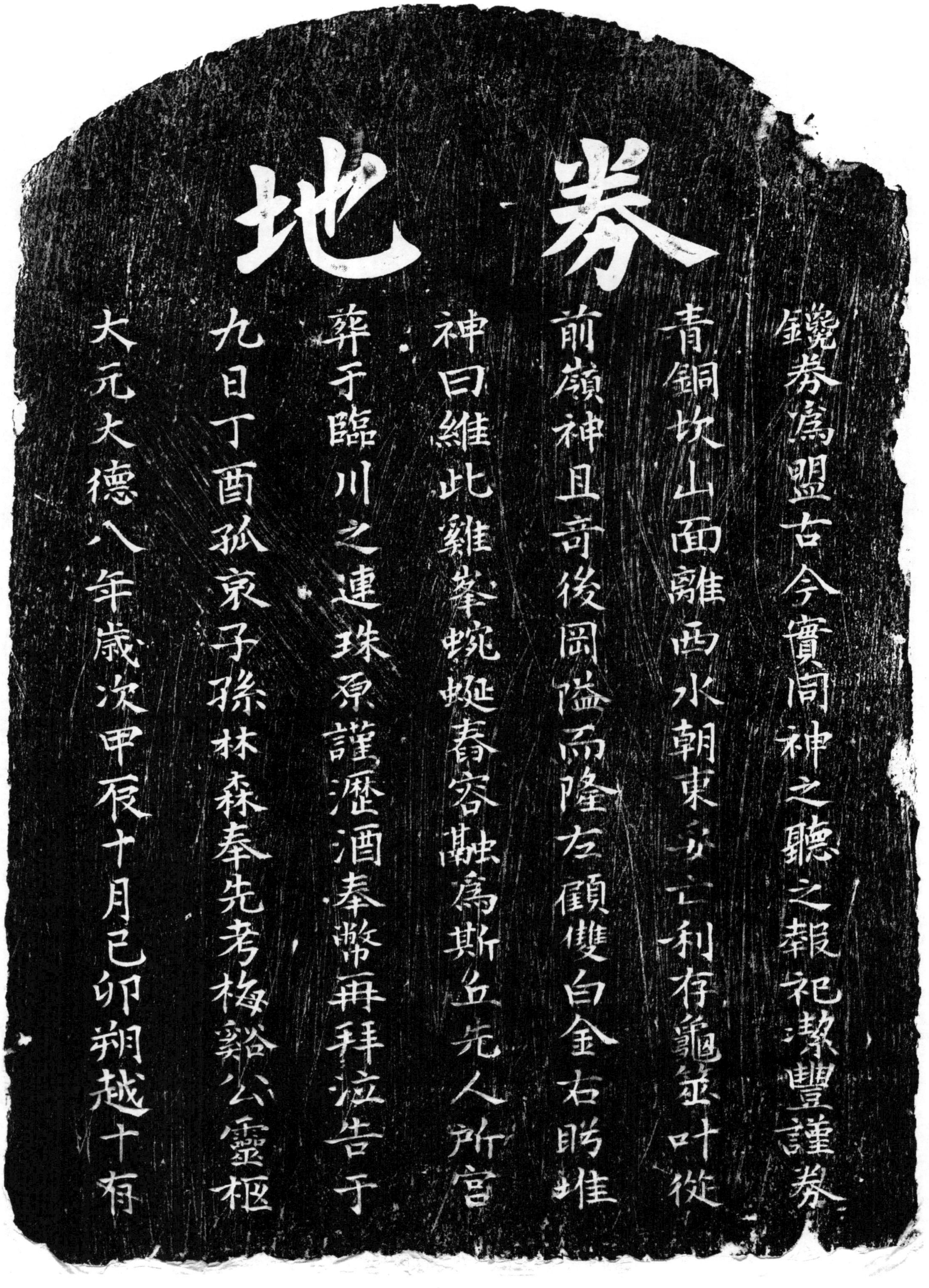
地券

大元大德八年歲次甲辰十月己卯朔越十有

九日丁酉孤哀子孫林森奉先考梅谿公靈柩

葬于臨川之連珠原謹瀝酒奉幣再拜泣告于

神曰維此雞峯蜿蜒春容融爲斯丘先人所宮

前嶺神且奇後岡隘而隆左顧雙白金右盼堆

青銅坎山面離西水朝東安亡利存龜筮叶從

鑱券爲盟古今實同神之聽之報祀潔豐謹券

433　胡氏地券

時代：元大德八年（1304年）十二月十九日　尺寸：高70.7釐米，寬50.4釐米

地券
維大德八年歲在甲辰十二月戊
寅朔越十九日丙申富州大順鄉
金橋里范燮偕男以信以安葬亡
室胡氏柩于富城磊石之陽敢告
后土氏之神曰茲山兩驥之支富
水之湄背戌面辰青烏所遺左環
右拱前揖後隨爰作幽宅爰契我
龜咨尒有神恪謹護持歸骨攸寧
後胤以滋若節春秋祀事孔時誓
報神庥莫我敢違謹告

434 游氏告神券記

時代：元大德十二年（至大元年，1308年）

尺寸：高60.1釐米，寬36.3釐米

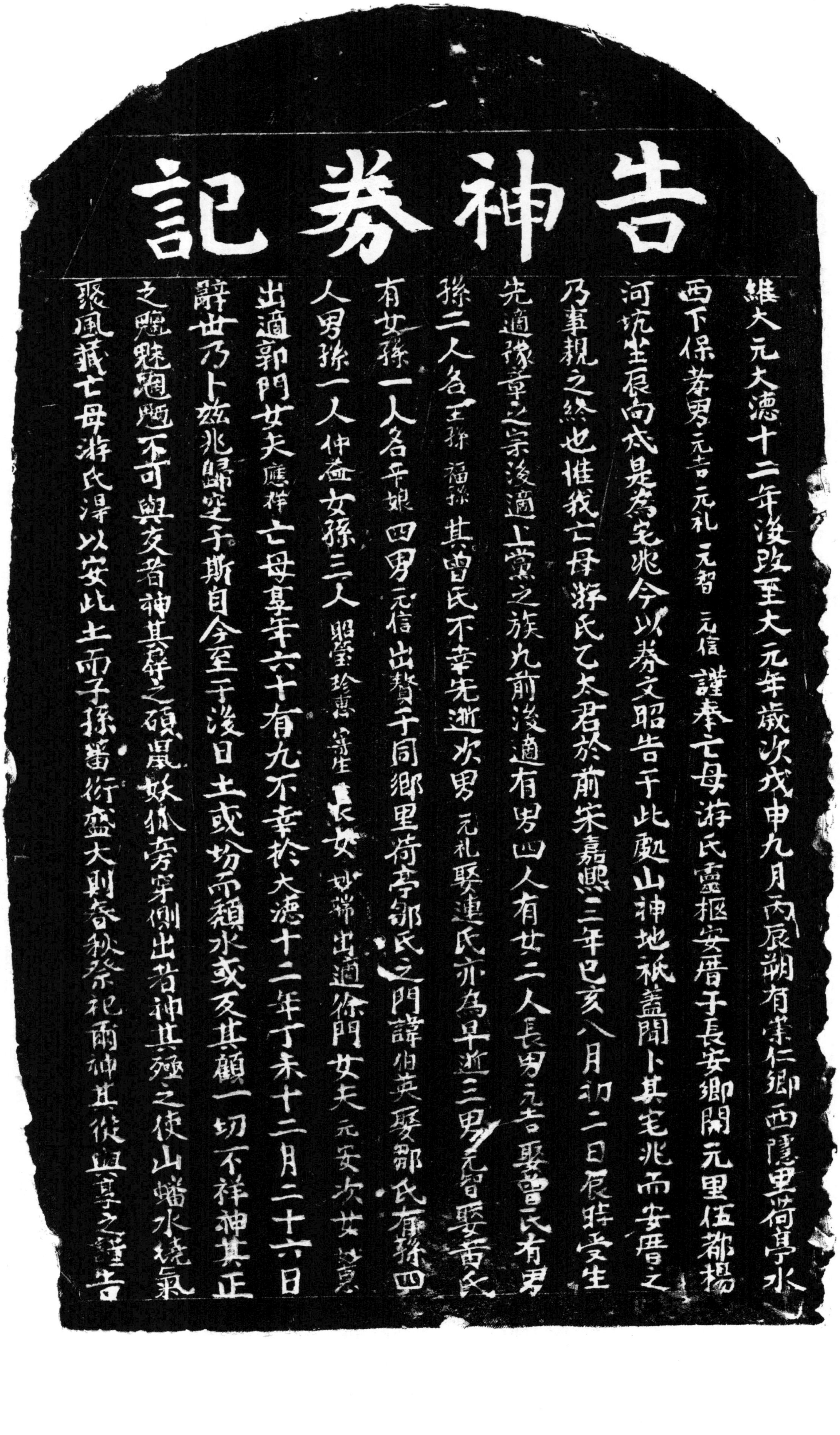

告神券記

維大元大德十二年後改至大元年歲次戊申九月丙辰朔有崇仁鄉西隱里荷亭水
西下保孝男元吉 元礼 元智 元信 謹奉亡母游氏靈柩安厝于長安鄉開元里伍都楊
河坑坐辰向戌是為宅兆今以券文昭告于此處山神地祇蓋聞卜其宅兆而安厝之
乃事親之終也惟我亡母游氏乙太君於前宋嘉熙三年己亥八月初二日辰時受生
先適豫章之宗後適上黨之族九前後適有男四人有女二人長男元吉娶曾氏有男
孫二人各王孫 福孫 其曾氏不幸先逝次男 元礼娶連氏亦為早逝三男元智娶黃氏
有女孫一人名平娘四男元信出贅于同鄉里荷亭鄒氏之門諱伯英娶鄒氏有孫四
人男孫一人仲龠女孫三人 昭瑩 珍惠 壽生 長女 妙端 出適徐門女夫元安次女 妙惠
出適郭門女夫應祥 亡母享年六十有九不幸於大德十二年丁未十二月二十六日
辭世乃卜茲兆歸窆于斯自今至于後日土或坋而頹水或反其顧一切不祥神其正
之魑魅魍魎不可與交者神其辟之碩鼠妖狐旁穿側出者神其殛之使山蟠水繞氣
聚風藏亡母游氏得以安此土而子孫蕃衍盛大則春秋祭祀爾神其從與享之謹告

435 故陳公六十承事地券

時代：元至大元年（1308年）三月十三日

尺寸：高31.5釐米，寬32.5釐米

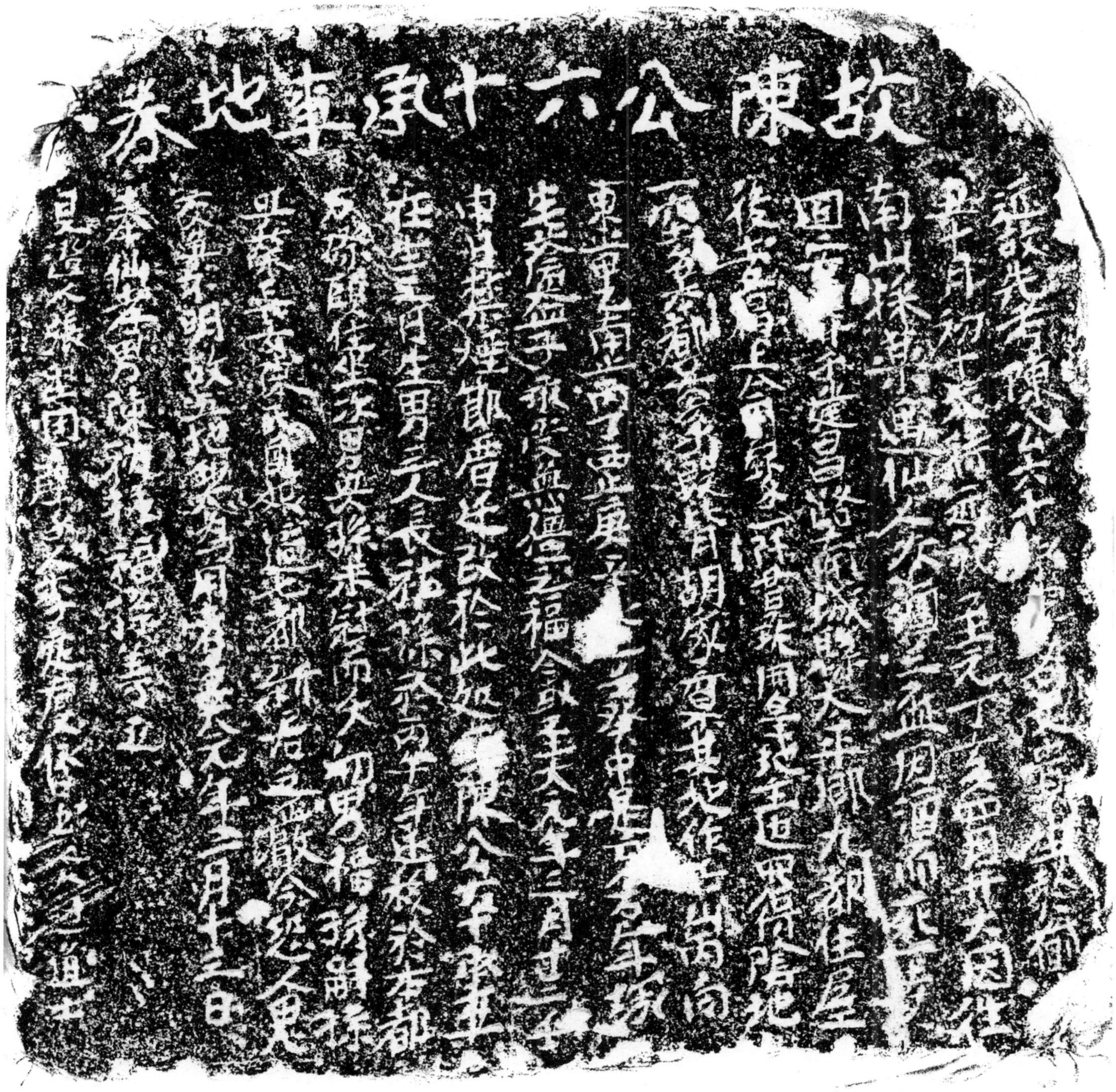

436　聶氏地券

時代：元至大二年（1309年）四月二十日

尺寸：高85.4釐米，寬47.5釐米

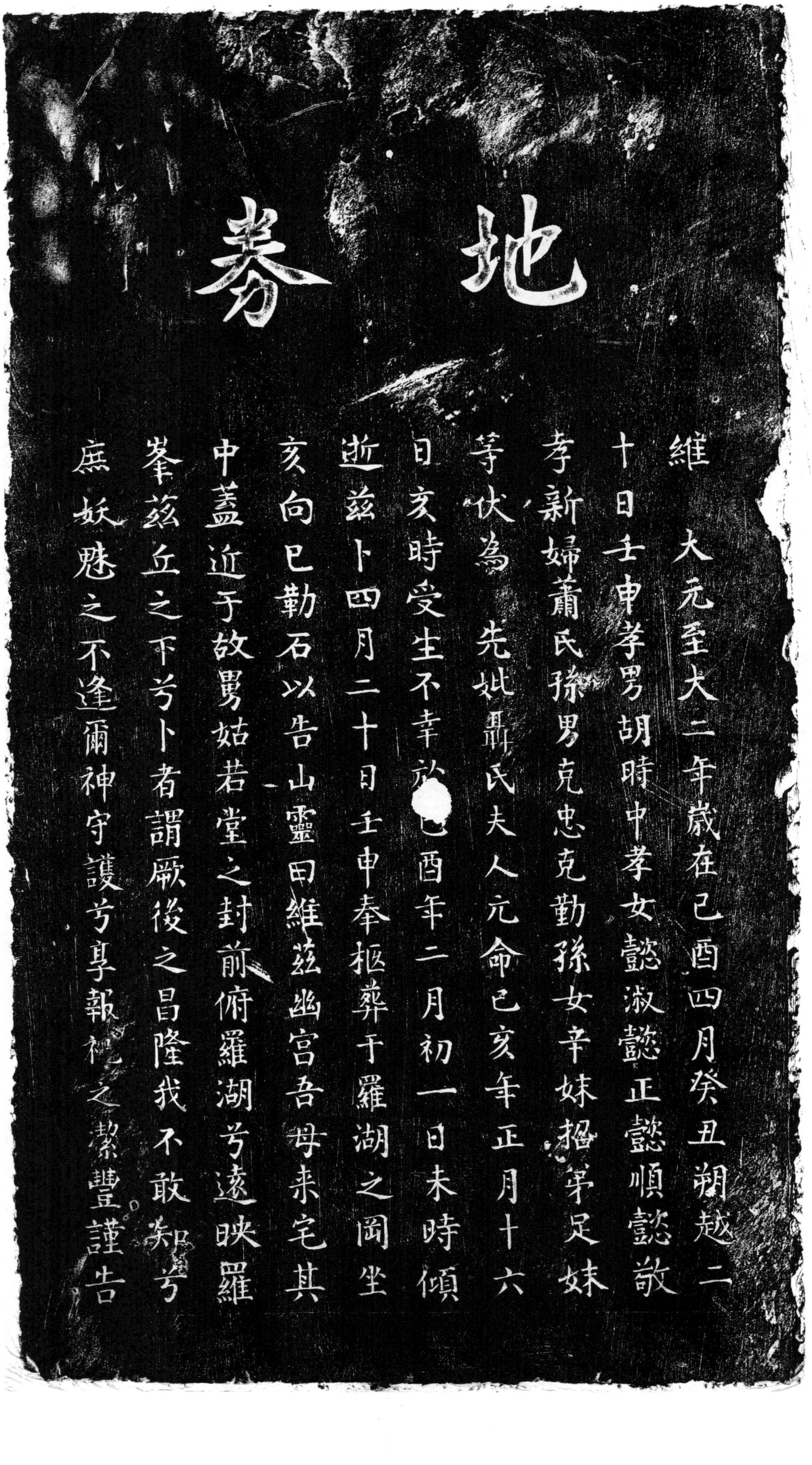

地券

維大元至大二年歲在己酉四月癸丑朔越二
十日壬申孝男胡時中孝女懿淑懿正懿順懿敬
孝新婦蕭氏孫男克忠克勤孫女辛妹摇第足妹
等伏為　先妣聶氏夫人元命己亥年正月十六
日亥時受生不幸於己酉年二月初一日未時傾
逝茲卜四月二十日壬申奉柩葬于羅湖之岡坐
亥向巳勒石以告山靈田維茲幽宮吾母來宅其
中蓋近于故舅姑若堂之封前俯羅湖兮遠映羅
峯茲丘之下兮卜者謂厥後之昌隆我不敢知兮
庶妖魅之不逢爾神守護兮享報祀之絜豐謹告

437 鄔母陳氏地券

時代：元至大四年（1311年）十二月十九日　尺寸：高50.5釐米，寬38.5釐米

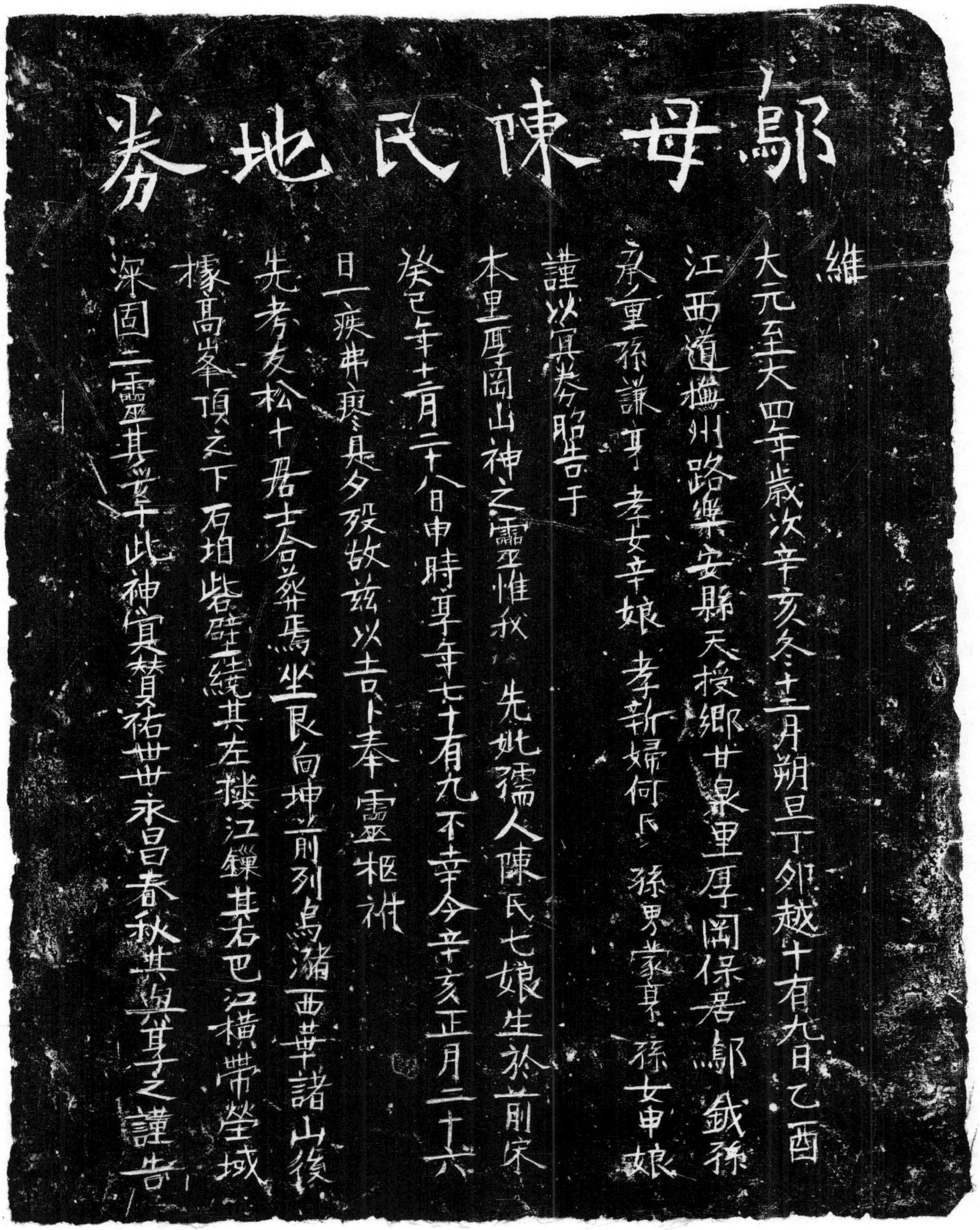
鄔母陳氏地券
維
大元至大四年歲次辛亥冬十二月朔旦丁卯越十有九日乙酉
江西道撫州路樂安縣天授鄉廿泉里厚岡保居鄔鉞孫
承重孫謙父 孝女辛娘 孝新婦何氏 孫男蒙父 孫女申娘
謹以冥券昭告于
本里厚岡山神之靈惟我 先妣孺人陳氏七娘生於前宋
癸巳年十二月二十八日申時享年七十有九不幸今辛亥正月二十六
日一疾弗瘳是夕殁故茲以吉卜奉靈柩祔
先考友松十居士合葬焉坐艮向坤前列烏潴西華諸山後
據高峯頂之下石柏砦壁繞其左樓江鑠其右巴江橫帶塋域
深固二靈其妥于此神冥贊祐世世永昌春秋共與享之謹告

438 友松鄔公地券

時代：元至大四年（1311年）十二月十九日

尺寸：高50.1釐米，寬38.9釐米

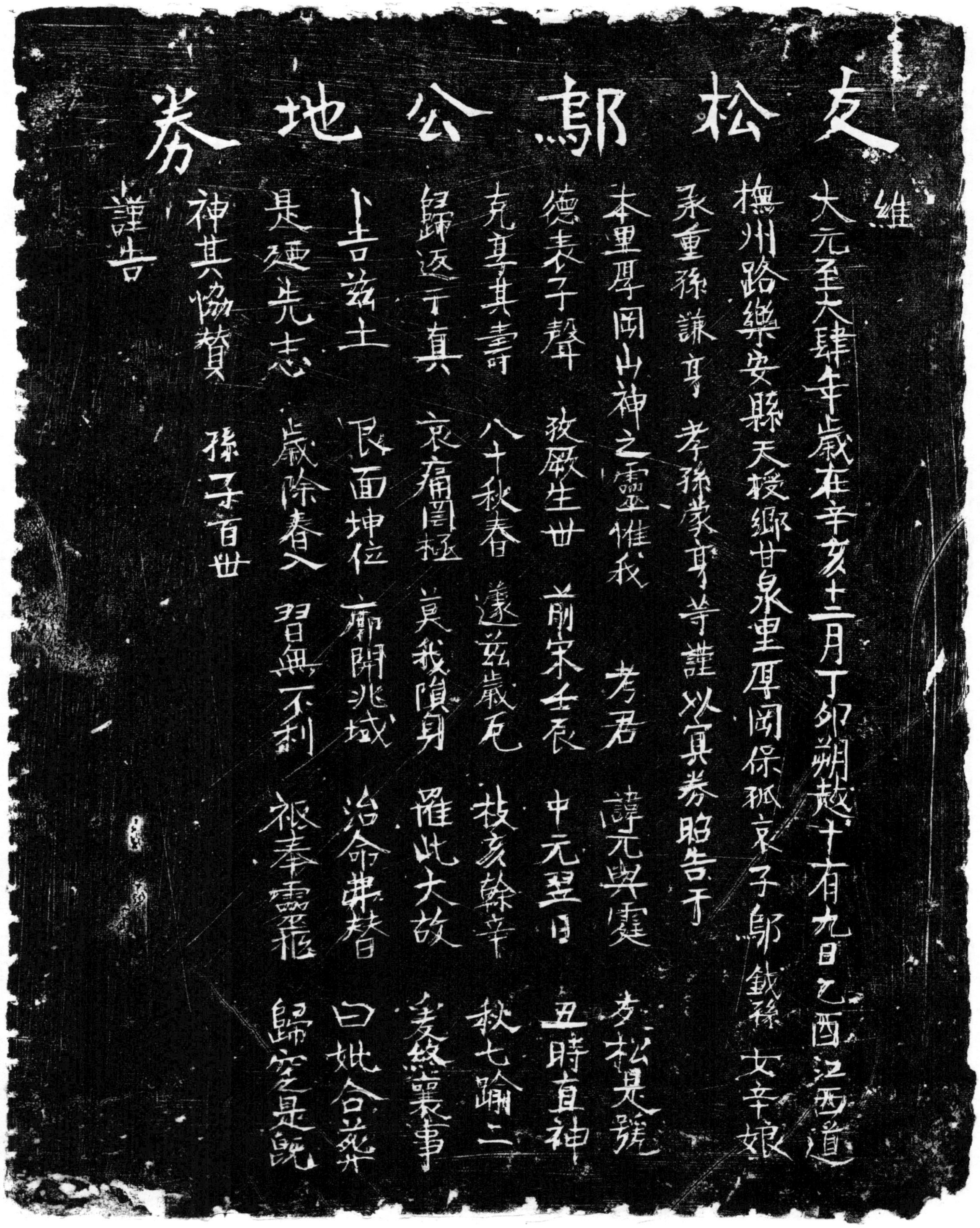
友松鄔公地券

維
大元至大肆年歲在辛亥十二月丁卯朔越十有九日乙酉江西道
撫州路樂安縣天授鄉廿泉里厚岡保孤哀子鄔鉞孫女辛娘
承重孫謙亨 孝孫蒙亨等謹以冥券昭告于
本里厚岡山神之靈惟我 考君 諱元與處 友松是號
德表于聲 孜厥生世 前宋壬辰 中元翌日 丑時直神
克享其壽 八十秋春 遽茲歲厄 枝亥餘辛 秋七踰二
歸返于真 哀痛罔極 莫我隕身 罹此大故 爰終襄事
卜吉茲土 艮面坤位 廓開兆域 治命弗替 曰妣合葬
是禋先志 歲除春入 習無不利 祗奉靈柩 歸窆是既
神其協贊 孫子百世
謹告

439 曾舉夫地券

時代：元皇慶三年（延祐元年，1314年）正月十一日　尺寸：高69.1釐米，寬45釐米

維元皇慶三年甲寅正月丙戌
朔越十一日丙申孤子曾招孫謹
奉香幣質信于[illegible]源山之神曰附
吾父諱振翠字舉夫生於宋寶祐
甲寅八月十六[illegible]卒於壬子十二
月二十七日以今日吉時良奉柩
附葬於此山坐亥向巳左右蜿蟺
水流巳巽□云其吉以厝以安既
葬之後尚冀爾神擁呵護衛君節
春秋來承祭祀俾與享之謹券

440 李公地券

時代：元延祐元年（1314年）十二月二十六日

尺寸：高41.5釐米，寬37釐米

441 故陳十承事地券

時代：元延祐三年（1316年）五月十七日　　尺寸：高41.5釐米，寬35.5釐米

442 故徐公八承事地券

時代：元延祐四年（1317年）正月二十二日庚申　尺寸：高33.5釐米，寬35釐米

443 故黃氏四太君地券

時代：元延祐四年（1317年）閏正月十六日 尺寸：高33.7釐米，寬33釐米

444 雷公真乙宣教地券

時代：元延祐五年（1318年）四月十四日

尺寸：高43釐米，寬35.5釐米

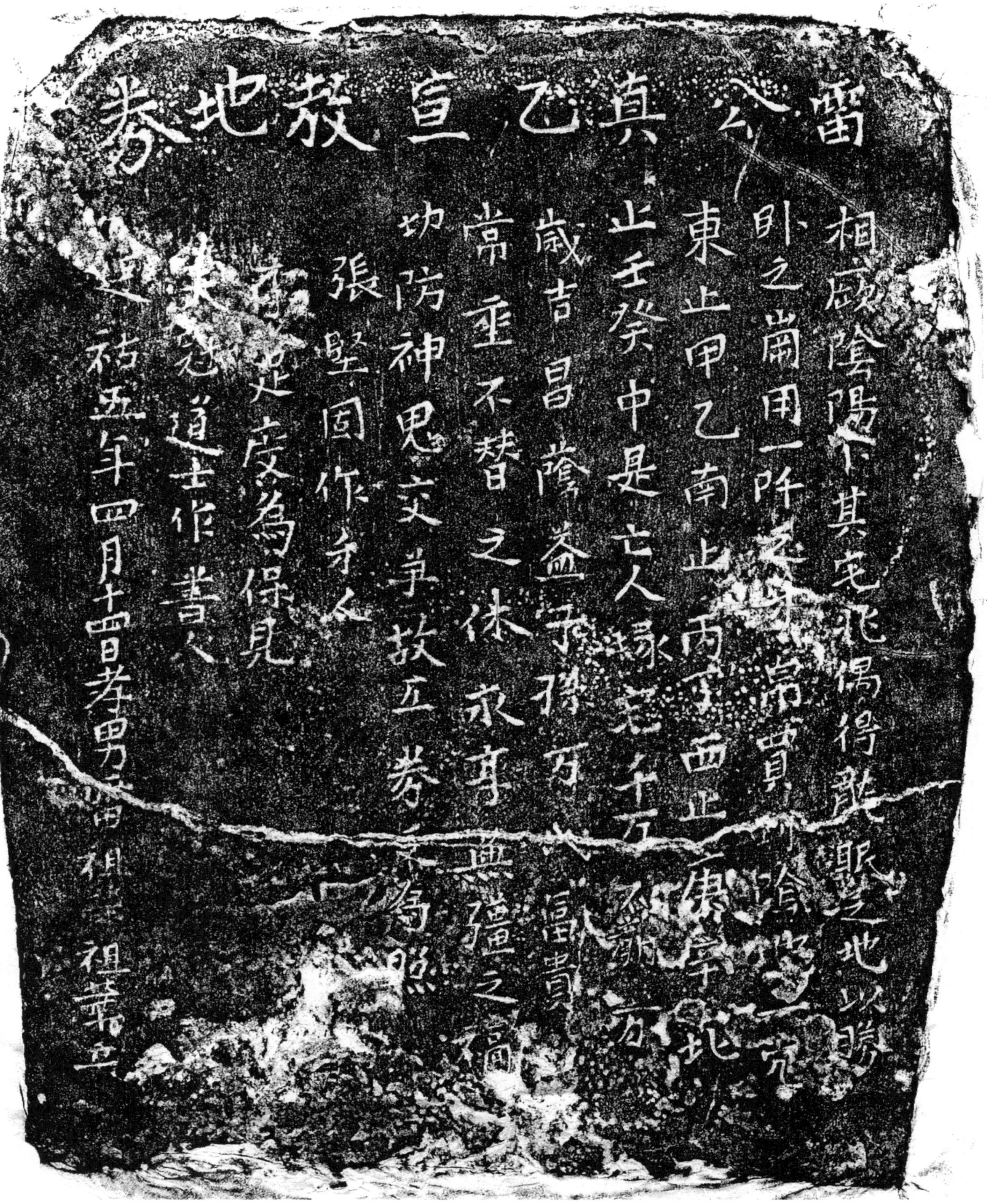

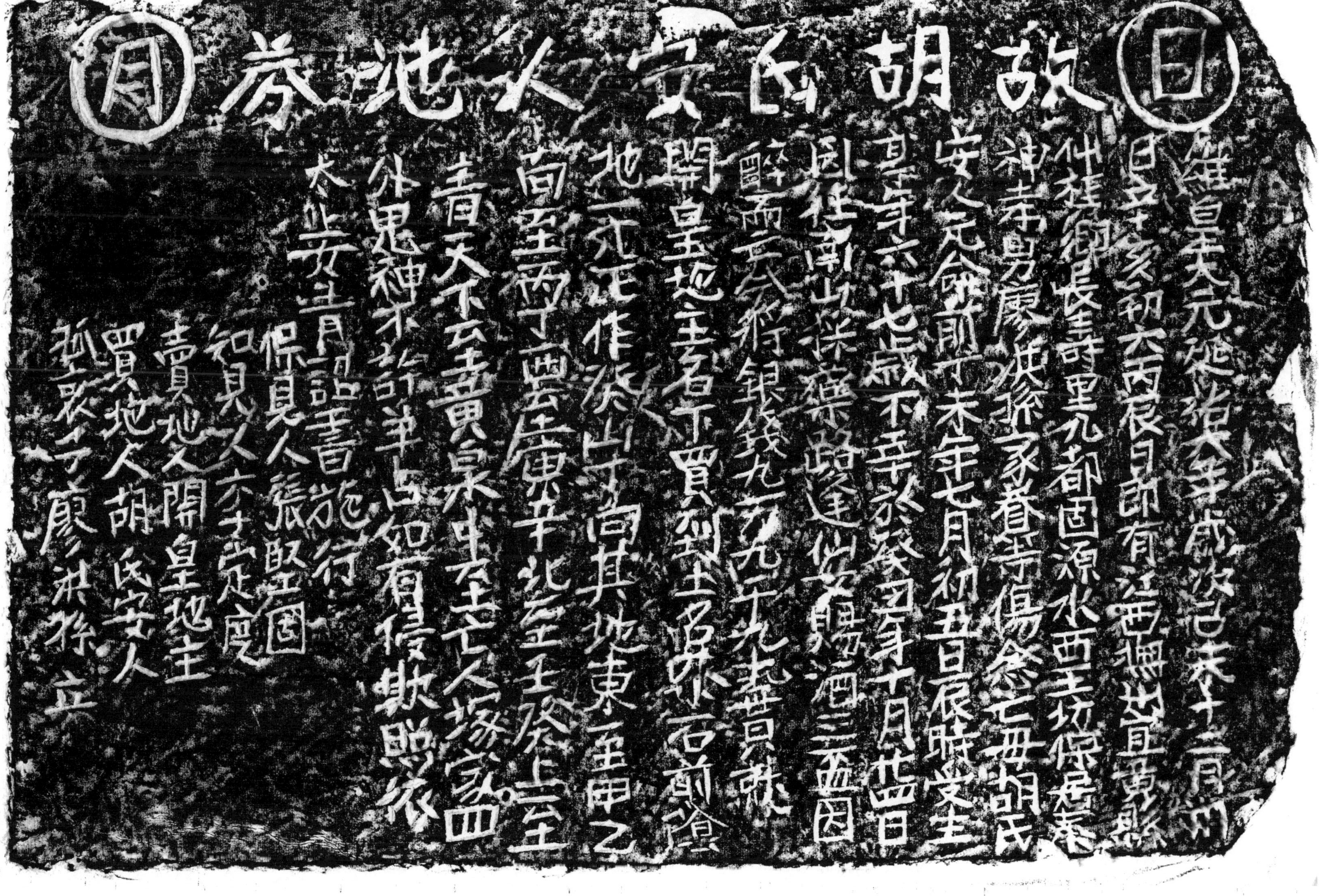

445　故胡氏安人地券

時代：元延祐六年（1319年）十二月初六日　　尺寸：高37.8釐米，寬57.8釐米

446 故張公三承事地券

時代：元泰定三年（1326年）正月十六日　尺寸：高47.7釐米，寬44.8釐米

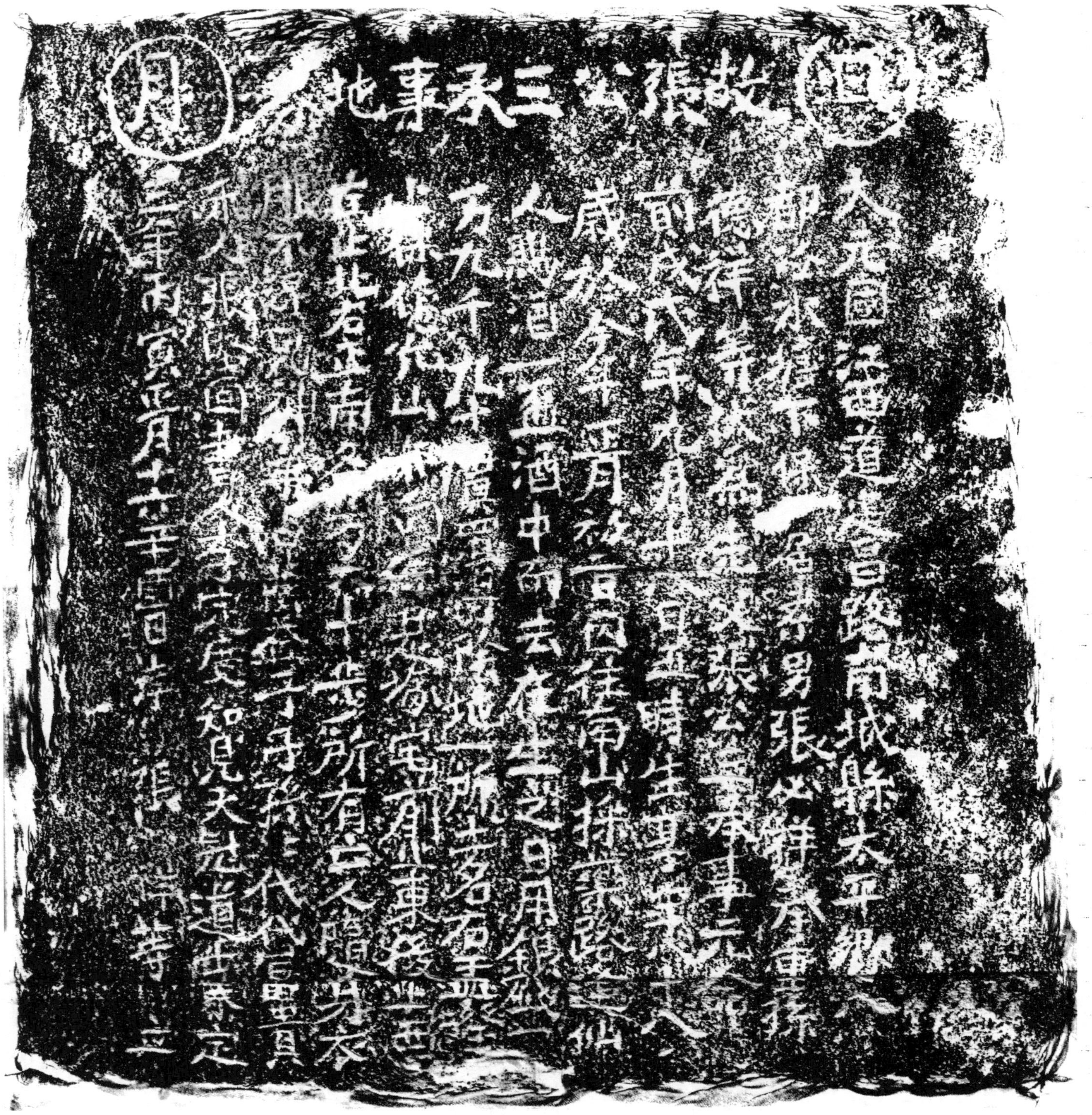
故張公三承事地券

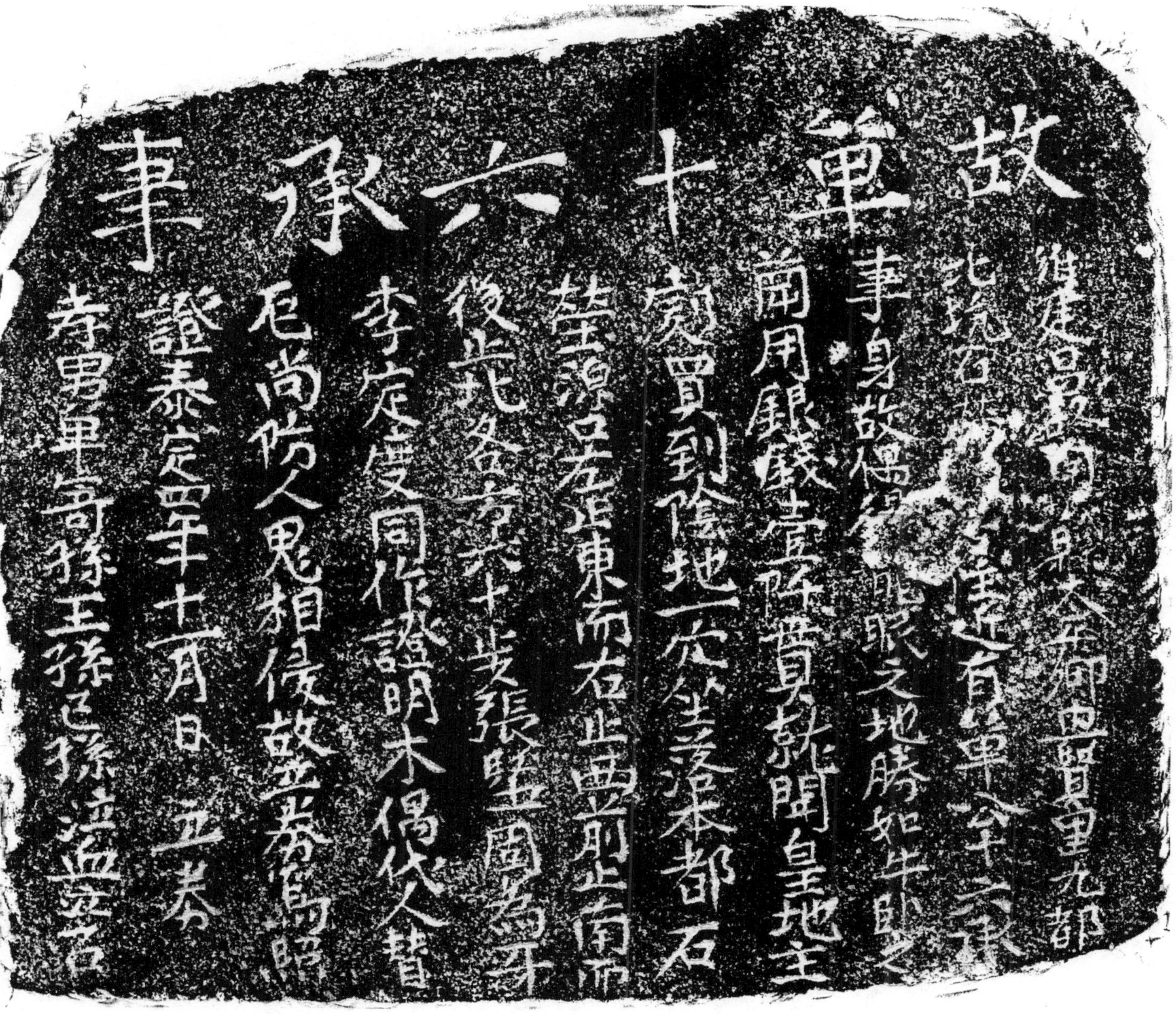

447 故單十六承事地券

時代：元泰定四年（1327年）十一月　尺寸：高34釐米，寬38.5釐米

448 陳公地券

時代：元至順三年（1332年）三月四日

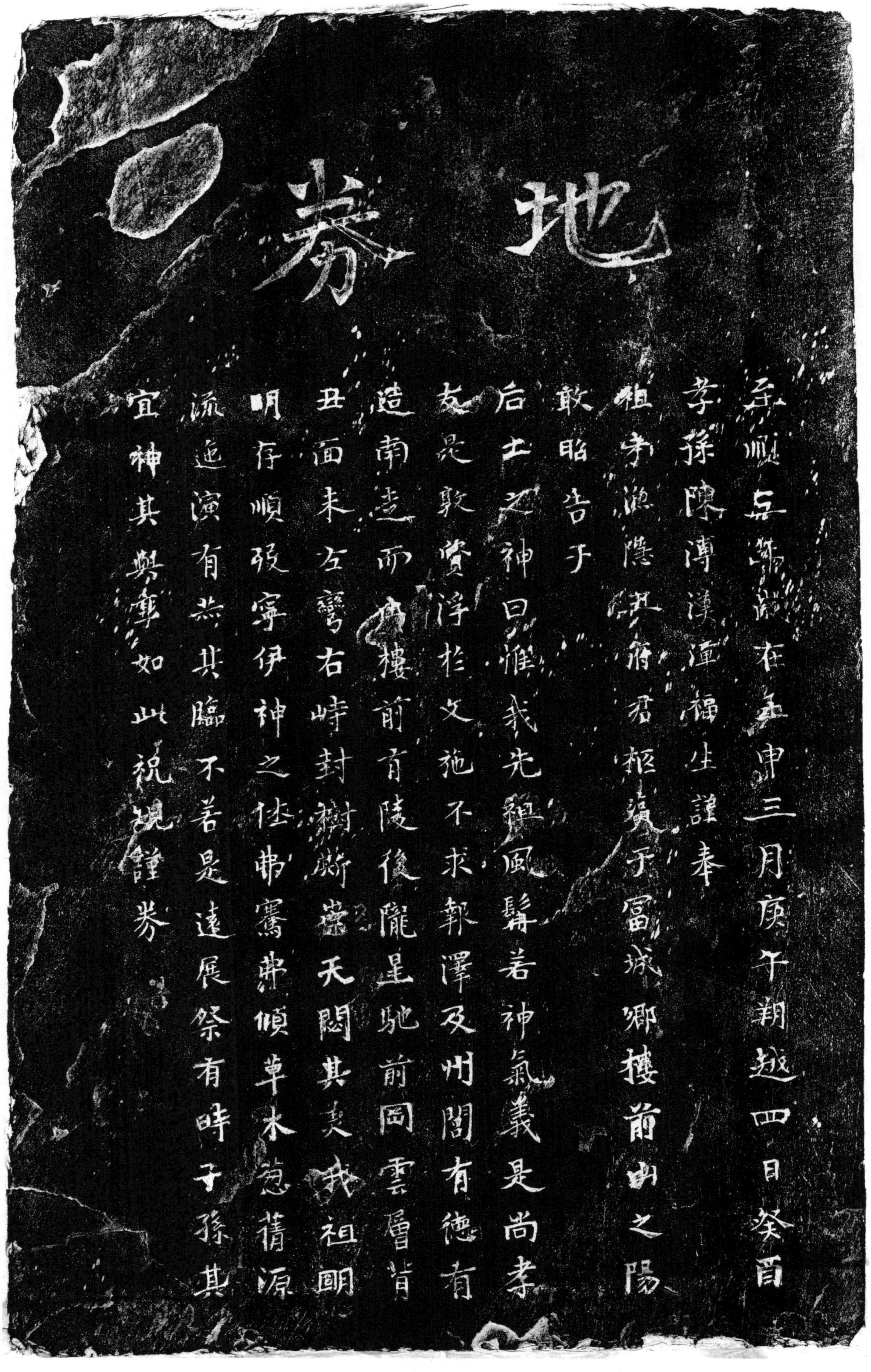
地券
維至順歲在壬申三月庚午朔越四日癸酉
孝孫陳溥漢福生謹奉
祖考漁隱陳府君柩竁于富城鄉摟前山之陽
敢昭告于
后土之神曰惟我先祖風鬍若神氣義是尚孝
友是敦質淨於文施不求報澤及州閭有德有
造南邑而來摟前首陵後隴星馳前岡雲層背
丑面未左彎右峙封樹嶄巖天閟其美我祖幽
明存順歿寧伊神之休弗竊弗傾草木蔥蒨源
流遠演有崇其臨不若是遠展祭有時子孫其
宜神其與享如此祝規謹券

449

故單公小三承事地券

時代：元元統二年（1334年）十二月十八日 尺寸：高38.4釐米，寬36.3釐米

450　故余六五承事墓

時代：元後至元七年（至正元年，1341年）正月初八日　尺寸：高50.5釐米，寬62釐米

451 單氏太君地券

時代：元至正二年（1342年）正月初二日　尺寸：高33.5釐米，寬33.7釐米

452 故陳元一承事地券

時代：元至正九年（1349年）四月初八日

尺寸：高49釐米，寬38釐米

453　施氏地券

時代：元至正九年（1349年）七月八日　尺寸：高72.2釐米，寬29.8釐米

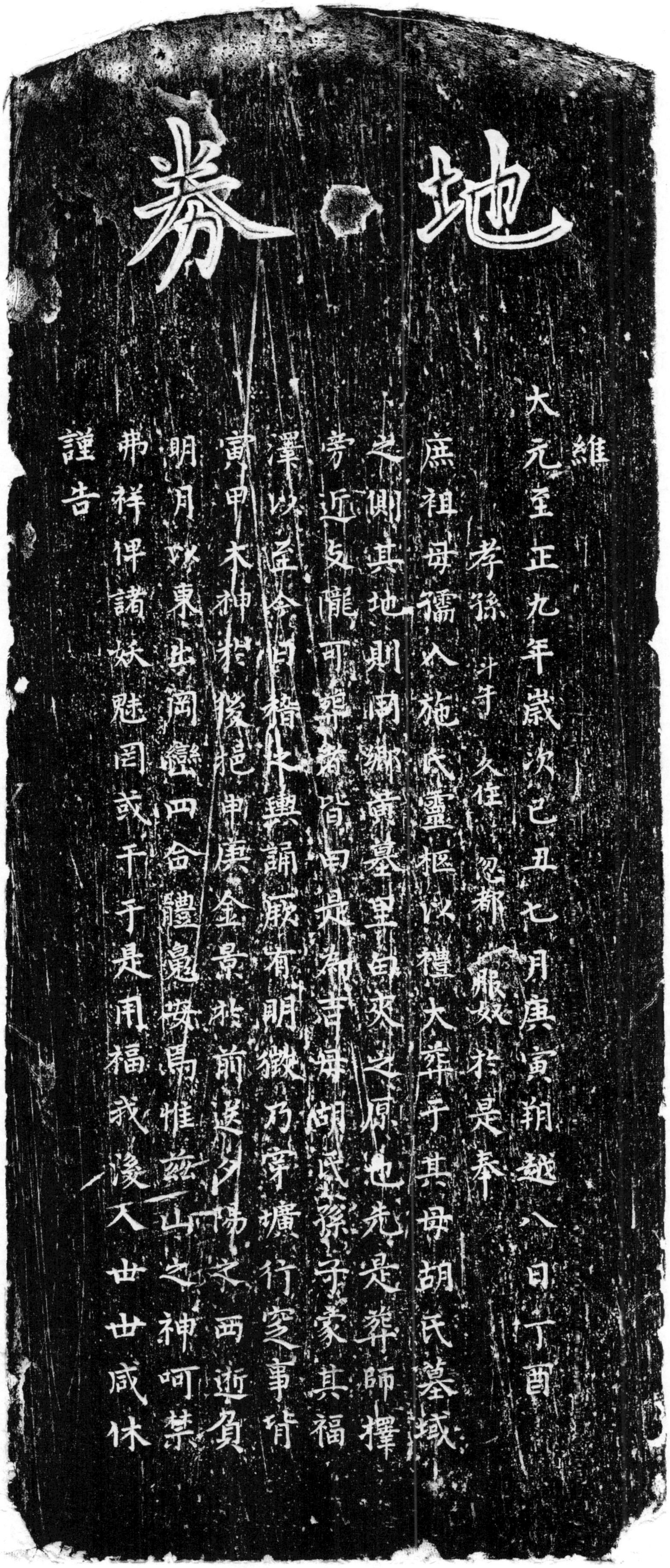
地券
維
大元至正九年歲次己丑七月庚寅朔越八日丁酉
孝孫斗子久住忽都服奴於是奉
庶祖母孺人施氏靈柩以禮大葬于其母胡氏墓域
之側其地則南鄉黃墓里田坎之原也先是葬師擇
旁近數隴可葬者皆曰是爲吉兆胡氏孫子家其福
澤以遂今日稽卜輿論厥有明徵乃穿壙行窆事背
寅甲木神於後挹申庚金景於前送夕陽之西迎負
明月以東出岡巒四合體魄安寧惟茲一山之神呵禁
弗祥俾諸妖魅罔或干于是用福我後人世世咸休
謹告

454 程靖一地券

時代：元至正十一年（1351年）十二月九日
尺寸：高67.5釐米，寬41釐米

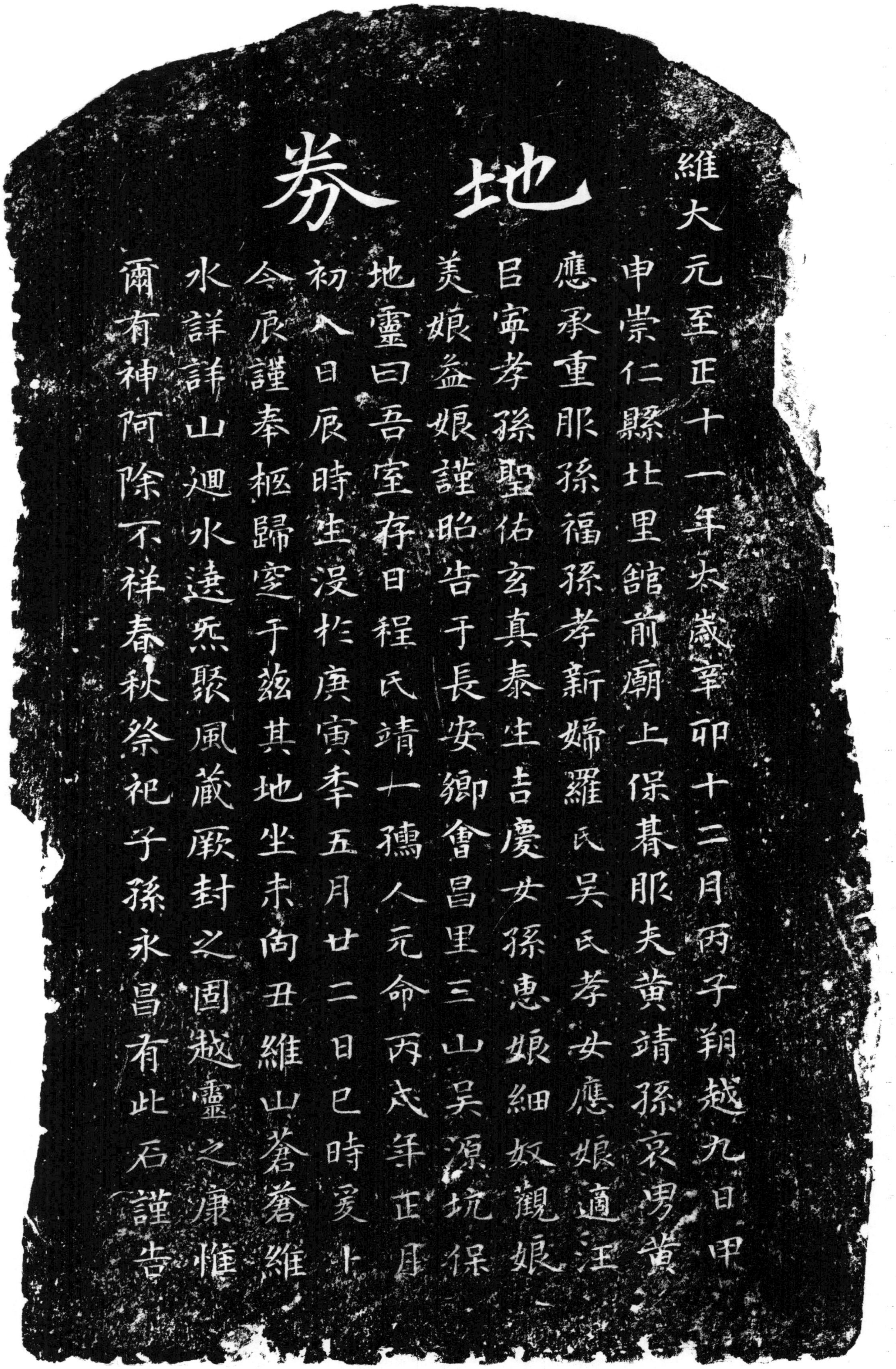
地券

維大元至正十一年太歲辛卯十二月丙子朔越九日甲
申崇仁縣北里館前廟上保朞服夫黃靖孫哀男黃
應承重服孫福孫孝新婦羅氏吳氏孝女應娘適汪
邑寧孝孫聖佑玄真泰生吉慶女孫惠娘細奴觀娘
美娘益娘謹昭告于長安鄉會昌里三山吳源坑保
地靈曰吾室存日程氏靖一孺人元命丙戌年正月
初八日辰時生沒於庚寅季五月廿二日巳時爰卜
今辰謹奉柩歸窆于兹其地坐未向丑維山蒼蒼維
水詳詳山廻水遶烝聚風藏厥封之固越靈之康惟
爾有神阿除不祥春秋祭祀子孫永昌有此石謹告

455 怯列氏券記

時代：元丁巳年三月丙申　尺寸：高78.7釐米，寬55.5釐米

券記

牛馬走高平范子幼孤孽庸孺易侮年十九挾冊遊
京師斫桂燒金勞筋苦骨人有不堪者壬寅夏吾婦
歸我衣服飲食風雪無畏故能
隨扈邊塞畢力王事及班則周行內助之力居多也
吾婦名完者倫生於丁亥正月二十七日其先世
蒙古怯列氏癸卯十月生男曰大都又九年余使江
浙俾吾婦携子歸省吾祖母于豐城之故家槎村里
奉養祖母甚悅鄉閭族黨以柔順孝德稱不幸於癸
丑十月以疾終余適新除贊儀署丞留京師吾婦淺
土至甲寅冬始得歸治葬嗚呼人世若斯
國恩未報死生契闊夫復何言卜丁巳三月丙申葬
于龍興路富州大順鄉斷魔里劉公墓其地坐辛向
乙其山發跡自鵲仙山傍峰蜿蜒而下白石屹立為
靈槎祖廟輕巒淺嶂踴躍起伏奔走東來左廻右抱
形止氣衷允為吉兆今勒石謹昭告于
茲山之神曰吾婦生北死葬南方賴尓山神呵護不
祥春秋祭祀神其與享福我子孫世世其昌匪徼貴
富願生賢良片石紀實堅如金剛山若有靈千古不
忘朞服夫范凱券記

456　故陳念八承事地券

時代：辛酉年八月初四日　尺寸：高37.9釐米，寬36.5釐米

457 陳公地券

時代：□□元年九月二十六丁酉日　尺寸：高39.5釐米，寬37.4釐米

458 故黎孟乙郎券

時代：丁酉年八月十二日　尺寸：高29.5釐米，寬32釐米

中央民族大學民族博物館藏江西出土宋元墓誌地券拓本彙編

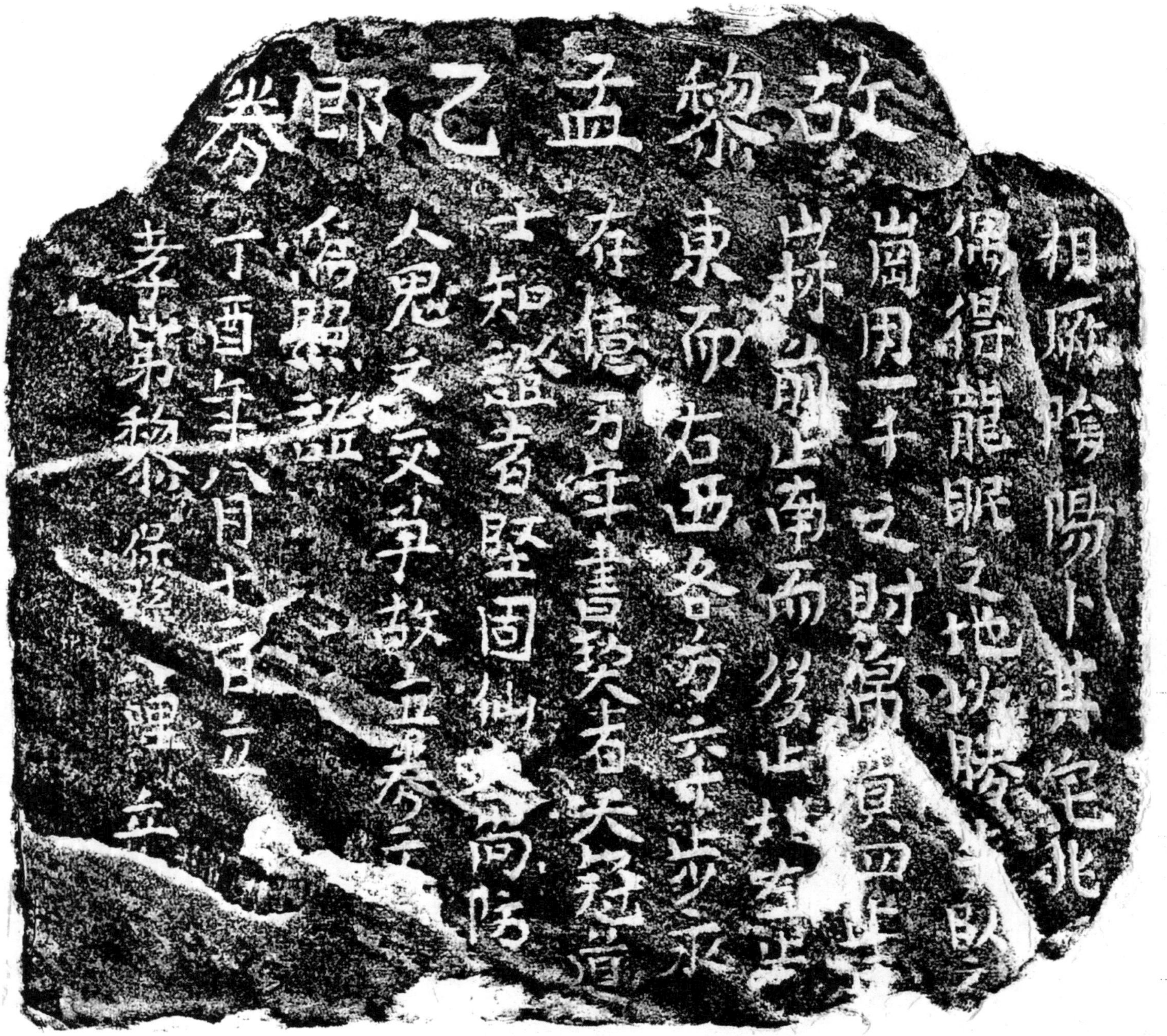

459 饒宗先地券

時代：丁未年十月　尺寸：高64釐米，寬33釐米

日月
先考饒公宗先世居撫郡臨川北鄉臨汝華陂人也
元命丙申年三月廿七日丑時受生平生稟性溫良
耕桑勤儉家道優裕周急里鄰和氣藹然鄉黨咸稱
曰善人也娶劉氏生男三人長子勝娶付氏次子德
娶謝氏幼子忠娶黃氏女一人事劉德祥男孫九人
廷貴廷受廷福廷富廷達付孫庚俚辛弟寅生正面
優游晚景夫何天不憖遺於癸卯年十月廿三日
倏嬰一疾弗藥而亡享年六十有八而已嗚呼痛
哉今奉柩葬于本都
向未亢從吉卜也惟願葬後山神守護呵禁不祥
子孫綿遠蕃衍吉昌春秋祭祀子不敢忘聊記歲月
鐫石以藏丁未年十月
日孤子饒子勝等泣血書

460 故陳十乙郎地券

時代：不明　尺寸：高34釐米，寬32釐米

中央民族大學民族博物館藏江西出土宋元墓誌地券拓本彙編

461 **何五三承事地券**

時代：不明　尺寸：高49釐米，寬38釐米

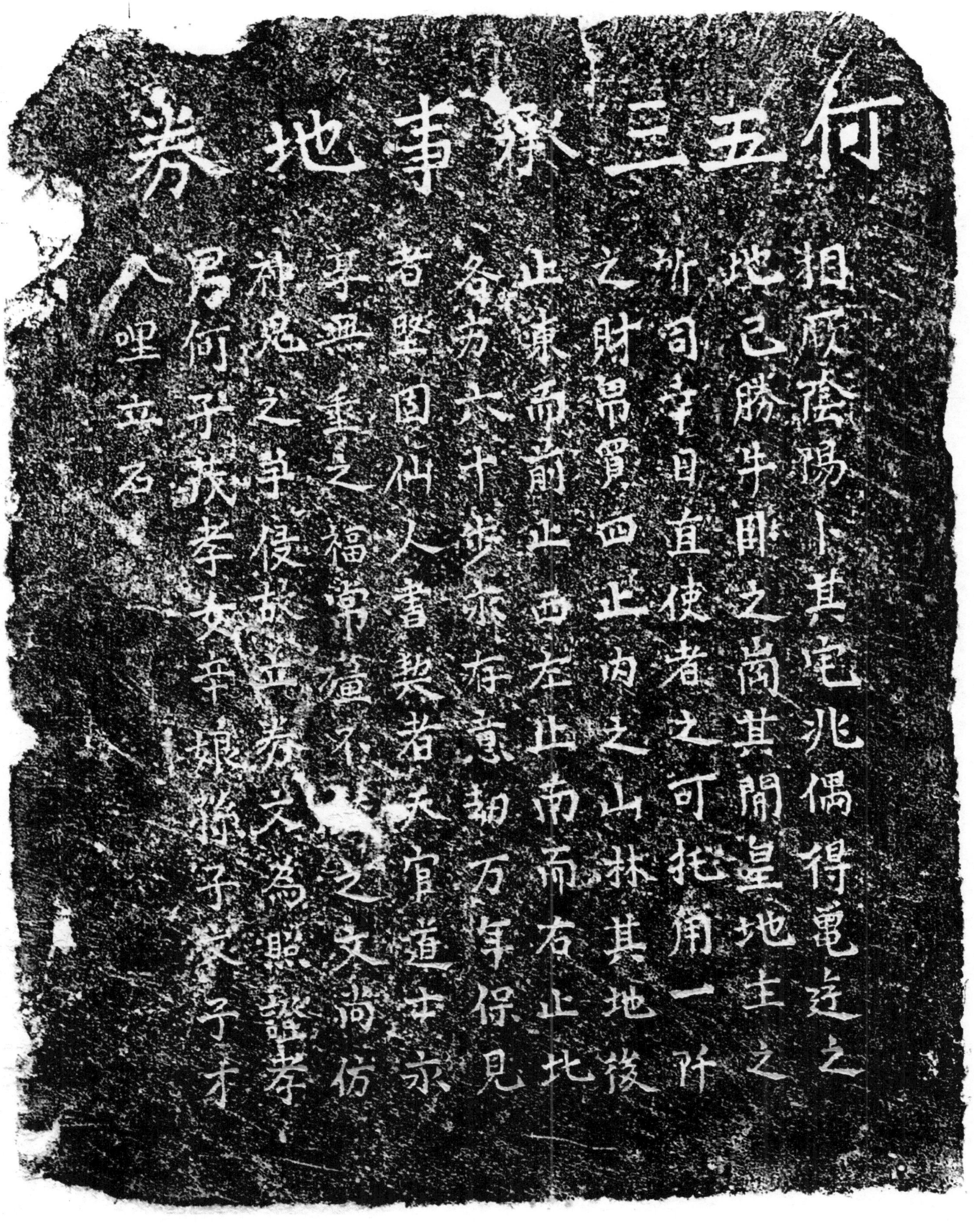
何五三承事地券
相厥陰陽卜其宅兆偶得龜筮之
地已勝牛眠之崗其間皇地主之
所司幸日直使者之可托用一阡
之財帛買四止内之山林其地後
止東而前止西左止南而右止北
各方六十步亦存意勒万年保見
者堅固仙人書契者天官道并永
享無垂之福常億不朽之文尚彷
神鬼之爭侵故立券文為照證孝
男何子茂孝女平娘孫子家子才
人哩立石

462 無名氏地券

時代：不明　尺寸：高43.2釐米，寬25.8釐米

中央民族大學民族博物館藏江西出土宋元墓誌地券拓本彙編

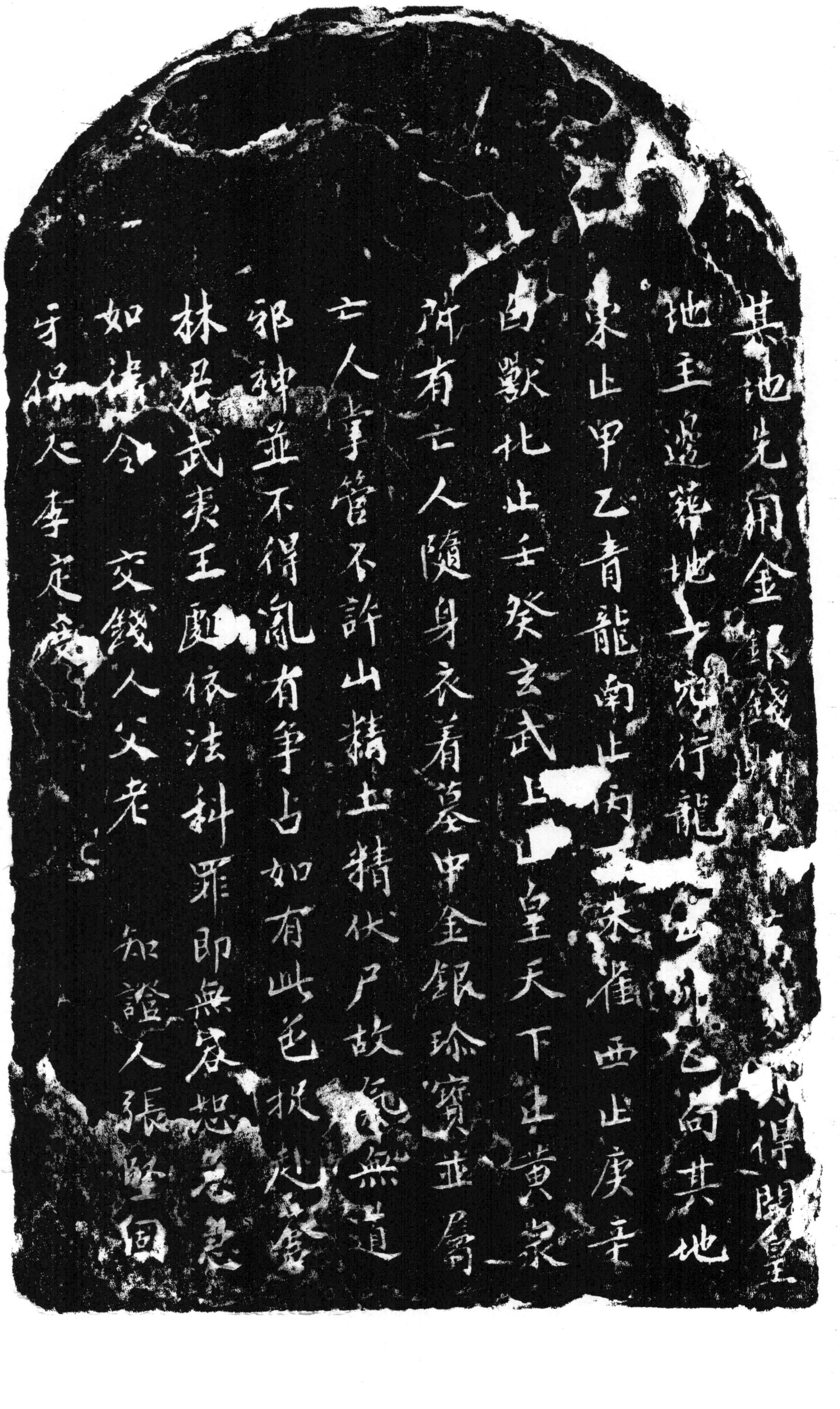

463 甘氏地券

時代：不明　尺寸：高47.5釐米，寬38釐米

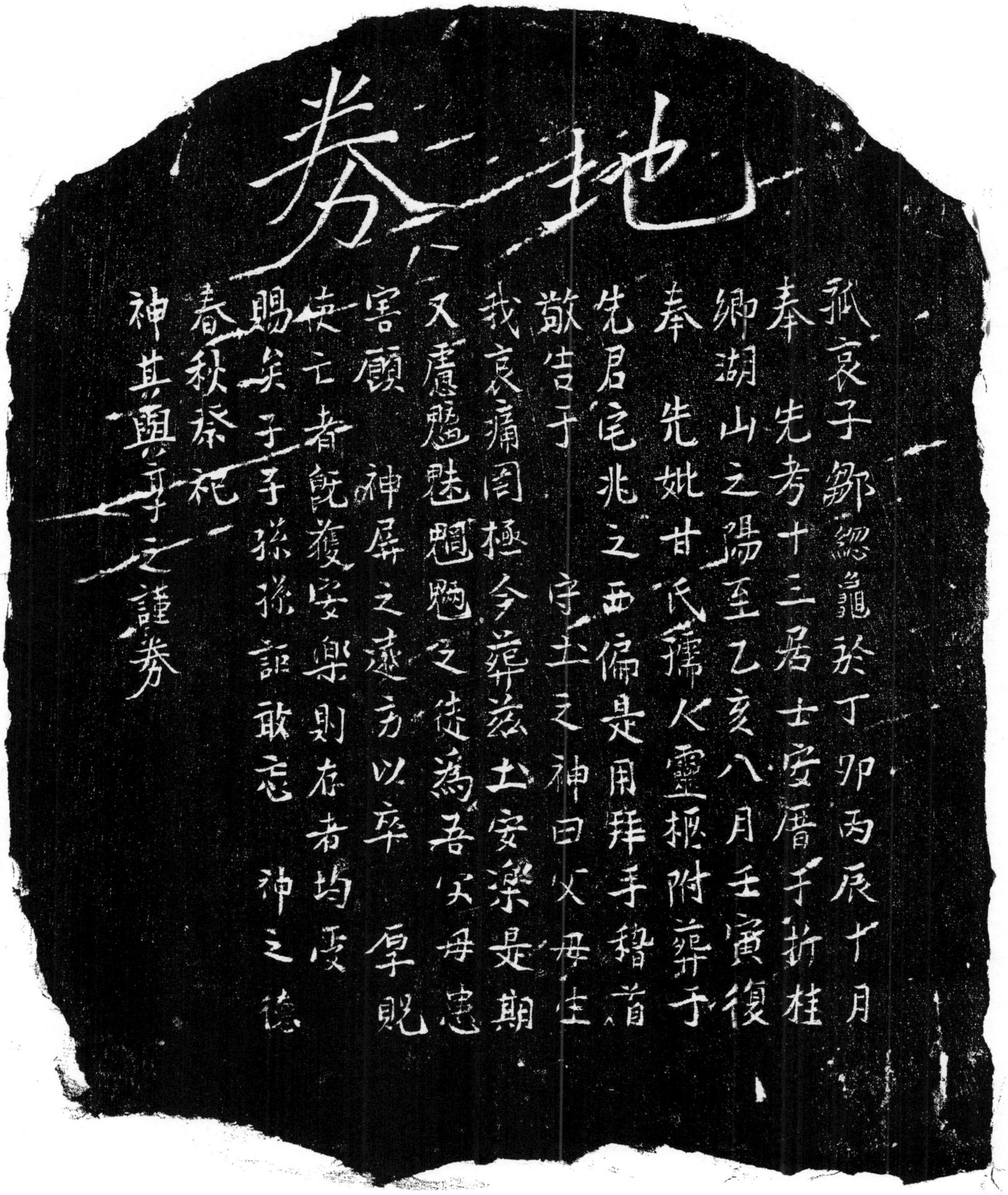

地券
孤哀子鄒緫龜於丁卯丙辰十月
奉先考十三居士安厝于折桂
鄉湖山之陽至乙亥八月壬寅復
奉先妣甘氏孺人靈柩附葬于
先君宅兆之西偏是用拜手稽首
敬告于　守土之神曰父母生
我哀痛罔極今葬茲土安樂是期
又慮魑魅魍魎之徒爲吾父母患
害顧　神屏之遠方以卒　厚貺
使亡者既獲安樂則存者均受
賜矣子子孫孫詎敢忘　神之德
春秋黍祀
神其與享之謹券